U0673531

国企公开课

（第一辑·上）

本书编辑组 编

人民出版社

目录 CONTENTS

1. 做强做优做大国有资本　培育具有全球竞争力的世界一流企业

国务院国资委  中共中央党校（国家行政学院）

郝　　鹏

2019年4月19日，国务院国资委党委书记、主任郝鹏在中共中央党校（国家行政学院）讲课

★国有企业的地位作用，是事关道路和方向的根本性问题。习近平总书记指出，我国国有企业为我国经济社会发展、科技进步、国防建设、民生改善作出了历史性贡献，功勋卓著，功不可没！这是绝对不能否定的，也是绝对否定不了的。

☆发展是我们党执政兴国的第一要务。国有企业作为国民经济的骨干和中坚，必须把发展作为首要任务。不管遇到多大困难，不管道路多么艰辛，我们始终都要咬定青山不放松，坚持把高质量发展作为重中之重的任务来抓。

★国有企业改革是全面深化改革的重要组成部分，在我国经济体制改革中始终处于中心环节。国有企业改革每迈出一小步，国有企业发展就前进一大步。

☆坚持党的领导、加强党的建设是国有企业的“根”和“魂”，是我国国有企业的光荣传统和独特优势，只能加强，不能削弱。

★要在习近平总书记关于国资国企改革发展和党的建设的重要论述中，真正找到推动企业改革的办法、破解发展难题的“钥匙”、搞好国有企业的“真经”，切实把学习成果转化为做强做优做大国有资本、培育具有全球竞争力世界一流企业的生动实践。

非常高兴来到中共中央党校（国家行政学院），和大家共同深入学习领会习近平新时代中国特色社会主义思想，交流汇报国资国企发展改革监管和党的建设工作。

首先简要介绍一下国资委相关情况。国资委是按照党的十六大要求组建的，是改革开放以来国有企业改革和国有资产监管体制改革的产物。党的十六大指出，“建立中央政府和地方政府分别代表国家履行出资人职责，享有所有者权益，权利、义务和责任相统一，管资产和

讲课现场

管人、管事相结合的国有资产管理体制”。2003年分别成立了国务院国资委和地方国资委，对国家经营性国有资产分级监管。我国国有资产主要包括自然资源性国有资产、经营性国有资产和行政事业性国有资产；其中，经营性国有资产主要分为金融类和非金融类。国务院国资委主要有三项职责。一是根据国务院授权，代表国家对中央所属企业（不含金融类企业）履行出资人职责。二是作为专司国有资产监管的国务院工作机构，统筹推动国资国企工作，监管的范围覆盖全国国有企业。三是负责中央企业党的建设工作职责，对中管企业党建工作进行具体指导和日常管理，直接领导委管企业党委工作。国资委刚成立时监管的中央企业有196家，经过多年来的重组整合，目前是96家，其中中管企业49家、委管企业47家。地方国资委主要监管地方经营性国有资产，目前上海、江苏等地方已经实现了集中统一监管。

党中央历来高度重视国资国企改革发展和党的建设工作。党的十八大以来，习近平总书记心系国资国企事业，多次深入国有企业基层一线、海外项目调研，现场视察的国有企业超过百家，充分体现了习近平总书记对国有企业的关心厚爱和殷切期望；习近平总书记先后发表一系列重要讲话，作出一系列重要指示批示，深刻回答了新形势下推动国资国企事业发展的一系列重大理论和实践问题，把我们党对国资国企工作的规律性认识提升到了一个新的高度，为我们搞好国有企业、加强国有资产监管、发展壮大国有经济提供了根本遵循。

下面，我重点围绕学习贯彻习近平新时代中国特色社会主义思想，特别是习近平总书记关于国有企业改革发展和党的建设的重要论述，和大家交流四个方面内容。

一、国有企业地位作用

国有企业的地位作用，是事关道路和方向的根本性问题。习近平总书记对这个问题高度重视，在多个场合发表重要讲话，对“国有企业还要不要”等重大问题旗帜鲜明地作出了回答。我体会，可以概括为三个方面。一是高度肯定国有企业的历史性贡献。习近平总书记用“功勋卓著，功不可没”八个字极为精辟地对国有企业给予了高度评价。习近平总书记指出，我国国有企业为我国经济社会发展、科技进步、国防建设、民生改善作出了历史性贡献，“功勋卓著、功不可没！”这是绝对不能否定，也是绝对否定不了的。如果没有长期以来国有企业为我国发展打下的重要物质基础，就没有我国的经济独立和国家安全，就没有人民生活的不断改善，就没有我国今天在世界上的地位，就没有社会主义中国在世界东方的岿然屹立。二是充分肯定国有企业的地位作用。习近平总书记从建设中国特色社会主义和巩固我们党执政基础的高度，对国有企业地位作用给予了充分肯定。习近平总书记指出，国有企业是中国特色社会主义的重要物质基础和政治基础，关系公有制主体地位的巩固，关系我们党执政地位和执政能力，关系我国社会主义制度，是党执政兴国的重要支柱和依靠力量，是党领导的国家治理体系的重要组成部分。习近平总书记强调，在中国共产党领导和我国社会主义制度下，国有企业和国有经济必须不断发展壮大，这个问题是毋庸置疑的，那种不要国有企业、搞小国有企业的说法和论调都是错误的、片面的，任何怀疑、唱衰国有企业的思想和言论都是错误的，国有企业不仅要，而且一定要搞好。三是对新时代国有企业的使命责任提出了殷切期望。习近平总书记的有关要求可概括为“一个目标”“六个力量”。“一个目标”是推动国有资本做强做优做大，培育具有全球竞争力的世界一流企业。“六个力量”是：成为党和国家最可信赖的依靠力量，成为坚决贯彻执行党中央决策部署的重要力量，成为贯彻新发展理念、全面深化改革的重要力量，成为实施“走出去”战略、“一带一路”建设等重大战略的重要力量，成为壮大综合国力、促进经济社会发展、保障和改善民生的重要力量，成为我们党赢得具有许多新的历史特点的伟大斗争胜利的重要力量。

大家都知道，我们是中国共产党领导的社会主义国家，实行中国特色社会主义制度，坚持走中国特色社会主义道路。从理论上看，马克思政治经济学告诉我们，生产力决定生产关系，生产关系反作用于生产力；经济基础决定上层建筑，上层建筑反作用于经济基础，而经济基础就是指一定社会中占统治地位的生产关系的总和。所以，生产关系的调整至关重要，既对解放和发展社会生产力具有重要影响，又对一个国家的国体政体起着决定性作用。在生产关系中，生产资料所有制是最基本的、起决定作用的。公有制为主体是社会主义基本经济制度的基础，是服从于社会主义本质规律的。如果没有以国有经济为核心的公有制经济，没有国有经济的主导地位，就没有中国特色社会主义和我们党执政的经济基础，人民当家做主和共同富裕就会成为空话，坚持中国特色社会主义制度和道路也就失去了根基。因此，我们的党章明确规定，“必须坚持和完善公有制为主体、多种所有制经济共同发展的基本经济制度”，“毫不动摇地巩固和发展公有制经济，毫不动摇地鼓励、支持、引导非公有制经济发展”。我国的宪法也明确规定，“国家在社会主义初级阶段，坚持公有制为主体、多种所有制经济共同发展的基本经济制度”；第七条规定，“国有经济，即社会主义全民所有制经济，是国民经济中的主导力量，国家保障国有经济的巩固和发展”。我国现行宪法从 1982 年颁布实施至今多次修订，但关于国有经济的表述一直保持不变。那么，国有经济的代表是谁呢？非常明确，就是我们的国有企业。

从历史上看，伴随着我们党领导的新民主主义革命的胜利、社会主义革命的胜利和社会主义建设过程，国有企业逐步发展壮大，取得了举世瞩目的历史性成就，作出了重要的历史性贡献。新中国成立后，国有企业在一穷二白的情况下，逐步建立起独立的、比较完整的工业体系和国民经济体系。改革开放以来，国有企业从计划走向市场、从国内走向国外，历经艰苦奋斗、实现浴火重生，总体上实现了同市场经济相融合。特别是中国特色社会主义进入新时代，国有企业改革发展不断取得重大成就，实力和竞争力显著提升，有力推动了我国经济社会持续健康发展，充分彰显了大国重器的责任担当。

一是从规模实力看。截至 2018 年年底，全国国资监管系统企业资产总额和所有者权益分别为 180.7 万亿元和 59 万亿元，是 2012 年的 2.5 倍和 2.3 倍；其中中央企业资产总额和所有者权益分别为 58.1 万亿元和 19.9 万亿元，是 2012 年的 1.9 倍和 1.7 倍。国有企业大多分布在军工、能源、交通、通信等关系国家安全和国民经济命脉的重要行业和关键领域，提供了几乎全部的基础电信、电力供应服务，提供了绝大部分的原油、天然气等石油化工重要产品，为我国经济持续健康发展提供了重要保障。

二是从经营效益看。2018 年，全国国资监管系统企业实现营业收入 55.4 万亿元、利润总额 3.4 万亿元，比 2012 年分别增长 45.7%、

66.1%；其中中央企业实现营业收入 29.2 万亿元、利润总额 1.7 万亿元，比 2012 年分别增长 30.7%、34.1%，2018 年主要经营业绩指标创造了历史最好水平。2018 年，共有 71 家全国国资监管系统企业进入《财富》世界 500 强，比国资委成立时的 2003 年增加了 65 家，其中中央企业由 2003 年的 6 家增加到 2018 年的 48 家。

三是从财税贡献看。2013—2018 年，全国国资监管系统企业累计上缴税费 19.3 万亿元，占同期全国税收收入的 24.6%；其中中央企业累计上缴 11.9 万亿元，占同期全国税收收入的 15.1%；2018 年，中央企业百元营业收入上缴税费为 7.1 元，是同期外资企业的 2.6 倍、民营企业的 2.8 倍。

同时，国有企业特别是中央企业在落实国家战略、维护国家安全、保障国计民生等方面作出了突出贡献。比如，粤港澳大湾区建设中，其标志性工程港珠澳大桥全长 55 公里，是世界最长的跨海大桥，也

港珠澳大桥

是世界建筑史上技术最复杂、施工难度最大、工程规模最庞大的桥梁，主体工程是由中交集团承建的。比如，国有企业为维护我国国防安全、能源安全、粮食安全、信息安全、核安全等方面提供了坚实有力的支撑。比如，近年来我国五次撤侨行动，每一次都由中央企业承担，其中利比亚撤侨时，三大航空公司（国航、东航、南航）、中远海运集团成功撤出海外同胞 4 万余人，中央企业职工全部选择第二批撤离，让优先撤离的同胞们深深感受到祖国的强大、党的关怀和中央企业的力量。比如，在地震、泥石流、雨雪冰冻等重大自然灾害发生之际，中央企业总是第一时间赶赴灾区，以各种形式全力投入国家救援行动，诠释了共和国长子的责任担当，涌现出许多可歌可泣的感人事迹。

此外，国有企业在贯彻落实国家宏观调控政策、维护市场秩序、稳定金融市场、服务外交大局、开展社会公益活动等方面都作出了突出贡献。中央企业始终坚持小家服从大家、企业服务国家，坚决听从习近平总书记、党中央发出的号令号召，坚决服从国家和人民的利益，从不讲条件、不计代价，冲锋在前、勇挑重担，坚定不移地把习近平总书记重要指示批示和党中央重大决策部署不折不扣落实到位。

二、国有企业发展

发展是我们党执政兴国的第一要务。国有企业作为国民经济的骨干和中坚，必须把发展作为首要任务。我理解，国有企业首先是经济组织，核心是提质增效，提质就是提升发展质量，增效就是增加经济效益，目的是提升核心竞争力和可持续发展能力。党的十八大以来，习近平总书记高度重视国有企业发展工作，多次作出重要指示批示，我体会主要有三个方面。一是明确了国有企业发展的目标要求。在党的十九大报告中指出要推动国有资本做强做优做大，加快培育具有全球竞争力的世界一流企业。二是明确了国有企业发展的主攻方向。强调高质量发展是我国经济发展必须迈过的坎，每个产业、每个企业都要朝着这个方向坚定往前走。国有企业应当率先垂范，坚定不移推动高质量发展。三是明确了国有企业发展的重点任务。强调国有企业要成为深化供给侧结构性改革的生力军，抓住处置“僵尸企业”这个“牛鼻子”，持续巩固“三去一降一补”成果，促进我国产业迈向全球价值链中高端；强调关键核心技术是企业的“命门”所在，是要不来、买不来、讨不来的，国有企业特别是中央企业一定要加强自主创新能力，研发和掌握更多具有自主知识产权的关键核心技术，掌控产业发展主导权；强调要加快优化国有经济布局结构，推动国有资本逐步向关系国家安全、国民经济命脉、国计民生的重要行业和关键领域、重点基础设施集中，向前瞻性战略性产业集中，向具有核心竞争力的优势企业集中；强调要深入开展国际化经营，以“一带一路”建设为契机，在全球范围内争取能源资源和基础设施项目，加快产业、企业、装备走出去步伐；强调要始终把防范化解重大风险摆在突出位置，不断健全风险防控机制，持续提高风险化解能力，以顽强的斗争意志应对好每一场重大风险挑战。

我们在学习领会习近平总书记有关重要论述中深刻感受到，我国经济已由高速增长阶段转向高质量发展阶段，这是以习近平同志为核心的党中央根据国际国内环境变化特别是我国发展条件和发展阶段变化作出的重大判断，我们一定要贯彻落实“巩固、增强、提升、畅通”八字方针，推动国有企业切实转变发展思路，彻底摒弃规模速度情节，坚持质量第一、效益优先，坚定地向高质量发展目标迈进。不管遇到多大困难，不管道路多么艰辛，我们始终都要咬定青山不放松，坚持把高质量发展作为重中之重的任务来抓。

（一）全力推动创新驱动发展

创新是实现经济高质量发展的第一动力，抓创新就是抓发展，谋创新就是谋未来。我们推动中央企业把创新摆在高质量发展更加突出的位置，进一步提升科技创新能力、加快科技创新步伐，在建设创新型国家中发挥好主力军作用。一是进一步明确攻关重点。针对过去中央企业科技创新过于分散的问题，我们围绕关键核心技术，组织相关行业、相关企业开展联合攻关，一项一项“打歼灭战”，力争在核心关键领域尽快实现突破。二是鼓励企业加大研发投入。修订《中央企业负责人经营业绩考核办法》，制定推动企业高质量发展的指导意见，将研发投入视为企业当期利润，同时对取得重大创新成果、承担重大专项任务的企业给予加分奖励，大大提升了企业加大科技投入的积极性、主动性。三是指导企业健全体制机制。下大力气指导中央企业完善创新体制机制，通过技术分红、成果奖励、股权激励等制度设计加大创新激励力度，完善企业科技人才评价机制，切实强化正向激励，落实“三个区分开来”要求，坚决破除一切制约科技创新的思想障碍和制度约束，取得了明显成效。党的十八大以来，中央企业共获得国家技术发明奖和科技进步奖 688 项，约占国家同类奖项的 1/3；在载人航天、深海探测、高速铁路、重大基础设施、高端装备、能源化工、移动通信、北斗导航、国产航母、核电等领域涌现出一大批具有世界先进水平的标志性重大创新成果。

（二）坚定不移优化布局结构

优化调整国有资本布局结构，是党中央作出的重大决策部署，也是提升国有经济整体功能和效率的迫切需要。国资委坚持推进中央企业调整结构、优化布局，在推动产业转型升级上发挥主力军作用。一是大力推动企业战略性重组。党的十八大以来，我们先后完成了20组企业重组，打造形成了一批行业领先的全球领军企业。比如，合并后的中国中车经营规模稳居全球轨道交通装备行业第一，销售收入超过庞巴迪、阿尔斯通、西门子三家轨道装备业务收入总和。二是大力推动专业化整合。为了解决中央企业主业不聚焦、分布过散的问题，我们将企业非主营业务整合到主业优势突出的企业，极大提升了中央企业的整体资源配置效率。以煤炭业务整合为例，我们将19家中央企业的煤炭资源逐步整合到国家能源集团、中煤集团两家煤炭主业企业，在大大减少煤炭业务同质化竞争的同时，为推进煤炭“去产能”工作奠定了基础。三是充分发挥国有资本引导作用。我们分别设立了3500亿元的国有企业结构调整基金和2000亿元的国有资本风险投资基金，聚焦结构调整、转型升级、科技创新等重点领域，加快国有经济布局结构调整的步伐。比如，国有资本风险投资基金出资35亿元，领投民营企业孚能科技（赣州）有限公司，并推动该公司与戴姆勒签订了迄今全球最大的动力电池供货订单，标志着中国企业在世界新能源汽车市场上迈出了重要一步。

（三）强力推动“瘦身健体”

“瘦身健体”是中央企业深化供给侧结构性改革的重要举措，也是提高自身发展质量和效益的重要途径。一是处置“僵尸企业”和治理特困企业。抓住处置“僵尸企业”这个“牛鼻子”，持续巩固“三去一降一补”成果。将国资委直接管理的中钢集团、中国铁物两家集团公司和中央企业所属2041户困难子企业纳入专项治理范围，目前“处僵治困”主体任务基本完成，纳入处治范围的企业已经实现整体盈利。二是压缩管理层级、减少法人户数。督促中央企业“动手术、摘帽子、撤板凳”，优化组织结构和经营管理机制。截至2018年年底，中央企业累计减少法人近1.3万户，减少比例达25%，多数企业法人层级已经控制在5级以内，极大提高了集团化管控能力和运行效率。三是大力化解过剩产能。着力推动中央企业在“去产能”工作中作出表率，截至2018年年底，中央企业累计化解钢铁产能1614万吨、完成煤炭去产能1.06亿吨，均提前超额完成目标任务。

（四）坚定实施“走出去”战略

坚决落实习近平总书记提出的“共商、共建、共享”原则，推动中央企业以共建“一带一路”为重点，坚定实施“走出去”战略，加大开放力度，抢抓发展机遇，谋求合作共赢，加快打造国际竞争合作新优势。一是积极参与“一带一路”建设。目前中央企业在“一带一路”沿线合作共建项目超过3000个，其中不少是具有示范带动作用的重大项目和标志性工程，有力提升了我国在国际舞台上的影响力和话语权。比如，中交集团等企业建设的蒙内铁路是肯尼亚百年的“梦想工程”，提前两年半通车运营，创造了“肯尼亚奇迹”。二是稳步开展国际产能合作。重点推动电力、轨道交通、建材等领域装备走出去，带动相关产品、技术、服务、标准“抱团出海”，积极主动融入全球产业链、价值链，成为全球产业合作链条中的重要一环。比如，中国机

中交集团等企业建设的蒙内铁路

械工业集团和招商局集团联合建设的中白工业园是“一带一路”建设的旗舰工程，受到白俄罗斯总统卢卡申科等有关国家政要的高度赞誉。三是树立中国企业良好形象。中央企业无论到哪个国家、哪个地区投资建设，不管承担什么项目，都积极履行社会责任，推进用工本土化、经营本土化，融入当地、服务当地，为当地经济社会发展作出了积极贡献，赢得了项目所在国社会各界的广泛赞誉。

（五）坚决守住不发生重大风险的底线

习近平总书记在 2019 年省部级主要领导干部专题研讨班上专门就坚持底线思维、着力防范化解重大风险发表重要讲话，国资委组织召开中央企业防范化解重大风险座谈会进行部署落实。为了有效防范和化解重大风险，我们建立了中央企业风险报告制度和系统性风险动态监测机制，实现了企业各类重大风险的实时在线管控。聚焦企业生产经营重点领域加强风险防范，大力推动中央企业降杠杆减负债，通过建立高负债企业债务风险管控机制、分行业划定资产负债率警戒线等措施，督促企业大力压减负债规模。实行投资项目负面清单制度，严禁超越财务承受能力的投资，坚决查处违规投资行为。加大对重点金融业务风险防范工作的督察力度，对违规开展业务的实行问责。切实防范中央企业境外投资风险，陆续出台了《中央企业境外投资监督管理办法》等10多个文件，指导推动中央企业强化境外合规管理，健全境外风险防控机制，严格规范境外经营行为。

三、国有企业改革

国有企业改革是全面深化改革的重要组成部分，在我国经济体制改革中始终处于中心环节。国有企业改革每迈出一小步，国有企业发展就前进一大步。经过改革开放以来特别是党的十八大以来的实践，国有企业发生了翻天覆地的变化，已经不再是传统计划经济体制下政府的附属机构，发展成为依法独立自主经营的市场主体，总体上已经同市场经济相融合，探索出了一条中国特色国有企业改革发展道路。

党的十八大以来，习近平总书记多次就国资国企改革发表重要讲话、作出重要指示批示。我体会，主要包括以下五个方面。一是关于国有企业改革总的要求。国企改革要坚持以解放和发展社会生产力为标准，以增强企业活力、提高效率为中心，把国企建成能面对市场竞争、以质量效益为导向的现代企业。国企改革要有利于国有资本保值增值，有利于提高国有经济竞争力，有利于放大国有资本功能。二是关于国有企业改革的方向。要把加强党的领导和完善公司治理统一起来，建设中国特色现代国有企业制度。要加快形成有效制衡的公司法人治理结构，建立健全灵活高效的市场化经营机制。三是关于国有企业改革的重要突破口。混合所有制改革是国企改革的重要突破口，要按照完善治理、强化激励、突出主业、提高效率的要求，加快迈出实质性步伐。四是关于国有企业改革必须始终坚守的底线。国有企业改革要先加强监管、防止国有资产流失，这一条不做好，国有企业其他改革难以取得预期成效。要加快实现从管企业向管资本转变，履行好出资人职责。要完善监管制度，改进监管方式手段，加强对国有企业“走出去”的监管，突出监督重点，严肃责任追究，建立长效激励约束机制。五是关于推进国有企业改革的重要方法。要坚持问题导向、加强顶层设计、试点先行突破、落实改革责任、强化督促督察、抓好改革协同、坚持积极稳妥、坚持分类推进等，这些既是对全面深化改革的普遍要求，也为深化国有企业改革提供了重要的方法论。围绕落实习近平总书记重要讲话精神，我们重点开展了五个方面的工作。

（一）基本完成了改革顶层设计

新一轮国企改革的特点之一就是强化顶层设计。经过努力，目前“1+N”体系基本形成，“1”指的是2015年8月党中央、国务院印发的《关于深化国有企业改革的指导意见》，“N”指的是目前的35个配套文件。这些配套文件大致可以分为三类。第一类是带有“四梁八柱”性质、支撑改革总体框架的5个重要政策。比如，《关于国有企业发展混合所有制经济的意见》等。第二类是带有“定向爆破”性质、力求攻坚克难的25个专项政策。比如，《关于深化中央管理企业负责人薪酬制度改革的意见》等。第三类是带有工作推动性质、指导部署落实的5个文件。比如,《关于国有企业改革试点工作事项及分工的方案》等。

（二）着力建设中国特色现代国有企业制度

建设中国特色现代国有企业制度是习近平总书记亲自部署的一项重大改革任务，是一项事关国有企业可持续发展的根本性制度，也是国有企业坚定制度自信最直接最具体的表现。怎样建设中国特色现代国有企业制度，我们党进行了长期探索。从最早的“三人团”“一长制”、党委领导下的厂长负责制、厂长（经理）负责制、探索建立现代企业制度，到目前明确提出建立中国特色现代国有企业制度，我们始终在探索党组织和其他治理主体的关系问题，特别是党组织在企业中如何定位、发挥什么作用以及发挥作用的途径方式等。按照党中央要求，我们重点抓了三项工作。一是全面完成公司制改革。目前中央企业集团层面已全部改制为按照《中华人民共和国公司法》注册的有限责任公司或股份有限公司，各级子企业改制面由2013年年初的72.3%提升到近99%，各省级国资委监管的企业集团层面改制面也达到了96%。在2020年之前这项工作要彻底完成，成为国企改革史上具有里程碑意义的重大成果。二是规范董事会建设。目前85%的中央企业集团建立了规范董事会，在中央企业所属二级企业中超过70%也已经建立了董事会，决策的科学性、有效性得到明显提升。三是把党的领导和完善公司治理统一起来。处理好企业党组织和其他治理主体的关系，形成各司其职、各负其责、有效制衡的法人治理结构。目前中央企业集团全部实现党建要求进章程，全部实现将党组织研究讨论作为董事会、经理层决策重大问题的前置程序，全部实现党委（党组）书记、董事长“一肩挑”，为中央企业党委（党组）充分发挥把方向、管大局、保落实的领导作用提供了有力保证。

（三）积极稳妥推进混合所有制改革

按照“宜混则混、宜独则独、宜控则控、宜参则参”的原则，持续深入推进混合所有制改革，加快转换经营机制，增强企业活力，放大国有资本功能。一是推进重点领域混合所有制改革。先后开展了3批50户试点，前两批试点共引入各类投资者50多家，引入资本超过1000亿元，有效发挥了改革探路作用。二是分层分类推进混合所有制改革。目前超过2/3的中央企业各级子企业已成为混合所有制企业，商业一类企业中混合所有制企业占比达73.6%，四级以下子企业中占比超过90%。同时，积极探索中央企业集团层面混合所有制改革路径，在中国联通首先开展了混合所有制改革，混改后联通主营业务收入从2015年的同比下降3.9%扭转为2018年的同比增长5.8%，增幅领先行业3.3个百分点。三是开展混合所有制企业员工持股试点。在科技型企业和处于战略性新兴产业的企业中，选择10户企业开展了首批混合所有制企业员工持股试点，目前已全部完成首期员工出资入股，一大批骨干员工获得了股份，有效发挥了吸引和留住人才的作用。在开展混合所有制改革过程中，我们推动中央企业不断加强与民营企业的深度合作。2013—2018年，中央企业通过产权市场，吸引社会资本超过2600亿元；通过证券市场，吸引社会资本超过1万亿元。实践充分证明，国有企业和民营企业有许多发展的共同点、利益的契合点，也有大量的合作机会，可以实现取长补短、国民共进，一起为我国经济高质量发展作出新的更大贡献。

（四）持续完善市场化经营机制

以提高企业核心竞争力和资源配置效率为目标，加快建立灵活高效的市场化经营机制。一是全面建立市场化选人用人机制。目前，中央企业普遍实行了全员劳动合同制，在市场化用工、契约化管理和建立健全“能进能出”的用工制度等方面进行积极探索。目前中央企业近1000户子企业共选聘职业经理人4400多人；46家中央企业在所属900多户二级企业实行经理层成员契约化管理，涉及3300多人。二是着力强化市场化激励机制。推动企业坚持效益导向，加快收入分配制度改革，建立健全工资决定和正常增长机制，坚决打破“平均主义”，充分调动职工积极性。在企业工资总额管理上，我们不断完善与劳动力市场相适应、与企业经济效益和劳动生产率挂钩的工资决定和正常增长机制，总的原则是“业绩升、薪酬升，业绩降、薪酬降”，总的方向是赋予企业更大自主权。在企业负责人薪酬管理上，我们严格按照党中央有关政策规定要求进行管理，除企业负责人外，大力推动企业完善市场化薪酬分配机制，薪酬水平与市场接轨。在中长期激励上，针对高管人员、科研人员、技术骨干等人才群体，建立起风险共担、利益共享的中长期激励机制，截至目前共推动中央企业控股的81户上市公司实施了股权激励，所属科技型企业的30个股权和分红激励方案完成兑现，有效调动了干部职工的积极性、主动性、创造性。三是加快形成市场化运营机制。推动企业把市场意识融入生产经营全过程，坚决改变行政化管理方式，大力强化集团管控，精简管理链条，打造高效精干的组织体系，建立灵活健全的运营机制，使企业对市场的反应更加灵敏，建立起以客户需求为导向的运营机制。

（五）不断形成以管资本为主的国有资产监管体制

这是党的十八届三中全会关于完善国有资产管理体制提出的明确要求。我们牢牢把握出资人职责定位，持续完善监管体制机制，不断优化监管方式，加快实现从管企业向管资本转变，有效发挥国有资本投资、运营公司功能作用。监管的科学性、针对性和有效性进一步增强。一是转职能。通过转变职能，推进授权放权，激发企业活力。按照“该放的坚决放权、决不越位，该管的切实管住、决不缺位”的思路，强化了 3 项管资本职能，精简了 43 项监管事项。出台了出资人监管权力和责任清单，确保权力责任清单以外的事项由企业依法自主决策，切实把监管重点转到管好资本布局、规范资本运作、提高资本回报、维护资本安全上来。先后在 21 家中央企业开展了国有资本投资、运营公司试点，进一步理顺国资委与两类公司之间的关系，加快打造市场化专业平台，在推动同质化业务整合、创新驱动孵化、优化布局结构、盘活资产存量等方面发挥更大作用，更好地贯彻落实国家战略，更加高效服务实体经济，更加有力推动国有经济高质量发展。二是强监管。把确保国有资产不流失作为工作的底线红线，强化重点事项的监管，努力构建国有资产的“安全网”。加强投资监管方面，制定了《中央企业投资监督管理办法》等一系列制度文件，实行投资项目负面清单管理制度，从管投向、管程序、管回报、管风险等方面全面加强管理，严控企业盲目投资、非主业投资。加强境外监管方面，积极开展国别风险研究，把境外资产作为巡视、审计监督的重点，切实防范境外国有资产流失。推进信息化监管方面，初步建成了国资国企在线监管系统，对全部中央企业的大额资金进行动态监测，对中央企业集团“三重一大”事项决策制度、规则、清单、程序等进行在线监管，初步实现对企业运行情况实时掌握。三是严追责。构建业务监督、综合监督、责任追究三位一体的闭环，形成出资人监督的完整链条，加大违规追责问责力度，出台了《中央企业违规经营投资责任追究实施办法（试行）》，实行重大决策终身问责，落实国有资产保值增值责任，有效防止国有资产流失。2018 年组织和督促中央企业开展国有资产重大损失核查追责 42 件，开展违规责任追究 570 人次，挽回或减少损失及损失风险 54.5 亿元，有效发挥了警示和威慑作用。

四、国有企业党的领导和党的建设

我们党对国有企业坚持党的领导加强党的建设历来高度重视，特别是党中央 2016 年 10 月召开了全国国企党建会，在我国国有企业改革发展史上具有划时代里程碑意义。习近平总书记亲自出席会议并发表重要讲话，深刻回答了新时代推进国有企业改革发展和党的建设的重大理论和实践问题，为国有企业坚持党的领导、加强党的建设提供了强大思想武器和行动指南。我体会，习近平总书记的重要讲话精神集中体现在三个方面。一是必须坚持和加强党对国有企业的全面领导，坚持党的领导、加强党的建设是国有企业的“根”和“魂”，是我国国有企业的光荣传统和独特优势，只能加强，不能削弱；坚持党对国有企业的领导不动摇，保证党和国家方针政策、重大部署在国有企业贯彻执行。二是必须全面加强国有企业党的建设，各级党委和各国有企业党组织一定要站在坚持和发展中国特色社会主义、巩固党的执政基础的战略高度，推动国有企业党的建设得到根本加强。三是必须抓好重点任务落实落地，主要包括落实好管党治党这个最根本的政治责任，抓好党建工作责任制；使党组织发挥作用组织化、制度化、具体化，形成各司其职、各负其责、协调运转、有效制衡的公司治理机制；把国有企业领导人员队伍建好、用好、管好，培养造就一大批高素质国有企业领导人员；从基本组织、基本队伍、基本制度严起，把国有企业基层党组织建设成为坚强战斗堡垒；加强国有企业党风廉政建设和反腐败工作，确保国有企业健康发展。

党的十八大以来特别是全国国企党建会以来，我们坚决贯彻落实习近平总书记重要指示精神，始终把中央企业坚持党的领导加强党的建设作为重要政治任务来抓，按照新时代党的建设总要求，坚持以党的政治建设为统领，以党建工作责任制为抓手，连续开展了“中央企业党建工作落实年”“中央企业党建质量提升年专项行动”，全力推动中央企业党的领导、党的建设严起来、实起来、强起来。

（一）抓政治建设

政治建设是党的根本性建设。国有企业作为我们党执政兴国的重要支柱和依靠力量必须旗帜鲜明讲政治。一是坚决践行“两个维护”，明确“两个维护”的具体要求，并作为党建责任制考核的核心内容，教育引导中央企业广大党员干部将“四个意识”“四个自信”“两个维护”铭记在头脑里、全面落实在行动上、时时处处体现在工作中。二是坚决贯彻落实习近平总书记重要指示批示和党中央决策部署，建立专门工作机制，定期开展督察督办，坚决杜绝贯彻落实中的形式主义、官僚主义，有关落实情况及时上报中央。三是坚决严肃政治纪律、政治规矩，研究制定专门工作措施，定期组织开展专项监督检查，及时通报反面典型案例，切实推动各级党组织和广大党员干部严守政治纪律政治规矩。四是坚决强化政治巡视，明确中央企业党委（党组）政治责任，紧盯“关键少数”，查找政治偏差，切实推动政治建设各项要求落到实处、取得实效。通过持续加强政治建设，中央企业各级党组织和广大党员干部“央企姓党、央企为党”的意识大大增强，坚决扛起为党分忧、为国尽责的政治担当，永远听党话、坚决跟党走成为高度政治自觉。

（二）抓理论武装

国资委和中央企业始终把学习贯彻习近平新时代中国特色社会主义思想作为首要政治任务，在学懂弄通做实上持续发力，特别是以“不忘初心、牢记使命”主题教育为抓手，推动习近平新时代中国特色社会主义思想在中央企业大学习、大普及、大落实。一是通过学习培训提高理论修养，坚持领导带头、以上率下，通过交流研讨、集中轮训、调研座谈、专项督导等多种方式，持续推动学习贯彻不断往深里走、往实里走、往心里走。二是通过学思践悟领会真谛要义，坚持原原本本学、融会贯通学、持续跟进学，教育引导广大党员干部深刻领会这一重要思想的核心要义，努力把握贯穿其中的马克思主义立场、观点、方法。三是通过学以致用做到知行合一，注重把学习贯彻这一重要思想同解决实际问题更好地结合起来，在习近平总书记关于国资国企改革发展和党的建设的重要论述中，真正找到推动企业改革的办法、破解发展难题的“钥匙”、搞好国有企业的“真经”，切实把学习成果转化为做强做优做大国有资本、培育具有全球竞争力世界一流企业的生动实践。

2018 年度中央企业党委（党组）书记党建工作述职会议

（三）抓“关键少数”

我们坚决落实习近平总书记提出的国有企业领导人员“二十字标准”，坚持严管与厚爱相结合，着力培养造就一支高素质专业化的企业领导人员队伍。在严格管理方面，突出政治标准，把是否对党忠诚、牢固树立“四个意识”、坚定“四个自信”、坚决做到“两个维护”作为首要标尺，把对党忠诚、敢于担当、治企有方、兴企有为、清正廉洁的干部大胆使用起来；加大“下”的力度，对不思进取、不接地气、不抓落实、不敢担当的进行坚决调整。在关心厚爱方面，落实“三个区分开来”的要求，制定实施中央企业激励干部新时代新担当新作为的意见，切实为想干事、会干事、干成事的干部撑腰鼓劲，强化攻坚克难、产业报国的“精气神”，树立重实干重实绩的用人导向，激励广大干部敬业奉献、拼搏担当，一心一意谋发展、心无旁骛干事业。

（四）抓责任落实

我们把抓好党建作为最大的政绩，紧紧抓住“责任制”这个“牛鼻子”，压实工作责任。一是加强责任落实考核评价，制定出台了《中央企业党建工作责任制实施办法》和考核评价办法，开展了中央企业党委（党组）向国资委党委报告年度党建工作、党委（党组）负责人向国资委党委述职党建、基层党组织抓党建述职评议 3 项工作，推动党建工作由“软指标”变为“硬约束”。二是压实基层党建责任，大力推进基本组织、基本队伍、基本制度“三基”建设，目前中央企业党委（党组）专职副书记全部配备到位，全部设置党建工作机构，全面实现基层组织“应建尽建”、按期换届“应换尽换”，党务干部全部按照不少于在岗职工总数 1%配备，党组织工作经费全部按照不低于职工工资总额 1%保障，有效推动企业基层党组织全面进步、全面过硬。三是推动党建与业务深度融合，坚持把提高企业效益、增强企业竞争力、实现国有资产保值增值作为基层党组织工作的出发点和落脚点，指导基层企业党组织大力推动改革发展重要任务落实落地，积极探索党建责任制和生产经营责任制有效联动、同向发力的有效方式，努力实现基层党建和业务工作相互促进，切实发挥基层党组织的战斗堡垒作用和党员的先锋模范作用。

（五）抓全面从严治党

党风廉政建设和反腐败斗争，是一项长期的、复杂的、艰巨的任务。我们以永远在路上的坚韧和执着，以刀刃向内的勇气和自我革命的精神，推动中央企业全面从严治党向纵深发展。一是锲而不舍落实中央八项规定精神，驰而不息加大“四风”整治力度，特别是坚决反对形式主义、官僚主义，从严查处顶风违纪行为，推动中央企业作风实现整体转变。二是保持惩治腐败高压态势，坚持有腐必反、有贪必肃。重点查处党的十八大后不收敛不收手、问题线索反映集中、人民群众反映强烈、政治问题和经济问题相互交织的党员领导干部。三是坚持一体推进不敢腐、不能腐、不想腐。完善制度、健全法制，推动中央企业用制度管权、管人、管事，健全廉洁风险防控机制，同时加强思想教育，涵养政治生态，持续深化政治巡视，推进监管企业巡视巡查全覆盖，做好巡视整改“后半篇文章”。2018 年中央企业全面从严治党民意调查结果显示，职工群众对全面从严治党成效满意率为 94.3%，对遏制中央企业腐败现象表示有信心的为 95.6%。可以说，中央企业正朝着夺取反腐败斗争压倒性胜利的目标迈进，风清气正的良好环境正在全面形成。

做强做优做大国有资本、培育具有全球竞争力的世界一流企业，离不开各部门各方面的大力支持和帮助。在此，我代表国资委向多年来关心、支持、帮助国资国企事业的中央和国家机关各部门、各地方党委政府的同志们表示衷心感谢，真诚希望同志们一如既往地关心国资委和国有企业的工作。让我们更加紧密地团结在以习近平同志为核心的党中央周围，以习近平新时代中国特色社会主义思想为指导，牢记初心使命，勇于担当作为，共同把我们的国有企业发展好，把我们的国家建设好，为实现“两个一百年”奋斗目标和中华民族伟大复兴中国梦作出更大贡献！

2. 新时代国有企业的改革发展

中国中化集团有限公司  清华大学

宁高宁

2019 年 4 月 2 日，中国中化集团有限公司党组书记、董事长宁高宁在清华大学讲课

★国企改革已经变成广泛的社会关注，国企目前所被评论、被研究远远超过了国企自身，超出了经济，甚至超出了中国。

☆从历史和未来的角度来认识，用“经济上合理、理论上科学、实践上可行、国际上认可”四个原则来分析国有企业。

★国有企业在全球、在历史上存在并且发挥了积极作用。

☆中国国有企业的产生是中国近代史和历史进程的自然产物，不是有意设计、强加的过程。

★国有资产归全民所有，必须让全国人民知道国企的经营和自己的关系，产生拥有感。

☆国有企业的发展始终和改革相伴而生。

★回顾改革历程，中国的国企改革很多时候是被逼出来的，过程不简单、不容易、不平凡。

☆企业的第一责任就是提供好的、高质量的、高水平的就业机会。

大家下午好！感谢教育部、国资委、清华大学给我这样一个机会在这里发言。

我来清华和同学们见面有过三四次。印象最深的一次是在十几年前，我在华润的时候，来做校园招聘推广。当时我希望请大家去华润工作。有同学举手说，找工作第一选择是外资，第二选择是合资企业，第三是民营企业，最后自己创业，好像没人愿意去国企。我希望

讲课现场

今天不是讲课，而是能够号召大家、最起码能够说服大家，在未来职业生涯里去更多地加入国企、发展国企、做好国企。

一、我对国企的理解

企业存在的形式多种多样，不同的国家、不同的历史、不同的发展阶段、不同的社会环境，有很多不同形式的企业，如果一刀切单讲好还是不好、对还是不对，很难讨论。在网上一搜，关于国企的评论声音很多。国企改革已经变成广泛的社会关注，国企目前所被评论、被研究的远远超过了国企自身，超出了经济，甚至超出了中国。中美谈判谈到国企，中国改革谈到国企，社会发展谈到国企……国企的责任超出了企业自身，国企变成整个社会能不能进步、能不能发展、能不能创新、国际上还能不能和谐的主要因素之一。

从这点来说，今天要讨论国企，不能简单看企业本身的管理水平，不是简单讨论收入高低、是否按劳分配、内部决策是不是科学等问题。站在今天看国企，必须看国企产生的政治、经济、历史背景，从国家大的战略来看国企，要看到国企的成就和作用，当然也要看到国企的问题和改革。同时，未来的国企应该是什么样的？恰恰这个题目清华的老师和同学做了很多研究，我觉得超出了社会、国际对国企的一般理解。最后我也会讲到中化集团的案例。

对于国企是不是垄断、是不是效率很低、该不该存在等这些问题，我们可以讨论，但要放在一个大的时代环境下来看，研究怎么样才是对国家、社会、历史发展最好的。因此，讨论的出发点是站位要高，从历史和未来的角度来认识，用“经济上合理、理论上科学、实践上可行、国际上认可”四个原则来分析国有企业。

中国国有企业的产生是中国近代史和历史进程的自然产物，不是有意设计、强加的过程。

大家必须知道，中国自近代以来的历程：一百多年前的中国是被蹂躏的半殖民地半封建社会，八十多年前是抗日战争，四十多年前是“文化大革命”。中国经济真正高速发展是从1978年开始改革开放，改革开放四十多年来，经济真正腾飞式发展也就是二十多年的时间。

正是在这样的大历史背景下，对于中国的工业来说，没有类似美国、英国工业革命的时期和机遇。从辛亥革命到新中国成立前，中国民族工业在艰难的环境中发展，而且主要集中在轻工业，对民族救亡图存至关重要的重工业发展缓慢。1949年，工业产值仅占国内生产总值（GDP）的30%，其中74%为轻工业。

在民族救亡图存的历史进程中，中国的国有企业逐渐产生并发展。新中国成立后，中国共产党对发展中国经济的愿望、远见和魄力非常强。中国国有企业体制在“一五”期间的156个苏联援建项目和694个限额以上建设项目的集中统一管理的基础上建立起来。今天，我们知道的汽车、电力、钢铁等大量的工业都是那时候建的。当时我们的民族是刚刚经历过战争，举全国之力以及在苏联的支持下建立起工业基础。这段历史我们不能否定和抛弃。

国有企业是民族历史发展的产物。中国从鸦片战争一直走到今天，承认历史的过程就是一个承认国企的过程，国企是当时政治、经济环境发展的要求。国有企业迅速建立了中国的工业基础，为后来的改革开放做了环境条件准备。林毅夫教授向我推荐《伟大的中国工业革命》这本书，作者文一是清华兼职教授，也是美国圣路易斯联邦储备银行助理副行长，他希望能找到所有国家工业革命的意义，为什么大清朝想去搞工业革命、想去搞变法，为什么印度、东南亚国家希望有工业革命，工业的起飞却没有成功？文教授认为，在中国改革开放之前，中国工业就有了一定的基础，这个基础奠定了改革开放能够逐步起飞的基础。这是非常平衡的观点。

反过来讲国外。大家认为只有中国有国企，其实国外的国企也非常多。举一个例子，诺基亚的故乡芬兰，国有经济占到 GDP 的 56%。他们对国有企业和民族企业几乎是同等的概念，非常注重保护。我之前曾说过国有企业的民族性问题，一个国家的企业都是外资的也不行。对于国外的国有企业，我们应该看他们的管理方法，研究他们为什么管的效率比以前有进步。

新加坡更典型，通过国有资本投资运营公司淡马锡，对国企采取“国资民营”模式，政府不直接参与企业日常商业运营。淡马锡是一家非常高质量的公司，投资非常挑剔，管理得很严格，很多好的央企投资项目淡马锡都有参与。20 世纪七八十年代，新加坡有过对国有企业的批评，认为不该搞国有企业，应该搞私有制企业，到现在没有了。为什么？因为国有企业的运营好过私有制企业。

从全球来看，国有企业发展总体可以分为五个阶段。总的来说，不能把国有企业当成一个异类来看，它在全球、在历史上存在并且发挥了积极作用。

二、我对国企改革的理解

再讲一下国有企业改革。改革永远和国有企业相伴而生，大家说到国企第二个词肯定是改革。为什么？因为老觉得国企不对、不好，要改革。

下图是我在财政部网站下载来的。财政部在政府预算体系里第一次放上国有企业预算，而且列为全国四大预算体系之一。

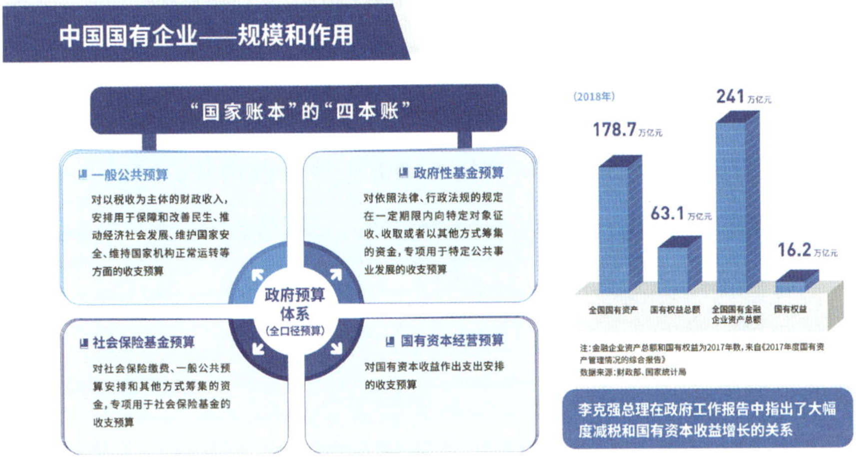

中国国有企业的规模和作用

2018 年全国国有资产总额 178.7 万亿元，如果国有企业管理上 ROA（资产收益率）能增加 1 个百分点的回报率，就是 1.78 万亿元，整个全国税收仅 2018 年一年大概 18.9 万亿元。国有企业资产回报率增加 1%就等于中国税收增加 10%。那时候再减税、再建医院、学校加教育经费就没问题了。

2019 年两会，李克强总理在政府工作报告里提到大幅度减税和国有资本收益增长的关系。我听了十几年政府工作报告，第一次听到总理在大会上彻底讲清了国有企业和社会的关系。什么关系呢？说现在中国经济受到挑战，咱们就减税、减税、减税，要更大幅度地减税，减税财政收入少了，会产生赤字，咱们又不想搞太大的财政赤字，怎么办呢？有两个方法：第一个方法，各级政府要过紧日子；第二个方法，增加特定国有金融机构和央企上缴利润。

我觉得这个关系说得太清楚了，应该告诉全国人民国有企业应该缴多少钱，让全国人民都知道。国际上有很多国有企业向全民派发红利的例子。国有资产归全民所有，必须让全国人民知道国企的经营和自己有关系，产生拥有感。整个政府预算分四块，国有资本经营预算应该和财政预算可连接，国有企业经营得好，财政就减税，人民就可以多发钱、多就业、多修学校、多做研发，整个财政就活了，做得不好该关关掉、该卖卖掉，做得好就发展，有评价、有标准。这样，国有企业未来才能真正变成国家经济民生、社会安定发展的重要因素。

国企存在什么问题和矛盾？无论国有、私有，各种企业都天然存在两个普遍的矛盾：经济活动中与政府的矛盾；经营活动中所有者与信托人的矛盾。

问题表现在四个地方：一是效率，大部分企业随着发展，投资越大回报率不断下降；二是动力，企业对人进行激励激发工作动力，但激励存在风险；三是权力，在用人、投资方面到底谁来决策，会带来一些矛盾；四是创新力，这是目前最重要的，但国企比较弱，因为创新力是所有因素合力的迸发。

国有企业的发展始终和改革相伴而生。国企改革是个波澜壮阔的过程，经过了大量的改革探索和实践，比如最早是从 1979 年开始，有扩大自主权、厂长负责制、企业破产、股份制试点、用人双轨制、供销挂钩，不断提出新的改革方法，这些方法今天往回看都是历史，但在当时的情况下为企业取得了一定的成绩和发展。

从 1978 年以来，国企没有一刻不在探索，在逐步改善、改革、解决问题，如果那时候不去那么做就没有国企的今天。这个过程很长，全世界没有任何一个国家，对企业界在和它的政治制度、社会环境相联系的情况下，用了这么大的精力一步一步去改。到了现在，国有企业在国民经济中的占比逐年下降，且向资源及公用事业等领域集中，国企战略布局调整成效显著。国有控股企业占全国规模以上总产值的比重，从 2000 年的 47%降到 2011 年的 26%。从 2012 年到现在，党的十八大提出坚持两个“毫不动摇”，毫不动摇巩固和发展公有制经济，毫不动摇鼓励、支持、引导非公有制经济发展，到今天供给侧结构性改革、混合所有制、国企兼并重组等，目前国资委在全力推动这些改革工作。

总体来看，国企改革有几个特点：持续不断，与国家发展同步，虽然改革有很多困难，但一直在积极想办法；摸着石头过河；螺旋式上升；实践为先，理论滞后，有了实践再推广起来；局部与碎片式，相对来讲真正统一的、大面积的改革还要再加强；之前改革处于相对容易的层面，逐步进入深水区。

党的十八大以来，习近平总书记对国有企业改革发展作出了一系列重要指示批示。回顾改革历程，中国的国企改革很多时候是被逼出来的，过程不简单、不容易、不平凡。

三、国企改革发展成就与存在问题

国企在历史上作出了卓越的贡献，在推动国家工业化、健全工业体系等方面都功不可没，用习近平总书记的话说“功勋卓著，功不可没”。

国企改革的巨大成就——发展健康

通过持续不断地改革，尤其党的十八大以来的全面深化改革，国有企业战略布局大幅优化，整体发展健康，实现了国有资产保值增值。

国企改革的巨大成就

作用表现在几个方面：促进后发国家快速工业化，健全工业体系；推动经济社会发展，保障改善民生；完善国民经济体系；维护国家安全；增强综合国力。

从2003年到2012年，在宏观经济增长带动和改革的推动下，国有经济规模快速发展，2012年国企增加值达到13.08万亿元。2018年，进入世界500强榜单的国有企业超过80家。全国国有企业的净资产收益率也在不断提高，2008年国际金融危机以后有所下降，但维持在8%左右。178万亿元的国企总资产对中国来讲是极大的财富，国企上缴的国有资本经营预算对政府公共开支及民生至关重要，所以国企自身资产要管好。

近五年来，国企营业收入和利润实现了较好的增长，2018年营业收入58.8万亿元，利润总额3.4万亿元，形成了巨大的产业资产，吸纳了6000万人就业。实际上，企业的第一责任就是提供好的、高质量的、高水平的就业机会。

国有企业也是国家战略的重要实施主体，在关系国家安全、国计民生等关键领域不断取得突破。正如郝鹏书记刚才所说，国企承担了很多重大战略工程的实施，比如载人航天、探月工程、国产大飞机等。国企在航天、高铁、特高压输变电等许多领域创造了世界领先的地位。在国家“一带一路”倡议推动下，中国对“一带一路”沿线国家投资增长较快，国企抓住发展机遇，成为“一带一路”建设的主力，央企承担了3116个投资和工程项目，在基础设施建设中，央企承担了50%的项目，合同额超过了70%。

国企改革取得了巨大的成就，但依然存在问题：

一是效率，国企资产回报率改善不大。国企资产回报率不高是相对于民企而言的，同行业比较，国企比民企资产回报率低2—5个百分点，这是国企面临的最大问题，从企业的使命来讲，投入产出不对等。

二是创新，国有企业在研发效率上与民营企业等有差距。研发投入强度差距不大，有很多研发投入，也有很多产出和成绩，但是效率有差距，每1亿元研发支出获得的有效发明专利数仅为民营企业的41%，外商投资企业的68%，数据可能不精确，但结论基本上是对的。整体上，国有企业在创新能力等方面仍然存在不足，需要持续推进改革。国企和民企面临同样的市场竞争，如果不能解决效率和创新问题，将在市场竞争中受到很大挑战。

还有人说，国企还存在垄断、腐败、补贴、高杠杆低利率、不公平竞争等问题。在此我作一个简单回答。

垄断问题，国企所在的个别行业，是天然特权、国家授权的行业，比如说电网行业等，这个行业本身不是国企想垄断，所谓的行业专营性是国家经济政策所要求的。但我们也要看企业运营的效率，不能因为是独家经营的效率就低，或者服务比别人差。

腐败问题，两会期间，一位民营地产企业家发言时说，公司内设了 400 多人管纪检，但内部腐败依然非常厉害，由于缺乏足够的手段，抓也抓不着，跑了也没法双规。可见，腐败问题是巨大的社会毒瘤，但这不是国企独有的，也不是中国国企独有的。国企当然要面对这个问题，一定要把腐败问题治理好，严厉打击腐败。但反过来讲，这不是国企的主流，特别是党的十八大以来，国企在这个问题上已经大大改善。

补贴没有，我和美方说过几次，专门给国企的补贴是零。当然国企也有补贴，比方说企业做燃料乙醇，这个补贴全行业都有，不是单独给国企的补贴。不能说别人补了就没关系，国企补贴就来指责国企补贴问题。

高杠杆低利率问题，国外说了很多，为什么国企贷款多？为什么高杠杆低利率？是因为国企还钱。能还钱银行才借，利息相对低。有的国企因为经营比较差就借不到钱，非常费劲，银行最后给的利率也比较高，要求担保。

不公平竞争问题。国企承担了很多企业属性之外的职能，花了大量时间、人力、精力、金钱、团队要投入。

习近平总书记说："谁说国企搞不好？要搞好就一定要改革，抱残守缺不行，改革能成功，就能变成现代企业。"党的十九大报告也提出，国企改革的目标是深化国有企业改革，发展混合所有制经济，培育具有全球竞争力的世界一流企业。

什么是世界一流企业？我建议可以考虑制订一个一流企业标准全面对标，财务指标、过程指标、效率指标都进行对标，这样慢慢企业就一流了。

简单总结，要理解国有企业，首先要理解近代中国经济史的独特性，理解包括国际、国内在内的企业所有制的多种形式，理解国有、公众所有与私人所有的融合。在企业管理上，所有制被过度夸张了。比如，阿里巴巴是公有还是私有？腾讯是公有还是私有？汇丰银行是公有还是私有？汇丰银行规定，股东不可以持股超过1%。多年前，当时汇丰银行董事长乘坐飞机，他个子有两米高，但汇丰银行规定三小时以内航程不能坐头等舱，他也坐在经济舱，是什么动力使汇丰银行规定了这样的东西？按说汇丰银行一年利润超过几百亿英镑，差这点钱吗？马云、马化腾是典型打工打成了首富，阿里巴巴30%多的股份是软银的，腾讯最大的股东是南非企业，他们个人股权现在可能不到10%。如果没有一个股东持股超过1%，按理说是公众公司。坏的公有制恰恰是私有制，好的股权多元化就是公有制。企业管理很差，一个人都独吞了那就成了私有制，是私有企业。全面混合所有制，变成现代企业制度，是公有制。当然，混合所有制是国企改革多种方式中的一种，不等于一混就灵。

四、找准国企改革着力点

国有企业改革的着力点在哪儿？怎么改革？这是学术讨论，没有任何结论，我列了 10 点：

第一，所有者缺位。2018 年国务院第一次向全国人大报告了国有企业经营状况，国资委也好、国务院也好，向全国人大报告国企经营状况就和报告财政预算是一样的，这样明确了信托责任，找到了所有者。

第二，国企多重目标。国企有很多目标，赚钱、社会效益都有，必须尊重企业特性、效率属性、市场原则，并予以准确评价。

第三，战略管理不清晰。很多企业为什么搞多元化乱投资呢？因为没有战略。从国家战略与企业战略的统一开始，明确行业选择、做到目标清晰、尊重市场作用。

第四，评价标准不统一。这里必须要对标世界一流进行标杆管理，形成业绩文化，统一会计标准。

第五，运营效率不高。要真正地细化指标、目标倒推，对资本投入进行控制，对经营不善企业进行破产重组。

第六，战略创新不够。这么多新经济、新创造国企没有，要有专业洞察，把握发展规律及发展阶段，要有容错机制，错了没问题原谅一次接着再来。同时，尊重企业家精神，尊重创造性。否则，没有创造性，如何提高 178 万亿元资产的回报率？

第七，杠杆过高、债务风险。对于战略不聚焦的要限制借贷水平。

第八，管理者及人才培养选拔的局限。选人者责任、选人的标准、评价及更换、人与战略目标的匹配、信任及授权，每一个都是大题目，有着巨大的改革需求。我常说，选错一个人三年时间就浪费掉了，选不好持续下去更完蛋，这时你的竞争对手在发展、世界在发展。当然，这是个综合性课题，要解决什么标准、怎么评价、怎么更换等。

第九，激励机制及改革。激励机制绝对不单单是发多少钱的问题，要更关注激励的科学性、人才的竞争及团队文化。

第十，落实党的领导。很多国家都有国有企业，我们有中国特色的国有企业。董事会和党委会的工作经过这几年磨合，目标是一致的。还有党员的使命和纪律。只要承认中国的现代史，承认中国1949年以来到今天的发展，承认中华民族的复兴，就必须承认中国共产党在里面起到的作用。历史上没有任何一个朝代、政党、个人能把中华民族搞得像今天这样好，这就是现实。

五、中化集团改革发展的实践

国有企业是党执政兴国的重要支柱和依靠力量。我待过几个企业，华润、中粮、中化，有一个结论性的东西：这些企业没有私有化，没有颠覆式推倒重来，主要是在市场激烈竞争领域发展的，完全没有任何壁垒，大部分业务来自新建创立，管理团队由内部培养产生，而且可持续性比较强。

以中化集团为例。2016年以来，中化集团创新转型逐步深入，全面转向科技驱动的创新型企业，打造成为一家以石油化工为基础、以生命科学和材料科学为引领、以环境科学为保障的综合性化工企业。怎么做？作为一个企业来讲，一进门先说理想信念，绝对不是政治口号，是非常实际的。价值观不一致、理想信念不一致，想升官发财不要来国企，认可这点就在企业好好干。来到国企，可以过上体面的生活。所谓体面生活，就是能穿不错的衣服、开不错的车、小孩上个学校、有个房子，但不可能买飞机。没有人想来企业过苦日子，都想过好日子，所以理想信念和经营业绩要有联系。人和战略要有联系。

再就是战略十步法。包括了战略制定、战略实施和战略评价。

战略和执行的关系可以用动力系统和能力系统模型来理解。

再者就是企业经理人标准及素质要求。对人的要求，我曾经写过一篇文章《你行吗?》，里面列了 134 个标准，能达到这些标准可以试试能不能当经理人。当然这个要求有点高。我们对人的要求几乎是最重要的要求。

中国中化大厦

最后是五步组合论，我觉得这比较适合国有企业。第一步要选经理人。所有制不同、股东价值取向不同、社会环境不同、企业目标不同、使命不同……所有不同都会表现在选经理人上。所有活动最主要的表现就是选出、评价、激励、更换CEO。第二步是组建团队，真正的组织管理团队都在这儿。第三步是发展战略。第四步是市场竞争力。发展战略怎么发展法，MBA所有的课程基本上是讲后面两项，讲产品、会计、价格、市场，实际上光讲这些是不够的。第五步是价值创造。什么是价值创造？价值创造就是对企业不断评价，让银行评价你、客户评价你、政府评价你、员工评价你、股东评价你……最后能不能做好，到最后能不能做经理人，不行就换人，就这么一个大循环。

各个央企虽然表述方式不一样，但大量都用了业绩、战略、团队、评价、导向来评价这个人、换这个人，逐步提高央企的发展水

中化国际科技创新中心研发场景

平，如果没有这样的评价机制央企就没有今天的进步和发展。

中化集团现在在推“科学至上”，整个公司的战略、团队、运营就从这四个字来。推动科学，没有研发、没有科技含量就不投资、不并购，任何的发展全以科研为主。

未来，中化集团致力于打造成为世界一流的、第一梯队里的化工企业，包括生命科学、材料科学等。中国目前非常遗憾的是没有类似巴斯夫、杜邦那样的大的化工企业，而现在中国每年进口大量化工品。中化的未来一定在这儿，给他们十年时间，一定会创造出一个世界一流的、研发科技驱动的综合性化工企业，有整合价值链，有规模、有盈利、可持续发展，是管理科学的新国企。我希望国企发展得更好，谢谢大家！

同学们说

宁总的讲授渗透了他对于国企改革这一历史主题极为深刻的思考，我从宁总的讲授中逐渐理清了国有企业改革的历史脉络，也充分体会到了国企改革的必要性，以及对于中国国民经济长久发展的重要意义。从宁总的讲授中，我也认识到国企目前仍然存在很多问题，但也正如宁总所讲到的，“大家觉得国有企业现在不好，等改好了再去，可是你不去改，谁来改？”我想这也是国企改革留给我们这一代青年人的使命，我们应当有勇于创新的精神，敢于面对这些现实问题，将国企改革推进到新的历史时期。

——刘王恢　土木系学生

作为一名在校学生，十分荣幸能够有机会聆听宁高宁董事长高屋建瓴的报告，能够对国有企业的发展历程、国企改革的实践与成就有更加全面的认识。谈到国有企业，人们往往想到的是效率低下、发展落后等一系列问题，却往往选择性忽视国企在发展国家经济、推动国家工业化进程、提升综合国力方面不可磨灭的功勋。当今，国有企业也确实面临着一些问题，要使更多国企更好地服务于社会发展，成长为具有全球竞争力的世界一流企业，就需要全面地深化改革，提高企业效率、大力推动创新。这也是一个摸着石头过河的过程，需要制定合适的发展战略，培养高素质的管理人才，制定先进科学的管理方法，向世界一流企业标准全面对标，将国有企业逐步发展成长为新时代的世界一流企业。

——李邦昊　化工系学生

3. 社会主义是干出来的

国家能源投资集团有限责任公司  北京大学

王祥喜

2019 年 5 月 24 日，国家能源投资集团有限责任公司党组书记、董事长王祥喜在北京大学讲课

★社会主义是干出来的。事实证明，任何一项事业都始于梦想、成于实干，国企过去改革实践发展取得的成就是干出来的，新时代国有企业的辉煌未来也要靠我们干出来。

☆国企姓党，国企为国。新时代的国有企业，肩负着新责任、新使命。

★我国国有企业为我国经济社会发展、科技进步、国防建设、民生改善作出了历史性贡献。特别是央企作出了突出贡献。

☆国有企业自从出现那一天起，就成为“国家队”的重要力量，就义不容辞地肩负起服务国家战略、建设社会主义的重要职责。

★核心技术是要不来、买不来、讨不来的，创出来才能闯出来，干出来才能有未来，自主创新才能赢得尊严。

☆对于国有企业而言，大力实施创新驱动发展战略，集中力量攻坚克难，研发和掌握更多具有自主知识产权的关键核心技术，是实现高质量发展的必由之路。只有这样，才能推动我国在先进技术方面的赶超和跨越，才能抢占科技创新的“桥头堡”和“制高点”。

★国防安全、能源安全、金融安全、粮食安全、信息安全、核安全等，对一个国家的重要性不言而喻。我国国有企业以自己的实际行动，为维护国家安全提供了坚实有力的支撑。

今年是五四运动100周年，能在这个时候到北大和同学们交流，感到非常荣幸。2016年7月，习近平总书记在国家能源集团宁夏煤制油示范项目现场视察时，在现场发表了热情洋溢的重要讲话，发出了“社会主义是干出来的”伟大号召。2018年5月2日，习近平总书记在北京大学师生座谈会上讲话时指出：“我在长期工作中最深切的体会就是：社会主义是干出来的”。“社会主义是干出来的”，充分

讲课现场

体现了习近平总书记对于实干兴邦、实干兴企、实干成就精彩人生的殷切嘱托。下面，我主要从国有企业改革发展和能源革命方面，结合国家能源集团的工作实践，与大家作一些交流。

讲课现场

一、中国特色社会主义进入新时代，国有企业怎样担当起新的使命和责任？

习近平总书记在党的十九大报告中指出，经过长期努力，中国特色社会主义进入新时代，这是我国发展新的历史方位。国企姓党，国企为国。新时代的国有企业，肩负着新责任、新使命。那么，国有企业能不能担当起新的使命与责任？如何履行好新的使命与责任？今天，我谈一谈自己的看法。

（一）国有企业为我国经济社会发展、科技进步、国防建设、民生改善作出了历史性贡献，特别是央企作出了突出贡献

第一，央企是国民经济发展的“顶梁柱”。

七十年前，新中国刚成立时，我国的工业基础，特别是重工业基础非常薄弱。国家投资兴建了一批重工业企业和国营专业公司，为我国相关产业的快速发展奠定了重要基础。著名的重工业企业包括鞍山钢铁公司、第一汽车制造厂、沈阳飞机制造厂等，并建立了东北重工业基地。国营专业公司包括中国粮食公司、中国盐业公司、中国石油公司等。七十年后的今天，我国国有企业分布在关系国家安全和国民经济命脉的重要行业和关键领域，提供了几乎全部的基础电信、电力供应服务，提供了绝大部分的原油、天然气等石油化工重要产品，为推动经济社会发展作出了重大贡献。

2018 年，全国国资监管系统企业实现增加值 12.4 万亿元，其中央企实现增加值 7.1 万亿元。我国用几十年时间走完了发达国家几百年才走完的工业化历程，国民经济发展和社会主义现代化建设取得举世瞩目的成就，我国日益走近世界舞台中央，这不是从天上掉下来的，也不是敲锣打鼓、轻轻松松就能实现的，而是拼出来、干出来的，国有企业作出了巨大贡献。

第二，央企科技创新的“先锋队”。

核心技术是要不来、买不来、讨不来的，创出来才能闯出来，干出来才能有未来，自主创新才能赢得尊严。中央企业不断加大科技创新力度，取得了阶段性成果。党的十八大以来，中央企业共获得国

家技术发明奖和科技进步奖688项，约占国家同类奖项的三分之一，2018年占比超过了40%。党的十九大报告提到了天宫、蛟龙、天眼、悟空、墨子、大飞机等重大科技成果，这些都是由中央企业主导或参与研发的。比如，煤制油是关系国家能源安全的关键核心技术，国家能源集团在建设示范项目中，打破了国外对煤制油化工核心技术的垄断，攻克了多项技术难题，获得技术专利200多项，取得了美国、欧盟、日本等9个国家和地区的专利授权，我国成为全球唯一同时掌握百万吨级煤直接液化和煤间接液化两种煤制油技术的国家。

第三，央企是经济运行的“稳定器”。

在应对2008年国际金融危机中，我国国有企业功不可没。2009年，国有及国有控股单位投资比上年增长35.2%，增幅提高12.7个百分点。2008—2010年，中国经济平均增长率达到9.8%，远高于世界平均水平的2.41%，在世界主要经济体中表现抢眼。当时，绝大多数国企不减薪、不裁员或者减薪不裁员，新增就业岗位，积极帮助解决危机中失业人员的再就业。

国家能源集团在煤炭销售方面认真落实国家宏观调控要求。2018年，我们率先与国内主要发电企业签订三年期长期协议，合同量1.45亿吨，合理引导市场预期，保障煤炭价格稳定，发挥了能源供应“稳定器”和“压舱石”的作用。再举一个例子，近年来，每到冬季，黑龙江省的煤炭供需矛盾就非常突出，缺口超过1000万吨，如果煤炭供应跟不上，那是会出人命的。2017年冬，我们调动了哈尔滨铁路局1460辆自备车，累计运输煤炭1131万吨，用实际行动温暖了“冰城”。

第四，央企是国家安全的“捍卫者”。

国家能源集团宝日希勒能源有限公司一号露天煤矿

国有企业以自己的实际行动，为维护国家安全提供了坚实有力的支撑。比如，“两弹一星”铸就了共和国的核盾牌，是国有军工企业干出来的；首艘国产航母、我国第五代重型战斗机歼-20 等国之重器，都是中央企业干出来的。建军 90 周年阅兵式上的受阅武器装备，全部都是由中央企业制造的。面对南海岛礁建设特殊任务，中交集团坚持“国家利益高于一切”，调集最精良资源投入工程建设，创造了南海岛礁建设的奇迹。

截至目前，国家能源集团的煤炭、火电、风电、煤制油化工规模均居世界第一，煤炭产能 5.14 亿吨，约占全国的 15%，发电总装机 2.39 亿千瓦，约占全国的 13%，打造了独具特色的“煤电油运”及“煤电路港航”一体化产业发展格局，在保障国家能源安全稳定供应方面发挥着“压舱石”的作用。

第五，央企是改善民生的“生力军”。

在打赢脱贫攻坚战方面，三年来，中央企业结对帮扶了 246 个国家扶贫开发工作重点县，约占国家级贫困县总数的42%，其中42个县已经提前脱贫摘帽，到2019年年底，绝大多数都可以提前完成任务。

国家能源集团把定点扶贫和对口支援作为一项重大政治任务扛在肩上。根据中央安排，集团公司承担7个县的定点扶贫任务和2个县的对口支援任务。我们因地制宜实施了光伏扶贫、教育扶贫、生态扶贫、医疗扶贫等上百个帮扶项目。我们加大投入力度，2018年直接投入帮扶资金约1.75亿元。截至目前，有6个县成功脱贫摘帽。

第六，央企是“一带一路”建设的“排头兵”。

目前，中央企业境外单位达到9000多家，分布在190多个国家和地区，境外资产7万多亿元，年创利润800多亿元。央企在“一带一路”沿线合作共建项目超过3000个，已开工和计划开工的基础设施项目中，央企项目占比超过60%，合同占比接近80%，其中，有不少都是具有示范带动作用的重大项目和标志性工程。比如中交集团等企业建设的蒙内铁路，是肯尼亚独立以来的最大基础设施建设项目，创造了“肯尼亚奇迹”。

以上事实充分表明，国有企业在我国经济社会发展中地位重要、作用关键，是中国特色社会主义的重要物质基础和政治基础，是我们党执政兴国的重要支柱和依靠力量。

（二）国企作用的发挥，国有企业不断发展壮大，离不开国企改革

党的十八大以来，习近平总书记就国有企业改革发展发表了一系列重要讲话，作出了一系列重要指示批示，深刻回答了在新的历史条

件下要不要办国有企业、办成什么样的国有企业、怎样办好国有企业等重大理论和实践问题，为国有企业改革深入推进提供了强大思想武器和科学行动指南，引领国有企业改革进入了新的历史阶段。目前，改革正在向纵深推进，在重点领域和关键环节不断取得新的突破，国有企业的活力和竞争力得到明显增强。

一是改革顶层设计基本完成。党的十八届三中全会通过了《中共中央关于全面深化改革若干重大问题的决定》，是新时期指导和推进国有企业改革的纲领性文件。同时，建立了以若干文件为配套的“1+N”文件体系，目前已出台36个配套文件。

二是公司治理体制机制不断完善。国有企业公司制改制取得历史性突破，目前中央企业集团层面改制全面完成，各级子企业改革面由2013年年初的72.3%提升到近99%。规范董事会建设持续推进，目前85%的中央企业集团建立了规范董事会，在中央企业所属二级企业中超过70%也建立了董事会，决策的科学性、有效性得到明显提升。党的领导和公司治理实现有机统一，目前中央企业集团全部实现党建要求进章程，将党组织研究讨论作为董事会、经理层决策重大问题的前置程序，实现党委（党组）书记、董事长“一肩挑”。

三是国有经济布局不断优化，国有资本配置效率显著提升。党的十八大以来，推进了20组38家中央企业进行战略性重组，优化了资源配置，提高了核心竞争力。以国家能源集团重组为例。原神华集团和国电集团按照党中央的决策部署，于2017年11月28日正式组建国家能源集团。实现了煤电产业链的一体化整合，被称为能源行业的“最佳组合”。两家集团重组后，形成了煤炭、火电、水电、新能源、运输、油化、科技、金融八个产业板块。2018年，集团公司八个板

地层深处的煤炭开采党支部

块全部实现盈利，主要生产经营指标全部超额完成年度计划，超过重组前两集团指标相加之和，实现了“1+1>2”的效果。

四是混合所有制改革取得积极进展。这几年，在电力、石油、天然气、民航等领域的混改试点，引入资本超过 1000 亿元。进入证券市场是混改的一种重要形式，目前中央企业 63.7%的资产和 60.8%的净资产都在上市公司。国家能源集团拥有中国神华、国电电力、长源电力、平庄能源、英力特、龙源技术、莱宝高科 7 家 A 股上市公司，和中国神华、龙源电力、国电科环 3 家 H 股上市公司，上市公司资产占比约为 60%。

五是国有资产监管持续完善。国资委把握出资人职责定位，改进监管体制机制，优化监管方式，推动转职能、强监管、严追责，监管的科学性、针对性和有效性进一步增强。

六是国有企业党的领导、党的建设全面加强。坚持党的领导、加强党的建设，是国有企业的“根”和“魂”。近年来，中央企业各级党组织通过“强根铸魂”，党组（党委）领导作用充分发挥，党的政治优势切实转化为企业的发展优势和竞争优势。同时，国企党风廉政建设也不断加强。纪检、巡视、审计、法律、财务等监督手段，构建了“大监督”格局，形成了监督合力，是企业经营风险和廉洁风险的“防火墙”，是价值创造的“护城河”。以国家能源集团为例。我们狠抓党建工作责任的落实，与各单位党政负责人签订了生产经营和党建党廉“双目标”，把考核结果与领导班子综合考评、经营业绩考核衔接起来。开展“社会主义是干出来的”岗位建功行动，创建“党员示范岗”“党员责任区”，打造形成一批“地层深处的煤炭开采党支部”“行走在铁路线上的党支部”“行驶在船舶上的党支部”等特色支部，推动了党建工作与生产经营深度融合。

（三）要以习近平新时代中国特色社会主义思想为指导，大胆务实地向前走，推动中央确定的 1+N 国企改革体系落地、落实

国企要搞好，就一定要改革。改革永远在路上，国企明天更美好。国企改革是一项极其复杂的系统工程，很多改革任务还在逐步落实的过程中。下一步，要突出抓好四个方面的改革。

一是中国特色现代国有企业制度建设。主要是有效划分企业主体的权责边界，完善法人治理结构，充分发挥党委党组的领导作用、董事会的决策作用、监事会的监督作用、经理层的经营管理作用，做到各司其职、各负其责、无缝衔接，真正走出中国特色现代国有企业治企之路。

二是混合所有制改革。混改不是单纯的“为混而混”“一混就灵”，要通过优化股权结构来完善治理结构，实现企业经营机制的转变。这

方面，我们步子要迈得大一些，国有资本可以选择控股、也可以选择参股，共同发挥好不同所有制性质的投资主体在公司治理结构中的作用，激发民企投资意愿，真正实现“双赢”“共赢”。

三是市场化经营机制。按照市场化选聘、契约化管理、差异化薪酬、市场化退出的原则，加快建立职业经理人制度，建立符合社会主义市场经济原则的激励机制。要用好员工持股、上市公司持股计划、科技型企业股权分红等中长期激励举措，合理拉开内部收入分配差距，充分调动企业内部各层级干部职工的积极性，增强国有企业内生活力。

四是供给侧结构性改革。要继续化解钢铁、煤、电等行业过剩产能，抓紧消化各种历史欠账和遗留问题，加快结构调整转型升级，有序推进国有企业战略性重组整合，推进传统产业激发新动能，推动国有资本向战略性新兴产业转移。

事实证明，任何一项事业都始于梦想、成于实干，国企过去改革发展取得的成就是干出来的，新时代国有企业的辉煌未来也要靠我们干出来。习近平总书记对国有企业提出了“六个重要力量”的殷切期望。中央企业要以实际行动，继续落实好总书记和党中央的要求，承担新使命、展现新作为、作出新贡献，继续彰显共和国长子的责任和担当，为中国故事写下精彩的时代篇章。对此，我们充满信心。

二、中国要实现“两个一百年”奋斗目标，能源工业如何支撑助力？

党的十九大对“两个一百年”奋斗目标作出全面部署，提出到

21世纪中叶，把我国建成富强民主文明和谐美丽的社会主义现代化强国。能源是人类社会赖以生存和发展的物质基础，也是我国实现“两个一百年”宏伟目标的重要支撑。对于能源工业来讲，必须切实贯彻落实习近平总书记提出的“四个革命、一个合作”的能源安全新战略，即推进能源消费革命、供给革命、技术革命、体制革命，加强全方位国际合作，建设清洁低碳、安全高效的能源体系，满足人民日益增长的美好生活需要，保证能源供给，保障国家能源安全。

（一）在消费侧，要落实节能优先方针，推进用能方式变革，建设能源节约型社会，积极推动能源消费革命

我国能源资源总量丰富，但人均拥有量较低。煤炭、石油、天然气的人均可采储量，分别为世界人均的67.1%、5.6%、10.6%。2018年，我国仍是世界上最大的能源消费国，能源消费总量占全球能源消费量的20%以上，如果敞开口子消费能源，不仅我国资源、环境不可承受，全球资源、环境也难以承受。另一方面，我国终端能源消费结构不均衡，工业占比很高。2018年，我国工业、交通、建筑用能占比分别为66.3%、15.3%和18.3%，而在经合组织国家，三者基本上各占三分之一。

如何推进能源消费革命？首先，要提高能源利用效率，控制能源消费总量。据测算，如果我国能源利用效率提高到世界平均水平，每年就可以少用一半能源。其次，要加快调整产业结构，继续推进钢铁、建材等高能耗产业节能减排改造，淘汰落后产能，推进用能方式变革。再次，要高度重视建筑、交通等城镇化节能。据测算，城镇化每提高1个百分点，会带动能源消费增加6000万吨标煤，这是未来

节能潜力最大的领域。最后，要加快建设能源节约型社会，这与我们在座的每一位都息息相关，比如在衣食住行游等各个方面，开展绿色生活行动等。

（二）在供给侧，要实施能源供给侧结构性改革，推动化石能源清洁高效开发利用，大力发展非化石能源，建立多元供应体系，切实保障国家能源安全

从能源供给看，我国还面临不少风险与挑战，主要是两个方面：一方面是能源安全供应形势严峻。我国能源禀赋总体上富煤、贫油、少气，2018 年，我国能源生产中，原煤、原油、天然气的比重分别为 69.1%、7.1%、5.6%。我国也是最大的原油、天然气进口国，对外依存度分别为 71%、43%。另一方面是生态环境问题突出。我国碳排放总量在 2003 年和 2006 年先后超过欧盟和美国，成为世界第一大碳排放国，2017 年达到 92 亿吨。我国政府已承诺 2030 年碳排放达峰值。电煤是煤炭优质利用的重要方式，煤炭清洁高效利用问题十

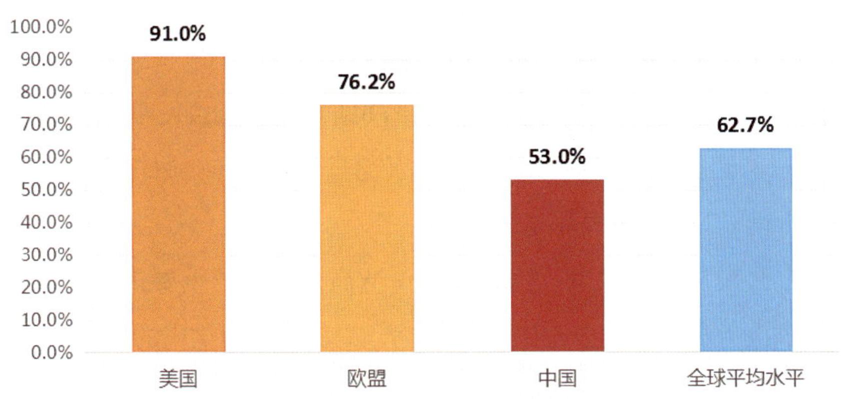

主要经济体电煤占煤炭消费的比重

分迫切。特别是我国民用散煤消费总量每年在2亿吨左右，其中超九成用于北方农村冬季取暖，研究显示，烧1吨散煤的大气污染物排放量是电煤的数倍甚至数十倍，污染问题十分严重。

解决上述问题的路径，简单来说就是两句话：化石能源清洁化，清洁能源规模化。

首先来看化石能源清洁化。这里重点讲煤炭的清洁高效生产和利用，也就是"煤炭革命"，这是我国能源革命的一篇大文章。煤炭是我国能源战略上最安全和最可靠的能源，支撑了我国经济社会快速发展，被誉为"工业的粮食"。我国煤炭资源丰富，煤炭的丰富性和廉价性，决定了在当前及今后相当长的一段时期内，作为我国主体能源的地位不会发生变化，还将长期发挥重要作用。所以，那种简单"去煤化"的认识，不符合我国能源工业的实际情况，"煤炭革命"绝不等于"革煤炭的命"。

一是提高煤炭安全高效生产水平。这是煤炭清洁高效利用的基础和前提。改革开放以来，我国煤炭生产力水平大幅提高，实现了由粗放向集约高效现代化方向的转变。全国煤炭产量增加到36.8亿吨，大型煤炭企业采煤机械化程度提高到96.1%，全国煤矿人均生产效率提高到1000吨/年，百万吨死亡率下降到0.093。比如，国家能源集团神东矿区补连塔煤矿，年人均效率超过50000吨，原煤工效达到167.76吨/工，处于国际先进水平。

二是发展清洁煤电。这是煤炭清洁高效利用的重要途径。煤电在我国电力供应结构中占比约为60%，是保障电力供应的主力电源。我国目前的火电厂大气污染物排放标准，比日本、欧盟等发达国家和地区都严格。近年来，我国大力实施超低排放和节能环保改造，煤电

国家能源集团神东煤炭集团主要指标与国内外对标情况

指标		中国	美国	澳大利亚	神东集团
安全	百万吨死亡率(%)	0.106	0.018	0.005	0.006
效率	开采机械化程度(%)	大型企业95 中小企业30	100	100	100
	原煤效率(吨/工年)	大型企业2600 中小企业500	12000	13800	26000
回收	采区采出率(%)	大型企业75 中小企业40	79	—	86
	沉陷区治理率(%)	大型企业 部分达标	普遍达标	普遍达标	100
环保	“三废”达标排放率(%)	中小企业 普遍不达标	普遍达标	普遍达标	100

产业迈向清洁高效“升级版”，建成了世界上最大的清洁煤电供应体系。目前，国家能源集团常规煤电超低排放机组容量占比98%，计划2019年全部完成。所属舟山、三河、乐东、泰州、宿迁等机组实现“近零排放”。在江苏泰州电厂，2015年9月，建成世界首台百万千瓦二次再热超超临界机组，发电效率47.9%，发电煤耗256.2克/千瓦时，综合能效指标达到全球最优。习近平总书记在参观项目展览时，作出了“煤电是件大事，一定要搞好”的重要指示。

三是适度发展现代煤化工。包括煤制油、煤制气、煤制烯烃等。国家能源集团是全球唯一同时掌握百万吨级煤炭直接液化和间接液化两种煤制油技术的企业集团。宁煤集团400万吨/年煤炭间接液化项目，2017年12月17日实现A、B线全线满负荷生产，是世界上单套投资规模最大、装置最大、拥有中国自主知识产权的煤炭间接液化示范项目。鄂尔多斯百万吨级煤直接制油示范工程，研发出的航空、航天煤油和陆、海、空全系列军用特种油品，硫含量低于国六标准的

国家能源集团泰州二期世界首台百万千瓦超超临界机组

1/10，符合国内外环保最高标准；冷凝点低至零下70摄氏度；能源转化率接近60%，高于煤电和其他煤化工行业40%左右的水平。实现了煤炭资源的就地、清洁、高效转化，对解决我国油气资源短缺，保障能源安全具有重大战略意义。

另一方面，是清洁能源规模化。新中国成立以来，我国煤炭、非化石能源消费，占比由1952年的95%、1.61%，分别调整至2018年的59%和14.3%。

国家能源集团在清洁可再生能源发展方面进行了积极探索，形成涵盖风能、太阳能、生物质能、潮汐能、地热能在内的门类齐全的新能源产业体系。截至2018年年底，集团新能源装机容量3969万千瓦，其中风电装机3829万千瓦，稳居世界第一位。所属龙源电力是世界第一大风电运营商，主体信用评级连续两年被穆迪评为A3，是全球可再生能源企业最高信用评级。近年来，我们积极拓展低风速、高海拔风电、海上风电等领域，安徽来安 24.75 万千瓦项目成为我国首个大型低风速试验风场，江苏如东建成 48.2 万千瓦海上风电场，西藏那曲项目成为世界海拔最高风电场。

（三）推动能源技术革命，抢占新一轮科技和产业竞争的制高点

2019 年大年初一，《新闻联播》播出了神东上湾煤矿特厚煤层开采的新闻。新闻中提到的 8.8 米超大采高智能综采工作面，是世界特厚煤层开采技术和装备的历史性变革，是国家能源集团加强自主创新，攻克特厚煤层整层安全高效开采技术难题的最新成果。

国家能源集团积极实施创新驱动发展战略，坚持自主研发掌握核心技术与合作开发相结合，取得了多项世界首创能源科技成果。累计获得国家科技进步一等奖 3 项、二等奖 30 项，国家技术发明二等奖 1 项、中国专利金奖 5 项。除了前面提到的煤电超低排放技术等项目外，还有：煤制油方面，“一种煤炭直接液化方法”和“一种旋流干煤粉气化炉”，分别荣获中国专利金奖；海上风电方面，研发了世界最大风电施工平台 2000 吨级“龙源振华叁号”，打破国外技术垄断，实现大型风电安装平台国产化，为我国加快发展海上风电产业提供了装备支撑；水力发电方面，建成世界最智慧的水电公司，最优梯级调度技术达到国际领先水平；重载铁路运输方面，研发世界首列基于第四代移动通信技术的 2.5 万吨重载列车，大幅提高了运输的效率和效益；等等。

氢能是未来全球能源系统的重要组成部分，正在成为全球能源技术革命和各国能源战略的重要方向。国家能源集团具有氢来源广泛、成本低、碳足迹低的优势，煤制氢能力年超过 400 万吨，已经成功示

范 30 万吨二氧化碳封存（CCS）技术，为低成本低碳煤制氢奠定了技术基础。我们初步完成了全国重点区域加氢站示范项目布局，积极参与氢能系统国家重大科学计划和工程，并牵头发起了“中国氢能源及燃料电池产业创新战略联盟”。目前，我们投资的我国第一个 35Mpa/70Mpa 双模国际标准的全天候商业加氢示范站项目，正在江苏如皋建设。

（四）推动能源体制革命，激发能源发展活力，促进治理体系现代化

改革开放以来，我国能源体制改革一直没有停步，陆续对能源生产经营、价格、投融资、外贸、管理体制等进行改革，促进了能源行业发展。下一步的改革方向，主要是还原能源商品属性，构建有效竞争的市场结构和市场体系，形成主要由市场决定能源价格的机制，转变政府对能源的监管方式，建立健全能源法治体系。

（五）全方位加强国际合作，有效利用国际资源，实现开放条件下能源安全

在“走出去”和“一带一路”建设方面，国家能源集团也做了一些工作。截至 2018 年年底，我们在印度尼西亚、澳大利亚、希腊、德国、南非、加拿大、美国 7 个国家，有 8 个投资项目在运，2 个项目在建，资产总额约 73 亿美元。比如，我们建设的加拿大德芙林 10 万千瓦风电项目，是中国发电企业在海外第一个风电项目，获得“加拿大原住民社区贡献奖”；南非德阿 24.5 万千瓦风电项目，全部利用我们自主生产的风电机组，实现了全产业链“走出去”，每年为当地提供

6.5亿度绿色电力，被誉为金砖国家能源合作的典范；南苏2×15万千瓦电厂，项目本地化率超过80%，累计上缴各类税费7.39亿元；等离子点火等节能环保技术与产品，出口到美欧亚20多个国家和地区。

三、建设世界一流示范企业，国家能源集团准备怎么干?

在党的十九大报告中，习近平总书记作出了培育具有全球竞争力的世界一流企业的战略部署，为新时代国有企业改革发展指明了目标方向。2019年，国家能源集团入选国资委创建世界一流示范企业。

我们清醒认识到，与世界一流企业相比，我国企业在国际资源配置、产业布局、创新引领能力、话语权及影响力等方面还存在薄弱环节，与国际先进水平的差距不小。创建世界一流企业，必须坚持问题导向和目标导向。以国家能源集团为例，我们建设世界一流企业的目标，就是在能源保障能力、产业运行、经营业绩方面达到世界一流企业水平；在科技创新、品牌形象、国际影响力和话语权方面进入世界前列；在管理水平、党的建设、公司治理、企业改革与转型升级方面走在中央企业的前列。

世界一流企业要靠干出来。我们制定了五个方面的举措。一是巩固领先产业竞争优势，引领全球行业发展。这个主要针对煤炭、火电、风电和煤制油化工产业，这些产业在全球产业发展中具有一定的话语权和影响力，是我们的优势。二是提升重点产业管理水平，夯实效率效益基础。这个侧重水电、运输、科技和金融产业，这些都是接

国家能源集团“社会主义是干出来的”岗位建功行动现场

近或有潜力达到世界一流水平的产业，需要不断提升产业竞争力。三是培育战略性新兴产业，增强长远发展动能。立足国家能源战略需要，着眼绿色低碳、智能、高效、多元的全球能源科技发展方向，在储能、氢能研发应用上下功夫，超前布局能源前沿技术领域，抢占未来发展制高点。四是大力实施创新驱动战略，切实增强自主创新能力。重点解决掣肘我国能源工业高质量发展的一系列关键科技问题，提升产业技术水平和附加值。五是积极参与“一带一路”建设，提升国际化经营水平。紧紧围绕国家总体外交战略，积极推动优势产业、产品“走出去”，增强在能源领域的全球影响力和话语权。

“千里之行，始于足下。”国家能源集团成立短短一年多，尽管取得了一些成绩，但我们清醒地认识到，距离世界一流企业的目标，还有很长的路要走，还有很多工作要做，必须继续践行“社会主义是干出来的”伟大号召，扎实推进世界一流示范企业建设。

同学们说

王祥喜书记主讲的国企公开课，从介绍国有企业的作用与贡献入手，回顾了国有企业改革进程，让我进一步了解了国有企业在实现“两个一百年”奋斗目标历程中发挥的重要作用。通过具体翔实的案例，我也进一步加深了对“社会主义是干出来的”理解，作为青年学生，要进一步打好专业基础、扎实历练本领，在未来勇担时代重任，做好圆梦一代。

——韩如冰　数学科学学院学生

聆听国企公开课后，我深感青年一代要在党的领导下，学好专业技能、发挥创新优势、勇担时代重任，当好科技兴国的先锋队、经济大国的排头兵、人才强国的顶梁柱。中国特色社会主义伟大事业只有通过实干才能发展，青年一代对此义不容辞，而且定将不辱使命。

——伍昕钰　地球与空间科学学院学生

4. 电力央企的发展实践与新时代使命担当

国家电网有限公司  中国人民大学

寇　伟

2019 年 5 月 8 日，国家电网有限公司党组书记、董事长寇伟在中国人民大学讲课

★“以人民为中心”，放在国家电网，就是一句话“人民电业为人民”。

☆电力工业的发展史，就是一部艰难的创业史，也是中国工业发展的缩影。中国电力工业的每一次变化都与国家变革和经济发展紧密交织。

★作为保障国家能源安全、参与全球市场竞争的“国家队”，作为党和人民信赖依靠的“大国重器”，国家电网公司始终带头履行政治责任、经济责任和社会责任。

☆我们深切感受到，关键核心技术是要不到、买不到、讨不来的，只有靠自己。今天，我们打破了外国同行的技术垄断，降低了建设成本，一系列的行业、国家、国际标准，都是由中国国家电网公司主导编制的。

★中央企业必须要有大局观，光有收入、利润是不够的，只有在党和国家工作大局中有大作为、大贡献，才算名副其实的“国家队”。要把企业发展始终放在党和国家事业大局中来认识、谋划、推动，成为党和国家最可信赖的“六个力量”。

☆互联网时代下，电网作为传统行业既面临巨大的挑战，但同时，跨界、融合、互联互通也给我们带来了全新的机遇。未来，国家电网该如何发展？建设“三型两网”世界一流能源互联网企业就是国家电网公司的新时代战略选择。我们简称，“三型两网、世界一流”。

电力是现代文明的标志之一。电力系统是迄今为止全世界规模最大、最复杂的人造系统。发生大面积停电不但影响人们的生产生活，还会引发一系列社会问题。

2019 年 3 月 7 日，委内瑞拉发生大停电事故，23 个州有 21 个停电，造成交通瘫痪，手术室里的病人得不到及时救治，人们只能到水沟里取水、到垃圾箱里翻找食物，现代生活对电的依赖在停电时暴露无遗。这次事故原因据我们掌握的情况，一个是网络攻击，再一个是

讲课现场

电网结构薄弱、年久失修、抗风险能力不强。委内瑞拉总统指责美国发动“电力战”，这也让人们从能源安全特别是国家安全的层面，来思考电力安全问题。

现在发明了一个新名词，叫“非入侵式侵略”。不用部队、飞机、大炮，而是通过破坏电网来入侵一个国家，使这个国家瘫痪。和战争的作用是一样的。

针对委内瑞拉这次大停电事故，习近平总书记等党和国家领导人高度重视，作出重要指示批示，要求把防控大电网安全风险提升到保障国家安全的战略高度，纳入总体国家安全观。

近 20 年，世界上频繁发生类似的大面积停电事故。涉及各个洲，覆盖发达国家和发展中国家。其中，欧洲 4 次、美国 3 次、印度 2 次、巴西 2 次、日本 2 次……中国有几次？一次没有。中国大陆没有发生

讲课现场

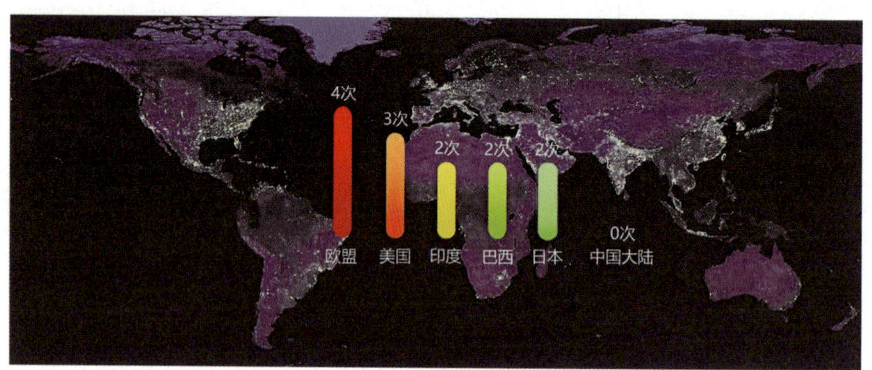

近 20 年大面积停电事故统计

过大面积停电事故。这一切都不是偶然和运气，其中凝结了一代又一代中国电力人的心血和智慧。

一、我国电力工业发展历程

习近平总书记教导我们，一定要回望过去，回望走过的路，才能从中得到启示、发现规律。电力工业的发展史，是一部艰难的创业史，也是中国工业发展的缩影。中国电力工业的每一次变化都与国家变革和经济发展紧密交织。一个国家经济要发展，电力是基础，要先行。电力不发展，工业就没法发展；工业没法发展，整个国家的经济就得不到支撑。我国电力工业发展历程总体可分为五个阶段。

（一）第一个阶段，从有电到新中国成立前，部分大城市开始“有电”了

1882 年 7 月 26 日，英国商人李德尔来到中国，创办了上海电气

公司，点亮了外滩 15 盏灯泡。这标志着中国与世界几乎是同时期使用电的。从世界上来看，大约是 1831 年，法拉第发明了第一台圆盘发电机；1875 年，法国巴黎建成了第一座火力发电厂；1879 年，爱迪生研究出第一盏可以实用的电灯。3 年后的 1882 年，中国就有了电灯了。我们的起步和世界发达国家是一样的，为什么后来停滞不前了？那时候是第二次鸦片战争结束，关税自主权遭到破坏。是慈禧太后掌权的时候，大家都知道那段历史。电力推动了世界第二次工业革命，整个世界都在进步。我们很遗憾，没跟上。一直到新中国成立前，中国电力工业都是伴随着战争成长，发展极其缓慢，电厂主要由外商控制和部分民间自办。

1941 年，中国共产党在延安创建发电厂，功率很小，只有 3 千瓦，现在很多城市家庭的用电功率都在 6 千瓦以上。当时这个发电厂发的电主要供发报机用，与各个战区联系，这是我们党领导电力实业的开端。抗战胜利后，我们党在河北省平山县建设了第一座水力发电厂——沕沕水发电厂，党中央和毛主席在西柏坡指挥辽沈、淮海、平津三大战役的用电，都是由沕沕水发电厂提供的。沕沕水发电厂的发电机由德国制造，后来，德国企业出价 2000 万元人民币回购收藏这台发电机，被我们拒绝了。电站旧址坐落在如今的沕沕水生态风景区内，景区大门两侧挂有对联：“飞流直下三千尺，太行亮起万盏灯”，横批：“边区创举”。朱德总司令还为电站题词“红色发电厂”。

（二）第二个阶段，从新中国成立到改革开放前夕，全国大多数人口都用上了电，但缺电现象普遍存在

1949 年新中国成立时，全国发电装机总量大约 185 万千瓦。185

万千瓦以上的发电厂现在我们国家至少有 200 个，当时全国的装机还不如现在一个中型电厂。

新中国成立初期，基础薄弱、百废待兴，社会需要电、人民需要电，党和政府对电力工业给予了极大重视和投资优先。新中国成立前夕，就送了很多专家去苏联留学，一开始主要是学习动力学。解放以后，苏联老大哥带着一班社会主义阵营国家来援建中国电力。后来中苏关系破裂后，图纸带走，专家带走，设备停工，再加上经历“文化大革命”，电力工业艰难前行。但即便如此，到 1978 年，我国装机总量还是由新中国成立时的世界第 25 位跃居至第 8 位，在不足 30 年的时间里，初步建成了较为完整的电力工业体系。

但缺电、限电现象非常普遍。停电是家常便饭，我自己也经历过。工厂开三天必须停四天，你多用了别人就用不了。

（三）第三个阶段，从改革开放初期到本世纪初，从“集资办电”到“政企分开”，电力工业驶入发展快车道

改革开放之初，由于电力建设资金长期不足，发电装机增长缓慢，造成电力工业与国民经济发展严重失调，全国经历了长期的缺电局面。这时候，党和国家领导人英明决策，出台了社会集资办电政策。过去电是国家专办。山东烟台龙口电厂开创了全国集资办电的先河。电厂投产的第二年，烟台地区国民生产总值同比增长了 24.6%，跻身于全国 20 个产值过百亿元的城市行列。

同一年，国务院把龙口电厂集资办电的成功经验推向全国。全社会集资，外资民资国资都有，这样就释放了社会资本的活力，发电规模迅速扩大，电力投资和建设的效率效益大幅提高。电力工业的快速

发展又为工业生产和社会建设提供了有力支撑。可以说，电力体制改革创新成为拉动经济高速列车的重要引擎。

这一时期，电力体制其他各项改革也在加快推进。1997 年组建了国家电力公司，1998 年国务院撤销电力工业部，实现政企分开。

在这一阶段，我国电力工业迎来了发展建设的第一个黄金时期。我国装机容量连续超越法国、英国等发达国家，1996 年正式坐上世界第二的位置。到 2000 年前后，全国缺电局面基本改善。电网骨干网架也从 220 千伏升级到 500 千伏，形成六大区域电网。现在加了一个西南电网，形成七大区域电网。

（四）第四个阶段，从 21 世纪初到党的十八大召开前，攻克了大规模、远距离输电的世界级难题，实现“电从远方来”

跨入 21 世纪，我国加入世界贸易组织，经济发展引擎再次提速，带来了巨大的电力需求。这么大的电力需求怎么满足？对我们确实是个考验。首先要了解我们国家的资源禀赋。资源禀赋决定着能源格局。我国有一条神奇的“胡焕庸线”，也叫黑腾线，就是黑河—腾冲线。我国能源资源和负荷分布恰好跟这条线吻合，能源资源大部分集中在这条线左侧，而负荷中心则位于线右侧，大量能源需要跨越 2000 多公里才能从西部送到东中部。实现这样大规模、远距离的能源输送是一个世界级难题。当时的输电技术只能输送 600 公里至 800 公里。

要解决这个问题，就需要把煤等能源资源从西北部通过铁路、公路运送到东中部建厂发电。但煤在运输过程中造成的污染问题很严重。当年，高速公路上全是拉煤车，铁路上也是，这种运输方式也不经济。这些煤烧完之后的烟尘、粉尘、污水等对东中部都是一个问题。这个时期，东中部的环境已经接近饱和。位于西部、北部的丰富的风能、太阳能拉不走，怎么办？就逼着我们必须攻克远距离输电的难题，把这些能源资源就地转换成电，输送到东中部地区。中国要是解决不了这个问题，经济就无法快速发展。所以，当时的中国电力工作者就开始了对特高压输电的探索。

特高压输电，又被称作“电力高速公路”，是指交流1000千伏、直流±800千伏及以上电压等级的输电技术。特高压的优势，一个是输送距离远，已经投运的准东到皖南特高压工程，全长3324公里，另外就是输送容量大、损耗低、占用通道资源少、污染小、造价低。

20世纪60年代至90年代，苏联和日本都曾经干过，但都是试验性的，没有投入工程运行。为什么没投入？因为有很多问题没解决。美国、日本、欧洲、俄罗斯都没有干成，可见这个难度有多大。

1000千伏淮上线特高压工程施工

我国启动特高压输电技术发展战略时，没有任何成熟的技术、设备、标准可供借鉴。

当时，我们集中了全国的智慧和力量来攻克这个难关。国内有 160 多家电力科研、产业单位协同攻关，开展 309 项特高压重大关键技术研究。我们研制的第一台交流特高压变压器第一次做出厂试验时，失败了。为了集思广益，我们请来了瑞典、俄罗斯、乌克兰、瑞士、日本的专家，但怎么也找不到原因。后来还是靠我们自己中国的专家力量，经过一个月的刻苦攻坚，破解了难题，变压器顺利通过出厂试验。

一路走来，特高压从酝酿、起步、建设，到投产运行，每一段成长都伴随着艰辛。在建设过程中，我们的工人每天都在 100 多米高的铁塔上作业。为了不耽误工期，午饭都是用绳子吊上去吃。

终于，在 2009 年，我们投运了首个特高压交流输电工程，2010 年投运了特高压直流输电工程，使我国成为世界上唯一将特高压输电工程投入商业运营的国家。我们全面突破了特高压技术，率先建立了完整的技术标准体系，自主研制成功了全套特高压设备。

在 220 千伏、500 千伏这两个电压等级上，我们比世界足足晚了 20 年，一直处于跟随状态。在跟随过程中，我们不服气，一直在咬着牙追赶。我们深切感受到，关键核心技术是要不到、买不到、讨不来的，只有靠自己。今天，我们打破了外国同行的技术垄断，降低了建设成本，一系列的行业、国家、国际标准，都是由中国国家电网公司主导编制的。特高压我们领先了，而且是遥遥领先了。大家对“两高”，特别是高铁比较熟悉，在高铁技术发展的同期，还有一个特高压。这“两高”是我们中国的名片，不管是对中国人民，还是对全世界都有重要贡献。

到2012年，我国电网成为世界上唯一的特高压交直流混联大电网，形成“西电东送、北电南供、水火互济、风光互补”的新格局，初步建成全国范围内能源资源优化配置的新平台。同期，我国也大力推动智能电网的建设和发展，电网的智能化和自动化水平显著提升。

这一阶段，我们的生产关系还在作进一步调整。原电力部改为国家电力公司，国家电力公司在2002年又分拆，实现政监分开、厂网分开、竞价上网、主辅分离，标志着我国电力工业生产关系、管理方式也全面进入了市场化改革的新时期。

（五）第五个阶段，党的十八大以来，我们坚持高质量发展，不断满足经济社会发展和人民美好生活用电需求

习近平总书记说，当今世界正处于百年未有之大变局。我们能够感受到，能源、环境与经济发展之间的矛盾日益突出，基于可再生资源和技术的清洁能源转型已经成为共识。人类只有一个天空，中国是《巴黎协定》的积极倡导者，欧洲是主要支持者。

党的十八大以来，对生态文明的重视达到新的高度。作为发展中国家，我们在环保领域跟世界发达国家基本处在一个水平。在这种新的形势下，习近平总书记提出了“四个革命、一个合作”的能源安全新战略。在全球能源转型背景下，我国电力工业也由高速增长向高质量发展转型。

这个时期，清洁化是主要特征，就是又要用电，又要清洁。我国新能源起步虽晚，但发展很快。党的十八大以来，风电装机总量始终保持全球领先，6年增长了2倍。大家知道，丹麦曾是世界风电发展的领跑者，6年来我们相当于每年新增了3.5个丹麦的风电装机。太

阳能发电装机也呈爆发式增长，6 年增长了 24 倍，2015 年超过德国位居全球第一。

截至 2018 年年底，我国风电、光伏发电装机容量分别为 1.84 亿千瓦和 1.74 亿千瓦，在世界上遥遥领先，这两项加起来约占我国电源总装机容量的五分之一，新能源已毫无争议地成为我国第二大主力电源。

新能源的井喷式发展也带来了“成长的烦恼”。因为风电、太阳能发电不太稳定，一阵风刮来，一阵风又没了；一片云彩把太阳能光伏板遮住，发电量瞬间就为零。但咱们用电不能说风来了我就用，风不来我就不用；有光我就用，没光我就不用。风能、太阳能虽然清洁，但从电的角度讲并不好用。所以，新能源的大规模开发，给电力工业发展带来了新的挑战。既要解决技术问题，又要政策支持，打破省间壁垒。这些年我们做了很多工作，弃风、弃光的很多指标已经大幅下降。

我国缺油少气，煤是主要能源资源。按照国家规划，未来还要继续减煤，更多地把风、光、水等清洁能源转化为电能，提高电能在终端能源消费中的比重。

二、从国家电网看中央企业的使命责任

国有企业特别是中央管理企业，在关系国家安全和国民经济命脉的主要行业和关键领域占据支配地位，是国民经济的重要支柱，在我们党执政和我国社会主义国家政权的经济基础中也是起支柱作用的。

新中国成立70年来，无论是“两弹一星”、载人航天等重大装备制造，还是三峡工程、高速铁路等重大工程建设，无论是抗击地震、洪水等重大自然灾害，还是应对海外撤侨等重大突发事件，中央企业始终发挥着主力军作用。作为保障国家能源安全、参与全球市场竞争的“国家队”，作为党和人民信赖依靠的“大国重器”，国家电网公司始终带头履行政治责任、经济责任和社会责任，彰显着“国网担当”。

（一）全力巩固中国特色社会主义的重要物质基础和政治基础

搞好国有企业绝不是一个单纯的经济问题，而是关系国体政体、国运民生的重大政治问题。中央企业作为国有企业的骨干和中坚，更应该搞好，更要带头做强做优做大。这些年，国家电网公司贯彻新发展理念，推动企业改革发展迈上了新台阶，呈现出以下几个显著特征。

第一个特征是“规模大”。国家电网公司是全球最大的公用事业企业，经营区域覆盖我国26个省（自治区、直辖市），占国土面积的88%，供电人口超过11亿人。公司资产总额3.93万亿元，有160多万名职工，业务覆盖电网、产业、金融、国际四大板块，连续三年蝉联世界500强第二位。大是我们的特点，但大有大的难处。不说别的，单是确保这么大的电网不发生大面积停电事故，就责任重大。

现在社会上有一些人，甚至一些专家学者对国企有微词。中国经济要是没有国企，就不可能发展这么快。央企、国企除了要承担经济责任，还要承担政治责任、社会责任。如果都唯利是图，都追逐利润，那么，很多支撑性、保障性的任务谁来扛？因为有了国企，人们的幸福感、获得感就会更好。当然，不是说国企就没有问题，国企有国企的问题。但是，经过改革开放40年的发展，加上我们加入世贸组织参与世界竞争，今天的国企市场化程度已经很高了，再用过去计划经济时期的眼光看国企是不行的。在国际市场上，真正能跟那些跨国公司平起平坐，能够有一拼的，就是央企。民企也有，但太少了。

第二个特征是“效率高”。国家电网的报装接电效率、故障抢修效率、工程建设速度是世界公认的。这个效率可以从我们的电价上直观反映出来。我们来看两组数据。第一组是世界平均销售电价。在可获得数据的 37 个主要国家中，我国销售电价 9.4 美分，列倒数第 2 位，明显低于各国平均的 17.5 美分，也低于美国的 10.5 美分。第二组是这 37 个国家的销售电价构成。按照发电环节和输配电环节来比较，我们国家的销售电价构成中，输配电环节仅占三成左右，低于世界水平，而美国、英国等国家的销售电价中，输配电环节要占到五成左右。这两组数据表明，我国电网的输配电成本控制能力比较强，这既得益于我们不断优化的电网网架结构，也得益于我们坚持走内涵式发展道路。

中外电价比较及中美对比

单位：美分 / 千瓦时

类别	中国	美国	37 个主要国家电价比较
销售电价（均价）	9.4	10.5	平均 17.5 美分，美国 35 位、中国 36 位。
其中：工业电价	9.7	63.9	平均 13.1 美分，美国 37 位、中国 31 位。
商业电价	10.8	10.7	
居民电价	8.0	12.9	平均 20.6 美分，美国 30 位、中国 37 位。
上网电价	5.3（占销价 56%）	6.2（占销价 59%）	平均 6.8 美分，美国 14 位、中国 22 位。
输配电价	2.8（占销价 30%）	4.3（占销价 41%）	平均 5.0 美分，美国 25 位、中国 32 位。

第三个特征是“输电能力强”。国家电网是世界上电压等级最高、系统规模最大、资源配置能力最强的特高压交直流混联电网。党的十八大以来，我们年均投入4500亿元以上，加快特高压和各级电网协调发展，着力解决电网“两头薄弱”问题，相继建成“八交十一直”特高压工程，各电压等级跨省跨区输电能力达2.1亿千瓦，年送电量可达1万亿千瓦时。

第四个特征是“安全可靠”。国家电网是20年来全球唯一没有发生大面积停电事故的特大型电网。我们是怎么做到的呢？第一，我们拥有坚强的电网网架，抗扰动和互济支援能力较强。第二，我们具有全球领先的大电网运行控制技术，一旦出现故障，能够精准识别、快速切除、高效处置。这几年，我们平均每天遭受各类互联网高风险攻击达7000余次，大部分来源于欧美发达国家，我们如果防范能力弱，早就出事了。

第五个特征是“清洁发展”。国家电网是世界上新能源并网规模最大的特大型电网。与世界其他各国电网相比，国家电网输送的电力中，风电、太阳能发电等“绿色电力”是最多的。顺便说一下，2022年冬奥会全部场馆使用的都将是清洁能源发出的“绿色电力”，这在世界上将是第一次。

第六个特征是“技术先进”。我们自主研发、全套掌握特高压交、直流核心技术并实现工程应用，特高压交、直流创新成果分别获得2012年和2017年国家科技进步奖特等奖，这在中国电力史上是独一无二的。标准是产业价值链的最顶端，现有的国际标准95%来自发达国家。我们在特高压直流领域，主导了国际标准11项，编制60余项国际标准。特高压标准掌握在我们手里。

不久前，世界知识产权组织公布了《2018 年世界知识产权指标》，中国有两家企业排在全球专利申请数量前十名：国家电网排第 3 位，华为排第 7 位。一个大企业，技术要站在制高点上，国家电网一直靠改革和创新双轮驱动来保持领先。

（二）全力服务党和国家工作大局

中央企业必须要有大局观，光有收入、利润是不够的，只有在党和国家工作大局中有大作为、大贡献，才算名副其实的“国家队”。在服务党和国家大局中，具体说来，我们抓了几件大事。

第一件，是推动精准扶贫战略落实、落地。现在城乡差距最大的就是基础设施，农村电网跟城市电网差距太大，但投资建设改造农村电网是不赚钱的。“十二五”以来，国家电网在两轮农网改造中共投入 1.2 万亿元，这不是小数。2017 年，我们提前 3 个月打赢了新一轮农网改造升级“两年攻坚战”，解决了 1.6 亿农村人口、包括 2900 万贫困人口的用电问题。村村通动力电后，电压上去了，电动农机多了起来，为贫困家庭脱贫致富创造了条件。

我们还摸索了光伏扶贫。在定点扶贫的每个贫困村捐建一座 200 千瓦的光伏扶贫电站，按 25 年运营周期算，每年可以为村集体提供十几万元的稳定收益。村集体有了钱，就可以在村里设公益性就业岗位，资助贫困户子女教育等，更重要的是，村集体说话、办事都有了底气和号召力，基层政权就得到了巩固。

第二件，是助力打赢蓝天保卫战。这些年，在参与雾霾治理中，我们提出了这么一个理念：电从远方来、来的是清洁电。依托特高压大电网，把我国西部、北部地区的清洁水电、风电、太阳能发电等，输送到东中部经济发达、用电需求大的地区，减少当地的燃煤消耗和排放。比如，北京的火力发电厂已经全部关停。现在北京的电70%是外来的，30%是靠本地天然气发电。另外，北方地区农村老百姓过去主要靠散烧煤取暖，释放出大量的氮氧化物和二氧化硫，味道刺鼻，这些都是霾的主要成分。现在北方地区正在加快清洁取暖改造，仅北京市电采暖用户就超过120万户，全市平原地区基本实现“无煤化”。身处北京，我们可以感觉到这些年雾霾天数明显减少了。

同时，我们还实施电能替代，以电代煤、以电代油、以电代气，来提高电气化水平。比如，纯电动汽车，全世界都在力推。汽车革命下一步的重点就是无人驾驶和电动汽车。充换电设施是发展电动汽车的重要基础。目前，国家电网在“十纵十横”高速公路沿线上，全部建成快速充电桩，让电动汽车车主畅行无忧。

第三件，是落实治边兴边和援疆援藏援青战略。边疆民族地区是国家重要的安全屏障，但经济发展较为落后，基础设施极为薄弱。2018年11月，我们在西藏建成了世界上施工难度最大的藏中联网工程，总投资约162亿元，可能上百年也收不回成本，社会资本不愿意投，但这项工程对于治边兴边、巩固边疆国防意义重大。还有边防哨所，地势险要，原来靠汽油或柴油发电机发电，很多先进设备进去了都用不了，现在我们给通上了大网电，战士们在哨所工作生活都更方便了。

（三）全力推动和服务实体经济持续健康发展

实体经济是社会生产力的集中体现，是强国之本、富民之基。中央企业本身是实体经济的主体，在抓好自身发展的同时，也为振兴实体经济发挥了关键作用。

在坚持创新驱动的同时，我们引领和带动了产业链转型升级。比如，推进混合所有制改革，在特高压直流工程等10个领域面向社会资本，扩大开放合作共享。又如，2019年年初，我们发布公司发展新战略后，给相关产业带来良好发展机遇，泛在电力物联网等涉电股票全部涨停。

坚决响应国家号召，降低实体经济用能成本。2018年，我们超额完成了政府工作报告中提出的“一般工商业电价降低10%”的目标，降低客户用电成本915亿元。2019年，还将完成“一般工商业平均电价再降低10%”的目标。最近几年，我们大约为社会让利2000多亿元。央企让利，对于推动社会进步，推动实体经济发展，具有重要意义。

（四）全力服务与保障民生

习近平总书记指出，发展要以人民为中心。中央企业是国家的企业、全民的企业，与民生有着直接的天然联系，在保障和改善民生方面一直承担着“托底”功能。“以人民为中心”，放在国家电网，就是一句话“人民电业为人民”。

央企为国家创造大量利税，为国家财政统筹安排公共服务提供了巨额资金，推动完善社会保障体系建设。2018年，有18家央企完成股权划转全国社保基金，规模达750亿元。就业是最大的民生。央企是吸纳高校毕业生就业的重要渠道。我们查了一下中国人民大学毕业生就业质量报告，中国人民大学2018届毕业生27.67%进入国有企业就业。硕士毕业生进入国有企业比例最高，为33.91%。每年，我们都坚决贯彻中央关于高校毕业生就业的指导意见，统一组织高校毕业生招聘工作。结合战略性新兴产业及各类新业态、新模式的发展，开发更多适合高校毕业生的就业岗位。2018年，我们共招录了1.86万名高校毕业生。

在保供电、保供气、保供油、保基础设施、保人民生活等方面，央企不计成本，顾全大局。前几年在煤价与电价倒挂的时候，电厂发电越多则亏损越大。有的民营和外资电厂就选择关停发电机组。不发行吗？大热天的，空调开不起来。这个时候央企的电厂就得顶上去，开足马力满发，贴钱也要保住民生供电！

（五）全力推动共建“一带一路”

根据调查，92%的央企参与了“一带一路”建设；63%的央企在“一带一路”沿线国家进行了股权投资。目前，国家电网投资运营了菲律宾、巴西、意大利、葡萄牙、希腊、澳大利亚等7个国家和地区的骨干能源网，累计对外投资达260亿美元，管理境外资产655亿美元。同时，我们积极开展跨国输电，和蒙、俄、吉以及东南亚国家累计建成10条跨国输电线路，在保障当地电力供应方面发挥了重要作用。

这几年，我们以电网输变电工程EPC总承包为重点，实行投资、建设、运营“一体化”和技术、标准、装备“一体化”，实现全产业链、全价值链走出去，带动我国电工装备出口到103个国家和地区，解决了很多国家在电力技术方面的难题，在世界上赢得了良好的声誉。

巴西美丽山水电送出特高压工程建设

三、国家电网公司的新时代战略选择

这是一个互联互通的时代，是创新颠覆的时代。网上有句话说："在互联网时代，你永远不知道将要打败你的是哪一家企业，甚至不知道它将来自哪个领域。"所以，"羊毛出在羊身上，猪来埋单"这句话虽然有些调侃的味道，但这种商业模式的出现，反映的就是这是一个创新颠覆的时代。

互联网彻底颠覆了人们对产品、服务约定俗成的印象，模糊了行业的界限，使跨界成为一种新业态，很多跨界与颠覆，超出了人们的想象力。互联网时代下，电网作为传统行业既面临巨大的挑战，但同时，跨界、融合、互联互通也给我们带来了全新的机遇。未来，国家电网该如何发展？

建设“三型两网”世界一流能源互联网企业，就是国家电网公司新时代战略选择。所谓“三型”，就是要建设成枢纽型企业、平台型企业、共享型企业，这是能源互联网企业的基本特征。

枢纽型企业，体现了我们的产业属性。电网本身就是一个连接发电和用户的枢纽，一头连着电源，一头连着用户，这是我们最天然、最根本的产业属性。但除了这种传统意义上的连接枢纽外，在能源清洁化、低碳化、智能化发展的形势下，电网作为枢纽的内涵更加丰富，这主要表现在两个方面：一方面是协调电源、电网、负荷、储能的枢纽，这是由清洁能源大规模发展，储能、分布式光伏、电动汽车、智能家电等新兴设备广泛使用决定的；另一方面是电能与冷、热、气、氢能、化学能等各种能源互济转化的枢纽，这是由能源综合利用效率亟须提高的需求所决定的。所以说，电网在现代能源体系中不再仅仅是一个通道，枢纽地位日益突出。

平台型企业，体现了我们的网络属性。平台经济，是互联网时代涌现出的新型经济模式。国家电网发展平台经济具有先天优势。我们拥有电网这样一个天然的平台，拥有庞大的用户、海量的数据，这些都为我们奠定了良好的基础。我们打造平台型企业，主要是要打造能源配置平台、综合服务平台、新业务新业态新模式发展平台，汇聚各类资源，促进供需对接、要素重组、融通创新。具体而言，能源配置平台主要服务于能源传输与分配。综合服务平台主要为用户提供更多元、更精准、更便捷的服务。新业务新业态新模式发展平台，是指开辟新领域新市场，催生新业务新模式。管理学大师彼得·德鲁克说过："当今企业之间的竞争，不是产品和服务之间的竞争，而是商业模式之间的竞争。"所以，这个平台是我们打造核心竞争力、建设一流企业的关键一环。

共享型企业，体现了我们的社会属性。前面我们提到要建立平台型企业，其最终目标就是实现共享。让电力用户、发电企业、设备供应商、政府部门等主体，都能够在平台上各取所需、共享资源、共享利益。通过我们的发展，吸引更多社会资本和各类市场主体参与能源互联网建设与价值创造，为社会提供高质量电力和服务的同时，带动产业链上下游、中小微企业共同发展，打造共建共治共赢的能源互联网生态圈。

如果说"三型"是我们努力的方向，那么"两网"就是实现"三型"的基础。所谓"两网"，就是要建设坚强智能电网，这是物理联网；泛在电力物联网，需要大量运用虚拟的数字化技术。"两网"是建设能源互联网企业的重要物质基础。

坚强智能电网，是一种新型现代化电网，它以超高压、特高压为骨干网架，具有信息化、自动化、互动化的特征，还具备智能响应能力、系统自愈能力。电网始终是我们赖以生存和发展的基础，通过电网，把来自四面八方的煤电、风电、水电、核电、光伏发电等电力能源输送到千家万户。

坚强智能电网相对容易理解，泛在电力物联网是一个全新的事物，如何理解呢？

物联网简单说就是物物相连的互联网。比如说智能家居、计步器，能够将人的行为、家电设备和机器连接，都属于物联网的范畴。如果说互联网是解决人与人之间的信息交互问题，那么物联网就是解决物与物、物与人之间的信息交互问题，就是我们常说的万物互联。目前，国家电网已经具备了许多物联网的特质和优势，比如，我们拥有两大实体网络，一个是全国最大的电网，另一个是全国最大的电力通信专网。同时，我们还在输变电设备上安装了大量的传感装置，已经实现了智能感知和广泛互联，拥有几乎遍布全国各地的用户和海量数据。我们的两大实体网络，庞大的客户量、数据量，是任何互联网企业不可比拟的。

泛在电力物联网，是应用于电网的工业级物联网，是指任何时间、任何地点能够把电力用户及其设备、电网企业及其设备、发电企业及其设备、电工装备企业及其设备等和电力相关的“物”都连接起来，进而实现信息连接和交互。

坚强智能电网与泛在电力物联网，相辅相成、融合发展，共同构成能源流、业务流、数据流“三流合一”的能源互联网。

国家电网为什么要建设“三型两网”呢？主要是为了满足经济社会发展和人们对美好生活需要，为了顺应能源革命和数字革命融合发展的趋势，是企业转型升级的需要。随着电力市场化改革持续深化，传统的电网发展模式面临巨大挑战。国有企业要形成完善的中国特色现代企业制度，必须在混合所有制改革方面加大力度，充分发挥市场的作用。建设“三型两网”，就是我们通过自我革命、深化改革实现浴火重生。另外，作为中央企业，我们在做好自身工作、把自身发展好的同时，还要充分发挥央企“顶梁柱”的引领力、带动力，提升“国家队”和“大国重器”的综合价值。什么意思呢？就是要放大国有资本功能，带动、促进其他产业、中小微企业，还有其他形态经济成分的共同发展，进而推动我国经济发展。

习近平总书记说过，伟大梦想不是等得来、喊得来的，而是拼出来、干出来的！当前，中央企业正处于争创世界一流的关键时期，国家电网正在走一条前人没有走过的创新变革之路。全球都在探索能源互联网，但都还没有实现，要攻克一系列技术、系统等难题。我们要由一家传统的电网企业向能源互联网企业升级，对优秀人才的渴求比以往任何时候都更加强烈。衷心期待和欢迎人大学子在学成之后更多地选择中央企业这个大舞台，投身于国家建设，实现自我价值。

同学们说

报告中深刻地指出了国家电网从哪儿来，到哪儿去。其中让我印象最深的就是国家电网在发展中始终不忘初心，造福人民。从推动落实精准脱贫战略、助力打赢蓝天保卫战到落实治边兴边和援疆援藏援青战略等，体现出以人民为中心的“国网担当”。在“万物互联”时代，作为电气行业龙头的国家电网，一定会面临巨大的机遇和挑战，担负着前所未有的社会重担，我相信国网能成为新时代国企的典范！

——耿佳铭　信息学院学生

寇伟同志讲述了中国电力工业从无到有的艰辛创业与锚定远方的使命担当，激励人大学子践行实事求是，以过硬本领和坚定信念走好新时代的发展之路。报告给我印象最深的是中国电力工业的一步一个脚印的创业史和奋斗史。作为经济学院的学生，深知能源对国家、对经济发展的重要意义，坚信国家电网公司能向着既定目标前进。

——郭鹏程　经济学院学生

寇伟同志回顾了新中国成立以来，在党的领导下我国电力工业取得的伟大成就，阐述了新时代下央企的责任担当，激励我们不忘初心，继续前行，以真才实学投身于国家的建设。报告给我印象最深的是国家电网的泛在电力物联网建设。电力系统若能与移动计算、人工智能等信息技术相结合，不仅能给人民生活带来极大便利，更能为电网安全经济运行提供数据资源支撑。泛在电力物联网建设为大学生提供了更多机会。

——杨子威　信息学院学生

5. 大力弘扬石油精神　为保障国家能源安全贡献青春力量

中国石油天然气集团有限公司  北京师范大学

王宜林

2019年5月28日，中国石油天然气集团有限公司党组书记、董事长王宜林在北京师范大学讲课

★高校是培养人才的摇篮，企业是人才成长的沃土。

☆新中国石油工业的发展史，是一部艰苦奋斗的创业史，是一部无私奉献的报国史，是一部波澜壮阔的改革史，是一部敢为人先的创新史，是一部创造和谐的利民史。

★石油工业在创造巨大物质财富的同时，也创造了巨大的精神财富。石油精神是历代石油人接力传承形成的精神文化积淀，核心是“苦干实干”“三老四严”，肇始于抗战时期的陕北延长油矿，孕育于新中国成立后石油开发建设岁月，形成于大庆油田会战时期，发展于改革开放的大潮中，升华于中国特色社会主义新时代。

☆新时代弘扬石油精神，必须牢固树立“石油工人心向党、坚决听党话跟党走”的思想信念，突出一个“干”字，体现一个“实”字，落实一个“严”字。

★中国石油将始终不忘“我为祖国献石油”的初心，始终牢记推进我国石油工业发展的使命，为国分忧、担当作为，在巩固党的执政基础、保障国家能源安全、参与全球能源治理、提升中国企业国际竞争力和话语权等方面有大担当、做大贡献、起大作用，努力成为党和国家最可信赖的骨干力量。

☆青年大学生是国有企业新鲜血液的重要来源，是国有企业未来的希望所在。

非常高兴来到北京师范大学，和大家进行交流。今天，我和大家交流的内容主要有四个方面。

讲课现场

一、中国石油工业发展历程

我国是世界上最早发现和利用石油、天然气的国家之一。早在秦汉时期，在现今的甘肃、四川等地就发现了石油和天然气。北宋时期发明的冲击式顿钻凿井法开创了人类机械钻井技术之先河，明代开发的四川自流井气田是世界上最早规模开采的气田。近代以来，中国饱受列强欺凌，国内战乱频仍，石油工业无法正常发展，被世界远远地抛在后面。

新中国成立后，党和国家十分关心石油工业发展，成立专门机构，调集各方力量，在全国范围内掀起了油气生产建设高潮。1959年，随着大庆油田的发现，打破了中国"贫油"的论调。1963年12月，周恩来总理在二届全国人大四次会议上庄严宣布：我国需要的石油，现在可以基本自给了，中国人民使用"洋油"的时代，即将一去不复返了。七十年来，我国石油工业伴随着共和国的成长逐步发展壮大，从小到大、由弱变强。国内原油产量由1949年的12万吨提高到2018年的1.89亿吨，天然气产量由1117万立方米提高到1602亿立方米，原油加工能力由19万吨/年提高到8.5亿吨/年，乙烯产能超过2500万吨/年，成为全球第6大原油和天然气生产国、第2大炼油和乙烯生产国。

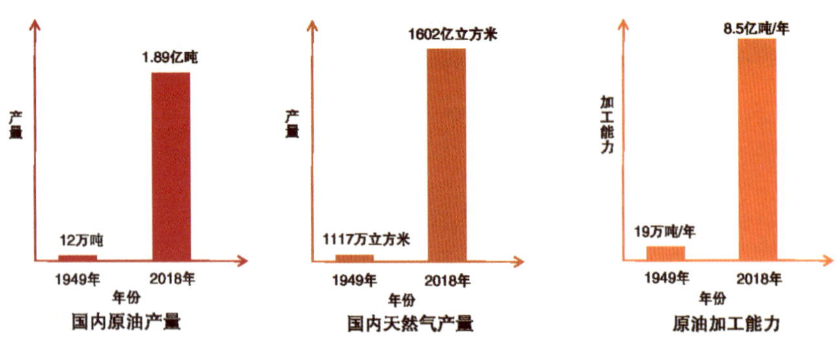

1949年与2018年，我国原油产量、天然气产量、原油加工能力对比图

（一）新中国石油工业的发展史，是一部艰苦奋斗的创业史

新中国成立之初，满目疮痍、百废待兴，国家各方面建设都需要石油。在党的领导下，1955 年发现克拉玛依油田，实现了新中国石油工业的第一个突破。1958 年中央作出“战略东移”的重大决策，石油大军挥师东进。1959 年大庆油田的发现，标志着新中国石油工业的崛起。之后又相继开发建设了胜利、华北、辽河等大油田，建成了大庆石化、“八三”管道等一批重大工程。改革开放以来，随着全党工作重点转移到社会主义现代化建设上来，我国石油工业继续快速发展。广大石油人战天斗地、转战南北，建成了一大批现代化的大油田、大炼厂、油气管道和销售网络。

党的十八大以来，我国进入油气供给体系全面发展，石油人建功立业的新时代。2013 年，横跨陕、甘、宁、蒙、晋五省（区）的长庆油田，油气产量当量迅速攀升至 5195 万吨，成为国内最大的油气田、我国重要的能源战略接替区和陆上天然气管网枢纽中心。2014 年，在四川盆地发现我国最大单体海相碳酸盐岩整装气藏。2017 年，在新疆准噶尔盆地玛湖凹陷，新发现全球最大的砾岩油田，形成了储量规模超过 10 亿吨的百里油区，成为今后一个时期规模增储上产的新战场。同年，南海神狐海域可燃冰试采成功，创造了采气时间最长和总量最高世界纪录，使可燃冰被命名为第 173 号新矿种。

（二）新中国石油工业的发展史，是一部无私奉献的报国史

20 世纪 60 年代初期，我国石油基本实现自给，这不仅支持了国家经济建设，而且在当时西方阵营实行经济封锁的特定背景下，对于

我国坚持独立自主的外交路线起到了十分重要的作用，坚定了中国人民独立自主建设社会主义的信心和决心。

我们始终以保障国家能源安全为己任，全力以赴稳定国内市场供应。特别是在油气价格与国际接轨之后，在一些特殊时段，中国石油切实担当起国有重要骨干企业的责任，克服亏损压力，多方调集资源，严格执行国家价格政策，不涨价、不断供，市场上没有发生大面积的“气荒”“油荒”。

此外，油气收入始终是国家及地方财政收入的重要来源。20 世纪六七十年代，石油部上缴资金占国家财政总收入的 9%，原油及石油产品出口创汇占国家外汇总收入的 12%以上。党的十八大以来，中国石油累计上缴税费超过 2 万亿元，日均实现利税 10 亿元以上，大庆油田连续多年荣登中国纳税百强企业榜首，新疆油田、兰州石化等企业都是所在地方经济发展的重要支柱。

（三）新中国石油工业的发展史，是一部波澜壮阔的改革史

新中国成立之后，中央把人民解放军“多兵种协同作战”的经验移植到石油开发建设中来，创造了独具中国特色的石油会战模式，有效发挥了社会主义集中力量办大事的优势。1978 年改革开放号角吹响，石油工业先后实施扩大企业经营管理自主权、一亿吨原油产量包干、内部承包经营责任制、模拟内部市场、局（厂）长负责制、油公司体制探索等重大改革举措，逐步实现了由计划向市场的转变。1998 年，新组建的中国石油、中国石化两大集团成为真正的经营实体和市场主体，分立油气核心业务成立股份公司并登陆国内外资本市场；深入推进内部专业化重组，调整优化业务结构，逐步形成了产炼运销储

贸、油气业务与服务业务、国内业务与国际业务等一体化协调发展的新格局。

党的十八大以来，中国石油认真落实中央关于深化国有企业改革和石油天然气体制改革等重大决策部署。建立起规范的董事会制度，把党建工作总体要求纳入公司章程，把党的领导融入公司治理各环节，董事会、经理层与党组的协调运行机制逐步健全。积极推进混合所有制改革，在勘探开发、炼化生产、油气销售、管道、金融业务等全产业链实现了与各类资本的合作，提高了国有资本配置和运行效率。持续深化供给侧结构性改革，亏损企业治理、“僵尸企业”处置和特困企业治理、压减法人层级和法人户数、降杠杆减负债等专项工作均超额完成国资委要求的任务目标，基本完成矿区“三供一业”分离移交和企业办教育机构改革，促进了企业瘦身健体提质增效。同时，深化内部市场化机制改革，加快“三项制度”改革步伐，企业发展活力和动力不断增强。

（四）新中国石油工业的发展史，是一部敢为人先的创新史

数十年来，经过广大石油科技工作者的长期坚持和不懈努力，我国石油科技创新不断取得新的重大突破。目前，中国石油的陆相油气地质理论与成熟探区精细勘探评价等一批技术处于全球领先水平；海相碳酸盐岩勘探、二氧化碳驱油等一大批技术达到世界先进水平；千万吨级大型炼厂、百万吨级乙烯等成套技术摆脱了长期受制于人的局面；一批具有自主知识产权的工程技术成功打破了国外技术垄断；建设了一批数字油田、智能炼厂、智慧管网和加油站。大庆油田长期高产稳产的注水开发技术等 4 个项目先后获得国家科技进步特等奖，

凹陷区砾岩油藏勘探理论技术与玛湖10亿吨级大油田发现等一批项目获得国家科技进步一等奖。

七十年来，中国地质力学创立者李四光、石化技术开拓者和炼油技术奠基人侯祥麟、“改革先锋”和“科技兴油保稳产的大庆新铁人”王启民等著名科学家为我国石油工业发展建立了卓越功勋。目前，中国石油形成了一支由21名院士、3.2万名科研人员为主体的创新人才队伍，建成了20多个国家级创新平台，专利数量居全球行业前列。

（五）新中国石油工业的发展史，是一部创造和谐的利民史

石油工业的快速发展，为人民群众生活质量改善提供了物质基

石油城大庆被称为“百湖之城”

础。2018年习近平总书记视察过的辽阳石化，1979年生产的化纤原料织成了新中国第一块“的确良”，引领了改革开放之初人们的穿衣潮流。石油人在昔日沙漠荒滩、旷野高原上建成了一座座现代石油城、石化城，“干打垒”变成了数字化小区，穷乡僻壤变成了“国家园林城市”。

中国石油坚持做绿色清洁能源的提供者、贡献者和坚守者，供应的天然气走进千家万户，惠及数亿人口，占国内供应总量的70%以上，燃烧值相当于替代了30多亿吨标准煤，减少二氧化碳排放60多亿吨；携手国际同行发起成立油气行业气候倡议组织，推动全球油气行业低碳转型，公司连续8年当选“中国低碳榜样”企业。积极参与社会公益事业，助力国家脱贫攻坚，在全国7省区13个区县开展定点扶贫和对口支援，累计投入帮扶资金8.9亿元、援建项目850多个，定点扶贫县数量居央企首位，对口的扶贫县今年将全部实现“脱贫摘帽”；在奥运会、世博会、APEC会议、G20峰会等党和国家重大活动举办期间，全力保障了油气供应和矿区稳定；在汶川地震、玉树地震等重大自然灾害面前，石油人坚定践行了“山塌路断油不断”的庄严承诺；在天津港“8·12”特大火灾爆炸事故中，中国石油救援队科学高效地排查清理剧毒氰化钠，解决了整个救援工作的最大难题。

二、石油精神

“我为祖国献石油”是石油人最质朴的信念。石油工业在创造巨大物质财富的同时，也创造了巨大的精神财富。石油精神就是历代石油人接力传承形成的精神文化积淀，核心是“苦干实干”“三老四严”。石油精神肇始于抗战时期的陕北延长油矿，孕育于新中国成立后石油开发建设岁月，形成于大庆油田会战时期，发展于改革开放的大潮中，升华于中国特色社会主义新时代。

（一）大庆精神铁人精神始终发挥着“标杆和旗帜”的引领作用

大庆精神铁人精神是石油战线老一辈领导人和广大石油职工在困难的时候、困难的地方、困难的条件下，学习和运用毛泽东思想，继承和发扬中国共产党、中国工人阶级和中国人民解放军的优良传统，在开发建设大庆油田的实践中逐步培育和形成的。

大庆精神主要体现了为国争光、为民族争气的爱国主义精神，独立自主、自力更生的艰苦创业精神，讲究科学、“三老四严”的求实精神，胸怀全局、为国分忧的奉献精神。概括起来，就是“爱国、创业、求实、奉献”。大庆精神是中华民族精神的重要组成部分，是中国共产党的伟大精神之一。铁人精神是对王进喜同志崇高思想、优秀品德的高度概括，是我国石油工人精神风貌的集中体现，是大庆精神的具体化、人格化。“宁肯少活二十年，拼命也要拿下大油田”“有条件要上，没有条件创造条件也要上”“干工作要经得起子孙万代检查”“为革命练一身硬功夫、真本事”“甘愿为党和人民当一辈子老黄牛”的铮铮誓言，都是铁人精神的生动诠释。

几代党和国家领导人对大庆的巨大贡献和大庆精神铁人精神，都给予了高度评价和充分肯定。毛泽东同志发出了“工业学大庆”的号召，并多次接见铁人王进喜同志。邓小平同志谆谆告诫，“要把大庆

1205 钻井队

油田建设成美丽的大油田”。江泽民同志把大庆精神进一步概括为“爱国、创业、求实、奉献”。胡锦涛同志指出，大庆的历史功绩很重要的一条，是在大庆油田的开发建设中培育了大庆精神铁人精神这一宝贵精神财富。习近平同志出席大庆油田发现 50 周年庆祝大会时指出，大庆油田铸就了以爱国、创业、求实、奉献为主要内涵的大庆精神铁人精神，成为中华民族伟大精神的重要组成部分；在 2016 年参加全国“两会”黑龙江代表团审议时指出，大庆就是全国的标杆和旗帜，大庆精神激励着工业战线广大干部群众奋发有为。

（二）石油企业精神各具特色、“百花齐放”

许多石油石化企业在继承石油工业优良传统、坚持发扬大庆精神铁人精神的基础上，结合自身实际，培育形成了各具特色的企业精神。

新疆油田的克拉玛依精神。各族职工“天当被、地当床”，“献了青春献终身、献了终身献子孙”，在“没有草，没有水，连鸟儿也不飞”的戈壁滩上建成充满生机的千万吨级大油田和现代化的全国文明城市，创造了原油产量连续28年箭头向上的全国纪录。

青海油田的柴达木精神。“天上无飞鸟、地上不长草、风吹石头跑、氧气吃不饱”，是柴达木盆地的真实写照。青海石油人用生命坚守了60多年，在“生命禁区”发出“缺氧不缺精神，海拔高志气更高”的誓言，建成了世界上海拔最高、国内陆上自然条件最艰苦的油气田，累计生产油气1.3亿吨。

长庆油田的磨刀石精神。“磨刀石”是对长庆油田致密油气层的形象描述，油气开发过程被比喻为“磨刀石里榨油，干毛巾里挤水”。长庆石油人“磨刀石上闹革命”，快速增储上产，2013年油气产量当量达到5000万吨/年，是目前我国规模最大的油气田。

塔里木油田的塔里木精神。塔里木盆地，位于被称为“死亡之海”的塔克拉玛干大沙漠。塔里木石油人以“只有荒凉的沙漠，没有荒凉的人生”的豪迈气概，会战30年来，累计生产油气当量3.6亿吨，其中向下游输气2200亿立方米，是天然气“东输”的“西气”之源。

兰州石化的兰炼兰化精神。“两兰”人靠人拉肩扛在黄河滩涂建起了共和国第一座炼油合成橡胶生产基地。让“哪里有炼厂，哪里就有兰炼人”“哪里有化工，哪里就有兰化人”传遍全国，为我国化学工业和国民经济发展作出了突出贡献。

管道企业的“八三”管道精神。从“八三”会战开始，50年来管道人以“管道为业、四海为家、艰苦为荣、野战为乐”，建设了陕京线、西气东输、兰成渝、西部管道、中俄原油管道、中缅油气管道等重大工程，打通了跨国油气战略通道，为保障国家能源安全作出了巨大贡献。

海外企业的海外创业精神。海外油气业务成就的背后，是海外石油人薪火相传的爱国主义情怀，是艰苦卓绝的拼搏和勇于担当的奉献。他们胸怀报国之志，冒着战火纷飞、恐怖袭击的风险，克服语言和文化的差异，成为中国国有企业提升国际竞争力的先锋力量。

（三）石油精神绽放着时代光芒和勃勃生机

2016 年 6 月，习近平总书记在新华社动态清样上作出重要批示，强调“石油精神”是攻坚克难、夺取胜利的宝贵财富，什么时候都不能丢。要结合“两学一做”学习教育，大力弘扬以“苦干实干”“三老四严”为核心的“石油精神”，深挖其蕴含的时代内涵，凝聚新时期干事创业的精神力量。总书记的重要批示，高度概括了“石油精神”的核心内涵，深刻阐明了大力弘扬“石油精神”对于激励石油人提振士气、共渡难关，对于鼓舞全党全社会适应经济发展新常态、推进供给侧结构性改革、战胜各类重大风险挑战的重要作用，具有很强的政治性、思想性和针对性。

新时代我们弘扬石油精神，就是要牢固树立“石油工人心向党、坚决听党话跟党走”的思想信念，具体体现到“干”“实”“严”三个字上。突出一个“干”字，坚持艰苦奋斗、干事创业不停步，唱响“我为祖国献石油”的主旋律，党员干部吃苦在前、冲锋在前，一级带着一级干，在立足岗位拼搏奉献中建功立业；体现一个“实”字，坚持科学求实、脚踏实地不浮躁，当老实人、说老实话、办老实事，不做表面文章、不搞花架子，在推进事业发展中展现务实作风；落实一个

“严”字，坚持全面从严、严抓严管不放松，始终以严格的要求、严密的组织、严肃的态度、严明的纪律对待工作，坚决克服软弱涣散、马虎应付，在严格执行落实中履职尽责。

三、新时代中国石油工业的责任和使命

习近平总书记指出，当前中国处于近代以来最好的发展时期，世界处于百年未有之大变局，两者同步交织、相互激荡。面对变局，作为关系国计民生和国家安全的国有重要骨干企业，中国石油将坚决贯彻中央重大决策部署，牢牢把握我国发展仍处于并将长期处于重要战略机遇期的重大判断，着力防范化解重大风险，保持战略定力，坚定必胜信念，为中华民族在世界百年未有之大变局中实现伟大复兴贡献石油力量。

（一）中国石油已发展成为国际油气市场上一支不可或缺的重要力量

1993 年，按照国家“利用国际国内两种资源、两个市场”战略部署，中国石油率先“走出去”。经过 26 年的艰苦创业和不懈努力，国际油气合作实现了跨越式发展，形成海外 5 大油气合作区、4 大油气战略通道、3 大油气运营中心的战略布局，以及涵盖上中下游的完整油气产业链和工程服务业务链。目前，公司海外油气投资项目超过 2/3 实现了投资回收，海外油气权益产量当量今年将超过 1 亿吨，国际贸易量 4.8 亿吨，不论是业务规模还是质量效益均居国际可比公司

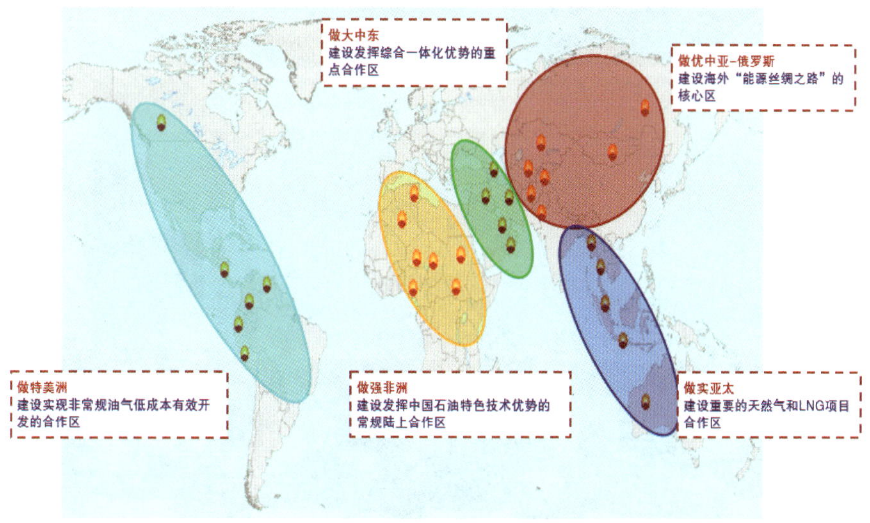

海外油气合作战略布局

前列。中国石油已经成为国有企业对外开放的“排头兵”，成为国际油气市场的一艘超级航母。

近些年来，中国石油认真贯彻落实中央“一带一路”倡议，努力把油气合作打造成为“一带一路”建设的重要支点。目前，公司在“一带一路”沿线20个国家执行53个油气投资项目，累计投入资金超过550亿美元，区域内的年均权益产量和利润总额均占公司海外业务的80%以上。投资建设运营的中亚—中国天然气管道是“丝绸之路经济带”旗舰项目，实现了中国与中亚地区国家在能源基础设施上的互联互通。携手俄罗斯诺瓦泰克公司、法国道达尔公司、中国丝路基金公司共同建设的俄罗斯北极亚马尔天然气及LNG一体化项目，成为“冰上丝绸之路”的标志性项目。2017年和2019年，我们连续举办两届“一带一路”油气合作圆桌会议，搭建国际油气合作新平台，打造油气合作利益共同体。中国石油已经成为许多国际大公司的首选合作伙伴。

2017 年 5 月 16 日，“一带一路”油气合作圆桌会议召开

（二）全球油气行业处于大变革、大调整时期

一是世界油气供给格局发生重大变化。主要表现为生产重心西移、消费重心东移。生产重心西移，是指以美洲为代表的西半球油气供应在全球地位愈加重要。美洲地区凭借页岩油气、油砂、超深水油气等非常规油气资源，成为新的能源供应中心。在未来全球能源版图上，以美洲国家为代表的西半球非常规能源供应轴线和东半球以沙特等中东国家为代表的传统常规能源供应轴线并驾齐驱。消费重心东移，是指处于东半球的亚太地区油气需求量持续增加。亚太地区随着经济快速发展，已成为全球油气消费量最大的地区。特别是我国原油需求稳定增加，天然气需求保持两位数快速增长。未来一个时期，我国油气供需缺口还会进一步扩大，推动油气对外依存度持续攀升，给能源安全带来新挑战。

二是地缘政治博弈日趋激烈复杂。石油具有特殊的政治属性，是国际地缘政治博弈的重要工具。近期，美国加大对伊朗制裁，深度干涉委内瑞拉、苏丹等国政局变化，造成了国际油价和油气市场的剧烈波动。我们的海外油气合作项目大部分处于一些政局不稳、恐怖袭击频发、社会安全风险高的国家和地区，国际化经营面临巨大挑战。同时，部分资源国政策多变，利率汇率剧烈波动，严重影响海外项目平稳运行和效益提升。

三是国际大石油公司转型升级步伐加快。主要方向是从传统化石能源转向低碳能源，从单一油公司转向综合性能源公司，更加重视技术创新，更加重视天然气业务，更加重视非常规资源和新能源领域。比如，壳牌强化数字技术与油气生产深度融合，利用“虚拟钻探”数字技术，在阿根廷的钻井成本降低了65%左右。BP集团加大天然气业务投资，2020年天然气占其上游业务组合的比重将上升到55%。道达尔加快布局风电、光电、燃料电池等新能源，不断提高新能源业务份额。特别是美国石油公司依靠其先进的水平井钻井、大型体积压裂等技术，推动页岩气革命，使美国实现能源独立，并很快将成为油气净出口国。中国石油也在加快转型升级步伐，致密气、页岩气、煤层气产量快速增长，可燃冰开发技术取得重大突破，数字油田、智能炼厂、智慧加油站、智慧管道等加快建设，地热、生物质能、储能、氢能等新能源技术稳步推进，在一些方面已经形成了自己的比较优势。

（三）我国正在加快构建清洁低碳、安全高效的能源体系

党的十九大明确提出，要推进能源生产和消费革命，构建清洁低碳、安全高效的能源体系。这是基于我国能源现状作出的重大决策，为能源行业发展指明了方向和具体路径。我们需要在以下几个方面狠

下功夫：

一是供应更多的清洁低碳能源。我国能源资源呈现人均富煤缺油少气的特点，一次能源消费结构不尽合理，煤炭占比高达六成，对温室气体减排和改善大气质量、减少雾霾带来很大压力。天然气作为一种清洁、优质、高效的低碳能源，是能源供应清洁化最现实的选择。近年来，我国加快发展天然气业务，但天然气在一次能源消费结构中的比重仍不到 8%，人均消费只有 170 立方米 / 年，远低于欧美国家和俄罗斯。中国石油是国内天然气的主要生产和供应企业，我们深感责任重大。

二是大力提升自主供应保障能力。我国油气资源总体比较丰富，但是我们的资源劣质化程度加剧，近年新增探明油气储量超过 90% 都是低渗透和特低渗透，一些关键的工程技术和装备还不适应复杂条件下的勘探开发需要，成本刚性增长，增储上产提效还面临着一些困难和挑战。为此，我们在资金投入、激励政策、组织保障上全面加大了勘探开发力度，确保原油产量稳中上升和天然气快速上产。下一步，我们还将采取一系列措施，打好勘探开发进攻战，加快提高油气自给率，夯实立足国内保障国家能源安全的基础。

三是全面深化企业内部改革。党的十八大以来，中央加快推进国企改革特别是油气体制改革。目前，油气行业已经呈现全产业链各类资本充分竞争的格局，特别是埃克森美孚、壳牌、BP、道达尔、巴斯夫等外资油企加快抢滩国内炼化和油气销售布局，并已经形成了一定规模。新的市场竞争格局，对我们国有油气企业提出了新的更高要求。我们必须主动适应新形势，积极应对新变化，通过深化内部改革，破解矛盾和问题，建立竞争新优势。

（四）中国石油承担的责任重大、使命光荣

党中央、国务院始终高度重视国有企业特别是能源行业、石油事业的改革发展。近年来，习近平总书记对推进能源生产和消费革命作出战略部署，就弘扬石油精神、建设多元化供气体系、大力提升勘探开发力度、加强天然气产供储销体系建设等作出重要批示指示，对一些重大国际油气合作项目亲自推动。特别是2018年总书记亲临辽阳石化视察，强调国有企业要继续做强做优做大，勉励我们作为共和国的“种子队”，要作出更好的成绩。2019年，国务院国资委将中国石油等10家中央企业列为创建世界一流示范企业，要求我们对照具有全球竞争力世界一流企业“三个领军”“三个领先”“三个典范”的标准，力争用3年左右时间在部分细分领域和关键环节取得实质性突破。

作为国有重要骨干企业和国内最大的油气生产供应企业的中国石油，必须始终不忘“我为祖国献石油”初心，始终牢记推进我国石油工业发展的使命，为国分忧、担当作为，在巩固党的执政基础、保障国家能源安全、参与全球能源治理、提升中国企业国际竞争力和话语权等方面有大担当、做大贡献、起大作用，努力成为党和国家最可信赖的骨干力量，以公司的生动实践进一步证明习近平新时代中国特色社会主义思想的真理性和时代价值。

未来一个时期，我们的战略目标是建设世界一流综合性国际能源公司，发展方针是稳健发展，发展战略是资源、市场、国际化和创新“四大战略”。实现战略目标，总体分为三个阶段：到2020年，世界一流综合性国际能源公司建设迈上新台阶。公司的创效能力、竞争力和创新力明显提升，达到国际同行先进水平；业务结构更加协调优化，核心技术全面达到国际先进水平，公司治理体系更加完

善。到 2035 年，全面建成世界一流综合性国际能源公司。公司规模实力保持世界前列，经营业绩达到世界一流水平；业务结构更加合理，核心技术国际领先，治理体系和管控能力现代化国际化基本实现；文化软实力显著增强。到 21 世纪中叶，世界一流综合性国际能源公司的地位更加巩固。公司成为全球配置资源的领先企业，拥有充分话语权和影响力的领军企业，引领行业技术发展的标杆企业，共建共享发展成果的典范企业，体现中国特色现代国有企业制度优越性的代表企业。

重点发挥好“四个作用”：一是在加强国有企业党的领导党的建设、进行伟大斗争、建设伟大工程中发挥表率作用。认真贯彻新时代党的建设总要求，把党的政治建设摆在首位，强化“四个意识”、坚定“四个自信”、坚决做到“两个维护”，打造绝对忠诚可靠的石油队伍。二是在推动能源生产和消费革命、服务国家重大战略、推进伟大事业中发挥中坚作用。突出发展油气主营业务，以供给侧结构性改革为主线，坚决打好打赢勘探开发进攻战、炼化转型升级攻坚战、油气扩销提效主动战、服务业务能力提升战等“四场关键战役”，全面提升保障国家能源安全的能力。三是在深化国有企业和油气行业改革、推动形成全面开放新格局、建设创新型国家中发挥带动作用。坚持“引进来”和“走出去”并重，着力扩大“一带一路”油气合作，努力增强全球资源优化配置能力。针对制约高质量发展的体制机制障碍和技术瓶颈，推动相关改革走深走实，打造强劲创新引擎，加快质量变革、效率变革、动力变革。四是在推进绿色发展共享发展、增进民生福祉、建设美丽中国中发挥示范作用。坚持狠抓安全环保稳定，坚决杜绝较大及以上事故事件发生，维护企业和队伍大局稳定。

习近平总书记指出，国有企业是中国特色社会主义的重要物质基础和政治基础，是我们党执政兴国的重要支柱和依靠力量；必须毫不动摇巩固和发展公有制经济，坚持公有制主体地位，发挥国有经济主导作用，不断增强国有经济活力、控制力、影响力。在一代代产业工人的艰苦奋斗、无私奉献下，国有企业为我国经济社会发展、科技进步、国防建设、民生改善作出了历史性贡献。事实证明，那种不要国有企业、搞小国有企业的说法和做法都是错误的，任何怀疑、唱衰国有企业的思想和言论都是错误的，必须坚定不移、理直气壮把国有企业做强做优做大。

高校是培养人才的摇篮，企业是人才成长的沃土。青年大学生是国有企业新鲜血液的重要来源，是国有企业未来的希望所在。在国企这个施展抱负、竞展风采的广阔舞台上，你们也必将大有可为、大有作为。欢迎大家积极加入国企大家庭中来，用实际行动对国企发展给予支持。作为一名从业近四十年的老石油人、一家国有油气企业的负责人、一个职场上的“过来人”，借此机会，提几点期望，与大家共勉。一是要爱祖国，做一个忠于国家、报效国家的人。二是要立大志，做一个勇立潮头、砥砺奋斗的人。三是要勤学思，做一个学识扎实、本领过硬的人。四是要重实践，做一个身体力行、知行合一的人。

今天，我们的国家比历史上任何时候都更接近中华民族伟大复兴的目标，也比以往任何时候都更需要爱国奉献、实干担当的奋斗者。愿我们同做中国梦的追梦者和圆梦人，在新时代共同努力奋斗，谱写属于自己的华彩乐章。

同学们说

石油是当今世界上举足轻重的战略物资。大到国家的工业、农业、交通、国防，小到每个人的衣食住行，全都离不开石油。假如没有石油，我们的生活将失去色彩。而中国石油不仅向我们传递着石油精神，也用实际行动为祖国作出了巨大的贡献。

——张疋亥　地理科学学部学生

“有条件要上，没有条件创造条件也要上”，艰苦奋斗的“铁人精神”激励鼓舞着一代又一代人。我小时候就听过“铁人”王进喜的故事，他用身体搅拌水泥，制服井喷，王进喜的故事对我的影响深远。我是在新疆石河子上的大学，曾去过一次克拉玛依，城市干净漂亮，人们的生活也很安逸富足。克拉玛依是一座建立在石油之上的城市，从之前的荒漠戈壁变成现在的城市，石油人功不可没。

——李彩云　地理科学学部学生

王宜林董事长在报告中详细讲述了中国石油在国际市场和国内市场中的巨大影响力和国家发展进程中的关键作用，并满怀深情地讲述了新中国成立以来石油事业的发展历程和伟大的石油精神，让我对变革图强、砥砺奋进的国有企业有了更深的了解，令我深受鼓舞和感动。我要努力掌握专业知识，将自己锻造成担当民族复兴大任的时代新人，为实现伟大的中国梦尽自己的绵薄之力。

——李俊儒　政府管理学院学生

6. 砥砺前行创新驱动　向世界一流企业迈进

——高铁是怎样炼成的

中国中车集团有限公司  北京语言大学

刘化龙

2019年5月29日，中国中车集团有限公司党委书记、董事长刘化龙在北京语言大学讲课

★国家兴，则铁路兴；国家强，则铁路强。

☆中国铁路及高铁大发展，承载着百年来中国人实业救国的愿望和抱负，也承载着百年来中国人筑路强国的夙愿与努力。

★实现世界一流企业目标，关键在于创新驱动，特别是以科技创新为核心，持续坚持创新发展。

☆中国高铁能够快速发展，最根本的原因是坚持中国共产党的领导，发挥中国特色社会主义“集中力量办大事”的制度优势，坚持正确的科技创新战略，建立起具有中国特色的高速列车技术创新体系。

★集成创新不是简单的技术拼盘，而是在对引进技术充分消化吸收基础上，通过创新体系和掌握核心技术的深度融合，进而实现全面自主创新，研发更有技术优势和竞争力的产品。

☆有了创新的沃土，就会产生源源不断的创新成果。中车一直有这样的信念，只有人人都是创新的参与者和实践者，企业才有浓厚的创造发明的氛围。

★中国高铁快速发展改变了轨道交通行业发展的轨迹与命运；改变了人们出行习惯和生活方式；拉动了轨道交通装备相关产业链发展；带动了国家基础工业能力提升；促进了中车相关多元产业发展。

☆站在新的历史起点上，中国中车将秉持“连接世界、造福人类”的使命，围绕全球行业引领、国企改革先锋、高端装备典范、走向世界名片，坚定不移向“双打造一培育”目标迈进。

很高兴来到有“小联合国”之称的北京语言大学。在中外文化需要交流互鉴的当下，能够来到这里与大家交流，我本人感到非常荣幸、恰逢其时。

今天，我所讲内容的核心词是高铁、中车、创新、责任，主要与大家分享三个方面的内容：一是亮丽的国家名片；二是艰苦的创新之路；三是驶向世界的中车。

讲课现场

一、亮丽的国家名片

近年来，习近平总书记、李克强总理在许多重要外交场合向世界推荐中国高铁，称赞高铁是“亮丽的国家名片”，我们亲切地称他们为“超级义务推销员”。

既然是“国家名片”，中国高铁何以领跑世界呢？下面，我为大家介绍一下中国高铁的主要特点。

一是安全可靠。中国建设了稳固耐久的路基、桥梁、隧道等线路基础设施，制造了安全可靠的高速列车，建立了性能可靠的牵引供电、通信信号等控制系统。经过11年的运营实践，形成了集基础设施、移动装备、综合检测、防灾减灾、应急救援为一体的安全风险管理体系。列车的安全性、可靠性等得到了充分验证。世界上通用的安全标准是高速动车组每运行百万公里故障不多于2件，中国动车组平均故障率低于每百万公里0.43件，我们的动车组故障率大大优于这个安全指标。

二是平稳舒适。中国高速动车组采用了减振性良好的高速转向架，车厢内振动小。车内采用的是舒适的软座椅，车窗大、采光好、视野开阔。全自动恒温空调系统能够为旅客提供适宜的车内环境温度、湿度和清新空气。车厢内设有轮椅存放区、婴儿护理桌、残障人卫生间等，可以满足不同旅客的需要。衡量高铁运行稳定性的3个指标（纵向稳定性、横向稳定性、垂向稳定性），中国高铁都已达到世界领先水平。

三是运力强大。中国投入运营的高速动车组有8辆和16辆固定编组，还有17辆编组。在客流高峰期，还可实现两列8辆编组动车组重联运行，使高速铁路具有强大的旅客运输能力。例如，北京至天津城际高铁，如果从北京南站和天津站连续发车，旅客可以像乘坐公交车一样随到随走，最短发车间隔为3分钟。

四是节能环保。以桥代路节约土地资源。在有条件、可实施地段采用了占地少的架桥修建高铁的方案，与8米填高的路基相比，每公里桥梁可节约土地约55亩。高速铁路采用电力牵引，消除了油烟、粉尘和其他废气对环境的影响。"复兴号"动车组以时速350公里运行时，人均百公里能耗仅为3.64度电，相当于客运飞机的1/4、小轿车的1/6、大型客车的1/3。

五是适用性强。中国地大物博，地理条件差异大。中国高速铁路运营环境最复杂，有高寒高铁、抗风沙高铁和沿海高铁，且连续高速运距长，这些因素决定了中国对高速动车组的多样化需求。中国高铁能够满足"七高"，即高寒、高温、高湿、高海拔、高风沙、高速、高密度等各种运用需求和复杂的环境条件。

六是方便快捷。每小时350公里，是世界上高铁的最高运营速度。目前，北京乘高铁半日内可到达54个城市；京津、沪宁、杭甬、广珠、长吉、昌九、沪杭等高铁沿线，早上坐30分钟高铁跨省上班，下午再坐高铁下班回家买菜做饭，已经成为现实。

七是性价比高。中国高铁平稳舒适、服务优质，广大旅客的乘车体验和在站、在车所享受的服务品质，达到国际铁路先进水平。2018年6月8日下午，俄罗斯总统普京与国家主席习近平同乘高铁前往天津，中国高铁的高速平稳舒适给普京留下了非常深刻的印象，普京表示在中国坐高铁有种浪漫的感觉。同时，时速350公里的"复兴号"

动车组价格远低于国外同类产品。

八是兼容性好。中国高铁技术标准能够兼容不同国家铁路制式，可适用于世界绝大部分地区。在254项重要标准中，中国标准占84%。“复兴号”中国标准动车组中的“标准”，意味着所有标动平台列车都能够连挂运营、互联互通。更重要的是，无论是司机驾驶界面，还是旅客体验界面，都被统一。

二、艰苦的创新之路

2003年10月12日第一条客运专线——秦沈客专正式投入运行，是中国铁路步入高速化的起点。2007年4月18日，中国第六次铁路大提速正式展开，CRH1、CRH2、CRH5型动车组大规模上线运行，列车运行时速达200公里，其中京哈、京广、京沪、胶济线部分区段时速达到250公里。2008年8月1日，我国第一条最高时速350公里高速铁路——京津城际开通运营，中国正式跨入高铁时代。截至2018年年底，中国铁路总里程达到13.1万公里，其中高速铁路达2.9万公里，占全世界总里程的一半以上，均位居世界第一。

中国高铁能够快速发展，最根本的原因是坚持中国共产党的领导，发挥中国特色社会主义“集中力量办大事”的制度优势，坚持正确的科技创新战略，建立起具有中国特色的高速列车技术创新体系。在此过程中，中国中车作为上市公司，发挥了行业引领者、社会价值创造者的作用。

中车创建世界一流示范企业，关键在于创新驱动，特别是以科技创新为核心。中国中车的科技创新战略包含三个方面：核心思想是“追赶·超越”，核心手段是自主创新，方法论是“明志笃行、固本培元”，我们称之为“中车创新八大举措”，每个字对应其中一条举措。

（一）明

即认清大势，市场导向，以市场为创新的源动力。

一是深研市场规律，找准需求痛点。中车一直重视市场规律，把握交通运输规律。以上海到北京为例，1949 年坐火车最快需要 36 个多小时，1959 年 28 个多小时，1986 年 17 个小时，2001 年 14 个小时，2004 年 12 个小时，2007 年 10 个小时内到达，2011 年京沪高铁开通 4 小时 48 分到达，2017 年“复兴号”上线只需 4 小时 28 分。中车的产品则从绿皮车逐渐演变成现在的高铁动车组。

二是结合产业特点，优选创新目标。中车落实国家交通运输结构性调整要求，准确把握市场发展和技术变革趋势，立足货运现状和用户需求，聚焦智能重载和多式联运，加速推进铁路货运技术发展。2017 年，中车牵头承担科技部重大专项“轨道交通货运快速化关键技术”课题。2018 年 8 月 30 日，我国多式联运示范工程首趟试验班列正式开行，中车自主研制的 4 款驮背运输车投入使用。

三是融合六大要素，提高创新效率。在创新过程中，中车坚持“三个面向”，着力从“经济性、先进性、可靠性、差异性、前瞻性、颠覆性”等方面入手，持续提升创新效率、效能、效益。经济性方面，中车研制了高速动车组，支撑高铁快速发展。先进性方面，中车立足自主创新，掌握了动车组核心技术。可靠性方面，动车组上线越来越多、服务越来越好。差异性方面，动车组谱系化产品系列，城轨地铁多种制式。前瞻性方面，中车正在研制更加智能化的产品，能够实现自驾驶、自监控、自诊断、自决策、自控制、自恢复。2019年智能型“复兴号”动车组将率先在京张高铁投入运用，服务北京冬奥会。颠覆性方面，主要是为社会提供更加安全、便捷、智慧、绿色、舒适、多元、经济的出行服务和体验。

（二）志

即志存高远、达成目标，集中力量攻克重大创新目标。

中车在历次重大项目创新实践中体会到，创新要想突破，就必须强力组织，集中力量，合力攻坚。和谐号CRH380A新一代高速列车的技术攻关，就是集全集团和全社会之力，齐心合力办大事的结果。

2008年4月，举世瞩目的京沪高速铁路开工建设，计划在2011年6月开通。当时，原铁道部要求我们研制CRH380A新一代高速动车组投入京沪线运行，持续运行速度350公里，最高运行速度380公里，在系统创新、安全性、可靠性、综合舒适度和节能环保等一系列指标上要达到当时世界先进水平。中车四方股份公司2004年引进技术生产出第一列高速动车组，日方当时只转让了时速200—250公里动车组的设计和制造技术，在快速消化技术基础上，四方股份研制出了时速300公里动车组。时间才刚过去4年，现在就要自主研制时速380公里动车组，并且研制周期只有2年多时间，难度和挑战可想而知。

2010年4月至2011年4月，CRH380A高速动车组进行了历时1年、累计17万公里的千余项线路试验。2010年12月3日，列车试验运行时速达到486.1公里，创造了世界铁路运营试验最高速度纪录。

在短短三年时间里，完成像CRH380A高速动车组这样的重大创新产品。这充分说明：只要组织得力、科学管理、舍得投入，中车科研创新有着惊人的爆发力和潜力。

（三）笃

即坚持不懈，创新超越，发力于集成创新，实现后发优势。

虽然“关键核心技术是买不来、讨不来、要不来的”，但只要坚持不懈集成创新，是能够掌握关键核心技术的。这些年来，在创新实力、资金实力都比跨国公司的竞争对手要弱的情况下，中车一直都是这样做的。“复兴号”动车组就是中车发力集成创新，实现后发优势的典型案例。

“复兴号”CR400AF/BF型动车组是在CRH380系列动车组技术平台基础上，首次以中国标准为主导，按照正向设计思路，以自主化、简统化、互联互通、技术先进为目标，研制的时速350公里中国标准动车组。“复兴号”攻克动车组的九大关键技术和十项配套技术的基础上，经过几年的技术积淀，结合长期线路运行实验，在掌握动车组的系统集成、牵引技术、列车控制等核心技术基础上进行优化提升，实现简统化及互联互通而研发的全新产品，解决了一系列重大技术问题和一些世界性难题，是集成创新的重大成果，具有完全自主知识产权。

从复兴号动车组的例子可以看出，集成创新不是简单的技术拼盘，而是在对引进技术充分消化吸收基础上，通过创新体系升级和掌握核心技术的深度融合，进而实现全面自主创新，研发更有技术优势和竞争力的产品。

（四）行

即知行合一，开放多元，营造开放多元的创新共赢机制。

为把全球创新资源吸引到中车来，我们打造了一个好的机制，用市场力量把全球创新资源吸引到中车来，为我所用。这个创新共赢机制的核心就是“开放、多元、协同、共赢”。

开放。中车承担科技部“先进轨道交通”重点专项后，对外发布“时速400公里高速列车车内噪声模拟与仿真技术研究”“时速600公里高速磁浮系统空气动力学关键技术研究”等公开课题（任务）指南43个，针对“基础研究、前沿技术”等需要，鼓励高校、科研院所牵头研究。专项定向项目共有138家优势企业参与，其中，中车内部

运行中的CA400AF型“复兴号”高速动车组

企业30家、高校37家、科研院所8家、外部企业63家。

多元。一方面是参与主体多元，用有影响力的项目吸引各方创新主体参与。比如CRH380这个项目，当时参与的国内重点高校25所，一流科研院所11所，国家级实验室和工程中心51家，其中有近60名院士、500多名教授、工程技术人员上万人，组成了一个达到国家层面的最高水平的研发团队。另一方面是参与方式多元，按照市场化的思维，让各创新主体以最经济的研发方式参与。根据研发方向不同，中车牵头组建不同的研发组织实施。如建立产学研战略联盟，共建国家创新中心、国家工程实验室、国家重点实验室等，实施基础性、前瞻性技术研究，实施核心技术突破，实施战略性产品开发。依托企业技术中心，实施工程化技术研究、市场产品开发和系统集成。在全球知名高校、科研院所建立“窗口型”技术监测平台、基础前沿技术联合实验室，快速获取前沿技术信息与成果为我所用。在创新资源优势地区（美、英、德等）开展布局，获取全球尖端技术、高端人才，营造全产业链的创新生态环境。

协同。关键是把科技孤岛打通，实现资源联结、能力互动。中车强调协同创新，主要是子企业之间的协同、产学研之间的协同和产业链之间的协同。企业内部协同方面，在时速380公里动车组研制过程中，采用“两厂三地”模式，建立异地协同设计平台，研发周期缩短了40%。在国际上，目前也在尝试协同创新。近年来，中俄双方合作进一步加深，拟共同开展“莫斯科—喀山”高速铁路项目。俄方提出了建立中俄高铁技术联合研发机构的要求，中车响应了这一要求。中车长客股份公司与俄罗斯快速干线股份公司、莫斯科交通大学等单位组建了中俄高铁技术联合研发中心。

共赢。通过市场化为主的利益分配模式，构建中国轨道交通装备优势产业链。中车的重大创新项目，都是联合政府、企业、高校、科研院所及用户形成创新共赢体，从而快速打通了从基础理论研究、关键技术研发，到新产品研制、成果推广应用的技术创新链，培育了轨道交通装备优势产业链。

（五）固

即巩固根基，能力提升，持续强化创新能力建设。

中车在创新能力建设中，坚持软硬“两手抓”，既重视硬件投入，也重视创新思维和方法的探索，按照补强补优为原则，不断夯实创新的能力基础。

一是理念创新。在高铁引进消化吸收再创新的过程中，为了不重演“市场换技术”的悲剧，我们提出首先理念创新，把技术引进之后的自我创新摆在首要位置，而不是只着眼于技术引进后的使用。为此，中车技术消化吸收再创新的路线，就是“先僵化，再固化，后优化”。“僵化”就是强调要原封不动、完完整整地搞明白引进技术的全部，做到知其然。“固化”就是强调要不折不扣地运用和执行技术，并在这个过程中加速学习和领悟。“后优化”则是强调在吸收掌握的基础上，能够对技术进行改进、优化和再创新。中车每花 1 元钱引进技术，就要再花 3 元钱进行消化、吸收和再创新，从而跳出了“引进再引进”的怪圈。有人做过统计，同样花 1 美元引进技术，日本企业平均要花 7 美元进行消化、吸收和再创新，而中国企业平均只花 0.07 美元消化、吸收和再创新。

二是体系创新。中车对标国际先进标杆，建设“开放、协同、一体化、国际布局”的科技创新体系。该体系由科技创新决策体系、科技系统内部规则体系、科技创新组织体系、科技发展支撑体系四大体系组成，覆盖科技创新全过程，围绕打造产品技术领先优势这一核心，营造充满活力的中车科技创新生态。

三是分层创新。“两个层次”，即形成前期研究和工程化应用开发两个研发层次。中车拥有的国家创新中心、国家工程实验室、国家重点实验室等国家级研发机构，主要是突破核心技术，开发战略性新产品，研究基础性、前瞻性技术与共性技术；子公司所设的技术中心，主要面向市场，进行产品研发和产品实现。

四是平台创新。“三级平台”是指整机、系统、部件“三级产品技术平台”。中车坚持品牌高端化的产品创新策略，做到“探索一代、预研一代、研制一代、生产一代”，产品高端形成品牌高端，品牌高端产生品牌溢价。为此，不断夯实检测试验、仿真测试、智能制造等基础平台能力，实现由以应用为中心的单一产品开发向基于技术平台的谱系化产品开发的转变。

（六）本

即标准为本，行业引领，打造中国标准，掌握话语权。

中车认为，抓住新一轮科技革命和产业变革的重大机遇，就是要在新赛场建设之初就加入其中，甚至主导一些赛场建设。这种赛场主导意识的核心就是要打造中国标准，让中国标准成为行业的世界通用标准。

“复兴号”CR400AF/BF 型动车组是完全按照中国标准研制的动

车组，目的就是建立动车组的中国标准体系。根据《时速350公里中国标准动车组暂行技术条件》，CR400AF/BF型动车组采用标准或技术文件134项，有101项是中国人自己的标准，占75.4%。“复兴号”动车组的功能标准和配套轨道的施工标准均高于欧洲标准和日本标准，具有鲜明的中国标准特征。相较于国际和欧洲标准，运营时速由300公里提升到350公里，寿命由20年提高到了30年，运行阻力相比较下降了7%，车辆外形尺寸有所增加。

中车打造中国标准的实施策略是：聚焦优势、三步实施。第一步是等效采用国际标准，快速提升产品和技术进入全球市场的能力；第二步是攻克核心及关键零部件技术，形成优势，成熟一个、制定一个，打造自己的标准；第三步是由点到面，形成领先的整机标准体系，让中国标准成为世界标准，实现中国标准国际化。

（七）培

即培育沃土，加速成长，充分激发科技人员和各类创新主体的创造性。

中车高度关注和深化“三支队伍”建设（技术、管理、技能），创造相关机制，落实相关待遇，优化顶层设计，搭建成才平台。特别是为了厚植创新沃土，中车一直重视激发科技人员和其他创新主体的积极性和创造性。主要从三个角度做工作：

一是体系是基础。中车重点开发了面向全球的一体化人力资本管理体系。这个体系，以“人才海洋工程”构建人力资源管理体系“路基”，以人力资源信息化体系搭建运行“高速铁路”，以“职位管理系统、能力管理系统、信息化管理系统”三大项目建设打造动力强劲的人才管理“动车组”，以人才规划实施全面促进体系有效落地和目标实现，以“五星 HR”评价标准强化体系的一体化运行并持续提升，全面建立中车一体化、系统化、规范化、信息化的人才管理机制。

二是培养作支撑。在人才培养方面，中车强调国际视野，突出实战能力。为了打造国际化人才，中车实施了以高级项目为引领的国际化人才培养工程。依托中车海外研发平台、依托中车海外公司平台、依托境内外高校，与宁波诺丁汉大学、西交利物浦大学紧密合作，培养具备全球视野、国际格局的复合型人才。中车还十分重视高技能人才的培养，经过培养锻炼，中车很多员工都掌握了高超精湛的技术技能。被誉为“大国工匠”的长客工人李万君，曾荣获中华技能大奖，能一气呵成地焊接完成转向架横侧梁 600 毫米周长的环口，不留瑕疵，被外国专家赞誉“这是当今世界上最高级的焊接机械手都无法完成的动作”。

三是使用是目的。中车十分重视让人才在企业里有自豪感、成就感、获得感。在中车，我们把顶尖科研人才尊称为“科学家”，中车现在有 7 位科学家。常振臣就是这样一位企业科学家。他带领研发团队，经过十多年艰辛探索，打破国外技术封锁，研发出高速列车网络控制系统源代码，让中国产的动车组安上了真正的“国产大脑”。中车秉承“大胆使用、重点打造”的理念，既重视传帮带，老带新，同时又大胆使用年轻人，充分释放年轻人的创新活力。现在，高铁的所有关键岗位都活跃着一大批年轻人，他们充满了强烈的事业成就感。除了自豪感、成就感外，中车还重视让人才有获得感，物质奖励和精神激励并重，薪酬福利向科研人员倾斜。

（八）元

即抱元归一，以中车精神，凝聚创新的强大力量。

中车人骨子里就凝聚着一种振兴民族工业的报国情怀，传承着一种建设美好生活的红色基因。在进入新时代的今天，集中体现为“产业报国、勇于创新、为中国梦提速”的中国高铁工人精神，激励着每一个人都努力实现从“追赶者”到“领跑者”的角色转换。

一是中车科技人员身上有一种顾全大局、舍己为公、默默奉献的文化传承。中国中车有位青年员工叫邓海，中国标准动车组的车体技术主管。为了给乘客最舒适的乘车体验，邓海和研发团队做了大量优化设计，工作量数倍增长，让邓海饱受“煎熬”。“五一”劳动节这一天，研发团队“破天荒”地休了一天假。邓海人在家里，心在工作上，一个电话打出去，显示已接通，却听不到声音，性急的他反复大声询问对方为什么不说话，换了另一侧的耳朵之后，才发现，那只耳朵听不到了！耳朵不好使，眼睛还能用，住院半个月，每天通过微信沟通工作。团队成员在心疼他的同时，也对他更加敬重。他们说，“加班加点不算啥，早都习惯了，和老邓相比，我们付出的都还不够”。

二是中车科技人员身上有一种勇于担当、敢为人先、“敢啃硬骨头”的文化传承。2007 年冬天的一个夜晚，冰天雪地，异常寒冷，京哈线上的一列动车组在行驶中因突然断电而停车。浓浓夜色中，时任中车长客股份公司副总工程师的赵明花带领一批专家赶往现场，登上车顶，查找故障，测试各种数据，最后认定：速度飞快的动车组从北京到哈尔滨，经历了急剧变化的温差，造成车顶出现冷凝水，导致电路短路。他们立刻意识到，“这肯定不是偶然的事情，如果不从内部结构上加以防范，在高寒地区有可能经常发生！”由赵明花主持的设计团队迅速组成，几个月之后，一项创新设计完成了，从根本上杜绝了冷凝水断电故障。而两年之后，2009 年圣诞节前夕，穿越英吉利海峡海底隧道的“欧洲之星”因冷凝水导致断电，5 列车被堵在隧道里动弹不得，被迫停运 3 天。对比分析，正是因为我们能够结合实际，因地制宜，自主创新，早发现、早预防，同样的事件才没有发生在我们身上。

三是中车的科技人员身上有一种坚韧不拔、勇于求索、崇尚科学的文化传承。中国高铁的速度接近飞机低速巡航，沿途经过的隧道

CA400BF 型“复兴号”动车组生产车间

多、桥梁多，很多设计方法和技术标准都无先例可循。以车头设计为例，为了拿出最佳的头型方案，设计团队最初做了 20 个概念头型。光是气动性能，团队就进行了 17 项 75 次仿真计算，做了 760 种工况的气动力学试验和 60 个工况的噪声风洞试验，完成了 22 项多达 520 个测点的线路测试。仿真动车组过隧道时的压力波走势，计算单位精确到了千分之一秒。这意味着，每绘制一个压力波，就要计算数万次。最终的气动性能数据堆了四米多高。

三、驶向世界的中车

（一）中车已然走向世界

中国中车以在高铁领域积累的巨大技术优势以及品牌优势，实施“走出去”战略，国际化经营能力和水平获得了巨大的提升，并实现了“四大转变”：即出口产品实现了从中低端到中高端的升级；出口市场实现从亚非拉到欧美澳的飞跃；出口形式实现从单一的产品出口到产品、资本、技术、服务等多种形式的组合出口；出口理念从产品“走出去”到产能“走进去”、品牌“走上去”的转变。

在产品“走出去”方面，目前，中国中车为印度尼西亚雅万高铁提供 11 列时速 350 公里高速动车组，拿下高铁“走出去”第一单；在南非市场获得大额市场订单；欧盟市场开发取得积极进展；在要求最为严苛的香港市场不断获得地铁订单；向澳大利亚出口了世界最大轴重（40 吨）货车。

在产能“走进去”方面，中车在美国、南非、巴西、马来西亚等国新设了公司，为当地创造就业，实现共赢。在美国、德国、英国、捷克、瑞士等国组建了联合研发中心，集聚了全球行业顶尖人才。

在品牌“走上去”方面，中车与相关国家建立了稳定而友好的合作关系。为白俄罗斯提供的“高寒机车”，成为中白两国经济领域深度合作的重要成果，受到习近平总书记的高度肯定。为巴西提供的地铁车辆，不仅成为巴西世界杯一道夺目的中国元素，而且深深融入当地人的日常生活之中，三次受到李克强总理的表扬。在马来西亚投资建设的东盟制造中心，受到国务委员王勇的充分肯定，成为中马产能合作的典范以及中国和东盟地区经贸合作的亮点，成为落实“一带一路”倡议的重要支点。进军南非市场，一举打破了欧美企业长达60年的垄断，机车被命名为“曼德拉号”。美国波士顿项目，是中国高端装备企业首次进入美国，产生强劲品牌辐射效应。

（二）高铁“走出去”的三个关键环节

高端装备走向世界究竟怎么走？我们认为，有三个关键环节。

第一个关键是过好“五关”。

第一是“实力关”。大家都知道，麦加是伊斯兰教的圣地，成千上万的穆斯林从世界各地赶往麦加，交通问题一直是困扰沙特的难题之一。我们充分考虑麦加独特的地理环境、宗教人文特点和集中性超负荷运营的特殊要求，创新设计了朝觐线地铁。这种车的特点是：编组最长，运能最大，最耐高温风沙，安全冗余最充分。麦加朝觐线地铁自2010年11月投入使用以来，千万穆斯林在朝觐活动中感受到了中国新型地铁的便捷舒适。

第二是“标准关”。标准是进入国际市场的第一道门槛，如北美实施 AAR 标准，欧洲有 UIC 标准，俄语国家有 GOST 标准。谁达到了标准要求，谁就拥有了“入场券”。2012 年法国罐车全球招标，当时中车山东公司一举中标，就是山东公司达到了欧洲标准要求，取得了通往欧洲的通行证。

第三是“文化关”。比如，我们在中东的一些项目中，需要雇佣当地的穆斯林员工，这些员工都要按照穆斯林的宗教习俗进行祷告。开始的时候我们不理解，怎么干活干一半就不干了，就去找个地方祈祷去了，有的甚至在车上也是如此。后来我们主动跟他们沟通，在每天的祷告时间，为他们创造条件，提供祷告场所。尊重了穆斯林的宗教习俗，关系就更融洽，大大提升了我们与当地人的信任和感情。

第四是“环保关”。环保是企业的社会责任，也是企业的底线、红线。产品一旦有环保问题，威胁人体健康，其引发的连锁反应甚至可能成为灭顶之灾。

第五是“信誉关”。2013 年 11 月 29 日下午，央视直播了一条“飞机运地铁”的新闻。飞机运地铁价格昂贵，我们为什么要那么做呢？2013 年 11 月，受强台风“海燕”影响，承运土耳其萨姆松现代有轨电车的货轮无法按时到港，结果影响了一个月的运输周期，我们对这种自然灾害的影响并不需要承担责任，但是用户很着急。为保障交付，我们空运有轨电车飞赴土耳其。这批有轨电车运行得非常好，成为市政工作的亮点，市长把这个项目作为拉票“神器”，也凭着这项工程成功竞选连任。萨姆松市对中国中车的有轨电车和售后服务给予高度赞扬，在土耳其国内形成传导效应，伊兹密尔市知道后，特意于 2014 年 9 月邀请中车参与其轻轨车辆的投标，2015 年的大年初一一大早，我们就收到了中标通知书。

第二个关键是“借梯登高”。

近年来，我们先后在英国、德国、芬兰等发达国家，并购、参股多家优质企业，通过资源互补、协同拓展、产能合作、技术联合等，加快核心能力培育，开拓市场空间，加快中车国际化进程。

第三个关键是“共享共赢”。

跨国经营，在海外投资，绝不是简单的建个工厂了事，必须要以当地人的思维、习惯、方式、规则去做事。我们探索实践了“五本模式”（本地化制造、本地化管理、本地化维保、本地化采购、本地化用工）和“四种角色”（文化传译者、社区好邻居、产业推进器、人才孵化器）。

波士顿地铁中标后，我们开始筹划在美国建立制造基地。这里有一座老房子，在春田基地的建筑规划里，我们并不需要这个建筑，是要拆除的。但很快，我们派驻美国的代表就发现，很多当地人舍不得拆掉它。经过了解，我们发现这个老房子有98年的历史，是当年西屋电气的厂房，寄托了七千多人的回忆。我们最终决定把它保留下来。让我们没想到的是，这个做法，感动了当地的居民、媒体，就连市长也亲自致电感谢。当地工会承诺在议会为企业争取免税支持，并在春田基地的开工仪式上，在自己的办公楼上打出了“欢迎中国中车”的标语。

高铁和中车是中国的，也是世界的。中国高铁的发展模式，为世界各国发展高铁提供了经验借鉴。中车确立的企业使命是“连接世界、造福人类”，核心价值观是“正心正道、善为善成”。我们愿意与世界各国企业，分享创新模式和成功经验，让高铁更好改善人们生活，为构建人类命运共同体作出积极贡献。

讲课现场

最后，诚挚欢迎在座的青年朋友关注、支持和加盟中国中车。同时，也真诚希望外国朋友们积极宣传推荐中国高铁和中国中车，让中国高铁和中国中车能够真正连接世界、造福人类。

同学们说

今天刘老师作的报告很有意思。这个报告让我了解了中国。高铁很方便，真棒。坐高铁去别的城市很容易，不用那么长时间就到目的地。除了高铁以外，别的公共交通也很方便，比如说地铁、公共汽车。

——郭照英　印度学生

从这个报告会可以知道，随着中国的发展，交通也方便多了。由于交通的出现，人们日常的生活也发生了很多变化。刘化龙董事长分享了中国高铁从无到有的过程。高铁和中车是中国的，更是世界的。中国中车愿意与世界各国企业，分享创新模式和成功经验，让高铁更好地改善人们的生活。

——王晓兰　菲律宾学生

感谢学校给我们提供机会参加这次介绍中国高铁的讲座。中国中车的特点、历史、发展的过程和经济指标非常可观。高铁已经改变了人们的生活，而且将来的大型项目会带来更方便的交通。

——娜　达　俄罗斯学生

7. 新时代　新国企　新青年

中国电子信息产业集团有限公司  北京科技大学

张冬辰

2019 年 5 月 29 日，中国电子信息产业集团有限公司党组副书记、总经理张冬辰在北京科技大学讲课

★进入新时代，在以习近平同志为核心的党中央坚强领导下，国有企业的影响力、控制力、发展活力和国际竞争力进一步增强，为社会主义现代化强国建设、为中华民族伟大复兴奠定了雄厚的物质基础。

☆历史规律启示我们："企业强则国家强"，对于社会主义中国来说，国有企业作用不可替代，国有企业要更强、要更优，我们要坚持把国有企业搞好，理直气壮地做强做优做大国有企业。

★"青春"是青年学子与新时代国有企业的最大公约数。新时代的国有企业正值青春年华，如同你们这些青年学子，朝气蓬勃、开拓创新；新时代的国有企业也正处于大改革、大发展、大开放、大联合的最好时期，也如同你们这些青年学子，肩负使命、奋勇前行。

☆这就是央企品格，仰望星空、埋头做事，也许默默无闻，却时刻守护。落到中国电子身上，就是"建设网络强国、链接幸福世界"，这是我们的核心理念！

★新时代的青年学子正处于最好的时代，你们未来光明、前途远大，你们将会亲历并创造中华民族的伟大复兴，这是自1840年以来，中华民族历经苦难后最伟大的梦想。

今天，我将结合自己在国有企业的经历、结合中国电子的实际，谈谈我对国有企业的认识，努力回答要不要国有企业、能不能搞好国有企业、新时代怎样建设国有企业以及中国电子所肩负的历史使命等一系列问题。

讲课现场

一、国有企业的历史

历史总是从过去走向未来！认识国有企业，也需要从历史的角度来了解和认识。

（一）西方国家的国有企业

国有企业作为一种产权组织形式，很早就出现在西方国家。1600年英国政府成立东印度公司，为英国从亚洲攫取了巨额利益。法国路易十四时期（1638—1715年，大致对应清朝康熙年间）开办了国有性质的“王家企业”，主要生产奢侈品，扭转了法国对意大利的贸易逆差。

当今世界，国有产权、国有企业和国有经济仍然普遍存在。不少发达国家特别是瑞典、挪威、芬兰等国的国有经济占比远远高于中国的国有经济占比，也存在着众多经营业绩好的国有企业，而且往往占据着国民经济重要行业和领域，比如新加坡淡马锡、芬兰诺基亚、法国空中客车与雷诺汽车、德国大众汽车等。美国也有国有企业，田纳西河流域管理局相当于中国版的“长江三峡集团”，特别是2008年金融危机爆发，美国政府果断动用7000亿美金救市，注资挽救通用、克莱斯勒等跨国公司，政府干预力量可见一斑。

（二）中国历史上的国有企业

两千多年前的春秋时期，齐桓公任用管仲变法，推行了“盐铁专营”政策。从先秦到明清，统治者多采用这种资源牌照授权、控制销

张冬辰号召青年学生奋进新时代

售渠道的方法获得专营收入、充盈国库。近代以来，国有企业萌芽于洋务运动，江南制造总局、轮船招商局、汉阳钢铁厂等一批官办企业诞生。国民政府时期，实行计划经济，许多大型的冶金、燃料、化工、电气及军工企业上马。中国电子旗下南京熊猫的前身——中央无线电器材有限公司就成立于这一时期。这一时期的国有企业规模有所扩大、地位更加重要。

（三）新中国国有企业的改革发展

1. 新中国成立至改革开放前——国营经济的发展

新中国成立初期，百废待兴，内外交困，工业基础十分薄弱。1949 年我国工业总产值仅占 GDP 的 30%，而这其中轻工业占了 74%，我国亟须建立完备的工业体系。1953 年，我们在苏联帮助下投资建设 156 个重大项目；1964 年，在中苏关系恶化以及美国对我国东部沿海虎视眈眈的背景下，我们又开始了长达 17 年的“三线建设”。

这一时期，一汽、东风、北汽、上汽等相继建成，奠定了我国汽车工业的基础；鞍钢、武钢、攀钢等相继建成，奠定了我国钢铁工业的基础；22 个兵工项目在山西、陕西、内蒙古、甘肃等内陆地区布局建设，涵盖坦克、高射武器、航空武器、水中兵器及配套弹药和军用光学仪器等，奠定了我国兵器工业的基础；特别是在 1959 年苏联背信弃义、撕毁合同、撤走专家的情况下，我们“自己动手、从头摸起”，在艰难困苦中发展“两弹一星”，1960 年第一枚导弹发射成功，1964 年第一颗原子弹爆炸，1967 年第一颗氢弹爆炸，1970 年“长征一号”运载火箭将中国第一颗人造卫星“东方红一号”送入预定轨道，我国成为世界上第五个独立自主研制和发射人造地球卫星的国家。

这一时期，中央专门成立第四机械部负责电子工业的发展。在北京的酒仙桥，建立了北京电子管厂（即 774 厂）、华北无线电器材联合厂等单位。南京、重庆、武汉、上海、甘肃等地也相继建立起电子工业企业。据统计，“三线建设”时期，全国电子工业企业最多时达 5200 多个，形成了我国电子工业的基础架构，中国电子很多企业也是在这一时期诞生的。总结这一时期电子工业的特点，一方面是体系建设逐步完备，电子工业形成了包含消费类、生产类、研发类，从元器件到整机的完整产品体系；成立了一批电子工业高校、科研院所和工厂，形成了完整的科研管理生产体系、产品体系和人才体系。这为改革开放之后，我国电子工业蓬勃发展，特别是 20 世纪 90 年代后，我国进军信息产业奠定了基础。另一方面是创新成果大量涌现，半导体、电子管计算机、卫星测控、导弹预警系统及通信系统等方面均取得突破。例如，1958 年我国便突破了半导体技术，1972 年永川半导体所（24 所）自主研制的大规模集成电路诞生，实现了从中小集成电路到大规模集成电路的跨越。

2. 改革开放至党的十八大——国有企业体制机制创新

1978 年至 1992 年是国有企业机制创新阶段，主要是探索扩大企业自主经营权的改革。1978 年 12 月，党的十一届三中全会召开，吹响了中国经济体制改革的号角，也拉开了国有企业改革的序幕。这时期的举措包括扩大企业自主经营权、对企业放权让利、承包经营责任制、企业兼并等。

1993 年至 2002 年是国有企业制度创新阶段，初步进入以产权改革为核心的现代企业制度建设时期。1993 年 11 月，党的十四届三中全会提出“产权清晰、权责明确、政企分开、管理科学”，确立了国企改革的方向，即建立现代企业制度。1997 年，党的十五大提出，使市场在资源配置中起基础性作用，确立了国企改革的思路，即通过“抓好大的、放活小的”，对国有企业实施战略性改组，对国有经济战略布局进行重大调整，从竞争性的制造业里大量退出国有企业。1998 年亚洲金融风暴以后，国有资本逐渐从纺织、家电、食品等竞争性领域中退出，转而在资源、能源、重化工等战略性领域进行了大规模重组，形成了主导地位。到 2000 年年末，国有企业基本实现脱困，逐步转变企业经营机制，初步建立现代企业制度；分离企业办社会职能，减少企业包袱。经过这一轮改革，企业和政府各自归位，企业干企业该干的事情，政府干政府该干的事情，形成了国资主导、民营资本和外资积极参与的多元格局，社会主义市场经济基本架构得以形成。

2003 年至 2012 年是国有企业体制创新阶段，主要是建立健全国有资产管理体制。2003 年，国务院设立国有资产监督管理委员会，解决了长期存在的国有资产出资人缺位和国有资产多头管理的问题，这是我国经济体制改革的一个重要里程碑。党的十六届三中全会提出，大型国有企业要吸引外资和社会资金，实行产权多元化，鼓励企业整体上市，以保持和增加企业的整体实力。在此期间，全国 90% 以上的国有企业完成了公司制股份制改革，一批国有企业上市。此外，通过改制、兼并、租赁、出售等方式，国有中小企业逐步退出，国有经济战线大大收缩，布局结构得到优化，并积极参与市场竞争。

3. 党的十八大以来——国有企业改革发展进入新时代

党的十八大以来，国有企业改革发展取得了重大突破。一是国有企业法人治理结构不断完善，全面融入市场经济，市场主体地位进一步确定，特别是中央企业公司制改革全面完成，董事会应设尽设，进一步建立现代企业制度。二是中央企业战略性重组整合是一大亮点，中央企业整体实力明显增强，涌现出一批初步具备全球竞争力的国有企业，2018 年 48 家中央企业进入世界 500 强，占国资委监管的中央企业户数的一半，加上财政部出资企业和地方国有企业，共有 83 家国有企业上榜世界 500 强。三是国有企业加快创新驱动发展，科技创新不断取得突破，一大批拥有自主知识产权、战略性、前沿性、颠覆性技术集中涌现，国有企业核心竞争力明显增强。四是国有企业积极发展混合所有制经济，推动多种所有制经济交叉持有、取长补短、互相促进，进一步放大国有资本功能，释放民营企业创新活力。

历史充分证明，国有企业的发展不是一路坦途，而是伴随着国内外局势的变化而成长壮大，披荆斩棘、螺旋上升、走向成熟。特别是进入新时代，在以习近平同志为核心的党中央坚强领导下，国有企业的影响力、控制力、发展活力和国际竞争力进一步增强，为社会主义现代化强国建设、为中华民族伟大复兴奠定了雄厚的物质基础。

二、新时代的国有企业

（一）新时代国有企业的鲜明特点

党的十八大以来，国有企业改革发展进入新时代，国有企业呈现出“大改革、大发展、大开放、大联合”的鲜明时代特点。

1. 大改革

新时代国有企业改革是经济体制改革的重要环节，主要集中在解放和发展生产力以及理顺生产关系两个层面。一是战略性联合重组，突出主责主业。针对国有企业既要“富起来”还要“强起来”，强调以“分类改革”为导向，以战略性联合重组为主要突破口，加快国有经济布局结构调整优化，促进企业聚焦主业发展，提升企业核心竞争力。党的十八大以来，国资委先后完成了 21 组央企的重组。同时，也根据发展需要，新组建了中国航发等 3 家公司，中央企业户数调整至 97 户。横向合并增强了规模效应，纵向联合实现了优势互补，专业化整合优化了资源配置。二是混合所有制改革，搞活体制机制。针对国有企业既要“收得住”还要“放得开”，强调以“授权经营”为导向，以混合所有制改革为主要突破口，把党的领导和公司治理创造性结合起来，激发各类生产要素能动性，强化企业内生驱动力。党的十八大以来，国有企业混合所有制改革稳步推进，从面上看，中央企业下属各级子企业 2/3 都已经是混合所有制企业。

2. 大发展

一是从排名上看，2018 年世界 500 强中，有 120 家中国企业上榜，其中国有企业 83 家（中央企业 48 家、地方国企 24 家、财政部出资企业 11 家）。而在 15 年前，2003 年的榜单上中国企业仅有 12 家，其中 6 家央企、5 家财政部出资企业和 1 家中国台湾企业。可以说，国有企业在不断的改革中迎来了大发展。二是从就业和税收上看，当前，国有企业吸纳的就业人数 6000 多万人，占整个城镇就业人口的 14.3%。2018 年，国企纳税占财政收入的 25.1%，超过 4.6 万亿元，其中央企为 3.2 万亿元。中央企业作为国家主要税源，每百元营业收入上缴税费 7.4 元，是民营企业的 2.8 倍、是外资企业的 2.5 倍。

3. 大开放

在“一带一路”倡议下，国有企业积极探索“走出去”，助力所在国经济社会发展，共同构建人类命运共同体。央企在这方面走在了前列，参与了“一带一路”沿线国家大量的公路、铁路、港口的建设，打造了自贸区、产业园区等产业集群，为国际产能合作打下了基础。截至 2018 年年底，80 多家中央企业在“一带一路”沿线国家实施了 3116 个项目；其中，在基础设施建设中，中央企业承担了 50%的项目，合同额超过了 70%，充分带动了当地就业，海外员工本地化率达到了 85%，这些举措有力地促进了沿线国家的繁荣、稳定。

4. 大联合

当今全球竞争格局已经发生质的变化，正在由“产品与产品之争”“产业链与产业链之争”向“生态体系与生态体系之争”发生深刻的转变。面对全球市场、全球竞争，国企和民企不是对立的两面，国有企业在继续抓好核心产品和技术研发的基础上，更加注重生态体系打造，通过全面开放合作汇聚各方创新力量，努力向产业组织者、生态引领者转型。当前国企和民企互相补充、互相促进，形成了完整的产业链甚至生态圈，国有企业凭借资金、品牌、资源优势参与到民营企业发展中，能够更大限度地激发民营企业创造力和活力。

（二）新时代国有企业的重要作用

1. 积极承担政治责任，坚决落实国家战略部署

国有企业是国家战略部署的坚定执行者，除了考虑经济利益，更多考虑维护国家安全和国民经济命脉。党的十八大以来，国有企业积极投身到科教兴国战略、人才强国战略、创新驱动发展战略、乡村振兴战略、区域协调发展战略、可持续发展战略、军民融合发展战略等七大国家战略，积极参与京津冀一体化建设、粤港澳大湾区建设、“长江经济带”建设、“一带一路”建设等发展大局中，努力为国家战略部署落实落地提供坚实可靠的战略支撑。国有企业还积极保障国防和军队建设，包括中国电子在内的 10 家中央企业核心主业属于军工领域。2018 年，中央企业就安置了 1.5 万名退伍军人。

2. 积极承担经济责任，加快推动经济高质量发展

当今世界以经济和科技实力为基础的综合国力的竞争，集中体现为各国大企业之间的竞争。在我国，以国有企业特别是中央企业为代表的大企业群体，代表着人民的利益，参与全球市场竞争。习近平总书记指出：“实践反复告诉我们，关键核心技术是要不来、买不来、讨不来的。只有把关键核心技术掌握在自己手中，才能从根本上保障国家经济安全、国防安全和其他安全。”中央企业承担着突破关键核心技术的重大责任：高铁、歼-20、天眼、国产航母、“天宫二号”空

间站、大飞机C–919、飞腾CPU和银河麒麟等“大国重器”均是中央企业的自主科技创新成果。实践证明，中央企业已经成为我国科技创新名副其实的主力军。

我国国有企业也是国民经济发展和国家财政的主要贡献者，起到经济基石的作用。2018年，国有企业营业收入58.8万亿元，利润总额3.4万亿元。2013年至2018年国资系统监管的企业上缴税金达19.6万亿元，占全国税收比重为24.9%。可以看到，国有企业对国家财政的贡献，除了正常缴纳各种税费之外，还要向国家上缴利润，这就是国有企业比民营企业多出来的责任和义务。

3. 积极承担社会责任，努力服务社会民生改善

国有企业属于人民，人民应当享受国企发展的红利，国有企业在保障和改善民生方面积极响应国家号召，切实履行社会责任。例如，2018年3月，中央企业试点推行国有资本划转充实社保基金，划转比例为企业国有股权的10%，2018年共完成18家央企股权划转，规模达750亿元。2019年的试点已经开始在省级国有企业推广，国有企业充实社保基金，将使得人民分享企业发展的成果，维护社会的稳定。再如，国有企业是精准扶贫的主力军，目前97家中央企业定点帮扶246个贫困县，占592个扶贫定点县的41.6%；设立贫困地区产业发展基金和中央企业贫困地区产业投资基金，规模达181.86亿元，累计投资项目近百个，投资额140亿元，覆盖了14个集中连片特困地区；等等。

历史规律启示我们：“企业强则国家强”，对于社会主义中国来说，国有企业作用不可替代，国有企业更要强、更要优，我们要坚持把国有企业搞好，理直气壮地做强做优做大国有企业。

（三）新时代国有企业的建设思路

1. 准确把握国有企业政治经济二元性

国有企业天然具有两个基本属性，我们称之为“政治经济二元性”。

第一，国有企业首先是“企业”，是一个按照企业形态建立并运转的经济组织，具有所有企业的一般属性，其中最主要的是营利性，国有企业追求利润是完全正常的，这是由企业作为经济人的自然本性所决定的，给股东带来合理回报也是企业责任所系。

第二，国有企业又是“国有”的，由国家出资设立，产权部分或全部属于国家所有，由国务院或地方政府依照法律、行政法规规定分别代表国家履行出资人职责、享有出资人权益，因而它又带有社会主义制度赋予它的政治性，这一点不同于民营企业或外资企业，必须体现国家意志。

2. 坚定国有企业完全能搞好的信心

我们要客观地看到，国有企业特别是中央企业具备很多独特的发展优势：一是比较善于领会国家战略部署，把握政策趋势变化，提前作出发展布局，这是“战略优势”；二是由于承担国家使命和国家重任，维护国家安全和国民经济命脉，决定了中央企业事业宏大、平台吸引力强，能为大批经营管理、科技研发人才提供足够的发展空间，这是“事业优势”；三是社会信任度高，自我约束性强，遵守法律规定，与主流价值观保持一致，从而赢得社会各方广泛认可，这是“信用优势”；等等。习近平总书记强调，坚持党的领导、加强党的建设，是我国国有企业的光荣传统，是国有企业的“根”和“魂”。因此，国有企业能搞好的决定性优势是“政治优势”，即党的坚强领导。

3. 明确新时代国有企业建设的根本方法

主题是打造战略性核心竞争力。党的十八大以来，习近平总书记着眼于全面建成“社会主义现代化强国”需要一大批“社会主义现代化强企”这个基本出发点，对国有企业提出了“六个力量”的殷切期望。在党的十九大报告里，习近平总书记进一步把对国有企业的要求聚焦到“培育具有全球竞争力的世界一流企业”。国有企业要围绕这一目标，通过自主创新、联合创新，通过组织起来、协同攻关，持续做强做优做大，打造战略性核心竞争力，代表中国积极参与全球竞争。

主线是推进市场化结构性改革。习近平总书记强调：“谁说国企搞不好？要搞好就一定要改革，抱残守缺不行，改革能成功，就能变成现代企业。”基于生产关系反作用于生产力这个马克思主义基本原理，新时代国有企业要以市场化转型推进结构性调整。按照市场化要求创新完善国有企业内部的体制机制，切实增强国有企业活力，健全完善科技、资本、人才、管理四大创新体系，提高国有企业发展质量和效率。

根本保证是坚持和加强党的全面领导。坚持党的领导、加强党的建设，是我国国有企业相比西方国有企业最大的制度优势。国有企业要充分发挥党组织把方向、管大局、保落实的作用，把公司治理与党的领导有机融合，把党的领导贯穿到生产经营全过程。

同学们！

“青春”是青年学子与新时代国有企业的最大公约数。新时代的国有企业正值青春年华，如同你们这些青年学子，朝气蓬勃、开拓创新；新时代的国有企业也正处于大改革、大发展、大开放、大联合的最好时期，也如同你们这些青年学子，肩负使命、奋勇前行。

三、而立之年的中国电子

（一）光辉岁月、砥砺前行：中国电子的发展历程

大家对中国电子可能感到陌生，这并不奇怪，因为中国电子的产品主要是 to G（面向政府部门）和 to B（面向企业）的，很少直接面对 C 端个体消费者。其实，中国电子和大家学习生活工作是密切相关的。举两个简单的例子，我国有一半以上的居民身份证芯片是中国电子生产的，有将近一半的电脑显示器也是中国电子生产的，大家也许正在用着中国电子的产品，中国电子也正在为你提供贴心的服务。这就是央企品格，仰望星空、埋头做事，也许默默无闻，却时刻守护。落到中国电子身上，就是“建设网络强国、链接幸福世界”，这是我们的核心理念。

中国电子是 1989 年 5 月经国务院批准成立，由原电子工业部所属企业通过行政划拨组建而成，是中央直接管理的国有重要骨干企业、中央认定的以网络安全和信息化为核心主业的中央企业，连续八年入选世界 500 强，主营业务涵盖网络安全、新型显示、集成电路、高新电子、信息服务、智能制造等战略性、基础性、先导性产业领域。30 年来，一路伴随着国有企业改革的历史潮流，不断发展壮大，核心主业进一步聚焦，核心竞争力不断增强。中国电子拥有“熊猫”“长城”等知名品牌，是中国电子信息产业的摇篮，努力践行“电子报国、信息富国、网络强国”的使命担当，推动我国电子信息产业诸多领域的产生和发展，同时也为人民生活提供了多种电子信息产品和服务。

（二）“不忘初心、牢记使命”：中国电子新时代历史使命

经过不懈努力，我国已成为电子信息产业大国，涌现出一大批具有世界影响力的大企业：有平台发展型公司，如阿里巴巴和腾讯；有科技创新型公司，如华为和海康威视；有管理推进型公司，如海尔；也有复合型公司，如中国电子。

面对新形势、新要求，我们在看到发展成就的同时，更要清醒地认识到，一方面，当今世界，新一轮科技革命和产业变革正在加速发展，电子信息行业已经完成了从 PC 时代向移动互联网时代的演变，正在加速向以“云物移大智”核心技术为特征的智能时代演进，新业态、新模式特别是新技术层出不穷，我们能不能把握时代发展的新机遇，是对所有中国企业的考验。另一方面，当今国际政治经济环境已经发生深刻变化，随着中美贸易摩擦不断升级，美国将加紧对我国采取技术封锁和设备禁运，全面围堵中国电子信息产业的崛起，进而抑制中国的发展，我国电子信息产业面临严峻挑战。中国电子深入学习领会习近平总书记网络强国战略思想，进一步将自身定位明确为打造“网络安全和信息化产业国家队”，进一步聚焦网络安全和信息化核心主业，切实肩负起建设网络强国的历史使命。

我们着力在三个方面下苦功夫、上新水平。一是做基础核心，勇于迎难而上，努力在 CPU、操作系统等核心技术和关键领域打造一批自主研发产品，代表国家最高水平；二是做体系引领，凝聚核心力量，构建网络安全综合防护体系，维护国家最高利益；三是做生态组织，培育产业生态，带领民营企业等一大批生态伙伴共同发展，体现国家最优体制。经过多年努力，中国电子网信产业相关成果于 2017 年、2018 年连续两年荣获国家科技进步一等奖。2018 年 2 月和 2019

年 1 月，习近平总书记两次视察中国电子网信产业发展成果，对我们取得的成绩给予充分肯定！

（三）发展出题目、改革做文章：中国电子着力打造“四型公司”

第一，中国电子用心链接国家战略，逐步成为可信赖、可依靠的“战略型公司”。一是在“基础技术、通用技术”领域，中国电子联合国防科大成功突破高端通用芯片、操作系统等关键核心技术，建立了拥有完全自主知识产权、兼容移动生态、链接人工智能和物联网技术、以“飞腾 CPU+ 麒麟操作系统”为基础的计算机软硬件“PK 体系”，形成了国内最完整、最先进、最富有朝气的技术生态。此外，我们创新推出的第 4 代万兆级网络交换芯片达到国际顶尖水平，计算机缓存控制器性能水平和市场份额均居世界首位。二是在“非对称技术、杀手锏技术”领域，中国电子依托“PK 体系”本质安全技术，积极应对信息系统“漏洞”威胁，创新实施“白细胞计划”，以主动防御替代被动防御，并建成我国首个国家级聚合式信息安全云服务平台，有

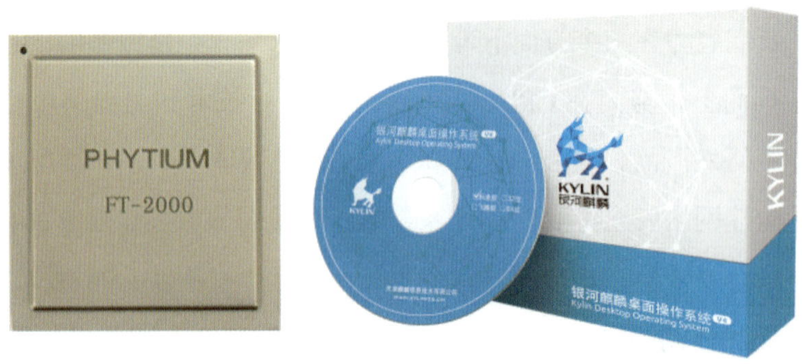

计算机软硬件“PK 体系”（飞腾 CPU+ 麒麟操作系统）

效保障了国家关键信息基础设施和G20峰会等国家重大活动的网络安全。近期，我们战略入股奇安信，携手民营企业打造我国网络安全新引擎，提升维护网络安全的核心能力。

第二，中国电子用心链接行业需求，逐步成为有吸引力、有带动力的“平台型公司”。中国电子积极发挥国有资本功能，秉承“联合创新”理念，用好“组织起来”法宝，积极同地方政府、企业、高校、科研院所等相关方开展战略合作。坚持多层次、系统性推进产业生态培育：一是在核心层联合国防科技大学等重要合作伙伴构建计算机基础软硬件“PK体系”。二是在紧密层聚集国内外400多家电子信息企业构建安全可靠计算机软硬件联合攻关基地和国家级聚合式信息安全云服务平台，共同推进本质安全和过程安全业务。三是在扩展层依托遍布全国的35家创新创业园区，培育和汇聚1万多家中小企业，构

中国电子上海浦东软件园

建起年产值超过4000亿元的电子信息产业大生态；作为产业组织者和推动者，牵头成立绿色计算产业联盟、中关村可信计算产业联盟、中国健康医疗大数据产业联盟等行业协作组织。

第三，中国电子用心链接公众关切，逐步成为全面融入人民群众美好生活的“大众型公司”。一是在智能化服务提供方面，中国电子研发的身份证、社保卡、加油卡、银医一卡通等智能卡产品已走进千家万户，帮助亿万国人实现便捷出行、便捷就医、便捷纳税。二是积极整合系统内部各领域信息化能力，努力以新一代信息技术更好地服务公众生活，其中，承担国家“金税”三期工程，建成世界上处理能力最强大、最复杂、最先进的电子政务系统，为3600万企业法人和5亿自然人提供全天候纳税报税服务；牵头成立国家健康医疗大数据产业联盟，建设我国首个健康医疗大数据中心及产业园试点工程，已收集健康数据涵盖数亿人口，努力提升我国智慧医疗水平。近期，我们又创新提出“安全为先、需求牵引、迭代发展”的现代数字城市理念及建设方案，协助政府提升治理能力和政务服务能力，助力人民群众生活更美好。

第四，中国电子用心链接国际期待，逐步成为广受认可的“国际型公司”。一方面与全球知名企业合作，共同开展电子信息产业前瞻布局，例如引进Watson-Health相关解决方案，助力中国应对慢病管理、人口健康、临床决策支持等方面的重大挑战与机遇；另一方面“走出去”参与“一带一路”建设，融入人类命运共同体，助推全世界特别是亚非拉地区信息互联互通，通过优质的电子信息产品、技术和服务支持当地经济发展。中国电子控股的冠捷科技已建设4个海外制造基地，形成了全球制造、全球销售的格局；克服恶劣环境、繁重

中国电子承建巴西费拉兹司令南极科考站

任务等诸多挑战，承建巴西南极科考站，在南极洲高高树立起一座中巴两国人民友谊的新丰碑。

（四）走进新时代、开启新征程：中国电子两阶段发展规划

通过认真学习领会习近平总书记关于网络强国的战略思想特别是关于“网络安全和信息化是一体之两翼，没有网络安全就没有国家安全，没有信息化就没有现代化”的重要论述精神，我们认识到，现代化离不开信息化，信息化离不开网络安全，因此网络安全和信息化对建设现代化强国起到重要驱动和支撑作用，建设网络强国的奋斗目标有必要先于现代化强国建设的总体进程来实现。从这一逻辑出发，我们设想在 2030 年前分两阶段将中国电子建成兼具战略支撑力和全球竞争力的中国特色、世界一流网信企业，通过体系性变革打造战略性

核心竞争力，切实保障好现代化强国建设。

第一阶段是换道突破期（2018—2020年）。这一阶段，我们要突出一个“变”字，聚焦支撑新时代国家现代化建设的关键信息化能力，加快打造网络安全和信息化核心主业，加快推进集成电路、新型显示等重大项目建设运营，加快培育战略支撑力和全球竞争力，加快构建中国电子网信产业生态圈，确立中国电子在产业发展关键领域和环节的带动力。

第二阶段是加速提升期（2020—2030年）。这一阶段，我们要突出一个“革”字，深入推进内部体制机制改革创新，加快组织起来步伐，协同建立健全科技创新、资本运作、人才发展、内部管理四大工作体系，集中力量突破核心技术、充实经营资本、培育领军人才、提升管理水平，为最终形成战略支撑力和全球竞争力提供坚强有力的支撑。

同学们！

中国电子是众多国有企业中的一个代表，中国电子发展成就是新时代国有企业改革发展的一个缩影。新时代的国有企业既有服务国家战略的硬朗，也有创造社会价值的温情；既有引领行业发展的平台优势，也有导入市场机制的改革活力；既有革命理想高于天的信念和情怀，也有干在实处、走在前列的踏实和奋进！

四、北科大和中国电子

老子曾说：“知人者智，自知者明。”在备课过程中，我很认真地审视自己和中国电子，也很认真地了解了北科大近年来学科建设和学生培养情况，对北科大和北科大学子所取得的成绩感到振奋。中国电子和北科大有很多相似之处：一是双方都肩负历史性使命，中国电子是“网络安全和信息化产业国家队”，肩负着落实网络强国、制造强国、数字中国等重大战略的使命。北科大是新中国“钢铁摇篮”，为新中国钢铁产业“从无到有、从有到强”的发展作出了不可磨灭的贡献。可以说，双方都怀有一颗爱党、爱国之心，双方都以服务党和国家发展战略为己任。二是双方都呈现时代性特征，中国电子由原电子工业部所属企业通过行政划拨组建而成，传统制造业比重较高，但是近年来我们致力于打造网络安全和信息化核心主业，准确把握智能时代发展趋势，通过改革推进产业转型升级，逐步向电子信息高端制造、智能制造以及高端信息服务等方向迈进。北科大传统优势学科强者恒强，钢铁、材料等学科继续保持优势，除此之外，IT 互联网和电子设备两大学科同样发展迅速，现在已经进入北科大就业前三位。可以说，双方都是不断求变、不断成长、不断发展的。三是双方都拥有开放性视野，中国电子在国内建成 35 个产业园区，带领大量民营企业共同发展；在国外，业务布局遍布全球七大洲，与 150 多个国家建立合作关系，海外营业收入占了 1/3。北科大相继建立孔子学院、“一带一路”研究院、国际合作基地等教学科研机构，面向全球招生，在校国际留学生 1000 余人。可以说，双方都是面向未来、面向全球。四是双方都以人为本，中国电子是一个尊重人才、尊重首创精神的中央企业，为各类人才提供了广阔的发展平台和畅通的晋升通道，中国电子是制造业比重较高的企业，但是在 14.3 万员工中，高端技术人员就有 4.6 万人，占比达到 1/3。北科大也是一个重视人才、重视青年人的地方，在我跟武书记的交谈过程中就有切身感受，学校领导和老师为你们的学习、科研、生活、就业做了周密安排和贴心服务，我觉得北科大学子是幸运的、更是幸福的。

中国电子作为与北科大物理空间最贴近的中央企业，愿与北科大加强合作、携手同行，希望双方能从物理空间上的贴近发展到事业空间上的贴近，最终由事业空间上的贴近发展到情感空间上的贴近。

五、对北科大学子的期望

逝者如斯，不舍昼夜！唯有奋斗不负青春！100 年前，五四运动发出“外争主权，内除国贼”的呼喊；120 年前，梁启超写下《少年中国说》，发出“少年智则国智，少年富则国富，少年强则国强，少年独立则国独立”的时代召唤；150 年前，120 名中国少年带着“师夷长技以制夷”的救国梦想赴美留学回顾既往，除了感受到先辈们的青春豪迈和慷慨激愤，我们更多地感受到历史的沉重和苍凉。当前，新时代的青年学子正立于创造历史的前沿，你们未来光明、前途远大，你们将会亲历并创造中华民族的伟大复兴，这是自 1840 年以来，中华民族历经苦难最伟大的梦想。

习近平总书记强调，一代人有一代人的长征，一代人有一代人的担当。建成社会主义现代化强国，实现中华民族伟大复兴，是一场接力跑，青年人的责任重大，使命光荣。在这里，我希望在座的青年学子们，谨遵习近平总书记谆谆教诲，树立远大理想、热爱伟大祖国、担当时代责任、勇于砥砺奋斗、练就过硬本领、锤炼品德修为，积极拥抱新时代、奋进新时代。同时，新时代、新国企，呼唤新青年！我也真诚地希望新时代青年学子们，加入国企、发展国企、壮大国企，努力为社会主义现代化强国建设、实现中华民族伟大复兴的中国梦不懈奋斗！让青春在为祖国、为人民、为民族的奋斗中焕发出更加绚丽的光彩！

同学们说

通过张总的报告，了解到国企在我国发展过程中起到的重要作用和承担的社会责任，感触颇深。作为当代青年，我们也应当具有国企人的担当精神和责任意识。在学习的过程中要严于律己，在思想方面做到将自身发展融入实现中华民族伟大复兴的中国梦的历史进程当中，在治学方面做到求实鼎新，敢于探索，勇于实践。在求学的过程中立鸿鹄志，求真学问，学真本领，不断完善和发展自己，为早日实现民族复兴而不懈奋斗。

——吴　怡　自动化专业学生

新时代、新国企，呼唤新青年，处在这样的新时代、新环境下，我们理应也应该好好奋斗，把专业做精、做细、做专，要树立远大理想，热爱伟大祖国，担当时代责任，勇于砥砺奋斗，练就过硬本领，锤炼品德修为，积极拥抱新时代，奋进新时代，为建设社会主义现代化强国，实现中华民族伟大复兴的中国梦添砖加瓦。

——郭利成　机械工程专业学生

张总的讲话让我意识到一个人是否优秀，不只表现在个人能力上，更在于他是否能主动承担社会责任。我国目前面临着核心技术攻关难题，这需要我们青年学生踏踏实实地做研究，不畏困难地去突破瓶颈，尤其是身为党员，更应该努力奋斗，不负青春、不负国家，成长为对国家对社会有贡献的人才。

——贾毅栋　计算机与通信专业学生

8. 关爱生命，呵护健康

中国医药集团有限公司  北京化工大学

佘鲁林

2019 年 6 月 18 日，中国医药集团有限公司党委副书记、副董事长、总经理佘鲁林在北京化工大学讲课

★国药集团是最早引进合资企业的中国医药企业，充分展现了“医”和“药”没有国界。

☆有一个有趣现象，有能力研发新药的国家与有能力研发战斗机的国家高度重合，可见医药产业也是大国重器、大国脊梁！

★国药集团始终牢记“不忘初心、牢记使命”的企业理念，全面深化国有企业改革，加快创新驱动，在新时代开启高质量发展的新征程，重点解决人民群众“吃好药”的问题。在全国布局药品分销网络、医疗器械及耗材配送网络、零售连锁网络“三网融合”，解决了人民安全用药的“最后一公里”，做到“用药必达”，重点解决人民群众“吃放心药”的问题。

☆混合所有制改革是国药集团发展壮大的“秘诀”，借助民营企业敏锐的市场意识及追求效益、效率导向的机制，实现体制机制上的突破，实现了经济效益和社会效益双增长，展现了国有企业敢担当、勇担当、能担当的精神。

★我们从事的行业是高尚的事业，治病救人的事业，我们的科研人员一定要“不忘初心、牢记使命”，造好药，造良药，对百姓负责、对人类健康负责。

大家好！今天非常高兴来到北京化工大学与大家互动交流和分享。生命和健康关乎每个人、每个家庭。习近平总书记在关于“健康中国”建设的重要论述中讲道，“没有全民健康，就没有全面小康”，把全民健康上升到国家战略的高度。今天我和大家交流的题目就叫“关爱生命，呵护健康”，这个题目也是国药集团秉承数十年的企业理念。多年来，我们积极履行中央企业政治责任、经济责任和社会责

讲课现场

讲课现场

任，为保障人民健康和社会稳定发挥重要作用，今后将继续服务于小康社会、服务于人民福祉。

我本人20世纪80年代初毕业于南京药科大学，也就是今天的中国药科大学，学的是药学专业，一毕业就进入国药集团的前身——中国医药广州公司，在改革开放的最前沿广东工作。38年过去，弹指一挥间。同学们可能要问，这38年我都干了什么，又是如何做的？其实走出校园后我只干了一件事，那就是在国药集团这个国有企业从事医药产业和医药健康事业，我很欣慰赶上了改革开放的大好机遇，见证了中国医药产业的崛起，亲历了一个国有企业从无到有、从小到大、从弱到强的发展过程，并有幸能为之贡献了全部青春年华。国药集团在党中央、国务院领导下，在国家宏观政策指引下，在全体国药人的不懈努力下，从一个年营业收入几十亿元的国有企业，短短二十年发展成为营业收入近4000亿元的世界500强企业，排名第194位。

一、我国医药产业发展历程

随着近代西方工业革命的兴起，现代医学自晚清进入中国，逐步成为主流。新中国成立以后，在党和政府的大力扶植下，我国医药产业和医疗卫生事业得到快速发展。我大致将医药产业发展划分为三个阶段。

（一）第一阶段：新中国成立初期到改革开放前

这一时期，我国刚刚从解放战争的废墟上站立起来，国家一穷二白，百废待兴。在初步解决人民吃饭问题的基础上，逐步开始建立现代医药工业体系，缓解药品严重短缺问题，保障人民最基本的用药需求，奠定了我国医药产业发展的基础。1949年我国的制药企业有390家，但规模很小，基本生产不出像样的药品，药品和医疗器械严重依赖进口。经过全面改建、扩建、新建，到1977年我国制药企业数量增加到680家，医药工业总产值实现73亿元，这些企业当时全都是国有企业，在极其困难的情况下，基本实现了日常用药的国产化，一定程度上缓解了“没药吃”的难题，但缺医少药的形势依然严峻。

（二）第二阶段：改革开放后到2012年

改革开放前，“没药吃”的问题虽然有所缓解，但就全国而言，缺医少药的现象仍普遍存在，一些地区的老百姓往往“小病靠扛、大病靠拖”，特别是偏远地区情况更为严重。

改革开放后，国家重点解决人民群众“有药吃”的问题，我国医药产业在这个时期获得长足发展，制药企业和各类医药公司，如同雨后春笋般蓬勃发展起来，跨国公司也纷纷涌入中国，国有医药企业全部被推向市场。20 世纪 90 年代以后，在市场作用推动下，医药产业更是进入开放式生长阶段，国内医药工业企业数量达到 6500 家，医药商业企业达到 1.3 万家。国家进一步加大对公共医药卫生事业的投入，医疗保障水平得到有效提高，基本解决了人民群众“有药吃”的问题。

2010 年起，我国 GDP 超过日本跃升世界第二位，居民生活水平持续提升，人民群众已经不满足于“有药吃”了。而此时医药产业在供给端面临的最大问题是创新不足，做不出好药，这么多的制药企业，生产的药品同质化严重，无法满足人民群众更高层次用药需求。反观国际市场，排名前 100 位的全球制药企业，销售额占据世界市场的 80%。此时，我国医药产业要继续为人民群众提供更好的医药产品，就必须解决创新问题，必须解决产业集中度问题，必须推动高质量发展。随着党的十八大召开，我国进入医药产业发展的第三阶段。

（三）第三阶段：2012 年党的十八大以来

这一阶段，随着收入水平的提高，人民生活富裕了，富裕起来后大家都想享受更好的医疗保障和就医体验，生了病都不仅要有药吃，还想吃好药。党和政府在这个阶段下了很大的决心进行医疗卫生体制改革，大力推动“健康中国”建设，将全民健康上升为国家战略。

2015 年，我国医药市场规模占全球比重超过 10%，规模总量超越了日本，成为仅次于美国的世界第二大医药市场，医疗卫生机构数量从 1978 年的 17 万家增长至 2018 年的近 100 万家。近十年我国医药产业增长速度远高于全球医药产业增长。

2013 年年初，国务院确立生物产业为国家战略性新兴产业（包含生物医药、生物农业、生物制造、生物能源等），其中，生物医药是生物产业的重点板块，我们看一下目前全球生物医药发展的情况。

从世界范围内来看，生物医药正处于技术大规模产业化的开始阶段，2018 年，全球生物医药市场规模达到 2642 亿美元，增长 10% 左右，2020 年将进入快速发展期，并逐步成为世界经济的主导产业。2022 年全球生物医药市场预计将达 3260 亿美元。

2018 年我国生物产业市场规模大约为 3600 亿元人民币，同比增长 17.99%，延续强劲增长势头。

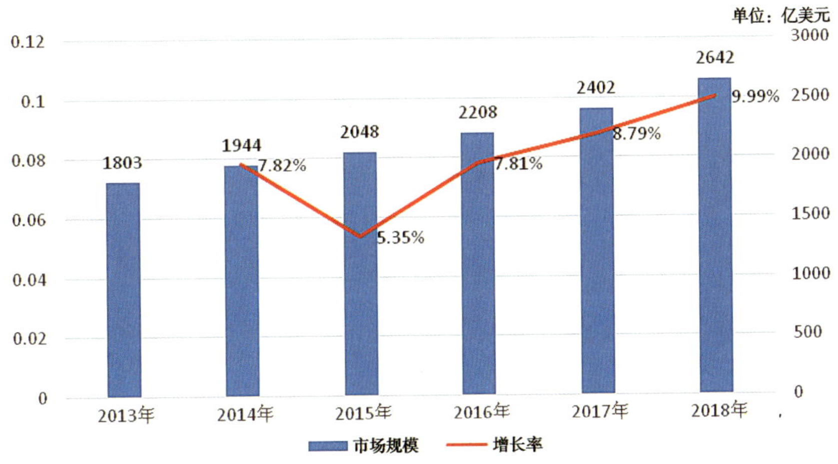

2013—2018 年全球生物医药市场规模及增长率

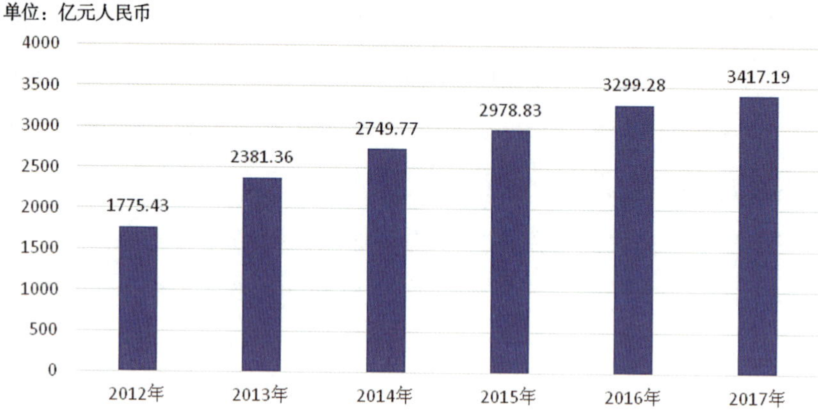

2012—2017 年中国生物医药行业市场增长情况

2018 年一部电影《我不是药神》，再次将中国医药产业推到了舆论的风口浪尖，很多人都心存疑问，我们中国医药产业到底行不行？医药产业属于科技含量极高、资本密集的典型高端产业。目前，全球只有少数国家拥有创新型制药企业，值得注意的一个有趣现象是，有能力研发新药的国家与有能力研发战斗机的国家高度重合，由此可见，医药产业足以代表一个大国的技术制高点。

国外统计数据显示，一种新药从研发到上市的平均时间大约是 10—15 年，而成功率仅为 0.01%—0.02%。一种新药的产生，平均需要 400 多名研究者开展 6000 多次试验，耗时 700 万小时、66 亿美元才能成功，绝大部分创新药都走不到终点。以美国 2017 年为例，其制药企业投入研发费用在 600 亿美元以上。如果将研发费用除以企业员工人数，那么医药行业的“人均研发费用”远远超越其他制造业。根据美国商务部 2017 年的统计，美国制药企业的年营业收入达 3330 亿美元，相当于美国 GDP 的 1.9%。可以说，西方发达国家经过多年的研发投入和技术积累，在西药领域占据了技术制高点。2018 年，我国医药研发投入约 580 亿元，不足医药工业营业收入的 3%，较发达国家仍有较大差距。

我国是不是在医药研发领域就没有机会了呢？形势虽然很紧迫，但也并非没有机会。我们现在的主要做法是加紧补短板，争取把握当前新机遇，实现弯道超车。

一是加大对专利到期西药的仿制。很多西药的专利保护陆续到期，我们可以不受专利限制进行仿制，并可以仿创结合，进行产品升级。这样可以通过跟跑，缩短与发达国家的差距。就自身发展看，我国医药企业近些年取得的创新成果进步很大。刚迈入 21 世纪时，我们的研发能力普遍低下，不仅没有多少拿得出手的知识产权，就连生产高水平的化学仿制药都成问题。短短十几年时间，中国药企已经开展原创性研发了。2012 年以来，一批拥有自主知识产权的新药陆续问世。例如，国药集团经过 9 年研发出了具有完全自主知识产权的一类新药——防治手足口病疫苗 EV71；国内还有一种治疗视网膜黄斑

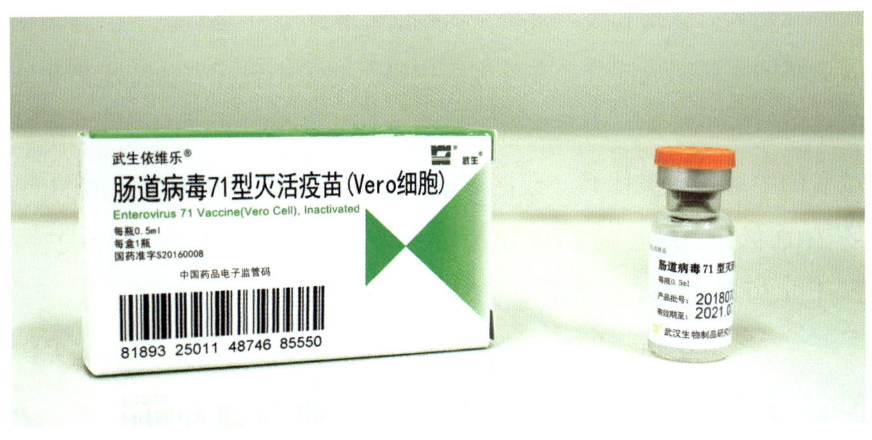

防治手足口病疫苗 EV71

国药现代硝苯地平控释片

病变的新药（康柏西普），于2016年启动在美国的临床实验，其治疗机理和分子结构都是非常新颖，此外，还有一批国际前沿产品正在研发中，这些高水平的创新药品放在十几年前是难以想象的。

二是大力弘扬和传承传统中医药。中医药是中国特色卫生健康发展道路的重要组成部分，在“健康中国”建设中发挥着独特优势和价值作用。近十年来，国家出台了一系列扶持政策，在全国建立了覆盖城乡的中医药服务体系。数据显示，全国中药的市场规模由2011年的2103亿元，增长到2018年的4655亿元，复合增长率为12.02%。预计2019年我国中药市场规模将达5400亿元。

三是加大生物医药研发投入。我们虽然在传统西药领域不如发达国家，但我们也有后发优势，力争实现弯道超车。弯道超车过去看确实不容易，但机会却随着生物技术、基因技术的发展悄然而至。目

中药配方颗粒

前，医药产业正由小分子药物时代进入大分子生物药时代，在 2018 年全球销售额前 10 名的专利药中，生物药占了 7 席。一方面，利用各种细胞调控机理的生物药，设计空间远远大于小分子药物；另一方面，小分子药物经过上百年的研发，逐步进入瓶颈期，产出的小分子药物越来越少，这意味着长期开发小分子药物的传统大药企，利用现有技术积累形成的优势将逐渐变弱。而基于生物学、基因工程、蛋白技术的新型生物制药技术将迎来广阔的发展前景，在这方面，我们与西方差距并不大，中国药企正在加大投入，进一步缩短差距，力争实现弯道超车。

我国巨大的消费刚性需求必将为医药产业的发展提供广阔的市场，带来企业研发经费快速增加，特别是近年来海外归国人才呈现上升趋势，专利申请数量也在不断攀升，中国生物领域基础研究和转化医学的崛起，有望在不久的将来为企业提供有价值的知识产权产品。近些年国家加大供给侧结构性改革，推动高质量发展，只要中国药企踏踏实实解决问题，前景必将一片光明。

以国药集团为首的国有企业，责无旁贷积极响应党的号召，全面深化国有企业改革，加速创新驱动，在新时代开启高质量发展的新征程，重点解决人民群众“吃好药”的问题。

二、砥砺奋进中的国药集团

国药集团发展历程就是共和国医药产业发展的缩影，今天我带大家重温这段风雨历程，回顾那些发生在国药人身上的故事。

（一）第一阶段：新中国成立初期到改革开放前（计划经济时期）

国药集团的前身诞生于战火纷飞的年代，下属子企业的历史甚至可以追溯到 1919 年北洋政府时期。多少年来，国药集团长期承载着保障社会公共卫生安全、保卫人民生命健康的使命。历史上，我们为消灭天花、脊髓灰质炎等传染病作出了卓越贡献，为 20 世纪 60 年代拯救山西平陆县 61 个阶级兄弟提供了急救药品，为“两弹一星”提供了实验保障，在历次抗震救灾、抗洪抢险、抵御和应对突发医疗卫生事件等方面发挥了重要作用。多年来承担着国家卫生防疫和国家医药战略储备任务，承担着公共卫生事件和灾情疫情的应急保障供应。

（二）第二阶段：改革开放到2009年（从计划经济转向市场经济）

随着改革开放，国家为进一步缓解缺医少药的问题，全面放开医药市场，采取“引进来”的方式，吸引国外先进的医药技术、产品、服务，在这样的背景下，国有医药企业被推向了市场，与具有先进技术和先进管理经验的跨国公司、机制灵活的民营医药公司同台竞争。此时，国药集团筹建了我国第一家中外合资制药企业——中国大冢，又陆续引进外资，组建了苏州胶囊、西安杨森、无锡华瑞、上海施贵宝等合资企业。国药集团是最早引进合资企业的中国医药企业，充分展现了“医”和“药”没有国界。

经过20年发展，我们没有在激烈的竞争中垮掉，顽强地存活了下来，也积累了一些管理经验，但此时国药集团仍是一个地地道道的传统国有企业。1998年，随着“政企分开”，国药集团以中国医药公司为基础正式组建，成为国务院大型企业工委（国资委前身）管理的中央企业。当时很多国有企业都“关停并转”了，“下岗”一词也是这时候产生的。当时国药集团也面临诸多困难，既要参与市场竞争，又背负着沉重的历史包袱，自身还面临体制机制僵化、发展速度缓慢、发展动力活力不足、没有市场话语权等诸多问题。面对日趋激烈的市场竞争，国药人下定决心一定要变革、变革、再变革，通过改革走出一条让企业充满活力、具有动力的新路来。

1998年组建集团公司后，国药集团就有着清晰的战略定位，那就是，始终坚持“围绕医药主业，探索发展路径，将企业做强做大”。在这一战略主导思想下，我们主动探索“混合所有制”找出路。

国药集团成立之初的1998年，由于政企脱钩时大部分优势资源划归地方，作为中央企业的国药集团只留下空架子，没有资源也没有竞争力，市场份额不足 1%，企业一点也不强，也不够大，各级企业普遍面临资金短缺、历史包袱沉重等问题，大部分子企业已资不抵债，濒临破产，在市场竞争中处于绝对劣势。生存压力促使国药人意识到，要想在竞争激烈的医药市场上生存、发展，必须在体制机制上大胆突破，走出一条中央企业在充分竞争领域健康发展的道路。基于当时的历史情况，国药集团在国家政策引导下，决定通过引入非公有制战略投资者，撬动存量资本，通过股权改革，打破老国企传统体制，为企业转型发展注入新的活力。可以说，是激烈的市场竞争，促使国药集团作出战略性选择，引入社会资本，加快子公司改制上市步伐。

我们决定从占集团业务比重最大的医药商业流通板块入手，筛选出较优质的医药商业资产和业务，组建了国药集团药业股份有限公司，于 2002 年 11 月上市。国药股份成为国药集团通过资本运作、市场化管理的第一个试验田。

国药股份上市后，募集了几个亿的资金，日子逐渐好过了，但剥离下来的非上市资产如何处理，也是个头疼的问题，这些资产主要有来自计划经济时期的六个中央一级医药调拨站，这六个企业大都面临着共性问题：观念陈旧、业务发展缓慢、缺乏资金、历史包袱沉重等，可这些资产去融资又不够条件，不符合上市要求，市场竞争力也较差，当时这六个企业，有一半是多年亏损，只能勉强度日。医药行业是充分竞争的行业，如果要为这些非上市企业找个出路，就一定要在符合政策的前提下，依靠市场化手段来解决。第一是要解决好融资问题，没有资金，“巧妇难为无米之炊”；第二是要解决体制机制问题，没有好的制度，勤快人也会变成懒人。按照这个思路，我们选择具有一定行业背景和资本实力优质的民营企业合作，通过用国企的平台、民企的机制来激发活力和发展动力。

2003 年 1 月，经过两年多轮谈判，国药集团终于与民营企业上海复星医药集团签署了合作协议，国药集团以这些剥离出来的“非优质资产”作为出资，上海复星医药集团以现金出资，共同成立国药控股有限公司，国药集团占 51%股权，上海复星占 49%。这是国药集团和民营企业在资本层面进行的第一次积极尝试和探索。国药控股成立后，借助民营企业敏锐的市场意识及追求效益、效率导向的机制，实现体制机制上的突破，借鉴复星医药资本运作经验，由自我滚动发展步入并购整合的快速发展阶段，实现了“国企平台”对接“民企机制”，开启市场化运作。经过一系列改革，国药控股在决策机制、市场意识、管理方式、激励机制等方面比传统国有企业迈进了一大步，从而实现了跨越式发展，并于 2009 年在中国香港成功上市。国药控股从成立之初的 2003 年到 2018 年，营业收入由 81 亿元增长到 3445 亿元，居国内医药流通行业第一位，市值位列全球医药分销企业第四位。

今天我们讲“混合所有制”都觉得很正常，当时走出这一步，还没有“混合所有制”的概念，企业发展遇到困难了，也没有模式可以借鉴，完全是根据市场进行的大胆尝试，先行先试，摸着石头过河走出来的，进行了一次开创性的探索，一不小心成了最早开展混合所有制的中央企业。国药集团也被国务院国资委确定为首家混合所有制试点企业。

“混改”带来了活力，但国药集团要想持续、健康、快速发展，必须要进一步深化市场资源配置，充分发挥市场资源优势和体制机制优势。

目前，国药集团在产权层面已基本完成主要业务板块的混合所有制改革，混合所有制企业户数占国药集团企业总户数的 90%，资产总额占集团总资产的 87%，营业收入占集团总营业收入的 92%。混合所有制改革是国药集团发展壮大的“秘诀”，借助民营企业敏锐的市场意识及追求效益、效率导向的机制，实现体制机制上的突破，实现了经济效益和社会效益双增长，展现了国有企业敢担当、勇担当、能担当的精神。国药集团通过混合所有制改革，使企业的竞争力不断加强，市场份额由 2003 年的不足 1%提高到 2018 年的 20%。各业务板块得到快速发展，经营业绩和业务结构不断优化。2003 年到 2018 年，国药集团营业收入由 124 亿元增长到 4000 亿元，年复合增长率 25%；资产总额由 93 亿元增长到 3420 亿元；归属于母公司的所有者权益由 19 亿元增长到 584 亿元；年上缴税收由 3.2 亿元增长到 125 亿元，15 年来累计上缴国家税收 694 亿元，充分发挥了央企的经济责任。

我们采取多条腿走路，尝试股权多元化经营，打造大健康服务链。2001 年，国药集团将下属 4 家企业的药品、医疗器械、原料药等展会业务集中整合，2005 年，集团与全球最具规模的展会主办机构——英国励展集团合资成立了国药励展，用国企资源对接外企机制，体制机制的改变带来的是国药励展的飞速发展。2002 年到 2018 年，营业收入由 0.15 亿元增长到 8.62 亿元；展会种类从单一的药品展、器械展、原料药展发展成为涵盖大健康产业链、跨亚欧美几大洲的国内医药会展与传媒第一品牌。2018 年，国药励展总资产报酬率达到 54.59%，远远高于医药行业 7%的平均水平，通过引入新机制，用“轻资产”实现了高收益。

（三）第三阶段：2009 年至今（全面深化改革、整合资源、调整结构）

2009 年至 2010 年，在国务院国资委的大力支持下，国药集团持续深化改革，完成了四家中央企业重组整合工作。至此，国药集团成为集药品研发、生产、销售渠道、国际经营一体化的医药健康全产业链企业。

企业发展壮大，离不开战略引领。因此，我们经过多次论证、反复研究，确定了这个时期国药集团的发展战略是“紧紧围绕医药大健康主业，以贸做大、以工做强、以科做优，在‘十二五’末进入世界 500 强”。

以贸做大：国药集团的医药贸易占比较大，是多年打拼出来的市场优势，要想快速发展，必须要持续扩大这个优势，这是实现企业做大的必然选择。

以工做强：很好理解，光贸易大发展肯定不行，工业是一个企业的实力体现，所以要通过大力发展医药工业使企业变强。

以科做优：就是要依托科研力量，为集团发展提供创新支撑，今天我们都知道科技创新的作用对企业无比重要，坚持创新才能使企业获得长远发展，基业长青。

国药集团 2013 年进入世界 500 强，排名第 446 位，2014 年排名第 357 位，2015 年排名第 276 位，2016 年排名第 205 位，2017 年排名第 199 位，2018 年排名第 194 位。坚持正确的战略引领对企业发展十分关键，不管市场如何风云变幻，不管遇到什么艰难险阻，都始终保持战略定力，始终聚焦主业，一心一意谋发展。

这个时期，我们主要从以下几个方面着手：

第一，加快商业网络战略布局。

国药集团的医药商业网络最早脱胎于计划经济的调拨业务，集团成立之初，为响应国家医药卫生体制改革，依靠有限的资源快速铺设覆盖全国的药品和医疗器械流通配送网络，2009 年，经过混合所有制改革，已经全面创新了商业网络模式，使之更加贴近市场、贴近人民群众，成为为群众提供“放心药”的重要途径。随着市场拓展持续深入，我们发现在各地新设公司时，如果从零开始布局业务，根本行不通，无法满足和保障县乡以下药品配送需求，必须选择在全国范围内筛选优秀的药品流通企业开展合作，构建三大物流分销配送网络，即药品分销网络、医疗器械及耗材配送网络、零售连锁网络。分销网络建设对目标公司进行了严格筛选，一般需要满足以下条件：当地市场前三名、连续三年盈利、三甲医院覆盖率达到较高水平，并要求其拥有优秀的管理团队和健全的经营资质。在设计重组并购方案时，通常给原创业者保留一定比例的股权，并将原民营企业家转变为职业经理人，保留原经营班子，国药集团派出董事长、董（监）事和财务总监，既充分调动经营者的积极性，又建立完善了公司法人治理结构。在此模式下，国药集团已完成全国 31 个省、自治区、直辖市的物流分销配送网络建设，覆盖全国 200 多个地级以上城市，三甲级医院覆盖率达 100%。

随着药品和医疗器械分销网络的不断壮大，药品零售连锁网络布局也随之展开，大力布局便民药店，方便人民群众购药，已在全国布局近一万家连锁药店。2017 年，将药品零售连锁业务纳入上市公司“国药一致”，并成功引入全球医药零售连锁巨头“沃博联”合资合作，借助其先进的管理经验和运作经验，提升零售连锁板块综合实力，打造医药零售连锁品牌。

我们建成了覆盖全国的医药专业物流配送网、冷链配送网，实现了医药商业板块从外延式增长向内生式增长的转变，打通医药配送“最后一公里”瓶颈，开发建立了药品追溯系统，实现了所有药品全程可追溯，进一步巩固了在医药商业流通领域的龙头地位。

第二，推进医药工业战略整合。

中药产业是老祖宗留下的宝贵财富，作为中国最大的医药集团，振兴民族药是我们不可推卸的责任。国药集团有一个很好的中药平台，2003 年陷入亏损和法律纠纷的“中国药材集团公司”整体并入国药集团，国药集团花 2 年时间扭亏。但由于历史遗留问题多、产业基础薄弱，中药板块一直发展缓慢，而国内中药行业是民营企业活跃的领域，因此通过混合所有制，与民企共同搭建中药发展平台，是国药集团中药业务走上快车道的必由之路。经过审慎选择，2012 年，以连环组合方式成功重组并购了行业优秀企业盈天医药有限公司和贵州同济堂制药有限公司（盈天医药是香港主板上市的红筹公司，同济堂为国内知名中药老字号企业）。集团中药板块也由此实现跨越式发展。可以对比看一下中国药材 2005 年和 2018 年的业绩数据，年营业收入由 3.24 亿元增长到 131 亿元，中药板块完成了由贸易公司向制造企业的转型。

随后，国药集团又对化学制药和生物制药板块进行了整合。2017 年，最终将化药板块整体重组，纳入上市企业“国药现代”；2017 年至 2018 年，又完成了血液制品、疫苗板块的资源优化整合。有效解决了长期分散生产经营的问题，国药集团制造能力得到空前提升，生物制药、化学制药、现代中药均进入国家制药百强企业。

中华老字号贵州同济堂

第三，实施医药科研创新战略。

有一个有趣现象，有能力研发新药的国家与有能力研发战斗机的国家高度重合，可见医药产业也是大国重器、大国脊梁！为加快科技创新步伐，建成了集团化学制药、生物制品和现代中药三大研发中心，使集团科技创新体系更好地为集团工业快速发展提供科技支撑。集团开展了 500 多项课题研究，其中涉及国家重大新药创制项目、国家重大传染病预防项目、国家“863 项目”合计 31 项，中国首个自主研发的疫苗（乙脑活疫苗）获得了世界卫生组织认证。集团科技投入逐年递增，从 2010 年的 6.27 亿元增加到 2018 年的 22.67 亿元，9 年以来，科技创新累计投入 126.6 亿元，占工业销售收入的 7.27%，居于国内医药行业领先水平。

科技创新是加速集团实现高质量发展的主要动力，坚持以资金投入为基础，以人才引领为支撑，以体系建设为保障，在科技创新领域方面，进一步发挥好“两个优势”：一个是资源整合形成的全产业链优势，另一个是混合所有制形成的体制机制优势，走出一条可持续、高水平的创新发展之路，使创新真正成为集团工业发展的新动力。

三、国有企业的作用和地位

习近平总书记在谈到国有企业改革发展时指出，“国有企业是壮大国家综合实力、保障人民共同利益的重要力量，必须理直气壮做强做优做大，不断增强活力、影响力、抗风险能力，实现国有资产保值增值。”现在我们进入新时代，全面建成小康社会、实现中华民族伟大复兴的中国梦，国有企业不仅不能削弱，而且还要做强做优做大。

国有企业经过改革开放 40 多年的发展，早已不是当年大家脑海中的那个效率低下、人浮于事的“大锅饭”国有企业了，今天的国有企业展现出了良好的发展动力和活力，具有顽强的生命力，并成为中国走向世界的一张名片。

在新时代，国药集团更要“不忘初心、牢记使命”，更好地发挥国有企业社会责任，贯彻以人民为中心的发展理念，服务于人民健康事业和“健康中国”建设。党中央、国务院高度重视人民群众福祉，国药集团在新时代将全面贯彻落实好习近平总书记重要讲话精神，继续承担好央企社会责任。

在发挥央企社会责任方面，国药集团有很多故事。例如，国药集团承担着国家医药储备和生产任务，生产线和库存药品中总有一部分是专门用于国家应急药品生产储备任务的，当发生紧急情况时将发挥关键作用，为人民生命安全加一道保险。

医药是个特殊商品。一方面，盈利低了不行，大家会用央企国企的效率效益去和民营企业、外资企业比较，但民营企业、外资企业大多数情况下只愿意做赚钱的药品，这是资本的逐利性决定的，可国药集团等国有企业承担着人民群众的供应保障任务，微利或不赚钱的药品也必须要保证生产供应，这就是国有企业的作用和责任。另一方面，如果盈利高了，又会有人讲国有企业只知道赚钱，背离了为人民服务的宗旨。大家看国有企业的定位和作用一定要全面，企业属性决定了国有企业也要盈利，不盈利全国人民都不会答应，国有属性决定了国有企业必须要承担社会责任，而盈利是国有企业承担社会责任的前提，一个自身都发展不好的企业是难以发挥好社会责任的。

这里举个例子，有一种专门用于 0 到 1 岁半新生儿使用的疫苗，属于国家一类计划免疫疫苗，有一家跨国公司生产同样疫苗，售价折合人民币 135 元 / 支，我们国药集团生产这种疫苗，效果完全一样，质量达到国际先进水平，我们的供应价格平均为 3.5 元 / 支，国内外很多企业都不愿意生产这个品种的疫苗，因为不仅质量风险高，更无利可图。但国药集团几十年来一直承担着这个生产保障任务，这个疫苗是供给我国每年 1600 万新出生婴儿使用的，关乎我们下一代的健康安全，一旦出现问题后果不堪设想，无论承受多大的压力，我们也要生产这个产品。

2008 年汶川特大地震中，国药集团承担了全部中央医药储备物资应急供应，第一时间提供了医药物资保障，并在最短时间内将1000多吨药品运抵灾区，国有企业就要有勇于担当的精神，就要承担这样的社会责任。

国药集团只是国有企业的缩影，很多像国药集团一样的国有企业，几十年来承担了很多急难险重任务，作出了巨大贡献，在新时代更是肩负着民族复兴的重任，可以说国有企业发展的好坏，事关党的事业兴衰，事关国家前途命运，事关中华民族伟大复兴中国梦的实现，因此我们要理直气壮做强做优做大国有企业，使之更好地造福于人民，服务于社会。

四、几点感悟与体会

健康不是浅尝辄止的概念，而是渗透进细节里的精确考量，回想这些年在医药健康领域服务的经历，有一些感悟与体会在此与大家分享，希望对同学们有所帮助。

第一个感悟：珍惜今天来之不易的大好环境和学习机会，努力为国家发展、民族复兴多做贡献。

同学们，你们生活在一个幸福的年代，有习近平新时代中国特色社会主义思想为指引，有党的十九大宏伟蓝图作目标，有国家长治久安、社会繁荣昌盛、优越的物质条件作保障，还有几代中国人拼搏奋斗打下的良好基础，这些伟大的成就，来之不易。大家一定要增强“四个意识”，坚定“四个自信”，做到“两个维护”，努力培养吃苦耐劳的品格，居安思危，奋发图强，弘扬正能量，不辜负这个属于你们的时代。

第二个感悟：树立远大理想，立志报效祖国、服务人民。“有志者立长志，无志者常立志”，祖国的未来属于你们，广阔天地，大有作为，我们这一代还有很多没有完成的事情等着你们去完成。如果大家能够在青年时期立下为国为民的远大理想，并一生为之奋斗，那机会一定会眷顾，你们能做到的一定比你们想象得更多。我们从事的行业是高尚的事业，治病救人的事业，我们的科研人员一定要“不忘初心、牢记使命”，造好药，造良药，对百姓负责、对人类健康负责。

第三个感悟：个人的力量是有限的，团队的力量是无穷的，要尝试着学会包容和融合。“一滴水只有融入大海，才会永不枯竭。”国药集团在近20年里，积极推进资产联合、管理联合、文化联合，使得多种所有制企业在国药集团战略引领下，实现了“合心、合作、合力”，协同效应最大化。这些年来，国药集团作为中央企业争做“国内领先，世界一流”的目标始终没有变，坚持“关爱生命，呵护健康”的理念没有变，我们构建了一个其乐融融的国药大家庭，包容和融合的企业文化始终在发挥作用。

同学们！国家发展需要你们，祖国未来需要你们，希望大家秉承“不忘初心、牢记使命”的信念，认真学习，锤炼自我；希望大家有机会选择到国有企业干事创业，国有企业有着良好的管理机制，这是一个施展才华、提升自我、共赢成长的好平台，在这里，你们可以为实现民族伟大复兴的“中国梦”贡献自己的力量。

同学们说

在本次报告会中，佘总介绍了中国医药的发展历程，以及国药集团的发展史，并希望我们能够树立远大理想、服务人民，同时要学会团结合作，树立认真科研的态度，这为我们的未来发展提供了方向。

——刘　欣　北京化工大学化学工程学院学生

听了佘总的这次报告，让我了解到了国药集团的发展历程，让我知道了国药集团发展的不易以及现在的巨大成果，同时让我了解到了国内外药业的现状机遇以及挑战。佘总对我们学生提出了希望和要求，让我们实事求是、脚踏实地、“不忘初心、牢记使命”、为党为国，这为我接下来的学习生活提供了重要的方向。

——赵天增　北京化工大学化学工程学院学生

9. 交通强国　大道致远

中国交通建设集团有限公司  北京交通大学

宋海良

2019 年 6 月 13 日，中国交通建设集团有限公司总经理宋海良在北京交通大学讲课

精言粹语

★百年交通，系命脉弘国运。

☆交通乃兴国之利器、立国之基石、强国之先导。强国之强，必有交通之强。

★要致富，先修路；要快富，修高速；要想全面富，走“一带一路”。

☆过去，地理改变命运；未来，互联互通决定命运。

★交通对改造提升传统业态和城市形态的作用显著，通过“交通+”产生拉动效应、乘数效应，释放交通红利，成为经济发展新引擎。

☆“一带一路”建设联通了国与国之间的道路，也联通了人与人之间的心路，开辟了世界各国合作共赢的新天地。

大家好！很高兴今天来到北京交通大学与大家进行交流。北京交通大学是一所具有鲜明行业特色的研究型大学，是我国交通行业发展的科技库、人才库和智囊库，为交通事业和经济社会发展作出重要贡献。中交集团与北京交通大学有着不解之缘，不仅是同龄人，都有120多年的历史基因，也是同路人，共同肩负交通强国重大使命，之前我们就有过很多合作。本次活动为我们校企合作、加深友谊提供了良好的机会和平台，在此我也特别感谢教育部、国务院国资委举办这次活动，把中交集团和北京交通大学结成对子、深化合作。

讲课现场

一、思源：坚守时代使命

（一）国力强盛，交通为基

交通乃兴国之利器、立国之基石、强国之先导。博览全球、纵观古今，强国之强，必有交通之强，也发轫于交通之强。在16世纪，葡萄牙、西班牙凭借着先进航海技术发现了“新大陆”之后成为海上强国。17世纪，荷兰凭借先进的造船技术成为享誉世界的“海上马车夫”。19世纪50年代，铁路建设的大发展成为英国工业集聚发展的一个重要影响因素。美国兴起的大规模公路建设、运河开凿、铁路建设，极大地推动了当地工业发展、自然资源利用和地区分工形成。20世纪50年代以后，日本大力发展铁路、公路、航海业，为日本对外贸易和经济高速增长奠定了良好基础，使其在较短时间内恢复国力。20世纪中后期，“亚洲四小龙”名声远扬，他们都重视基础设施的建设，使得综合实力迅速增强。大家都知道新加坡是一个国土面积很小的国家，但是他们建设了世界一流的水陆空综合交通系统，在狭小的空间里，为高密度的人流、物流、车流提供了优质的服务，新加坡也因交通而兴。

交通是兴国之器、强国之基，这在中华民族悠久的历史中也得到了充分验证。秦朝统一六国之后在交通发展上有两项壮举，分别是修建驰道和统一车轨尺寸。当时的驰道以都城咸阳为中心向四面八方延伸，作用类似于今天的高速公路，极大地促进了当时的生产活动，增强了各地之间的经济联系，同时也加强了中央与地方的政治联系。唐朝是我国古代海外交通史上灿烂的一页，当时的宰相贾耽曾经记录过两条著名的航路，即“广州通海夷道”与“登州海行入高丽渤海道”，反映了当时海外交通的兴盛。明初郑和下西洋，更是我国海外交通史上最伟大之壮举。

在落后国家，破旧的铁道路网和粗陋的管理经营，使得线路设计规划、征地拆迁、铁轨铺设和通车运营等每个环节都举步维艰。而交通落后又反过来制约了经济社会发展和民生改善。历史和现实经验均表明，交通顺则百业兴，道不通则事不成，交通发达促进繁荣与发展，而闭塞只会导致贫穷与落后。

（二）要致富，先修路

中国有句俗话，叫“要致富，先修路”，深刻反映了改革开放以来交通基础设施作为国民经济动脉系统的重要作用。现如今这一逻辑又赋予更多内涵，“要快富，修高速；要想全面富，走‘一带一路’”。世界银行研究表明，基础设施存量增长1%，GDP就会增长1%。花旗银行提出，基础设施投资每增加1%，就能拉动1.2%的GDP增长。1776年亚当·斯密在《国富论》中提出，“一切改善，以交通改善最为有实效”，并且论述了交通对社会分工、对外贸易、城市和地区繁荣所起的促进作用。1867年，马克思在《资本论》中，强调交通运输是“实业之冠”和“现代工业的先驱”，必须超前发展，当好“先行官”，落后的交通运输设施是现代化大工业“所不能忍受的桎梏”。

在“前交通时代”，马车、古道、驿站、大运河是交通线路的主要载体，长安、洛阳、金陵这些中国古代著名城市，都是在交通便利时集聚兴起。到了以高铁、飞机为代表的“大交通时代”，快捷交通大幅度提高交通物流效率，改变了人类经济活动和社会生活方式。过去是地理改变命运，未来是互联互通决定命运。世界即将迎来第三轮全球化。这轮全球化的本质，是在全新的价值网络下，实现技术、市场、资金、劳动力等资源的全球配置，其中交通是竞争的关键要素。交通运输线建设不仅是基础设施建设，还能对沿线区域的资源开发、城镇建设、旅游兴旺、产业发展、工业振兴等一体化规划起到巨大推动作用。

通过“交通 +”产生乘数效应，释放交通红利，形成经济发展新引擎。实际上，“交通 +”是多维度的。第一，通过“交通 + 行业”推动交通运输服务与其他行业协同发展，形成如“交通 + 移动互联”“交通 + 商业地产”“交通 + 商务”“交通 + 餐饮”“交通 + 旅游休闲”“交通 + 生产”等融合发展新格局。据统计，通过“交通 + 旅游休闲”，当前出行消费已占城市居民收入的 10%，可见“交通 +”作用非常大。第二，交通设备研发制造可以推动形成一批具有较强国际竞争力的装备制造公司和产业集群，推动交通与制造业联动发展。像我们国家的高铁产业、造船产业在世界上都是很有名的。第三，通过探索建立以便捷交通为引导的农村社区空间布局，发展现代农业，减小城乡差距，增进城市文明辐射，推动形成“三农”发展新态势。以前农村交通不便，想进趟城要折腾很久，现在村村通公路，农村的经济和劳动力都被激活了，日子越过越好。

（三）舟车广至，文明互鉴

交通内含万物交汇、九衢畅通之要诀。交通线不断延伸使“天涯若比邻”成为现实，促进人类不同文化之间沟通交流，大大增进文明互鉴，实现各美其美、美人之美、美美与共、天下大同。15 世纪，人类进入地理大发现时代，哥伦布登上美洲大陆，达·伽马穿越好望角，麦哲伦环球航行开辟新航线，发现新大陆，也孕育了新文明。英国工业革命和近代交通开启了“欧洲中心”的工业时代，客观上也成就了文明交流和大国兴盛。交通的发达不仅拓展了人们的出行和交往半径，也促进了异域文化的理解、融合和创造，推动世界文化大繁荣大发展。

中华文明是在中国大地上产生的文明，也是通过交通在与其他文明不断交流互鉴中形成的文明。交通改善与文明互鉴相伴相随、相得益彰。早在 2000 多年前，中国就开始了开辟通往西域的丝绸之路。汉代张骞于公元前 138 年和公元前 119 年两次出使西域。通过丝绸之路，中国的丝绸、瓷器、茶叶传到了西域，很多东西也从西域传到中原，比如我们今天常见的石榴、葡萄、胡萝卜、胡椒等。在唐代，和中国通使交好的国家多达 70 多个。那时候首都长安城聚集着来自各国的使臣、商人、留学生，西域的宗教、服饰、饮食、绘画、歌舞、音乐及乐器等一起传入长安，当时最流行的胡旋舞就是从西域传来的。15 世纪初，明代著名航海家郑和七次下西洋，一直抵达非洲东海岸的肯尼亚，留下许多中国同沿途各国人民友好交往的佳话。

当前，在“一带一路”走深走实大背景下，交通更是成为文明交流互鉴的重要纽带。2019 年 4 月，习近平主席在第二届“一带一路”国际合作高峰论坛上指出，要打造全方位的互联互通，推动形成基建引领、产业集聚、经济发展、民生改善的综合效应，要积极架设不同文明互学互鉴的桥梁，形成多元互动的人文交流格局。一个月之后召开的亚洲文明对话大会上，习近平主席又指出，“一带一路”“两廊一圈”“欧亚经济联盟”等拓展了文明交流互鉴的途径，亚洲文明也在自身内部及同世界文明的交流互鉴中发展壮大。设施联通是“一带一路”建设的重要基础和优先合作领域，是促进沿线国家经济发展、造福广大民众、提升地区福祉的重要支撑，是实现民心相通、文化交流的重要依托。

二、奋进：勇立改革潮头

近年来中国交通基础设施建设快速推进，交通技术创新实现了从“跟跑”“并跑”到“领跑”的跨越式发展，取得举世瞩目的成就。作为我国交通基建行业的主力军和引领者，中交集团因时代大势而谋、应国家战略而动，发展成为全球领先的现代综合交通基础设施、城市基础设施和海洋工程一体化综合服务商。2018 年公司排名《财富》世界 500 强第 91 位、ENR 国际工程承包商第 3 位，连续 12 年稳居亚洲最大国际工程承包商，连续 12 年保持中国企业首位，在国务院国资委经营业绩考核“13 连 A”。

（一）因改革而生，中交集团是中国交通事业开拓者

1978 年，党的十一届三中全会提出“对内搞活经济，对外实行开放”的发展方针，改革开放大幕开启，深圳特区规划建设蛇口港码头作为对外交流的窗口。1979 年 6 月 15 日，中交四航局第二工程处第一施工队施工筹备组一共 12 人来到蛇口，在深圳修建蛇口港区

第一座码头，成为蛇口建设的首批拓荒者。工程首先要搬掉一座占地数平方公里、土石方量超过500万立方米的山头。工程采用集群爆破施工法，执行松动爆破作业方案。10月4日上午9时许，建设者按下电钮，震天动地一声响后，炸出了6万立方米的土石方，"蛇口第一爆"如同春雷震响神州，被形象地称为"中国大陆改革开放第一爆"。

"四分钱惊动中南海"的故事也发生在这里。在蛇口港五湾开工之初，工人干劲不高，每人每天8小时运泥20至30车。为了扭转局面，四航局率先在车队实行"定额超产奖励制度"，即完成每天55车定额，每车奖2分钱，超额每车奖4分钱。工人们干劲大增，每人每个工作日运泥达80至90车，多的甚至达131车。在"超产奖励"的激励下，工程提前33天完成。奖励制度实行6个月后，就被上级有关部门以"纠正滥发奖金的偏向"勒令停止，施工效率迅速回落。蛇口工业区董事长袁庚请来新华社记者写了一份题为《关于蛇口码头延误工程》的内参，胡耀邦同志当天就提笔作出批示。仅隔一天，蛇口工区就恢复了定额超产奖。这一创新性举措拉开了蛇口全面改革，特别是分配制度改革的序幕。在纪念改革开放活动中，"四分钱惊动中南海"被列为"影响深圳经济特区建设八件历史事件"之一。

（二）因改革而兴，中交集团是国家战略的践行者

中交集团始终在党和国家的工作大局、发展大局中思考谋划公司战略和发展方向，积极践行国家战略，服务国家战略并成为先行者和排头兵，寻求更多机遇和更大发展空间。中交集团在海防安全、交通

体系安全、基础设施安全等事关国家安全命脉的重要环节承担特殊使命，作出独特贡献；在港—航—路—桥—铁路—机场等现代综合交通体系建设、交通强国建设起排头兵与主力军作用；在服务现代化城市建设、加快新型城镇化建设、乡村振兴中发挥排头兵与示范作用；在海洋强国战略、海洋经济中起排头兵与骨干作用；在“一带一路”倡议与“走出去”战略中起排头兵、领头羊作用；在制造强国战略与实体企业发展中起标杆与旗帜作用。

2016 年 7 月 14 日，中交集团获国务院批准成为国有资本投资公司试点单位，成为建筑类央企唯一试点企业。集团制定了“12345”改革方案：一个定位——服务国家重大战略，引领基础设施及大交通领域产业发展的国有资本投资公司；两项依据——以习近平新时代中国特色社会主义思想和党的十九大精神为指导，贯彻落实党中央、国务院关于国有资本投资公司试点改革的系列部署；三个特色——紧密对接服务国家战略，唯一整体上市公司，国际化经营优势；四项任务——服务国家战略，优化资本布局，引领产业发展，激发企业活力；五种能力——把握产业发展规律和趋势能力，产业培育和引领能力，产业金融服务能力，国际化经营能力，风险管控能力。

中交集团是国家战略的坚定践行者、先行者和受益者。中交集团作为投资商、开发商、运营商、集成商、服务商，在践行国家战略中提供投资融资、资讯规划、设计建造、管理运营“一揽子”解决方案等服务。在践行“长江经济带”战略和“长江一体化”战略中，中交集团布局了大型机构，包括中交二航局、三航局、上航局、二航院、二公院、华东区域总部、华中区域总部、西南区域总部，中交疏浚集团、中国城乡建设集团等，参建上海洋山港四期无人码头、苏通大桥、南京扬子江盾构隧道等大批项目。长江经济带上的 11 个省、市集中了中交近 50%的投资业务，投资合同额近万亿元，包括武汉沌口长江大桥以及四川、重庆、湖北、江苏的城市片区综合开发。在践行“京津冀协同发展”战略方面，中交集团参建了首都大外环（七环）高速公路、天津海滨旅游区临海新城、河北太行山高速（总投资 470 亿元）、永定河流域治理、雄安新区建设等项目。在践行“粤港澳大湾区”战略中，中交集团布局中交四航局、广航局、四航院，华南区域总部、中交城投等机构，深度参与，参建了港珠澳大桥、深中通道、南沙城市综合开发等项目。

（三）因改革而强，中交集团是全球综合交通基础设施建设领导者

目前中交集团已成为涵盖公路、铁路、港航、航空、现代物流五大类的现代综合交通基础设施全球领先者。在公路桥梁方面，作为全球基础设施领域的领先者和中国最大的高速公路建设者和投资商，中交集团参与了京新高速、贵都高速、万利高速等国内众多高等级主干线公路建设，投资运营的高速公路接近 3000 公里，是世界最大的高速公路运营商之一。中交集团还是全球领先的桥梁设计建设企业，设计建造了世界 10 大悬索桥中的 6 座、世界 10 大斜拉桥中的 5 座、世界 10 大跨海大桥中的 7 座、世界 10 大高桥中的 6 座，承建了港珠澳大桥、杭州湾跨海大桥、北盘江大桥、塞尔维亚泽蒙—博尔察大桥、中马友谊大桥等国内外知名项目。在铁路建设方面，中交集团参与了京沪高铁、蒙华铁路、石武客专、兰渝铁路等多个重点铁路项目的设

计和施工，收购了澳大利亚约翰·霍兰德公司，提升了铁路及轨道交通的建设运营服务能力，为进入发达国家市场提供支撑。在港航方面，中交集团是世界最大的港口设计、建设和疏浚企业，世界排名前10位的港口中，独立设计建设了7个。在国内已累计建设万吨级及以上泊位近2000个，年疏浚能力超10亿立方米。在航空方面，集团依托系统技术优势，在国内外承建了北京新机场、上海虹桥机场、香港机场三跑道、澳门机场、南苏丹朱巴国际机场、斯里兰卡国际机场等多个重要工程，在工程技术、人才队伍、管理体系等各个方面积累了宝贵经验。在现代物流方面，中交集团推出“互联网＋智慧运输＋衍生服务”业务模式，从交通运输供给侧改革探索创新，通过融入信息技术创新、导入金融衍生服务、整合运输线下资源，打造“线上线下一体化”的现代智慧运输物流网络。

下面，我举几个中交集团的代表性工程。第一个就是港珠澳大桥

2018年全球十大港口

排名	港口	设计及建设
1	宁波舟山港	中国交建
2	上海港	中国交建
3	新加坡港	
4	苏州港	中国交建
5	广州港	中国交建
6	唐山港	中国交建
7	青岛港	中国交建
8	黑德兰港	
9	天津港	中国交建
10	鹿特丹港	

2018年全球十大集装箱港口

排名	港口	设计及建设
1	上海港	中国交建
2	新加坡港	
3	宁波舟山港	中国交建
4	深圳港	中国交建
5	广州港	中国交建
6	釜山港	
7	香港港	中国交建
8	青岛港	中国交建
9	天津港	中国交建
10	迪拜港	

2018年全球十大港口及集装箱港口

岛隧工程。港珠澳大桥是集桥、岛、隧为一体的超大型跨海通道，全长 55 公里，是世界最长的跨海大桥。中交集团承建的岛隧工程是大桥的控制性工程，由沉管隧道、东西人工岛组成，其中沉管隧道是目前世界上建设难度最大的沉管隧道之一，长约 6.75 公里，是全球最长的公路沉管隧道和全球唯一的深埋沉管隧道。习近平总书记指出："港珠澳大桥的建设创下多项世界之最，非常了不起，体现了一个国家逢山开路、遇水架桥的奋斗精神。"

港珠澳大桥

第二个是上海洋山深水港。2017 年 12 月 10 日，中交集团设计建设的上海港洋山深水港四期开港，这是全球单体最大的全自动化码头，也是全球综合自动化程度最高的码头。振华重工承担了洋山港四期全自动化码头的设计研发制造和安装调试任务，这让洋山港四期成

上海洋山深水港

为国内真正用上“中国芯”的全自动化码头。码头的软件系统，主要由振华重工自主研发的设备控制系统和上港集团研发的码头操作系统组成，两者组成了洋山四期码头的“神经”与“大脑”。洋山港四期所有环节均采用“智能化”和“无人化”的操作，工作平台上虽然没有人，但工作效率却十分惊人。

第三个是国之重器——“天鲸号”。“天鲸号”是由中交投资并联合上海交通大学、德国公司进行设计，由招商局重工（深圳）有限公司建造的大型自航绞吸式挖泥船，在现役绞吸船中，其装机功率、疏浚能力均居亚洲第一位。“天鲸号”每小时可挖掘 4500 立方米的海底混合物，可将泥沙最远排到 6 公里之外，这相当于可以挖出一个标准足球场大、半米深的坑。投产以来，“天鲸号”先后在东莞、厦门、深圳、青岛、大连、海南等地施工。

天鲸号

三、共赢：实现命运与共

“发展是解决一切问题的总钥匙。”交通强国不仅让中国强，也通过与世界分享中国交通行业的发展经验，为推动构建人类命运共同体作出积极贡献。当前，世界经济形势面临诸多变数，保护主义、单边主义加剧，但全球化趋势不可逆转，世界经济的联系和相互作用都将日益加深。与世界联系的增强，要求交通基础设施建设在立足本国的同时，必须面向全球。面对中美贸易摩擦曲折多变，民粹主义、贸易“保护主义”、“逆全球化”思潮的威胁，全球治理、国际金融、地缘政治等领域复杂激烈博弈，国际承包商间更加激烈的竞争，恐怖袭击、自然灾害、合规经营等风险的日益增加，海外发展机遇与挑战并存。

2013 年 9 月和 10 月，习近平总书记先后提出“丝绸之路经济带”和“21 世纪海上丝绸之路”的构想。5 年多来，“一带一路”从中国倡议到世界共识，朋友圈迅速扩大，焕发出强大的生机和活力，为企业“走出去”拓展合作空间。在国家“走出去”政策和“一带一路”倡议指引下，我国对外工程承包企业积极利用“两个市场、两种资源”，取得了丰硕成果，积累了丰富经验。行业营业额从 1985 年的 6 亿美元增长至 2018 年的 1690 亿美元，国际业务成为企业发展中重要“增长极”。中交集团抓住机遇，顺势而为，2018 年度，中交海外新签合同额 436 亿美元，占全国近 18%，完成营业额 223 亿美元，占全国超过 13%，再创历史新高，已成为“走出去”企业的中流砥柱。

2008—2018 年中国对外工程承包完成营业额及新签合同额

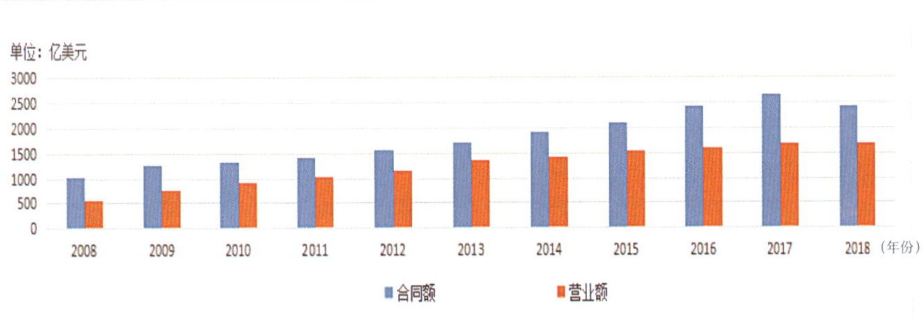

单位：亿美元

年份	2008	2009	2010	2011	2012	2013	2014	2015	2016	2017	2018
合同额	1046	1262	1344	1423	1565	1716	1918	2101	2440	2653	2418
营业额	566	777	922	1034	1166	1371	1424	1541	1594	1686	1690

公司海外发展业绩优秀，海外板块取得“15%—25%—35%”的高回报，即以 15%的海外资产投入比收获了 25%的收入贡献率和 35%的利润贡献率。中交集团目前已经在 155 个国家和地区开展业务，在 119 个国家和地区设立 240 个机构。作为共建“一带一路”的

重要参与者、建设者和贡献者，中交集团致力于建设致富路、连心桥、发展港和幸福城，始终坚持“共商、共建、共享”原则，积极传递“人类命运共同体”正能量，改善当地人民生活质量，促进当地经济发展。通过桥梁建设跨越隔阂和天堑，打造当地和中国手牵手心连心的“连心桥”项目，从“走出去”之初到现在，中交集团已在“一带一路”相关国家和地区修建桥梁180余座。通过投资建设公路铁路“致富路”项目帮助当地人民富裕幸福，已在“一带一路”国家和地区修建公路13000公里，铁路5000多公里。通过港口投资建设打造联通世界促进发展的“发展港”项目，在“一带一路”国家和地区修建深水泊位132个、提供集装箱桥吊800余台、建设机场17座。通过投资建设一批新城、新区、产业园、工业园，打造“幸福城”项目，正在推进境外产业园、工业园项目23个。振华重工的产品已进入全球102个国家和地区，近10年来振华重工在集装箱岸桥全球市场占

斯里兰卡科伦坡港口城

有率超过 70%，连续 21 年位居世界第一位，遍布全球的 ZPMC（振华重工）集装箱岸桥被称为“贸易之臂”。

在“走出去”过程中，中交集团用全球资源整合能力支撑共建“一带一路”，努力用企业的生动实践，让国际社会真切感受到合作共赢是最佳选择，共建“一带一路”是各国企业共同的发展机遇。2017 年中交集团并购巴西最大工程咨询设计公司康克玛特，推动公司巴西圣路易斯港项目在 2018 年一季度顺利开工，这是集团第一个港口全产业链投资项目，投资总规模超过 7 亿美元，取得了永久土地使用权。

中交集团不仅打造包括基础设施在内的“硬联通”，更注重人文交流和民心相通的“软联通”。不仅做可信赖的合作伙伴，还做优秀人才培养基地和优秀的社会志愿者。实践“亲诚惠容”“真实亲诚”理念，在“一带一路”沿线国家累计带动就业 14 万人次，外籍雇员比例从 45%提高到 55%。蒙内铁路被肯尼亚人民誉为“世纪工程”，推动肯尼亚实现“百年梦想”。项目建设的原材料本地采购达 100%，建设高峰期雇用近 5 万当地人员。肯尼亚总统肯雅塔在主持通车仪式时表示：“新的铁路线必将改变肯尼亚未来 100 年的历史，我要特别感谢我们的伙伴和真正的朋友——中国。”2014 年，李克强总理与塞尔维亚总理武契奇共同为泽蒙—博尔察大桥竣工通车仪式剪彩，这座被塞尔维亚人民誉为“中国桥”的项目 47%的建设由中交与当地公司合作完成。当地人民深情地说：“是中国企业改变了我们的生活”。2015 年，斯里兰卡旅游及基督教事务部部长在参加中交集团资助修缮的国家圣母大教堂竣工仪式时表示：“中斯两国一直保持着亲密、友好的双边关系，斯政府及人民将永远铭记并感恩中国的无私援助。”

在习近平主席关心下，2018年8月，“马尔代夫世纪工程”——中马友谊大桥正式通车，马尔代夫总统亚明在开通仪式上说道：“我们庆祝马尔代夫迎来一个新的黎明。这个曙光让梦想终于成为现实，让希望繁荣，让生活更加触手可及。”总统还用中文说：“感谢习近平主席，感谢中国人民。”

四、知行：铸就基业长青

（一）知行四大时代特征

当前的时代特征可总结为四个方面。一是复杂情境。世界面临前所未有的政治、经济、环境、安全等挑战，呈现多样性；国家面临前所未有的经济社会大转型、现代化建设的新形势；企业面临着适应环境变化的生存、转型、升级、改革创新、快速发展与可持续发展的多目标交织交融；个人担负着艰巨的生存、学习、建功立业与实现自我的使命。二是无序情境。在当代世界条件下，全球化与系统化加剧、无序情境增多、不确定性加大，集团必须学会系统应对突发事件，处理危机与前进道路上矛盾重重、盘根错节、挑战性极强的无序情景。三是信息化时代的巨大变革。现代信息技术的迅猛发展，对我们每一个人的思维方式、工作方式、生活方式和管理方式发生深刻革命，全球的政治家与企业家们有一条共识，就是没有真正的系统信息化就不可能有真正的国家、行业与企业现代化。世界发达国家与知名企业把信息化建设都当成持续保持领先地位的重要驱动和支撑力量，处于竞争洪流中的企业更把加快信息化建设当成企业实现弯道超越的决胜武器与唯一路径。四是认识、适应、引领新常态。在降速度、换动力、转方式的新常态下，管理者必须有新状态，才能真正认识、适应、引领新常态。学习上要有新状态，要终身学习，自我革新，紧跟时代步伐；工作上要有新状态，要勇于改革、敢于担当、善于落实；作风上要有新状态，要强化法治思维、发扬民主作风、始终干净干事。

（二）知行三大目标使命

组织的目标使命可总结为三点。一是要追求卓越组织。卓越组织有五个特性，分别是理想要认同、坚定，系统要健全、有生命力，机制要保障、高效，文化要先进、驱动力强，规范要约束有力。二是要追求做正确的事。做正确的事的基础与前提是遵循客观与普世道理，要善于把一般问题流程化、复杂问题简单化、简单问题标准化、标准问题数字化、特殊问题案例化。三是要追求管理的有效性。有效管理的本质是时刻关注价值与有效性。有效管理追求科学性，重在知与行的统一。管理不能复制，更没有灵丹圣药，力行得真知，真知行有效。有效管理的核心是提高管理效率，目标是实现卓越绩效，也即投入与资源最小化，实现组织的效率与价值的最大化。

（三）知行四大基本原则

合作是促进共赢发展的最佳选择，要牢牢把握合作的四个基本原则。一是对方有需求。要紧紧围绕对方所需，拓宽价值链、能力链、供应链、知识链等合作资源。二是我方有优势。要以企业核心竞争力为着力点开展深度合作。三是双方有共识。聚焦共同目标谋求合作达成共识。四是合作求共赢。在合作中实现共赢，打造经济融合、文化互容的利益共同体、责任共同体和命运共同体。

（四）牢牢把握三大法宝

提高管理成效需要有三个法宝。一是构建管理的七大体系，即搭班子带队伍、定战略、拓市场、建体系、建机制、强管理、育文化。二是明晰追求价值的八大路径，即战略挣钱、资源挣钱、钱挣钱、技术与技术标准挣钱、管理与管理标准挣钱、卖产品挣钱、卖服务挣钱、卖苦力挣钱。三是发挥卓越管理的七大力量，即理念与战略（牵引力）、体制（活力）、机制（动力）、文化（合力）、创新（驱动力）、信息和创新（加速力）、领导力（推动力）。

（五）持续打造六有组织

面临新形势，站在新起点，要实现基业长青、持续发展，就要打造有信仰、有思想、有担当、有创新、有感召力、有根基的“六有”组织。要深入学习领会习近平新时代中国特色社会主义思想，用党的创新理论武装头脑、指导实践，在各项工作中全面准确贯彻落实；要勇于创新、敢于担当，适应新形势，把握新机遇，实现新发展；要强化内部管理，做到内部经营迈开步子、外部经营拓宽思路、整合资源敞开心扉、任人唯贤打开大门，用发展活力确保基业长青。

（六）牢牢抓住三大趋势

未来发展趋势体现在三个方面。一是创新发展。要创新商业模式，通过优质产能合作，推动产业发展和经济结构调整。要发掘市场潜力，促进投资和消费，创造需求和就业，带动经济升级发展。二是绿色发展。通过绿色规划引领、绿色方式主导、绿色工具主体、绿色设施支撑、绿色管理保障，构建“结构合理、集约高效、节能环保、以人为本”的绿色交通体系。提高资源利用效率，实现交通发展全环节、全寿命周期的绿色化。三是智慧发展。积极拥抱科技革命和产业变革。新一代信息技术、制造技术、新材料等世界新一轮技术革命突破了传统的技术局限、发展模式和发展速度，大数据、云计算、物联网、人工智能、新材料、新能源的快速发展和科技创新的重大突破，将催生新的交通运输重大变革，智能、共享等新技术、新模式、新业态不断涌现，智能化已经成为交通运输发展潮流。

2019 年，是新中国成立 70 周年，也是五四运动 100 周年。青年是国家的未来、民族的希望，是推动国有企业不断发展壮大的生力军、建设交通强国的主力军。一个重视青年的国家，未来充满希望；一个接续奋斗的民族，前途无限光明。青年学生要提升自身的高度、宽度、厚度、深度，有战略性的眼光、国际化的视野、历史的眼光、专业的眼光；要培养终身的学习力、思考力、创新力、行动力。在这个特殊的年份，我们深感举办这次活动意义重大、使命光荣。中交集团一直非常注重对青年的培养，我们非常欢迎北交大的青年学生们走进中交、了解中交，也真诚欢迎大家到中交来工作，我们将努力为青年实践创新搭建更广阔的舞台，为青年塑造人生提供更丰富的机会，为青年驰骋思想打开更浩瀚的天空。希望与北交大的学子们一起在交通强国的征途上逐梦、圆梦，努力为党、为国家、为人民作出更好的成绩。

同学们说

听了宋海良总经理的报告，我才知道一些国家重点工程背后的建设者是谁，也是通过聆听报告，我对交通行业有了更深入的了解，被建设者的责任和担当深深打动。作为一名在校大学生，我将铭记宋海良总经理的鼓励，做有信仰、有思想、有担当、有创新、有感召力、有根基的“六有”青年，认真学习，增强本领，为中国交通事业的发展贡献力量。

——苏海津　电子信息工程学院学生

中国的交通行业与发达国家相比，从跟跑到并跑再到领跑，并不是偶然的，更不是一蹴而就的，是许许多多像中交集团建设者这样的交通人砥砺前行、艰苦奋斗的结果。他们真正将爱国和敬业联结到一起，真正凝聚了中国精神。我认为，作为一名新时代的大学生，我们首先应该学好自己的专业知识，怀爱国之情，努力学习，不断创新，将促进中国交通行业发展作为自己的奋斗目标，饮水思源，努力奋进！

——焦林涵　土木建筑工程学院学生

这次报告会提得最多的词汇就是“创新”。当今社会处于一个快速发展的信息化社会，创新是引领发展的第一动力。抓创新就是抓发展，谋创新就是谋未来。“知行”是我们学校的校训，我想这一理念也同样适用于企业改革发展。企业的改革发展不是一蹴而就，唯有主动适应，创新发展，才能实现基业长青。

——王嘉懿　机械与电子控制工程学院学生

10. 守初心　担使命

——奋力建设中国特色社会主义新央企

中国联合网络通信集团有限公司  北京邮电大学

王晓初

2019 年 6 月 12 日，中国联合网络通信集团有限公司党组书记、董事长王晓初在北京邮电大学讲课

★建设中国特色现代国有企业制度，是我们厚植制度优势的有效途径，是把国有企业党组织政治优势与现代企业制度的体制机制优势相结合的优势组合。

☆中国联通探索建立中国特色现代国有企业制度之路就仿佛是一次“试驾”。坚持党的领导就是我们的“方向盘”，混改16字方针就是我们的“导航仪”。将党的领导融入公司治理的方式就是我们的“新引擎”。

★推进划小承包改革是解决大企业病、从大公司回归到创业公司的良药，是激发基层员工积极性的良方。

☆国企姓“国”，就要不忘根魂、牢记使命。国企名“企”就要不忘企业创造价值、增加价值的使命。按照企业和市场规律去高效配置资源，确保国有资产保值增值、真正放大国有资本功能。

★国有资本与非国有资本的特性、诉求不同。不能停留在“混”的表象，要寻求最大公约数，形成完整的产业链条，把国有资本和民营资本统一聚合到解放和发展社会生产力上来。充分整合、叠加国有和民营企业的各自优势，混出最大化学反应，改出最大生机活力。

今天，按照国务院国资委的统一安排，我很荣幸来到通信业的“黄埔军校”也是最高学府，和大家共同探讨、交流通信业的昨天、今天和未来。我分享的主题是：守初心、担使命，奋力建设新时代中国特色社会主义新央企。

党的十九大将“不忘初心、牢记使命”作为大会主题，并明确指出中国共产党人的初心和使命就是为中国人民谋幸福，为中华民族谋复兴。2019 年 5 月 31 日，中央召开“不忘初心、牢记使命”主题教

讲课现场

育工作会议，提出了“守初心、担使命、找差距、抓落实”的总要求。

守初心，就是要牢记全心全意为人民服务的根本宗旨，以坚定的理想信念守初心，牢记人民对美好生活的向往就是我们的奋斗目标，时刻不忘我们党来自人民、根植人民，永远不能脱离群众、轻视群众、漠视群众疾苦。

担使命，就是要牢记我们党肩负的实现中华民族伟大复兴的历史使命，勇于担当负责，积极主动作为，保持斗争精神，敢于直面风险挑战，以坚忍不拔的意志和无私无畏的勇气战胜前进道路上的一切艰难险阻。

今天，重点围绕通信行业的初心和使命，交流三个部分内容：一是我们从哪里来，要坚守初心、回望来时路；二是新时代要到哪里去，勇担使命、整装再出发；三是作为邮电学子，要不负韶华、奋进正当时。

一、坚守初心，回望来时路

通信主要解决远距离人与人沟通的问题，和生物技术一样，是引导人类进步发展的重要技术领域。古时候的通信是通过可见光实现的，周幽王烽火戏诸侯的故事展现了古代原始通信场景。秦朝一统中国，书同文、车同轨，所有军事、政治、社会民情信息通过飞马传书。更近代一些的通信方式则是摩尔斯电报。随后无线电报逐步被有线电报替代，后来发展成固定电话通信，再后来无线通信技术逐步替代了有线通信技术。对我们现在通信行业来讲，除了技术的演进变革，更要坚守我国通信业发展的初心。

（一）坚守红色基因

1. 革命战争时期的红色通信

土地革命时期，1930年年底第一次反“围剿”，红军在江西永丰龙岗大捷，意外获得了只能收信、不能发信的半部电台。后来的几次反“围剿”期间，无线电红军各方面军缴获了数十部国民党军队的无线电台，为红军建立中共中央无线电通信网奠定了基础。

抗日战争时期，当时一个军下辖数师，每个师只有收发报机各一台，条件非常艰苦。但近距离通信设备已经逐步配置，通过有线磁石电话实现。在这段时间，最著名的是平型关战役，八路军115师在平型关战役中就已使用了有线电话。

解放战争时期，通信条件大大改善，团部基本都配备了无线通信设备。无线电通信成为我军统帅部与各战略区之间使用频率最高、最主要的联络手段。仅1946年中央办公厅机要处收报就达16万余份。为了加强无线电通信保密，中央军委先后在陕北的小河村和杨家沟两次召开通信保密工作会议，研究对策措施。经过教育整顿，全军的无线电通信保密工作得到极大加强，在无线电领域的窃密与反窃密斗争中完全掌握了主动，保障了各战场作战的顺利进行。一些优秀的影视作品，如《永不消逝的电波》，如实反映了当时艰苦条件下优秀的信息情报人员、谍报人员在革命意志的支撑下传递着最重要的信息情报，对解放战争全面胜利起到了关键性作用。

2. 解放以来的服务历程

解放以来，通信业的使命和任务发生了翻天覆地的变化，总体可以分为四个阶段。

第一阶段，通信为党政军和社会管理服务。解放初期的通信非常金贵，国家主席和总理每年春节都会到通信值班室慰问职工。从西柏坡进北京时，毛泽东同志住在香山，香山电信局专门建立一个通信室并放置了人工交换台的总机。毛泽东同志就是通过这个总机整体指挥中国解放军南下，解放长江以南地区的。在解放全中国和新中国成立的过程中，通信都起到了重要作用。

第二阶段，通信为经济社会发展服务。在这个时期，企事业单位开始大量使用电话、电报业务。当时通信业的人力集中在三个方面：一是送报送信的邮递员，二是送电报的电报投递员，三是话务员，负责人工交换。博物馆里至今还保留着人工交换设备和场景。

第三阶段，通信进入普及阶段。改革开放初期，通信开始进入千家万户，主要通过固定电话的方式进行通信。当时在北京安装一部电话需要缴纳 5000 元初装费，并且需要等待两三年甚至更长时间。

第四阶段，通信进入了万物互联时代，随时随地联通，万物泛在互联。

（二）坚守网络安全

在中国通信业漫长的发展历程中，始终都要牢牢把握网络安全这条线。党的十八大以来，习近平总书记多次就网络安全和信息化工作作出重要指示，并明确指出“没有网络安全就没有国家安全”。确保网络和信息安全、实现技术自主可控，是我们电信运营商义不容辞的责任。在极端情况下如何保证互联网和通信网的畅通，是所有通信从业人员基本的职责和任务。

（三）坚守为民服务

1.人民邮电为人民

毛主席曾亲笔为《人民邮电报》题词，要求通信行业要“人民邮电为人民”。党的十八大以来，习近平总书记多次召开会议，对网信事业、网络安全、信息化发展作出重要指示。习近平总书记提出，网信事业的发展必须贯彻以人民为中心的发展思想，把增进人民福祉作为信息化发展的出发点和落脚点，让人民群众在信息化发展中拥有更多获得感、幸福感、安全感。

改革开放至今，通信业发展突飞猛进：1987年中国的电话普及率是3.8部/千人，是全球的十分之一。2019年4月，我国拥有全球最大规模的光纤和4G网络，移动电话用户接近16亿户，其中12亿人用的是4G智能手机。家庭宽带4.26亿户，90%以上是光纤接入，大约再增加3000万的发展量，就能达到家家都有宽带接入的水平。在技术和资费方面，移动通信从2G网到3G网再到4G网，宽带从过去的2M拨号上网发展到现在的百兆甚至千兆宽带接入，通信技术有了极大的进步。自2014年落实提速降费政策以来，通信行业累计让利超过2600亿元，平均上网速率上升6倍以上，上网费率降低超过90%。

与此同时，抢险救灾的一线也始终伴随着通信人的身影。只要出现灾情，通信人都是义无反顾的逆向前行，为抢险救灾、为当地灾民提供最基本的通信服务保障。

2. 承担央企责任

英国剑桥大学的博士学者 Janus Dongye 曾经感叹：目前中国有超过 12 亿的人用上了 4G 手机，中国的 4G 基站比其他国家的基站总和加起来还多 20%，没有一个国家能够做到。记得我在一次与 AT&T 高管的交流中，对方表示 AT&T 仅有 7 万个 4G 基站（中国联通 4G 基站超过 100 万个），美国运营商只在主要城市地区提供 4G，农村地区不在覆盖范围内。而我们社会主义国家不一样，我们不但要谋求企业的效益，更要为百姓带来便利，这是我们央企的社会责任。即使在马路也没有的最偏僻的村庄，也有 4G 信号覆盖。

（四）坚守增值创利

习近平总书记明确指出，“网信事业代表着新的生产力和新的发展方向，应该在践行新发展理念上先行一步，释放数字对经济发展的放大、叠加、倍增作用”。电信网络是我国网络安全和信息化的关键基础设施，承载基础通信传输的“基础道路”、承载各类信息应用的“基础平台”、承载经济社会发展的“信息动脉”，是推动供给体系质量变革的“助推器”、促进经济运行效率变革的“倍增器”、驱动经济增长动力变革的“转化器”。

目前我国电信业务总量 6.56 万亿元，行业自身业务收入 1.3 万亿元，撬动数字经济规模 31.3 万亿元，GDP 占比为 34.8%。信息消费直接带动就业岗位 220 万个，间接带动就业岗位 520 万个。预计 2020—2025 年，5G 融合应用间接拉动经济总产出 24.8 万亿元，间接带动经济增加值 8.4 万亿元。

二、勇担使命，整装再出发

（一）新使命：党的领导引领国企发展新征程

党的十八大以来，以习近平同志为核心的党中央高度重视国有企业和网信事业发展。2016 年 10 月 10 日，全国国有企业党的建设工作会议召开，会议回答了事关国有企业改革发展和党的建设等一系列重大问题，开启了新时代国有企业改革发展新篇章。2013 年 11 月 9 日至 12 日召开的党的十八届三中全会审议通过的《关于全面深化改革若干重大问题的决定》提出进一步深化国有企业改革的方向和任务。在党的十九大报告中，习近平总书记也对央企改革提出了进一步的要求。

（二）新课题——怎么看：走出一条不同于西方国家的成功发展道路

从现代企业产生的历史看本源。现代企业制度是从西方引进来的。但是如果简单地只按西方现代企业制度来管理我们国有企业，还是有很大的风险。西方企业的优势在于股东治理模式，利用利益相关者合作博弈的关系，通过董事会、股东监督促使经营者实现公司利益最大化。国企改革希望结合中国的政治体制集中优势与西方的市场体制优势，致力于避免企业经营者短视问题，从而达到经营者与企业管理者共同关注企业长期发展和利益的目标。

从西方治理模式的对标看差异。公司治理本来就没有放之四海而皆准的模式。经合组织认为：好的或有效的公司制度是具有国家特性的，它必须与本国的市场特征、制度环境以及社会传统相协调。“英美模式”也好，“德日模式”也好，只是公司治理一般性原理在不同制度背景下的反映。中西方之争，突出体现在效率之争、活力之争、民心之争，实质上是看谁的制度更有优势、更有生命力。

从中国国企改革的探索看新路。建设中国特色现代国有企业制度，恰恰是我们厚植制度优势的有效途径，是把国有企业党组织政治优势与现代企业制度体制机制优势相结合的优势组合。党组织与公司治理其他主体依法履行职权，具有目标同一性和功能互补性。建设中国特色现代国有企业制度既是理论的，也是实践的。我们希望中国的现代企业制度能够走出一条和西方不同的道路，既把西方现代企业制度优越的部分拿过来，同时又把我们党的政治优势结合到一起。

从我国电信改革的探索看新路。中国电信行业波澜壮阔的改革历程，引领了我国国有企业改革发展。1997 年，中国移动在香港和纽约上市，是当时的第一家红筹公司。第一次融得 42 亿美金，最多的时候筹集到的外汇占整个国家外汇储备的 20%。中国移动的红筹公司在香港的成功上市，吸引了中国内地的更多企业到香港上市。当时这场改革，在国家层面主要还是为了解决资金和外汇的不足。企业的改制和改革起到了积极的作用，但还不完全。为了对企业有约束，企业领导人每年有三次要去跟投资人见面（全年的业绩报告、半年的业绩报告、股东会），所以必须要把企业经营好。现代的国企和过去的国企非常不同。2017 年中国联通的混改，融资已经不是主要目的，主要目的是为了激发微观主体活力、提升企业创新能力、放大国有资本功能。

（三）新探索——怎么办：混合所有制改革是国企改革的突破口

根据中央部署，2017年中国联通初步完成了混合所有制改革。在这次改革中公司股权结构突出多元化，公司治理突出有效制衡，领导人员管理突出分类分层，薪酬分配突出激励约束相对称，用人制度突出市场化。

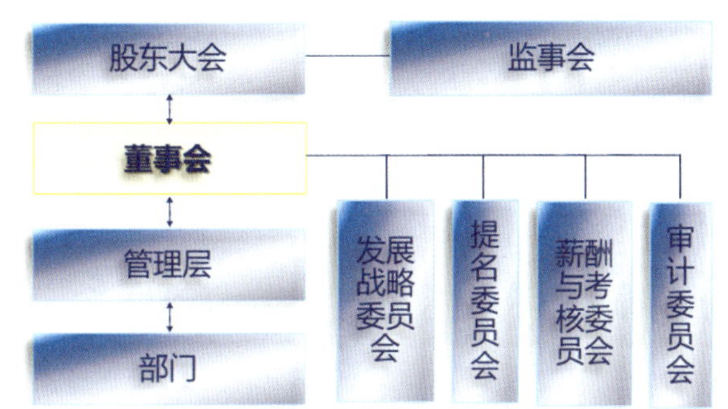

建立有效制衡的治理机制

（四）新实践：中国联通打响央企整体混改“第一枪”

第一是“新治理”。在治理结构上，始终坚持“两个一以贯之”不动摇，率先把党建工作要求写入公司章程，重大决策事项由党组前置把关。同时，加强现代企业治理，实现股权结构多元化、董事会多元化。由于中国联通过去是改革重组最多的一家企业，先后合并小网通、大网通、吉通、联通等企业，内部机构设置过于庞大，我们借助这次混改成功地进行了瘦身健体。同时进行了划小改革、云南试点等多种尝试。

第二是“新基因”。引入优质基因，进行企业文化重构，倡导“一切为了客户、一切为了一线、一切为了市场”。过去是唯上级领导，今天是客户至上。在激发公司团队活力方面，中国联通在基层进行了

讲课现场

划小承包改革，对联通的核心员工进行了限制性股票激励，推动了三项制度的改革。

第三是“新运营”。中国联通离互联网公司最近，但公司自身的互联网化程度还很弱，公司内部交易成本、管理成本非常高。借助混改，公司全面推进营销互联网化、IT 系统集中、管理扁平化、大数据精准投资、智能运维、智能客服等转型，将有效提高公司运营效率，降低成本。

第四是“新动能”。通信运营商的创新，更多的是集成创新、协同创新。例如 5G 已经到来，中国联通要探索怎么为垂直行业提高信息化水平，提高产能，提高管理水平。中国联通最近做的很多实验都已经得到了很好的验证，起到了很好的效果。在创新领域中，要探索运用云计算、大数据、物联网、人工智能、区块链等技术，为客户创

中国联通与京东共建智慧生活体验店

造更好的价值。中国联通与BAT、汽车公司等很多企业，包括与西班牙电信成立了专门的合资公司，共同在垂直领域做大做强，同时把中国联通的技术人员带动起来。

最后一个是“新生态”。现在的产业和行业生态大趋势是开放合作，跨界共享，优势互补，互利共赢。大家资源共享，各得所需。行业要思考：在5G时代下，还要不要像4G时代，每家运营商都建一个网？还是我们三到四家运营商相互协作？在有些话务量不高的地区，有没有必要进行共同的合作，使得资产的效率更高？中国联通积极推进5G应用创新联盟、5G国际合作联盟的建立，同时积极推动共建共享，谋求业务协同创新。

中国联通 5G 应用创新联盟正式成立

（五）中国联通混改实践的“五个坚持”

坚持“两个一以贯之”，建立中国特色现代国有企业制度。中国联通探索建立中国特色现代国有企业制度之路就仿佛是一次“试驾”，坚持党的领导就是我们的“方向盘”，混改 16 字方针（完善治理，强化激励，突出主业，提高效率）就是我们的“导航仪”，将党的领导融入公司治理的方式就是我们的“新引擎”。中国联通新一届董事会由十三人组成，中国联通只有三个席位，十位是非联通的，有 BAT 的出资人代表，也有北京邮电大学的吕廷杰教授被派到中国联通做独立董事，而且董事会逐步开始做实。

坚持“两个毫不动摇”，推动各类所有制资本共同发展。在两个毫不动摇方面，中国联通在保证国有资本控股的前提下，引入 14 家战略投资者，有效避免“一股独大”，由董事会行使投资决策权、薪酬分配权等权利，实现不同资本相互融合和股权有效制衡。

坚持以“供给侧结构性改革”为主线，加快高质量发展步伐。中国联通在过去两年的供给侧结构性改革，带来了巨大变化：一是去杠杆。中国联通自由现金流在 2016 年是 74 亿元，到了 2018 年将近 500 亿元。公司的债务在两年时间里下降超过了 20%，经营情况迅速得到改善。二是降成本。公司利润从 2016 年的 5.8 亿元到 2018 年年底回升到 120 亿元。在收入方面，成本占收入的比例下降了近五个百分点。三是补短板。结合所引进互联网企业、垂直行业等民营资本资源禀赋，探索出国有通信企业与民营企业融合发展的新模式，迅速补上了创新能力不足的短板。

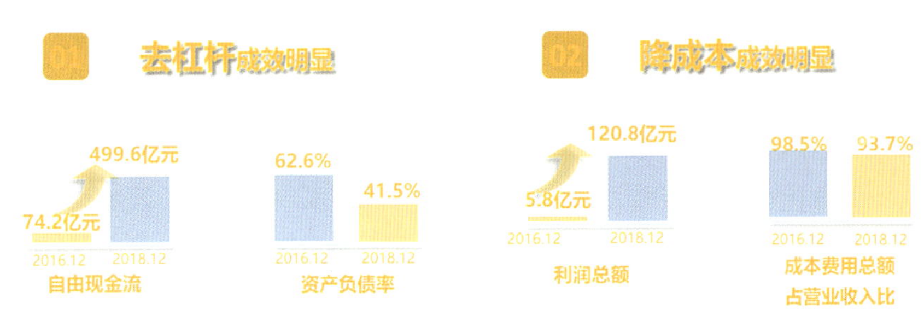

2018 年中国联通去杠杆、降成本成效显著

举一个供给侧结构性改革的案例。在混改背景下，中国联通和腾讯公司共同推出一个新产品叫“腾讯王卡”，针对游戏、视频业务流量需求量很大的客户，价格低廉。王卡的特点是消费者在网上自主申请，卡通过快递寄出。总体成本，发展每个用户不超过 50 元钱，而社会代理销售一张移动电话卡，平均价格是 600 元。中国联通在比较短的时间内业绩得到一定改善，与“腾讯王卡”的发展是休戚相关的。两年时间里，“腾讯王卡”的用户发展超过了一个亿。

坚持“以人民为中心”的发展思想，激发微观主体市场活力。推进划小承包改革是解决大企业病、从大公司回归到创业公司的良药，是激发基层员工积极性的良方。截至 2018 年年底，全集团划小单元达到 2.4 万个，薪酬水平增长水平高于各级本部，培养了一支约 2 万人的小 CEO 队伍。一线员工去年和前年收入都增长超过 20%。这里列举一个小 CEO 给我写的一封信，她的月收入改革后比改革前增长了三倍。我们很乐意看到了我们的员工活得更有尊严，生活更加体面，而且是通过自身努力得来的。

在创新领域里边，中国联通向所有员工开放舞台。幸福通过奋斗获取，活力通过改革迸发，公司致力于给每个想干事、能干事、干成事的人搭建多劳多得的“双创”平台。我们沃创客的一位员工，业务创新的第一次融资已经融到了 5000 多万人民币。中国联通对外合作最好的一个公司已经成了独角兽，现在一年的利润超过 15 亿元。

坚持让市场在资源配置中发挥决定性作用，提高效益效率。混改中我们积极推进从“政府型管理、行政化运作”转变为“企业型管理、市场化运作”，以适应生产力发展需要为导向，以计划经济方式控制分配资源等方式，真正围绕客户、围绕一线、围绕市场高效运营。2016 年到 2018 年中国联通 ROA 资产回报率上升了 1.3%，网络利用率提高了 50%，瘦身健体仅总部机构就下降了 37%，各级的管理机构减少了 28%，各级管理人员在第一次竞聘中，退出的人达到了干部总数的 14.3%。在创新领域里，专业人员人数也已经从 7000 人增加到了 16000 人，创新能力大大提高。同时我们也在企业内部进行了大胆实验。云南联通作为入选“双百企业”唯一一家基础电信企业的省级分公司，从 2016 年年底开始，在部分本地网实施了从“引入民营资本参与4G网络建设”模式到“引入民营企业委托承包运营”模式的改革试点，逐步摸索出了一条适合云南联通发展的新模式。

（六）中国联通混改实践的感悟

第一，坚持党的领导是建设中国特色现代国有企业制度的最大政治优势，必须始终坚持党的领导不动摇。身为国企，首先国家的使命不能丢、不能忘。

第二，坚持“两个一以贯之”是建设中国特色现代国有企业制度的根本遵循，必须始终坚持“两个一以贯之”不偏颇。国企姓“国”，要不忘根魂、牢记使命。公司党组更侧重于从国有企业的政治属性、社会属性出发，把方向、管大局、保落实，确保政治方向不偏离、红色基因不变色，确保党和国家方针政策、重大部署坚决贯彻执行，把握好“把关到位”，但不“代替越位”。国企名“企”，要不忘企业创造价值、增加价值的使命。按照企业和市场规律去高效配置资源，确保国有资产保值增值、真正放大国有资本功能。

第三，国有资本、集体资本、非公有资本等交叉持股、相互融合的混合所有制经济，是基本经济制度的重要实现形式，有利于国有资本放大功能、保值增值、提高竞争力。国有资本和民营资本不是你进我退、此消彼长的零和游戏，而是按照“两个毫不动摇”的重要要求，探索实现“国民共进”的有效途径。国有资本与非国有资本的特性、诉求不同，不能停留在“混”的表象，要寻求最大公约数，形成完整的产业链条，把国有资本和民营资本统一聚合到解放和发展社会生产力上来，充分整合、叠加国有和民营企业的各自优势，混出最大化学反应，改出最大生机活力。

三、不负韶华，奋进正当时

（一）好风凭借力：5G 新风口

2019 年 6 月 6 日，工信部正式发放 5G 牌照，中国正式进入 5G 商用时代。北邮的何同学两次体验 5G 速度的视频发到网上，视频发布后，迅速受到广泛社会关注，现在还是人们关注热议的新闻之一。

5G 与 4G 网络最大的不同是大带宽、低时延、大连接。大带宽是指，4G 带宽 30M，而 5G 可达 1G 以上，在何同学的视频里，测试速度已超过 700 兆。4G 网络的时延是 20 毫秒以上，而现在 EMBD R15 版本的 5G 网络时延缩短到了 7—9 毫秒。2020 年第二季度 R16 版本投入使用时，时延能缩短至 1 毫秒以内。现在工业领域使用的版本实测时延是 7—9 毫秒，已经可以满足大部分工业需求。但是很多行业对时延的要求更高，其中最具有代表性的是金融行业，要求甚至比自动驾驶车联网提出的要求还高。大连接方面，物联网连接数在 4G 时代的接入数量是有限的，但是到了 5G 时代每平方公里接入数可以达到百万级，真正为万物互联打下基础。以上这些对北邮的所有学生而言都是非常好的机会。

（二）奋进正当时：奋斗是青春最靓丽的底色

习近平总书记强调，信息化为中华民族带来了千载难逢的机遇。我们必须敏锐抓住信息化发展的历史机遇，自主创新推进网络强国建设。通信行业是未来、是生机、是沃土，是大国角逐较量的焦点，是挺起民族脊梁的支柱产业之一。天下有大勇者，猝然临之不惊，无故

中国联通为“两会”新闻中心提供5G应用服务

加之而不怒，无论风云如何变幻，关键是扎扎实实做好自己的事。

信息和生物技术仍然是现代引领社会发展最重要的两大技术。通信业的未来是生机、是沃土、是大国角逐力量的焦点，所以要更加努力不辱使命。时代的呼唤就是成才的风口，历史的使命就是青春的担当。每位北邮学子都应志存高远，尤其是在数字中国、网络强国时成为中坚力量，脚踏实地，格物致知。

2G时代让百姓能够在任何地方开始基本的通信，小小的短信，成就了张朝阳和丁磊；手机报、代收费成就了互联网公司新浪和搜狐；3G时代成就了Google和乔布斯，还有中国搜索行业的李彦宏；4G时代成就了马化腾和马云——“二马”。5G时代会成就谁呢？希望北邮的学子们能够成为5G时代新的成功者！

青年兴则国家兴，青年强则国家强。青年一代有理想、有本领、有担当，国家就有前途，民族就有希望。

致“信息黄埔”的每位学子：

志存高远——有理想、有抱负、有格局，努力成为“数字中国”“网络强国”的中坚力量。

脚踏实地——踏实治学，格物致知。深入探究事物原理，方能从中获得智慧！

忠诚担当——热爱祖国，坚定理想信念，做一个有文化修养、有人文关怀、有责任担当的人。

奋发图强——奋斗是青春最亮丽的底色，不贪图安逸，不惧怕艰险，方能成就一番事业。

同学们说

这场别开生面的报告。让我们对国企在历史中的发展、成长、奋斗、进步有了更深刻的认识。王晓初董事长通过丰富的人生阅历将国企的过去与将来，初心与使命娓娓道来，同时也启迪我们要像在通信行业中产业报国的北邮人一样，肩负起“传邮万里，国脉所系”的神圣使命。

——张　策　自动化学院机械工程专业学生

今天的课堂给予了我一次宝贵的机会去走近国企、了解国企让我们能够拓宽视野感受榜样的力量。王董事长在讲述中提到，因为有压力，才让企业有了前进的动力。企业如此，作为大学生的我们也理应如此，不但要不惧怕压力，反而要将其化作动力，勇敢向前。

——黄国奇　理学院应用物理学专业学生

王董事长的讲座，让我们更加了解国企在改革开放中的发展历程。同时让我们对于通信行业有了更深的了解，对于尚没有步入社会的我们来说十分有学习借鉴意义，使我们受益匪浅。

——陈泽伦　网络空间安全学院计算机技术专业学生

通过这次演讲，让我加深了对建设中国特色现代国有企业制度的认识与自信。现在的国企是更有活力、有竞争力的国企。我坚信在党的领导下国企会越走越远，国家也会更加繁荣富强。

——徐　源　经济管理学院公共事业管理专业学生

11. 出于蓝、胜于蓝

——从中国海油看国有企业改革发展历程

中国海洋石油集团有限公司  中国石油大学

杨　华

2019 年 6 月 20 日，中国海洋石油集团有限公司原党组书记、董事长杨华在中国石油大学（北京）讲课

★不忘“我为祖国献石油”的初心和使命，体现在新时代，就是要努力提供更加清洁安全高效的能源供给，为保障国家能源安全、建设现代化能源体系作出更大贡献；不忘在经济领域为党工作的初心和使命，体现在新时代，就是要坚决落实“四个全面”战略布局；不忘建设中国特色国际一流能源公司的初心和使命，体现在新时代，就是要加快推动中国特色现代国有企业制度建设，努力做强做优做大国有企业，为夯实党执政的物质基础作出更大贡献。

☆中国海油一直以来的发展证明，只有一以贯之坚持党对国有企业的领导，一以贯之深化国有企业改革，才能实现质量更高、效益更好、结构更优的发展。

★对于中国海油来说，满足“人民日益增长的美好生活需要”，就是要提供更清洁、更便捷、更高效的能源产品和服务，呵护绿水青山，呵护碧水蓝天。

☆改革开放40年来，中国海油从无资金、无技术、无人才、依靠“土法上马”的“小作坊”发展为产业链齐全、技术装备先进的现代化能源公司；从懵懂接受外方管理的“小学生”，发展为与外方伙伴共同作战、“走出去”管理世界诸多海域油田的“弄潮儿”；从市场规则“门外汉”发展为熟练掌握运用行业规律、市场规则的“行家里手”。

★海洋石油勘探开发涉及材料、船舶、通信、海洋工程、机电设备、交通运输等多个行业，是一项高集成、跨学科、多领域的系统工程。

在开始讲课之前，我要问大家一个问题，我们国家的面积有多大？大家都会说，小学生都知道，960 万平方公里。可是如果真这么算，就等于忘记了我们国家 300 万平方公里的海洋面积。这 300 万平方公里的海洋，就是我们说的“蓝色国土”。今天我跟大家分享的主题是出于蓝、胜于蓝。这个蓝，说的就是我们国家的“蓝色国土”，我所在的中国海油，就是耕耘在这一片美丽富饶的蓝色国土之上的、

讲课现场

战天斗海、找油找气、保障国家能源安全的一家公司。

我们就从一个你们师兄的故事开始。

一、耕耘在“蓝色国土”

（一）渤海中部勘探难题：从渤中19-6勘探发现说起

渤中19-6，是我们近年来在中国近海发现的一个大气田。2017年12月，这年冬天格外冷，天然气需求急剧上升，“气荒”在华北地区蔓延。这时中国海油发布了一则重磅消息——渤海油田新近发现千亿方大气田。这是一个“双亿”凝析气田——探明地质储量凝析油超过1亿立方米，天然气超过1000亿立方米。

我们是石油专业院校，大家都知道，渤海湾盆地是一个“油型盆地”，是中国最大的石油产区，国内每年有近40%的原油都来自这里，但从某种意义来说，渤海湾不具备形成大气田的条件。天然气究竟会在哪里富集？这是摆在勘探人员面前的一道难题。受到地震资料品质影响，地下真实地质情况犹如罩上了一层“磨砂玻璃”，很难判别。我们研究人员在不断探索中，基于“构造—岩性—流体”攻关研究，形成了“立体网状”规模性储集体形成机理。在这种认识指导下，确认了渤中19-6气田千亿立方米的储量规模。油气勘探史证明，历史上几乎任何一次勘探大突破，都取决于认识上的大突破、科技上的大突破和管理上的大突破。我们正是在逆境中不抛弃、不放弃，才取得创新成果和认识突破，驱散渤中19-6构造大型凝析气田大发现路上的迷雾，迎来最后的成功。

（二）公司勘探开发整体情况

刚才给大家介绍的渤中 19-6 是我们众多海上油气田的一个。油气勘探开发业务是中国海油的主营业务，由所属中国海洋石油有限公司负责，目前在中国海域拥有渤海、南海东部、南海西部和东海 4 个主要产油区，运营 110 余个自营及合作油气田。

在油气勘探方面，我们近三年累计勘探投入 328 亿元，探井工作量 508 口，共获 44 个商业新发现，商业成功率保持在 20%以上水平，处于全球 E&P（勘探开发）公司中的较高水平。新发现及扩边新增净份额经济可采储量 1688 百万桶油当量，实现储量替代率达 120%。公司参股的圭亚那项目连续获得商业新发现，Stabroek 区块可采储量升至 50 亿桶。截至 2018 年年底，公司共有净证实可采储量约 49.62 亿桶油当量。

在油气开发生产方面，2010 年国内海域建成 5000 万吨“海上大庆油田”，2015 年国内外油气产量首次超过 1 亿吨油当量并持续稳产在亿吨级水平。近三年，累计原油产量 2.27 亿吨，天然气 782 亿立方米。2018 年生产原油 7406 万吨，天然气 277.6 亿立方米，其中国内生产原油 4201 万吨，天然气 160.3 亿立方米。

（三）海上石油工业体系的建立

海洋石油工业是石油工业当中一个特殊领域。海洋石油勘探开发不仅要抗台风、抗海啸、抗巨浪、抗冰冻、防腐蚀，而且还要克服钻探作业过程中遇到地层压力过高发生的井喷、火灾、毒气等危险。海洋石油勘探开发涉及材料、船舶、通信、海洋工程、机电设备、交通运输等多个行业，是一项高集成、跨学科、多领域的系统工程。由于装备费用高、作业成本高，海洋石油也是一个高投入行业，海洋油田开发成本是陆地常规油田的6—10倍。同时，公司作业所在的周边海域特别是东海、南海中南部也是外交高敏感区域，公司承担着屯海戍疆、以经济手段维护国家海洋权益的特殊使命。

经过近40年的努力，公司形成了包括技术体系、管理体系、装备体系、人才体系在内的完整的海洋石油工业体系。从油气勘探开发上游业务起步，积极顺应国际石油行业发展趋势，大力推进业务一体化发展，实现了从上游到上中下游一体化、从浅水到深水、从国内到国际的三大跨越，逐渐形成主业突出、产业链完整、具有国际竞争力的综合型能源公司。

截至2018年年底，公司资产总额11259.9亿元，其中海外资产占比接近40%，海外收入占比接近50%，连续14年在国资委央企考核中列为A级，在2018年《财富》世界500强中排名第87位，位列福布斯2018年世界最佳雇主第6位。

目前我国原油对外依存度已接近70%，天然气对外依存度已超过40%。习近平总书记、李克强总理等中央主要领导同志此前就降低石油对外依存度作出重要批示。当前，公司正积极贯彻落实习近平总书记等中央领导同志的重要批示，制订了“增储上产七年行动计划”，启动“渤海油田3000万吨再稳产10年”工程和南海两个“2000万”上产工程，努力持续增强保障国家能源安全能力。

二、40 年前的筚路蓝缕

（一）早期的中国海洋石油工业

刚才给大家展示了中国海油目前的规模和成绩，现在我再问大家一个问题，40 年前，也是改革开放之前，我们中国的海上石油产量是多少？——9 万吨。

由于工业基础等多方面原因，尽管付出了很多努力并且取得不少成就，但到 20 世纪 70 年代，中国与西方的海洋石油工业仍旧存在巨大差距。

一是技术与装备的差距。欧美是在 20 世纪 50 年代开始使用模拟磁带记录系统，中国则是在 70 年代。三维地震技术，1972 年美国地球物理服务公司（GSI）在新墨西哥州里县的贝尔湖油田开始实际应用，中国要到 1981 年。

二是设计建造能力的差距。70 年代，墨西哥湾和北海建造的石油平台水深一般都超过百米，混凝土平台重达几十万吨甚至上百万吨，钢结构平台重量动辄超过万吨，最重达到 5 万吨。中国的海 1 钢结构平台工作水深 6 米，重量只有 474 吨。

三是投资规模和建设速度的差距。1978—1982 年，英国每年用于北海油气开发的投资达 20 亿—30 亿英镑，而中国举国之力制订的“四三方案”总价值为 43 亿美元，当时约合 20 亿英镑。投资力度不同带来发展速度差异，从 1964 年发现西索尔气田到 1980 年的十余年间，北海迅速形成了超过 1 亿吨的石油产能，而从 1967 年海 1 井出油到 1980 年，渤海石油年产量最高仅为 17 万吨。

四是法律和政策环境的差距。完善、透明、稳定的法律环境使石油公司对于巨额投入有比较准确的回报预期，有利于它们作出正确的投资决定。由于没有打开国门，不熟悉国际惯例和规则，国家对如何保护石油公司在国际市场中的利益缺乏经验。

（二）以对外合作谋求发展

自 1978 年 3 月起，党和国家以海洋石油为开放先导，通过对外合作这种史无前例的方式，加速推进对“海上中国”的改造与重塑。

海洋石油对外合作是一条前人未走之路。在“摸着石头过河”过程中，中国以“物探普查”为先手棋，逐渐向全方位、全海域合作过渡，不断加大对外开放度。

1980 年 5 月 29 日，在邓小平同志等中央领导的批示和推动下，中法、中日分别在北京、东京签署了有关渤海湾、北部湾石油勘探开发合同。1982 年 1 月 30 日，国务院批准并颁布实施《中华人民共和国对外合作开采海洋石油资源条例》。1982 年 2 月 15 日中国海洋石油总公司成立。国家无直接投资，公司享受国家优惠政策，承担发展中国海洋石油事业的使命。

改革开放初期，外界对通过对外合作开发海洋油气资源的方式存在一些质疑和不解。中国海油坚持从实际出发，正视与国际先进水平的差距，充分借鉴国际经验，反复研究制定既有利于合作开发又最大限度保护国家权益的合同模式，通过一系列科学论证有力回应了社会上的各种偏见。

在对外合作中，中国海油坚持广泛学习借鉴但不失自我，探索实践合作与自营并举的“两条腿走路”方针。1982—1991 年以对外合作为主，自营为辅，产量从9万吨增长到242万吨，资产总额从28亿元到95亿元。1991—1999年自营与合作并举，建立现代企业制度，向以“油公司”为核心、专业公司相对独立、基地系统逐步分离的现代公司转变，产量达到2056万吨，资产总额416亿元。

截至2018年年底，中国海油与21个国家和地区的81家国际石油公司签订了200余个对外合作石油合同和协议，累计引进外资2000多亿元人民币。累计生产原油7.1亿吨、天然气1791亿立方米。建成我国完整的海洋石油工业体系，作业水深由最初的几十米陆续达到300米、1500米直至3000米。海洋石油工业成为中国吸引外资最多的行业之一，中国海油也成为世界上签署对外合作石油合同最多的

7500吨海洋工程起重浮吊船“蓝鲸”号正在进行吊装作业

国家石油公司之一。

（三）在合作发展中壮大成熟

中国海油在自有资源基础上，通过引进国外先进技术、租用国外先进设备、雇佣国外作业队伍等方式进行“反承包”作业，与外方在同一海域展开同场竞技，变外方的“独角戏”为双方的“对台戏”，从“引进来”“学着干”到“并肩走”“领着跑”，一个个合作油田陆续由合作转为自营，外方作业权逐步移交到中国海油手上。

改革开放40年来，中国海油从无资金、无技术、无人才、依靠“土法上马”的“小作坊”发展为产业链齐全、技术装备先进的现代化能源公司；从懵懂接受外方管理的“小学生”，发展为与外方伙伴共同作战、“走出去”管理世界诸多海域油田的“弄潮儿”；从市场规则“门外汉”发展为熟练掌握运用行业规律、市场规则的“行家里手”。

中国海油在长期对外合作实践中，探索形成独具特色的“双赢”理念，合作双方最大限度调动积极性，把做大“蛋糕”的过程变成按照“双赢”价值准则友好合作、共同发展的过程，变成价值创造的过程而非瓜分利润的过程。

在世界能源经济市场格局深度变革的今天，我们要按照习近平总书记重要指示精神要求，不断深化双赢合作的内涵，正确处理维护国家权益与尊重合作伙伴的合法利益，向全世界传递中华民族的真诚、平等、友好，以符合各国利益诉求的共同价值观念、共同文化理念，来推动油气产业更深层次的互利合作，共担风险，共享成果。

三、一张蓝图

（一）世纪之交的大环境

我要问大家一个实际的问题，当你从学校毕业的时候，你会选择什么样的企业？外企，民企，还是国企？今天这可能是一个大家比较纠结的问题，但是我要告诉大家，20 多年前的 90 年代，那时候要选择国企，是需要很大的决心和勇气的。

从 1993 年到 2002 年，中国国有企业遭遇“最困难的十年”。

国内环境：由于长期受计划经济思想的束缚，国有企业普遍对市场增长空间预期过于乐观，盲目投资、重复建设和资源的严重错配等导致严重的产能过剩，国有企业大面积亏损。1995 年年末，我国国有企业资产总额为 47472 亿元，其中负债为 31242 亿元，资产负债率为 65.8%。如果考虑到资产流失损失和亏损挂账损失，实际资产负债率在 75%以上，已高于国际公认的安全负债率警戒线。

国际环境：受 1997—1998 年亚洲金融危机冲击，叠加有效需求的减少，国有企业发展更是泥潭深陷。1998 年，全国三分之二以上的国企亏损，全国国有企业所有利润相加，只有区区 213.7 亿元。

通过对外合作迅速崛起的中国海油，当时也正面临“灭顶之灾”。1998 年，国际油价持续低迷。外国合作者或持币观望、推迟减少海上作业量，或干脆退出合作区。海洋石油陷入高投入、高成本、低收益的困难境地。这年夏天，一份经营预测报告，更让所有人“不寒而栗”——即使全年原油产量按 1650 万吨、天然气按 36 亿方计算，油价按 1—6 月平均价计算，成本按上年水平计算，全年也将从上年的盈利30多亿，变成亏损3000万元。

在当时，求生存、谋发展，成为摆在各个国有企业面前的一个问题，而对于中国海油来说，摆在面前的几条路好像都不理想，上市成为必然选择。站在今天回首当年，发现从那时候开始，我们就铺开了一张“蓝图”——一张以上市为手段，以建立现代企业制度为目标的宏伟蓝图。

（二）油公司上市初次尝试失败

1993年7月，中国海油召开年中工作会议，正式确立了“以油公司为主体，技术服务公司相对独立，社会服务系统彻底分离”的改革大思路，“三条线”分离改革的总体思路形成，并成为中国海油之后几年企业改革的主要任务。

企业重组上市，首先面临的是整体上市和分拆上市的选择。经过调研，中国海油决定将主营业务——油气勘探开发部分先剥离出来在海外上市，并最终确定了1000人的上市规模。重组剥离了7000名员工，只将少部分人纳入上市公司。1999年8月20日，中国海洋石油有限公司（简称“中海油”）在香港注册成立。中国海油作为母公司，将把海上石油勘探、开发、生产、销售等业务资产全部转让给中海油。

1999年9月28日，在准备工作完成后，中海油上市路演团一行8人开始从香港路演，但欧美资本市场却反应冷淡。在路演中，95%的基金经理都顾虑：中国是否会改变对中海油的优惠？海外投资者对中国国有企业的公司治理也存在很大顾虑，他们对中国大型国企存在误解，不相信中海油这么好。

10 月 13 日晚，中海油在美国连夜向国务院写了一份紧急请示，详细报告了路演情况，分析了出现这种情况的原因，提出了面临的风险。国务院作出了暂停发行的批示。直到 15 日路演结束，认购仍未达到最低目标。10 月 15 日，中海油暂停 IPO。

（三）完成上市长跑

2001 年年初，经过一年多的准备，中海油重启海外上市工作。2 月 5 日，路演团原班人马分红蓝两队，由卫留成和傅成玉分别带队，重新踏上了路演之旅。17 天里，路演团去了 10 个国家和地区，在 32 个城市召开了 131 场一对一会议，22 场推介会，走访了近 300 位全球基金经理，向他们反复宣传中国和中国石油工业。面对国际投资者围绕油田储量、海上对外专营权以及“中国概念”风险发难，路演团从容应对，使形势朝着有利的方向发展。

2 月 21 日下午 5 点（纽约时间），中海油共收到订单 54 亿美元，相当于直接筹资额的 4.2 倍。当晚 8 点半，最终定价为 15.4 美元 / ADS，相当于每股 5.95 元港币。2 月 27 日、28 日，中海油成功在纽约、香港两地挂牌上市。

截至目前，中国海油控股 5 家境内外上市公司，分别是：中国海洋石油有限公司（分别在纽约证券交易所和香港联合交易所上市）、中海油田服务股份有限公司（在香港联合交易所和上海证券交易所上市）、海洋石油工程股份有限公司（在上海证券交易所上市）、中海石油化学股份有限公司（在香港联合交易所上市）、山东海化股份有限公司（在深圳证券交易所上市）。

2019 年 5 月 16 日，证监会第十八届发行审核委员会 2019 年第

39 次发审委会议召开，中海油能源发展股份有限公司（简称“海油发展”）首发获通过。这意味着海油发展结束 10 多年的上市长跑，更意味着当年的“三条线”改革中的所有资产都已上市。

可以说，对外开放给了像中国海油一样的国有企业广阔的舞台，是国有企业 40 年来快速发展的外因，而以建立现代企业制度为目标的改革，是国有企业不断壮大发展的内因。

习近平总书记强调：“坚持党对国有企业的领导是重大政治原则，必须一以贯之；建立现代企业制度是国有企业改革方向，也必须一以贯之。”中国海油一直以来的发展证明，只有一以贯之坚持党对国有企业的领导，一以贯之深化国有企业改革，才能实现质量更高、效益更好、结构更优的发展。在思想不断解放、观念不断转变过程中，中国海油逐步建立石油公司合作创新模式，推动石油公司和专业公司完成境内外上市，逐步建立现代企业制度，稳妥有序推进企业混合所有制改革，推动中国特色现代国有企业改革创新再上新台阶，成为国有企业改革创新的典范。

（四）新蓝图，新使命

党的十九大报告提出的“两个一百年”奋斗目标，以及打造具有全球竞争力的世界一流企业的新要求。据此，党组提出建设中国特色国际一流能源公司的奋斗目标。

一直以来，公司几届党组都先后提出“建设国际一流能源公司”的发展目标，对“一流”的认识也往往随着外部环境的变化而改变。其实，公司 2004 年设定的“一流目标”我们今天已经成功实现了，但我们怀着更加谦虚谨慎的态度，设定了新的更加高远的发展目标。

第一个阶段（2020—2035 年）进入全球石油公司第一阵营（全球石油行业前 1/4 位置）。

公司综合实力、核心竞争力和可持续发展能力大幅提升，核心生产经营指标基本达到国际一流水平；公司资源配置能力持续增强，产业链群竞争实力大幅提升，产业结构和布局更加合理；公司技术创新能力、治理体系和管控能力处于国际企业界高端，国际竞争力和影响力显著增强，品牌知名度和美誉度明显提升，成为中国特色国有企业的“靓丽名片”。

第二个阶段（2035—2050 年）全面建成中国特色国际一流能源公司。

公司上中下游全产业链竞争力全面达到国际一流，多元化综合能源供应体系基本建成，成功转型为一家致力提供高效用能解决方案的综合能源产品生产和服务商，并积极引领能源行业发展潮流；经营管理能力和创新能力位居全球领先水平，主要经营指标和软实力指标进入全球最强能源公司行列，真正成为让人民满意、让员工自豪、受同行尊重的世界一流能源企业，具备“百年老店”的气象。

具体来讲，“中国特色”是根本依据。中国海油是中国共产党领导下的国有企业，这决定了我们必须始终坚持“在经济领域为党工作”的理念，坚持为人民服务的根本宗旨，认真履行好党和人民赋予的责任和使命；“国际一流”是鲜明特征。我们要始终对标国际先进同行，着力加强核心能力建设，打造一流的科技能力、管理能力和市场经营能力，实现一流的经营业绩，培养一流的人才队伍，培育一流的公司品牌，不断把企业做强做优做大，力争早日进入全球石油公司第一阵营。“能源公司”是本质属性，公司的业务边界将适应能源转型的趋势和社会需求的变化而调整。我们未来不仅仅是一家石油公司，而是追求成为一家致力于提供多元化综合能源产品与服务的公司，同时也是国际市场竞争主体，这决定了我们必须遵循市场规律，努力在市场竞争中不断发展壮大。

四、挺进“蓝海”

前些年有一本书叫《蓝海战略》，里面提出了“红海”“蓝海”的概念。“红海”代表我们已知的、既有的领域，而“蓝海”则代表未知的、充满挑战也充满丰厚回报的领域。

习近平总书记说过，融入世界经济是历史大方向，中国经济要发展，就要敢于到世界市场的汪洋大海中去游泳。通过对外合作和改革创新逐步壮大起来的中国海油要想获得更大的发展，就必须走出“舒适区”，进入世界能源领域搏击。

（一）收购优尼科失败

2005 年夏天，美国能源界有一条爆炸性新闻，中海油这个年轻的中国公司，宣布以约每股 67 美元的价格、总价值约 185 亿美元的全现金方式竞购美国有 100 多年历史的老牌石油公司——优尼科。

然而，这宗“你情我愿”互利共赢的“友好收购”，却引发了美国 64 名国会议员的过分反应，称此举危及美国能源与安全，要求美国政府从中干预。美国众议院则以 333 票赞成 92 票反对交易。接着又有 40 余位国会议员向布什递交公开信，以国家安全和能源安全的名义，要求政府对中海油的并购计划进行严格审查。

那几天，我和同事们都没有离开公司，连夜起草了一份通知书，递交美国外国投资委员会，以消除美方的疑虑。

最终，经过深思熟虑，8 月 2 日，中海油宣布，由于非常遗憾的政治环境，继续进行竞购已不能代表股东的最佳利益，撤回其对优尼科公司的收购要约。

（二）成功收购尼克森

对优尼科的收购失败，并没有影响中国海油“走出去”的步伐，很快，我们又有了新的目标和方向。

尼克森是中海油紧盯 7 年，在准备收购优尼科时就已经确定的目标。有三方面考虑：一是尼克森公司资源量丰富，资产分布在加拿大西部、英国北海、墨西哥湾和尼日利亚海上等全球最主要产区，包含了常规油气、油砂以及页岩气资源，其优质的资产组合与中海油互补性较强，能够产生战略协同效应。一旦收购成功，中海油将战略性地进入北海等海上油气富集区和新兴页岩气领域，油气资源的配置将更趋均衡。二是尼克森超过 90%的储量位于政治经济和社会发展稳定的经合组织（OECD）国家，资产组合的地缘政治风险较低。三是收购成功公司将获得打造国际一流能源公司的重要平台。

2012 年 7 月 23 日，中海油与尼克森签署协议，中海油以每股 27.5 美元的价格，现金收购加拿大尼克森公司所有流通中的普通股，交易总对价约为 151 亿美元。

之后在短短 7 个月里，收购团队前后方配合，通过艰苦卓绝的谈判，获得加拿大、美国、英国、欧盟和中国 5 个国家和国际组织的多

中海油尼克森公司外籍员工在英国北海金鹰油田平台上

项关键审批。谈判次数创下了交易审批谈判的历史纪录。

当地时间 2 月 26 日下午 3 时（北京时间 2 月 27 日上午 6 时），中海油收购尼克森公司的交割签字仪式在加拿大卡尔加里举行，这场中国有史以来最大的跨国收购案，最终尘埃落定。

（三）中国海油“走出去”情况

这两次收购的经历，就是中国企业走出国门、走向世界的生动写照。只有不断拓展国际合作的广度和深度，中国企业才能深度融入国际体系，深度参与全球产业链价值链重塑，增强在全球经济新版图的话语权，为世界经济包容性增长贡献中国力量。

经过 20 多年的发展，中国海油已经基本完成全球资产布局，资产遍及亚洲、非洲、美洲、欧洲、澳洲等全球 20 多个国家和地区。

中海油积极围绕“一带一路”沿线国家进行资产布局。截至2018年年底，海外资产规模已达468亿美元，海外油气净产量超过166百万桶油当量，海外营业收入达86亿美元，上游业务遍布五大洲21个国家和地区，积极践行国家“一带一路”倡议，加快推进“21世纪海上丝绸之路”油气领域合作，30余座大型海洋工程装备走出国门，在沿线国家同时运作7个世界级工程项目。

自1994年收购马六甲项目始，20多年来，中国海油海外投资规模不断扩大、范围不断扩展，海外业务布局和投资结构不断优化。奉行“引进来”和“走出去”并重的双向合作理念，中国海油以自身实践探索出国际能源合作新路径。

当前，中国提出建设“一带一路”倡议，提出构建“人类命运共同体”伟大设想，如此广泛的包容性，如此强大的自信心，历史上前所未有。我们要以新的历史方位为坐标，推动形成全面开放新格局，在参与“一带一路”建设、打造国际合作竞争新优势、构建人类命运共同体的新的伟大实践中作出重要贡献。

五、为了碧海蓝天

随着我国经济由高速增长转向高质量发展，能源的消费增速、体制机制、用能结构以及能源技术正在发生深刻变革。当前，我国能源发展的主要任务已经由保障供应向更好满足人民日益增长的美好生活需要转变。

党的十九大把能源发展作为生态文明建设的重要内容，强调构建

1996年崖城13-1气田建成投产

清洁低碳、安全高效的能源体系。“人民美好生活需要”在能源领域就是对更清洁、更便捷、更高效的能源产品和服务的需求。对于中国海油来说，就是要呵护绿水青山，呵护碧海蓝天。

（一）大力发展海上天然气

1983年我们就在南海莺歌海发现崖城13-1大气田，但是直到1992年气田才启动开发生产。主要原因是天然气不易储存，下游买家不落实，气田就无法开发。然而，10年逆境我们收获远远不止一个崖城13-1气田。一方面，这是中国第一个按照国际规则惯例“照付不议”模式运作的项目，从中我们学到了规则；另一方面，深刻感受到东南沿海地区面临的能源、运输、环保三大困境，从中我们看到了机遇。最重要的一方面，就是为了便于天然气储存运输，我们开始接触LNG技术，这为后来中国海油引进LNG布局东南沿海，开创中国LNG事业奠定了基础。

从1992年我国首个海上气田锦州20–2投产，到1995年牵头进行东南沿海进口LNG规划研究，再到2006年建成国内第一座LNG接收站并进口第一船LNG资源，中国海油天然气产业从无到有、从小到大，不断取得令人鼓舞的成绩，目前已成为中国LNG产业的领军者，中国第二大天然气供应商，我国天然气产业的中坚力量。

20世纪90年代初，中国海油抓住国家实施“两种资源、两个市场”战略契机，积极探索建设上下游一体化、国际化的集团公司。

2001年9月，中国海油成了新事业部，明确了LNG站线、电厂、炼化、化肥等中下游业务的投资主体，标志着上下游一体化战略进入实质性实施阶段。

2002年12月，中国海油成立了中海石油天然气及发电有限责任公司，确立以LNG业务为核心，积极建设沿海天然气管线，有选择性地投资燃气发电、城市燃气、汽车加气及相关行业，成为我国最大的LNG供应和销售商的战略目标。

2006年9月，由中国海油作为最大股东、英国BP等多家公司参股的广东大鹏LNG项目正式商业运营。这是国内首个LNG接收站和输气干线项目，开启了引进LNG新时代。

2008年4月，中国海油战略重组成立气电集团，并明确定位为“国际化清洁能源供应公司”。

2009年以来，相继建成了上海LNG、福建LNG、浙江LNG、珠海LNG、天津LNG、海南LNG等接收站项目，推动了广东、福建、海南、浙江四张省级天然气管网建设，投资建设了中国海油首个世界级海外LNG生产基地，拓宽了发电、加气等终端利用项目布局，确立了在我国东南沿海优质市场的主导地位。

截至2018年年底，中国海油已建成接收站10座，接收能力4520万吨/年，累计进口LNG近1.5亿吨。

（二）坚定践行习近平生态文明思想

一直以来，中国海油坚定践行习近平生态文明思想，牢固树立“绿水青山就是金山银山”发展理念，不遗余力认真做好“在保护中开发、在开发中保护”的大文章，始终当好清洁能源的供应者、绿色发展的推动者和生态文明建设的践行者。

以加强海洋生态修复为目标，通过大力推进实施“渤海油田环保升级三年行动计划”，努力实现生产污水“零排放”、追求井喷失控“零纪录”、追求溢油污染“零事故”，为打赢渤海综合治理攻坚战作出积极贡献。

坚持从源头上按绿色低碳理念做好新油气田开发工作，充分利用各种技术手段推进节能减排。通过推进绿色低碳油气田、绿色炼厂、绿色电厂、绿色制造等试点工作，实现绿色设计、绿色生产、绿色排放，不断推动生态文明建设迈上新台阶。

六、结尾（初心和使命）

今天的课一开始，我放了一段视频，是我们石油大学的一个年轻的毕业生，在课程的最后，我再通过视频，给大家介绍一位也从石油大学毕业，在中国海油工作的好战友。

屈长龙同志是新时期共产党员的楷模，他把自己短暂的一生奉献给了中国 LNG 事业。他是中国 LNG 技术研发和应用领域的开拓者、老黄牛和领头雁。屈长龙生前担任气电集团研发中心副主任兼工程总师，作为技术带头人参加了中国首个自主引进、建设、管理的大型 LNG 接收站建设；担任过多个 LNG 科研课题负责人，是 7 项授权发明专利、21 项实用新型专利的主要创造者。

当前，党中央在全国范围内开展“不忘初心、牢记使命”主题教育，我们从屈长龙的身上，可以看到他作为一名共产党员的初心和使命。正是在像屈长龙一样的优秀共产党员的带领下，海洋石油人数十年来奋战在祖国的蓝色国土，贡献着自己的青春和力量。用理想与奋斗践行“我为祖国献石油”的使命担当，不断铸就海洋石油事业的辉煌。

同学们说

杨华董事长的报告，以中国海油发展为样本，展现石油精神，鼓励青年学子艰苦奋斗、日益创新，发扬吃苦耐劳的精神、耕耘蓝色国土。我们石大学子，更要争做石油先锋，以青春之力献身石油发展。

——李俐萱　勘查技术与工程专业学生

今天的报告让我感受到了中国海油的改革发展历程和使命担当，并教育我们要将个人的发展融入到国家发展、民族进步的大格局中。毕业后我即将到中国海油工作，我一定要秉承石油精神，为祖国献石油。

——吴　军　石油与天然气工程专业学生

听了杨华董事长的报告后，我对改革开放对国企的深刻影响有了深入全面的了解，更将中国海油“敢为天下先”的文化内核印在了心中。今年我即将入职中国海油，成为一名光荣的海油人。我一定会认真努力，在未来的岗位上贡献自己的微薄之力，为石油献我青春。

——宋雪峰　油气井工程专业学生

12. 国企的故事

中国建材集团有限公司  中国传媒大学

宋志平

2019 年 5 月 8 日，中国建材集团党委书记、董事长宋志平在中国传媒大学讲课

★其实我最想点燃的是员工心中的火！如果你们心中的火灭掉，那炉子的火就灭掉了；如果你们心中的火不灭，炉子就不会灭火。

☆没有比客户对企业有信心更重要的事，没有比员工对企业有信心更重要的事，没有比投资者对企业有信心更重要的事。

★改革是被迫的，舒舒服服的人不会去改革，改革是问题倒逼下的选择。

☆央企市营就是中央企业进行市场化经营。央企是我们的属性，有四条：第一，坚持企业中党组织的领导作用。第二，带头执行党和国家的方针政策。第三，主动承担政治责任和社会责任。第四，创造良好的经济效益，为国家增值保值。市营，包括股权多元化、规范的公司制和法人治理结构、职业经理人制度、内部机制市场化、按市场规则经营。

★做混合所有制，我的经验有三条：第一条，央企的实力+民企的活力=企业的竞争力。第二条，混改三原则：混得适度、混得规范、混出效果。第三条，混合的十六字口诀：规范运作、互利共赢、互相尊重、长期合作。

☆中国建材在参与“一带一路”建设中有三项原则：第一，为当地经济作贡献；第二，与当地企业合作；第三，为当地人民做好事。

★世界一流至少有五点：技术一流、效益一流、管理一流、品牌竞争力一流、人才队伍一流。

今天，我与大家交流的题目是“国企的故事”，主要是结合自己的实践，结合我做过的三个企业——北新建材、中国建材、国药集团，它们改革和成长的故事，跟大家讲讲国企这些年的沧桑巨变。

讲课现场

一、北新建材的改革之路

我大学毕业就来到了北新建材，开始是做技术员，后面因为产品卖不出去，我就去做了销售员。销售员做了10年，到1993年我做了厂长。做一厂之长，几千人，很大的企业，大家觉得这是不错的差使，其实那时候是最困难、最困苦的一个差使。那时国有企业面临着三大问题。第一，政企不分。国有企业归政府领导，一切管理都是政府的指令。企业的干部就是等靠要的思想，没有主动地融入社会、融入市场。第二，市场意识薄弱。虽然我们从计划经济已经迈入市场经济，但是大家的思维状态还停留在过去的计划经济的状态里，工人认为生是国企的人、死是国企的鬼，不相信国家会不管我们。第三，内部机制不活。“干多干少一个样，干和不干一个样”，所以职工那时候就很冷漠。我当时在国有企业当厂长，面对的是冷漠的员工，我到现在也忘不了那时员工冷漠的眼神。我每天跟大家交流，到底大家缺什么？到底在想什么？怎样做大家就努力了？大家说，我们已经好久没有涨过工资了；我们已经好久没有分过房子了。我跟大家说，房子的钥匙在谁手里？没有人给我们，这个钥匙就在自己手里，如果大家努力，企业有效益，多盖一两栋宿舍楼算什么。所以面临当时的问题，我想要点燃员工心中的火。

我的办公室里一直放着一张我给热烟炉点火的照片，是1993年的照片。一年的生产就要开始了，工厂要点火。那时我们的炉子每年会灭很多次，灭了就停产。大家说宋厂长是新的厂长、年轻的厂长，让他点火。我把火把投到这个炉子里后，转身跟大家讲了一句终身难忘的话：其实我最想点燃的是员工心中的火！如果你们心中的火灭掉，那炉子的火就灭掉了；如果你们心中的火不灭，炉子就不会灭火。从我第一年当厂长开始，那火就再也没有灭过。这是什么原因呢？因为大家心里有了热情。

我说，“房子年年盖，工资年年涨”，并把这句口号做成条幅用气球挂在厂区上空。大家说，您用什么涨？我说，用大家创造的效益去涨。员工的热情就调动起来了，后面企业就快速发展了。大家说，您真是有想法，很快调动了大家。其实面对那么多困难，我心里压力也是很大的。

那时候北京流行一段话，“北京一大傻，国企当一把”，出去你说自己在国企当一把手，别人会说你是一大傻。我当了一把手之后，第一次春节跟大家唱了一首歌——《其实你不懂我的心》，“怕自己不能负担对你的深情，所以不敢靠你太近”。我指的是那个工厂，因为这么大的工厂交给我，我才 30 多岁，能不能担负得起？我自己心里有一个问号。每年春节我都会带着一家人回家看望父母，我是个健谈的人，我们家都是我给大家讲故事。那一年春节，五六天时间，我几乎没有说话。当时把我妈吓坏了，心想孩子不是在大企业当了一把手，回来怎么不说话了呢？可见我压力非常之大。春节过后，我就赶紧回到工厂，动员整个工厂转变思想。转变什么思想呢？我说，“没有比客户对企业有信心更重要的事，没有比员工对企业有信心更重要的事，没有比投资者对企业有信心更重要的事”。在企业里就要把大家的信心调动起来，就是以人为中心的观念。现在我们企业的四句话，“企业是人、企业靠人、企业为人、企业爱人”，还是我们企业的宗旨。企业归根到底是为了人，管理要以人为中心。于是整个面貌发生了巨大改变，北新的这一场改革从此就开始了。

1994 年国家提出来要建立现代企业制度，开展“百户试点”。当时“百户试点”引起了全世界的轰动，因为中国国有企业真要改革了。北新建材是建材局当时唯一一家试点企业。试点是一个非常重要的机会，当时原国家经贸委副主任陈清泰蹲点北新抓“百户试点”，他讲了两句话：第一，北新“百户试点”是尖刀班；第二，这个改革要进行脱胎换骨的改变。我在带着北新改革的时候分了两步：第一步，北新先从工厂改成有限公司；第二步，上市，拿最好的资产来上市。上市也不容易，北新当时有 2000 多人，我们把 600 人放到上市公司里，其余 1000 多人放到集团公司里，实际上把赚钱的业务统统放到了上市公司里。但是外边这些人怎么办？那时候最时髦的词叫“下岗”，我梳理了梳理，上级也给了指标，要有 550 人下岗。我在办公室里看着长长的名单，心里很难过。大家都在一个企业里，每一个人都有家庭，一个人下岗关系到很多人。所以我下不了决心，愁肠百转。后来我提出要创造 2000 个饱满的工作岗位，不让大家下岗。那一轮我们国企有很多人下了岗，没有工作了，今天讲就是失业了。国企曾经经历了非常大的苦难，在改革过程中一路走过来是非常之不容易的。

1997 年北新在深圳上市我在上市前一天的庆祝会上也唱了一首歌《祈祷》，祈祷敲响希望的钟。我还有一句话“上市妙不可言，上市也苦不堪言”。什么叫妙不可言？拿到了那张支票，一看 2.12 亿元，虽然我做企业，但是从来没有拿到这么多钱，尤其那时候 2 亿多是非常多的钱，可能相当于现在的 20 亿元。我在办公室里拿着支票数位数，跟办公室的人说给我复印一下，压在玻璃板底下，十年以后你们要给我再拿一张支票，希望后面再多个零。这句话又应验了，又过了十年，中国建材在香港上市时多了个零，二十几亿的钱一次性拿到，这就是妙不可言。拿了钱也不容易，股民进来了，上市的时候我们的想法是奔着钱去的，钱进来了股民也进来了，更多的眼睛来审视你，到底北新建材做得怎么样？做得好大家用手投票，做得不好大家“用脚投票”。企业压力也大了，尤其是股票下跌的时候。股票下跌、业绩下跌，股民骂声一片，那时还没有这么多网络和微信，但是通过网络也可以看到大家的一些意见，所以也是苦不堪言。恰恰是因为苦不堪言又历练了你的企业。这个压力恰恰是做企业的动力，所以我说企

北新建材石膏板生产线

业真正的动力来源于市场，压力来源于市场，动力也来源于市场，企业才能够搞好。

大家时常问我，你经没经历过困难？我在北新建材就经历过大困难。北新建材有一个产品叫石膏板，挺简单的一个东西，做出来非常好，赚了很多钱还上了市。跨国公司的石膏板公司一看你赚了钱，就蜂拥而至，到中国开工厂，有些公司把产品拉到北新建材门口打擂台，北新建材石膏板从 12 元钱降到了 6 元钱，每个月都降价。销售副厂长流着汗、气急败坏地到我办公室说，宋总，还得降价，降到了 6 元钱。那时压力很大，我当时想这怎么办？要不我跟外资合资吧。开始外资是想跟我们合资的，后来一看打成这样，觉得我们不堪一击，提的条件是他们要控股。情况每况愈下，我说赶紧向德国可耐福喊话，他控股我们也愿意，总之得让企业留一碗饭吃。但是从可耐福传回来的话说，控股我们也不干了，等着看你死。这时我们只有一条路，跟他们打下去，果敢地竞争。没想到后来发生了非常有利于我们的变化，因为我们做的石膏板适合中国人，做得很硬、很结实，而外国的石膏板做得很轻、很软，中国的客户喜欢用硬石膏板，不喜欢用软石膏板，结果北新建材石膏板重新夺回了市场。大家看过一个片子叫《至暗时刻》，当年“二战”英国要不要跟德国打的时候，很多人主张投降，但丘吉尔主张要打下去，他用的名言就是“Never，never，never，never give up”，绝不放弃。市场竞争是惨烈的，国有企业经历了这场市场竞争，所以北新建材的经历，让我对这句话体会很深，市场不相信眼泪，哭也没用。

2013 年，我在成都“世界财富大会”上有场对话。对话的有美国耶鲁大学资深教授史蒂芬·罗奇，过去他是摩根士丹利首席经济学家，他是一位很关心中国的专家。这一场对话的主题是国企和私企。罗奇问我，中国国有企业的竞争力是不是来源于你们20多年前国家决定的那场上市改造？我跟他说是，你的问题就是答案，我们上市时，是奔着钱去的，因为我们当时没有资本金了，国家把我们推下了海，银行也断奶了，那时我们需要资本金的支持，所以上了市。但是没想到上市以后我们同时引入了市场机制，把最苛刻的股东都引入进来了，使我们发生了凤凰涅槃式的新生，这就是国企的变化。国企今天70%都是上市公司，所以我跟他讲，此国企非彼国企，今天的国有企业并不是你们原来以为的国有企业，都是上了市的国有企业。

我在北新做了十年的一把手，2002年卸任，王兵接任到现在干了16年，2018年北新建材营业收入125亿元，净利润24亿元，这是全世界做石膏板赚钱最多的一家公司，它的品牌价值是582亿元。就一个石膏板，名不见经传的产品，一个过去穷困潦倒的国有企业，经过二十几年改革的历练，发生了沧桑巨变，成为世界一流的石膏板公司。为什么呢？因为改革，如果不改革、不上市，它今天早不复存在了。北新建材在西三旗，过去周围是工厂聚集区，很多工厂，后来都不存在了，唯独北新建材活了下来，而且活得这么好，原因就是改革。

习近平总书记2018年6月去山东烟台万华视察时说，“谁说国企搞不好，要搞好一定要改革，抱残守缺不行”。为什么有些企业倒闭，因为大家抱残守缺，不愿意像万华和北新建材这样改革。习近平总书记说改革能成功，就能变成现代企业。大家看北新建材改革成功了，就变成现代企业。北新现在石膏板技术和产品质量在全世界是一流的，高过跨国公司，跨国公司也要向它买技术、买装备。

北新的故事给我们哪些启示？至少有四条。第一，国企一定能搞好，要坚定信心。第二，搞好国企要靠改革，要朝着市场化方向走，资本的市场化和产品的市场化。第三，搞好国企要靠内部机制，企业利益、经营者和员工之间的利益是正相关关系，企业效益好员工得的利益也多。第四，做好企业要有万众一心，得有好企业家带着，得有企业家精神。但是光有企业家不行，还得靠大家爱岗敬业，还得靠大家以厂为家，还得靠大家有奋斗精神和奋斗文化。

二、从草根央企到世界 500 强

这里的世界 500 强，不只是指中国建材，也包括国药集团。大家问，宋总你怎么做了两个 500 强，500 强是不是很好做？其实很不好做。

2002 年我被调到了北新的上级公司，中国新型建材集团做总经理，就在宣布我上任的会上，办公室主任跑上来，递给我一张纸，是法院冻结所有资产的通知书。当时我把这张纸翻了过去，因为马上要发表就职演讲，不能冲坏心情。还有监事会主席讲话，讲到央企在行业里必须要做到第一名，做不到第一名就没有意义，要销号。一个资不抵债的公司，一年才有 20 亿元收入，其中 13 亿元是北新做的，同时还债主临门，困难可想而知。我为什么用“草根央企”？就是很弱的一个央企。我那时每天早晨 4 点钟就醒了，想这个企业该怎么做？我想明白两件事，第一件事是做水泥需要资本、要做资本运营，第二件事是做联合重组。那时我已经 45 岁，心理也比较健全，而且历经了北新那么苦难的改革，也有定力了。当然也是我很困难的时候，我就想，北新也很困难，不也过来了吗？怎么做？我想跟大家商量，集思广益。我把建材系统所有的专家都请过来了，谈谈公司该怎么做。大家说，我们连饭都吃不上，你还研究战略。我说，如果今天不研究战略，明天还吃不上饭，所以要研究研究这个问题。大家的研究让我大吃一惊，说要做水泥。我晚上睡不着觉，就想怎么做呢？又没有钱，又没有工厂，还要做水泥。我读过 MBA，在座也有商学院的同学，MBA 里告诉我们先定目标，缺什么找什么，而不是有什么做什么，这就是制定战略的根本。要做水泥，我缺什么？第一，缺钱；第二，缺工厂。这两个都没有，怎么办？缺钱，我们找钱，资本运营。缺工厂，我们找工厂，联合重组。所以当时提出启动资本运营和联合重组两个轮子来做水泥。按照这个思路，中国建材有了今天。穷则思变，改革是被迫的，舒舒服服的人不会去改革，改革是问题倒逼下的选择。中国建材是被迫和倒逼的，它当年那么困难，才选择了改革的道路。

2002 年我在 MBA 的会议上提出了“央企市营”的概念，虽然我们是央企，但是要进行市场化经营。央企，是我们的属性，有四条。第一，坚持企业中党组织的领导作用，那时候还不是党组织，那时候叫坚持企业党的核心，政治核心作用。现在规范说法是党组织的领导作用。第二，带头执行党和国家的方针政策。第三，主动承担政治责任和社会责任。第四，创造良好的经济效益，为国家保值增值。市营，就是市场化经营。第一，股权多元化，不要纯而又纯。第二，规范的公司制和法人治理结构，现在国有企业没有一个是按《企业法》注册的，都是按照《公司法》注册的，都是有限公司，都有董事会。第三，职业经理人制度，我们的经理将来都是流动的，不再是行政隶属下的干部，而是职业经理人，我们按照职业经理人给你待遇，按照职业经理人决定你的进退，你要有职业经理人的操守。第四，内部市场化机制。第五，按照市场化机制开展运营。

“央企市营”之后，我又推进了混合所有制。混合所有制就是由公有资本和非公资本交叉持股、互相融合的一种新型所有制。中国建材正是通过混合所有制发展起来的。中国建材到今天有 6000 亿元总资产，2000 亿元净资产，2000 亿元净资产里有 500 亿元是国有资本，有 1500 亿元是社会资本。在资本项下，中国建材 75%是来源于社会资本、非公资本，25%来源于国有资本。国药集团是各占一半，50%对 50%。在中国建材重组过程里，国家只投资了 25%，用了少量的资本金吸引了社会大量资金进行发展，整合了这个行业。中国建材整合了上千家水泥厂，所以才有了今天的中国建材；国药集团整合了 600 家医药公司，才有了今天的国药集团。

在中国建材整合水泥方面，我讲讲南方水泥的故事。南方水泥是我们在江浙沪一带成立的水泥公司，按照当时上海市领导说的话，一两水泥也没有。我们居然去讲了一个混合所有制的故事，大家“揭竿而起”，混合在一起。大家问为什么这些水泥民营企业找你？原因是他们当时“打仗”打得一塌糊涂。市场经济是个好东西，但是市场经济并不完美，它的缺点就是过剩，过剩就带来恶性竞争，恶性竞争就得并购重组。但是中国人不喜欢并购重组，我们想了一个新词，叫联合重组，这样比较容易接受。我们在浙江重组时，有一个很著名的故事——“汪庄会谈”。浙江当时有四大家水泥老总，我把他们请到了杭州西湖汪庄酒店旁边的一个茶馆，用了一整天请他们喝茶，大家都跟中国建材联合在一起了。后来在南方联合了 150 家水泥企业，形成了今天的南方水泥，1 亿多吨产能。2018 年南方水泥税后利润 100 亿元，赚 100 亿元不太容易。

这家公司成立时，习近平总书记正在上海市做市委书记，写了一封贺信。贺信内容是“祝愿南方水泥有限公司早日实现战略整合的既定目标，为国有企业的改革发展不断探索新路，为促进区域合作、联动发展作出更大贡献”。他的话不多，但字字千钧。这么短短的一段话，里面多少含义，中国建材今天做的恰恰就是这些，后来国药集团做的也是这些。

做混合所有制，我的经验有三条。第一条，央企的实力 + 民企的活力 = 企业的竞争力。第二条，混改三原则：混得适度、混得规范、混出效果。第三条，混合的十六字口诀：规范运作、互利共赢、互相尊重、长期合作。

混合所有制混出了两个世界 500 强企业。2002 年中国建材只有 20 亿元收入，2018 年做到了 3500 亿元。2009 年我去国药集团任职时，国药收入是 360 亿元，2014 年我离开时达到 2500 亿元，2018 年做到了 4000 亿元。这两家企业都是因为混合所有制、央企市营而发展起来的。

混合所有制是把金钥匙，能够解决四个问题。第一，解决了国有经济和市场接轨的问题。第二，解决了国企深化改革问题。第三，解决社会资本进入部分特定业务的途径问题。第四，解决“国进民退”“国退民进”的长期纷争。

2016 年 8 月，建材行业里发生了一件大事——两材重组，中国建材和中国中材两家央企合并在一起。世界上最难的是重组，重组里最难的是文化融合。但是中国建材的“两材重组”做得非常成功，效果非常好。中国建材重组的时候，集团部门有 27 个，重组后变成 12

个。集团二级公司有 33 家，重组后变成 10 家。到今天为止三年过去了，没有一个干部闹情绪。中国建材的重组得到了上级的表扬，在国有企业改革座谈会上介绍了经验。

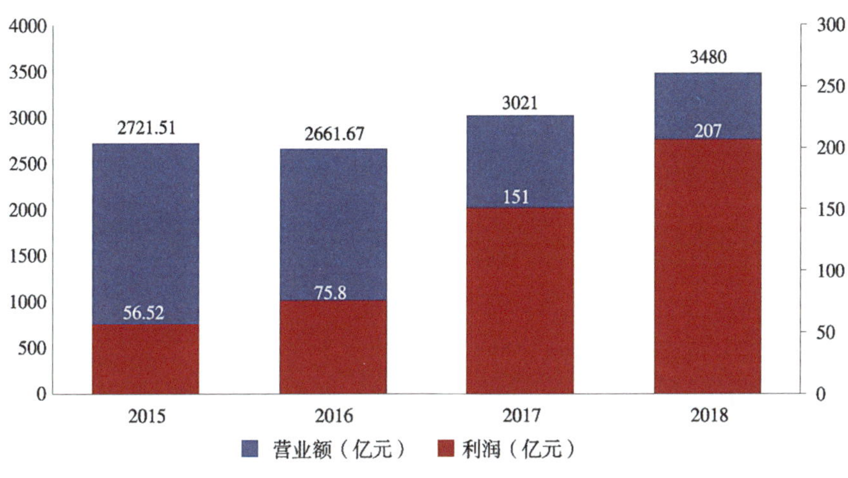

两材重组前后收入和利润图

2018 年在建材行业里的世界 500 强企业中，中国建材资产总额 846 亿美元，销售收入 526 亿美元，税前利润 83 亿美元，后面紧挨着的是法国圣戈班，过去它是世界第一大建材公司，我们第二。2018 年我们终于不再是第二了，变成了第一，不管资产、利润和收入都是第一。这就是变化，这是我们引以为傲的地方。

现在社会上总有一些人提出一些质疑，这些质疑也有好的部分，因为总是在质疑中前进。但是不客观的地方，我们也要分析，我今天挑了六个“迷思”。

1. 国企效率低？

科斯定理，诺贝尔奖获得者科斯教授，经过大量实证发现，充分竞争领域里国企效率比民企低，在公共保障领域里，民企的效率不明显。但是，科斯分析的样本是国有成分占百分之百的国企，而我们中国的国有企业 70%是上市公司，80%是混合所有制，所以和科斯说的完全不同。中国国有企业是改革了的国有企业，上市了的国有企业，混合了的国有企业，物种不一样了，科斯定理不适用于中国现在的国有企业。2018 年，中国整个国企销售收入增长 10%、利润增长 13%，央企销售收入增长 10%、利润增长 15%，中国建材收入增长 15%、利润增长 37%。能说它效率低吗？效率是很高的。

2. 国进民退？

这也是不对的，现在实际上我们跟民企是好朋友，是孪生兄弟，共同支撑中国经济的发展。国企和民企合作得挺好，国内是这样，国外也是这样。在许多国家，民企 20 年前就扎根在那了。我们要“两个毫不动摇”，既支持民企也支持国企。同时国有企业一大任务是帮助民企疏困，支持他们发展。我不赞成国进民退，也不赞成民进国退，而是国民共进。

3. 竞争中性？

有人觉得国企不竞争中性，为什么？一是政企不分，得到国家政治上、财力上的支持。二是觉得国企有补贴，竞争不是中性的。事实上，中国的国有企业这些年经历了市场化过程，比如，中国建材在海外做了那么多的项目，实际上主要由我们一家公司中材国际去做的。中材国际是上市公司，国有股不到 20%，剩下的全是公众的社会股东。这样一个公司很难讲它是一个传统的国有企业，而是一个新型的国企，所以它的竞争是中性的，在海外没有把它贴上政府的标签。今天在海外竞争的，绝大多数是中国上市公司，没有百分之百国有母公司去竞标的，都是市场化了的上市公司在参与竞争。

4. 垄断？

垄断有两种，一种叫自然垄断，一种叫市场垄断。自然垄断，指的是不适合竞争的一些垄断，比如自来水、发电厂、电网、通信、铁路、邮政，这些都属于自然垄断，这部分基本上由国有企业做。还有一部分垄断是市场垄断，指价格串通，企业之间进行不正当竞争。其实在现在的央企里，有一部分是自然垄断，但是很少，这是全世界都有的，比如国网，我们一定要共同用一个电网。而中国建材、国药集团这种充分竞争领域的企业，更谈不上垄断。中国建材的水泥 2018 年卖了 4 亿吨，而中国水泥总共卖了 22 亿吨，连 20%也不到，所以垄断不了。垄断并不取决于企业规模大小，而取决于是不是有垄断行为。有的一个国家只有一个水泥厂，有的国家只有一个加油站，但他只要不盲目涨价，就没有垄断行为。

5. 政府补贴？

有些人觉得国企享受了额外的补贴，事实上不是，我们很多补贴是普惠的，大家都有的。比如做水泥，水泥里如果加点粉煤灰有利于环保，给一点点增值税返还，这个在财务报表里记作政府补贴。这个不只是国企，民企、外资企业里也有。只不过有人在报表里看到有政府补贴，就认为是国有企业独有的，事实上每家企业都有。

6. 银行贷款？

一些人认为银行贷款一般给国企，实际上也不是，北新建材、中国建材当年那么困难，银行把门都封了。就是这些银行。银行根据三张财务报表和这么多年信用给你做信用等级，他不会因为国企还是民企，等级就不一样。但是有一点，银行信用制度的性质是担保制度，大企业可以担保，中小企业没有担保人。一个国有大型企业要集团担保，集团签字就能担保，底下企业可以贷到款。如果是中小企业没有担保就贷不到钱。这个问题不是国企和民企的问题，而是大企业和小企业的问题。

三、新国企“新”在哪

对于国企一些人认为，一是国企的优势是靠垄断来的，二是国企不改革也照样可以做得很好。两种说法都不对。国企要想搞好必须市场化，必须改革。新国企“新”在哪儿？

（一）坚持党的领导

2016 年 10 月 10 日，国有企业党建工作会召开，习近平总书记说党的领导是国有企业的根和魂，是国有企业独特的政治优势。他还说，在企业里有两个“一以贯之”：坚持党对国有企业的领导是重大政治原则，必须一以贯之；建立现代企业制度是国有企业改革的方向，必须一以贯之。在党的工作里不要搞成两张皮，不要搞成空头政治，不要搞政治挂帅。我们要把政治账和经济账统一起来，党的工作要服务于企业的中心工作，我们要把党建文化、企业文化、安全文化、廉洁文化结合起来。

（二）体制和机制

最近我们体制机制又有大的进展，国务院出台新的文件《改革国有资本授权经营体制方案》。这个方案是国务院国资委写的，要授权，要放权。在机制这方面，我们这些年完成了公司制改革，完成了大规模上市，正在做内部机制改革。我们还做了定位上的优化，把过去的国企定位为两种：一种是公益和保障的，一种是竞争的，分为商业一类、商业二类，中国建材属于商业一类公司，处于激烈竞争、充分竞争的行业。现正要做的工作是，国务院国资委管资本，投资公司管股权，底下成立若干混合所有制公司进行市场竞争。

（三）国企是科技创新的主力军

现在全世界的竞争是科技的竞争，是创新的竞争，竞争从来也没有像今天这样激烈。但是科技创新不容易，需要积淀，需要实力。谁有积淀？谁有实力？国企和央企有这样巨大的实力，国企和央企有很多研究院和研究所，中国建材这些年取得了三个国家科技进步一等奖，建材行业的奖基本上都被中国建材获得了。我们有26家院所，3.8

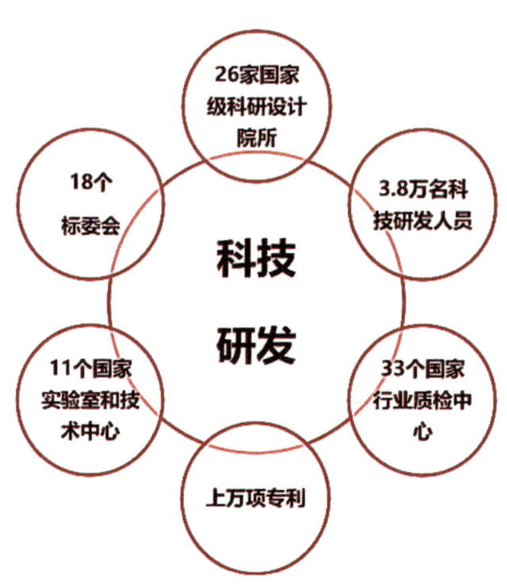

中国建材集团的科技研发实力

万名科技工作者，1.1 万个专利，11 个国家级实验室和技术中心，33 个行业检测中心，18 个标准委员会，行业所有标准都是由中国建材制定的。这就是国企该做的事。正因为如此，中国建材就要参与国际竞争，而不是在国内跟民营企业竞争。

中国建材除了做水泥、做玻璃，实际上还有碳纤维和很多新材料。比如电子薄玻璃，手机上用的那块玻璃过去我们做不了，被美国和日本垄断，现在是中国建材提供的，那一块模组里有四片玻璃，用 0.12mm 厚的薄玻璃，可以弯曲，是中国建材做的。我最近去浙江桐乡看了一条 AI 智能化生产线，把玻璃纤维织成布，这个布用做电路板，电路板又用在手机和 iPad 上。工厂一望无际，有 700 多台织机，居然没有一个人。

（四）国企是“一带一路”的排头兵

“一带一路”倡议提出六年，我们国家投入了 900 亿美元，做了 4000 亿美元的工程。这些项目里，央企承担了 3120 个项目，占合同总额的 70%。中国建材在海外建设了 320 家水泥厂,65 家玻璃厂。“一带一路”沿线国家要推进城市化和工业化，前提是基础建设，基础建设的前提是水泥。没有水泥修不了路，架不了桥。要想富先修路，要修路先做水泥厂。水泥厂谁做？中国建材。中国建材做的比例是多少？ 65%。大家想想，一个公司在全世界的市场里居然能占到 65% 的市场占有率，西方跨国公司也做不到。

刚才给大家展示的非常壮观的埃及的 6 条线，是世界最大的水泥厂集群。建成这个项目最多的时候有 1.2 万人，当地有 1 万人，我们跟当地 8 家公司签合同让他们做外包，做基建。我们在蒙古国建设的

中国建材集团在埃及的 6 条水泥生产线项目

一个草原上的工厂，工厂与蓝天、白云、草原、马，相得益彰。这些都是我们在“一带一路”上做的。

“一带一路”上我们不只是建工厂，不只是投资，也做很多综合性工作，我们叫“六个一”，迷你工业园、海外仓、检测中心和国际实验室、建材连锁分销中心、智慧工厂管理、EPC 工程项目。

中国建材在参与“一带一路”建设中有三项原则：第一，为当地经济作贡献；第二，与当地企业合作；第三，为当地人民做好事。2017 年，我们要在赞比亚首都卢萨卡建工厂，这个工厂建之前先为当地打了许多水井，捐赠了一个小学，捐赠了一个医院，然后才做的工厂，所以当地人很感谢我们。在学校，我们赠送当地小孩一些足球和铅笔盒，我走的时候，小孩们用当地语言唱起歌来，唱的是“手挽手、心连心，我们跟中国建材是一家人”。当童声唱起来的时候，汽

中国建材集团在草原上的工厂

车徐徐开出，心里也挺豪迈的。我们也跟法国施耐德签了合作协议。我们搞“一带一路”倡议，不是中国人吃独食，是共建“一带一路”，和发达国家的跨国公司联合开发，共同开发“一带一路”沿线国家市场。

（五）国企是世界一流的锻造者

2018 年我们有世界 500 强企业 120 家，美国有 126 家。这 120 家里国企有 83 家，央企有 48 家。但是世界 500 强并不意味着都是世界一流，我们现在要从大到伟大。我们制定了“三步走”战略，到 2020 年要基本建成世界一流，2035 年要建成世界一流。我们还要努力十几年的时间，因为世界一流不是喊喊口号就能达到的。世界一流至少有五点：技术一流、效益一流、管理一流、品牌竞争力一流、人才队伍一流。没有那么简单，需要时间，不能搞大跃进，要扎扎实实地做，所以中国建材制订了达到世界一流的十五年规划。到了 2050 年，中国建材做到 1 万亿元收入，1000 亿元利润，超世界一流的企业。我们要一代人一代人干下去，最后达到世界一流。

同学们说

作为传媒大学的一名学生，非常有幸到现场聆听了中国建材集团宋志平董事长的公开课，听完感到受益匪浅。演讲中宋董事长分享了他的北新改革之路，改革之初，国有企业面临着政企不分、市场化意识淡薄、内部机制不活的问题。而宋董事长在1993年当上厂长之后，点燃员工心中之火，推行“以人为中心”，企业是人、企业靠人、企业为人、企业爱人，通过点燃员工心中的奋斗之火达到生产效益的稳步增长。令我影响深刻的是这样一句话：“穷则思变，改革是被迫的，舒舒服服的人不会去改革，改革是问题倒逼下的选择。”这是宋董事长第二部分讲述中国建材的改革之路时提到的。他说，正是因为有压力，才让企业有了前进的动力。企业如此，作为大学生的我们也是如此，不应该惧怕压力，而是要化作动力，勇敢向前。

——熊　烨　信息与通信工程学院学生

此次活动让年轻学子对新国企的“新”有了更深的认识，深切感受到了国企的责任、使命和担当，增进了同学们了解国企、走近国企的意愿。有机会参加这样的活动特别获益，拉近了青年学生与国有企业的距离，国企精神深深感动着中传学子。

——郭　涛　经济与管理学院学生

令我印象尤为深刻的是，宋董事长在带领国企改革走“央企市营”之路，运用市场改革和混合所有制改革，将当时面临巨大挑战的北新建材和中国建材带出泥沼，并不断发展壮大，走到今天如此成功的世界五百强企业。这其中有着伟大企业家精神的指引，同时也离不开坚持中国特色改革之路，在走党和国家的正确引导和自我创新相结合的道路。

榜样的力量是无穷的，宋总这次来学校演讲回顾了自己企业改革的经历。让我深刻地意识到改革人面临的艰辛与他们顽强不屈的精神。就像宋总说的，待在舒适区是不会想改革的，国企的改革是被“倒逼”出来的。我们有幸处在一个最好的时代，有前人为我们奋斗下的美好成果。但我们也极易处在一个舒适区，进而会有倦怠的思想，这是要摒弃的。只有不断地自省，对自己进行“改革”，用充实的知识与技能武装自己，才能应对未来可能的挑战。同时我也深刻感受到宋总对我们的期待。期待我们以更加活跃的思维去继承发扬改革精神；期待我们以更加人文的眼光去对待世界；期待我们以更加尖端的技能去引领潮流。我也坚信通过我们的努力一定会成为符合党和国家要求的新青年，不负期望。

——刘哲良　信息与通信工程学院学生

13. 从国投看中国投资体制改革

国家开发投资集团有限公司  中央财经大学

王会生

2019 年 6 月 5 日，国家开发投资集团有限公司原党组书记、董事长王会生在中央财经大学讲课

精言粹语

★改革开放40年，中国经济体制改革有两个关键词：一改体制，二调结构。国投是中国投资体制改革的产物，也是整个中国经济改革和转型的缩影。

☆20多年来，我们用力最大、花心血最多的就是探索投资控股公司的发展模式。党的十八届三中全会提出，支持有条件的国企改组成国有资本投资公司。我当时在现场第一感觉就是：这一刻，我们等了十八年！

★国投作为投资控股公司，在国民经济中发挥了投资导向、结构调整和资本经营的独特作用。国投在新时代的使命是：为美好生活补短板，为新兴产业作导向。

☆国投是一家有情怀、有担当、为国而投的公司。“以人为本”不是一句空话。具体到企业，一是对退休老员工，要像自己的父母一样；二是对新员工，要像自己的孩子一样。

★一个人的成长，就两句话：一是人品，二是干一样像一样。人品就是融入集体，就是你的情商和德。干一样像一样，就是谁也干不过你，就是你的智商和才。

☆国投发展中遇到的难点，是中国经济改革中遇到的痛点，国投取得的成绩，也是中国经济改革成就的一个小亮点。

★改革开放40年的启示：解放思想、实事求是；改革开放、勇于创新；市场规律、企业主体；最重要的是中国特色、党的领导。

非常荣幸来到中央财经大学，能有这么一个机会和大家交流。我是第一次在大学里讲公开课。感谢教育部、国资委，也感谢中央财经大学给我安排这个“任务”，我感到很光荣，尽管很忐忑，我还是希望能让大家听明白。

我今年63岁，下过乡，学过徒，当过工人，1977年考大学，是恢复高考后第一批。大学毕业以后分到北京，先后在电力工业部、国家计委、国家开发银行工作，1994年到国家开发投资公司，在国投一干就是25年，一把手干了16年。我亲身经历了40年的改革开放，

讲课现场

是一个见证者和参与者。

刚才听校领导说，中央财大的毕业生中，在财政部任现职的就有200多人。我们也做了内部统计，在国投集团和二级公司的中财校友加起来超过50人。非常感谢中央财大为国家的经济建设、为国投的发展输送了一批又一批高素质、可爱的人才。

在党的领导下，经过40年的改革开放，我们探索出了一条中国特色社会主义发展道路，变化天翻地覆，成就有目共睹。那么，到底改了什么，放了什么，改的成果怎么样？在改革过程中作为政府投资主体的投资公司是怎么发展起来的？今天我想通过讲述国投的成长来诠释中国投资体制改革的进程。

经济体制改革尤其是投资体制改革，我们40年主要做了两件大事，第一件就是改体制，第二件就是调结构。改体制就是转轨，特别是从计划经济向商品经济、市场经济过渡；调结构就是转型，从粗放到集约，从高速度向高质量发展。

从某种意义上来说，这两个转型改革也是投资体制改革主要的变化。巧合的是，我自己的经历，国投的诞生和发展历程，都与这两个转变过程紧密重合。可以说，国投不仅是投资体制改革的产物，也是整个中国经济改革和结构转型的缩影，更是改革开放40年打造出来的优秀的国有资本投资平台。

这个时间轴标注了新中国成立70年投资体制改革的主要节点。横轴上方是经济体制历次重大改革，1978年以前是计划经济，1978年以后是改革开放，1984年党的十二届三中全会提出要搞“有计划的商品经济”，1988年第一部《企业法》颁布，1993年党的十四届三中全会作出“建立社会主义市场经济体制的决定”，1994年中国第一

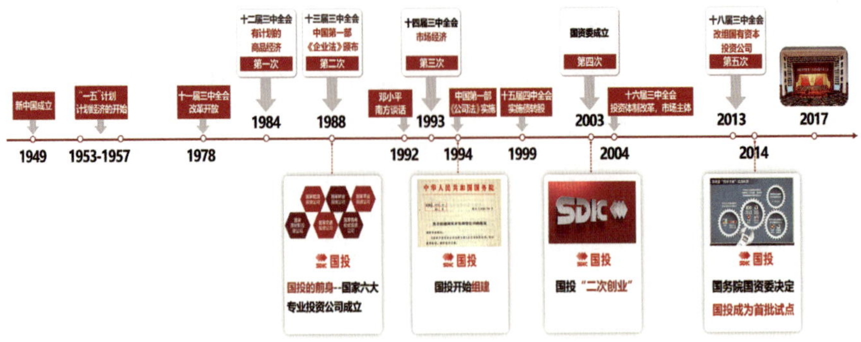

部《公司法》实施，2003年国资委成立，2013年党的十八届三中全会提出"完善国有资产管理体制，以管资本为主加强国有资产监管，改革国有资本授权经营体制，组建若干国有资本运营公司，支持有条件的国有企业改组为国有资本投资公司"。

横轴下方标注了国投的前世今生，1988年国家颁布第一部《企业法》，成立了六大专业投资公司，这是国投的前身。1994年国家施行《公司法》，国投开始组建。2003年成立国资委，国投加速发展。2013年党的十八届三中全会提出全面深化改革，改组成立国有资本投资公司，国投成为首批国有资本投资公司改革试点。

从六大投资公司开始至今，国投已走过了31年，前15年主要是在改体制，后16年主要是在调整结构中转型、加速发展，一直都在国家改体制、调结构的过程中不断前行。无论是体制上，从计划到市场；还是结构上，从粗放到集约，国投的历史都与这些过程密不可分。当然，机制的改革和投资方式的创新，也一直贯穿始终。

今天，我想从自己的亲身经历，从国投的诞生、发展和改革历程，来看我们国家经济体制改革，尤其是政府投资体制、国有资本管理体制、国有企业改革这些领域的变化过程，跟大家分享一些感受和看法，希望对大家认识和理解当前的一些热点问题有所帮助。

以下是我印象比较深的几次改革，对国投和整个国有企业的影响都很大。

一、第一次大改革：解放思想，打破大锅饭，树立商品意识，投资实行“拨改贷”

新中国成立初期，一穷二白，怎么建设新中国？怎么画出最美的图画？我们学习苏联，用计划的方式管理中国经济。

那时候，一切都是有计划的。吃穿住行，煤电路港，东南西北，怎么布局，生产多少，产供销、人财物，都在计划之中。买菜有菜票，买粮有粮票，买油有油票。东北当年没有红薯，买红薯要凭粮本，每人五斤，还要排一夜的队。我老家是煤矿城市鹤岗，那时候挖煤不用管卖到哪儿，挖出来就行，统一安排车皮拉走了，一部分送到钢铁厂，另一部分送到其他省、自治区、直辖市。

我曾经工作的国家计委负责全国基本建设规划，每年通过编制计划“大本”，来规划哪些部门、哪个地区的项目上或不上，平衡资金来源，调节整个国民经济各部门、各地区的综合平衡。我所工作的处，负责编制每年的全国能源投资规划，全国各个省、自治区、直辖市的所有建设项目列入“大本”后，才能获得财政拨款建设。应该说，新中国成立后的前 30 年，这种“全国一盘棋”的计划，为新中国建立一个完整的工业体系，打下了一个良好的基础。

但是计委管计划，财政管拨钱，国务院各部门和地方管建设，也带来许多问题。为了争取能够进入“大本”，很多人跑北京、跑计委。当然这个“大本”也是很不容易的，要经过多少轮的平衡才能确定下来，全国都等着这些资金去建设。那时候的钱是没有利息的，是不用还的，都是财政拨款，建成以后也不用讲效益，按照计划生产就行了。中央财政一吃紧，就控制投资项目，那时候宏观调控，主要就是控制基本建设投资规模。这就有了后来说的“一放就乱，一收就死”的现象。

这个“大本”延续到了20世纪90年代。当初我在三里河的国家计委工作，家住劲松，每天上班骑自行车要走一个小时十分钟。那个时候没有电话，没有计算机，全国电力几十个亿的投资批下来，司长告诉我好好排一排。我就拿复印纸一遍一遍写，稍微错了一点就撕了重写。为了节省上下班往返时间，就跟司长说，我回家写，明天不来，后天交卷。到了交卷那天，司长说，没有电话找不到你，数变了，重新写，于是就住在办公室重新写。我记得最多的一次，一个方案修改了17稿。

基本建设搞大锅饭最核心的问题是，政府是唯一的投资主体，没人对投资项目的效益负责。造成的后果，一是中央财政的钱永远不够花；二是生产资料和生活物资，永远都处在短缺状态。这也就是为什么经济学家把计划经济叫作短缺经济的原因。中央领导看到这种局面，说这不行，必须改变。

怎么改？1984年10月，党的十二届三中全会提出要搞“有计划的商品经济”，这改变了过去人们对计划经济的认知。商品经济，那就要尊重价值规律，商品要有价格，借钱要还，贷款要有利息。这是一个最基本的道理，尤其中财大同学们学财政、学金融专业的都知道，借钱没有利息行吗？

建立有计划的商品经济，标志着从计划到市场，树立商品经济的概念，这是中国人思想解放的第一步。也带来了中国投资体制改革思想上的大解放，提出要建立“拨改贷”，把拨款改为贷款，就是要“按经济规律办事”“用经济办法管理投资”。

于是国家成立了中国人民建设银行，后来改称中国建设银行，专门负责“拨改贷”的拨付，相当于国家计委和财政部的出纳，不是投资主体，只负责拨付。但这还是挡不住地方的投资热情，因为计划经济的惯性还在，人们普遍的意识是，中央政府的钱可以不还，原因是没有一个部门负责项目资金回收。这就需要在中央一级设立一个投资主体，怎么建？学习新加坡的淡马锡，搞控股投资公司。1987 年，国务院发展研究中心、中国人民银行的领导去新加坡考察，

王会生在中央财经大学讲课现场

发现有一个公司叫淡马锡，就是政府投资公司，代表政府投资、管理、回收、增值，认为中国就缺这样的投资公司，于是给中央领导写了一个报告，认为“控股公司为政府经营资本，这样政府就不直接掌管投资了”。政府把资金交给投资公司，连本带息，都由投资公司管，政府部门就可以不管了。于是，中国就开始探索建立投资公司。

二、第二次大改革：探索前行，设立政府投资主体，成立六大专业投资公司

第一阶段是计划经济向商品经济转型，第二阶段就是探索如何建设政府投资主体。经过两年的酝酿，1988 年 7 月，国务院发布《关于投资体制近期改革方案的意见》，决定从当年开始，基本建设资金来源采取基金制，同时成立能源、交通、原材料、机电轻纺、农业、林业公司六大专业投资公司。把这些领域基本建设投资的权力，全收到这六个公司里来投资管理运营，所以相关部委“很生气”。

中央明确，六大专业投资公司“是组织中央经营性投资活动的主体，既具有控股公司的职能，使资金能够保值增值，又要承担国家政策性投资的职能”。利用基本建设基金中的经营性基金，通过发放债券筹集资金，负责全国基本建设中的一部分项目投资。六大公司投了很多国民经济建设需要的重大项目，比如 20 世纪中国建成的最大水电站——二滩水电站，还有当时中国的五大化肥、沿海几大港口等基

础设施，也包括集成电路、汽车零部件等重点企业。

那时候，计委管重点项目计划，国务院各部门仍然负责各自行业规划，建设银行负责资金投放，但新组建的六大公司与各部门关系很不顺。为此，国务院还专门召开常务会议，专题研讨六大公司与这些部门的关系。

由于当时政府体制改革不配套，财政金融体制改革不到位，《公司法》还没有出台，六大投资公司虽然叫公司，但没有一分资本金，管理也不规范。虽然有了投资主体，但对投资企业的管控名不正言不顺，投出的资金也很难回收。

1992 年邓小平南方谈话发表，“社会主义也可以有市场”，中国改革开放迎来新的高潮，各地投资热情高涨。但国家基本建设投资领域，依然存在低效、无序的现象，控制投资规模，又成为新一轮宏观调控的主要手段。

1993 年 11 月，党的十四届三中全会作出“建立社会主义市场经济体制的决定”，一个月后，全国人大常委会审议通过中国第一部《公司法》。确立社会主义市场经济的改革方向，是中国改革的重大路径选择，奠定了中国改革成功的基础。

中国经济体制改革进入了一个新的阶段。新在什么地方？首先是为建立市场经济体制宏观层面进行了一系列政府配套改革，比如分税制，中央和地方分灶吃饭，改变过去中央财政大包大揽的投资管理方式，同时，政府投资也划分政策性和竞争性。于是，六大公司被重组撤并。

三、第三次大改革：规范发展，从拨改贷到贷改投，把政策性和商业性投资分开，成立国家开发银行和国家开发投资公司

1994 年，国务院决定进行新一轮投资体制改革，告别政府大包大揽，从“拨改贷”到“贷改投”，目的就是逐渐让企业成为投资主体，政府主管部门与企业之间，由过去的行政管理关系，转变为出资人与投资企业的关系。

同时，中央明确提出“在投资领域要实现市场对资源配置的基础性作用”，国有经营性投资项目都要明确投资主体，实行法人投资责任制，即对项目的筹划筹资、开发建设、生产经营、归还贷款本息和资产保值增值全过程负责。要逐步建立投资项目资本金制度，投资者必须用自有资金，按规定比例对项目投入资本金。

在这样的背景下，国家合并六大投资公司，人和事一分为二，债权债务项目划给国家开发银行，股权投资项目成立国家开发投资公司。国务院在成立国投的函中指出，国家开发投资公司是一个政策性投资机构，在国民经济中起导向作用，同时，还要肩负政策性和效益性统一。

国投先后继承了从原来六大投资公司划过来的众多“多小散差”的项目，涉及 60 多个行业，分布在除西藏和台湾之外的所有省、自治市、直辖市，大的项目如二滩水电站资产有 285 亿元，小的项目如甲鱼项目只有几万元。大项目要国务院副总理来协调，小项目连村长都找不到。就这一堆资产给了国投，要求保值增值。

1993年，《公司法》颁布。同年，党的十四届三中全会提出了“产权清晰，责权明确，政企分开，管理科学”的现代企业制度十六字方针。这成为国投规范企业、收缩战线、债转股、抓大放小的根本依据。

国投成立后的第一件事，就是把过去经营性基金和利用债券资金投资的一些项目，改为国家资本金。作为国家出资人代表，国投要跟全国各地的被投资企业确立股权关系。因为大家没有还本付息的概念，也缺少现代企业制度的认识，确权过程非常痛苦。在山东枣庄，有一个煤炭企业，我们派去的总经理要搞内部改革，第二天起来，看见宿舍门上插了一把菜刀。

股权不清、管理关系不顺，是当时的主要困难。因此，收缩战线成为国投“一次创业”期间的主要战略。也就是该退的退、该进的进，判断标准是什么？就是“政策性、有市场、效益好、关系顺”的十二字方针。这个十二字方针，跟其他产业公司做项目决策时，最大的区别就是最后一个词“关系顺”。这是一个麻烦，也是我们的一个特点，几乎所有项目都是合资企业，投资伙伴有国内的、有国外的，有地方国有的、有民营的，所以我们也是最早进行混合所有制探索的企业。

与“贷改投”相配套的是“债转股”。1999年，国家成立四大资产公司。同年，国投成立资产管理部，同时成立两个资产管理公司，对原有投资和参股项目进行股份制改造，理顺股权关系，开展资产处置业务。

国投的前8年，主要是解决资产质量差的问题，通过阶段性持股，该进则进、该退则退，真正新增投资项目很少。这个时期，国投大力收缩战线，盘活存量，培育优势，发展规模经营，最大限度地发挥国家资本优化和引导社会资本的作用，搞好资源和要素的优化配置，实现集约经营。这是国投成立后的第一个发展阶段，也是我们打基础的阶段。

四、第四次大改革：让企业成为真正的市场主体，谁投资，谁受益；谁决策，谁担风险。国资委成立，企业快速发展

2004 年，国务院发布《关于投资体制改革的决定》，核心是由审批制改成备案制和核准制，让企业成为真正市场投资主体。只要不用政府出资，政府在核准项目时，不再关心项目市场前景、盈亏问题，企业自己要承担风险。

这个时候，国有企业是什么情况呢？2003 年 3 月，国资委成立。最核心的变化是，改变过去国资管理“九龙治水”的局面。所谓“九龙治水”是一个形象的说法，但也的确有很多部门管理国企，干部任免、工资总额，人财物、产供销，都由不同的部门管。

党的十六大之后，成立国资委，上述局面得以破解。但同时给国投这样的投资公司带来巨大挑战。当时国资委系统有 196 家中央企业，国资委要求做大做强，各家必须明确主业，必须进入各自行业的前三名，否则就要被重组整合，目标是减少到 80—100 家。所以，这个阶段国企都努力做大规模，发展速度很快，市场也繁荣了。2003 年 1 月，我开始担任国投“一把手”，当时我们面临的最大挑战

是：作为一家没有垄断资源，也没有行业依托的企业，我们需要向国资委说明，投资公司跟产业公司不一样。国家开发投资公司是央企中唯一一家投资控股公司，它和产业公司不同，发挥着独特作用。主要有三个方面：一是投资导向的作用，国家战略需要干什么，就要去引导，包括区域投向、行业投向；二是调整结构的作用，如何发挥投资公司的平台作用，有进有退，把国有资本结构调整得更合理；三是资本经营的作用，通过管资本，使国有资本更加壮大。

国有资本投资公司的独特作用得到国资委及各司局的认可。我们很快成为国资委央企资产重组的平台，率先托管两家中央企业，先后重组了 5 家央企。

这一时期，中国经济快速发展，对能源交通基础设施建设提出了更高要求。那时候，要上一个项目首先要看电力供应是否跟得上，要看有没有路，否则不批，因为即使你上了项目，产品也运不出去。基础设施的好坏，是当时我们跟发达国家最大的差距，也是后来我们能

雅砻江官地水电站大坝项目

超越周边国家、吸引外商投资的一个重要因素。所以，六大投资公司包括国投成立之后相当长的一个时期，都是以能源、交通等基础设施项目为主的。

2008 年发生的冰雪灾害，几乎造成南方各省的经济瘫痪。从这次灾害来看，国家的基础设施还很薄弱，天气稍微有一点特殊，电网也瘫了，煤炭也断了，路也断了，所以国投急国家之所急，服从服务于国家战略，开展投资。当时重点投资的 28 个大项目，都是能源交通领域的基础设施建设项目。

——在四川，我们先后投资建设了雅砻江整体流域的 22 座水电站，建成后总装机规模将超过三峡，年发电量约 1500 亿千瓦时，可节约原煤消耗约 6800 万吨，减少温室气体排放约 1.2 亿吨，为西电东送、西部大开发、藏区发展作出了重要贡献；

——在京津冀，我们投资建成了天津北疆电厂，是全国第一个大规模的海水淡化发电厂，也是“五位一体”循环经济项目；

——在新疆罗布泊，我们投资建成了全球最大的硫酸钾生产基地，将我国钾肥进口依存度从 75%降低到 40%。

可以说，我们的战略是比较超前的。比如，2004 年投资河北曹妃甸煤码头。当时，第三通道还没立项。我们敏锐地抢占先机，经过战略研判，认为北煤南运的第三通道，将来必然要经过曹妃甸下水。我们一周之内做投资决策，一个月内实地注册公司，一年内拿下国家发改委的立项，两年建成一期工程，现在已经成为中国最大的煤码头之一。

这一时期，国投服从服务于国家战略，把解决基础设施瓶颈作为国投发展的一个重点，为国家经济发展作出了重要贡献。

国投曹妃甸港项目

五、第五次大改革：从管企业到管资本，国投作为首批国有资本投资公司试点，开始产业结构和投资方式的大转型

2013 年 11 月，党的十八届三中全会提出，改革国有资本授权经营体制，支持有条件的国企改组成国有资本投资公司。当时我在会议现场的第一感觉就是：这一刻，我们等了十八年！

为什么？我们一直在探索投资控股公司的发展模式，探索有效的国有资本管理方式。

从六大投资公司开始，国务院就决定“用经济办法管理投资”，并明确投资公司同时兼具“投资控股公司”和“国家政策性投资”的双重角色。

1995 年 5 月 5 日，从国投成立开始，我们就向国家体改委提出，把国投作为“投资体制改革和国有资产管理体制改革相结合的试点单位”，把国投建成国家控股公司。后来，国投成为国资委央企资产管理试点单位。

20 多年来，我们用力最大、花心血最多的就是探索投资控股公司的发展模式。我们最早按照现代企业制度的要求，在投资企业中推进法人治理结构，在国有企业中第一个提出了资产经营和资本经营相结合，先后进行了股份制改造、混合所有制改革、控股企业董事会授权改革等一系列尝试。直到 2014 年 7 月 15 日，国投被确定为首批国有资本投资公司改革试点。可以说，我们的很多探索成为国有资本投资公司的一个基础。

但我们考虑更多的是通过战略转型，实现从一个传统的实业投资公司，向国际一流的国有资本投资公司转变。

2008 年，全球金融危机爆发，是一个转折点。2012 年前后，我国产业结构暴露出了产能过剩的问题。党的十八大以后，中央提出中国经济进入新常态，要通过供给侧结构性改革，进行新旧动能转换。党的十九大进一步明确提出，我国社会的主要矛盾发生了转变，即从过去的“人民日益增长的物质文化需要同落后的社会生产之间的矛盾”，转变为“人民日益增长的美好生活需要和不平衡不充分的发展之间的矛盾”。这就要求，中国经济发展方式，要进行彻底转型，不能一味地追求 GDP 增速，而是要追求高质量发展。但是这个挑战更大，国家提出转方式、调结构，不是一年两年了，国投的转型也经历了一个漫长的过程。

前几天，有位记者问我："您说国投转型成功了，到底什么时候开始提出转型的？"

其实，早在2003年担任总经理之后，我就感觉国投不能仅凭这点实业的家底、传统绿地投资方式继续下去。作为一个投资控股公司，我们必须发展金融服务业，缺了金融这条腿支撑，实业很难做大做强。所以，2004年我们收购了弘泰信托，与瑞银合资组建公募基金公司。2013年，我们控股收购了安信证券。这不仅是一种业务上的投资组合，也在战略上为今天的新旧动能转换、为进军战略性新兴产业，提供了转型经验和业绩支撑。

记得在2010年年初，我们就提出了"六个转变"。但是开始几年，也不是很顺利，原有业务发展得很好，为什么要转啊？大家没压力，也不知道怎么转。最近几年，我们开始壮士断腕式的结构转型和投资模式创新。

——从传统向新兴转变。我们把自己干了20多年、曾经给国家贡献260多亿元利润的煤炭业务，500多亿资产，整体移交给其他中央企业；在中央企业中，第一家成立基金投资公司，通过PE的方式，参股投资战略新兴产业。现在，我们5家基金公司，管理了近1600亿的基金，其中70%都投向了民营企业，发挥投资导向的作用。其中有许多新技术、"黑科技"，可能代表着中国经济的未来。

——从国内向国外转变。现在国投在海外投资"一带一路"上有三个方向：国际贸易、国际工程承包、海外直接投资。我们在英国收购海上风电、在中东收购世界第八大钾肥企业、在新加坡收购环保工程技术公司、在印度尼西亚投资水泥和电厂；连续两次成功在全球发行美元债券，特别是今年，国投是 2018 年以来尤其是中美贸易摩擦升级以来，非金融类企业在海外发债成本最低的企业。

——从西部向东中西兼顾转变。我们在粤港澳大湾区，布局战略性新兴产业；在海南设立环保业务平台，控股中国最大的下沉式污水处理企业——中国水环境集团。

——从自己熟悉的向市场需要的转变。在北京、上海、广州投资养老和健康服务业，参与国药集团股权多元化改制，发挥了国有资本投资公司的平台作用。

——从低门槛向高门槛方向转变。我们控股收购上市公司神州高铁，进入智能制造业务；提前布局检验检测行业，参与行业整合；旗下基金助力中国首次可燃冰试采成功。英国 48 家集团每年要给世界各国的企业发奖，2017 年颁发三个奖，第一个奖发给国投，第二个

国投健康上海彩虹湾老年福利院项目内景

奖发给英国本土企业阿斯利康制药集团，我们与阿斯利康制药集团合资成立了迪哲医药，打造世界一流小分子药物研发平台。所以那一年三个奖有一个半给了国投。

——从资产经营向资产与资本经营相结合转变。改变以前绿地投资方式，我们通过协议收购、要约收购等方式，先后控股安信证券，重组吉林酒精集团，进入生物能源领域，成为全国最大的燃料乙醇供应商。目前国投旗下有 8 家上市公司。

党的十八大以来，我们把自己的战略定位于“命脉 + 民生”，主动地服务、服从于国家战略。在党的十九大以来，又进一步明确“为美好生活补短板，为新兴产业作导向”的战略定位。当然，在具体做法上，有一个探索的过程。

在国有资本投资公司改革试点中，我们始终坚持两条：市场化，有活力。对于企业改革必须是市场化的，同时企业必须充满活力，这样才能参与竞争，才能走向世界。

一是试方向。投资公司是服务国家战略的，不是什么都投。我们当时定了两条：第一条是命脉，就是共产党执政过程中不能撒手的东西，重大基础设施、重大网络安全、重大科技创新、重大先进制造业；第二条是民生，习近平总书记讲，共产党的初心是什么？就是为中国人民谋幸福，为中华民族谋复兴。我们发展的健康医疗、养老服务、环境保护、检验检测等领域，都是为老百姓谋幸福。二是试机制。集团授权让二、三级企业真正成为市场主体。三是试管理。“小总部大产业”，总部重点把握方向，同时为投资企业服务。四是试监督。习近平总书记很关注国有企业改革过程当中的国有资产流失问题，我们通过构建大监督体系保障国有资产不流失。最后一点也是最重要的一点，就是加强党的建设。党的领导、党的建设是国有企业的根和魂。国投投资到哪儿，党的建设就跟进到哪儿。所有的投资企业都建立了党组织，努力做到有组织、有活动、有作用、有影响。

从2002年开始到2018年年底，国投资产从733亿元发展到了5840亿元，利润从8.55亿元增长到193亿元，平均每年利润增长22.6%。我们原来是一个传统的基础产业投资公司，现在传统产业占比下降到45%，金融服务业、战略性新兴产业占比已经上升到了55%，现在的国投和过去的传统的、基础产业为主的国投相比，已经完全脱胎换骨，成功实现了新旧动能转换，成为一个服务新产业、服务高质量发展、服务老百姓美好生活、服务国家战略的国有资本投资公司了。我们经过努力，连续15年在国务院国资委经营业绩考核中荣获A级。惠誉、标普及穆迪三大国际评级机构分别授予国投主权及准主权级国际信用评级，这在央企中也是不多的。

回顾这几十年，国投从小到大，从弱到强，从国民经济边缘走向舞台中央，实际上走了四大步：第一大步是继承了计划经济时期的传统产业的项目，第二大步是经过规范管理打下一个非常好的基础，第三大步是快速发展，第四大步是成功转型。国投是一家有情怀的公司，是一家务实的公司，是一家为国而投的公司。

国投的故事应该说是一个点，但是走过的轨迹恰是我们国家投资体制改革的全过程。国投的整个改革历程和发展历程，就是国家不断深化改革、不断向高质量发展的一个缩影。从国投的实际情况来看，我们的诞生和发展，与改革进程一致；我们遇到的难点，也是中国经济转型过程中的痛点；我们取得的成绩，也是中国经济改革成就的一个小亮点。

可以说，国投的故事，就是中国改革故事的一个小篇章。我为自己能够参与这场伟大的变革，能够把最美好的年华贡献给国投，感到很自豪。

六、总结与启示：解放思想，实事求是。改革开放，勇于创新。市场规律，企业主体。中国特色，党的领导

通过以上五次比较大的改革，大家可以看到，中国经济这 40 年的变化，就是一个从计划经济到商品经济，再到市场经济的体制转轨过程，从粗放到集约，从高速发展到高质量发展的结构转型过程。国有投资体制演变、国企改革的基本逻辑，就是确立政府和市场的边界、厘清责任边界、确立企业主体地位的过程。应该说，市场化改革的这条主线，是很明确的。这也是党的十八届三中全会提出的“使市场在资源配置中起决定性作用”的一个具体表现。

那么，这几十年下来，有什么启示呢?

第一，解放思想，实事求是。没有解放思想、实事求是就没有改革开放，就没有我们今天的成绩。

第二，改革开放，勇于创新。如果一成不变，所有东西只能往后退，只有创新、只有改革，才能有活力、有动力、有方向，所以国投的历史是改革的历史，是创新的历史。国投一步一步发展到今天，没有创新、没有改革是不行的。

第三，市场规律，企业主体。从摆脱计划经济，进入商品经济，

进入社会主义市场经济以后，我们所有的思路都围绕市场是决定因素来展开的，没有市场，没有把企业当成市场主体，我们的改革是不可能成功的。

最后一条，也是最重要的一条，就是中国特色，党的领导。改革开放 40 年探索出了一条成功的中国特色社会主义道路，核心就是党的领导。对于国企来说，坚持党的领导、加强党的建设是根本。我们所有的改革、所有的发展都是按照党中央的方针政策去推进的。所以，诺贝尔经济学奖得主科斯也曾说："中国正在进行人类历史上最伟大的经济改革计划，更让人感到奇妙的是，这一切惊人的变化都发生在中国共产党的领导之下。"

现在我们站在了一个新起点、新时代，今年是新中国成立七十周年，明年就要全面建成小康社会，后年是建党一百周年，所以我们要用更大勇气、更大力度、更大决心去推进改革开放。

当前中美贸易摩擦不断升级，我们要坚定信心，保持定力。我们有以习近平同志为核心的党中央坚强领导，有改革开放 40 年打下的基础，有市场经济创造的成果，有中国经济的韧性，还有世界上更多朋友的支持，我们一定能战胜困难。

中国人很明显的一个特点是，只要心齐什么事都能办成。古人说，"祸兮福之所倚，福兮祸之所伏"，坏事能转变成好事，贸易战是坏事，但也让我们看到了缺少的东西，我们要抓紧弥补差距和不足，争取尽快赶上。就像习近平总书记所讲："最重要的还是做好我们自己的事情。"

同学们说

王会生董事长用青葱岁月到花甲之年的人生经历，为我们展开一幅中国投资体制改革的图略和国投成立发展壮大的缩影，这场别开生面的公开课让我深刻领会了中国经济在中国共产党坚强领导下的转型升级过程，也让我对大型央企勇于承担社会责任的使命担当肃然起敬。

——陈　语　政府管理学院学生

今天的公开课让我见识了上下求索的国企改革之路，领略了40年改革开放的缩影。国投是我国国有投资企业改革的标杆，是一家努力实现效益与社会责任的央企。我们青年人应有家国情怀、国际视野，真正肩负起“为天地立心，为生民立命”的历史责任。

——刘梦竹　中国经济与管理研究院研究生

14. 坚守初心使命 矢志为国谋粮

——永远做保障国家粮食安全的中坚力量

中粮集团有限公司  对外经济贸易大学

于旭波

2019年6月21日，中粮集团有限公司党组副书记、总裁于旭波在对外经济贸易大学讲课

★吃饭是人类生活的第一件大事，抓好粮食生产和粮食流通供给、保障国家粮食安全是实现经济发展、社会稳定、国家安全的重要基础和根本前提。

☆中粮的初心和使命就是为国谋粮，坚决保障国家粮食安全！

★中粮之所以能够在复杂多变、波诡云谲的经济浪潮中历经70年而壮阔，从根本上说，就是不忘初心、牢记使命，不忘为国谋粮的初心，牢记保障国家粮食安全的使命。这份初心和使命的背后，蕴含的是对国家的忠诚、对事业的热爱、对卓越的追求、对底线的坚守。

☆企业恪守正道、弘扬正气，是基业长青、建成百年老店的必备条件；个人明德修身、严于律己，是行走天下、齐家治国的必然要求。

大家好！这次教育部、国资委联合举办的“国企领导上讲台、国企骨干担任校外辅导员”活动，中粮集团与对外经贸大学结成对子、再续情谊，深刻印证了我们两家的不解之缘和深厚渊源。作为中粮集团总裁和贸大 1988 届校友，作为地地道道的贸大人和土生土长的中粮人，作为饮贸大水、吃中粮饭，从贸大出发、在中粮成长，由贸大栽培、受中粮培养的我来说，能够见证和推动两家单位互鉴共建，既感到十分激动，又深感荣幸。根据这次活动要求，结合中粮自身业务

讲课现场

实际，我围绕粮食安全这个话题与大家作个交流，不当之处敬请批评指正。

一、洪范八政，食为政首

——粮食是事关人类生存社会稳定国家安全的头等大事

马克思讲："最文明的民族也同最不发达的未开化的民族一样，必须保证自己先有食物，然后才能去照顾其他事情。"吃饭是人类生活的第一件大事，抓好粮食生产和粮食流通供给、保障国家粮食安全是实现经济发展、社会稳定、国家安全的重要基础和根本前提。在这个问题上，古今中外，概莫能外。

（一）从我国历史上看

自古以来，我国就是崇尚农业、以粮为本的国家，有许多关于粮食地位作用的论述，比如，民以食为天、食以粮为先，为政之要、首在足食，民为国基、谷为民命，粮食安则民生安、粮食定则天下定、粮价稳则百价稳等，既反映了古人朴素的生存思想和强烈的忧患意识，也是历史经验教训的精辟总结。

综观我国历史上各朝各代，粮食收成好、百姓能吃饱的时候，往往四海升平；发生大饥荒、百姓没饭吃的时候，不仅饿殍遍野，而且往往会造成此起彼伏的农民起义、连年不断的社会动乱。可见，抓好粮食生产不仅是重大经济问题，更是不可忽视的政治问题。

（二）从国际上看

放眼世界，那些真正强大的国家、没有软肋的国家，不仅高度重视粮食生产，而且都有能力解决自己的吃饭问题。而那些粮食实力比较弱的国家，在粮食短缺或发生粮食危机时，陷入动荡的风险比较大。比如，2007—2008 年的粮食危机，引发了印度、孟加拉国、印度尼西亚等 10 多个国家骚乱、暴乱的发生和蔓延，对海地和马达加斯加政府的倒台也起到了推波助澜作用。

不仅如此，粮食的特殊性、战略性、基础性地位作用使它能够成为国际交往中的制胜武器。1960 年，肯尼迪政府对印度采取限制出口粮食的政策，最终迫使印度改变其反对美国入侵越南的外交政策。1974 年 9 月，美国以向陷入经济困境的埃及提供 10 万吨粮食援助为条件，迫使埃及作出政治让步，无奈接受了美国的中东和平计划。由此可见，粮食绝不仅仅是一个农业问题、经济问题，而是影响国家安全甚至国际局势的重大政治问题。

（三）从党和国家重视程度上看

党和国家历代领导人均高度重视粮食安全。毛泽东同志提出："世界什么问题最大？吃饭问题最大""手里有粮，心里不慌。"邓小平同志指出，改革开放的第一个目标就是解决温饱问题，不管天下发生什么事，只要人民吃饱肚子，一切都好办了。习近平总书记强调，粮食安全是国家安全的重要基础；保障粮食安全对中国来说是永恒的课题，任何时候都不能放松；中国人的饭碗任何时候都要牢牢端在自己手上，我们的饭碗应该主要装中国粮。

在党领导人民 70 年的不懈奋斗中，我国粮食总产量从 1949 年的

2260多亿斤增加到1.3万亿斤以上，粮食供求实现由长期短缺到总量基本平衡、丰年有余的历史性转变；粮票、肉票、鱼票、油票、豆腐票等百姓生活曾经离不开的票证已经进入了历史博物馆，忍饥挨饿、缺吃少穿、生活困顿这些几千年来困扰我国人民的问题总体上一去不复返了！

二、为粮而生，因粮而兴

——中粮在70年风雨征程中坚决扛起为国谋粮的使命担当

中粮波澜壮阔的发展历程，大体上可以划分为外贸保粮、实业兴粮、产业强粮、海外谋粮四个阶段。

（一）外贸保粮

从1949年成立到1987年外贸体制改革，中粮作为专营粮油食品进出口贸易的政府公司，从小胡同起步，逐步发展为新中国粮油食品对外贸易、出口创汇、保障国内粮油供给的重要力量。

一是全力以赴开展出口创汇。新中国成立初期，在国家外汇十分短缺而又百废待兴的情况下，外贸工作的口号是：出口是为了进口，进口是为了社会主义工业化。中粮以振兴国家经济为己任，千方百计扩大出口，增加外汇收入。由于我国刚刚从战争状态转入经济建设，工业发展水平还非常低下，在整个20世纪五六十年代，粮油食品等初级产品的出口在全国整体出口贸易中占据很大比重，出口创汇额约占国家外汇总收入的1/4，最高时达到43.4%。可以说，在我国最初奠定的工业基础中，有相当一批项目是靠全国人民节衣缩食、由中粮人用一车皮一车皮的大米、小麦、罐头、肉制品等紧缺的农副产品换来的。

二是千方百计保障国内供给。1959 年以后，由于农业连续三年减产，粮食严重短缺。在这种情况下，国家决定进口粮食，以稳定国内市场，解决人民生活所需。这项工作作为一项重大政治任务又交给了中粮。由于当时美国及一些西方国家对我国实行“封锁禁运”，加上既无经验，又缺渠道，购粮困难重重。最终，中粮采取迂回曲折的办法，通过香港地区或欧洲的一些粮商，想方设法买到小麦、大米、玉米、动植物油、食糖等，并及时运回国内。同时，由于农业连续受灾减产，对港澳地区的粮油食品供应也产生了很大困难，直接影响到港澳同胞基本生活。从 1962 年起，对外贸易部和铁道部共同开创了编号为 751、753、755 的三趟快车，分别自上海新龙华、郑州北站、武汉江岸三地始发，每天满载鲜活冷冻农副产品，经深圳运抵香港。在这个过程中，中粮一直是重要组织者、参与者，从建立基地、组织货源、改良品种、均衡供应、运输管理等各个方面提供全力支持，为港澳经济发展和繁荣稳定、增强港澳民众对祖国的认同感和归属感，作出了突出贡献。

三是勇挑重担服务国家大局。在 20 世纪五六十年代特定的历史条件下，我国把对一些国家的支援视为国际主义义务，中粮作为政府协定贸易的执行主体，坚决完成援助任务。朝鲜战争期间及战后，在国家贷款和无偿援助下，中粮先后对朝鲜出口粮食 385 万吨；抗美援越战争中，中粮在国家部署下，向越南供应粮食 525 万吨。除了积极开展与社会主义阵营的易货贸易外，在平等互利、互通有无的原则基础上，我国逐步开展同亚非新兴独立国家的贸易合作。其中，比较有代表性的就是中锡两国《米胶协议》。1952 年 12 月，我国同锡兰（今斯里兰卡）政府签订橡胶和大米五年贸易协议，我国每年以 20 万吨大米向锡兰换取等值的橡胶。该协议自签订到 1982 年取消，30 年间，中粮始终是执行主体，不仅为我国换来了急需的橡胶，也开拓了同亚非社会主义阵营国家的友好关系。

四是积极作为担当桥梁纽带。中粮在为国家出口创汇作出重要贡献的同时，也在我国粮油食品市场和国际市场之间架起了一座桥梁。众多国内农副产品经中粮推向国际市场，同时来自世界五大洲的优质农产品和食品由中粮引入国内，走上普通百姓的餐桌，比如从加纳、科特迪瓦、尼日利亚进口可可豆，从比利时、爱尔兰、新西兰进口奶粉，等等。可口可乐正是在 1979 年即改革开放后的第一年被中粮重新引回国内，并在北京市丰台区建立了新中国第一家可口可乐瓶装厂。这些不仅改善了人民生活、活跃了国内市场，也通过进口带动了出口，发展了中国与贸易国家之间的关系。

（二）实业兴粮

1987 年 10 月，党的十三大召开，大会的主题是加快和深化改革。大会提出加快和深化经济体制改革的方针，明确指出：“为了更好地扩大对外贸易，必须按照有利于促进外贸企业自负盈亏、放开经营、工贸结合、推行代理制的方向，坚决地、有步骤地改革外贸体制。”在不可逆转的改革洪流面前，中粮走到了事关生死存亡的十字路口，不得不适应形势、作出改变，重新寻求立足空间和发展道路。

一是转身份——从头起步。党的十三大结束后的第二个月，中粮在北京香山饭店召开了由全国49个分公司经理参加的粮油系统全国经理会议，传达外贸部的重要决定——中粮与全国各省市粮油食品分公司脱钩。这对中粮产生了巨大冲击：一是总公司本部留在账面上的资产总额仅为25.26亿元，净资产为6625万元，其中流动资金只剩下183万元，职工仅有438人，公司经营规模大大缩小。二是脱钩前的中粮承担和行使的主要是管理职能，除了具体经营大宗农产品进口商品业务之外，在出口方面，主要负责统一安排计划，统一核算盈亏，统一对外签订合同，具体经营工作一般是分派给分公司执行。脱钩后中粮不仅必须从经营活动的具体环节和具体工作开始做起，而且过去投资的项目也随之转给了各个地方，使中粮失去了货源基础。三是中粮几十年独家经营的局面被打破，过去的分公司摇身一变成为中粮的竞争对手，各地的工业部门、科研单位、三资企业也都纷纷获得进出口权，形成千家万户搞外贸的局面。

为解决生存和发展问题，1988年，中粮陆续将原来以管理为主的业务处改组为以经营为主的子公司，从经营结构到经营方式，从商品结构到管理架构进行大幅调整，逐步由管理主体向自主经营、自负盈亏、自我约束、自我发展的经营主体转型。

二是转作风——脱胎换骨。由于过去只要是粮油食品的进出口，都必须找中粮，因此计划经济遗留下来的官商作风在中粮比较明显。外贸体制改革后，不少人员没有认识到外部环境变化，还抱着过去一套老观念，沿袭老的工作方式，使中粮在全国性会议上受到批评。为此，中粮开始采取整风的方式整顿官商作风，增强全体人员的经营意识、竞争意识和服务意识。中粮在公司上下响亮提出“要转变经营观念，改变工作作风”“要练好两个基本功，提倡两种精神，发扬一个传统，唱好三首歌”。两个基本功就是腰功和腿功，两种精神就是钉子精神和“孙子”精神，一个传统就是艰苦奋斗的传统，三首歌就是《国歌》《国际歌》和《敢问路在何方》。

腰功和腿功，要求全体人员解放思想、更新观念，放下架子、深入实际，勤跑腿、勤沟通，不能靠电话指挥或等客户上门，要变“坐商”为“行商”。钉子精神要求不怕困难、坚忍不拔、振奋精神、迎接挑战，不能见困难就躲或者遇到挫折就产生畏难情绪，要有钉子那股钻劲和执着。“孙子”精神要求转变经营作风，强化服务意识，在思想观念上彻底摒弃官商作风和等、靠、要思想。三首歌，即唱好《国歌》，意指中粮到了最危险的时候；唱好《国际歌》，不靠神仙皇帝，全靠自己救自己；唱好《敢问路在何方》，改革没有现成的模式，必须精诚团结、万众一心，用勤劳和智慧闯出一条符合中粮实际的发展道路。这些如同一剂良药，在教育员工、转变观念上发挥了重要作用，促进中粮渡过难关、顺利转型，并成为中粮文化的重要组成部分。

三是转模式——绝境逢生。20 世纪 80 年代后期，由于资金有限、经验不足，中粮开始采取“借船出海”“借鸡下蛋”的方式，同国际上一些有实力、有经验的大企业合作兴办中外合资或国内联营项目，为实业化奠定了基础。从 90 年代初开始，随着积累的逐步增加，中粮开始真正走上实业化之路，变“借船出海”为“造船出海”，变“借鸡下蛋”为“养鸡下蛋”，采取参股、控股、独资等多种形式，扩大投资领域，加大投资力度，积极引进国外先进技术和管理方式，投资兴建了一批以粮油食品为主的大中型、中长线生产与加工项目，逐步形成粮油加工、酒饮料生产、酒店经营管理、农产品种植养殖、仓储运输、包装制品、工业食品、物业开发八大业务系列。

与此同时，中粮开始通过买壳方式进入资本市场，成为最早涉足境外资本市场的央企之一。1993年，中粮利用香港平台成功收购海嘉国际（股票代码506）和世贸集团（股票代码606）两家上市公司。1999年年末，中粮形成境内资产、境外资产分别占比50%的格局，并向国务院提出“重组改制、整体上市”的设想，获得批准。中粮还逐步涉足保险、证券、期货等行业，在金融领域迈出了坚实步伐。经历生死转折，中粮不仅成功实现了由管理型企业到市场化经营型企业的转型，而且继续保持国家粮食进出口主渠道的地位，在国家统计局发布的2001年中国经营规模最大的10家企业中排名第六位。

（三）产业强粮

2001年11月10日，在多哈举行的世贸组织第四次部长级会议上审议并批准了中国加入世界贸易组织。面对社会上普遍存在的“狼来了”的惊呼不安和新一轮行业形势变化，中粮重新审视自我，勇于变危为机，探索实施全产业链战略，力求转变发展方式，追求有内涵有质量的增长，最终不仅实现了“与狼共舞”，而且实现了由实业项目到产业化发展的阶段，可以说，从加入世界贸易组织中广为受益、实现蝶变。

一是吨位决定地位，多手段做强做大体量。中粮先后重组中国土产畜产进出口总公司和中谷粮油集团公司，一举奠定在国内粮油领域的吨位；并购丰原生化、华润生化等生化公司，开始进入生物质能源产业；并购新疆屯河，入股蒙牛成为第一大股东，并支持蒙牛并购雅士利、现代牧业等乳业公司，使中粮进一步介入更多与中国人生活消费增长相契合的相关领域；内地收购深宝恒、香港借壳侨福地产更名大悦城控股，形成中粮地产业务两地上市、双轮驱动的新格局；牵手英国英杰华保险、美国怡安保险，入股大庆商业银行、龙江银行，并购伊斯兰国际信托，不断拓展充实中粮金融业务。通过并购重组，丰富了业务组合，提升了业务规模。

2016 年，中粮以国有资本投资公司试点为契机，以核心产品为主线推动业务整合，打造了中粮国际、中粮贸易、中粮油脂、中粮粮谷、中粮糖业、中国纺织、中粮生化、中粮饲料、蒙牛乳业、中可饮料、中粮肉食、中粮酒业、中国茶叶、我买网、中粮资本、中粮置地、中粮包装、中粮工科 18 家专业化公司，以及 1 个粮油食品科技创新研发机构——营养健康研究院，进一步优化产业布局的同时，使资产运营企业成为独立市场竞争主体，更好地激发企业的活力、创新力和核心竞争力。

二是思路决定出路，全方位优化战略引领。为满足消费者对食品安全营养健康的迫切需求、提高产业链不同环节之间的衔接度、适应市场发展和企业可持续发展要求，2009 年，中粮开始探索实施“全产业链粮油食品企业”战略，打造从田间到餐桌的全产业链，即：以市场需求为导向，打造垂直整合产业链，涵盖从田间到餐桌，覆盖从农产品原料到终端消费品，包括种植收购、贸易物流、初加工、深加工、养殖屠宰、食品原料及生化、食品制造与分销、品牌推广、食品销售等多个环节，使各产业链之间的协同效应最大化。在这个战略引领下，中粮逐步形成比较稳定、比较成熟、骨干的、核心的商业模式，不断创新产品，开始从粮油食品逐步深入营养科学、生命科学的研究中，为做成真正具有国际水准的粮油食品企业厘清了方向、理顺

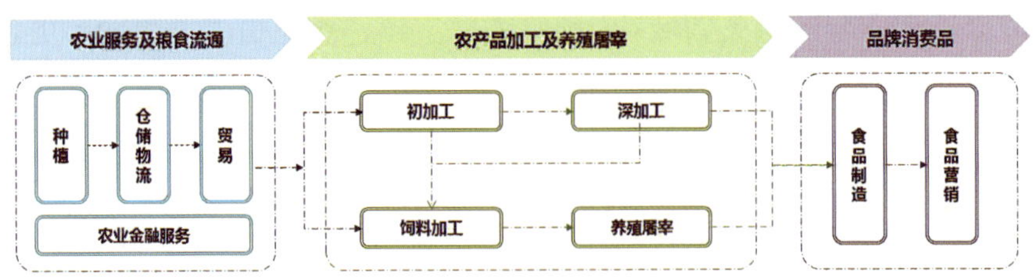

中粮集团“全产业链粮油食品企业”战略示意图

了关系。

三是品质决定品牌，立体化打造一流产品。实施全产业链战略后，中粮把关注点和着力点逐步从外延转移到内涵，从数量转移到质量，从投资转移到运营，更加注重从消费者的角度、从产品本身、从市场需求入手，抓内涵、抓质量、抓细节，着力提升产品核心竞争力。比如，建立科学的新产品研发和推出流程，提升自主创新能力，真正创造出安全、营养、健康、美味、便捷、价格合理的“好产品”；打造覆盖源头管理、过程控制和终端管理的全领域、全流程管理体系，配套包含可追溯管理、产品标准、应急管理等方面的支撑体系，实现产品质量安全可控。

经过这一阶段的改革发展，中粮不断为人们奉献营养健康的食品、高品质的生活空间及生活服务。有消费者戏谑，早晨从中粮的住宅中醒来，喝杯中可的矿泉水解解渴，早餐吃中粮的面包、喝蒙牛的牛奶、用福临门食用油煎个鸡蛋，上午去中粮的写字楼里上班，泡杯中粮的茶叶，午休时在我买网上购物，逛逛大悦城，下午去中粮资本办理理财业务，晚上吃中粮的牛排、喝中粮的红酒。一天下来不用外出，完全可以活在“中粮的世界”里。说明如今的中粮已经融入渗透到人们日常生活的方方面面，与居家生活息息相关。当然，对中粮来讲，全产业链的核心始终是做强做优做大粮油食品产业，履行好执行国家粮食安全战略和食品安全战略主体作用。发展地产和金融业务，是满足人民美好生活的重要一环，强化国有资产保值增值，为业务发展提供稳定现金流和盈利，反哺核心主业，提高中粮抗风险能力。

中粮集团为消费者提供多样化的品牌产品

（四）海外谋粮

近些年，我国粮食安全形势发生了深刻变化。虽然人均粮食占有量连续多年超过世界平均水平，比较稳定地实现了粮食基本自给，"吃得饱"的问题基本解决，但粮食安全形势依然严峻。一方面受我国资源禀赋、农业基础条件以及生产技术水平制约，粮食安全的基础仍不稳固；另一方面随着我国人口增加、城镇化持续推进，每年大约新增人口 650 万人，新增城镇人口约 2100 万人，每年因人口数量增长就要增加粮食需求上百亿斤，加上农业人口进入城镇，需要的粮食就更多。再一个是，人民群众消费结构加速升级，正在从“吃得饱”向“吃得好”跃升，结构性矛盾凸显。2000—2017 年，我国米面消费基本平衡，植物油消费增长 140%、肉增长 25%、奶增长 250%、糖增长 190%，且持续保持增长势头，人民不断增长的高质量食物需求与粮食供给总量不充分、结构不平衡之间的矛盾愈发凸显。

基于此，习近平总书记在 2013 年中央农村工作会议上指出，要坚持“以我为主、立足国内、确保产能、适度进口、科技支撑”的国家粮食安全战略；在国内粮食生产确保谷物基本自给、口粮绝对安全的前提下，为减轻国内农业资源环境压力、弥补部分国内农产品供求缺口，适当增加进口和加快农业“走出去”步伐是必要的；要善于用好两个市场、两种资源，打造我们自己的国际大粮商，借鉴国际大粮商的做法，到全球各地粮仓去建仓储物流设施，人家生产我们采购，掌控了粮源就掌控了贸易，就掌控了定价权。

为贯彻落实习近平总书记重要指示，自 2014 年以来，中粮在深入分析国家粮食安全战略要求、粮油行业全球化趋势和企业发展内在需要的基础上，积极开展海外并购，以“一带一路”沿线国家和地区为重点发展全球业务，对粮食企业“走出去”进行了有力探索。2014 年，中粮抓住国际市场稍纵即逝的并购机会，锁定两家中型粮商——来宝农业和尼德拉公司作为并购目标。成功收购这两家企业后，中粮构建起全球粮油购销网络，年贸易能力 1 亿吨、加工能力 2500 万吨、中转能力 3300 万吨、静态仓储能力 270 万吨，是巴西、阿根廷、罗马尼亚等地排名领先的出口商，成功迈入世界粮食市场中心，提高了国际粮食市场话语权。

五年来，中粮坚持围绕重要物流节点，通过完善粮油糖棉乳等业务海外仓储、物流、加工布局，强化粮源掌控能力，保障国内供应。目前，中粮已建立起了链接东南亚、远东、南北美洲、澳大利亚、黑海等世界粮食核心产区的140多个国家和地区的运营网络、关键物流节点和贸易通道，形成覆盖谷物、油籽、蔗糖、咖啡、棉花、航运等六大品种线，覆盖北美、巴西、欧洲、黑海和加勒比区域四大产区，覆盖撒哈拉以南非洲、中国、亚太三大销区的全球贸易网络。

在中美贸易摩擦中，中粮依托日益完善的海外布局，充分利用中粮国际布局采购1500万吨巴西和阿根廷大豆。而后配合国家外交大局，第一时间恢复美国大豆和玉米的采购，“走出去”的成效经受了实践检验。

从以上中粮70年发展历程中不难发现，70年来，中粮长期担当国家粮食进出口主力军，长期参与国际和政府间经贸交流合作，使得中粮始终能够站在战略层面思考和保障国家粮食安全；70年来，无论业务领域如何拓展，组织架构如何变化，粮油业务的核心地位始终没有改变，其他业务始终服务和保障粮油业务发展，中粮的核心主业不断做强做优做大。这些都深刻说明，中粮的初心和使命就是为国谋粮，坚决保障国家粮食安全！

三、初心如磐，使命如山

——在感悟兴企治企铁律中把握青年人成长成才的精神密码

中粮之所以能够在复杂多变、波诡云谲的经济浪潮中历经70年而壮阔，从根本上说，就是不忘初心、牢记使命，不忘为国谋粮的初心，牢记保障国家粮食安全的使命。这份初心和使命的背后，蕴含的是对国家的忠诚、对事业的热爱、对卓越的追求、对底线的坚守，这些精神因子既是兴企治企的铁律和良方，对于我们在座的青年学子来说，也是走好人生道路的良师益友。

（一）兴企治企需要家国情怀、使命担当，作为青年人，应当志存高远，树立远大理想

从穿越硝烟战火、突破外部封锁、为国家打开粮油食品贸易的对外通道，到想方设法进口粮食、解决人民生活急需、保障国家渡过自然灾害和经济困难时期；从全力参与“三趟快车”，到千方百计克服困难保障抗美援越；从积极适应外贸体制变化、转变企业发展方向、服务国家快速增长的进出口贸易需求，到调整优化商业模式、担负国有资本投资公司改革试点任务；从配合中美贸易斗争，到建设中国人自己的大粮商，中粮始终站在国家和全局的高度开展工作，自觉把企业战略融入国家战略，坚决做到服从大局、服务大局、助推大局。这既体现中粮人的家国情怀和使命担当，也为中粮改革发展提供了广阔空间和不竭动力。

同样，对于青年人来讲，树立什么样的志向、培育什么样的情怀、涵养什么样的格局，直接决定着人生的高度和后劲。正所谓“立志而圣则圣矣，立志而贤则贤矣”。当前，中国特色社会主义进入新时代，国家的大发展大变革为青年人施展才华、实现抱负提供了广阔舞台和无限可能。大家应当树立远大理想，与时代并肩前行，把自己的小我融入国家大我之中，把个人志向融入国家需求之中，把人生价值追求融入国家前途命运之中，不为任何风险所惧、不为任何干扰所

惑，矢志不渝朝着崇高理想奋进，在服务祖国、服务人民的实践中发挥聪明才智、创造人生辉煌。

（二）兴企治企需要一往无前、百折不挠，作为青年人，应当砥砺奋斗，锻造坚定意志

“古之立大事者，不惟有超世之才，亦必有坚忍不拔之志。”中粮能顺利渡过无数次大风大浪，从小舢板发展为大航母，靠的既是勤奋实干和持续奋斗，更是不畏艰难和锲而不舍。1988 年 6 月，中粮总公司与全国粮油食品分公司正式脱钩后不到一年，我从贸大毕业加入中粮，经历了中粮历史上那段极为困难的岁月。那几年，我们自己找货源、自己找客户，一个人承担多种角色，尽管很苦很累，但从没有退缩。不知不觉中，个人的业务能力、抗压能力、受挫能力和吃苦精神得到全面提升，成为终身受益的宝贵财富。

奋斗是青春最亮丽的底色。美国作家费拉尔·凯普曾经讲过，挑战人生需要百折不挠的精神，奋斗、失败，再奋斗、再失败，再奋斗，直至最后的成功，这就是成功的一般规律。大家想要将来成就一番事业，就必须从现在做起，不畏艰难、矢志奋斗。“艰难困苦、玉汝于成”，要迎难而上、愈挫愈勇，不畏惧挫折、不彷徨退缩，在千磨万击中历练人生、收获成功。“忧劳兴国、逸豫亡身”，要敢于吃苦、勇挑重担，不怨天尤人、不贪图安逸，依靠自己的辛勤努力开辟人生的前进道路。“天下大事、必作于细”，要从小事做起、从基础做起，不沉湎幻想、不好高骛远，通过脚踏实地做好每一件小事来提高自己。

（三）兴企治企需要改革创新、不断超越，作为青年人，应当珍惜韶华，锤炼过硬本领

身处日新月异的世界潮流中，特别是身处风云变幻、竞争激烈的市场经济里，不创新就没有思路，不改革就没有出路。70年来，中粮从未停止改革创新的脚步，特别是自改革开放以来，中粮紧跟中央和国家步伐，解放思想、勇于开拓，始终保持生存的危机感、恐慌感，不断推进理念创新、模式创新、机制创新、技术创新和产品创新，使中粮从成立之初的贸易型企业发展为今天与ABCD规模比肩的世界大粮商，从实业化之初的品牌空白发展为今天涵盖食品、饮料、地产、金融、包装等41个品类，包括福临门、家佳康、香雪、我买网、长城、可口可乐、酒鬼酒、特仑苏、大悦城、祥云小镇等347个品牌。

物竞天择、适者生存是自然界和人类社会发展的基本规律，靠素质立身、凭本事吃饭是立足社会的基本要求。当前，社会竞争日趋激烈，大家离开校园、走向职场后会深刻体会到，是否独当一面，是否更胜一筹，甚至是否不可替代，是衡量个人价值的基本标尺，是决定个人前途的重要因素，是安身立命的根本所在。青年有很强的可塑性，青年阶段是苦练本领、增长才干的黄金时期，而学校则是心无旁骛学知识、扎扎实实打基础的绝佳场所，大家应当倍加珍惜在校时光，以只争朝夕的紧迫感如饥似渴地学习，既学好基础知识又及时更新知识，既刻苦钻研专业知识又广泛涉猎其他知识，既重视学习文化知识又努力掌握实用技能，不断充实丰富自己，努力成为可堪大用、能负重任的栋梁之材。

（四）兴企治企需要恪守正道、弘扬正气，作为青年人，应当明德修身，培育高尚品行

企业恪守正道、弘扬正气，是基业长青、建成百年老店的必备条件；个人明德修身、严于律己，是行走天下、齐家治国的必然要求。中粮坚持奉行“忠于国计，良于民生”的央企责任，并把这种做良心企业、以民生为重的文化体现到履行社会责任的方方面面。比如，扎实推进产业精准扶贫，定点帮扶黑龙江省延寿县、绥滨县，江西省修水县，四川省甘孜县、石渠县，广西壮族自治区隆安县，新疆维吾尔自治区乌什县7个国家级贫困县任务。又比如，落实绿色发展理念，把食品安全作为生命线工程，多次保障全国两会、北京奥运会、上海世博会、APEC会议、G20峰会、“一带一路”高峰论坛、博鳌亚洲论坛、上合青岛峰会等重大国事活动和国宴。

但丁说过：“道德常常可以弥补智慧上的缺陷，而智慧却永远填补不了道德上的缺陷。”人生在世，每时每刻都会受到外界的影响，特别是青年人，社会阅历、经受磨炼相对较少，思想鉴别力和行为约束力相对弱一些，在“德”这个问题上更应深化认识、严格要求，才能更好地走好人生路。要明大德，学会用马克思主义的立场、观点、方法看问题，历史地看，全面地看，辩证地看，分清是非主次，辨明真假善恶；要守公德，争当诚实守信的模范，多做扶贫济困、扶弱助残的实事好事，形成依法办事的行为规范、理性平和的社会心态、礼让宽容的人际关系；要严私德，独处当慎、小事当慎、交友当慎，自觉抵制不良习惯，培养良好情操，自觉抵制拜金主义、享乐主义、极端个人主义等错误思想，追求更有高度、更有境界、更有品位的人生。

同学们说

于总裁作为我们的校友，在“国企公开课”中给我们带来了内容丰富的经验分享，让我们真切地体会到了一个优秀企业家是如何造就的，也体会到了一个优秀的企业是怎么炼成的。于总裁为我们悉心讲述中粮集团如何从0到1再从1到 n 的整个过程，这让我们深刻地领悟到，正是新中国成立以来一代又一代国有企业的企业家们，为了国家的发展，不懈奋斗、不断努力，才取得了今天在世界市场上的优势地位。也让我们明白了，做强做优做大国有企业，不能拘泥于眼前的发展模式，要勇于创新、勤于开拓，不断迈向新的台阶，方能成就一个真正有益于国家和人民的企业。

——李芯彤　英语学院学生

于总裁的授课，给了我诸多感悟与启示。一是要敢于担当，家国情怀。我们作为祖国的新生力量，不能只关注个人得失，更要把为国家、社会的发展贡献力量融入自身价值观。二是要开阔视野，提升格局。贸易摩擦，中粮积极保障国家利益；市场变革，中粮创新实现多元经营。个人、企业、国家，在快速变化的时代背景下，要做到放眼未来，不断提升格局与境界，才能面对时代的挑战。三是要排艰克难，砥砺前行。前辈的经历告诉我们，在前进的道路上，就是要敢于迎难而上，面对问题，解决问题。四是要饮水思源，心怀感恩。就像于总裁回到母校做分享，我们应始终铭记生命中重要的人和事，力所能及地回馈他人，树立感恩的意识。

——林则润　国际商学院学生

15. 不忘初心　担当作为　努力建设世界一流跨国清洁能源集团

中国长江三峡集团有限公司  华北电力大学

雷鸣山

2019 年 6 月 24 日，中国长江三峡集团有限公司党组书记、董事长雷鸣山在华北电力大学讲课

★三峡工程是社会主义制度充分发挥科学民主的产物，从论证到开工建设，始终坚持实事求是、科学论证、民主决策，充分考虑不同方面的各种意见和建议。

☆改革开放为三峡工程建设提供了有力保障，推动了三峡工程建设，没有改革开放也就没有三峡工程。三峡工程成为我国高质量发展不可或缺的重要支撑，三峡工程的巨大综合效益彰显了改革开放的伟大成就，有力地证明了改革开放决策的英明和伟大。

★历史和现实充分证明，三峡工程的建设是成功的，三峡工程的效益是巨大的，三峡工程对中华民族复兴的影响是积极而深远的，党中央兴建三峡工程的决策是绝对正确的，只有在中国共产党领导下、在中国特色社会主义制度下才能建成三峡工程！

☆无论三峡集团做多大、走多远，我们坚定不移听党话、跟党走的决心是永远不会改变的。

★做好共抓长江保护难度不亚于当年建设三峡工程，但我们坚决承担起这一新使命，用行动再一次证明服从服务国家战略永远是三峡集团最大的战略，只要党和国家有需要，三峡集团就会坚决听从召唤。

大家好，非常高兴来到华北电力大学做一个交流发言。今天，我和大家交流的主题是“不忘初心　担当作为　努力建设世界一流跨国清洁能源集团”。

讲课现场

一、一个工程
——三峡工程是国之重器

（一）党中央、国务院关于兴建三峡工程的决策是科学民主依法的

兴建三峡工程是中华民族的百年梦想，三峡工程从提出设想到勘察、规划、论证再到正式开工，经历了整整75年。

1918年，孙中山先生在《建国方略·实业计划》中最早提出了兴建三峡工程的设想，他提出“改良此上游一段，当以水闸堰其水，使舟得溯流以行，而又可资其水力”。1944年5月，美国垦务局总工程师、坝工专家萨凡奇应国民政府邀请，现场查勘了西陵峡，提出《扬子江三峡计划之初步报告》。1947年5月，由于当时国民党一心打内战，经济面临崩溃，国民政府中止了三峡工程计划。历史充分说明，在彼时的旧中国，国力衰弱、财力匮乏，国民政府完全寄希望于美国援助，注定无法建成三峡工程。

新中国成立后，党中央、国务院高度重视长江水患的治理和三峡工程建设，三峡工程开始了更大规模、更大深度的勘测、规划、设计与科研工作。三峡工程凝聚了中国共产党几代领导集体的智慧和勇气。

1953年2月，毛泽东同志乘“长江舰”由汉口到南京，途中着重研究长江中下游防洪问题，并提出兴建三峡工程。1958年3月，党中央成都会议通过了周恩来同志所作的《关于三峡水利枢纽和长江流域规划的报告》，明确“从国家长远的经济发展和技术条件两个方面考虑，三峡水利枢纽是需要修建而且可能修建的”。在周恩来同志

主持下，大规模的三峡工程科技攻关在全国展开。

改革开放推动了三峡工程的论证和决策，邓小平同志 1980 年 7 月考察了三峡库区、三峡坝址和葛洲坝工程，听取了三峡工程情况汇报，坚定指出“看准了就下决心，不要动摇”。1992 年 4 月 3 日，第七届全国人民代表大会第五次会议表决通过了关于兴建长江三峡工程的决议。这是迄今为止唯一由全国人大审议通过的工程建设项目。

党中央、国务院对于这个事关经济社会发展全局的战略性工程，始终坚持科学民主的态度，深入研究解决各类技术难题，不断破解与之相关的生态、经济、社会、文化问题。三峡工程是社会主义制度充分发挥科学民主的产物，从论证到开工建设，始终坚持实事求是、科学论证、民主决策，充分考虑不同方面的各种意见和建议。

（二）三峡工程的建设是成功的

三峡枢纽工程分三期施工，包括施工准备期和一期工程施工期（1993—1997 年）、二期工程施工期（1998—2003 年）、三期工程施工期（2004—2009 年），计划总工期 17 年，施工期长、工程量大、施工强度高、重大技术难题多，给进度控制带来极大挑战。

三峡水利枢纽主要由大坝、电站厂房和通航建筑物三部分组成。三峡水库正常蓄水位高程 175 米，汛期防洪限制水位高程 145 米，总库容 393 亿立方米，其中防洪库容 221.5 亿立方米。三峡电站总装机容量为 2250 万千瓦，多年平均发电量 882 亿千瓦时，是世界上装机规模最大的水电站。

三峡通航建筑物包括船闸和升船机。船闸为双线五级连续船闸，是世界总水头最高，级数最多的内河船闸，采用一线上行、一线下行的运行方式，能够通过由3000吨级舰船组成的万吨级船队。升船机为单线一级垂直升船机，采用齿轮齿条爬升全平衡形式，最大过船吨位3000吨级，最大提升高度113米，主要用于客轮和各类特种船舶的快速通过。

三峡工程建设进度提前、质量优良、投资节约、管理一流的效果，创建了国家重大公共工程整体最优控制目标。实践证明，三峡工程的建设是成功的。

（三）三峡工程的综合效益是巨大的

1. 防洪效益

三峡工程首要功能是防洪，在长江防洪体系中具有不可替代的作用。三峡工程建设后，把下游最薄弱的荆江河段防洪标准从十年一遇提高到百年一遇。截至2018年年底，三峡水库历年累计拦洪运用47

三峡工程

次，总蓄洪量1459亿立方米。

2.发电效益

截至2018年年底，三峡电站累计发电量11906亿千瓦时，相当于节约标准煤3.9亿吨，减排二氧化碳9.9亿吨，减排二氧化硫1142万吨，减排氮氧化物303万吨。其中，2018年全年发电达1016亿千瓦时，再次刷新国内单座电站年发电量纪录。

3.航运效益

三峡水库蓄水后，消除了139处滩险，三峡库区干流航道等级由建库前的Ⅲ级航道提高为Ⅰ级航道，改善库区及下游航运条件。三峡船闸历年累计过闸货运量突破12.6亿吨，极大促进了沿江航运和经济社会发展。

4.水资源利用

补水效益。自2009年以来，三峡水库将枯水期1—4月水库最小下泄流量提高至6000立方米每秒。三峡水库在枯水期累计为下游补

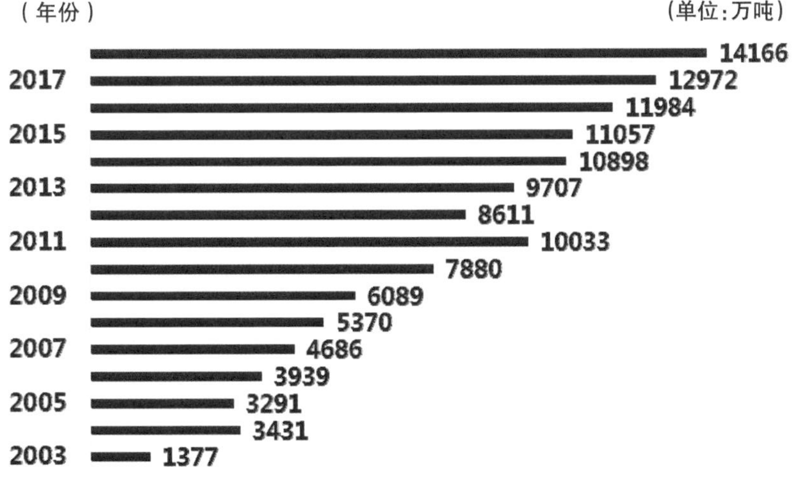

三峡船闸年过闸货运量

水 677.2 亿立方米，有效满足下游生产、生活、航运、生态等用水需求。应急调度效益—船舶救援。2015 年 6 月 1 日，长江监利段发生“东方之星”客船倾覆事件。三峡水库迅速启动应急调度，减小下泄流量，有效降低了事发江段水位，减小了水流流速，为救援工作创造了有利条件。生态效益。自 2011 年起，连续 8 年开展了 12 次生态调度试验，效益明显。

（四）三峡工程是“一个标志、三个典范”

2018 年 4 月 24 日，习近平总书记视察三峡工程并发表重要讲话，指出“三峡工程的成功建成和运转，使多少代中国人开发和利用三峡资源的梦想变为现实，成为改革开放以来我国发展的重要标志。这是我国社会主义制度能够集中力量办大事优越性的典范，是中国人民富有智慧和创造性的典范，是中华民族日益走向繁荣强盛的典范”。习近平总书记亲临三峡工程视察并发表重要讲话，是对三峡工程和三峡集团的最大肯定，是三峡工程百年历史上的重要里程碑。

1. 三峡工程是改革开放以来我国发展的重要标志

三峡工程开工建设时期，正处于我国改革开放全面推进、由计划经济向社会主义市场经济转型的关键时期。改革开放为三峡工程建设提供了有力保障，推动了三峡工程建设，没有改革开放也就没有三峡工程。三峡工程成为我国高质量发展不可或缺的重要支撑，三峡工程的巨大综合效益彰显了改革开放的伟大成就，有力地证明了改革开放决策的英明和伟大。

2. 三峡工程是我国社会主义制度能够集中力量办大事优越性的典范

三峡工程是全国通力合作的产物，离不开党中央、国务院的坚强领导，离不开全国人民的支持，离不开百万移民的奉献，离不开科研院所、设计、施工等单位的通力合作，三峡工程充分体现了社会主义制度集中力量办大事的优越性。全国有数十家单位、数万名科技人员参与了三峡工程相关科研和设计工作，直接参与三峡工程建设的人员最多时近4万人。党中央、国务院高度重视三峡库区移民安置，确立了开发性移民方针，实现了百万移民“搬得出、稳得住、逐步能致富”的目标，三峡移民舍小家、顾大家、为国家，为三峡工程建设作出了特殊贡献。

3. 三峡工程是中国人民富于智慧和创造性的典范

三峡工程创造了100多项世界之最，建立起100多项工程质量和技术标准。三峡工程实现了我国水轮机组从30万千瓦到70万千瓦的巨大飞跃，创造了右岸无缝大坝的世界奇迹，建成了世界上规模最大的双线五级船闸和升船机，创造性地解决了百万移民这一世界级难题。三峡工程的成功建成和运转，充分体现了中华民族自力更生、精益求精的伟大精神，充分体现了中国人民勤劳奋斗、开拓创新的优秀品质。

4. 三峡工程是中华民族日益走向繁荣强盛的典范

中华民族繁荣强盛是全方位的，窥一斑而见全豹。三峡工程就是中华民族日益走向繁荣强盛的典范。三峡工程是大国重器，是中国人自己设计和施工建成的，确保了核心技术、关键技术掌握在自己手里。三峡工程的建设及金沙江下游梯级电站的建设，实现了中国水电从“跟跑”到“并跑”再到“领跑”的巨大飞跃，实现了中国从水电大国到水电强国的巨大飞跃。三峡工程等一大批重大工程建设成功，大幅度提升了我国基础工业、装备制造业、新型产业等领域创新能力和水平，加快了我国现代化进程，为实现中华民族伟大复兴奠定了重要基础。三峡工程的成功建成和运转，是中华民族吹响伟大复兴的声声号角，是中国国家综合实力不断提升的一个缩影，更是中国人民推动国家富强、民族复兴坚定决心和信心的集中体现。

历史和现实充分证明，三峡工程的建设是成功的，三峡工程的效益是巨大的，三峡工程对中华民族复兴的影响是积极而深远的，党中央兴建三峡工程的决策是绝对正确的，只有在中国共产党领导下、在中国特色社会主义制度下才能建成三峡工程！三峡工程不仅是一座工程大坝，更是一座精神大坝，是全体中国人民共同铸就的一座世纪丰碑。

二、一家企业

——三峡集团是世界最大的水电开发企业和中国最大的清洁能源集团

三峡集团因三峡工程而生、因三峡工程而发展壮大，三峡工程是三峡集团的立身之本、发展之基、效益之源。正是因为有了三峡工程这样坚强的后盾，我们才能有底气去发展陆上新能源、海上风电，才能走向国际、带领中国水电“走出去”，才能为党和国家承担更多职责和使命。下面，我从三峡集团的“变”与“不变”两个维度来向大家介绍三峡集团。

（一）“变”的是三峡集团规模逐年增大，“不变”的是三峡集团

坚定不移跟党走的决心。三峡集团成立于1993年，当时的名

称为中国长江三峡工程开发总公司，经过26年的改革发展，特别是党的十八大以来，乘着党和国家事业蒸蒸日上的春风，三峡集团生产经营取得了重大成绩。与2012年相比，2018年三峡集团在年发电量、营业收入、利润总额、资产总额、可控装机规模等主要生产经营指标上均实现了翻番。特别值得一提的是，虽然三峡集团这几年发展很快，但资产负债率仍然保持在47.1%的较低水平，信用评级继续保持国家主权评级，这不仅说明三峡集团拥有良好的投融资能力，也说明了这几年三峡集团不是简单粗放的扩张，而是高质量的发展。

三峡集团规模逐年增大，但我们始终没有忘记三峡工程是中华民族百年梦想，三峡工程是在中国共产党领导下，举全国之力充分发挥社会主义制度优越性取得的重大成果，我国水电人为建设三峡工程所攻克的一系列世界级技术难题，全国人民特别是百万移民为三峡工程建设作出的巨大贡献。三峡集团本身又是改革开放的产物，成立之时就遵循了社会主义市场经济体制要求，改变了传统的基建模式，体现了“发挥市场在资源配置中的决定性作用，更好发挥政府作用”原则。三峡集团所蕴含的红色基因、民族基因、国家基因、改革基因和创新基因，是与生俱来的，也是推动三峡集团不断发展的“法宝”。

我们始终坚持“央企姓党”，坚持三峡集团是中国共产党领导的中央企业。正因为如此，我们才能牢牢把握改革发展的正确方向，不断把党的政治优势转化为企业改革发展的竞争优势和无穷动力。无论三峡集团做多大、走多远，我们坚定不移听党话、跟党走的决心是永远不会改变的。

（二）“变”的是三峡集团业务范围不断扩大，“不变”的是三峡集团的战略定力

经过 20 多年的持续高质量发展，三峡集团已经从三峡走向长江、从长江走向海洋、从宜昌走向中国、从中国走向世界，业务遍布国内 31 个省（自治区、直辖市）以及全球 40 个国家和地区。三峡集团围绕清洁能源主业形成了工程建设与咨询、电力生产与运营、流域梯级调度与综合管理、国际能源投资与承包、生态环保投资与运营、新能源开发与运营管理、资本运营与金融业务、资产管理与基地服务八大业务板块。

三峡集团业务范围不断扩大，不仅包括业务覆盖区域不断扩大，也包括业务领域不断拓宽和加深，但三峡集团始终保持战略定力，坚定清洁能源发展方向不动摇，可以说是“脚步不停，定力不变”。无论是从建设三峡工程到溯江而上开发金沙江下游的向家坝、溪洛渡、白鹤滩、乌东德水电站，或者是从开发水电到陆上风电、太阳能和海上风电，又或者是从国内清洁能源开发到沿着“一带一路”走出去，三峡集团的步伐都是在围绕清洁能源事业，完成由单一水电开发企业向综合性清洁能源集团的转变，正是因为我们选准了符合时代发展要求的方向，才能取得今天的成绩。

（三）“变”的是三峡集团承担新使命，“不变”的是三峡集团始终把服从服务国家战略作为自己最大的战略

一直以来，三峡集团都始终把服从服务国家战略作为自己最大的战略。为了解决长江洪水问题，党中央决定兴建三峡工程，实现了中华民族从遭受洪水肆虐到洪水控制再到洪水管理和科学利用的巨大飞

跃，为长江安澜提供了最强有力的保障。我们积极服务国家西部大开发战略，溯江而上，建成了金沙江下游的向家坝、溪洛渡水电站，三峡集团具备了滚动开发整个流域梯级水电工程和开展联合调度运营管理的核心能力。2015 年 12 月和 2017 年 7 月，金沙江下游乌东德、白鹤滩水电站分别通过国家核准，三峡集团同时为国家建设两座千万千瓦级巨型水电站，成为全世界唯一具备这项能力的企业。我们沿着“一带一路”走出去，充分利用三峡品牌全球影响力和水电开发领先优势，大力拓展海外清洁能源市场。

深度融入长江经济带发展、在共抓长江大保护中发挥骨干主力作用，是党和国家赋予我们光荣而艰巨的使命，也是我们义不容辞的政治责任。积极参与共抓长江大保护工作，也是三峡集团开拓新业务领域，将产业链向水资源、水生态、水环境延伸的重大战略机遇。三峡集团大力整合内外部资源，加快构建五大业务平台，加快推进先行先试城市项目建设，提出了城镇污水处理系统综合解决方案，推动共抓长江大保护实现良好开局。做好共抓长江保护难度不亚于当年建设三峡工程，但我们坚决承担起这一新使命，用行动再一次证明服从服务国家战略永远是三峡集团最大的战略，只要党和国家有需要，三峡集团就会坚决听从召唤。

三、一条母亲河

——长江大保护是党和国家赋予三峡集团的新使命

千百年来，长江用无私的甘泉润泽亿万中华儿女，绵长中华文化。长江是一条习近平总书记深深牵挂的河。2016 年 1 月 5 日，习近平总书记在重庆召开推动长江经济带发展座谈会，明确提出“共抓大保护、不搞大开发”。2018 年 4 月 24 日至 26 日，习近平总书记视察三峡工程，再次把脉长江，并在武汉召开深入推动长江经济带发展座谈会，再次强调，要把修复长江生态环境摆在压倒性位置，“共抓大保护、不搞大开发”；三峡集团要发挥好应有作用，积极参与长江经济带生态修复和环境保护建设。

（一）三峡集团是长江流域最具实力的中央企业，共抓长江大保护是三峡集团新时代新使命新动能

长江是中华民族母亲河，必须保护好。“共抓大保护、不搞大开发”，是习近平总书记从中华民族永续发展的战略高度作出的关乎民族复兴、社会发展、人民福祉的重大战略部署，为推动长江经济带走生态优先、绿色发展道路提供了根本遵循。今天，建设美丽中国的蓝图已经绘就，修复长江生态环境已摆在压倒性位置，“共抓大保护、不搞大开发”已成为保护长江母亲河的指导方针和战略部署，深藏在骨子里的红色基因自觉告诉我们，这又是一次类似建设三峡工程的使命召唤，又将是一次诠释中国央企特殊性的关键时刻。

三峡集团因长江而生，因长江而强，与长江休戚相关、唇齿相依。每一个时代都会有特定的时代需求，正如每一个人都会有不同的人生际遇，一个企业也是一样，三峡集团 20 多年与水共生，作为长江之子，我们切实做到了根治“水患”。进入新时代，在共抓长江大保护中“发挥好应有作用”是三峡集团义不容辞的政治责任和历史使命，也是拓展新发展领域、培育新发展动能、实现新发展的重大历史

机遇。从“治水患”到“提水质”，长江大保护为三峡集团在新时代改革发展不断注入新动能，指明了三峡集团在新时代的发展方向。

（二）从“建设三峡，开发长江”到“管理三峡，保护长江”，三峡集团全力以赴践行新时代新使命

三峡集团深入研究共抓长江大保护工作，作出由“建设三峡，开发长江”向“管理三峡，保护长江”的战略性转变，制定顶层设计。在首批 4 个试点城市开展先行先试，建立项目储备库，逐步向长江沿线其他省、区、市，向水资源、水环境、水生态“三水共治”重点关键性工程拓展延伸，总结提炼出可持续、可复制、可推广的新模式新机制。

一是研究提出水环境综合治理总体解决方案。通过长江经济带水环境治理现状调研分析，发现了城镇污水收集率严重偏低、排水管网等基础设施欠账严重等诸多现象和问题，研究并提出水环境综合治理总体方案，得到了地方政府与行业单位广泛认同。二是整合内外部资源构建五大业务平台。三峡集团积极打造长江生态环保集团有限公司、长江绿色发展投资基金、生态环保工程研究中心、长江生态环保产业联盟、长江生态环保专项资金五大业务平台，全方位支撑长江大保护新使命。三是以城镇污水处理为切入点，推进先行先试并取得突破性进展。按照“开工一批、谋划一批、储备一批”原则，推动九江、宜昌、岳阳、芜湖 4 个试点城市一期项目加快落地，累计 37 个先导工程开工建设，锁定项目投资规模超过 176 亿元。试点城市二期项目总投资预计 160 多亿元。四是初步形成共抓长江大保护工作格局。三峡集团与沿江主要省、区、市、生态环保产业上下游相关的央企集

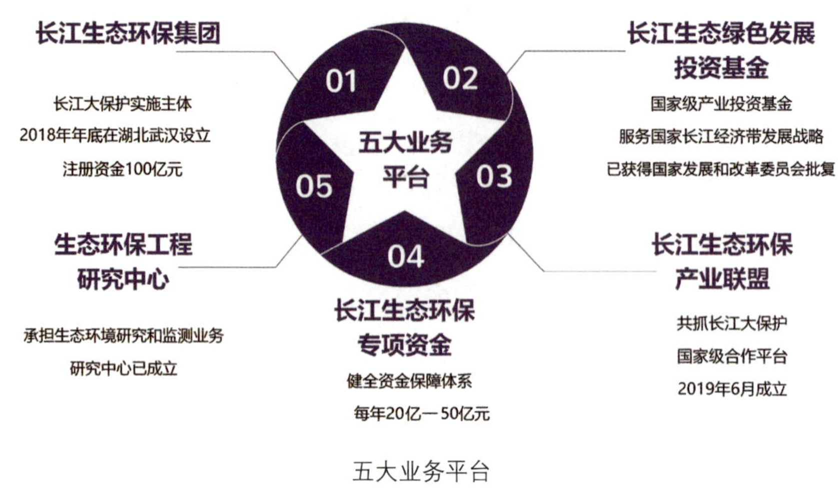

五大业务平台

团、地方国企、上市公司、民营及外资企业、科研机构加强交流学习或签订战略合作协议，积极融入重庆、湖北、湖南、江西、安徽、江苏等省、市长江经济带绿色发展、共抓长江大保护战略行动中，初步形成共抓长江大保护的工作格局。

（三）共抓长江大保护功在当代、利在千秋，是一项久久为功的伟大事业

长江大保护，关键是“共”字，难点也在“共”字，需要全社会共同参与。一是长江大保护需要巨大的人力、物力、财力。长江全线 6300 多公里，从目前四个试点城市的部分项目来看，需要巨大的人力、物力、财力支撑，如九江一期项目包含 6 个子项目就要投入近 80 亿元，四个试点城市目前初步计划实施项目就已达 2000 亿元。此外，项目战线长，点多面广，从省、市、县到乡村，全流域综合治理，每个子项目都需要相应的人员和设备，需要的资源投入之大可想

而知。二是需要全面系统的政策制度支持。长江是一个完整的生态系统，但在行政地域上横贯八省一区二市，上中下游的社会经济水平差异还比较大。目前，中央统领长江经济带共抓大保护的全局已经形成，全面指挥大保护的整体设计和实施，有益于克服各自为政、过于强调局部利益的现象。客观需要在政策法规、战略规划、资金安排、人员配置、基础设施建设等方面完善全流域统一的顶层设计，让长江大保护工作进一步规范化、制度化、体系化。三是需要统筹协调好各级各层各方面主体的诉求。长江大保护工作是一个全面、系统的综合性工作，涉及的主体比较多，包括政府、企业、社会、个体等各个层面，需要协调统筹好各利益主体的诉求，真正促进经济社会高质量发展，让人民群众有实实在在的幸福感和获得感。

长江大保护，任重道远，使命光荣。三峡集团将始终坚持在“共”字上下功夫，于“抓”字上见真章，撸起袖子加油干，以高度的政治责任感和历史使命感，用扎实有效的行动，践行习近平总书记“一定要给子孙后代留下一条清洁美丽的万里长江”的庄严承诺!

四、一个世界一流企业

——努力建设世界一流跨国清洁能源集团

习近平总书记在党的十九大报告中明确指出，深化国有企业改革，发展混合所有制经济，培育具有全球竞争力的世界一流企业。国务院国资委提出的创建世界一流示范企业的要求是“三个领军、三个领先、三个典范”。

那么三峡集团是不是世界一流企业呢？回答这个问题前，我们先来看看三峡集团这些年所做的工作。

一是努力在促进长江经济带发展中发挥基础保障作用。精益运行好三峡工程、葛洲坝工程、溪洛渡水电站（装机 1386 万千瓦）、向家坝水电站（640 万千瓦）等流域梯级电站，积极实施联合调度，持续提升流域梯级枢纽调度和运行管理水平，促进中小洪水资源化利用，流域梯级枢纽综合效益显著发挥。2018 年，三峡集团长江干流梯级电站累计提供清洁电能 2155 亿千瓦时，再创历史新高，为我国高质量发展提供源源不断的清洁电力。我们以创建精品、创新、绿色、民

溪洛渡水电站

生、廉洁“五大工程”为引领，精心组织好乌东德（1020万千瓦）、白鹤滩（1600万千瓦）工程建设，努力将两电站打造成为新时代大国重器。

二是努力在共抓长江大保护中发挥骨干主力作用。三峡集团与有关省市、知名企业、科研院所、金融机构等签署合作协议或开展合作交流，组建成立了五大业务平台。以城镇污水处理为切入点，以探索新模式新机制为主攻方向，推动宜昌、岳阳、九江、芜湖四个试点城市37个先导工程已全面开工建设，项目投资总规模超过176亿元，先行先试作用初步显现。

三是努力在带领中国水电“走出去”中发挥引领作用。我们紧紧围绕“一带一路”周边国家和南美、非洲等重点区域市场，以境外水电、风电等清洁能源投资为重点，建成投产了一批优质清洁能源项目，储备了一批优质清洁能源项目资源，带领中国水电产业、装备、技术、标准“走出去”。三峡集团境外业务遍布40个国家和地区，境外项目总投资超过650亿元，境外可控及权益装机超过1700万千瓦，境外工程承包合同总金额超过150亿美元，境外资产规模超过1500亿元。

四是努力在促进清洁能源产业升级中发挥带动作用。三峡集团把新能源作为第二主业进行打造，新能源装机突破1000万千瓦。青海格尔木平价光伏、曲阳山地光伏、淮南采煤塌陷区水面光伏都成为行业领先的创新或示范项目。我们致力于成为海上风电引领者，积极推动海上风电集中连片规模化开发。江苏响水海上风电场成为我国近海投运的第一个20万千瓦整装海上风电项目，德国梅尔海上风电场是中国企业控股的第一个境外海上风电项目，福建兴化湾样机试验风场开创中外 5 兆瓦以上大容量海上风电机组同场竞技之先河。

五是努力在深化国有企业改革中发挥示范作用。三峡集团始终站在党和国家事业发展全局高度谋划改革发展工作，积极参加电力体制改革和混合所有制改革，努力在重点领域和关键环节取得突破，实现国有资产保值增值，进一步增强了三峡集团的影响力和带动力。通过长电联合完成对乌江实业和聚龙电力两家地方电力企业的股权整合，以混改促电改，积极参与配售电改革，推动长电联合探索股权结构多元化、法人治理规范化、激励约束市场化等改革措施。我们始终坚持两个“一以贯之”，将党的领导内嵌融入公司治理结构之中，把加强和改进党的领导同建立现代国有企业制度相统一。我们深入推进三项制度改革，长江电力和三峡资本被列为国企改革“双百行动”企业。

六是努力在履行企业社会责任方面发挥表率作用。三峡集团是一家积极履行社会责任、有良心的企业。我们坚决服务国家脱贫攻坚大局，扎实开展国家级定点扶贫、川滇两省少数民族扶贫、援疆援藏援青、三峡库区帮扶、金沙江库区帮扶等工作，累计投入资金超过 53 亿元，惠及31个省、自治区、直辖市的80多个县区，彰显了有担当、负责任的央企形象，得到国家和社会各方的高度认可。

虽然三峡集团取得了一些成绩，具备了成为世界一流企业的基础和条件，但我们做得还不够。下面我从 10 个方面来与大家一起探讨三峡集团创建世界一流企业具备的优势和不足。

规模和盈利能力方面。2012—2018 年，三峡集团资产总额、营业收入、利润总额年均增长率分别为 12.2%、16.8%、13.9%，这说明三峡集团生产经营业绩增长较快，持续盈利能力较强。但在资产总额、营业收入、可控资产等规模指标上，三峡集团与世界五百强的意大利国家电力公司（Enel）、法国电力公司（EDF）等能源企业相比，还有较大的差距。如何加快做强做优做大依然是摆在三峡集团面前重要的课题。

核心竞争力方面。三峡集团主业突出，目前运行管理70万千瓦以上水轮发电机组58台（全球已建成99台）。乌东德、白鹤滩电站投产后，三峡集团将拥有世界前12大水电站中的5座，运行管理的70万千瓦以上水轮发电机组数量进一步增加至86台，占全球数量（127台）的68%，国内水电装机将达到7200万千瓦，牢牢占据世界第一。三峡集团水电设备等效可用系数、等效强迫停运率长期处于全球领先水平，具备一流的流域梯级电站群联合优化调度能力，因此在水电领域我们已经具备较强的行业引领能力。

国际化程度方面。三峡集团业务遍布全球40个国家和地区，国际化经营能力和水平逐步提升，初步实现了在全球范围内合理配置资源。三峡集团是中国唯一一家获得标普、穆迪、惠誉三家国际评级机构A/A2及以上评级的发电企业，处于世界领先水平，高信用评级可以以较低的融资成本在境外进行融资，充分保证国际业务发展资金需求。但三峡集团跨国化指数与世界一流企业相比还偏低。

创新能力方面。三峡集团产业链整合和集成创新能力较强，主要技术成果以项目管理和成果应用为主，同时为中国水电、海上风电等装备制造提供了平台，推动了中国装备制造产业的发展。但客观地讲，我们的自主创新能力还有待进一步提升，自主掌握的核心技术不多，这也是我们下一步着力解决的问题。

管理水平方面。三峡集团通过一系列重大改革举措，实现了业务板块化、板块专业化、专业市场化和管控集团化，具备了与战略相适应的集团化管控能力。下一步，三峡集团将坚持市场化导向，建立健全中国特色现代国有企业制度，加快建立科学高效的集团管控模式和企业法人治理结构，健全权责利相统一的授权链条，激发内生动力、内部活力和市场竞争力，不断提升管理效率和水平。

抗风险能力方面。一流企业都有健全完善的风险管控体系，三峡集团一直坚持实行全面风险管理，建立了从上而下的风险责任体系、风险管理框架和制度，牢固树立底线思维，有效管控重大风险，坚决守住不发生系统性风险的底线，加快构建与世界一流企业相匹配的风险管理体系。一流企业都拥有良好的风险预警体系，正逐步从“危机管理”向“问题管理”演进，侧重风险征兆的梳理，以发掘问题为切入点进行风险管理，这也是三峡集团未来需要努力的方向。

人才队伍方面。企业的竞争，归根结底是人才的竞争。经过多年的发展，三峡集团逐步建立了符合企业发展需要的人才体系。随着三峡集团建设世界一流企业步伐不断加快，业务板块也逐步发生变化，现有的人才建设体系在新的业务能力建设方面，尤其是核心技术的创新和掌握方面还有较大的差距，也是下一步亟须解决的短板。

品牌影响方面。品牌价值是企业软实力的重要体现。三峡品牌的成长性、影响力持续增强，在服务国家战略、引领行业发展、增进认知认同、扩大国际影响方面稳步提升，通过实施品牌行动增强企业竞争力的能力逐步加强，“三峡品牌”已经成为带领中国水电“走出去”的闪亮名片。2016 年中国品牌价值评价显示三峡集团品牌价值为 2040.68 亿元，位列能源行业第一位。

企业文化方面。三峡集团经过 20 多年砥砺奋进，形成了以“为我中华、志建三峡”为核心的三峡精神，从“为我中华、志建三峡”

到“建好一座电站、带动一方经济、改善一片环境、造福一批移民”，再到新时代三峡集团精神，三峡人形成了较强的企业文化认同感、归属感和凝聚力，为促进企业高质量发展凝聚了磅礴力量。下一步三峡集团将以习近平新时代中国特色社会主义思想为指导，在传承、发扬原有三峡文化、三峡精神的基础上，加快培养一流企业文化。

发展前景方面。三峡集团已成为中国最大的清洁能源集团、世界最大的水电开发企业，在清洁能源方面，尤其是水电开发领域具有独特的领先优势，形成了自己的核心竞争力。在生态文明建设方面，坚决落实党中央、国务院赋予的新使命新任务，深度融入长江经济带并在共抓长江大保护中发挥骨干主力作用，目前，正快速打造并形成自身核心能力和竞争力。应该说，三峡集团从事的事业发展前景良好，大有可为，也大有作为。但我们也清醒地认识到建设世界一流企业不是一蹴而就，而是一个长期的过程。面对良好的发展前景，我们有信心把握发展机遇，高标准、高要求建设好世界一流清洁能源集团。

同学们说

作为一名华电学生，我十分有幸能够在华电礼堂倾听三峡集团董事长雷鸣山同志的讲座。作为一名水利水电工程专业的学生，我要向为三峡工程鞠躬尽瘁的先辈学习，树立远大理想，承担时代责任，发扬“勇于创新、勇于担当，为国家争光、为民族争气”的报国精神，做一名合格的华电人。

——李宏伟　可再生能源学院学生

在国企公开课上，有幸聆听了雷鸣山董事长的讲座，我更加深入地了解了三峡工程的建设意义，三峡集团发展史以及三峡集团在大时代潮流中以建设世界一流跨国清洁能源集团为目标，引领中国水电行业发展的社会责任与担当。作为一名新时代的建设者，我会更加踏实地打好基础，更加深入了解能源电力的使命和责任，明确自己的时代责任与担当，脚踏实地地为实现中华民族伟大复兴中国梦贡献自己的力量。

——范正庆　可再生能源学院学生

通过这堂国企公开课，我从三峡集团身上深刻体会到了国有企业的担当。三峡集团坚持走清洁能源道路的理念深深触动了我，在国家能源电力方面肩负起责任使命的同时也要重视生态效益，三峡集团用行动响应着国家生态文明建设的号召。身为当代青年学子，我也要努力学习有关知识、提升专业素质，向着成为一名合格社会主义建设者的目标不断奋斗，为中国梦的实现贡献出自己的一分力量！

——史凯昕　电气与电子工程学院学生

16. 新时代的中国航天强国之路

中国航天科技集团有限公司  北京航空航天大学

吴燕生

2019 年 6 月 26 日，中国航天科技集团有限公司党组书记、董事长吴燕生在北京航空航天大学讲课

★我们的运载火箭可以把航天器送到地球、月球的任何轨道，我们的运载火箭、飞船可以把航天员安全地送入太空、返回地球，我们的卫星可以让目光俯瞰世界的每一个角落，我们的探测器可以让深空不再深不可测。

☆一个民族有一个民族的性格，一个国家有一个国家的优势。我们的优势就在于，在党中央的集中统一领导下，坚持社会主义举国体制，这是我们关键时刻靠得住、赢得了的“法宝”。

★中国航天始终坚持自主创新，把航天发展的主动权牢牢掌握在自己手中。实践证明，外国人能干的事，中国人也能干，而且可以干得更好。

☆自主创新不是闭门造车，不是单打独斗，不是排斥学习先进，不是把自己封闭于世界之外。

★国家至上、民族至上是航天精神的灵魂内核，“国为重、家为轻，科学最重、名利最轻”是航天人的人生信条。

☆同样是付出，同样是奉献，能为一个国家和一个民族去付出、去奉献，这是身为一名航天人最大的荣耀。

★我们将自觉肩负起建设航天强国的神圣使命，力争到 2030 年推动我国跻身世界航天强国行列，到 2045 年推动我国在航天领域率先实现强国目标。

非常高兴有机会来到北京航空航天大学。北航作为我国第一所航空航天高等学府，培养了一大批航天领域的技术人才和管理人才，为我国航天事业的发展作出了卓越贡献。

航天是当今世界最具挑战性和广泛带动性的高科技领域之一，是综合国力和大国地位的重要体现。发展航天事业，是党和国家为推动

讲课现场

中国科技事业发展，增强中国经济实力、科技实力、国防实力和民族凝聚力而作出的一项强国兴邦的战略决策。在党中央、国务院、中央军委的坚强领导下，中国航天走出了一条自力更生、自主创新的中国特色发展道路，取得了以“两弹一星”、载人航天、月球探测、北斗导航等为代表的一系列辉煌成就，为维护国家安全、推动科学技术进步、服务经济社会发展、人类和平利用太空、推动构建人类命运共同体作出了重要贡献。

一、中国航天事业取得的辉煌成就

六十多年来，在党的领导下，几代航天科技工作者团结一心、接续奋斗，推动中国航天事业实现了从无到有、从小到大、从弱到强的跨越式发展，创造了举世瞩目的辉煌成就，使我国昂首屹立于世界航天大国之列。

（一）发展航天装备，为国防现代化建设和世界一流军队建设奠定坚强基石

我国导弹武器装备经过独立自主发展，已经拥有了数十种地地、地空、海防、空空导弹，形成了完整配套的导弹装备系列，而且在许多领域达到世界先进水平。导弹武器装备的发展，有效提升了我军武器装备的信息化、体系化和实战化水平，为构建能够打赢信息化战争、有效履行使命任务的现代军事力量体系提供了坚实物质技术基础，为维护国家安全、捍卫世界和平提供了强有力的支撑。

2015 年 9 月 3 日，DF-5B 参加纪念中国人民抗日战争暨世界反法西斯战争胜利 70 周年大阅兵

（二）实施重大工程，为推动科学技术进步点燃强大引擎

载人航天工程	已发射数量
“神舟”飞船	11 艘
“天舟”货运飞船	1 艘
“天宫一号”目标飞行器	1 个
“天宫二号”空间实验室	1 个
将 11 名航天员共 14 人次送入太空	

以重大科技工程为牵引，以夺取基础研究和战略高技术研究优势为突破口，取得以载人航天、月球探测、北斗导航等为代表的一系列重大成就，极大地提高了我国的综合国力和国际影响力。载人航天工程，完全掌握天地往返、出舱活动、交会对接三大载人航天基础性

技术，成为世界上继美国、俄罗斯之后第三个独立掌握载人航天器空间交会对接、在轨推进剂补加等关键技术的国家。月球探测工程，先后成功发射“嫦娥一号”、“二号”、“三号”、“四号”月球探测器，并成功实施探月三期再入返回飞行试验，首次获得 7 米分辨率全月立体图，首次在地月拉格朗日 L_2 点进行长期探测，首次获得月表下面 200 米左右的地质剖面图，首次月球背面软着陆和巡视探测等，在人类攀登科技高峰的征程中不断刷新中国高度。空间科学工程方面，“实践十号”微重力科学试验卫星、“悟空”暗物质卫星、“慧眼”硬 X 射线调制望远镜卫星和量子通信卫星等，在具有重大科学意义的热点领域，取得了重大科学发现和技术创新突破，获取了一批宝贵的原始数据。

2019 年 1 月 13 日，“嫦娥四号”探测器成功在月球背面着陆

（三）推进空间应用，为促进经济社会发展提供重要支撑

我国先后成功研制17种型号的长征系列运载火箭，共实施300余次发射，将400多颗航天器送入太空，发射成功率达到96%，可靠性、适应性、成功率、安全性和入轨精度达到世界领先水平，年发射次数从1次至2次跃升至30余次，位居世界前列。我国目前在轨航天器达到280余颗，居世界第二位，形成了以通信、遥感、气象、海洋、科学探测与技术试验卫星为主的一系列空间基础设施。通信卫星方面，中国高轨道卫星平台综合服务能力达到国际一流水平，中星16号卫星总容量超过中国此前研制发射的所有通信卫星容量的总和，标志着我国的卫星通信进入高通量时代。遥感卫星方面，高分辨率对地观测系统分辨率达到亚米级，居于国际先进水平，满足了我国高分辨率遥感数据的迫切需求。“高景一号”卫星成功发射，标志着我国商业遥感数据水平正式迈入国际一流行列。气象卫星方面，风云系列气象卫星，覆盖了太阳同步轨道和地球同步轨道，实现了可见光、微波、红外、高光谱等多手段探测，使我国气象观测水平处于国际领先水平。导航卫星方面，北斗导航区域组网顺利完成，建成了“北斗三号”全球卫星导航系统的基本系统，率先向“一带一路”国家和地区开通服务。

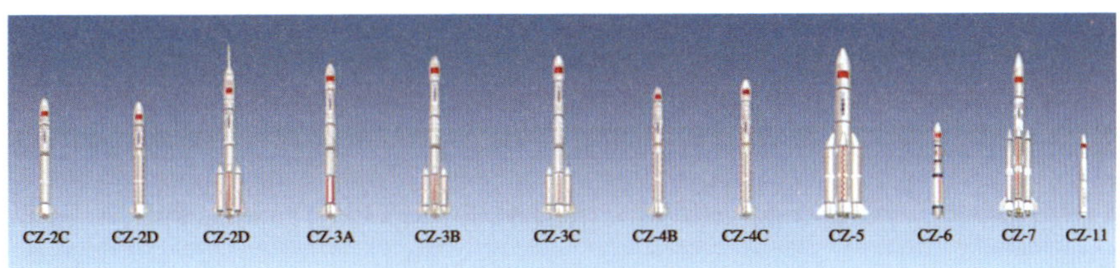

中国现役长征系列运载火箭

（四）加强国际合作，为服务政治外交大局开辟有效途径

我国在平等互利、和平利用、共同开发的原则基础上，积极开展多种形式的航天国际合作，与多个国家、空间机构和国际组织签署多项和平利用外层空间的合作协定或谅解备忘录，参与联合国及相关国际组织开展的有关活动，支持国际空间商业合作，取得了积极成果。双边合作方面，先后与30多个国家签署了90多项双边航天合作协定，形成了以政府合作协定为指导，以双边合作机制为依托，以合作大纲为抓手的航天双边合作基本模式。多边合作方面，深度参与或主导联合国外空委、亚太空间合作组织等16个国际组织工作，启动“一带一路”空间信息走廊、亚太空间合作组织多任务小卫星、金砖国家遥感卫星星座等多边合作项目。商业合作方面，不断扩大宇航产品出口规模和种类，形成了商业发射、搭载服务、整星出口等多种国际商业模式，已为23个国家和地区实施国际商业发射60余次，实现整星出口项目13个，成为我国高端装备“走出去”的新亮点。

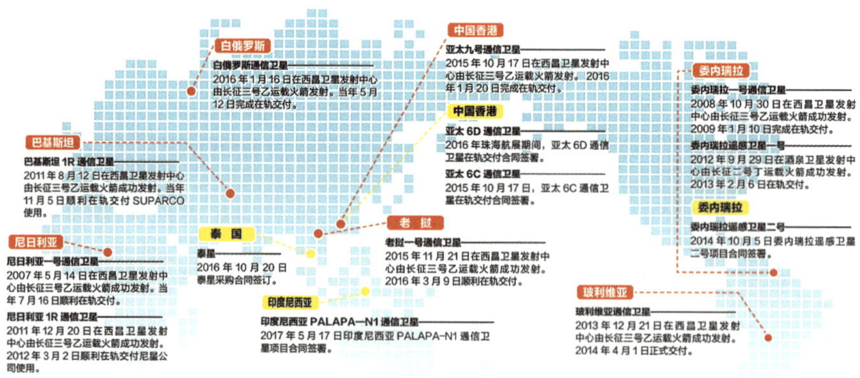

中国航天科技集团的“一带一路”及商业航天足迹（部分）

二、中国航天事业发展的成功经验

六十多年来，我国航天事业通过艰苦卓绝的奋斗和拼搏，取得举世瞩目成就的同时，也积累了许多宝贵经验。

（一）坚持党的集中统一领导，发挥举国体制优势，是航天事业不断发展的根本保证

航天作为国家的战略性产业，是国家意志的体现，是综合国力和大国地位的象征。党中央历来把航天事业发展作为一项强国兴邦的战略，根据国家需要，持续稳步推进航天事业发展。

新中国成立之初，以毛泽东同志为核心的党中央高瞻远瞩、运筹帷幄，作出了发展“两弹一星”的重大决策。在毛泽东同志和周恩来同志的亲自指导下，国防部五院于 1956 年 10 月 8 日正式成立，揭开了发展中国导弹技术的序幕，奠定了中国航天事业发展的基础。改革开放后，以邓小平同志为核心的党中央决定实施“三抓”（洲际导弹、潜射导弹和通信卫星）任务，提出航天科技工业要转向为经济建设服务的主战场，中国卫星应用和应用卫星技术得到迅速发展。20 世纪 90 年代，以江泽民同志为核心的党中央果断决策实施载人航天工程，瞄准有人参与的空间实验活动新目标，突破载人航天技术，实现了中华民族的飞天梦想。进入新世纪，以胡锦涛同志为总书记的党中央先后作出了实施月球探测工程、载人航天二期工程等重大决策，实现了“嫦娥”奔月和载人进入太空、出舱活动、交会对接等技术跨越。

党的十八大以来，以习近平同志为核心的党中央高度重视我国航

天事业发展，习近平总书记多次就我国航天事业发展发表重要讲话，作出重要批示。习近平总书记指出：“发展航天事业，建设航天强国，是我们不懈追求的航天梦。”特别是，去年8月26日，习近平总书记在航天科技集团第七次工作会报告上作出重要批示，充分体现了习近平总书记对我国航天事业的亲切关怀和殷切期望。正是在以习近平同志为核心的党中央坚强领导下，我国航天事业才取得一个又一个重大成就，在人类攀登科技高峰的征程中，不断刷新中国高度。

一个民族有一个民族的性格，一个国家有一个国家的优势。我们的优势就在于，在党中央的集中统一领导下，坚持社会主义举国体制，这是我们关键时刻靠得住、赢得了的“法宝”。航天工程规模宏大、系统复杂、高度集成，全国数千家单位、几十万科技大军承担研制、建设、试验任务。中央展现了强大的组织能力和动员能力，迅速集中全国的优势资源，下定决心，毕其功于一役。各系统、各单位讲大局、讲团结、讲奉献，形成了全国一盘棋的强大合力，谱写了万众一心、团结奋进的时代凯歌。现在回想起来，假如没有举国体制，我们不可能在一穷二白的境地，用短短十几年造出“两弹一星”。如果没有“两弹一星”，根本没有国家安全可言。

同学们或许有个疑问，在中国整体工业基础实力明显提升、工业体系较为完整、部门工业已经具备较强国际竞争力的今天，是不是就不需要举国体制了呢？答案显然不是这样的。尖端核心技术是竞争力、是主导权、是命根子，想尽快拥有这些核心技术补齐短板，除了需要巨大的资源投入，对于我们这个发展中国家来说，更需要具备强大组织、动员、协调能力的举国体制来保障，团结一切可以团结的力量，确保持续投入的能效比，尽快走出“刀架脖子、无力还手”的境地。

同学们，实践告诉我们，中国的航天事业能在比较短的时间里取得历史性突破，靠的就是党的集中统一领导，靠的就是社会主义举国体制。小国弱国是干不了航天的，积贫积弱是干不了航天的。习近平总书记在会见探月工程“嫦娥四号”任务参研参试人员代表时强调，“嫦娥四号”任务的圆满成功，是“探索新型举国体制的又一生动实践”。与“传统举国体制”相比，新型举国体制需要更加注重弘扬科学家精神，需要更加注重发挥市场在资源配置中的作用，需要更加注重激发创新主体的创新活力，努力实现人力、物力、财力的最佳结合，共同推动航天事业不断向前发展。因此，举国体制是我们掌握核心技术的根本保障，是民族复兴的重要支柱，不仅不能放弃，而且还要不断完善和发展，与时俱进。

（二）坚持自力更生、自主创新，坚持博采众长、开放合作，是航天事业不断发展的强大动力

我国航天事业的发展史，是一代又一代航天人自力更生、自主创新的创业史。我国航天以“自力更生为主，力争外援和利用资本主义国家已有的科学成果”为发展方针，坚持以自主创新为战略基点，才能不断创造举世瞩目的辉煌成就。

从航天事业创建之初，航天人就将自立自信和自强不息的精神落实到研制工作中。20 世纪 60 年代，为了设计推力更大的发动机，梁守槃院士提出，不必每次都设计新泵，可以将几个离心式涡轮泵并联起来。然而苏联专家认为涡轮泵不能并联，否则会产生相互干扰而受损。通过对已有离心泵性能曲线的分析，梁守槃认为涡轮泵可以实现

并联，并通过试验验证了该方案的可行性，为大发动机的涡轮系统设计提供了有效解决方案。多年来，中国航天始终坚持自主创新，把航天发展的主动权牢牢掌握在自己手中。实践证明，外国人能干的事，中国人也能干，而且可以干得更好。

当然，自主创新不是闭门造车，不是单打独斗，不是排斥学习先进，不是把自己封闭于世界之外。最初引进苏联的“P-2”“C-75”导弹，虽然其技术并不是很先进，但毕竟为我国导弹的研制提供了蓝本，不至于使我国的导弹事业从零起步。改革开放以后，中国航天更是努力开辟并扩大对外经济、技术交流与合作的渠道，博采众长，为我所用。同时，中国作为负责任的航天大国，始终坚持和平利用外层空间，同国际社会不断加强交流与合作。我国还发布了中国空间站国际合作机会公告，邀请世界各国利用未来的中国空间站开展舱内外搭载实验等合作。中国作为负责任的航天大国，始终坚持和平利用外层空间，积极开展航天科技交流与合作，共同推进航天科技的进步。

（三）坚持系统工程管理方法，实施全国范围大协作，是航天事业不断发展的重要基础

航天工程同其他简单工程装备的开发与运用不同，具有系统复杂、技术密集、风险性大、研制周期长等特点。这些特点要求实施航天工程时必须建立一种“组织管理系统的规划、研究、设计、制造、试验和使用的科学方法”，这就是航天系统工程。

航天系统工程是进行决策、调控、指挥的有效组织形式，可以简单地概括为“一个总体部、两条指挥线”。航天系统工程追求的是整体优化，过高地追求局部最优，从全局观念上看是种无意义的消耗，

不但不利于经济性，甚至会增加不必要的研制难度，增加成本，拖延周期。因此，航天工程管理的出发点和落脚点是如何使各构成部分组合起来达到整体最优化。举个例子，我国自行设计制造的首枚中近程导弹试验发射时，因导弹射程不够而打不到预定目标。正在大家一筹莫展时，咱们北航的第一届毕业生——王永志同志大胆地提出了自己的想法。他认为，导弹发射时环境温度高，燃料密度就会变小，发动机的节流特性也要随之变化，要是把导弹内的燃料泄出 600 公斤，这枚导弹就能命中目标。专家们都不以为然，本来导弹内的燃料就不够射程，怎么还要往外泄燃料？最终，钱学森经过思考，采用了王永志的解决方案。果然，火箭泄出一些推进剂后，射程变远了，连打三发，发发命中目标。从推进剂的局部来看，燃料减少并不是最优方案，但是从导弹以及当时的气候环境整体来看，减少推进剂却能实现系统整体最优，保证发射成功。

中国航天系统工程始终将可靠性和安全性放在重要位置，坚持质量第一的方针。每一颗卫星、每一发火箭都是由数以万计的电器元器件、上百台仪器设备、多个分系统构成，一颗螺钉、一根导管、一个元器件的质量好坏，都可能影响到整个航天工程的成败。1974 年 11 月 5 日，由远程运载火箭改进而成的“长征二号”运载火箭在酒泉发射中心首次发射返回式遥感卫星。火箭起飞后即出现失稳，且摇摆越来越大，20 秒后火箭启动自毁程序，连同卫星一起凌空爆炸。为了查找原因，参试人员把散落在发射架不远处的火箭和卫星碎片全部收集起来，逐一进行检查，发现有一根连接在俯仰速率陀螺通道上的导线，外皮是完整的，但里面的铜丝却是断的。经过充分的理论分析和模拟实验，技术人员最终断定，这根导线生产时就有暗伤，火箭点火起飞后导线受到剧烈震动而发生断路，运载火箭稳定系统未接到该通道的输出信号，导致火箭失稳。

教训是惨痛的，但关键是要及时并有效地发现故障、认识故障、消除故障。为此，中国航天制订了一系列强化质量管理的规章和标准，大力推行“双五条归零”，并结合航天科研生产实际，归纳总结了“质量管理 72 条”，进一步提出了“从源头抓起、全过程受控、零缺陷管理、争取一次成功”的更高要求，持续优化航天型号管理规定，形成了科学规范的航天质量管理模式，走出了一条科学高效、严慎细实的发展尖端科技的路子。

我国实施的重大航天工程，从设计到生产、从研制到试验、从发射实施到飞行控制，技术的每一次突破、工程的每一步跨越，都是全国大力协同、密切配合、攻坚克难的结果。据统计，在“两弹一星”工程中，先后有 29 个部委、20 多个省区市、1000 多个研究院所、大专院校和工厂矿山的精兵强将，实施全国大规模协同会战。在载人航天工程和探月工程中，直接参与研制的单位有 100 多个，联合协作的单位有 3000 多家，涉及数十万科技人员和工人。

（四）坚持人才强企理念，将人才作为航天的“发动机”，是航天事业不断发展的核心关键

航天技术的发展，要靠人才，靠发挥科技队伍的作用。创业初期，国家选调了一批经过战争检验的领导干部，一批归国和本土的高级技术专家，一批国家培养的大中专毕业生和一批经验丰富的优秀工人，组成了一支能攻善战的航天科技队伍。这当中，既有聂荣臻、张爱萍等这样卓越的领导人，也有钱学森、任新民、屠守锷、黄纬禄、

梁守槃、孙家栋等这样的高水平技术专家，打开了航天技术独立研制和创新发展的局面，为创建和发展航天事业建立了不可磨灭的功勋。其中“两弹一星”元勋、“长征二号”火箭总设计师屠守锷院士是咱们北航的建校元老。

航天科技集团历来高度重视人才队伍建设，把培养和造就一支思想好、技术精、作风硬的人才队伍作为重要的战略任务。多年来，航天科技集团把重大工程项目作为造就人才的熔炉，注重在重大工程项目中尽早识别和发现科技领军人才的苗子，有意识、有计划地安排德才兼备、素质优良的年轻人参加重大工程和重点型号研制，使他们经受锻炼、快速成长。一条条“绿色通道”为优秀青年人才打开。美国宇航局前局长米切尔·格里芬曾说过，中国航天最令人羡慕的地方在于他所拥有的一大批年轻科学家和工程师。载人航天工程研制队伍，35 岁以下的年轻人占到 80%以上。“天舟一号”飞行任务中，研制团队的平均年龄只有 32 岁。在纪念五四运动 100 周年大会上，习近平总书记指出：“航天报国的嫦娥团队、神舟团队平均年龄是 33 岁，北斗团队平均年龄是 35 岁。”这样一大批年轻航天人展现出了成熟的技术能力和自信的职业作风，为我国航天事业的可持续发展提供不竭动力。

航天事业的发展离不开科学家和工程师，也离不开技术工人队伍，他们是航天产品制造的基础力量，是将一份份图纸变成一个个零部件、分系统乃至最终型号的“大国工匠”。例如，高凤林同志是一名航天特种熔融焊接工人，攻克了 200 多项焊接技术难关，参与焊接发动机的火箭就有 140 多发，占到中国火箭发射数量的一半，被称为焊接火箭“心脏”的人。特别是，新一代运载火箭发动机喷管焊接难度最大，喷管上有数百根壁厚仅有 0.33 毫米的空心管线，高凤林通过三万多次精密焊接操作，在允许的时间误差仅为 0.1 秒的苛刻条件下，成功将细如发丝的焊缝编织在一起，每个焊点只有 0.16 毫米宽，长度达 1600 多米。又如，“时代楷模”徐立平同志从事的工作是给发动机推进剂药面进行微整形。这个岗位具有极高的危险性，操作人员就如同躺在炸药包上，一旦刀具不小心碰到壳体，或摩擦力过大发生静电放电，就会瞬间引起燃烧甚至爆炸。就是这样一个岗位，徐立平一干就是 30 年，被称为“雕刻火药”的人。正是由千千万万像高凤林、徐立平一样的航天工匠的精心钻研和默默工作，才成就了航天事业的一次又一次腾飞。

（五）坚持传承弘扬航天精神，视国家利益高于一切，是航天事业不断发展的力量源泉

伟大的事业孕育伟大的精神。航天精神是伴随着中国航天事业的创建和发展而产生的。六十多年来，一代又一代航天人在艰苦创业、顽强拼搏的伟大实践中，形成了“自力更生、艰苦奋斗、大力协同、无私奉献、严谨务实、勇于攀登”的航天传统精神，“热爱祖国、无私奉献、自力更生、艰苦奋斗、大力协同、勇于登攀”的“两弹一星”精神和“特别能吃苦、特别能战斗、特别能攻关、特别能奉献”的载人航天精神。这些精神与中国文化一脉相承，是社会主义核心价值观的生动体现，是中国航天事业持续发展的思想支撑、精神动力和文化源泉。

国家至上、民族至上是航天精神的灵魂内核。航天事业是党的事业、国家的事业，“国为重、家为轻，科学最重、名利最轻”是航天人的人生信条。新中国成立之初，我国航天事业奠基人钱学森毫不犹

豫地放弃了在国外正处于巅峰的科研事业和优厚待遇，历经五年多曲折磨难，毅然决然回到百废待兴的祖国，他常说，“人民中国才是我永远的家”，“我的事业在中国，成就在中国，归宿在中国”。在他的带领下，任新民、屠守锷等老一辈航天人以惊人的毅力，战胜了难以想象的艰难险阻，攻克了一大批关键技术，相继实现了多个划时代的壮举，打破了西方强国对航天尖端技术的垄断，支撑他们前行的正是心中浓浓的家国情怀。

在改革开放四十多年物质生活不断丰富、价值取向日益多元的今天，我们航天人仍然拥有深深的爱国情怀。航天科技集团七院 7102 厂第一事业部位于大巴山深处一条偏僻的大山沟里，距离成都大约 700 公里。20 世纪 60 年代中期，老一代航天人从祖国的四面八方毅然来到这里，在人烟稀少的荒山野岭安营扎寨，几代航天人艰苦创业、顽强拼搏，建起了三线地区唯一的一座航天产品总装厂。进入新世纪，随着国家三线脱险调迁的实施，七院 7102 厂主体调迁到成都国家经济技术开发区。但根据国家战略布局需要，部分生产任务仍继续保留在大山深处。面对是去是留，有这样近八百名员工，为了航天事业发展需要选择留了下来，组建了第一事业部，从此，这里成为中国航天最后的村庄，留在山沟里的人们，被外界称作中国航天“八百壮士”。这些深山里的铸剑人，他们怀揣着对祖国的无限热爱和对航天事业的信仰和忠诚，在荒凉的大巴山深处执着地坚守，先后圆满完成了国家多个重点型号的研制生产任务，为国家国防现代化的建设和中国航天事业作出了突出贡献。同样是付出，同样是奉献，能为一个国家和一个民族去付出、去奉献，这是身为一名航天人最大的荣耀。

不瞒大家说，与20世纪90年代“干导弹的不如卖茶叶蛋的”情况相比，我们航天人收入虽然有了较大的改善，但与社会上高技术行业相比确实还有差距。支撑我们这些人继续干航天的动力除了爱好、喜欢，更重要的是希望祖国更加强大的使命感、责任心。没有这种爱国之情是干不了航天，也干不好航天的。

这些宝贵的经验，归纳起来就是，在党的领导下，始终坚持中国特色社会主义道路自信、理论自信、制度自信、文化自信，坚持走中国特色的航天事业发展之路。

三、当前世界航天发展趋势和重点

从1957年苏联发射第一颗人造卫星到2018年年底，全球共实施5801次航天发射，累计发射8960个航天器，在轨运行的航天器总数达到2192个，全球共有12个国家具备航天发射能力，50多个国家拥有自己的卫星，几乎所有国家都在使用空间服务，250多名宇航员曾在太空生活工作，人类已经把生存和生活空间拓展到大气层外，探索的触角已延伸到太阳系以外。六十多年来，航天深刻改变了人类的生产生活方式。

21世纪以来，新一轮科技革命和产业变革加速推进，全球格局正在发生广泛而深刻变化。航天作为最具挑战性和广泛带动性的高科技领域之一，受到越来越多的国家关注和重视，航天在全球发展中的战略地位愈发突出，航天领域成为国家战略竞争的制高点，主要航天国家和地区通过制定新的发展战略、实施重大工程、加快技术创新等手段，不断巩固和扩大航天领域优势地位。美国明确“美国优先”战略，提升不受阻碍地进入空间和在空间中自由行动的能力，部署载人重返月球、月球轨道站、载人火星探测计划。俄罗斯持续推进“恢复能力”“巩固能力”“取得突破”的航天“三步走”战略，重塑大国地位。欧洲积极实施独立自主、军民共进的一体化航天发展战略。世界航天呈现出新的发展态势，即将迎来深刻变革。

四、在建设航天强国的道路上砥砺前进

经过半个多世纪的发展，我国航天事业取得了举世瞩目的伟大成就，已经形成了一定的规模和效益，拥有了完整配套的科研生产体系，具备了弹、箭、星、船、器等各类航天产品的研发、生产、试验能力，型号谱系基本完善，技术及战术指标已接近国际先进水平，一些技术得到重大突破，进入国际领先位置，国际影响力不断增强。从成果和产品的技术水平来说，我国目前已进入航天大国的行列，但仍不算航天强国。我们对航天强国的指标进行了划分，有100多个产品技术指标，27个经济指标。目前，我们已经有1/3的技术指标达到了国际一流先进水平，1/2的经济指标达到国际一流先进水平。当前，美国、俄罗斯、欧洲为第一梯队，中国、日本、印度等为第二梯队，我国目前处于世界航天产业第二梯队领头羊的位置。

航天科技集团作为航天科技工业的主导力量，我们将自觉肩负起建设航天强国的神圣使命，力争到2030年推动我国跻身于世界航天

强国行列，进出空间、利用空间能力全面提升，在若干领域由并跑转向领跑，核心技术自主可控，空间基础设施完备可靠，拥有较大国际话语权。到 2045 年推动我国在航天领域率先实现强国目标，持续创新，重点领域实现超越，拥有世界领先和原创性的航天产品，占据全球太空经济产业链高端，成为世界航天发展的领跑者之一，具有强大国际领导力。

（一）铸造国之重器

航天是维护国家主权和领土完整的重要战略力量，是我国大国地位的重要体现。航天强国要有集陆、海、空、天、电为一体的导弹武器系统威慑和突防、拦截等实战能力，满足国家国防战略需要。我们将努力构筑以导弹武器装备为标志的维护国家安全和大国地位的基石，不断提升战略威慑能力和装备实战化水平，有效支撑世界一流军队建设，进一步增强我国的国防实力。

运载火箭的能力有多强，航天的舞台就有多大，航天强国要有自主、自由、安全、可靠地进入空间的能力。我们要完成新一代运载火箭和重型运载火箭的研制，使我国具备全面的宇宙空间探索能力。“长征五号”是我国目前起飞规模最大、运载能力最大、技术跨度最大的一型运载火箭，将我国火箭运载能力提升至近地轨道 25 吨、地球同步转移轨道 14 吨。新一代中型运载火箭“长征六号改”“长征七号改”“长征八号”等正在研制，将逐步替代现役中型运载火箭，提高我国运载火箭的整体技术水平。我国在研重型火箭为“长征九号”系列火箭，芯级直径约 9.5 米，总长近百米，近地轨道运载能力达到百吨级，是“长征五号”火箭的 5 倍多，计划 2030 年前后实现首飞。

（二）打造国家名片

航天强国要有先进的技术创新体系和研发制造能力，重点领域达到国际先进水平，能力强大、运行可靠，形成支撑国防现代化和经济社会发展的强大基础。我们将以航天重大工程为牵引，以着眼长远、自主可控为方向，进一步夯实建设航天强国的技术基础，重点开展战略性、基础性、前沿性技术创新，到2030年，实现核心技术及重要原材料、关键核心器件自主可控，70%的航天核心技术指标达到国际一流水平，大力提升核心竞争力，将国家重大航天工程打造成享誉世界的“国家名片”。

完成载人空间站建设，在2022年前后建成中国独立自主运行的空间站。全面完成探月工程“绕、落、回”任务目标，发射“嫦娥五号”探测器，实现区域软着陆及采样返回。实施我国首次火星探测任

中国未来空间站由一个核心舱和两个实验舱组成，可以对接两艘载人飞船和一艘货运飞船

务，开展无人小行星采样返回和主带彗星探测，实现中国航天从地月系统探测到行星际探测的跨越。预计在2020年左右发射一颗火星探测卫星，直接送入地火转移轨道，一次实现“环绕、着陆、巡视”三个目标，这是其他国家第一次实施火星探测从来没有过的，面临的挑战也是前所未有的。计划2020年后开展小行星探测任务，对目标小行星进行遥感探测、就位探测和采样返回。

（三）扩展空间应用

航天强国要有成体系发展空间基础设施的能力，卫星发射数量和各类在轨卫星充分满足国家经济政治军事文化发展需要，空间规模和空间探索利用能力位居世界前列。我们将加快建设随遇接入、高速互联的卫星通信系统，全域感知、全球覆盖的卫星遥感系统，全球连接、按需服务的卫星导航授时系统，响应迅速、精准有效的空间维护与服务系统，大幅提升空间基础设施应用与服务水平。

计划到2020年建成全球覆盖的高轨通信卫星星座，到2022年实现低轨宽带通信卫星系统鸿雁星座一期建设，提供全球通话、全球数据采集及全球无死角的互联网接入服务。到2020年，建成我国自主的陆地、大气、海洋先进的对地观测系统，确保掌握信息资源自主权，促进形成空间信息产业链；建设“16+4+4+X”的高景商业遥感系统，配合雷达卫星的全天候全天时对地观测能力，实现小时级的高分辨率遥感数据获取。到2020年全面完成北斗卫星导航工程全球组网建设，为全球用户提供服务，使中国具有更高导航、定位和授时能力。

（四）深化国际合作

航天强国要有在充分满足本国发展需求的同时，为其他国家提供优质航天产品和服务、持续开展国际空间交流合作的能力，推动人类航天事业共同进步。我们将服从和服务于国家政治外交大局，坚持“走出去”的发展战略，不断拓展互利共赢的发展形式，使航天活动成果在更广范围、更深层次、更高水平上服务和增进人类福祉，为构建人类命运共同体贡献中国智慧、中国方案、中国力量。

同学们，中国特色社会主义进入了新时代，航天事业发展也进入了宝贵的历史机遇期，建设航天强国的宏伟目标在召唤我们、激励我们。使命因艰巨而光荣，人生因奋斗而精彩。作为新时代建设航天强国的接班人，希望同学们发奋图强，学有所成，也真诚地欢迎同学们更多地选择航天、扎根航天，将爱国之情、报国之志融入建设航天强国的伟大实践之中，不驰于空想、不骛于虚声，时不我待、只争朝夕，用智慧和汗水绘就建设航天强国的美好蓝图！

同学们说

航天人非常认真负责，一件事情坚持从头做到尾，不是“今天做完明天就能见到成果”那种，很多情况下是这一代人做完，到下一代人手中才能产生成果，这种精神让我非常感动，包括艰苦奋斗、自力更生，这些都是很宝贵的，需要我们去传承。

——汪欣然　仪器科学与光电工程学院学生

山沟里面“八百壮士”的故事让我印象很深刻，在现在思想这么多元的环境下，还能够在环境闭塞、条件艰苦的环境里面坚守下来，对于我而言是一种很大的激励和振奋，要向他们学习。

——罗　迈　宇航学院学生

17. 牢记初心使命 建设一流国防

中国兵器工业集团有限公司  北京理工大学

焦开河

2019 年 6 月 13 日，中国兵器工业集团有限公司党组书记、董事长焦开河在北京理工大学讲课

★军工强才有国防强，国防强才有民族强。

☆兵器工业是我们党最早领导和创建的军事工业部门，是我们党领导革命和建设的重要物质基础，是新中国国防科技工业的基础和摇篮，是人民军队最忠诚、最坚强、最可信赖的战友和伙伴。

★兵器工业集团以贯彻落实党中央决策部署为最高战略，以履行好强军首责、推动高质量发展为工作主线，努力建设具有全球竞争力的世界一流企业。

☆清楚“我们是从哪里来、我们是谁、我们要到哪里去”，就是要在党的领导下，不忘初心、牢记使命，站在新的历史方位上，回望我们的出发点，辨明脚下的路，认准前行的方向，开启新篇章、成就新使命，实现新时代的强国梦强军梦。

★在血与火的考验中凝练形成的“把一切献给党”的崇高信念和“自力更生、艰苦奋斗、开拓进取、无私奉献”的优良传统，凝聚成了人民兵工独特而深厚的精神内涵，代表着对党和国家、民族的绝对忠诚与责任担当，是兵器工业生生不息、发展壮大的红色基因。

☆兵器工业集团不仅仅是国有企业，还是中央管理的重点骨干企业，更是承担强军特殊使命的军工集团，履行好政治责任是我们的首要责任。

★没有一流的质量，就没有一流的装备、一流的军队、一流的企业。

按照国务院国资委和教育部的安排，今天我回到母校和大家共同交流，感到非常高兴，因为我是母校培养出来的，兵器工业集团和学校又有着深厚的渊源和共同的使命，本来就是一家人。1999 年国防科技工业体制改革前，我们两家同属于兵器行业；此后，我们成了守望相助、相互支持的兄弟单位。学校拥有的一流学科和专业，不仅在国内军工院校中位居前列，而且与兵器工业紧密相关，在基础研究、

讲课现场

装备研制、科技成果转化、人才队伍培养等方面，取得了一系列丰硕的成果，有力促进了兵器科技自主创新，为兵器工业培养和输送了一大批优秀人才，可以说是“桃李满兵器”。我这次以“牢记初心使命　建设一流国防”为题，向老师和同学们讲述兵器工业集团的初心和使命，介绍“我们是从哪里来、我们是谁、我们要到哪里去”，希望能够加深大家对兵器工业集团的了解和认识，共同投身伟大时代、肩负起富国强军的使命。

一、我们是从哪里来？

习近平总书记深刻指出，“要实现中华民族伟大复兴，必须坚持富国和强军相统一，努力建设巩固国防和强大军队”。兵器工业是我们党最早领导和创建的军事工业部门，我们是为了“富国强军”而来，这是兵器工业的初心和使命。

军工强才有国防强，国防强才有民族强。回首从鸦片战争到新中国成立之前的这段历史，既有丧权辱国的痛心疾首，也有不屈不挠的奋勇抗争。在帝国主义用鸦片贸易和坚船利炮砸开国门后，近代中国逐渐沦为半殖民地半封建社会，落后挨打、积贫积弱，国家濒临灭亡，“东亚病夫”的屈辱深深刺痛了每一个中国人的心。为了“师夷长技以制夷”，清朝洋务运动创办了安庆军械所、江南制造局、金陵制造局等近代化兵工厂，生产出了中国第一炉钢水、第一台车床、第一艘蒸汽轮船、第一支后膛步枪，开创了中国近代工业的先河。但由于没有科学真理的指引和代表人民利益的政党领导，旧中国的军事工业发展极为缓慢，直到抗日战争爆发，中国军队的武器装备还是“万国牌”，重武器和多数弹药基本依靠进口。军事工业和武器装备的落后，使中华民族付出了14年艰苦抗战的惨痛代价。沉痛的历史教训告诫我们，“落后就要挨打”，富国就要强军。

在领导中国革命、建设和改革的历史进程中，我们党始终高度重视军事工业建设。1931年10月，中央军委决定在江西官田创建我军第一个军工企业——中央军委兵工厂，由此掀开了兵器工业波澜壮阔的历史篇章。从创建之日起，兵器工业就与党和国家的事业紧密连接在一起，是我们党领导革命和建设的重要物质基础，是新中国国防科技工业的基础和摇篮，是人民军队最忠诚、最坚强、最可信赖的战友和伙伴。

兵器工业一经诞生，就在党的领导下与人民军队并肩战斗、浴血前行。初创时期的官田兵工厂主要以修械和生产弹药为主，兵工战士们艰苦创业、白手起家，在两年多的时间里共修配步枪4万多支、机枪2000多挺、迫击炮100多门，生产子弹40多万发、手榴弹6万多发，有力支持了红军反“围剿”斗争。周恩来同志称赞说：“这支兵工队伍创立了有史以来的空前成绩。”

抗日战争时期，根据毛泽东同志的指示，各抗日根据地因地制宜创办了太行山黄崖洞兵工厂、新四军兵工厂等一大批兵工厂。兵工战士采用“土洋结合”的办法制造枪支弹药，极大改善了人民军队的武器装备水平。抗战期间，兵器工业除了完成大量修械任务外，还生产手榴弹450万枚、地雷20多万个、子弹780多万发、炮弹29万发、枪械1万多支、迫击炮和掷弹筒7200多门，为八路军、新四军坚持敌后武装斗争、夺取抗战最后胜利，作出了彪炳史册的历史贡献。

解放战争时期，兵器工业开始大发展，逐渐建立了较为完备的战时兵工生产体系，并开始向工业化大生产过渡，为战略大决战、解放全中国提供了大量质量优良的武器装备。在三年解放战争中，人民兵工共生产子弹 6640 万发、炮弹 1260 万发、手榴弹 2330 万枚、炸药 400 多万公斤、枪械 1.8 万支。刘少奇同志称赞“兵工生产是战争胜利的决定条件之一”，朱德同志称赞“兵工工业是工人阶级贡献革命战争的伟大事业”。

新中国成立后，提供常规武器的兵器工业成为国防工业建设的当务之急。以 21 个“156”重点项目和“三线”建设为标志，兵器工业在国防科技工业中率先建成了门类齐全、专业配套、独立完整的武器装备研制生产体系，创造了国防领域多个第一，如新中国第一辆坦克、第一门大口径火炮、第一台激光器、第一台红外夜视仪、第一支微光管、第一封电子邮件等，为抗美援朝战争、抗美援越战争和历次边境自卫反击战的胜利，提供了强有力的技术和物质支撑。

改革开放时期，兵器工业主动顺应党和国家工作中心转移的大形势，自力更生、二次创业，大力调整产业产品结构和能力布局，在贯彻军民结合方针、实施“走出去”战略中走在了国防科技工业前列。党的十八大以来，我们深入贯彻习近平强军思想，紧紧围绕新形势下强军目标，创新推动武器装备发展，在立体突击、远程压制、精确打击、高效毁伤、防空反导、光电夜视、网络信息等领域，突破和掌握了一大批关键核心技术，高质量完成了一批重大工程建设任务，实现了兵器科技由战术层面向战略层面的突破，为国防和军队现代化建设作出了重要贡献。

二、我们是谁？

兵器工业集团是我军机械化、信息化、智能化装备发展的骨干，全军毁伤打击的核心支撑，现代化新型陆军体系作战能力科研制造的主体，国家“一带一路”建设的主力。1999 年 7 月，根据党中央、国务院、中央军委的重大决策，在原兵器工业总公司基础上改组成立了兵器工业集团。20 年来，我们始终把自主创新作为科学发展的战略基点，充分依托北京理工大学等科研院校，大力加强兵器科技原始创新、协同创新，彻底改变了“钢铁 + 炸药”的传统面貌，实现了由传统兵器向信息化兵器、由单一国内市场向国内、国际“两个市场、两种资源”的重大跨越。近年来，集团公司经济总量、军贸出口成交在军工集团中位居前列，连续 14 个年度蝉联国务院国资委业绩考核 A 级，2018 年位列世界 500 强第 140 位，正朝着建设具有全球竞争

兵器工业形成重点军品、民品协调发展格局

力的世界一流企业加快前进。

（一）我们是建设世界一流军队的骨干力量

兵器工业集团是唯一一家面向陆军、海军、空军、火箭军、战略支援部队、武警公安提供装备与技术的军工集团，除了为陆军提供坦克装甲车辆、远程压制、两栖空降、防空反导等主战装备外，还向各军兵种提供高效毁伤、智能化弹药、光电探测、红外夜视等战略性和基础性产品。

一是陆军主战装备达到世界先进水平。自主研制了三代主战坦克等一大批先进装备，形成了“重、中、轻”陆军突击装备体系和“远、中、近”陆军精确打击火力体系，陆军现役主战装备技术性能达到世界先进水平。在举世瞩目的纪念中国人民抗日战争暨世界反法西斯战争胜利70周年“9·3”阅兵中，我们研制生产了27个地面方队中11个方队的装备，铁流滚滚、一往无前，向全世界充分展示了大国军威。

二是全军常规高效毁伤能力大幅提升。兵器工业集团是我国火炸药行业的主体，通过自主创新、追赶超越，已基本解决我军“打得远、打得准”的问题，但“打得狠”的矛盾仍然非常突出。由于火炸药是国防建设的“重中之重”，西方国家对我严密封锁，甚至生产线都不让参观，只能走自主创新之路。近年来，我们联合北京理工大学、南京理工大学、中科院等，共同组建火炸药技术创新“国家队”，集中力量突破关键核心技术“无人区”，取得了一系列重大成果，部分成果达到世界领先水平。

三是武器装备研发向体系建设跨越发展。现代战争是体系的全面对抗，装备建设更加注重体系化发展和装备体系贡献率。我们主动适应装备体系化建设的要求，积极打通作战需求、装备需求、技术需求、能力需求、基础需求的整个链路，以体系化的能力支撑装备的体系化发展，首次作为工业部门牵头抓总负责某兵种装备体系建设任务，开创了部队装备体系建设新模式。

四是技术创新向信息化、网络化转型升级。当前世界正处在科技发展发生重大变革的前夜，兵器技术的内涵正在发生深刻变化。陆军装备下一步的发展方向是什么？我认为是信息化、网络化，最后实现智能化。在这方面，我们和西方国家都处在同一个起跑线，相信不久的将来，一个引领世界陆军装备潮流的新兵器将呈现在大家面前。

五是抢占未来军事斗争战略制高点。为实现弯道超车、加快从跟跑、并跑向领跑转变，我们集中资源和力量，积极探索战略前沿技术和颠覆性技术，取得了一系列重大突破。

六是高质量完成装备生产保障任务。我们始终坚持质量和进度两个“后墙不倒”，按时保质把先进武器装备交付到部队手中，确保部队尽快形成战斗力。从 2015 年开始，我军连续赴俄罗斯参加国际军事比赛，我们提供的 96B 主战坦克、步兵战车、装甲输送车、各类火炮等武器装备，经受住了严苛的实战化赛场条件考验，展示了我们装备的先进技术水平，打出了军威、国威。在一次迫击炮射击比赛中，我们的自行迫榴炮从场地出发、进入炮位、搜索目标、标定诸元，一气呵成打完 5 发炮弹并全部命中，这时其他参赛队伍的迫击炮还没有从牵引车上卸下来，最后主办方只好取消了这个项目。

（二）我们是服务国民经济发展的主力军

1978 年 7 月，根据邓小平同志“拿出一半搞民品”的指示，兵器工业在国防科技工业中率先开始了保军转民的战略调整，积极投入国防现代化建设和国民经济发展。党的十八大以来，我们紧紧围绕国家战略需要，积极推动车辆、火炮、弹箭、火炸药、光电、信息等各专业领域军民技术互通、互用、互动，为经济社会发展和创新型国家建设作出了积极贡献。

一是发展“专精特优”产品产业。坚持高端引领，利用军用车辆平台技术成果，同步发展大功率 AT、民用动力，轻质高速铁路货车、高铁车轴实现关键技术突破，自主研发的 200 吨级电动轮非公路矿用车达到世界先进水平，矿用车国内市场占有率达 85%；研制成功 3.6 万吨黑色金属垂直挤压机，打破了发达国家多年的技术和市场垄断，每年可为国家节约近百亿元进口资金；自主研制的数控七轴五联动重型机床，使我国成为世界上第三个能够生产大型船用静音螺旋桨的国家；在国内率先实现 OLED 微型显示器的工程化、产业化，成为全球具备批量供应能力的两家企业之一；为国内化工、汽车、家具、医药等行业广泛提供聚氨酯、纤维素、医药中间体等基础原料，硝化棉产销量位居世界第一。兵器工业已成为国内最大的红外器件、制冷型热成像整机和红外光学供应商，微光器件国内市场占有率达 95%以上。其他服务国家重大工程和重大活动的产品就更多了，比如 2008 年北京奥运会开幕式上的“大脚印”、天安门广场和长安街上的金色护栏、驰骋火海的履带式森林消防车等。

二是打造石油化工与精细化工全产业链。我们结合海外战略资源开发，先后实施了 500 万吨 / 年乙烯原料工程和 45 万吨 / 年乙烯工程等一批重大项目，从海外石油开采、运输存储、石油贸易、原料工程到精细化工、特种化工与民爆产品，初步形成了上下游一体化的发展格局，打通了具有兵器特色的石油化工与精细化工产业链。2019 年 2 月，我们与沙特阿美石油公司成立了一家合资公司，在辽宁盘锦实施精细化工及原料工程项目建设，预计总投资 150 亿美元，将打造国内领先、国际一流的精细化工产业园。

三是大力培育北斗应用产业。兵器工业是国防科技工业中应用北斗最早、平台最多的。当前，天上的北斗系统建设非常顺利，2020 年将提供全球服务。但在地上，我们很多人还没有感受到北斗的服务，美国 GPS 垄断国内市场的格局还没有彻底扭转。我们根据国家北斗事业的发展需要，承担了国家北斗地基增强系统建设应用任务，从高精度服务入手打造北斗对美国 GPS 的差异化竞争

盘锦石化项目夜景

优势，推动北斗应用规模化、产业化、国际化发展。目前，我们已经建成了全球最大、技术领先、自主可控的“全国一张网”，北斗的米级、分米级服务已覆盖全国；厘米级、毫米级服务覆盖了主要经济区域；北斗高精度服务在气象、测绘、地震、国土资源、铁路、电网、农业等重点行业，在上海、浙江、广西、新疆等区域经济，以及智能手机、无人驾驶、共享单车等大众市场，已经开始推广应用。

（三）我们是“一带一路”建设的开拓者和排头兵

改革开放伊始，兵器工业积极顺应党和国家工作重点转移的大局，在邓小平同志的亲自倡导和直接关心支持下，“摸着石头过河”，开创了我国军品外贸的先河。经过40年的长期坚守和深耕细作，兵器军贸事业从无到有、从小到大，始终保持国内军贸的排头兵地位，已经具备与西方军工巨头同台竞技的综合实力，成为代表国家参与全球竞争的重要力量，有力配合了国家政治、军事、外交大局，为维护和拓展国家战略利益作出了重要贡献。

我们充分利用军贸溢出效应，打造形成了以军贸为核心，海外战略资源、国际工程、民品出口、国际产能合作“五位一体”的国际化经营格局，为国家实施“走出去”战略和“一带一路”建设提供了有力支撑。集团公司海外石油储量位居国内企业第四，铜、钴资源量位居我国企业获取海外铜、钴资源量前列，成为维护国家能源资源安全的一支重要力量。我们积极参与“一带一路”沿线国家和地区重大基础设施建设，先后承担了轨道交通、水电工程、矿山建设、民爆一体化服务等上百项国际工程，近5年来累计成交128亿美元，带动国内

兵器工业集团建设运营的老挝南湃水电站

装备产品出口 29 亿美元。

国家实施“走出去”战略，国企就是国家的“名片”、是“一带一路”理念的践行者，不仅仅是为了经济效益，更是体现了我们的“四个自信”。比如，我们与缅甸合作开发的一个铜矿项目，刚开始时受西方敌对势力的挑唆，当地居民非常抵触。我们把国际上最权威的环境测评机构请来做环境管理计划，成立专项基金用于复垦、绿化和环境监控；积极参与当地社会公益活动，创造性地设计了一系列社区社会发展项目，使当地居民切身感受中国企业以人为本理念和负责任的做法，以实际行动诠释“一带一路”倡议的“共商、共建、共享”原则，得到了当地居民的理解和支持，为项目建设创造了良好的经营环境。

三、我们要到哪里去？

国有企业是中国特色社会主义的重要物质基础和政治基础，是我们党执政兴国的重要支柱和依靠力量。进入新时代，习近平总书记要求国有企业要“成为党和国家最可信赖的依靠力量，成为坚决贯彻执行党中央决策部署的重要力量，成为贯彻新发展理念、全面深化改革的重要力量，成为实施‘走出去’战略、‘一带一路’建设等重大战略的重要力量，成为壮大综合国力、促进经济社会发展、保障和改善民生的重要力量，成为我们党赢得具有许多新的历史特点的伟大斗争胜利的重要力量”。这是新时代国有企业要担负好的历史使命。作为国有重点骨干企业、承担强军特殊使命的军工集团，我们要实现强军目标、成为最可依靠的“六个力量”，必须从兵器工业的初心和使命出发，坚持以习近平新时代中国特色社会主义思想为指引，把贯彻落实党中央决策部署作为最高战略，以履行好强军首责、推动高质量发展为工作主线，努力建设具有全球竞争力的世界一流企业。对兵器工业来说，世界一流指的是技术先进、自主可控、经济高效、充满活力。技术先进，就是产品技术性能先进，质量可靠性达到国际领先，能力结构优化合理、技术手段先进，在战略前沿技术领域占据制高点，基础科研优势厚实。自主可控，就是要牢牢掌握关键核心技术，突破核心元器件、关键材料、先进制造工艺、软件等短板瓶颈，打破垄断，自主发展，不能受制于人。经济高效，就是要实现投资有回报、产品有市场、政府有税收、企业有利润、员工有收入，进入良性发展轨道。充满活力，就是要实现技术创新有活力、人才队伍有活力，构建适应质量效益型可持续发展和市场经济要求的体制机制。

根据新时代的历史使命，我们要履行好强军首责、推动高质量发展，建设具有全球竞争力的世界一流企业，必须坚持做到以下几点：

一是坚持党的领导、加强党的建设。兵器工业是党领导下的人民兵工队伍，坚持党的领导、加强党的建设，是兵器工业始终保持正确前进方向的“根”和“魂”。进入新时代，我国发展与安全环境持续发生深刻变化，国家正经受从未有过的挑战，需要我们肩负更强烈的使命担当。越是在党和国家需要我们的时候，我们越要坚持和加强党的领导，加强党的建设，把全系统干部职工凝聚在习近平新时代中国特色社会主义思想的伟大旗帜下，树牢“四个意识”、坚定“四个自信”、做到“两个维护”，把思想统一到党中央的决策部署上来、以实际行动贯彻落实好党中央的决策部署，步调一致、形成合力，做好我们该做的事情，那么我们国家的强大就是任何敌对势力都不可阻挡的。

二是坚持传承人民兵工精神。伟大的事业造就伟大的精神。在红军长征中，中央军委兵工厂的 108 名兵工战士边战斗、边生产，最终只有 7 人幸存到达陕北，以自己的忠诚与热血践行了“把一切献给党”的长征誓言。80 多年来，以“中国的保尔”吴运铎、“工人发明家”倪志福、“独臂总师”祝榆生等为代表的广大兵工人，满怀对党的无限忠诚与热爱，在血与火的考验中凝练形成了“把一切献给党”的崇高信念和“自力更生、艰苦奋斗、开拓进取、无私奉献”的优良传统，凝聚成了人民兵工独特而深厚的精神内涵，代表着对党和国家、民族的绝对忠诚与责任担当，是兵器工业生生不息、发展壮大的红色基因。

三是坚持把履行好政治责任作为首要责任。履行经济责任，是一般企业的发展规律，这是由企业追逐利润的经济属性所决定的。兵器工业不同于一般企业，我们不仅是国有企业，还是中央管理的重点骨干企业，更是承担强军特殊使命的军工集团，履行好政治责任是我们的首要责任。履行好政治责任，就是要有家国情怀，坚持国家利益至上，自觉把工作置于党和国家大局之中，不折不扣地贯彻落实中央的大政方针和决策部署，最重要的是履行好强军首责，按期保质保量完成当期装备建设任务，全面提升装备产品质量，加快推动机械化、信息化、智能化融合发展，为建成世界一流军队提供强大的物质技术支撑。同时，我们还要履行好经济责任、社会责任，就是要实现高质量发展，做强做优做大；就是坚持以人民为中心，以安全发展、绿色发展回报社会，让广大干部职工充分享有改革发展成果，真正感到有梦想、有地位、受尊重。

四是坚持改革创新。一部兵工史就是兵器工业与时俱进、改革创新的奋斗史、创业史。新时代，唯改革者进，唯创新者强，唯改革创新者胜。面对全面建成一流军队的新要求、面对实现高质量发展的新挑战，我们要坚持以改革的勇气、创新的精神，不断深化体制机制创新，完善中国特色现代国有企业制度，优化技术创新体系，调整产品产业结构和组织架构，在做强做大做优中走出一条中国特色国有企业改革发展道路。

五是坚持开放合作。适应装备体系化建设发展要求，实现由跟跑向并跑领跑的跨越升级，单纯依靠我们自有资源和力量还远远不够。我们将继续坚持开放互补、合作共赢，加快推动民用先进成熟技术在武器装备发展上的应用，加强与北京理工大学等科研院校的深度合作，按照“小核心、大协作、专业化、开放型”的要求，建设兵器技术创新生态体系，整体提升兵器自主创新能力，提高装备建设质量和效益。

六是坚持人才是第一资源。世界一流的企业要有世界一流的人才队伍。长期以来，北京理工大学为兵器工业培养和输送了一大批高素质人才，其中很多同志走上了技术和管理领导岗位，成为兵器事业发展的中坚力量。我们真诚希望同学们积极投身到兵器工业的大家庭，做兵器事业的接班人、生力军。我们非常注重年轻人的选拔培养，很多40—45岁的优秀科技人才脱颖而出，担任了重大科研项目总师或重点实验室主任，副总师、副主任的年龄结构就更加年轻化；同时，我们还创新青年科技人才培养机制，实施“兵器科学家培养计划”“青年英才计划”“大学生招聘计划”等，为青年人才发展提供了事业舞台、职业通道和激励政策，使他们安心工作、潜心研究，热爱兵器、献身国防。

习近平总书记深刻指出：“我们比历史上任何时期都更接近中华民族伟大复兴的目标，比历史上任何时期都更有信心、有能力实现这个目标。”置身这个伟大时代，对比新旧中国的兵器工业，最根本的不同就在于我们有科学的理论指引、有我们党的坚强领导、有中国特色社会主义的制度优势。清楚“我们是从哪里来、我们是谁、我们要到哪里去”，就是要在党的领导下，不忘初心、牢记使命，站在新的历史方位上，回望我们的出发点，辨明脚下的路，认准前行的方向，开启新篇章、成就新使命，实现新时代的强国梦强军梦。

四、青年人要成为新时代的建设者和接班人

习近平总书记在纪念五四运动100周年大会上寄语青年，“国家

听讲的学生们

的希望在青年、民族的未来在青年”，“要珍惜这个时代、担负时代使命”；期待青年朋友“努力成为德智体美劳全面发展的社会主义建设者和接班人”。借此机会，我想以一个学长的身份，谈谈自己对人生、对青春的一些体会和感悟，希望能够对同学们的成长发展有所帮助。

（一）要怀抱梦想

在座的同学大多都是 20 岁左右，到实现第一个百年目标、全面建成小康社会时，你们刚刚走上工作岗位；到 21 世纪中叶实现第二个百年目标、把我国建成社会主义现代化强国时，你们也才 50 多岁，正是国家的中坚力量。也就是说，实现“两个一百年”奋斗目标，你们将全程参与，你们的青春承载着中华民族伟大复兴的中国梦，相信同学们能够怀抱梦想、投身梦想，不辜负我们这个伟大时代。千里之行、始于足下。同学们作为天之骄子，在父母、老师眼里都是学习优秀的好孩子，从小学到大学听到的都是表扬和夸奖。当你们走出校门、走上工作岗位，就会发现可能没有惊天动地的大事业，可能面对的是一张图纸、一个零件，也可能是单调、枯燥的具体琐事，与别人相比也没有优势可言，因为学习成绩不再是衡量个人价值的评价标准，而是要看能不能胜任工作、融入集体。希望同学们毕业后既要有远大理想，又能脚踏实地，俯下身来用心做事，以好的心态实现人生的角色转换。

（二）要有责任担当

“九层之台，起于垒土。”对青年人来讲，要有“一代更比一代强”的责任担当，首先要从一点一滴干起，对每件事都要负责任、有担当。在学校，就要担起学习的责任，孜孜不倦地汲取知识，用丰富的知识体系去包装青春、充实青春、绽放青春。参加工作，就要担起工作责任，把责任贯彻到工作的每一个细节，高质量地完成任务；还要学会同大家合作，要有“功成不必在我”的精神境界和“功成必定有我”的责任担当，以事业成功体现自身价值所在。

（三）要练就本领

青年时期是苦练本领、增长才干的黄金时期。同学们在校学习知识、打牢知识基础，是提高学习本领；同时还要记得“实践出真知”，让知识与实践紧密结合。“人须事上练，方能长本事”，一个人的成长成熟，除了打牢知识基础外，经历实践锤炼也很重要。我在大学本科的 4 年学习，当时想的就是为了顺利通过考试，毕业后走上工作岗位，才知道学的知识跟实际落差很大，不是马上能用得上。等到工作几年后考上研究生，结合工作的实践经验，对所学的知识就有了更深的理解和掌握。希望同学们利用假期时间，主动到工厂里、到社会上，对工作和社会实践有所了解、有所感悟，在干中学、在学中干，就会在学习中更有针对性，更能学有所用。

（四）要珍惜当下

青春是激情燃烧的岁月，应该是自由奔放、勇敢无畏、无比绚烂的，是最值得珍惜的人生美好时光。珍惜当下的美好，要学会在逆境中成长。无论在人生的哪个时期，珍惜当下、做好每件事，都是对未来的积累、对成长的沉淀。青年人最需要积累和沉淀的，是经受压力的考验。同学们在成长和奋斗中，会收获成功和喜悦，也会面临困难和压力，要正确对待一时的成败得失。我们在工作中也有不顺利的时候，但每当克服一次困难或者挫折，在自身心里都是一次人生成长，都会收获一份精神财富。珍惜当下的美好，要保持健康的体魄。青春不是永久的、健康不是无限的，无论什么东西都经不起挥霍。保持健康的体魄，也是对意志的磨炼，这两者是人生事业的先驱。希望同学们把保持健康作为一门功课，处理好学习与健康、工作与健康的关系，以强健的体魄担负起时代赋予的重任，保证将来至少为祖国服务50年。珍惜当下的美好，要懂得感恩。我们每一步的成长，都是社会、学校和家庭给我们创造了条件、作出了付出。希望同学们能够以平和的心态对待自己，不把自己得到的一切看作是“理所当然”，对社会、学校和家庭的帮助懂得知足、感恩，唯有心怀感恩，才能学会成长、行稳致远。

（五）要报效祖国

“家是最小国，国是千万家。”我们做的每件事，都和国家的命运紧密相连，只有国家兴旺富强、长治久安，才有我们和平幸福的生活。希望同学们把爱家与爱国统一起来，虽然不一定是去做多少惊天动地的大事，但要知道怎样报效国家，为国家富强添砖加瓦。最近，我在微信公众号看到，华为退休的员工说我们要回华为上班，三年不要工资。他们的家属也非常支持，说要全力做好保障后勤。他们这么做，是为了这个国家、为了这个民族，在国家最需要的时刻，整个家族都为了民族而战。华为退休的员工都有这么高的思想境界，同学们作为新时代的建设者、接班人，更应该为民族复兴贡献自己的力量。

同学们说

第一次观看兵器工业集团的宣传片，第一次倾听兵工的奋斗故事。既近距离感受中国兵器作为“国之重器”的央企力量、军工力量，为之震撼和感动，也深切感受到了老一辈兵工人“兵工精神”之高尚、家国情怀之浓厚，深刻认识到了我们青年练就过硬本领、投身祖国建设责任之重大。作为北理工的学子，我始终认为投身国防是一件特别光荣的事情，我会努力学好专业知识，牢记党的初心与使命，为中华民族的伟大复兴不懈奋斗！

——戴孟初　机械与车辆学院学生

这一场公开课令我受益匪浅。作为一名中国共产党党员，应该发挥党员的先锋模范作用，努力在德智体美劳全面发展，追求卓越。同时，作为一名兵器科学与技术专业的学生，应该努力学习专业知识，提升个人能力，为祖国国防事业的发展贡献自己的一分力量。

——钟科航　机电学院学生

听完讲座，感触很深。大四的我也即将步入自己的研究生生活，我将刻苦学习、踏实工作，争取也能有所成就，帮助国家在自己的领域有所突破，将自己的成长融入国家的进步之中，将自己的青春融入中国梦之中。

——王帅鹏　信息与电子学院学生

18. 以责任赢信任

鞍钢集团有限公司  东北大学

姚　林

2019 年 6 月 5 日，鞍钢集团有限公司党委书记、董事长姚林在东北大学讲课

★中央企业自诞生之日起，始终肩负着重大经济责任和政治责任。

☆纵观中央企业的发展，正是在“责任”的激励和引领下，走前列，打头阵，积极服务国家战略，取得了一个又一个令人瞩目的成就，也赢得了国家、社会和人民的“信任”！放眼未来，中央企业必将担当起更大的使命和责任！

★作为“共和国钢铁工业的长子”“中国钢铁工业的摇篮”，鞍钢自诞生之日起，始终将“钢铁报国”的重任扛在肩上，牢记“长子担当”，以众多“第一”挺起国之重器的“钢铁脊梁”，为我国国民经济发展作出了历史性贡献。

☆70年来，在鞍钢这片热土上，先后涌现出各级劳动模范、道德模范、精神文明标兵10400人。他们身上共同的闪光点就是勇担身上的责任，赢得了荣誉与信任。

★当今世界，技术发展快，跨界融合兴，国家需求紧迫，唯有自主创新者胜。鞍钢坚持走高质量发展道路，力争引领钢铁新工艺发展，在新材料开发上实现新突破。

☆新时代为鞍钢的历史使命注入了新内涵，作为新时代鞍钢人，要打造新时代长子风范，秉承“铭记长子担当，矢志报国奉献”初心，坚定“制造更优材料，创造更美生活”使命，践行新发展理念，全方位扩大开放，深化改革创新，加快转型升级，做强做优做大，为把鞍钢建设成为中国钢铁行业高质量发展的“排头兵”、具有全球竞争力的世界一流企业不懈努力。

大家好！首先，我们来学习习近平总书记的两段重要讲话。习近平总书记在全国国企党的建设工作会议上强调："坚持和发展中国特色社会主义，统筹推进'五位一体'总体布局和协调推进'四个全面'战略布局，实现'两个一百年'奋斗目标、实现中华民族伟大复兴的中国梦，国有企业肩负着重大历史使命。"习近平总书记在纪念五四

讲课现场

运动 100 周年大会上指出："新时代中国青年要担当时代责任。时代呼唤担当，民族振兴是青年的责任。"习近平总书记的重要讲话，阐述了国有企业和当代青年的责任和担当。今天，我就"以责任赢信任"这个话题，从中央企业的责任、鞍钢集团的责任和"我们"的责任三个方面同大家一起交流。

一、中央企业的责任

什么是中央企业的责任？习近平总书记给了我们明确答案："国有企业是中国特色社会主义的重要物质基础和政治基础，是我们党执政兴国的重要支柱和依靠力量。""是中国特色社会主义经济的'顶梁柱'。"

中央企业自诞生之日起，始终肩负着重大经济责任和政治责任。

（一）中央企业诞生的背景

新中国成立初期，经历了几十年的战乱，华夏大地满目疮痍，几乎没有完整的工业体系和技术。当时的许多商品像解放前一样都带着"洋"字，自行车称为"洋车"、蜡烛称为"洋蜡"、火柴称为"洋火"、钉子称为"洋钉"。为什么都有"洋"字呢？因为这些东西刚开始都是外国生产的。说明新中国成立之初，工业基础极其薄弱。

国有企业的诞生，是当时政治、经济发展的迫切需要。面对百废待兴的中国工业，中国共产党远见卓识，发展国民经济，提出"集中力量办大事"，加快推进工业化建设。我们不仅建立起独立的比较完整的工业体系和国民经济体系，为社会主义现代化建设奠定了重要的物质技术基础，而且积累了在中国这样的社会生产力水平十分落后的东方大国进行社会主义建设的重要经验。

“一五”计划时期（1953—1957年），国家确立了重工业优先发展战略并投入实施，一大批矿山、钢铁、有色金属、汽车、电力等国有企业建成或改造。当时国有企业体制是举全国之力，在156个苏联援建项目和694个限额以上建设项目的集中统一管理的基础上建立起来，像今天的汽车、电力、钢铁等大量的工业都是那时候建的。当时的156个项目中主要包括：鞍山钢铁公司、武汉钢铁公司、包头钢铁公司等7个钢铁企业，长春第一汽车制造厂、第一重型机械厂等24个机械企业等。

新中国工业体系建设史，既是一部国民经济的发展史，更是一部中央企业从无到有、从小到大的创业史和奋斗史，支撑着共和国从站起来、富起来到强起来。

中国自力更生、自主发展，先后兴建了一系列工业项目，形成了以鞍钢、一汽、大庆油田等国有大型工业企业为代表的东北重工业基地，沿海地区原有的工业基地得以加强，华北和西北建立了一批新的工业基地，建立了种类齐全、完整的、独立的工业体系和科技体系，成功地发射了“两弹一星”。1949—1978年，国有企业一直是社会主义工业化建设的先锋和主力军，中国克服三年困难时期、苏联停止援助、西方全面封锁等重大困难，国内生产总值仍然达到年均增长7.3%，而且建立了独立完整的工业体系和国民经济体系。从此，我国开始改变工业落后面貌，从工业基础建立起来，到工业门类齐全、规模壮大起来，开始向工业实力强大起来迈进。

改革开放以来，我国坚持社会主义市场经济改革方向，积极推动国有经济布局优化、结构调整、战略性重组，国有资本运行质量显著提升。

（二）中央企业的责任与担当

1. 中国经济的“压舱石”

纵观我国社会主义建设、改革和发展历程，不论经济发展到什么阶段，不论国内外形势如何变化，中央企业都是壮大综合国力、促进经济社会发展的重要力量，起着不可替代的“压舱石”作用。

2003—2017 年，中央企业营业总收入、利润总额、上缴税费总额年均保持两位数增长。

2003 年，《财富》世界 500 强企业中有 5 户中国中央企业。2018 年，《财富》世界 500 强企业中有 59 户中国中央企业，其中国家电网、中国石化、中国石油分别排在第二、第三、第四位，鞍钢位列第 428 位。

纵观我国社会主义建设、改革和发展历程，不论经济发展到什么阶段，不论国内外形势如何变化，中央企业都是壮大综合国力、促进经济社会发展的重要力量，起着不可替代的“压舱石”作用。

世界500强企业

中央企业是中国经济的“压舱石”

2. 国家重大项目建设的主力军

中央企业坚决服务服从党和国家战略需要，履行责任担当，许多投资大、收益薄的基础设施和公共服务建设，许多周期长、风险大的基础性研发，许多国防科技工业的重大项目，许多重大自然灾害、突发事件的抗击救援，许多脱贫攻坚、改善民生的项目实施，都是中央企业扛起来的。包括以三峡为代表的重大水利工程，以及青藏铁路、南海岛礁等。

3. 重大科技攻关的国家队

在科技创新领域，央企研发投入近年来年均增长超过20%，研发投入超过全国研发投入总额的四分之一。中央企业的国家级研发机构、重点实验室都占全国总量的50%左右，研发人员、工程院院士均占全国的20%以上，2018年国家科技奖励大会上，中央企业获得的国家科技技术奖励是98项，占奖项总数的40.8%。

载人航天。在“探索浩瀚宇宙，发展航天事业，建设航天强国”的伟大征程中，央企中国航天科技集团公司以创新引领企业发展，打造了一批以“神箭”“神舟”“长征”为代表的优质航天品牌，铸就了高品质、高科技的中国航天品牌形象。

航空母舰。2012年9月25日，中国第一艘航空母舰“辽宁舰”在中船重工大连造船厂正式交付海军。央企中船重工在改造辽宁舰的基础上，又自主设计建造了我国首艘国产航母。

大飞机。C919大型客机，是中国首款按照最新国际适航标准，具有自主知识产权的干线民用飞机，是由央企中国商用飞机有限责任公司于2008年开始研制。

4.“一带一路”建设的排头兵

中央企业在“一带一路”沿线国家和地区共承担3120个项目。项目分布在基础设施建设、能源资源开发、国际产能合作，以及产业园区建设等各个领域。

央企还在履行社会责任等方面发挥了积极作用。比如中国建筑集团在项目所在地出资建设医院、学校，解决就医难、上学难等问题。

5. 重大应急救援的先锋队

利比亚撤侨行动是自1949年以来规模最大的撤离海外中国公民行动。是一场集中了海陆空和军队四大力量的大营救。更是一次影响巨大的海外中国公民救援行动。12天，35860人，中国效率和中国信誉，再次使世界瞩目，堪称我国历史上最大的撤侨行动。在这次行动中，国际航空、东方航空、南方航空等央企发挥了重要作用。

在全国人民抗击洪水、冰冻、地震等自然灾害的斗争中，中央企业在抢修道路交通、保障供电和通信、运输和供应战略物资、倡导企业志愿者服务以及捐款捐物等方面作出了重要贡献，如汶川地震。2008年5月16日，中国中铁抗震救灾抢险队仅用15个小时打通绵阳至重灾区汉旺的“生命通道”。

（三）中央企业的短板与改革

中央企业也有短板，主要有两个方面：一是所有权“人格化”弱，导致责权不够清晰；二是员工的“归属感”强，存在“等靠要”思想。

针对短板对应的改革措施：一是由管资产向管资本转变，推进股权多元化，进而强化所有权和“人格化”；二是推进三项制度改革，实施市场化资源配置，消除员工中存在的“等靠要”思想。

（四）成为世界一流企业是目标更是责任

成绩属于过去，未来任重道远。

从现状来看：中央企业在一些产品和技术方面达到世界一流水平，但在效率、人才、品牌、文化、商业模式等方面，特别是在品牌力、话语权等方面，真正成为世界一流的企业为数不多。如2018年世界品牌500强中，中国企业仅有38个品牌入选，其中中央企业有21个品牌。

提升全球竞争力和全球影响力要做些什么？对照世界一流企业标准，中央企业要主动作出一系列改变。

——构建产业生态

面向世界各国和地区市场。要求中央企业具备合规经营管理、驾驭国际商业规则、整合当地资源的能力等。

——转变竞争方式

直接面对在行业内拥有巨大领先优势、甚至在产业链形成垄断的国际跨国公司。无论是历史悠久的西方老牌企业，还是快速扩张的科技巨头，中央企业将在激烈的商业竞争中与其“狭路相逢”。

——优化市场定位

面向世界各国和地区的客户和消费者。要求中央企业真正以国际化、差异化的角度和思维，以产品带动服务，以服务塑造品牌，真正将自身资源优势、比较优势整合为品牌优势。

中央企业将全面推进高质量发展，着力打造世界一流的国有企业，努力实现“三个领军、三个领先、三个典范”。在做大的同时更要做强做优，成为世界一流企业。

三个领军，在国际资源配置中占主导地位、引领全球行业技术发展、在全球产业发展中具有话语权和影响力的领军企业。

三个领先，全要素生产率和劳动生产率等效率指标、净资产收益率和资本保值增值率等效益指标、提供优质产品和服务等方面的领先企业。

三个典范，践行新发展理念、履行社会责任、拥有全球品牌形象的典范企业。

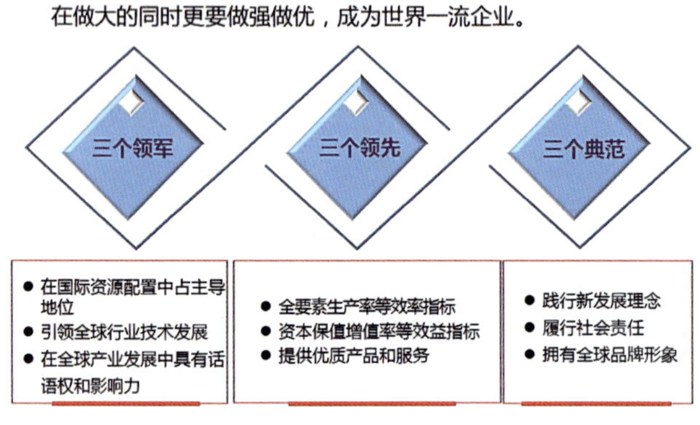

世界一流企业标准

纵观中央企业的发展，正是在“责任”的激励和引领下，走前列，打头阵，积极服务国家战略，取得了一个又一个令人瞩目的成就，也赢得了国家、社会和人民的“信任”！放眼未来，中央企业必将担当起更大的使命和责任！

二、鞍钢集团的责任

鞍钢是央企承担责任的缩影。作为“共和国钢铁工业的长子”“中国钢铁工业的摇篮”，鞍钢自诞生之日起，始终将“钢铁报国”的重任扛在肩上，牢记“长子担当”，以众多“第一”挺起国之重器的“钢铁脊梁”，为我国国民经济发展作出了历史性贡献。

（一）新中国钢铁工业从这里开始

1948 年 2 月 19 日，鞍山解放，鞍钢回到人民手中。1949 年 7 月 9 日，在一片废墟上恢复建设的鞍钢正式开工。

1949 年 7 月 9 日，鞍钢在大白楼前举行了盛大的开工典礼。中共中央、中央军委专门送来贺幛，勉励鞍钢“为工业中国而斗争”！大会庄严宣布：新中国第一个大型钢铁企业正式开工。会上奖励了在恢复生产中作出贡献的 141 名功臣。鞍钢是中国钢铁工业长子，浇铸了新中国的第一炉铁水、第一炉钢水，创造出钢铁工业的很多个“第一”。当年鞍钢生产的生铁、钢、钢材分别占全国的 40%、63% 和 55%，占据“半壁江山”。

鞍钢也肩负起“长子担当”责任，从 1953 年起，先后对口支援、包建了武钢、包钢等 20 余个大型钢企，支援了北京、内蒙古、安徽等 13 个省市地方冶金工业建设，累计向全国输送干部和工人 12.5 万人，由此赢得了“中国钢铁工业的摇篮”的美誉。

鞍钢为国家经济建设作出巨大贡献，累计生产铁 6.9 亿吨、钢 6.96 亿吨、钢材 5.74 亿吨，向国家上缴利税 2030 多亿元。1988 年以前，鞍钢一直位列中国企业工业产值和上缴利税排行榜第一名。

鞍钢一直以来备受党和国家领导人的高度重视、亲切关怀和全国人民的大力支援。以“两参一改三结合”（干部参加劳动，工人参加

1949年以来，鞍钢累计生产：

- 铁6.9亿吨
- 钢6.96亿吨
- 钢材5.74亿吨

向国家上缴利税：2030多亿元，相当国家对鞍钢投入的38倍。为新中国钢铁工业崛起奠定了坚实基础。

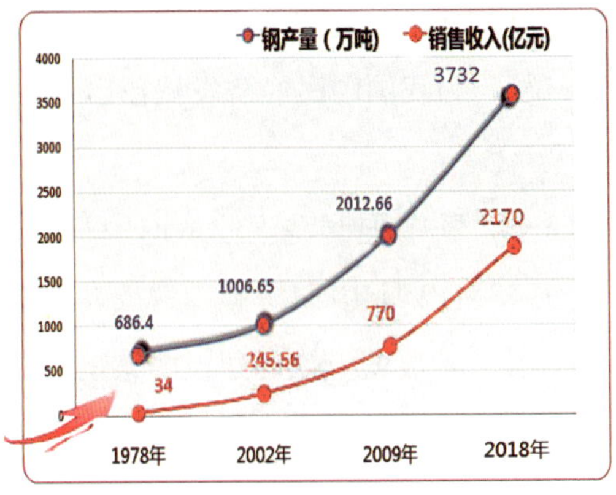

改革开放以来

改革开放以来鞍钢的产量及销售收入

管理，改革不合理的规章制度，工人群众、领导干部和技术员三结合）为主要内容的“鞍钢宪法”，是新中国探索现代工业化道路的历史性成果。1960年3月22日，毛泽东在鞍山市委的报告上作出重要批示，高度评价和肯定鞍钢的做法和经验，批示：“鞍钢宪法在远东，在中国出现了。”毛泽东的批示迅速传达后，不仅极大地鼓舞了鞍钢广大职工的劳动热情，创造了更加优异的生产成绩，而且在全国冶金企业掀起了一个学习、宣传“鞍钢宪法”的热潮，在国内外产生了巨大而深远的影响。

邓小平、江泽民、胡锦涛、习近平等党和国家领导人都曾亲临鞍钢视察，给予了职工群众极大的关怀与鼓舞。邓小平指出，用先进技术和管理改造企业；江泽民指出，鞍钢旧貌换新颜；胡锦涛指出，当好钢铁企业排头兵；习近平指出，以改革创新为动力，不断加强和改进企业党建工作，切实把全心全意依靠工人阶级的方针落到实处。

（二）挺起国之重器的钢铁脊梁

鞍钢始终以创新作为第一动力，以成为行业技术领军者和高端产品全球首发者为目标，以国家科技重大专项、重大工程、军工重点型号及关键领域、“卡脖子”技术等为方向，成功研发系列高端用钢制造技术，拥有完整的产品系列，以崭新的现代企业形象，服务和落实国家战略。

1. 军工用金属材料——行业龙头

鞍钢是中国最大的国防用钢生产企业，生产舰船、装甲等200多个钢种、1000多个规格国防冶金材料，完成近百项国防金属新材料课题，超细高纯铝粉、高温合金、特种不锈钢、钛及钛合金等产品广泛用于航空航天领域，有力支撑了国防军工技术装备升级，保障了国防急需。

2. 高端桥梁用钢——国际领先

在世界桥梁业流行着这样一句话：世界桥梁建设20世纪70年代以前看欧美，90年代看日本，21世纪看中国。

南京长江大桥是我国第一座自行设计建造的双层式铁路公路两用桥梁，国人称之为“争气大桥”。1960年，鞍钢成功生产出16Mnp低合金钢，代替苏联的A3钢，为南京大桥供货6.6万吨，这批钢材被称为“争气钢”。

作为中国从桥梁大国走向桥梁强国的里程碑之作，港珠澳大桥被业界誉为桥梁界的“珠穆朗玛峰”。在这座备受瞩目的大桥建设中，由鞍钢自主研发生产的17万吨桥梁钢已全部成功应用于大桥主体，“鞍钢制造”成为港珠澳大桥的“主心骨”。

2014年，纽约韦拉扎诺海峡大桥是美国最大的悬索桥。当时正值大桥翻修，美国纽约相关单位开始对外招标，鞍钢桥梁钢一举拿下该工程所有桥梁钢板的供应合同，约 15000 吨。

美国桥改造为什么会使用中国的桥梁钢板？其实在此之前，鞍钢已经为靠近北极圈的美国阿拉斯加州的塔纳纳西河桥工程供货，供货钢种为免涂装应用的高性能耐候桥梁钢。桥梁建成后，美方自行在多个部位切取了 100 多组试样在美国国内权威检测单位进行力学性能检验，结果全部合格，这个检验结果是令美方完全没有想到的，惊喜之余也令他们对鞍钢桥梁钢板产品的优异质量深感信服。

3. 造船及海工用钢——引领者

鞍钢拥有“海洋装备用金属材料及其应用国家重点实验室”。是国内唯一具备 TMCP 态 F 级超高强海工钢供货资质的钢企，独家供货全球最先进的超深水钻井平台“蓝鲸 1 号”。研发我国首批最大厚度 90mm 两万箱集装箱船用止裂钢，独家供货某大型造船厂，引领我国船舶行业迈向更高端。

作为当今世界最先进的半潜式超深水钻井平台，“蓝鲸 1 号”能够应对各种极端环境进行海底可燃冰开采，其中连接“蓝鲸 1 号”立柱和平台的关键部位所需的超厚超强钢板正是出自鞍钢。

“蓝鲸 1 号”设计要求钻井平台能够适应全球海域，这就要求起连接支撑作用的钢材具有超高强度、低屈强比、大厚度等特点，而这种特殊钢材从前只能依靠进口。得知中集集团将要建造“蓝鲸 1 号”，鞍钢迅速跟进项目，针对客户要求，历时三个月，成功研制出超厚钢板。这种钢板在零下 60℃仍能保持良好的强韧性，屈服强度最高可以达到 690 兆帕，能够抵御 15 级以上的飓风。生产期间鞍钢股份炼钢总厂、中厚板厂、质检中心全工序联动，采用多种关键技术配合不同生产工艺，快速又高质量地完成订单生产。在此之后，鞍钢也具备了向世界顶级钻井平台供货的资质和能力，承担起了打破国外垄断的重任。

如今，鞍钢生产的F级海工钢不仅助力“蓝鲸1号”“蓝鲸2号”“海洋石油982”等重大项目的落成，还成功走出国门，出口到欧亚多国。

4. 铁路钢轨——国际标准的制定者

转向架高端用钢：自主研发的高铁转向架用钢，独家供货时速350公里标准动车组，填补国内空白，打破国外垄断局面。铁路车辆用钢：率先研制系列耐候钢市场占有率居同行业首位；新型耐蚀钢S450AW保持了鞍钢在下一代铁路车辆用钢领域的领跑地位。

鞍钢的高速铁路用钢轨占我国已投入运营的高速铁路线的70%以上。我国第一条准高速铁路广深线、第一条200公里/小时高速铁路秦沈线、第一条350公里/小时高速铁路京津线全线使用鞍钢钢轨。重载铁路大秦线使用的鞍钢75千克/米钢轨通过总重超20亿吨，创世界重载钢轨通过总重新纪录。

5. 汽车用钢——卓越供应商和服务商

实现了各种汽车用钢品种全覆盖，供货众多品牌车企。是世界上少数能同时生产第一代、第二代、第三代高强钢的钢铁企业，第二代汽车用钢TWIP1180实现全球首发。我们正致力于与知名的汽车厂商协同合作，为新一代出行提供系统解决方案。

6. 能源用钢——领跑者

管线用钢。海底管线钢系列产品，成功替代进口。高强高韧X70-X100系列管线钢产品供货西气东输、中俄东线等国家重大工程。负责“十三五”重大国家科技项目——低温高压服役条件下高强度管线用钢。

核电用钢。2017年11月，中国唯一具有完整自主知识产权的三代核电品牌——华龙一号首台发电机通过了“型式试验”，标志着该发电机组研制成功。该机组用于支撑反应堆压力容器的钢材15MnNi系出自鞍钢核电用钢家族，由于开发难度大，在2012年鞍钢成功研制出该种钢材以前，这项技术一直被国外垄断。鞍钢打破国外垄断，填补国内空白，担起了保障了国家战略的重任。

反应堆压力容器是核电机组的核心设备，鞍钢供货的15MnNi钢材被用作支撑反应堆球体，出色达到了该项目对其提出的严苛要求。而鞍钢为华龙一号宁德核电二期项目供货的高性能18MND5钢板，更是达到了客户提出的150℃高温拉伸性能要求，这原本是国外专家认为的不合理要求。每一种高端产品的诞生都离不开企业对其每个环节的严格把控，从项目启动开始紧密跟进客户需求，到研发时的全力以赴，再到生产、检验以及运输的全程监控，鞍钢始终以高标准要求自己。

随着华龙一号走出国门，鞍钢供货的核电用钢成功拿下巴基斯坦卡拉奇核电机组1200吨的订单并顺利通过验收。

7. 钒钛产品——中国钒钛行业“排头兵”

鞍钢建成“钒钛资源综合利用国家重点实验室”。鞍钢是全球最大的钒制品生产企业，钒制品约占全球产量的27%、约占全国产量的45%。钛合金板材、锻材、铸件等产品广泛应用于装甲车、导弹、雷达、飞机等军工和航空航天领域。

8. 钢铁原料——中国铁矿产业龙头

作为国内最具资源优势的钢铁企业，鞍钢有效掌控着中国辽宁、四川和澳洲卡拉拉的丰富铁矿资源，铁矿资源产业位列中国第一、世界第五。

（三）勇于担当的精神文化

1950年2月，毛泽东同志得知鞍钢等东北钢铁企业生产的钢材已经开始运到全国各地时，非常高兴，对身边的同志连声讲道："鞍钢出了钢材，还要出人才。"

1951年，鞍钢成立了主管职工培训工作的专业机构教育处。1953年，编制了"五年干部培训计划"。1955年，为支援包钢、武钢开始了有计划的干部培训工作，此后向新建的两个钢厂输送一整套干部。1966年，鞍钢援建攀钢，第一批调到攀钢的职工就达6799名。全国的钢铁企业都有鞍钢人，鞍钢人无处不在。

70年来，在鞍钢这片热土上，先后涌现出各级劳动模范、道德模范、精神文明标兵10400人。他们身上共同的闪光点就是勇担身上的责任，赢得了荣誉与信任，其中，最突出也是大家耳熟能详的有以下几位：

——老英雄孟泰

孟泰是新中国成立后第一代全国著名劳动模范。为了让鞍钢早日全面恢复生产，孟泰带领工人，几个月内收集了上千种上万个零件，为修复2号高炉提供了备品，作出了重要贡献。毛泽东同志曾八次接见孟泰。他艰苦奋斗、爱厂如家、为国分忧、无私奉献，在鞍钢恢复和建设中作出了重大贡献，成为誉满全国的钢铁战线的老英雄。

——"走在时间前面的人"王崇伦

王崇伦，全国著名劳动模范。他好学爱钻研，对技术革新有特殊兴趣，1951年至1953年，先后改进8种工具，提高工效5—10倍，1953年他创造了"万能工具胎"，提高工效6—7倍，这一年他完成了4年1个月又17天的工作量，被誉为"走在时间前面的人"。

——伟大的共产主义战士雷锋

1958年9月，年仅18岁的雷锋响应全国支援鞍钢的号召，到鞍钢化工总厂洗煤车间当上了一名推土机手。在鞍钢期间，3次被评为先进生产者，5次被评为标兵，18次被评为红旗手，其间所写的日记成为《雷锋日记》的重要内容。毛泽东等党和国家领导人给予雷锋高度评价，号召全国人民向雷锋同志学习。

——“当代雷锋”郭明义

郭明义现任鞍钢矿业集团齐大山铁矿生产技术室采场公路管理员。他几十年如一日学雷锋，爱岗敬业、助人为乐、无私奉献。20年来无偿献血累计6万多毫升，相当于自身血量的10倍。目前全国共有郭明义爱心团队的分队1200余支，志愿者总数超过210万人。

——“当代发明家”李超

李超同志是一位由普通工人成长起来的发明家，是当代鞍钢的创新楷模。他在2014年全国科技创新大会上荣获国家科技进步二等奖，是鞍钢历史上第一位获得这一奖项的技术工人。2014年5月15日，他在第八届中国发明家论坛暨“发明创业奖”颁奖庆典上被授予“当代发明家”称号，成为鞍钢和鞍山市获此殊荣的第一人。2015年，李超被中宣部评为“时代楷模”。

当今世界，技术发展快，跨界融合兴，国家需求紧迫，唯有自主创新者胜。鞍钢把高质量发展作为重中之重，本着绿色节能的原则，力争引领钢铁新工艺发展，在新材料开发上实现新突破。如氢冶炼、非高炉炼铁、吉帕级海工钢、四代核电用关键材料、第四代及第五代飞机发动机用新材料等。

中国特色社会主义进入新时代，我国经济由高速增长阶段转向高

艰苦奋斗、爱厂如家
为国分忧、无私奉献

走在时间前面的人

全心全意为人民服务

爱岗敬业、助人为乐

精益求精、刻苦钻研

鞍钢先进典型代表

质量发展阶段，钢铁工业加快由追求数量和规模增长向优化结构提高质量转变，不断满足人民日益增长的美好生活需要。新时代为鞍钢的历史使命注入了新内涵，作为新时代鞍钢人，要打造新时代“长子”风范，秉承“铭记长子担当，矢志报国奉献”初心，坚定“制造更优材料，创造更美生活”使命，践行新发展理念，全方位扩大开放，深化改革创新，加快转型升级，做强做优做大，为把鞍钢建设成为中国钢铁行业高质量发展的“排头兵”、具有全球竞争力的世界一流企业不懈努力。

三、“我们”的责任

责任能否有效落实，关键还是在人。刚才，我们从宏观层面了解了中央企业、鞍钢层面所肩负的责任和担当，下面我们从个体层面，就“我们”每个人应肩负的“责任”跟大家进一步交流。

（一）树立责任意识

责任是分内应做的事情，也就是承担应当承担的任务，完成应当完成的使命，做好应当做好的工作。它包含了责任意识、责任能力、责任行为、责任成果。责任意识是“想干事”，责任能力是“能干事”，责任行为是“真干事”，责任成果是“干成事”。那么责任体现在哪儿呢？

第一，对自己负责，找对兴趣的方向。自古就有“修身、齐家、治国、平天下”的说法，习近平总书记也教导青年大学生，要从“对自己负责”开始，系好人生的第一粒扣子。当代青年对自己负责，找对兴趣的方向，就是要树立正确的世界观、人生观和价值观，把好思想的“总开关”“总闸门”。

第二，对国家负责，找准价值的依托。每个青年人都有自己的志向和抱负，这种志向和抱负应当与国家命运紧密结合起来。当代青年应当始终心存家国之情怀，坚守道义之担当，用责任和奉献去努力创造更富强、更文明的国家，更和谐、更美好的社会。

第三，对事业负责，找出追梦的动力。实现中华民族伟大复兴的中国梦，这是历史赋予我们的重大责任，实现“两个一百年”奋斗目标，青年一代将是经历者、参与者和推动者。青年应与时代同步伐、与祖国共命运，把自己的人生理想融入国家和民族的事业中，最终成就一番事业。

第四，对工作负责，找好进步的阶梯。一个人对待工作的态度决定了这个人对待生命的态度，不管任何时候、任何事情，我们都应该追求完美主义，这是对工作负责的态度，也是对自己负责的态度，更是自己不断进步的阶梯。当代青年要有强烈的事业心、勤勉的工作态度、旺盛的进取意识、无私的奉献精神，把自己的工作做到最好。

第五，对友谊负责，找寻团队的默契。放眼神州大地，无数新时代的青年团队，正在一步一个脚印的扎实奋斗中实现人生价值。团队合作能力是当今社会不可或缺的一种能力，当代青年要通过不断提高团队合作能力，像习近平总书记期待的那样“跑出更好的成绩”，不辜负伟大的新时代。

第六，对家人负责，找到幸福的港湾。家是每个人幸福的港湾，尊重和关爱家人是我们每个人应尽的责任。日常生活中，要怀着一颗感恩的心，做力所能及的事，以实际行动为家庭尽一份力，为家庭生活的幸福美满贡献自己的力量。

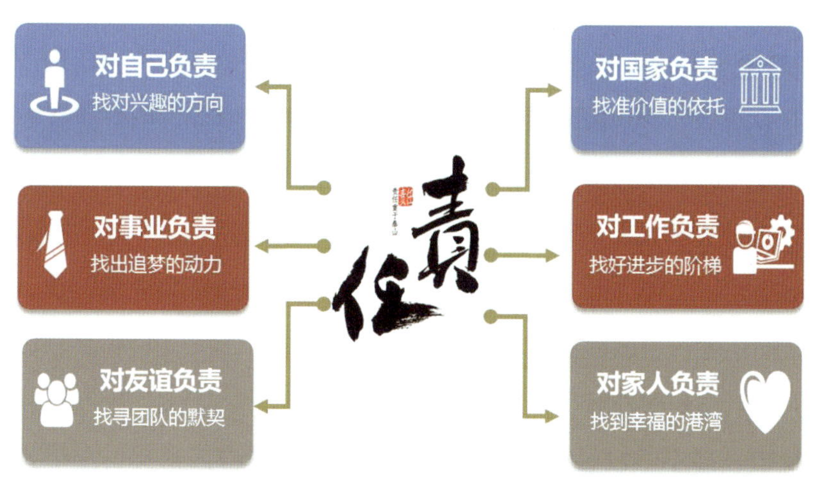

青年应承担的六项责任

（二）增强履责本领

第一，要持续学习。当代青年要切实增强学习的紧迫感，如饥似渴学习，让勤奋学习成为青春远航的动力，让增长本领成为青春搏击的能量。一是专业基础。万丈高楼平地起，知识结构的建立就好比金字塔。要垒高这个塔，站在塔尖上，就必须首先扩展和打牢知识的基础，基础越牢固，塔就能垒得越高，视野就会越广阔。二是跨界学习。跨界学习其实是一种学习思路，根据学习主题，整合学习资源，采用多种学习方式，以求达到最佳学习效果。这种思路模式可以打开我们的视野，牵动整个思维联想的链条，从而产生非同凡响的新想法或突破性的创新。三是前瞻意识。前瞻意识就是准确地把握时代趋势，站在一定高度上放眼未来。在新时代的改革创新浪潮中，我们只有具备这种超前思维，果断采取行动，才能做走在时代前列的奋进者和勇立潮头的开拓者。

第二，要脚踏实地。“才”从何来？来自“勤学”，也来自“笃实”。古人说，读万卷书，行万里路。习近平总书记也说过，“勤学”就要“下得苦功夫，求得真学问”；“笃实”就得“于实处用力，从知行合一上下功夫”。梦在前方，路在脚下，要实现我们各自的梦想就要脚踏实地。那么具体怎样做才是脚踏实地？一是咬定目标。青年有着大好机遇，关键是要迈稳步子、夯实根基、久久为功。二是勤奋敬业。幸福是靠奋斗得来的。在这个有机会干事业、能干成事业的时代，只要我们在学习上兢兢业业、在工作中精益求精，就一定能够造就闪光的人生。三是耐住寂寞。无论是实现中华民族伟大复兴，还是成就人生梦想，都不是轻轻松松就能实现的。我们要耐住寂寞，不惧怕困难，依靠勤劳和汗水开辟出自己的人生和事业。

第三，要注重合作。“单丝不成线，独木不成林。”新时代社会分工日益细化，新工艺新技术日益复杂，靠单打独斗已很难跟上时代的节奏。而寻求与他人的合作，可以让一个人走得更快，一群人走得更远！那么合作能给我们带来哪些好处？一是团结协作。一个团队可以通过行动协调，来调动团队成员的所有资源和才智，依靠团队合作的力量创造奇迹。二是横向支撑。新时代共创、共享、共赢的发展理念，让我们意识到不论企业和个人都应让自己的资源和才智更加流通。通过资源的整合融通，实现横向支撑，使资源共享、风险共担、成本降低，让各方受益。三是相互补台。通过与别人相互合作、密切配合，利用别人的长处，弥补自己的短处，做到优势互补实现共赢。

（三）以责任赢信任

其实我们每个人都有着需要履行的责任，只有履行好自身的责任，我们才能赢得他人的信任。在校园我们要赢得自己的信任，赢得老师、同学的信任。进入社会后我们要赢得企业领导、员工的信任，更要赢得社会乃至国家的信任。

最后，以习近平总书记在纪念五四运动 100 周年大会上的讲话“奋斗是青春最亮丽的底色”与大家共勉。

冰心在诗歌《春水》中写道：“青年人，珍重地描写吧，时间正翻着书页，请你着笔!”

希望大家不负年华，追梦前行，勇敢担当起自己的责任，在新时代赢得属于自己的那份信任。

同学们说

姚林董事长的精彩讲座让我受益匪浅，鞍钢集团的建设发展历程也给我以启示。鞍钢集团不满于现状，不断创新冶金技术、工艺和产品，积水成海，积土成山，成为中国首家具有成套技术输出能力的钢铁企业。作为冶金工程专业的大学生，如果要掌握更多本领、取得更大成就，同样需要不断学习、继续深造。今天的报告会，也让我增进了对国企的理解，未来我也要争取加入像鞍钢一样负有责任感的国有企业，为我国钢铁事业尽自己的绵薄之力，为实现社会主义现代化努力奋斗。

——杨仲舒　冶金学院冶金工程专业学生

提到鞍钢，作为东大学子，我心中的敬佩之情油然而生，敬佩鞍钢为中国钢铁作出的贡献，敬佩那些勤于奉献的鞍钢人，敬佩那些在鞍钢奉献的东大校友。报告会上，姚林董事长重点强调的责任二字，给我留下了深刻的印象。中央企业的责任让我们看到了的家国情怀、民族担当，鞍钢集团的责任让我们看到了国之重器、钢铁脊梁，作为新时代大学生，我们也有自己的责任，那就是在学好专业知识的基础上，自觉把个人的成长发展与人民和时代的需求结合起来，把小我融入大我，与时代同步伐、与人民共命运，勇敢地走在时代的前端，做时代的弄潮儿。

——赵佳东　材料科学与工程学院材料类专业学生

19. 坚定产业报国初心　勇担强大中国汽车工业使命

中国第一汽车集团有限公司  吉林大学

徐留平

2019 年 6 月 26 日，中国第一汽车集团有限公司党委书记、董事长徐留平在吉林大学讲课

★中国汽车产业诞生于工业强国的初心，锐意驰骋于中国特色社会主义道路上，坚定不移地驶向中华民族伟大复兴的中国梦。

☆“产业报国、工业强国”“强大中国汽车工业”，是那个火红年代赋予中国汽车人、中国一汽人的初心，也是新时代赋予中国汽车人、中国一汽人的使命。

★汽车产业是工业、制造业皇冠上的明珠，是一国综合实力的象征，纵观世界，凡是汽车产业强国，都是经济强国、技术强国。

☆中国汽车产业必须化危为机，换道超车，敢打硬仗，勇于创新，努力实现汽车产业强大的梦想！

★汽车不断拓展人类个体的视野空间、生活空间、想象空间。未来，汽车与人的关系会更加密切，成为每个人每天生活中非常重要的伴侣。

☆中国汽车产业积极参与“一带一路”建设，要拓宽合作“朋友圈”，构建“联合出海”新生态。

★情怀、洞见、勇气和奋斗，是投身于汽车事业所必需的“四轮驱动”，面对中国汽车产业新的变局、新的格局，汽车人尤其要有战斗精神、斗争精神。

习近平总书记强调，为中国人民谋幸福，为中华民族谋复兴，是中国共产党人的初心和使命，是激励一代代中国共产党人前赴后继、英勇奋斗的根本动力。汽车产业关乎人民衣食住行基本需求之一——行的需求，满足的是人民对美好生活、美妙出行的期待。同时，汽车产业是公认的国民经济支柱产业，是实现中华民族伟大复兴的重要推动力量。因此，发展和振兴中国汽车产业，是中国汽车人“不忘初心、

讲课现场

牢记使命”的应有之义、必尽责任、重要举措。今天我就以“坚定产业报国初心　勇担强大中国汽车工业使命”为题，与大家分享一下汽车产业的发展历程、中国汽车产业的未来、中国一汽的愿景和雄心等内容。希望通过此次报告，能让同学们深刻认识到中国汽车人产业报国的初心和家国情怀，站在全球汽车产业的高度，看清中国汽车工业的发展规律和趋势，感悟中国汽车产业的奋斗历程，进一步增强“不忘初心、牢记使命”的理想信念，进一步焕发奋进新时代的精神动力。

一、汽车产业的发展历程

（一）全球汽车产业发展历程

汽车产业自诞生以来的百年发展历史，可以归纳为技术革命、管理革命以及一系列产业跳跃发展的历程，启示着我们必须把握住创新的根本、规律和着力点，才能够实现长期可持续的繁荣与发展。

1886 年，卡尔·奔茨发明了现代意义上的汽车，那时的汽车只有三个轮子，发动机只有两缸，功率仅零点几马力，时速仅 14—15 公里。此后，汽车产业开始在欧洲兴起。20 世纪 20—50 年代，在福特 T 型车流水线和通用公司事业部制组织方式等技术、管理创新推动下，美国汽车产业快速发展。两次石油危机以后，欧美汽车产业的大排量汽车，由于油耗过高导致发展速度下降，汽车产业进入日本时代。2009 年，中国汽车年产销量突破 1000 万辆，达到 1379 万辆，超过了美国，从此连续九年位列世界第一。

按国别看，在 2018 年全球汽车销量中，中国 2854 万辆，位居第

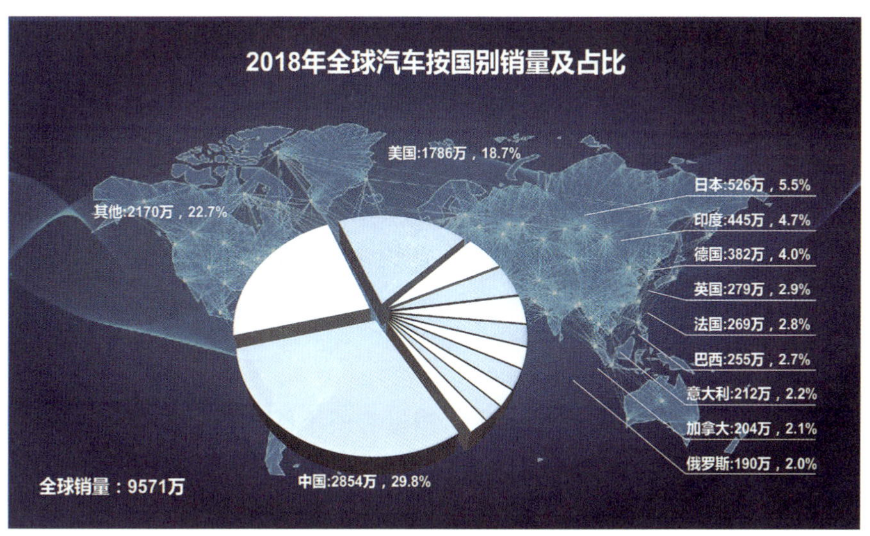

2018 年全球汽车按国别销量及占比

一；美国 1786 万辆，位居第二；日本 526 万辆，位居第三。销量超过 2000 万辆的国家，只有中国。

但是，在 2018 年全球汽车销量企业排名中，前十名没有一个是中国自主品牌。这与中国汽车产销量每年超过 2000 万辆的市场地位极其不符。因此，让自主品牌销量达到甚至超过跨国公司，是我们这一代汽车人的使命担当和奋斗目标。

（二）新中国汽车产业的发展历程

新中国汽车产业诞生于工业强国的初心，锐意驰骋于中国特色社会主义道路上，坚定不移驶向中华民族伟大复兴的中国梦，其发展历程经历了三个阶段。

第一阶段，是新中国汽车产业兴起的过程，标志事件是 1953 年中国一汽在长春奠基。

第二阶段，是改革开放后，中国汽车产业从 1984 年开始进入合资合作时代，总体的产业水平和管理水平上了一个新台阶。

第三阶段，是自主品牌在中国汽车市场中的产销比例不断提高，标志事件是 2009 年代表中国汽车工业年产销第 1000 万辆的“解放 J6”卡车下线。2017 年，中国汽车产销达到 2887 万辆，创历史新高。2018 年，中国汽车市场产销 2808 万辆，同比下降 2.8%，结束 28 年连续增长，进入调整时期。

虽然 2018 年中国汽车产业产销量有所下降，但是市场容量依然很大。从千人汽车保有量数据来看，全球平均是 180 辆，美国是 797 辆，排在第一，其他发达国家如澳大利亚、意大利、加拿大、日本等均超过 500 辆。中国千人汽车保有量现在才 140 辆左右，无论是与发达国家还是与全球平均保有量相比，都还有非常大的增长空间。

如何进一步理解和抓住这个增长空间？首先，要关注两个比例。一是中国汽车市场产销总量中合资与自主的比例，2018 年分别是 49%、51%。说明中国汽车市场年产销的 2800 多万辆汽车中，超过一半是中国品牌，拥有自主知识产权的汽车。二是 2018 年中国乘用车市场份额按国别分布比例，中国品牌汽车占 40.8%，较 2017 年有所下降，德系汽车占 22.0%，日系汽车占 19.1%，美系汽车占 10.7%。其次，要认清新能源汽车飞速增长的趋势。2011 年，中国新能源汽车销量仅 8000 辆；而到了 2018 年，中国新能源汽车销量则达到了 125 万辆，同比增长 61.7%，成为全球第一个超过 100 万辆的国家。在七年时间里，中国新能源汽车的年销量增长了 150 多倍，正在逐步成长为汽车产业的发展重点。

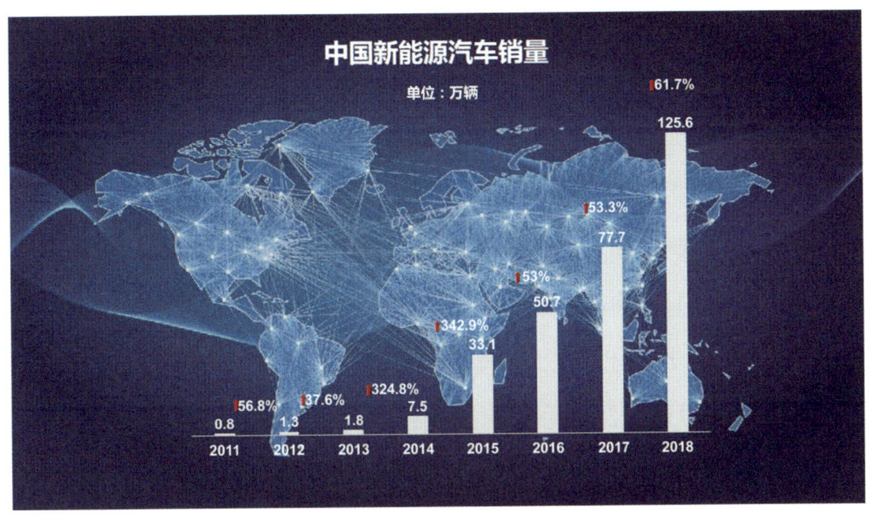

2011—2018 年中国新能源汽车销量

（三）中国一汽产业发展历程及布局

中国一汽的产业发展历程可以形容为“四段论”。第一阶段从 1953 年 7 月 15 日建厂开始，第二阶段从 20 世纪 80 年代“解放”产品换型开始，第三阶段从 1991 年合资合作开始，第四阶段从 2018 年 12 月发布“831”战略开始至今。

第一阶段，中国一汽建厂，中国汽车工业从无到有。1949 年 12 月，新中国成立之初，毛泽东同志出访苏联，在参观斯大林汽车厂时就提出，“我们也要有这样的大工厂”。1950 年 2 月 14 日，中苏两国签订《中苏友好互助同盟条约》，确定了一批苏联援建中国的重点工业项目，中国一汽就是第一批援建项目之一。同年，开始研究汽车厂选址。经过全国考察后，最终确定第一汽车制造厂在长春孟家屯兴建。因为，这里有孟家屯火车站，能够满足运输建厂材料和生产汽车的物流需求。1953 年 6 月，毛泽东同志签发了《中共中央关于力争三年建设长春汽车厂的指示》，并亲笔题写了“第一汽车制造厂奠基纪念”。1953 年 7 月 15 日，中国一汽正式奠基。在奠基典礼上，六名青年共产党员抬着刻有毛泽东同志题词的石碑，将其安放在中国一汽一号门广场上。经过三年艰苦奋斗，1956 年，第一辆解放牌卡车下线，结束了新中国不能批量生产汽车的历史。从此，解放牌卡车源源不断发往全国，为祖国山河大地注入了勃勃的生机与活力，为国民经济和国防建设作出了重大贡献。

1958 年 2 月 13 日，毛泽东同志视察中国一汽时，询问饶斌厂长：“什么时候能坐上我们自己造的小汽车呀?”因此，在 1958 年 5 月 12 日，中国一汽研制出第一辆东风牌轿车。轿车出厂时，前面是“东风”二字的拼音。运到北京后，当时的中央领导同志提出，最好把拼音字母换成汉字。于是，中国一汽的同志在北京找了一个修理厂，连夜做好“东风”两个汉字安装到车上。东风轿车属于中级轿车，为满足国家更高需求，中国一汽经过三个月奋战就生产出红旗牌高级轿车。红旗轿车送到北京后，受到中央领导人的接见，逐渐成为中央领导人用车。

第二阶段，解放产品换型，一步跨越三十年。20 世纪 80 年代，中国开始改革开放、发展经济。解放牌卡车三十年一贯制，无论是造型，还是技术、功能，都已经不能适应社会发展。中国一汽开始进行产品换型、工厂改造。1986 年春节后上班的第一天，中国一汽召开换型改造动员大会，近两万名职工冒着严寒，发出了“愚公移山，背水一战，万无一失，务求必胜”铿锵誓言。同年 7 月 15 日，解放 CA141 新车投入试生产。1987 年 1 月 1 日，“单轨转型、垂直转产”成功，解放 CA141 新车正式投产，当年达到设计纲领，年产 6.16

万辆。

第三阶段，合资合作，建设现代化轿车工业基地。随着中国改革开放，中国一汽开始与世界一流的汽车集团，例如大众、丰田等进行合资合作。1991 年成立了一汽—大众，1995 年奥迪加入一汽—大众，2002 年与丰田正式签署合资合作协议。

2006 年，中国一汽开始在主流轿车领域进行自主创新，努力打造自主品牌。当年 5 月 18 日，推出了奔腾轿车。

回顾历史，“产业报国、工业强国”“强大中国汽车工业”，就是那个火红年代赋予中国汽车人、中国一汽人的初心，也是新时代赋予中国汽车人、中国一汽人的使命。

第四阶段，确立“831”战略，开启新时代、新一汽、新愿景、新征程。2018 年 12 月，中国一汽发布了“831”战略，又称第四次创业，开启了“新时代、新一汽、新愿景、新征程”。

2018 年，在行业同比下降 5.8%的情况下，中国一汽实现整车销量 341.8 万辆，同比增长 2.2%；实现营业收入 5929 亿元，同比增长 26.2%；实现利润 430.7 亿元，同比增长 2.5%。无论是在汽车市场增速下降的 2018 年，还是 2017 年，中国一汽每年向国家缴纳税收 800 多亿元，缴给吉林、长春地方的税收 500 多亿元。总体上看，中国一汽为国民经济建设、地方经济社会发展，作出了应有的贡献。

目前，中国一汽在全国有五大生产基地，第一个是总部所在的东北基地，主要在长春；第二个是华北基地，主要在天津；第三个是华东基地，主要在青岛；第四个是西南基地，主要在成都；第五个是华南基地，主要在佛山。在长春，既有中国一汽总部，也有红旗轿车、奔腾轿车、解放卡车的研发制造基地，以及一汽—大众、一汽—奥迪和一汽—丰田的基地等。

研发方面，中国一汽在全球建立了“三国五地”的布局。在美国硅谷有人工智能技术中心，在中国北京、德国慕尼黑有前瞻设计中心，在中国上海有新能源研发中心和设计中心。设在中国长春的全球研发总院，具备创意、设计、技术、实验、试制等能力。

海外布局方面，中国一汽积极响应“一带一路”倡议，拓宽合作“朋友圈”，构建“联合出海”新生态。目前，中国一汽在 14 个国家建成了 16 个组装基地，组装比例超过 60%。同时，中国一汽积极开拓全球市场，海外业务覆盖 100 多个国家。

二、中国汽车产业的未来

中国汽车产业已经进入 4.0 时代。1.0 时代，中国汽车产业起步；2.0 时代，开始合资合作；3.0 时代，自主品牌开始起步。现在中国汽车产业进入全新时代，我把它形容为 4.0 时代。

在 4.0 时代，中国汽车产业有两个根本变化。一是汽车产品的关键核心技术出现重大变化，如新能源、智能网联等。未来，汽车的核心技术和核心组成部分，包括“心脏”（发动机和动力总成）、“大脑”（控制系统）等，70%—80%要发生根本性变化。汽车的动力总成从发动机变成了电机；汽车的 ECU 原来只有一两个，最多五六个，而红旗明年要推出的新产品 ECU 超过 100 个。汽车要达到 L2.5 级自动驾驶水平，需要 2 亿多行软件代码，而波音 747 飞机的软件代码才 2000 万行左右。所以说汽车在发生着根本性的变革。二是消费行为发生了从拥有到多元化出行的多样性变化，出行方式可以是购买汽车，也可以是共享汽车等。

在 4.0 时代，中国汽车产业有两个没有变。一个是根植于学习曲线的基本经济规律没有变，也就是说专业化的特点没有变。另一个是汽车产业作为时尚业与涉及人身安全的大规模制造业之间融合的产业基础没有变。因此，如果能力、基础不足，要想进入汽车行业是很难成功的。

在 4.0 时代，中国汽车产业面临巨大的危机。第一，中国汽车市场 28 年来增速第一次下降，汽车企业当下及未来生存会非常困难。第二，受技术驱动、消费者选择拉动影响，汽车产业将发生颠覆性变革，对传统汽车企业形成挑战。第三，2022 年中国汽车产业完全对外开放，合资企业股比放开，对中国自主品牌构成压力。

同时，中国汽车产业也有很大的机遇。第一，中国汽车市场容量巨大，每年销量超过 2800 万辆，并且中国汽车千人保有量与全世界平均水平还相差 40 辆。中国汽车产业通过合理的规划、节能、环保和交通规划，能够达到 4000 万辆以上。第二，颠覆式创新为中国汽车产业“弯道超车”提供了可能。本轮技术变革，会颠覆过去整个汽车产业的形态。这就相当于全世界汽车企业重新处在同一起跑线上。对中国汽车企业而言，颠覆式创新才能赢得生存和发展的巨大空间。第三，传统汽车产业还有改善空间。中国汽车市场正在引领全球汽车发展，成为全球汽车产业创新的风向标。过去，我要求设计人员逐平方厘米地去测量、借鉴国际优秀的汽车设计产品。现在，全世界最漂亮的汽车都在中国，一些比较老旧的汽车反而是国外比较多。可见，全球汽车产业技术变革，中国汽车产业巨大的市场容量，孕育着崛起成长一批世界级中国自主汽车企业的机遇。中国汽车产业必须化危抓机、换道超车、敢打硬仗、勇于创新，努力实现汽车产业强大的梦想！

三、中国一汽的愿景和雄心

国有企业是党和国家最可信赖的依靠力量。中国汽车产业是在党的领导下开创的，要用汽车造福人类出行，为人民谋幸福；要发挥支柱产业作用，为中华民族谋复兴。因此，面对汽车产业如此大的市场容量和变革机会，中国一汽作为新中国汽车工业的“长子”，中国汽车产业的“摇篮”，必须作出积极回应，并有所作为。这是中国一汽能够追赶全球汽车企业唯一的、最好的机会，抓住了这个绝佳的机会，就会成长为世界级企业，否则大概率就要被淘汰。

（一）愿景

我们确立了到2030年，把中国一汽打造成世界一流移动出行服务公司的愿景，届时中国一汽不再仅仅是简单的汽车制造企业，而是提供消费者移动出行解决方案的公司。为实现愿景规划，中国一汽明确了实施路径，即战略调整转型期、战略增长期和战略成熟期，确定要着力提升四大能力，加强七大业务板块建设，实现十七大要素的加速提升和成长。

（二）“831”战略

2018年12月，中国一汽发布了“831”战略，描述了战略调整转型期、战略增长期的奋斗目标及任务。即从2018年到2025年，经过8年的奋斗，实现经济规模（包括销量、收入）、价值创造、人均收入3个方面翻一番。具体指标是销量突破700万辆，营业收入超过1万亿元，利润超过1000亿元，上缴税收超过1500亿元，人均收入达到23万元。

同时，“831”战略还确定了一系列的战略举措，包括打红旗、抓自主、强合作、快布局、速转型、狠创新、优管理、勇改革、严党建、惠员工等。下面，主要介绍四个方面。在打红旗方面，加快红旗领域的改革调整；在抓自主方面，加速“解放”“奔腾”做强做优做大；在强合作方面，加强与大众、奥迪、丰田、马自达等公司的深化合作，同时还要与华为、阿里、腾讯、百度等优秀互联网企业加强合作；在快布局方面，中国一汽与东风、长安联合成立了移动出行服务公司，与吉林大学合作打造创意创业产业，同时中国一汽正在构建红旗小镇，融合红旗的精神、理念、创造、创意、制造、研发、技术等，打造红旗产业生态，在2019年7月12—15日的红旗嘉年华活动中，红旗小镇博物馆开始建设。

（三）新红旗，让理想飞扬

红旗品牌拥有辉煌的历史，历届党和国家领导人都非常关心、支持并乘坐红旗轿车。毛泽东、邓小平、江泽民、胡锦涛等领导人均乘坐红旗轿车。2015年9月3日，在纪念抗日战争暨世界反法西斯战争胜利70周年活动上，习近平总书记乘红旗检阅车检阅中国人民解放军。同时，习近平总书记现在出访时，也是用的红旗轿车。目前，红旗轿车已经成为党和国家领导人、副省级以上领导干部公务用车。这是“红旗”莫大的荣誉，中国一汽既感到非常自豪和骄傲，也感到责任重大。

当前，中国一汽正在加速振兴红旗品牌。2018 年 1 月 8 日，发布了新红旗品牌战略，确立了 L、H、S、Q 四个系列产品。红旗 L 系列，是国家领导人以及重大外事活动、国事活动的礼宾用车，同时也提供私人定制。

红旗 H 系列，既可以满足领导干部公务用车，也适用于家庭用车。其中，红旗 HS5 在 2019 年 5 月 26 日正式发布，引起了业内轰动，树立了 B 级豪华 SUV 的新标杆，上市一个月订单达到 7000 辆。红旗 H5 每月销量在 5000 辆以上，尤其值得一提的是，自 2018 年上市以来，价格始终未进行调整，这可以说明红旗 H5 的畅销程度及保值能力。红旗 HS7，配备 2.0T 和 3.0T V6 发动机，现在中国能够自主

红旗车系

生产 V6 发动机的企业只有中国一汽，中国一汽还有 8 缸、12 缸的发动机。红旗 HS7，于 2019 年 7 月 12 日正式发布，相信能够在中国 C 级豪华 SUV 市场掀起热潮。这款产品不仅造型颜值高，而且技术含量也非常高，几乎达到了 L2.5 级自动驾驶水平，可以通过手机控制。2019 款红旗 H7，在原来基础上，经过了 1600 多项技术改进，动力性、操控性绝对可以排在豪华轿车前列。

红旗 S 系是轿跑车，2019 年法兰克福车展上展出的红旗轿跑车中，有一款超级跑车，我们称它为陆地上最快的车，匹配中国一汽自主研制的动力总成和电子电气，从 0 到 100 公里 / 小时加速仅需 1.9 秒，从 0 到 400 公里 / 小时仅需 22 秒以内，最快时速能达到 457 公里。Q 系是商务系产品。

支撑新红旗品牌战略落地，中国一汽打造了四大品牌要素。一是红旗“爱・尚”公益品牌。中国一汽努力在促进社会发展方面作出贡献，每年在扶贫上的投入超过 1 亿元，从 2017 年开始，每年又追加 5000 万元用于扶贫、助学等。二是红旗技术品牌“阩旗计划”。三是红旗出行品牌“旗麟计划”。四是红旗服务品牌“心服务”。

在制造方面，红旗智能工厂在 2019 年 2 月 18 日建成，是世界顶级的智能化工厂。前不久，劳斯莱斯高管参观后感慨道，中国一汽红旗原来还可以是这个样子！红旗 L 平台生产制造车间，在品质、技术、工艺方面，都是世界极致的。例如，一般汽车漆面擦的时间长了，就会变暗，但红旗产品的漆面是越擦越亮，目前只有红旗品牌有这个技术和工艺。

除打造世界极致的制造基地以外，中国一汽还同时打造世界一流的技术创新体系、人才体系、管理体系。其中，在人才方面，引进了全球顶级的汽车领域专家，如劳斯莱斯的原设计总监等。在管理方面，中国一汽正在进行业务和管理重构，努力打造世界最先进的管理体系。

新红旗品牌战略发布以来，中国一汽人、红旗人把对企业、对“红旗”的高度热爱，转化为强烈的奉献和敬业精神。现在只要一说到“红旗”，绝大多数人都很兴奋。每天晚上 10 点中国一汽大楼仍然灯火通明，大家都在自觉地加班。正是这种努力和奋斗精神，让红旗品牌销量去年实现了 3.3 万辆，同比增长 560%。2019 年的目标是 10 万辆，再增长一倍，明年实现新跨越。再经过两年左右努力，争取达到 50 万辆。在中国豪华品牌汽车市场中，第一阵营的奔驰、宝马、奥迪销量在五六十万辆左右；第二阵营的雷克萨斯、保时捷、凯迪拉

红旗轿车制造基地

克等在十几万辆左右。如果红旗品牌销量达到 10 万辆，就能够进入中国汽车市场豪华品牌第二阵营；如果达到 20 万辆，就能够进入第一阵营。中国一汽人、红旗人正在以忘我的奉献敬业精神，把其他世界一流汽车企业走过的百年历史压缩在几年时间内完成，创造世界汽车产业的奇迹。

四、寄　语

最后，与各位同学分享一下我 20 多年来从事汽车行业的体会，算是一点寄语。我认为情怀、洞见、勇气和奋斗，是投身于汽车行业、干好汽车事业所必需的“四轮驱动”。

第一是情怀。汽车这个行业，是让人充满热爱的事业。汽车人要有强烈的、沉浸的情感，发自内心热爱汽车产业。热爱的基本标志是：无论职位高低、无论薪酬高低都愿意付出；眼睛一睁开就想到汽车，眼睛一闭上在梦中也想着汽车。

第二是洞见。汽车产业的认识门槛非常低，但是真正的门槛却非常高。汽车产业充满诱惑和陷阱，纵观世界汽车产业一百多年、中国汽车产业五六十年的发展史，众多的资本和英雄在其中折戟沉沙。所以，要想做好汽车事业，需要洞见。没有洞见，依靠机会、运气，只会昙花一现，难以长久。

第三是勇气。汽车产业需要对未来、时尚、体验作出判断，这些判断有的非常感性，有的非常复杂。所以，有时候对未来的决策需要勇气，出现问题时要敢于壮士断腕。而且汽车消费受经济影响很大，经济好的时候，人们收入增加、愿意买车，市场销量就会上升；经济差时，市场销量马上就会下降。但汽车厂的资源，包括制造资源、设计资源、人力资源等，一般是按照市场销量平均值设计的。所以，在经济好的时候，要有危机感；在经济差的时候，要提高警惕。

第四是奋斗。一代又一代人已经为中国汽车产业奋斗了五六十年。中国一汽非常感谢党和国家，感谢这些先辈们开创了中国汽车事业。现在，中国的自主汽车品牌还没有完全塑造起来，面对新的开放格局，无愧党和国家的重托，不负先辈们的奋斗，当代汽车人尤其要有战斗精神和斗争精神。

汽车产业是工业、制造业皇冠上的明珠，是一个国家综合实力的象征。纵观世界，凡是汽车产业强国，都是经济强国、技术强国。今天的汽车产业不再是传统产业，新的技术让它又焕发了无限生机，会随着人类发展而不断发展。汽车不断拓宽人类个体的视野空间、生活空间、想象空间。未来，汽车与人的关系会更加密切，成为每个人每天生活中非常重要的伴侣。所以，这是一份值得投身热爱的事业。中国一汽致力于强大民族汽车工业，拥有着崇高使命、深厚积淀与广阔舞台，是一个值得为之而奋斗的企业。同学们，汽车驱动国与家，青年胸怀国与家，欢迎大家加入中国一汽，让我们始于初心、源自热爱、众志成城，飞扬青春的理想，追逐强国的梦想。

新红旗让梦想成真！

同学们说

徐留平老师的精彩报告，让我感受到的不仅是我国汽车工业的奋进崛起，更是勇担民族复兴重任的报国情怀。这堂特别而又深刻的思政课，让身为吉大学子的我们，对自身使命有了更清醒的认识，对自身成才有了更好的规划。我们一定要立鸿鹄志、做奋斗者，扎根专业，聚焦潜能，为了国家兴盛、民族复兴、家庭幸福、个人前程努力奋斗。

——黄若禹　通信工程学院学生

中国汽车产业已进入4.0新时代，汽车的核心技术发生了根本性的变革，消费者的消费理念也发生了巨大的变化，这为中国汽车产业带来了新的机遇和挑战。作为新时代青年学生，我们一定砥砺前行、奋勇拼搏、追求卓越，为中国汽车产业贡献力量！

——庞静溪　计算机科学与技术学院学生

“情怀、洞见、勇气、奋斗”是徐留平老师对我们青年学生提出的期望，也是红旗走至今日辉煌的精神支柱。听到徐老师讲起汽车行业充满激情，提到红旗更是无比自豪，我的心里充满敬意与感动。对徐老师来说，那不只是工作，而是关乎中国的雄起与全人类幸福的梦想与初心。期待徐老师在未来携手红旗带给我们更多惊喜！我们也将在成就小我的同时融入繁荣祖国的大我中去，珍惜伟大的时代，投身祖国建设，刻苦奋斗实现青春梦想。

——刘聿祺　数学学院学生

20. 军工魂、强军梦

中国船舶重工集团有限公司  哈尔滨工程大学

胡问鸣

2019年5月27日，中国船舶重工集团有限公司原党组书记、董事长胡问鸣在哈尔滨工程大学讲课

精言粹语

★国无重器不强、人无精神不立。

☆国防科技工业战线的军工人在党的英明领导下，为实现强军梦，在推进军工科技与装备发展中孕育形成的战胜一切艰难险阻、不断从胜利走向胜利的动力源泉，核心就是许党报国、把一切献给党，我把她概括为“军工魂”。

★军工魂是一种义无反顾的奉献精神，流淌在军工人的血液中，体现在行动上，表现在危急关头挺身而出、不惜用生命保护和抢救国家利益与人民生命财产安全上。

☆“8·20”抗灾抢险英雄群体，是一群新时代传承弘扬军工魂、奋力实现强军梦的突出代表，是一个镌刻着爱岗敬业、履职尽责的精神标杆，是一面飘扬着无私奉献、勇往直前的鲜亮旗帜，是一座蕴含着对党忠诚、许党报国的精神宝藏，是中船重工以及整个军工科技、教育、工业战线的荣耀。

★青年学生处在成长、成才的关键时期，是传承军工魂、实现强军梦的重要生力军。无奋斗、不青春，无精神、不青春。

☆精神恒久远，青春最无敌。

★同学们要把发扬五四精神同传承和弘扬许党报国、“把一切献给党”的军工魂紧密结合起来，在新时代军工科技与装备、海洋科技与装备事业发展和实现强军梦的伟大征程中，以青春理想、青春活力、青春奋斗，创造辉煌业绩，实现理想价值。

国无重器不强、人无精神不立。中船重工和哈尔滨工程大学多年来致力于研究军工、干军工，为军工培养人才、为实现强军梦拼搏奋斗。今天，我想以一个军工人40多年的切身体验，尝试着揭示一下我们国防科技工业战线的军工人在党的英明领导下，为实现强军梦，在推进军工科技与装备发展中孕育形成的战胜一切艰难险阻、不断从

讲课现场

胜利走向胜利的动力源泉，核心就是许党报国、把一切献给党，我把她概括为“军工魂”。

回想1949年10月1日开国大典时，受阅部队携带所谓“万国牌”装备接受检阅。当时，成立了海军、空军，但还没有完成组建，陆军武器中好的均为日制、德制、英式美制和捷克式装备，17架飞机是美制和英制，海军方队是从大连海校调来的徒步水兵，只有骑兵的战马是我们国家自己产的。那时我国军工科技与装备发展，基础十分薄弱。

在当时十分困难的条件下，党中央、毛主席决定加快建设军事技术院校、加快发展军事工业，并于1952年6月23日、正值抗美援朝战争烽火期间授命陈赓创建，1953年9月1日正式成立中国人民解放军军事工程学院，简称哈军工，是新中国第一所高等军事技术学府，经过六十多年砥砺奋进，已经发展成为一所拥有鲜明特色和重要影响力的“双一流”建设全国重点大学，为“三海一核”（船舶工业、海军装备、海洋开发、核能应用）相关技术领域攻关发展贡献了一大批重大科研成果和优秀专业人才。同时，中船重工业已发展成为我国航母、核潜艇、常规潜艇、水面舰艇、水中兵器、信息电子、动力机电等海军武器装备科研、生产、试验、试航、服务保障的主体力量，载人深潜、量子导航、特种气体、三峡升船机、超大型油船等军民两用技术与装备产业跻身世界前列，中船重工位列《财富》世界500强船舶企业首席。

经过新中国成立以来六十多年的不懈努力，2015 年中国人民抗日战争暨世界反法西斯战争胜利 70 周年阅兵展示了包括 99A 型坦克、新型战术导弹和巡航导弹、直-19 直升机等机械化、信息化复合式发展的系列武器装备，表明“我国国防武器装备与西方发达国家差距进一步缩小，有些装备如‘东风-21D’导弹甚至世界领先”。2019 年 4 月 23 日，在青岛附近海域举行的庆祝海军成立 70 周年海上阅兵，集中展示了航母、新型核潜艇、常规潜艇、万吨级大型驱逐舰等 32 艘战舰以及 39 架战机，显示了我国核常兼备、信息化条件下威慑和实战能力、能够遂行多样化军事任务的海军武器装备力量。根据美国乔志 · 华盛顿大学帕桑迪德的研究成果，“中国海军军事力量实现了巨大飞跃，可以说已成为全球实力第二强的舰队”。

航母编队：中国海军军事力量实现巨大飞跃

武器装备从无到有并发生翻天覆地的变化，军工发展从1931年10月兴国县官田村中央兵工厂发端并不断成长壮大，是在中国共产党的英明领导下、在中国特色社会主义建设和改革开放的伟大事业中取得的。在这一伟大事业中，孕育和形成了宝贵的军工魂、军工精神，成为我们有效履行职责使命、为国防特别是海防科技与装备现代化提供优良装备与优秀人才的强大动力。

被誉为“中国的保尔·柯察金”的吴运铎是“把一切献给党”的杰出代表，他为研制各种弹药3次严重负伤，留下伤口100多处，4根手指被炸断、左眼被炸瞎、左腿被砸坏，身上伤疤无数，为改善我军装备和国防现代化建设作出了突出贡献，成为军工史上不朽的传奇。同时，“把一切献给党”，也成为军工人始终不渝的光荣传承。

哈尔滨工程大学在教学科研中锤炼形成的“以祖国需要为第一需要、以国防需求为第一使命、以人民满意为第一标准”的价值追求，

哈工程价值追求

以祖国需要为第一需要、以国防需求为第一使命、以人民满意为第一标准

航母精神

爱国、创新、科学、拼搏、协作

“两弹一星”精神

热爱祖国、无私奉献，自力更生、艰苦奋斗，大力协同、勇于登攀

在中国特色社会主义建设伟大事业中，孕育和形成了宝贵的军工魂、军工精神，一脉相承

中船重工在航母工程中孕育产生的“爱国、创新、科学、拼搏、协作”的航母精神，与老一辈军工人创造的“两弹一星”精神（热爱祖国、无私奉献，自力更生、艰苦奋斗，大力协同、勇于登攀）等一脉相承，既继承了热爱祖国、无私奉献的优良传统，又体现着新时代科学、创新、严谨、安全的时代内涵，支撑、丰富和彰显了“把一切献给党”的军工魂，成为我们战胜一切困难、奋力实现强军梦的有力法宝和宝贵精神财富。

在中船重工有许许多多传承军工魂、发扬军工精神、为实现强军梦作出突出贡献的优秀代表。

中船重工七一九所名誉所长、中国工程院院士黄旭华，是我国第一代核潜艇总设计师，贯彻落实毛主席“核潜艇，一万年也要搞出来”的伟大号召，从 1957 年到 1986 年与老家亲人神秘“失联”30 年，

黄旭华

我国第一代核潜艇总设计师，贯彻落实毛主席“核潜艇，一万年也要搞出来”的伟大号召，从1957年到1986年与老家亲人神秘“失联”30年，62岁时才得以回家同95岁的母亲再次相见，干惊天动地事，做隐姓埋名人。

“人生如深海中的潜艇，无声但有无穷的力量”

传承军工魂、为实现强军梦作出突出贡献的优秀代表：中船重工七一九所名誉所长、中国工程院院士黄旭华

62 岁时才得以回家同 95 岁的母亲再次相见，干惊天动地事、做隐姓埋名人，“人生如深海中的潜艇，无声但有无穷的力量”。

中船重工七一五所研究员、中国工程院院士宫先仪，1962 年哈军工海军工程系水声专业五期毕业生，是我国第一代大型潜艇声呐总设计师、我国潜艇新型主战声呐的奠基者，是我国工程科技界甘于奉献、严谨求实的楷模。全国优秀共产党员、中船重工前卫科技集团董事长张进，22 岁毕业进厂，把毕生心血倾注在企业发展上，带领濒临破产的军工企业发展成为具有较强竞争力的创新型军工企业，曾连续 64 天吃住在车间，是出了名的“铁汉”。企业腾飞了，职工富裕了，但当了 12 年厂长的张进却病倒在工作岗位上，去世时年仅 52 岁，他没有孩子，只留下从教师岗位退休的年迈父母和一处装修布置简陋的 60 多平方米的住房给他妻子，但他的精神却永远留驻在干部职工心间。

军工魂是一种义无反顾的奉献精神，流淌在军工人的血液中，体现在行动上，表现在危急关头挺身而出、不惜用生命保护和抢救国家利益与人民生命财产安全上。2018 年 8 月 20 日，大连中船重工七六〇所某重点试验平台受强台风影响出现重大险情，危在旦夕，黄群、宋月才、姜开斌等 12 名同志舍身抢险、义无反顾，3 名同志壮烈牺牲，用热血和生命保护了重点试验平台安全，诠释和践行了军工人许党报国、“把一切献给党”的军工魂。面临着这种惊涛骇浪、明知道生命危在旦夕，英雄们凭什么还能冲上去，我想这就是新时代传承了军工魂的传统。这是我们奋力实现新时代强军梦的重要的支撑。我们有这样一群人，我们靠着这样一个魂，有党的坚强领导，我们就能实现强军梦。

青年学生处在成长、成才的关键时期，是传承军工魂、实现强军梦的重要生力军。无奋斗、不青春，无精神、不青春。2019年3月18日，习近平总书记在学校思想政治理论课教师座谈会上发表重要讲话，指出“要成为社会主义建设者和接班人，必须树立正确的世界观、人生观、价值观，把实现个人价值同党和国家前途命运紧紧联系在一起”。贯彻落实总书记重要讲话要求，对有志于军工事业的青年学生来讲，就是要把崇高的军工魂同蓬勃的青春活力聚合在一起，把实现个人价值同实现强军梦强国梦紧紧联系在一起，不断实现我国军工科技与武器装备的跨越提升。

精神恒久远，青春最无敌。近年来入职中船重工的一大批优秀青年，不忘初心、牢记使命，积极投身于军工科技与装备事业，取得了非凡成就，体现了人生价值。

2019年五四青年节前夕，中船重工七一五所“海眼”系统项目组荣获“中国青年五四奖章集体奖”。这个项目组200多名成员，平均年龄约30岁，最大的63岁、最小的21岁。他们历经5年艰苦努力，成功打造出中国“海眼”，成为我国在深海大洋的“千里眼”“顺风耳”和提升我国海防科技与装备水平、保障我国海洋安全的大国重器。5年中，他们的工作节奏是“5+2”“白+黑”，远超“996”。他们不仅要按照紧张的时间节点攻克科研难关、突破技术瓶颈，还要战胜各种难以预料的物质和环境方面的困难。一年365天，有200多天是在海上试验中度过的。试验中遭遇恶劣海况，试验船颠簸、摇摆剧烈，有时甚至摇摆达到42度，焊接在舱壁上的床都被摇得掉下来。有些专业的老师和同学知道，船在海上摇摆超过45度，就很可能船翻人亡。在剧烈的颠簸摇摆中，睡觉几乎是不可能的，大家经常是吐完了接着干活，干不了几分钟又接着吐，吐完了再接着干。支撑项目组攻关奋战、一往无前很重要的因素就是军工魂的力量。项目组的口号是："义无反顾、勇往直前；死心塌地、毫不动摇！新时代！新常态！"这群年轻人正是传承了"把一切献给党"的军工魂和执着坚守，才取得了打破技术封锁、赶超世界一流的突出成就。

在中船重工还有许许多多像抗灾抢险英雄群体、"海眼"系统项目组一样的同志和团队，他们承担航母工程、核潜艇工程、载人深潜工程、南海岛礁工程等国家重点工程和各项科研、生产、试验试航等任务，传承无私奉献、许党报国的军工魂，取得了显著成就。获得"中国青年五四奖章"的中船重工七〇一所王硕威，25 岁就成为国产航母总师系统最年轻的成员，30 岁、31 岁两次获评辽宁舰工程攻坚会战先进个人称号，为工程研制作出了突出贡献。还有 22 岁入职中船重工七〇四所、从事创新研制被誉为"阿拉神灯"的航母舰载机着舰目视引导系统的技术骨干、党的十九大女代表李媛等一大批优秀年轻的同志，都在各自岗位上为军工科技与装备事业，为实现强军梦奉献青春、拼搏奋斗。国产航母研制团队的平均年龄在 35 岁左右。

2019 年 4 月 30 日，习近平总书记在纪念五四运动 100 周年大会上发表重要讲话，对新时代中国青年发扬五四精神提出六个方面的明确要求：一要树立远大理想，二要热爱伟大祖国，三要担当时代责任，四要勇于砥砺奋斗，五要练就过硬本领，六要锤炼品德修为。我们哈尔滨工程大学各位同学，要认真贯彻落实习近平总书记重要讲话要求，把发扬五四精神同传承和弘扬许党报国、"把一切献给党"的军工魂紧密结合起来，在新时代军工科技与装备、海洋科技与装备事业发展和实现强军梦的伟大征程中，以青春理想、青春活力、青春奋斗，创造辉煌业绩，实现理想价值。

党的十九大明确了新时代中国特色社会主义发展的战略安排和全面推进武器装备现代化、把人民军队全面建成世界一流军队的宏伟目标，为青年学生施展人生抱负提供了广阔空间。适应海军战略转型和建设海洋强国需要，我国航母发展在实现从“用起来”到“造起来”跨越的基础上，加快迈向“强起来”，海洋技术与装备产业蓬勃发展，哈尔滨工程大学青年学生前程远大。当今世界正面临百年未有之大变局，我国一些关键核心技术受制于人的局面尚未根本改变，军事、安全领域一些高新技术同发达国家仍有较大差距，海上方向安全面临的现实威胁呈上升趋势。中美经贸摩擦从去年 3 月开始已持续了一年多时间，对我国科技与经济发展的影响等都需要我们更加坚定信仰信念、弘扬军工精神，把握正确方向，着力应对各种风险挑战，大力提升关键核心技术攻关突破和高质量发展的能力水平，把自己的事办得更好。

习近平总书记的殷切期望，是对哈尔滨工程大学青年学生的期盼和召唤，也是对中船重工的指令和要求。在中船重工这个大家庭里，不仅充满着履职尽责、许党报国的军工魂的力量，同时也洋溢着尊重知识、尊重人才、尊重价值创造、有付出就有回报的浓厚人文情怀。在党和国家事业发展中，中船重工特别重视吸引积聚和培养使用高素质专业技术人才，设置了技术人才和技能人才两个序列，构建了院士、首席专家、高级专家等高级人才团队，目前已有 285 人。高级人才政治上享受中船重工高管和成员单位领导班子成员待遇，经济上薪酬待遇达到或高于当地同档次人才薪酬市场标准，同时，不低于本单位相应职级领导干部薪酬水平。不断打通科研成果转移转化通道，完善人才合理分享创新收益的制度规定。依托重大工程任务，为年轻同志压担子、建台子、搭梯子，加强磨砺锻炼，促其成长成才。我们还专门明确了高校毕业生引进的相关制度规定，实行毕业生起始薪酬保障标准，起始薪酬可以高于起薪标准，但经考核合格的毕业生薪酬不能低于起薪标准。这也是我们不忘初心、牢记使命，树牢“四个意识”、坚定“四个自信”、坚决做到“两个维护”的具体体现。

同学们说

听完英雄群体的事迹，我体会到了什么叫把一切献给党，能够在即将离开母校的时候接受这样一次精神的洗礼，十分庆幸。在和平时代，履职尽责、许党报国是英雄留给我们的精神财富，是青年党员永恒的准则。

——冯赟元　自动化学院学生

一名党员的信念与担当既展现在危难关头的挺身而出，又体现在日日夜夜的勤恳付出，这堂课让我对老军工、老党员、老军人忠于党和人民，献身国防事业有了更深刻的认识。作为国防生的我们，要用实际行动捍卫在党旗前许下的铮铮誓言。

——陈艺蕾　航建学院学生

国无重器不强，人无精神不立这句话已深深地印在我的脑海里。在风云变幻的今天，中船重工立志于用最尖端的技术和固我海疆的信念研发着大国重器，而中船人用最英勇无畏的精神和牺牲一切的党性向我们证明了何为军工魂。

——马　磊　国防学院学生

21. 坚守初心使命　共筑中华民族伟大复兴中国梦

中国宝武钢铁集团有限公司  复旦大学

陈德荣

2019 年 5 月 21 日，中国宝武钢铁集团有限公司党委书记、董事长陈德荣在复旦大学讲课

★一部人类文明的发展史其实就是一部材料的发展历史。人类在钢铁广泛使用之后，才真正进入现代社会。可以这么说，没有钢铁就没有我们今天人类的文明。

☆衡量一家企业是不是高科技企业，不只在于你生产的是什么，更在于你用什么方式生产。尽管今天我们生产的是传统的钢铁，但是我们的生产方式、商业模式都是现代的，所以我们应该是一家现代高科技企业。

★钢铁不再是高能耗、高污染的行业，今天已经完全做到绿色化，我们所有的原料最后变成产品出厂，“吃干榨尽”；废水零排放，全部循环利用；废气超低排，比天然气发电厂还要低。

☆干钢铁的人不再是汗流浃背、油污满面、衣衫不整、傻大黑粗，我们要求操作室一律集中，操作岗位一律机器人，运维一律远程，服务环节一律上线，现在都是“鼠标炼钢”。

★如果我们处在一百多年前，面对的就是战乱不已、民不聊生、流离失所的环境，个人即便有梦想也难以达成。在今天这个伟大的时代，国家有前途，民族有希望，对青年人来说，有梦想就有希望，有梦想就有未来，我们岂能辜负？

非常荣幸也非常高兴，今天能够到复旦大学来讲课。虽然我们都在上海滩，共饮一江水，但是钢铁这个行业和我们高校差异还是比较大的，所以今天以一个常人眼中“傻大黑粗”的钢铁从业者的形象，来到世界一流的学术殿堂，心里还是非常忐忑，在座的都是国之骄子、顶尖人才，所以今天有不当的地方请各位多多谅解。

讲课现场

好在本人对复旦不是太陌生。记得小学和中学学毛选、学马列著作、学《共产党宣言》，《共产党宣言》的翻译者、复旦大学老校长陈望道是我们浙江义乌人，我外婆家就在浙江义乌，也姓陈，和陈望道还有一点远亲。恢复高考以后，我们复习高等数学用的是同济大学的教材，但在复习考研的时候感觉复旦的数学分析这套教材也非常棒。后来到地方工作，担任温州市委书记，在我向各路客商招商引资的时候，经常拿复旦大学的苏步青教授作为我们浙江的名人向外推荐。我们有一个宝钢教育奖，历史上有158位复旦老师获得过宝钢的奖教金，566位复旦同学获得过宝钢的奖学金。现在我们中国宝武有951位复旦校友，我身边不少同事也是复旦毕业的，应该说和复旦还是比较有渊源的。

希望通过今天讲课，有更多复旦学子了解钢铁行业，了解国有企业，了解中国宝武，向往到中国宝武工作。

一、关于钢铁工业

（一）我国钢铁工业的奋斗史

大家知道，人和动物最大的区别就是人会制造和使用工具。工具从哪里来？就是从材料来。最早的原始人，用的是原始材料，用石头、棍棒战胜动物。所以一部人类文明的发展史其实就是一部材料的发展历史。人类的历史，除了可以用社会形态、生产关系等作为表征外，其中非常重要的一个表征就是材料的使用。比如石器时代对应的就是原始社会，青铜器时代对应的就是奴隶社会，铁器时代对应的就是封建社会，钢铁时代对应的就是我们的工业文明。青铜武士战胜了石器的原始人，而到了铁器时代，整个人类进入农耕文明，在钢铁广泛使用之后，才真正进入现代社会。

今天实体经济的发展，不管哪种形态，制造业基本都是从农矿产品到相应的标准化材料，标准化材料再加工成为各种各样的零部件，零部件经组装就最终形成了人们所使用的器具，成为人类衣食住行等生活的支撑。天上的飞机飞船，地上的汽车高铁、道路桥梁、高楼大厦，海里的航母舰船、石油平台等，都离不开钢铁。为什么今天我们有这么强的国力？就是因为我们已经成为全球钢铁最多的国家。可以这么说，没有钢铁就没有今天人类的现代文明。

中国钢铁工业的发展，比世界上任何一个国家都经历了更多的艰难和曲折。正是这些艰难和曲折，造就了中国钢铁工业今天的辉煌。

源于农耕文明的铁匠铺，那不是钢铁工业。中国现代钢铁工业开始于 1840 年英帝国坚船利炮把中国的大门轰开之后。从洋务运动开始，曾国藩做了规划，李鸿章在上海成立了江南制造局，1890 年建立炼钢厂，1891 年出了第一炉钢。1890 年，湖广总督张之洞创办了汉阳铁厂，就有汉阳造的铁轨和步枪。

此后全国也有大大小小钢铁工业的发展，但到了 1935 年全面抗战前夕，全国钢铁产量只有 50 多万吨，而且绝大部分为日本在东北的产量，国统区只有四五万吨。而同期日本的钢铁产量为 558 万吨。因为没有钢铁，要造武器大炮和工业的母机车床都是不可能的。于是当年在长江上游创建了重庆钢厂。

抗战后期，1940 年美国的钢铁产量是 6077 万吨，是日本的十倍，工业基础相差很大。毛泽东同志提出，一个钢铁，一个粮食，有了这两样，什么都好办。1958 年武钢投产，毛泽东同志亲自去看高炉出铁，马钢也是在那一年成立的。当年全民大办钢铁才 1070 万吨，但是没有这些钢铁就没有中国的工业基础。

1978 年，党的十一届三中全会闭幕的第二天，宝钢工程在上海宝山打桩。同年，中国钢铁产量突破 3000 万吨，在人民大会堂召开了庆功大会。而今天中国宝武一年的钢产量就可达到 7000 万吨，比那时全国年钢产量的两倍还要多。

从江南制造局、汉阳铁厂，到重庆钢厂，到武钢、宝钢、中国宝武，这 130 年来中国的钢铁工业一脉相承，形成了今天这样一个格局。

1996 年，中国钢产量突破一亿吨。很多专家说，中国的钢产量差不多了。当年我随中国冶金代表团到日本访问，我问日本冶金铁钢联盟的秘书长，以日本人的眼光，中国的钢产量到多少是一个极限？他说两亿吨。但 2018 年中国钢铁产量是九亿两千八百万吨，是日本人预测的 4.5 倍。

回顾全球钢铁工业发展的历史：19 世纪的英国，以区区数百万吨钢铁产量占全球一半，成为全球首强；20 世纪第二次世界大战时的美国，以区区数千万吨产量占全球一半，成为世界第一；今天中国以九亿多吨的产量占全球的一半。以钢铁产量而论，中国也一定是全球第一。我们这代人从读大学时的三千万吨，到现在搞到近九亿三千万吨，实现了中国成为全球钢铁大国的夙愿，我们觉得干钢铁是非常自豪的一件事情。

因为今天我们钢铁工业干得太好了，甚至干成“多余”的了，所以国家推进供给侧结构性改革，“去产能”第一就是去钢铁。其实不是“多余”的，因为2018年九亿两千八百万吨，除了七千多万出口全部用光。所以中国综合国力的提升，就是建立在中国强大的钢铁工业以及以钢铁工业为代表的先进制造业的基础之上的。

（二）今天及未来的钢铁

1.钢铁给今人的“不良印象”

今天的钢铁工业，包括在座各位对钢铁行业可能还有错误的认知。

第一，钢铁是高能耗、高污染的行业，尘土飞扬、烟尘满天。第二，干钢铁的人汗流浃背，油污满面，衣衫不整，傻大黑粗。第三，钢铁这个材料比较粗笨，颜色也不漂亮，价格低廉。而以上这些观点都是错误的。黑，因为我们是黑色金属。同时廉价，人家说钢铁卖到了白菜价，实际上比白菜便宜。2015年，螺纹钢的市场价格是1800元一吨，九毛钱一斤。很难想象，如果中国没有这么高的钢铁产量支撑，那中国快速发展中大量的基础设施是不可能做到的。所以多了总比少了好，贱了总比贵的好。

2.“颠覆想象”的现代钢铁

中国的制造业以钢铁工业为代表，今天已经走在了世界的前列。最近复旦有同学来中国宝武参观，看了以后感到很震撼，颠覆了他们的想象，改变了他们对钢铁的认知。今天的钢铁，早已今非昔比。

第一，钢铁的绿色化。

钢铁过去给大家的印象，我们的排放很差。今天钢铁不再是高能耗、高污染的行业，已经完全做到绿色化。我们提出“三治四化”。所有的原料最后变成产品出厂，“吃干榨尽”；废水零排放，全部实现循环利用；废气超低排，排放标准比天然气发电厂还要低。

在环境方面，大家看看复旦的校园，应该说非常漂亮，绿地率尽管不低，但还比不上我们。我们现在搞“四化”——洁化、绿化、美化、文化，新疆的天山，广东的韶山，上海的宝山，南京的梅山，我们的厂区绿地率都在三分之一以上，绿地率高的可以达到40%多，同时我们把上百年的工业文明进行展示。

另外我们正在探索绿色冶金，研究将碳冶金改为氢冶金。瑞典提出到本世纪末零碳冶金，日本COUSE50到2050年减碳1/3。中国宝武也在做这方面的探索。

宝钢股份宝山基地原二号焦炉拆除后在旧址上新建草坪与景观水池

复旦学子被中国宝武优美的厂区环境深深吸引

第二，钢铁的智慧化。

大家印象中过去钢铁工人的形象，现在都已经不见了，因为我们整个环境、工作已经智慧化了。我们提出用“四个一律”推进智慧制造：制造环节做到操作室一律集中，操作岗位一律用机器人，运维一律远程，服务环节一律上线。

制造业的智慧化，钢铁最具有代表性。钢铁温度范围最广，高温到两三千度，低温到负两百度。各种形态包括液体、气体、固体，以及连续的流程型制造和离散型制造。谁能够把钢铁厂的智慧制造做好，谁就会在智慧制造方面占据整个行业的领先地位。

同时我们在智慧制造中大力推进5G的应用。4G时代，智能手机可以看视频，家里面的Wi-Fi也可以解决问题。但是在生产现场，低时延、快速反应必须要有5G，地铁、火车追踪的时间间隔是两分

复旦学子看到高度智慧化的钢铁生产操作现场，大呼“被震撼到了”

钟，而我们钢厂两个机架之间控制精度是毫秒级，钢厂是最适合运用 5G 技术的。

在电子商业模式上，我们借助在标准化材料领域的地位，从标准化材料到零部件供应商，再到最后的整机厂，形成 B2B2C，加上交易链，加上物流和资金流的耦合，通过在现代产业互联网时代新的商业模式的再造，从而把制造业、服务业、金融业、IT 产业进行高度融合。

所以我的一个观点，衡量一家企业是不是高科技企业，不只在于你生产的是什么，更在于你用什么方式生产。淘宝上卖的大都是老百姓的日常用品，但它用的是消费互联网这样一个新的商业模式，所以是一个高科技企业。腾讯运用 IT 互联网技术解决了人们之间最本能的交际需求，所以它也是一家高科技企业。今天我们中国宝武生产的是传统的钢铁产品，但是我们的生产方式、商业模式都是现代的，钢铁只不过是我们价值的载体，所以说我们应该是一家现代高科技企业。

还有一些电子产品装配企业，看上去像高科技企业，其实不是。它虽然做笔记本电脑，虽然做苹果的手机，但它用了几十万工人，它核心的技术不是中国芯，它是一个劳动密集型高科技产品的装配企业。所以生产电脑的不一定是高科技，生产服装也不一定是传统，你用最新的材料，你用最富有时尚的科技，卖服装也可以是一个高科技企业。是不是高科技企业，关键看研究室里搞研发的白领多，还是在现场的蓝领多，蓝领在以什么样的方式工作？今天宝武有来自各大名校的才子，白领占三分之一，蓝领也都是“鼠标炼钢”，不是用体力的方式，而是用计算机一键炼钢，所以宝武是一家真正的高科技企业。

所以做我们的员工是很幸福的。20 世纪 90 年代宝钢董事长黎明给员工提出“三个一”——一万美元、一套房、一辆车，吸引了那么多复旦的才子才女到宝武。今天到复旦来，我们提出员工“三有”——有钱、有闲、有趣，员工要逐步实行“两周三休”。

第三，钢铁的全球化。

在全球制造业中，中国有哪几个行业走在前列？我认为核电是一个，高铁算一个，接下来就是我们钢铁。

在美国的匹兹堡地区、德国的鲁尔地区，现在经济学上都叫“锈带”，他们的钢铁业竞争力不行，大都亏损了，需要我们去帮助重振欧美钢铁。我们预计未来在新兴国家、在印度洋沿岸，应该是未来钢铁工业发展新的区域，我们要按照习近平总书记的要求，去“一带一路”沿线拓展新的发展空间。而我们无论是搞并购还是开拓新的领域，都需要大量优秀人才。

随着全球化的发展，我们可能会把钢厂建在世界各地、天涯海角，但是它在哪里操作？在上海。上海今后将会成为我们在全球各大钢铁基地的研发中心、控制运营中心和营销中心。我们今天广东湛江的高炉已经可以实现在上海操作，千里之外一键炼钢。你照样可以享受外滩的风光，你可以做到有钱、有闲、有趣。

我们中国的钢铁工业经历了一个非常曲折的过程，发展到今天，非常不容易。在今天努力实现中华民族伟大复兴中国梦的新时代，我们要一棒接着一棒，把我们钢铁的接力棒传承下去。钢铁在我们国家和民族未来的发展中，应该是我们整个制造业的基础。欢迎有志青年加入中国宝武，成为中国宝武大家庭中的一员。

我们当年干钢铁那种激情燃烧的岁月，你们没有经历过。当时有一部电影叫作《火红的年代》，有一首歌叫作《毛主席的光辉把炉台照亮》，歌词现在还记得："我战斗在金色的炉台上，这里是毛主席到过的地方，亲切的教导，时刻在耳边回响，沸腾的钢水映红了我的胸膛。千座矿山化铁水，万吨钢材运四方……"未来干钢铁不需要被炉火烤，也没有汗流浃背了，你们还不干吗？我们现在都是鼠标炼钢，我们现在有新的商业模式，我们虽然是传统的产品，但是我们是一个高科技的企业。中国宝武的舞台需要你们，你们一定能够在中国宝武找到自己的用武之地，在中国宝武的舞台上肆意挥洒你们的青春才华。

二、关于国有企业

（一）我国国有企业的发展历史

国有企业是现代企业的一种形式，有它发展的过程。中国的工业化，大家不要去和欧美的工业革命比较，因为我们不可能有这样一段历程。中国的工业从 1840 年开始，最早就是洋务运动的官僚资本，李鸿章、张之洞、曾国藩搞洋务运动，后面就是帝国主义，日本在东北建伪满洲国的时候，在东北有了一部分帝国主义的买办资本，然后就是民族工商业的发展。

新中国成立以后我们没收了买办资本、官僚资本，形成了国有企业。1956 年以后，资本主义工商业经过社会主义改造，形成了一种新的国有企业经济形态，加上那个时候从苏联引进的 156 个项目，构成了今天很多央企最早的基础。

经过了新中国成立以前民族工商业的发展，新中国成立以后的社会主义改造、计划经济，应该说都进行了有益的探索，为后面的发展奠定了基础。而中国经济真正的发展，应该说是在1978年改革开放以后，宝钢是改革开放的标志，国有企业也正是伴随着改革开放而发展的。

这一点，不怕不识货，就怕货比货。2018年我们国家纪念改革开放40周年，40年来取得了辉煌成就。同时期的苏联，在东欧剧变以后，采取了休克疗法，使得苏联四分五裂，从世界的一流强国、美苏两霸之一变成今天三四流的国家。而我国正是改革开放的政策，特别是党的十八大以后提出的"两个毫不动摇"，奠定了我们整个国家经济发展的基础，开启了新的历程。

（二）国有企业的地位和作用

习近平总书记在全国国有企业党的建设工作会议上指出，国有企业是中国特色社会主义的重要物质基础和政治基础，是我们党执政兴国的重要支柱和依靠力量，是党领导的国家治理体系的重要组成部分。这是一个非常高的定位，国有企业是党领导的国家治理体系的重要组成部分，也就是说在今天社会主义中国，我们的国有企业不可或缺。

国有企业为我国经济社会发展、科技进步、国防建设、民生改善作出了历史性贡献，功勋卓著，功不可没。国有企业坚决贯彻落实党中央决策部署，始终坚持把高质量发展作为重中之重，不断增强活力、控制力、影响力、抗风险能力，切实发挥了国民经济的"稳定器"作用。

国有企业是国民经济发展的中坚力量，形成了巨大的产业资产，

2018 年就业人数 6170 万人，年利税达到 4.61 万亿元。

国有企业也是国家战略的重要实施主体，在关系国家安全、国计民生等关键领域不断取得突破，如航天和探月工程、国产大飞机、歼 20、国产航母、北斗卫星导航系统等，在航天、高铁、特高压输变电、深海、移动通信等领域创造了世界领先的地位。这些领域都是国之重器，基本都是国有企业在承担。

国有企业是践行“一带一路”倡议的主力军。中国对“一带一路”沿线国家和地区投资实现较快增长，2017 年直接投资 202 亿美元，截至 2017 年直接投资存量 1544 亿美元。

如今，国有企业虽然在国民经济中的占比逐年下降，但整体发展健康，实现了国有资产保值增值。在竞争性领域，钢铁行业 60%的产能是民营企业，40%是国有企业，但是最赚钱且比较低端的螺纹钢、线材，我们国有企业很少生产，把这一块让利于民，我们生产高端的，像航母、海洋军工、核电、特高压使用的产品，这些产品其实利润不高，但是它是国家重器，大国发展必须要的。国有及国有控股工业企业总产值占全国规模以上总产值的比重，从 2000 年 47%降到 2011 年 26%。但截至 2018 年年底，总资产 178.7 万亿元，净资产 63.1 万亿元，其总量更大、质量更高、效益更好、竞争力更强，对国民经济的支撑作用也更强。

同时，国家也在大力推进国有企业的混合所有制改革，现在纯而又纯的国有企业已经很少。据国资委统计，现在我们差不多三分之二的国有资产是混合所有制，它的营收、利润、从业人员差不多就是三分之二。我们干钢铁的比较有体会，纯铁只有通过各种合金的配比，才能生产出性能更好的钢铁产品。纯国有的企业在竞争中，受制于体

中国宝武生产的核电蒸汽发生器 690U 型管用钢

制机制，必须通过和不同所有制的经济成分混合，优势互补、抱团出海，才能够进一步提升我们整个国家企业的竞争力。未来国有企业改革的方向，在一些公共领域、民生领域、国防领域，可能更多需要国有产业；在充分竞争的领域，就应该大力地发展混合所有制经济。

（三）中国宝武未来的改革和发展

1. 打造国有资本投资公司

过去宝武是一个纯的产业集团，而今天，宝武是国家批准的第一批国有资本投资公司。宝武 2016 年 12 月 1 日正式挂牌联合重组后，我们用了短短的两年时间，实现了宝钢和武钢整个业务的重组整合，形成了建立在专业化能力基础上的规模效益，从而提高了我们整个联合重组以后宝武的竞争力。2017 年实现效益比 2016 年翻一番，2018

年又比 2017 年翻一番。

下一步我们要进一步推进企业的整合融合。联合、整合易，融合难。融合更多是文化层面，是人心层面的。我们在座很多是管理学院的高才生，也来帮我们宝武诊断诊断，你也可以参与全球最大企业的并购案。因为宝钢是世界五百强，武钢也是世界五百强，两个世界五百强的企业重组整合，难道不是一个经典案例吗？能不能成为我们复旦的案例？我们可以提供很多案例，那是最鲜活的。

我觉得中国未来市场经济发展阶段，不可能像过去一样，干什么，什么挣钱，在过剩的时代一定会推动资本的重组，资本的重组在中国一定会成为未来经济发展一个非常重要的路径，所以未来中国的并购将会成为一个行业的常态。以钢铁来论，日本的钢铁业，第一位和第二位占全国产能的 70%，美国前几位也都是占全美国的大部分。但是中国宝武现在是全球第二、中国最大，只占中国钢铁产能的 8%。中国九亿吨钢由 300 家钢厂生产，未来我认为 30 家就够了，所以另外 270 家，就是未来整合的对象。你到宝武来，不一定会炼钢铁，你可以帮助我们去搞资本并购运作。

2. 打造全球钢铁业引领者

根据习近平总书记在党的十九大上提出的培育具有全球竞争力的世界一流企业的要求，我们要努力打造具有全球竞争力的世界一流的示范企业。打造世界一流的示范企业，必须要有世界一流的资本运作能力、世界一流的金融能力、世界一流的沟通能力。你搞并购，到欧盟、美国就会受到反垄断调查，你怎么跟人家讲清楚，我这个对整个全球经济的发展是有利的，这就需要宣传，所以我们的新闻学院、管理学院、金融学院的高才生，在这些领域都大有可为。

中国宝武的愿景是“成为全球钢铁业引领者”，使命是“共建高质量钢铁生态圈”。要实现这样的愿景目标，需要形成“一基五元”的产业格局，以钢铁产业为基础，新材料、贸易物流、工业服务、产业金融和现代城市新产业五大产业协同发展。

第一，以钢铁产业为基础，我们要做全球钢铁业的老大。中国占全球 50%的产能，不应该有一家全球领先的企业作为旗舰吗？钢铁航母，中国宝武不做，谁做？舍我其谁？我们要有这样的气概。

第二，新材料产业是我们未来的方向。未来汽车节能要轻量化，飞机上天要轻量化。一方面要把钢铁做得更轻、更高强度，现在我们最高强度产品是 2000 兆帕，是普碳钢的七八倍，同样强度条件下重量可以做到原来的七分之一甚至八分之一。同时我们要做更轻的材料，包括耐高温合金、铝合金、碳纤维、石墨烯等。新材料是战略性

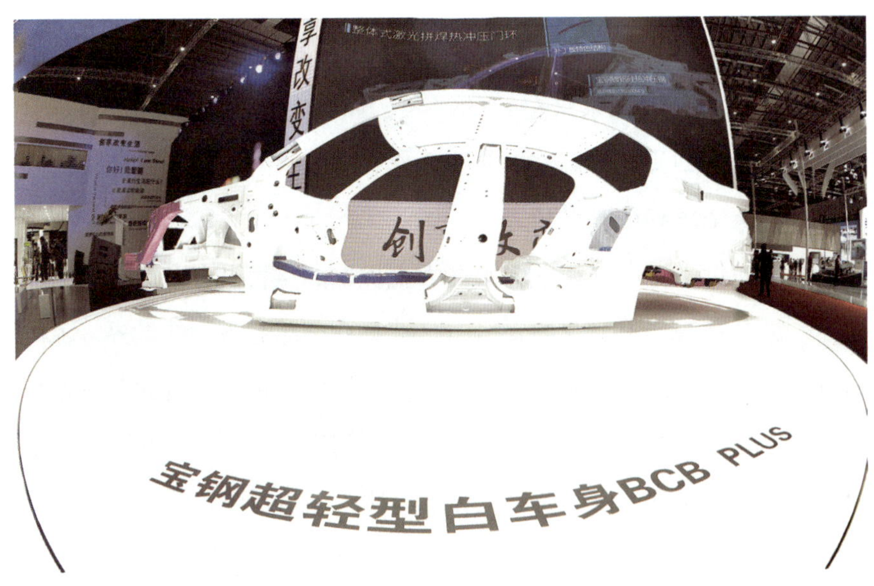

宝钢超轻白车身

新兴产业，我们未来要成为一个提供综合性材料解决方案的供应商。

第三，贸易物流业方面，我们要做 B2B 领域的阿里巴巴。钢铁行业有数万亿元乃至几十万亿元的规模，我们可以用现代产业互联网的商业模式和技术，极大地提升制造业的资源配置效果，提高竞争力。我们要通过产业互联网，把哪怕是再小的个性化要求，通过大数据形成个性化的标准，同时通过每一道工序、每一个台套设备个性化的控制，实现按卷、按板来交货，来满足客户个性化的需求，这也是我们未来的发展方向。

第四，工业服务业方面，在工程技术服务领域、信息技术服务领域、节能环保领域，我们分别有专业化的平台公司，提供技术服务和支撑，并将服务优势向其他企业及行业辐射。

第五，城市服务业方面，随着城市的发展，钢厂搬迁后腾出大片土地。我们不做商品房，而是做高科技园区。大家看看杨浦区原来的上钢二厂，我们改造成高科技园区，电竞、游戏……互联网的“猪八戒”都招进去了。宝武是中国排在前五的土地持有者，我们的土地不是只有几亩，因为建一个钢厂就二三十平方公里，再加上都在省会以上的城市，我们最值钱的是地。各位如果对这方面感兴趣，到中国宝武来，一定帮助你实现这个梦想。

还有一块就是产业金融业。我们有银行、保险、基金、信托、融资租赁、财务融资等，金融牌照都是全的。你要想干金融的话也欢迎到中国宝武来。

我们现在提出分三步走，要实现亿吨宝武、万亿营收，除了钢铁之外，形成若干个千亿级营收、百亿级利润的支柱产业和一批百亿级营收、十亿级利润的优秀企业。我们现在是“一基五元”，估计到我退休，可以干到“一基六七元”，你们来了，看能不能干到“一基十元”，所以未来的宝武各个专业都有用武之地。

三、对青年朋友的成长建议

历史的接力棒，交到了青年人手里。2019 年 4 月 30 日习近平总书记的重要讲话，就是希望我们新时代青年以实现中华民族伟大复兴为己任，不辜负党的期望、人民期待、民族重托，不辜负这个伟大的时代。

（一）把个人的奋斗投身伟大斗争，才有无穷的勇气

在实现伟大梦想的征程中，要有效应对重大挑战、抵御重大风险、克服重大阻力、解决重大矛盾，必须进行具有许多新的历史特点的伟大斗争。习近平总书记指出，行百里者半九十。中华民族伟大复兴，绝不是轻轻松松、敲锣打鼓就能实现的。全党必须准备付出更为艰巨、更为艰苦的努力。

近期的中美贸易战，我们要认真对待，但也并不可怕。当年我们只有几十万吨钢产量的时候，毛泽东同志就说美帝国主义和一切反动派都是“纸老虎”，那个年代美帝国主义有六千万吨钢产量，是我们的 100 倍，今天我们是九亿两千八百万吨钢产量。美国今天多少？八千万吨，我们是它的 12 倍。我们今天要有战胜一切困难的信心和勇气。

尽管前进的道路上会遇到各种阻力，但我相信总有一天，中国所

秉持的“共商、共建、共享的全球治理观”，习近平总书记提出的“构建人类命运共同体”，一定会得到国际社会的广泛认同。我们中国人是爱好和平的民族，我们不想和人家打，但是我们不怕打，因为只有具备打的能力，你才不会打。武就是止戈，我们有制止争斗的能力，才可以和平。这一定是建立在非常强大的综合国力基础之上的，特别是强大的制造业、强大的制造能力。而这个制造能力最关键的是什么？就是我们钢铁，我们中国宝武要勇担重任。

（二）把个人的努力投身伟大工程，才有不懈的动力

历史已经并将继续证明，没有中国共产党的领导，民族复兴必然是空想。习近平总书记指出，要大力弘扬老一辈知识分子“党让我们去哪里，我们背上行囊就去哪里”“始终与党和国家的发展同向同行”的家国情怀和奉献精神、新时代优秀知识分子“心有大我、至诚报国”的感人事迹和爱国情怀，把爱国之情、报国之志融入祖国改革发展的伟大事业之中、融入人民创造历史的伟大奋斗之中。我们年轻人应该有这样的热血，应该有这样的激情，应该有这样的一种家国情怀，把个人的职业生涯的发展融入中华民族伟大复兴的中国梦当中，这样才能够有前途。

（三）把个人的发展投身伟大事业，才有至高的荣誉

实现伟大梦想，必须推进伟大事业，中国特色社会主义最本质的特征就是中国共产党的领导，通过生活点滴，我们也能够感受到中国的发展就是在中国共产党的领导下推进社会主义现代化建设取得的丰硕成果。

我以前做过嘉兴的市委书记，经过嘉兴的沪杭铁路，最早就是大清国 1908 年建立的，正因为有了这一条铁路，才有了这条铁路沿线民族工商业的发展。嘉兴是徐志摩、茅盾的故乡，也是中国共产党的诞生地。但是这条铁路通行了一百年，时速也就是五六十公里。我读大学时从杭州到北京要坐 26 个半小时，坐得两腿浮肿，夏天毛巾都馊掉。2009 年高铁沪杭段开工，2010 年国庆节就建成通车了。所以没有共产党，社会主义集中力量办大事那是不可能的。

（四）把个人的目标融入伟大梦想，才有坚定的信念

青年的理想信念关乎祖国的未来，我们要把个人的职业生涯发展和祖国的发展紧紧相连，融入为实现中华民族伟大复兴中国梦的奋斗当中。试想，如果我们处在一百多年前，面对的就是战乱不已、民不聊生、流离失所的环境，个人即便有梦想也很难达成。但是在今天这个伟大的时代，国家有前途，民族有希望，对青年人来说，有梦想就有希望，有梦想就有未来，我们岂能辜负？遥想五四运动时的中国，一百多年后的中国，发生了翻天覆地的变化，这就是今天青年人幸福的时代。

前不久我回到母校，写发言稿的时候，脑子里就有一首歌，《80 年代的新一辈》：“再过二十年，我们重相会，伟大的祖国该有多么美……创造这奇迹要靠谁？要靠你，要靠我，要靠我们八十年代的新一辈。”三四十年过去了，应该说我们这一代人，无愧于这个时代。再过三四十年，那是什么时候？ 2049 年，那是新中国成立一百周年。按照党的十九大提出的目标，我国在 2020 年全面实现小康，2035 年基本实现社会主义现代化，2050 年实现社会主义现代化。中华民族

的伟大复兴，就是在那个时候实现。但是这个阶段的建设，更多靠在座的年轻人，是你们这一代人的责任。再过三四十年，中华民族的伟大复兴、社会主义现代化，一定会在你们手里实现。实现百年“中国梦”的光荣属于谁？这无疑应该属于你们。

现在我们校企结对了，热烈欢迎老师、同学走进央企、支持央企，用中国梦激昂青春，把爱国情、强国志、报国行融入国有企业改革发展的大潮中，练就高超的本领，成就精彩的人生。

各位同学，一代人有一代人的长征，一代人有一代人的担当。《卿云歌》有云：卿云烂兮，糺缦缦兮，日月光华，旦复旦兮。让我们携起手来，深入学习贯彻习近平新时代中国特色社会主义思想和党的十九大精神，进一步树牢“四个意识”，坚定“四个自信”，坚决做到“两个维护”，扎实进取，通过旦复旦兮的努力，为实现中华民族伟大复兴的中国梦而努力奋斗。

同学们说

“钢铁行业不再是工人们在粉尘噪声中辛苦流汗的代名词，现在的钢铁是智造的时代”，中国宝武的国企公开课改变了我对钢铁厂的固有观念。在复旦大学师生去中国宝武参观的视频中，我看到了自动化、智能化、绿色生态的钢铁厂全貌。从 1978 年一个在“全国人民办钢厂”时期办下的企业，到如今世界五百强的龙头企业，我们看到了一家将钢铁生产与智能智造完美结合、将创新优势发挥到极致的优秀国企。

——斯琴塔娜　管理学院学生

通过陈德荣书记的讲述，我了解了中国宝武振奋人心的创建历史，看到了他们锐意进取、改革创新的奋斗精神。我觉得每一个青年人都应该以敢闯敢拼、改革创新的精神，化挑战为机遇，勇担民族发展大任。

——陈大慈　法学院学生

对于中国宝武这样的国有企业创建史、发展史的了解，让我们增进了对我们国家发展的认识，增进了对中国特色社会主义的认同。以钢铁工业为代表的中国制造业，已经走在了世界的前列。如今的钢铁产业一改传统钢铁行业“傻大黑粗”，污染重、环境差、廉价的状况，成功实现绿色化、智慧化、国际化蜕变。可以说，中国宝武向我们生动展现了“坚守初心使命　共筑中华民族伟大复兴中国梦”的伟大实践。

——蔡可妍　软件学院学生

22. 海运即国运

——海运业的战略地位及担当

中国远洋海运集团有限公司  上海交通大学

许立荣

2019年5月7日，中国远洋海运集团有限公司党组书记、董事长许立荣在上海交通大学讲课

★海运即国运。海运是强国背后难以复制的动力因素，是强国不可或缺的经济要素。

☆无论外部环境如何变化，海运作为全球贸易最主要的载体，它的地位和角色始终没有变，至今仍然是不可替代的。

★海运业的特点：大起大落、大风大浪、大进大出、大喜大悲。

☆如果说贸易与投资是“一带一路”上流淌的血液，那么承担了全球90%贸易量的海运网络就是动脉和毛细血管。作为推动“一带一路”落地最成熟的产业力量，海运应当充分发挥在“一带一路”建设中的骨干作用。

★在“一带一路”建设中，我们以“义”字主导价值观，见利要思义，不义则不为。

☆我们中国企业走出去，必须要讲求长期稳定发展，不能搞短期行为，要真正参与到当地的经济发展和民生改善中，增强东道国的“造血”功能，实现企业与东道国可持续的共赢目标，惠及当地、惠及社会、惠及人类。

★“多赢”不是一个“点”赢，而是一条“链”赢，是一个“面”赢。在“多赢”理念推动下，我们对于“一带一路”沿线资源，就要讲求协同效应，避免分散、孤立的业务布局，力求连点成线，排线成面。

非常高兴来到上海交通大学和大家交流。今天站在这个讲台上，我首先想到上海交大校训中的前四个字："饮水思源"。中国有两所重要的航海院校，上海海事大学和大连海事大学，这两所大学的源头是上海吴淞商船学校，而吴淞商船的源头也是上海交大的源头。吴淞商船学校的重要创始人唐文治，是上海交大历史上一位非常著名的校长，他的家国情怀感动并激励着一代代后人。应该说，100 年前，上

讲课现场

海交大的源头也是中国航海人的源头，是中国航海史的重要篇章。

“饮水思源”，近代中国海运事业的丰碑上永远铭刻着上海交大先辈的思想和汗水。世界海运历经数千年，其中风云变幻、潮起潮落、沧海桑田。徐福东渡扶桑、郑和七下西洋，见证了中国古代航海事业的辉煌；迪亚士发现好望角、哥伦布发现新大陆、麦哲伦首次环球航行，见证了西方航海文明。人类的海运业在无数伟大航海家的探索下，在一系列大航海活动的推动下，实现了今天的百舸争流、全球纵横。

海运即国运。2018年11月，习近平总书记在上海考察时指出，“经济强国必定是海洋强国、航运强国”，深刻阐明了海运与经济、海运与国家战略的关系，为我国未来海运事业的发展指明了方向。12月3日，总书记在访问巴拿马期间，专门视察了巴拿马运河新船闸，听取了集团有关情况汇报，同“中远海运玫瑰”轮船船长通话，对船员给予亲切慰问，对海运事业发展提出殷切期望，并祝愿我们“一帆风顺”。这对中远海运全体干部职工是莫大的鼓舞，让我们在实现中华民族伟大复兴中国梦的历史征程中，更加深刻认识到初心的崇高、使命的光荣、担当的意义。

中远海运集团是新中国航运事业的开创者，参与了中国航运70年从近海到远洋、从追随到领跑的历史进程，亲历了改革开放40多年中国波澜壮阔的伟大变革。今天，我想就贯彻落实习近平总书记重要指示，就“海运强国”这一话题，结合中远海运的具体实践，和大家交流五个方面的内容。

一、海运是“强国”难以复制的动力要素

强国的路径有多条，但通过一个产业的发展，进而带动国家地位的提升，这在世界产业经济中是少见的，海运业就具有这样的特点。一些国家通过海运业的繁荣，进而直接带动国家由小变大、由弱变强，比如15世纪的葡萄牙、西班牙、英国等欧洲强国都体现了这个规律。这表明海运业是一个独特的行业，其他产业都难以复制这一功能。

（一）海运见证了欧美强国的兴起

古罗马著名政治家西塞罗说过：谁控制了海洋，谁就控制了世界。海运业充分印证了这句话，海运与大国崛起的进程有着紧密联系；与其他产业相比，海运是强国背后难以复制的动力因素，这一规律千百年来未曾改变。

文明诞生之初，地中海通过海运成为文明摇篮。公元前1000年之前，地中海东岸的腓尼基人就凭借出色的航海技术控制了地中海地区，古希腊人通过帆船和发达的航海技术，将文明散播到整个地中海沿岸，使之成为西方文明的摇篮。

15世纪末开始的大航海时代，欧洲三国通过发展海运成为三强。葡萄牙首先凭借着优越的地理位置和先进的航海技术，先于欧洲其他国家大规模开展了海运贸易；西班牙则凭借赫赫有名的“无敌舰队”，成为一代强国；荷兰则凭借良好的商业信誉和精湛的造船技术，享有“海上马车夫”的美名，美国纽约最初的名字是“新阿姆斯特丹”，可

见荷兰海运对全球的深远影响。

近代的英国，通过海运成为“日不落”帝国。英国在与西班牙的海战中获得关键胜利，伦敦船东和保险经纪人集会的咖啡馆发展为伦敦交易所，伦敦随之成为新的国际航运中心，并制定了诸多沿用至今的贸易规则，也使其率先完成了工业革命，确定了“日不落”帝国的地位，主导世界格局两三百年。

现代的美国、日本、韩国等国，通过强化海控力争强国地位。除了美国通过最强大的海运控制海权外，日本、韩国、新加坡等国的快速崛起，都离不开海运的发展。比如新加坡作为全球航运中心之一，也曾是世界第一大集装箱港口；韩国除了拥有韩进海运、现代商船等世界领先的航运企业外，造船业也是支柱产业；日本的海运业则在其战后快速崛起中发挥了重要作用，目前船舶总运力仍排名世界第三位。

（二）海运见证了中国的发展与崛起

中国的海运业起源于唐，兴盛于明。在经历了古代海运的发展和繁荣之后，于晚清时期开始衰败。

盛唐时期，广州成为中国的第一大港、世界著名的东方港市。明代是我国海运发展的顶峰，郑和七下西洋，航行距离、规模和技术均遥遥领先；明朝的大部分时间里，中国的综合国力和总人口都排名世界第一。而明朝和清朝的海禁，令我国航海业落后于西方，国力也快速衰落。

从 1840 年鸦片战争到 1949 年中华人民共和国成立的 109 年间，中国遭受了帝国主义列强的侵略，逐步沦为半殖民地半封建国家。东西方列强控制了中国的各个对外通商口岸，掠夺了中国沿海和内河的航行权。外国资本经营的二十几家轮船公司，垄断着中国的沿海运输和远洋运输业务。中国航运业在帝国主义的压迫下逐渐衰败。

近代的仁人志士都把振兴民族航运作为梦想追求。被誉为“中国实业之父”的洋务运动代表人盛宣怀认为“商业振兴，必借航业，航业发达，端赖人才”，于是在南洋公学增设航政科，办航海一班，后于1912年独立成为吴淞商船学院。孙中山认为“自世界大势变迁，国力之盛衰强弱，常在海而不在陆，其海上权力优胜者，其国力常占优胜”，并在《建国方略》中对发展航运和海港做了专门论述。但这些梦想在旧中国都没有实现。新中国成立后，随着解放战争胜利的步伐，在毛泽东、周恩来、朱德等老一辈革命家的亲自关怀下，中国航运事业在一穷二白中开始新的拓荒。

中远、中海正是在这样的背景下，伴随新中国的成长而长大，从孤舟远征，到百舸争流，历经风雨征程，不断改革发展。其中有几个重要时间节点：1949年9月“海辽轮”起义，回到祖国怀抱；1950年4月国营轮船总公司在上海成立，统一经营全国国营轮船运输业务；1951年，新中国第一家中外合资公司中波公司成立；1961年，“光华轮”首航标志着中国远洋船队诞生；1978年，“平乡城轮”启航澳大利亚，中国第一艘集装箱货轮远航；1988年，中远在英国成立首家海外独资公司；1993年中远新加坡投资公司在新加坡上市，是第一家进入海外资本市场的国企；1995年，国家取消海运指令性计划；1997年，中海集团成立；2001年，中国入世，全球和中国海运业迎来了发展的黄金期；党的十八大和“一带一路”倡议的提出，为中国海运业注入了新动力；2016年2月18日，中远中海整合重组成为全球最大海运公司；等等。中国航运产业的这些发展历程，就是改革开放的过程，也是客户、市场、业务、竞争等要素融入国际市场的过程。正是在与国际强者的同台竞争中，我们熟悉了国际规则、深化了全球思维、学到了先进管理，经过40多年的努力，中国航运业顽强的发展壮大了。

目前，中国已经是名副其实的航运大国：年造船产能达到6000万载重吨，全球第一；海运量世界占比达到26%，全球第一；注册运力1.8亿载重吨，全球第二；全球前20大货物吞吐量的港口，中国占14个；全球前十大集装箱港口，中国占7个；全球最大的航运公司在中国，运力超过1亿载重吨，占国内总运力的56%，就是中远海运集团。

（三）海运是应对国际突发事件的重要后备力量

尽管和平与发展是当今世界的主题，但国际政治、军事斗争依然十分激烈，局部动荡频繁发生，粮食安全、能源安全、网络安全等全球性问题愈加突出，恐怖活动更给当今世界增添了不安定因素。一旦发生以上这些重大安全事件，特殊情况下，只能依靠自己国家的船队。如索马里、所罗门、利比亚动乱中的撤侨任务、海上紧急救援以及我国能源进口运输等，我们都是责无旁贷、勇担先锋。

另外还有海盗袭击，全球海域中，海盗活动主要集中在三大区域，包括：印度洋西部海域、西非几内亚湾水域、东南亚海域的菲律宾南部。据不完全统计，2018年，全球发生海盗袭击骚扰事件报告204起。近几年，中远海运集团每年都有2000艘次左右船舶航行于印度洋亚丁湾、西非几内亚湾、菲律宾南部等海盗活动高风险海域。2008年到现在，集团遭海盗袭击、袭扰船舶91艘次。当然，我们为了防海盗，也采取了很多措施，譬如研发了传送报警平台、设置船舶安全舱、加装安全防护、加入海军护航编队、聘请武装护航等。

总的来说，海运作为强国背后的重要动力，是其他产业所难以比拟的。

二、海运是“强国”不可或缺的经济要素

“强国”的基础是经济，经济的增长离不开贸易，而贸易最重要的载体就是海运。无论外部环境如何变化，海运作为全球贸易最主要的载体，它的地位和角色始终没有变，至今仍然是不可替代的。除此之外，海运与其他经济要素的关联也是非常高的，包括与市场、与消费、与竞争、与技术、与国际化等，都是密切关联、相辅相成，体现了海运对经济拉动的不可或缺性。以下做几点具体分析：

（一）海运是全球贸易的主要载体

贸易与世界经济增长速度、人口增长等因素正相关。据联合国贸易发展促进会统计，按重量计算，海运贸易量占全球贸易总量的90%；按商品价值计，则占贸易额的70%以上。2018年全球海运货物贸易量约120亿吨，其中干散货占44%，石油占27%，集装箱货占16%，三大货类合计占87%。这一数据充分体现了航运在全球贸易中的不可替代。再以中国与“一带一路”沿线国家和地区贸易为例，海运在进口中占比61%，在出口中占比74%，充分体现了航运在区域贸易中的不可替代。之所以能成为国际贸易的主要载体，主要是因为海运业有几个不可替代：

一是成本优势不可替代。在目前所有的国际贸易方式中，海运一直以来都是最经济的运输方式。根据船舶经纪克拉克森估算，2016年，平均只需支付1美元可以将1吨货物在海上运输110英里。有数据显示，从10吨/公里的运输成本来看，海运是公路运输的1/26，是航空运输的1/95。

二是网络优势不可替代。海运的全球网络化布局具有铁路、公路等不可比拟的优势。以网络化特征最为明显的集装箱班轮为例，目前全球仅班轮航线就有2100多条，东西航线、南北航线和区域内航线纵横交错，覆盖广泛，形成了密集高效的市场网络，而且这个网络是全球化的，是陆海连通的。

三是适货性不可替代。海运主要靠船舶，船舶和飞机、汽车、火车不是一个重量级的，所谓“大肚能容天下难容之事”，海运几乎可以运输所有种类、所有形态的商品：标准化的集装箱；煤炭、铁矿石、粮食等干散货；石油、LNG等液体散货；更有超大、超重的特种件，比如大型发电设备、高铁机车、海上石油钻井平台等，譬如法国空客的大飞机大部件，是我们拉回来再组装的，我们是空客公司的唯一承运方。再譬如去年首届进博会的最大展品龙门铣，重达200吨，是我们从德国运来的。另外还有冷藏集装箱，可以长距离运输生鲜产品等。海运的这些特点打破了其他运输方式在尺寸、重量、适货性等方面的局限，也体现了在贸易中的不可替代性。

四是与贸易的关联度不可替代。贸易领域的任何变化都会直接影响到海运，反过来也一样。以中美贸易摩擦的一组数据为例：单从中美贸易量来看，如果2000亿美元商品税率保持10%、500亿美元商品保持25%，海运贸易量将减少3300万吨；如果2000亿美元商品税率加到25%、500亿美元商品保持25%，海运贸易量将减少4600万吨；如果2000亿美元商品税率加到25%、500亿美元商品保持25%，2670亿美元商品税率10%，减少的海运贸易量为5200万吨。

（二）海运是预判国际市场的"晴雨表"

海运业始终处于国际市场的前沿，是国际经济走向的"晴雨表"。海运业内有一个非常知名的指数，称为"BDI"（波罗的海运价指数），通过这个指数观察经济具有很高的参考价值，尤其是对国际市场的判断。从2008年金融危机至今，BDI指数从顶峰跌到低谷，体现出明显的繁荣和萧条周期，而这与全球经济的周期有着惊人的一致。海运市场中供给侧和需求侧一直在演变，导致了海运业的周期性。从高峰到低谷算一个周期，平均7年一个周期。从全球化带来经贸结构变化推动海运市场的2003年至今，海运业竞争经历了高位期、转换期、常态期三个阶段。2003—2010年是高位期，市场起伏大、资本热、盈利高，全球主要海运企业业绩表现良好；2011—2015年是转换期，受金融危机、国际油价等影响，市场持续低迷，出现行业性亏损；2016年进入常态期，国际海运市场开始寻找新的动力和增长方向。这个轨迹与全球市场的走势有着高度的一致性。

我给大家随机找了一组运价指数的数据，可以直观地发现海运周期性的波动幅度：

* BDI（波罗的海干散货指数）：历史最高——2008年5月20日11793点；最低——2016年2月10日290点。

* WS（原油运费指数）：历史最高——2004年11月10日343点；最低——2009年5月12日25点。

* CCFI（中国出口集装箱运价指数）：历史最高——2012 年 5 月 18 日 1336 点；最低——2015 年 12 月 11 日 713 点。

* SCFI（上海出口集装箱运价指数）：历史最高——2010 年 7 月 2 日 1583 点；最低——2015 年 12 月 20 日 484 点。

通过这些指数的变化，也可以预判全球经济：比如过去 10 年，油品运输年均 1.9%的增速，反映了美国页岩油革命对全球原油市场的影响；集装箱货量 4.4%的增速，则表明经济全球化、产业链全球化，仍是大势所趋。2001—2006 年，中国人均 GDP 低于 6000 美元，中国海运进口量的增幅为 5 亿吨；而在 2007—2012 年，人均 GDP 突破 6000 美元，海运进口量的增速翻了一番，增长了 10 亿吨。2012—2018 年，中国人均 GDP 从 6337 美元增至 9900 美元，海运进口量则从 18.3 亿吨再增长了 6.3 亿吨，达到了 24.6 亿吨。因此，不管是从运价，还是从运量的角度来看，海运都与全球经济和产业的增长有很强的相关性。

海运运价指数数据

（三）海运是市场充分竞争的标杆

海运业的性质决定了我们面对的是一个完全开放、充分竞争的市场。我国的海运业开放时间早、开放程度高。国际上十多家经营全球航线班轮公司，十大干散货船东等长期占据市场主导权。2018 年全球集装箱船总运力为 2081 万 TEU，12 大班轮公司合计运力份额达 86.8%；全球干散货船运力总计 8.17 亿载重吨，十大船东运力占比为 15.7%；全球油轮运力总计 5.46 亿载重吨，十大船东运力占比为 24.3%。

（四）海运是国内经济融入国际市场的先导

海运业天生具有“全球化”属性，海运业依海发展，因海而兴，航线连接五大洲四大洋。

海运市场全球化：国际产业转移已经演进为产业链条、产品工序的分解和全球化配置，对低成本的追求是跨国公司进行全球产业要素配置的动力。航运业由于拥有运量大、运距长、运费低廉、节能环保等优点，是世界经济和国际贸易重要产业链中不可缺少的一环。

海运客户全球化：如在航运业务方面，目前全球国家中，中国、印度、日本、韩国和西欧等国为世界煤炭的进口主体。原油进口大国主要集中在美国、欧洲、日本、中国和印度。全球谷物海运主要以小麦、玉米和大豆为主，种植地主要集中在美国、阿根廷、巴西和中国，占据着全区谷物交易市场中近 60%的市场份额。

海运雇员全球化：海运企业参与国际竞争，就要成为国际化程度高的全球公司。目前，中远海运集团境外员工总数近 2 万人，其中外籍员工比例达到 97%。

中远海运超大型集装箱船靠港作业

海运管理全球化：中远海运集团在海外有 10 大区域公司，1050 家企业。实施跨文化管理，在异域文化环境中做到资本相容、智力相容、文化相容，把不同文化背景的各国员工凝聚起来，共同实施企业经营战略。

总体来看，海运业是一个非常特殊的产业，有人非常形象地用八个“大”概括了海运业的特点：大起大落、大风大浪、大进大出、大喜大悲。同时，它和经济的关系也十分特殊，不仅自身发挥拉动经济的巨大作用，而且与多个经济要素关联度高、组合作用大，所以说它是不可或缺的经济要素。

三、深化改革重组是做强海运的最佳路径

海运对强国有着重大意义，但中国目前还只是海运大国，要想成为海运强国，就要首先做强中国的海运企业，最佳的路径就是深化改革。结合中远海运集团改革重组的实践体会和取得的实际成效，汇报一些相关情况。

（一）坚持战略引领，改革重组稳步推进

2016 年 2 月 18 日，原中远集团与原中海集团重组，在上海成立中国远洋海运集团。集团深入贯彻习近平总书记关于国有企业改革发展的重要思想，以新发展理念为引领，持续深化改革重组，大力推进企业高质量发展，实现了规模与效益、改革与发展同步增长，成为全球最具竞争力的综合航运企业。

集团以建设海运强国战略、“一带一路”倡议为指引，制定了涵盖航运、物流、航运金融、装备制造、航运服务、社会化产业和基于商业模式创新的“互联网 +”相关业务的“6+1”产业集群发展战略，优先发展集装箱运输、港口、综合物流、航运金融产业，持续做大做优做强航运主业，不断提升全球竞争力。

我们以深化国企改革“1+N”系列文件为指导，坚持“一个团队、一个文化、一个目标、一个梦想”的“四个一”理念，按照“6+1”产业集群战略，不断推进“深改”“快改”，先后完成总部、集运、航运金融、能源运输、散运、码头、物流、重工、海外区域公司及海外网络、中远海控、船员和船舶管理体制、财务公司、信息资源等 19

“6+1”产业集群

	核心产业			重要产业	支持产业	
	航运产业	物流产业	金融产业	装备制造	航运服务	社会化产业
优先投资	集装箱运输 码头投资运营	工程物流 杂货特种船运输	航运租赁服务 非航租赁服务 航运相关保险服务			
重点发展	LNG运输 油轮运输	NVOCC/货代 仓储网络 多式联运 船舶代理	供应链金融 物流园区投资		燃油供应	博鳌亚洲 论坛永久会址
持续经营	干散货运输			造船业务 集装箱制造	船舶服务 船员服务	
机会性发展			财务投资	海洋工程设备制造 及综合服务		客运、酒店、地产、学校等

互联网+

“6+1”产业集群战略

个重点领域的重组整合。在推进改革重组的同时，我们不断推进机制体制创新。重点抓好董事会建设、混合所有制改革、股权激励机制改革和市场化经营机制改革，进一步释放了改革红利，提升了改革效益，焕发了改革活力。

（二）追求改革实效，奠定行业竞争地位

重组三年来，集团坚持深改快改，先后完成了 19 个核心业务板块的重组整合，资产交易规模最大、涉及上市公司最多、复杂程度最高。集团目前已成为全球最大的综合航运企业和全球最大的码头运营商，航线覆盖全球 160 多个国家和地区的 1500 多个港口。具体来看：

——在主要业务指标方面，实现了六个世界第一：

综合运力世界第一：1284 艘 /1.03 亿载重吨；

干散货运力世界第一：3976.05 万载重吨 /423 艘；

油气运力世界第一：2494 万载重吨 /195 艘；

中国远洋海运集团拥有多个“世界第一”

集装箱码头吞吐量世界第一：1.26 亿 TEU ；

特种船队运力世界第一：444.7 万载重吨 /164 艘；

全球船舶燃料销量世界第一：超过 2600 万吨。

——在规模增长方面，集团成立以来收入实现连续增长，集团总资产三年来增长了 45.5%。

——在盈利能力方面，集团平均利润率高于国际同行业水平，连续获得央企业绩考核 A 级。自 2019 年以来，集团生产经营继续保持了良好的增长势头。

——在抗周期性方面，集团非周期性资产占比、非周期性资产实现利润占比均过半，确保了集团国际化经营稳定可持续发展。

——在全球公司方面，集团境外资产、境外收入、境外利润占比均过半，已成为具有全球竞争力的综合性航运企业。

在 2018 年最新公布的全球 500 强企业排名中，中远海运集团位居 335 位，较 2017 年上升 31 位；在福布斯全球最受信赖公司 2000

强榜单中排名104位，成为全球唯一上榜的航运企业，在中国大陆最值得信赖企业中排名第一。2018年，全球知名海运咨询机构——英国海贸（Seatrade）专门将“全球最佳表现者”大奖颁给了中远海运集团。

中远海运集团的改革重组在业界引起巨大反响。目前，传统的欧美主导全球海运的格局正在打破，我们除了业务量占据绝对优势之外，从业界的影响力来看，现在越来越多的大客户主动与我们合作，体现了市场影响力、体现了改革成效。

（三）收购东方海外，集团实现再度飞跃

东方海外由香港船王董浩云创立，是世界排名第七的集装箱班轮公司，2017年东方海外船队规模为102艘，集装箱运输及物流业务总载货量630万标准箱，航线覆盖亚洲、欧洲、北美、地中海、印度次大陆、中东及澳洲等地。2018年7月24日，中远海运完成对东方海外的收购工作。随着航运业规模化经营成为大势所趋，中远海运集团收购东方海外后，使我们的集装箱船队规模达到近300万标准箱，迅速进入全球班轮行业第一梯队，成为全球第三大班轮公司。

这次收购，我们是联合上港集团、丝路基金、国投、和记黄埔共同来完成，为了充分体现收购实效，我们提出“六个保留”的承诺：保留东方海外独立品牌经营、保留东方海外上市公司地位、保留东方海外总部在香港运营、保留东方海外治理结构和管理制度、保留东方海外管理团队和全球服务网络、保留东方海外薪酬福利体系。东方海外凝聚力进一步增强，实现了“客户不流失，货量不下降，份额不降低”的目标。收购完成后，东方海外和中远海运集运共同推动“全球

化”“端到端”“数字化”“双品牌”四大战略，不断放大协同效应。

四、践行“一带一路”是做强海运的最大机遇

如果说贸易与投资是“一带一路”上流淌的血液，那么承担了全球 90%贸易量的海运网络就是动脉和毛细血管。所以，作为推动“一带一路”落地最成熟的产业力量，海运应当充分发挥在“一带一路”建设中的骨干作用，同时，“一带一路”也是海运业自身发展的难得机遇、最大机遇。结合中远海运的做法简要汇报如下：

（一）积极构建“一带一路”航运合作新格局

2016 年，中远海运牵头成立全球最大班轮联盟——“海洋联盟”，为“一带一路”提供优质服务。持续放大经营能力，近两年在新兴市场运力投放增长 50%。在“一带一路”沿线布局集装箱班轮航线和油品、干散货海运量每年均大幅增长。

另外，中远海运是全球唯一一家运营南北极航线的航运企业，成为“冰上丝绸之路”的先行者。特别是北极东北航道，已经实现常态化、规模化运营，比经苏伊士运河传统航线节约大概 7—10 天航程。

（二）积极布局全球支点网络，强化产业链核心资源控制

加强“一带一路”沿线网络布局，围绕欧洲、地中海、南美、中美洲及非洲等新兴市场重要节点开辟延伸服务，2016—2018 年东南亚、印度、欧洲、拉美、非洲区域市场货量取得大幅增长。以码头为

中远海运比雷埃夫斯港集装箱码头全景

核心积极打造“一带一路”支点，目前，集团在“一带一路”沿线国家和地区投资经营港口与码头 18 个，遍及亚洲、东南亚、欧洲、南美和非洲。

其中，希腊比雷埃夫斯港已成为“中希两国合作的典范”，吞吐量由接管之初的 68.5 万标准箱增长到 500 万标准箱，经营由亏损转为年盈利 7000 万欧元，为当地直接创造工作岗位 2600 个，间接创造岗位 8000 多个；直接经济贡献 7 亿欧元。据希腊知名智库“经济与工业研究所”报告分析，到 2025 年，比港项目将为希腊财政增收 4.747 亿欧元，创造 3.1 万个就业岗位，提高希腊 GDP 0.8 个百分点，希腊物流的产值有望从 2015 年的 4 亿欧元增加到 2025 年的 25 亿欧元。

2018 年 12 月，集团控股 90%的阿布扎比哈里发码头正式开港。2019 年 1 月 1 日，集团在新加坡原有三个码头泊位的基础上，新增两个大型泊位正式启用，成为中新两国合作投资的最大项目。

2019 年 1 月，集团在南美投资的首个控股港口——秘鲁钱凯码头项目完成签约。该项目是绿地项目，填补了集团在南美地区港口投资的空白。

（三）积极参与建设国际新通道，提升“一带一路”全程供应链服务，推动产业向价值链高端迈进

加大了对亚欧海铁联运、亚欧国际班列业务的投入，先后开通了渝深班列、蓉深班列、连云港—哈萨克斯坦—欧洲班列等；支持互联互通南向通道建设，增加以广西钦州港为始发港或经停港的远洋航线，助推内陆沿边地区成为开放前沿；深入中东欧腹地开辟物流新通道，以希腊比雷埃夫斯港为枢纽港开辟中欧陆海快线，2018 年中欧陆海快线完成货运量 5 万标准箱，同比增长 27%，客户数量由 3 家增加到 635 家，覆盖面扩大到 9 个国家 1500 个网点的 7100 万人口。

我们还主动整合航运物流上下游产业链，收购新加坡最大物流公司——高昇控股，投资哈萨克斯坦霍尔果斯东门无水港、阿联酋阿布扎比码头集装箱拆装箱场站等重大物流项目，取得了良好的经营效果。

（四）推进“一带一路”的实践体会

体会和思考很多，最主要的一点就是坚持义利并举，实现共享共赢。概括一下，体现为三个字：

一是“义”字。习近平总书记针对“一带一路”建设，提出要“坚持正确的义利观，以义为先，义利并举”。在“一带一路”建设中，我们以“义”字主导价值观，见利要思义，不义则不为。尽管财务上

的回报依然是我们最主要的一个依据，但是一个企业所产生的社会影响也越来越成为我们投资的愿望。

二是“惠”字。“惠”字，强调的是仁爱，强调的是给他人带来好处。我们中国企业走出去，必须要讲求长期稳定发展，不能搞短期行为，要真正参与到当地的经济发展和民生改善中，增强东道国的“造血”功能，实现企业与东道国可持续的共赢目标，惠及当地、惠及社会、惠及人类。

三是“多”字。打造人类命运共同体，当然不是单赢，不是我赢你输，不是零和游戏，所以必须突出一个“多”字，实现多赢。这个“多”字还有一个空间概念，就是说，“多赢”不是一个“点”赢，而是一条“链”赢，是一个“面”赢。在“多赢”理念推动下，我们对于“一带一路”沿线资源，就要讲求协同效应，避免分散、孤立的业务布局，力求连点成线，排线成面。

习近平主席在 4 月 26 日的“一带一路”国际合作高峰论坛上的讲话传递了很多重要思想，提出了开放、绿色、廉洁三大理念和高标准、惠民生、可持续三大目标。这些都是我们在“一带一路”高质量发展的新阶段，如何推进、提升发展水平的重要指导思想。

五、海运文化是滋养航运强国梦的精神财富

古老的海运业留下了永恒的航海文化，数千年来，虽风云变幻但历久弥新，虽跌宕起伏但经久不衰，闪耀着强国的底色，蕴含着奋斗的豪情。同学们身处如潮如歌的新时代，在努力奔跑追梦的征程中，

每个人都应该有一点航海精神。我今天从博大的海运文化中分享几个对大家有益的，也是体会最深的精神特质，与大家共勉。

（一）把好舵，砥砺家国天下的爱国精神

和上海交大“爱国荣校”的理念一样，中远海运是一家爱国基因浓厚的中央企业。我们的船舶航行在五湖四海，但身后是强大的祖国后盾，我们的海员有着深厚的爱国主义情怀。一代代航海先辈不忘初心、不辱使命，缔造了“大国船队”，捍卫了“浮动国土”，更树立了家国天下的精神丰碑。

在座的同学可以说是天之骄子、国之栋梁，是奋斗“中国梦”的中流砥柱，希望同学们像海员一样把好人生之舵，把握好人生的方向，坚定理想信念，永葆爱国情怀，以后无论走多远，都把个人和国家前途命运紧密联系在一起，努力报效国家，实现人生的最大价值。

（二）定好锚，坚守脚踏实地的实干精神

定好锚，我们的船舶才能在风浪中岿然不动。无论是航海，还是其他任何行业，脚踏实地是最基本的素质和要求。我 18 岁开始做船员，27 岁担任船长，在茫茫大海上航行了 17 年。航海的专业要求和海上的枯燥封闭甚至艰难险阻，让海员比常人多了一份坚守和执着，我们经常仰望星空，更多的是脚踏实地。有了这份严谨、务实、专注和坚守，才能忠于职守、临危不惧，永远坚定目标，永远坚守责任，永不迷失方向。

希望大家能够从航海人的职业坚守中得到一些启发，无论是在学习还是在今后的工作中，少一分浮躁，多一分认真；少一点好高骛

远，多一点脚踏实地；少一些急于求成的焦虑，多一些久久为功的坚持，日积月累、厚积薄发，不负人生韶华，不负时代使命。

（三）扬起帆，激扬战风斗浪的进取精神

航海，是探险者和勇敢者的职业，海员和船舶永远航行在海上，海上的艰辛是不可预测的，我们不知道什么时候什么样的危险在前面等着我们，就像我们的人生一样，未来一切都是未知的。但我们的海员从来没有止步和退却，而是像船帆一样，永远都保持着探索和前进的无穷动力。航海探险的成功常常是科学思维的成功，是创新精神的成功。

社会发展和科技进步需要我们一代代青年人去探索未知，需要我们上海交大的莘莘学子，历练勇敢的品格，砥砺创新的动力，像一名水手一样，不畏惊涛骇浪，不惧狂风骤雨，在探索未知中不断成长，在征服风浪中历练成才。

（四）拧成绳，保持同舟共济的合作精神

船舶的缆绳由无数的丝线拧在一起，这样才具备了能够带动万吨巨轮的力量。中远海运的企业精神是“同舟共济”，凝聚、合作的精神是我们的共识。同舟共济是航海精神的重要元素，海员生活在同一艘船上，完成的是同一项任务，目标一致、命运与共，船出了事，一个都跑不掉。如果各行其是，那将是一场灾难。我曾经和同事举石墨和钻石的例子，石墨和钻石都是由碳元素组成，但由于两者的碳原子排列不同，结构不同，结果是一个变成石墨，一个变成钻石。我们作为社会的个体来说，也是如此，需要以大局为重、以团队为荣，以合

作为赢、以和谐为贵，同舟共济、众志成城，这样我们就会战无不胜、攻无不克。

同学们所处的时代，是一个生产分工、社会分工、国际分工更细的时代。团队合作精神在学习、科研、工作中不可或缺。独行快、众行远。希望同学们乐于合作、善于合作，在合作中“各美其美、美美与共”，相互欣赏，相互学习，相互激励，让个人的力量倍增，携起手来在新时代追梦圆梦，实现人生价值。

同学们，2019 年是新中国成立 70 周年，也是新中国海运事业发展 70 周年，刚才，我从海运业的角度和大家分享了一些个人思考和心得体会。总的来说，海运是连通全球的重要纽带和桥梁，承载着全球贸易，创造着全球价值，传递着全球文明。希望同学们增加对海运事业的了解，用航海精神激励自己努力前行。2019 年，我在我们集团提出三个“跑赢”：跑赢市场、跑赢变革、跑赢时代，在这里，我也送给大家三个“跑赢”：跑赢青春、跑赢当下、跑赢未来，做青春的奋斗者，做时代的追梦人！

同学们说

许立荣董事长的授课让我们更加了解了海运在国家战略中的重要地位和海运人的光荣使命。在海洋强国战略愈发重要的今天，我们青年学生，尤其是我们董浩云航运与物流研究院的学生，也一定要向许董事长等前辈学习，不仅在学术和实践的道路上劈波斩浪，奋勇向前，更要在人生的航路上“定好锚、掌好舵、扬好帆”，在载着五星红旗的浮动国土劈开万顷碧波，走向广袤深蓝的宏伟征程中实现属于我们这一代人的青春价值。

——池松恒　航运与物流研究院学生

许立荣董事长的报告，让我们了解了海运，更了解了在未来的海洋世纪里中国所处的地位，所需要的努力。中国梦是强国梦，强国梦是理想之梦，作为高校一名普通学生，只有认识清晰，立场坚定，学业优异，才能不忘初心牢记使命，以十九大精神鼓舞自己，从基础开始，不断提升，保持进步，才能为梦想的实现而自豪。

——戴如吉亮　安泰经济与管理学院学生

海运事业与国力强弱同频共振，中远海运在历史发展的大起大落中，以“同舟共济”的海运精神战胜大风大浪。聚焦国家使命，“海运即国运”，新时代的改革开放必将为当代中国海运业发展塑造新的格局、开辟新的境界。作为“强国一代”的青年学子，我们学习中远海运集团所展现的爱国奋斗精神，跑赢青春、跑赢当下、跑赢未来，努力成长为担当民族复兴大任的时代新人！

——舒天楚　媒体与传播学院学生

23. 让中国的大飞机翱翔蓝天

中国商用飞机有限责任公司  同济大学

贺东风

2019 年 5 月 30 日，中国商用飞机有限责任公司党委书记、董事长贺东风在同济大学讲课

★大飞机是强国的重要标志，我们要成为一个强国，必须把大飞机搞上去。

☆不忘初心、牢记使命，用创新和勇气打造航空强企，用责任和实干践行国企担当，用信念和奉献挺起民族脊梁。

★发展大飞机是中国经济快速增长和民航业快速发展的需要，是建设创新型国家的需要。发展大飞机可以带动相关领域关键技术群体性突破，带动诸多基础学科发展，对提高我国航空工业的制造能力和管理水平有重大作用。

☆未来我们要完成支线客机、窄体客机、宽体客机自主研制三部曲，形成完整的研发体系和产品谱系，探索独具特色的商用飞机技术创新路径。

★我们要坚持以客户为中心，重点提升产品分析决策能力、研制过程关键控制能力、产品价值实现和延伸能力，探索商用飞机主制造商产品原始创新路径。

☆人才是大飞机事业最宝贵的资源。祖国的大飞机事业从未像今天这样，如此需要人才、呼唤人才、渴求人才。

★希望中国的大飞机产业，能够为客户带来更多选择，为合作伙伴带来更多机会，通过良性竞争激发创新活力，持续为全球商用飞机产业注入新的活力。

☆大飞机前景光明而宏大，但路途艰辛而遥远。我们要弘扬“航空强国、四个长期、永不放弃”的大飞机创业精神，努力研发世界级产品、塑造世界级品牌、建设世界级企业、形成世界级能力。

今天非常高兴走进久负盛名而且美丽的同济大学校园，走上同济大学的讲台，向大家报告中国大飞机的进展状况。

中国商飞公司成立于2008年5月11日，到2019年刚刚11年的时间。11年之前，我们现在的很多实验室、厂房还都是一片黄土和滩涂地。但是经过11年的努力和奋斗，我们的中国大飞机已经从思

讲课现场

想、图纸变成了现实。其间有大飞机人的奋斗和努力，也有同济人的奋斗和努力，你们的支持和帮助让我们走到现在，无论是在人才输送和培养上，还是在具体的科研项目上，都有同济大学的身影。借这个机会，我代表中国商飞公司向同济大学表示感谢，向同济大学的各位领导、各位老师、各位学生、科研工作者们致敬。

今天，我以《让中国的大飞机翱翔蓝天》为题目，向大家做一个报告，共分四个部分。第一部分，什么是大飞机；第二部分，为什么发展大飞机；第三部分，大飞机总体进展；第四部分，大飞机未来展望。

一、什么是大飞机

（一）大飞机的定义

关于大飞机的定义，不一而同，各有各的说法。我们国家大飞机的概念来自《国家中长期科学和技术发展规划纲要（2006—2020年）》里的大型飞机重大专项。这个重大专项包含大型客机和大型运输机。中国商飞公司就是实施国家大型飞机重大专项中大型客机项目的主体，也是统筹干线飞机和支线飞机发展、实现我国大飞机产业化的主要载体。

在《国家中长期科学和技术发展规划纲要（2006—2020年）》里面定义了大飞机的基本概念，即载客量150人以上，起飞重量100吨左右，飞行距离4000公里以上的飞机。C919就在这个范围内，载客量和飞行距离都符合要求，只是起飞重量稍微小一些，起飞重量70

多吨。在C919飞上蓝天之前，我国的航线上没有飞过自己的大飞机。以前搞过运-10，也首飞过，但是没有进入航线运营。

（二）大飞机的特点

第一个特点是产品高度复杂。在改革开放之初，我们做的都是低端产品、初级产品，零部件较少。随着工业的不断发展，我们慢慢向高度复杂的产品迈进。汽车的零部件数量基本在万级，航天产品零部件数量一般在十万级以上，大型客机零部件数量达到百万级。波音747有600万个零部件，波音777有450万个零部件，我们的C919飞机类似于波音737，有将近200万个零部件。

第二个特点是安全标准最高。根据2000—2009年美国交通事故数据统计，每十亿客英里死亡人数，摩托车是213人，汽车是7.3人，火车是0.43人，飞机只有0.07人。飞机远离地面，几百个人坐在上面不能出事儿，出事儿就是大事儿，所以飞机的安全标准要求是最高的。

第三个特点是市场竞争残酷。自从1949年人类第一架喷气客机问世以来，全世界共有15个国家和地区、32家主制造商，研制过88款喷气客机。随着不断的发展和竞争，28家主制造商退出了历史舞

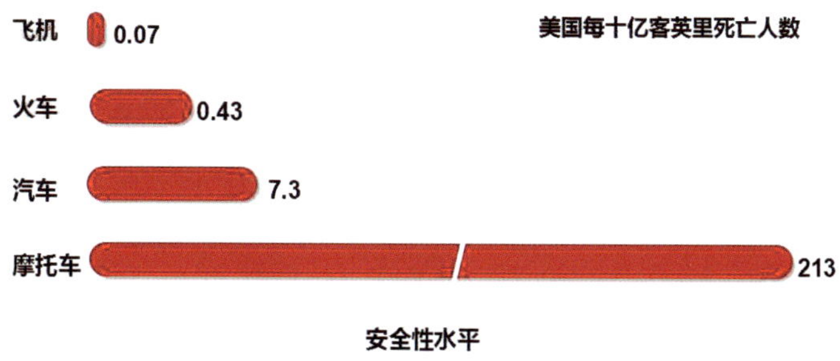

各种交通工具安全性水平对比

台，53 款喷气客机未能盈亏平衡。很多国家都想干大飞机，很多企业也想做大飞机，但是由于市场竞争的残酷，纷纷离开了制造大飞机的战场。

二、为什么发展大飞机

很多人在问中国为什么要发展大飞机？我们可以买美国的飞机、欧洲的飞机，为什么还要自己造呢？买起来不是很方便吗？这么多的航空公司，现在都在买，过去也在买，未来还可以买。

对于这个问题，我们可以从多个角度来回答。

第一，发展大飞机是中国经济快速增长和民航业快速发展的需要。据统计，2018 年中国人均乘机次数 0.44 次，比 1978 年增长了 100 多倍，机队规模 3639 架，是全球第二大民用航空市场。根据《中国商飞公司市场预测年报（2018—2037）》，未来 20 年全球新机交付量将达 4 万多架，价值将近 6 万亿美元，中国新机交付量将达 9000 多架，价值 1.3 万亿美元，占全球的 22%，中国机队规模年均增长率在 5%。无论是世界还是中国，大飞机的需求量都很大。现在很多产品市场我们国家已经取得了阶段性的成就，比如汽车。但是大飞机这个几万亿美元的市场，如果我们不做，那就都被别人占领。过去国家实力弱，没有办法造大飞机，是不是过去不能造大飞机，以后就永远不造大飞机呢？这么大的市场，我们甘心放弃吗？

第二，发展大飞机是建设创新型国家的需要。《国家中长期科学和技术发展规划纲要（2006—2020 年）》将大型客机列为 16 个重大

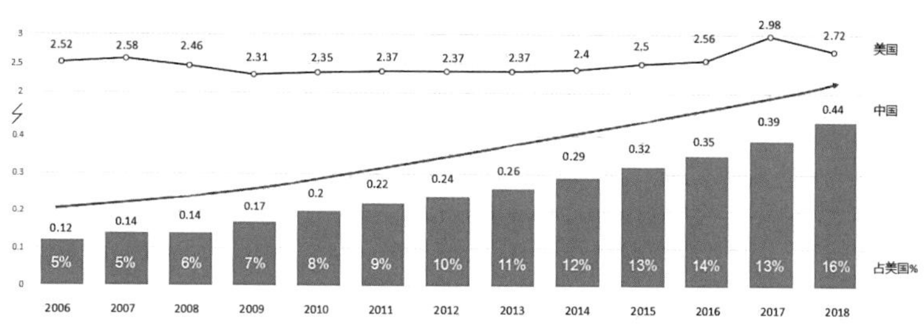

2006—2018 年中国人均乘机次数

科技专项之一。发展大飞机对于提高自主创新能力、增强国家核心竞争力具有巨大的作用，对于转变经济发展方式、推动供给侧结构性改革、建设制造强国具有巨大的作用。大飞机是建设制造强国的标志性产品之一，单位重量价值比这个概念可以很好地体现出大飞机的技术含量，同样一吨重的东西，价值是不同的。汽车是 1∶9，计算机是 1∶300，喷气客机是 1∶800，发动机是 1∶1400，所以大飞机以及发动机是技术含量最高的产品。

第三，发展大飞机带动作用巨大。技术扩散率，汽车工业是 9.8%，航空工业是 60%。通过大飞机的研制，一是可以带动关键技术，例如新材料、现代制造、先进动力、电子信息、自动控制、计算机等领域关键技术的集群性突破；二是可以带动基础科学，例如流体力学、固体力学、计算数学、热物理、化学、信息科学、环境科学等诸多基础学科的重大进展；三是可以带动航空工业，创新航空工业的体制机制，整合利用全球资源，开展国际合作，提高我国航空工业的制造能力和管理水平。

三、大飞机总体进展

（一）全球商用飞机产业总体格局

我们搞大飞机不能只立足于中国市场，一开始就要把自己放到世界产业的大格局当中去，看到全球商用飞机产业的总体格局，因为我们要和全球竞争，如果飞机不好，不能为航空公司创造价值，就会被市场抛弃。

产业总体格局的第一个特点是寡头竞争。波音、空客垄断干线飞机，庞巴迪、巴西航空工业垄断支线飞机。自 2018 年以来，波音兼并了巴西航空工业，空客兼并了庞巴迪，产业格局发生了深刻的变化，无论是干线飞机还是支线飞机都只有波音和空客两家公司，形成了超级双寡头垄断。

产业总体格局的第二个特点是行业壁垒高。自第一架喷气客机问世以来，历经几十年发展，行业标准已经很高，核心技术被美欧垄断。但是仍然有许多国家前仆后继往前赶，中、俄、日等后来者跃跃欲试。截至 2019 年 3 月 31 日，全球累计交付飞机 38658 架，其中波音占 60%，空客占 31%，庞巴迪占 5%，巴西航空工业占 3.8%。俄罗斯 UAC 累计交付 152 架飞机，我国 ARJ21 累计交付 14 架，日本三菱在研制 MRJ 飞机，立项比 ARJ21 还早，但是遇到了很大挑战，设计方案一改再改，到现在也没交付。

（二）中国商用飞机产业发展历史

中国航空工业 60 多年的历史，大型客机项目几上几下，始终没有走完一个完整的型号研制过程，始终没有形成真正的商用飞机产业。运十飞机1970年启动，1980年首飞，1985年终止，一共飞了164个飞行小时，120个起落，飞过很多地方。1985年开始，我们又组装麦道，一共生产了35架麦道82、麦道83，2架麦道90。后来波音公司把麦道兼并，整个项目又停止了。1996年我们和空客合作研制AE100，一起干了两年又停了下来。中国大飞机的发展道路很坎坷，好不容易把人聚起来了，刚走了几步就停了下来，过程没有走完，就无法积累经验，无法形成产品，无法形成产业。实践证明，发展大飞机还得靠自己，要下定决心走自己的路，造中国的大飞机。所以我们提出首先要自主创新，再就是开放合作，没有自主创新，光和别人合作就没有思想灵魂，没有自己的意志。

（三）中国商飞公司简介

中国商飞公司2008年在上海成立，使命是让中国的大飞机翱翔蓝天，愿景是为客户提供更加安全、经济、舒适、环保的民用飞机。公司成立之前，围绕干不干、在哪儿干、怎么干，争论很多。后来中央研究决定，坚决要搞中国的大飞机，而且成立一个专门的公司，一心一意，只干这件事。当时国家下了很大的力气，从全国抽调了一批精兵强将。也是从那个时候，我们和同济大学结下了友好的关系，开展了很亲密、深入的合作。

公司成立之初，我们在思考到底走什么样的模式来发展大飞机。传统企业的生产特点是把过程都封闭在自己的体系内，建立自己的标准，利用自己的资源而不是整个社会资源。但是现代企业要有所为、有所不为，做你该做的，其他的尽量利用社会资源。所以我们提出了采用主制造商—供应商的模式，轻装上阵，把注意力集中在研发设计、总装集成、市场开发和供应链管理上，其他的就利用中国航空工业的资源、整个社会资源为我们服务，这也符合现代企业的要求。

另外，我们提出了自主研制、国际合作、国际标准。所谓自主研制，从中国大飞机发展的坎坷历程可以看到，不自主就不能坚定，不自主就没有思想和灵魂。同时要国际合作，既然要跟世界上最好的产品竞争，就要用最好的资源，利用好国际上已有的优秀科技资源、人力资源和工业资源。还有遵循国际标准，飞机生产出来要得到市场和客户的认可，所以在适航上，我们严格对标国际标准开展各项试验科目、试飞科目。

中国商飞公司大厦

（四）型号研制进展

1. C919 中短程窄体客机

C919 大型客机

标准航程 4075 公里，最大航程 5555 公里，标准座级是 156—168 座，最大可以到 188 个座位，竞争机型是波音 737 和空客 A320，也是整个民用航空市场上占有量最大的机型。

C919 采用了先进的气动外形、先进的材料、新一代发动机 LEAP-1C、全时全权限电传操纵系统和先进的综合航电系统。2008 年启动研制，2015 年总装下线，2017 年成功首飞。累计客户 28 家，订单 815 架。很多人会问，飞机还没出来呢，怎么就有这么多订单呢？这是行业的规矩，先有订单，再去研制产品。因为项目投入太大，如果没有充分的市场论证，没有得到客户的认可，就把飞机研制出来，最后市场不接受，投入的钱就打水漂了。历史上很多企业都是因为飞机选型不慎，导致了公司倒闭。

C919 飞机已经进入了试飞取证阶段，目前有三架飞机在多地试飞。到 2019 年年底共有 6 架飞机投入试验试飞，批量生产、运营准备等也在同步推进。

在研制过程当中，我们牢牢把握“四性”，即安全性、经济性、舒适性、环保性，从这“四性”中大家可以看到军机和民机的不同。首先是安全性，民用飞机那么多零部件，很多是保障安全性的。军用飞机飞行员可以跳伞，民用飞机坐着几百个人，不可能跳伞，所以安全性要求很高。其次是经济性。民用飞机对赚钱要求特别高，航空公司每天都在算飞一趟赚不赚钱、赚多少钱。再次是舒适性，几百人坐在客舱里面，有时要坐十几个小时，对环境要求高，需要坐得舒服一点，客舱稍微干燥一点就不舒服。最后是环保性，欧盟要收碳排放税了，军用飞机以完成战斗任务为目标，不用管碳排放，这么多民用飞机天天飞来飞去，不能破坏环境。为此我们在 C919 上用了很多先进材料，选用了新一代发动机 LEAP-1C，燃油效率比 737 和 A320 高很多，后来波音和空客全部都换发动机了，选用和 C919 同一款发动机。

2. ARJ21 中短程支线飞机

标准航程 2225 公里，最大航程 3700 公里，座级 78—90 座，二三座位布局。采用了先进的动力装置、电传飞控系统、综合化航电系统，适应高原高温机场，产品特点是适应性、舒适性、共通性、经济性、系列化。2002 年开始研制，2008 年首飞，2014 年取得型号合格证，2016 年投入航线运营，2017 年取得生产许可证。现在累计客

ARJ21 新支线飞机天骄航空首航

户 24 家，订单 528 架。

ARJ21 飞机累计交付了 14 架，机队规模达到了 12 架，累计运营航线 26 条，通航城市 28 个，商业飞行 1 万余小时，运送旅客近 38 万人次。ARJ21 飞机还处于市场导入期，要在运营的过程当中探索、摸索、积累经验，在使用的过程中不断改进和完善，但是产品的安全没有问题。

3. CR929 远程宽体客机

座级 280 座，双通道“三三三”座位布局，航程 12000 公里。这款飞机和俄罗斯一起合作研制，目前合资企业已经成立，研发工作已经启动，双方的项目团队、设计团队都已经组建，一起进行设计，生产按照 50%对 50%进行分配。已经完成了为期三年的前期论证，确定了总体方案和技术方案。复合材料前机身全尺寸筒段试验件已经下线，展示样机 2018 年在珠海航展亮相。

CR929 远程宽体客机效果图

中国商飞公司通过 11 年的创新实践，取得了一些阶段性的进展，可以概括为“四个初步”。

一是初步掌握了大飞机研制规律、研制方法和关键核心技术。做过和没做过不一样，没做之前都是看书本、听别人说，做过以后，走过了这么多历程，克服了这么多困难，就能看到规律，看到要用哪些新方法，知道哪些关键技术点掌握了、哪些没有完全掌握。

二是初步形成了支线客机、中短程窄体客机、中远程宽体客机的产品谱系。

三是初步建立了人才、技术、管理等能力基础。一群来自全国、全球的人聚集在中国商飞，经过了 11 年的锤炼，在技术、管理上都有了一定的基础。

四是初步带动了基础学科、航空工业和相关产业。比如说我们和同济大学围绕大型客机项目开展了许多合作，如果没有这个项目的支持，合作也难以开展。虽然取得了重要的阶段性成果，但是和波音、空客相比差距还是很大，未来还有很长的路要走，还有很多的困难需要克服。用“四个初步”总结过去，可以让我们更加坚定地面向未来。

四、大飞机未来展望

（一）未来展望

1. 完成支线客机、窄体客机、宽体客机自主研制的三部曲，形成完整的研发体系和产品谱系，探索独具特色的民机技术创新路径

有人说做完小飞机就会做大飞机了，其实不然。比如客舱照明，支线飞机可能就用一个小时左右，远程宽体客机需要用十几个小时，选什么样的灯光，怎样照射才适合阅读，一盏灯就有很多学问。比如座椅，小飞机座椅小，哪怕有点不舒适，一会儿就到了，大飞机座椅还要满足休息、睡觉的需求。比如客舱环境，大飞机对增压、增湿都有很多新的要求，所以大飞机和小飞机不一样。从 ARJ21 到 C919，再到 CR929，都是在创新、在进步。通过这几个项目，我们更深刻地理解飞机是什么、怎么做、为什么这么做、怎么才能做得更好。面向未来，我们还要不断探索产品和技术创新。

2. 坚持以客户为中心，重点提升产品分析决策能力、研制过程关键控制力、产品价值实现和延伸能力，探索民机主制造商产品原始创新路径

这是我们自己提出来的，确保把从一开始听到的客户声音变成需求，需求再变成需要，通过自我设计、自我验证、自我集成来形成自

主知识产权、自主品牌，让自己有思想和灵魂。

3. 坚持自主创新，坚持开放合作，发挥主制造商产业龙头作用，塑造产业生态体系，带动我国航空工业快速发展

整个航空产业生态中，中国商飞公司是龙头企业，还有一级供应商、二级供应商、三级供应商等众多供应商。只要中国商飞公司举起大飞机的大旗，供应商就会聚在周围、合作伙伴就会聚在周围，很多的人才资源、创新资源、工业资源、科技资源就会聚在周围，产业集聚就会形成。

4. 通过中国大飞机的不断发展，持续为全球商用飞机产业注入新的活力

我们的供应商，无论国内的还是国外的，都希望我们发展得越快越好，发展的规模越大越好，因为中国大飞机的不断发展，将给合作伙伴带来更多的机会，给供应商带来更多的机会。如果我们的产品能够得到客户的拥护，客户的选择就更多，除了波音空客，还可以选择中国商飞。同时，竞争也激发创新的活力。我们出来新产品，也促使波音空客改进改型，最后客户得到了实惠，得到了新的发展优势和竞争优势。所以，发展中国的大飞机，不仅满足我们国家发展的需要、经济发展的需要、民航发展的需要、科技发展的需要，也为全球商用飞机产业注入新的发展活力。

（二）几点体会

1. 大飞机是强国的重要标志

大飞机是百万级零部件的复杂高端产品，这是工业实力的体现；大飞机需要百亿美元级的研发投入和持续的政策支持，这是经济实力

的体现；大飞机涉及数千项关键核心技术、上万项标准规范，这是科技实力的体现；大飞机拥有万亿美元级的民用航空市场支撑，这是市场容量的体现。很多人说一个国家如果不是大国和强国，就搞不了飞机。英国和德国都搞过大飞机，但没有成功，最后欧洲联合起来才形成了空客。

2. 要成为一个强国，必须把大飞机搞上去

我们作为一个发展中国家，要素禀赋和比较优势都比较突出。近 14 亿人口，数量众多的理工科大学生，能为工业提供宝贵的创新要素和科技要素。我们要成为一个世界强国，在国防安全、经济安全、产业安全上都需要完整的工业体系、强大的工业能力。

3. 大飞机前景光明而宏大，但路途艰辛而遥远

回顾我们自己走过的路程，回顾世界其他搞大飞机的国家、企业走过的路程，我们提出中国商飞公司的创业精神是“航空强国，四个长期，永不放弃”。要建设中国特色社会主义现代化强国，我们作为航空人，就一定要用航空来强国。“四个长期”是指长期奋斗、长期攻关、长期吃苦、长期奉献。大飞机研制周期长，一个型号没有八年十年根本出不来，搞两个型号几十年就没了，所以没有长期不行。因为研制周期太长，我们又提出“让长期充满荣耀，让奋斗充满快乐”，在每个重大节点举行些活动，让大家为取得的阶段性成果感到光荣，让供应商和合作伙伴感到光荣。

习近平总书记 2014 年到中国商飞公司视察工作时指出，我们搞大飞机，和我们提出的“两个一百年”的目标、实现中国梦的目标是一致的。尽管这条路还很长，我们要保持耐心，一以贯之、锲而不舍、扎扎实实、脚踏实地。一定要有这个雄心壮志，一定要相信我们

会实现这样一个伟大的目标。

2019 年 5 月是中国商飞公司成立 11 年，也是同济大学成立 112 周年。我们祝愿同济大学越办越好，同济大学和中国商飞公司的合作越来越好，也祝愿我们中国的大飞机早日翱翔在世界的蓝天。

同学们说

这次公开课让我更深入地了解了中国大飞机的发展现状及未来规划，作为一名飞行器制造专业的学生，我在校内学到了丰富的理论知识，但对大飞机的研制和商用等实践层面却知之甚少。贺东风董事长的一席话，让我深深地认识到奋战在航空制造业一线前辈们心怀梦想砥砺前行的崇高品质，也让我感受到中国商飞公司艰苦奋斗不忘初心的拼搏精神。希望将来的我也能投身大飞机事业，为中华民族伟大复兴贡献力量。

——邹施睿　航空航天与力学学院学生

这次公开课让我了解到国有企业的改革发展进程，拉近了大学生与国有企业之间的距离，看到了中国大飞机研制的总体进展与未来的发展趋势，感受到大飞机研发的技术难度，认识到大飞机是强国的重要标志，商用飞机前景可观但路途充满挑战。

——陈　树　交通运输工程学院学生

这次公开课让我对整个中国商用飞机的发展历程有了一个大体性的了解，中国商用飞机的发展是在经历了无数曲折和磨难之后才取得了如此举世瞩目的成就。能够在大学一年级就听到中国商飞的故事，体会到一代大飞机人的心声，我觉得是特别有意义的，对自己的人生也有很大的启迪。

——周禧彬　数据科学与大数据技术专业学生

国企公开课

（第一辑·下）

本书编辑组 编

人民出版社

C 目录 ONTENTS

24. 从东航发展看国企改革

中国东方航空集团有限公司  华东师范大学

刘绍勇

2019年5月8日，东航集团党组书记、董事长刘绍勇在华东师范大学讲课

★在中国，我们更能从国企发展的历程中看到国有企业发展与国家发展的关系：国家强国企强；国企强国家更强。

☆东上改革重组让我们看到了，国企改革重组不仅是物理反应，更是化学反应，文化方面要实现“1+1=1”，在效益方面要达到“1+1>2”。

★企业也好人也好，都会遇到很多困难，如果迎难而上，难（nán）就不成为难（nàn）。如果面临困难的时候，绕道走，或者回避它，那这个困难一定会变为灾难。

☆为国家、为民族、为人民全力以赴，这就是国有企业的责任，这也是国企员工的荣光。

★安全是航空企业的生命线，是企业改革发展的保证，只有保证了安全，才有时间和空间去谋划改革发展。

☆为生命担当，是国有企业的应尽之责；肩负历史使命，不负国家重托，这是国有企业应有的担当。

东航与华师大都是“50后”，东航的发展可以追溯到1957年，而华师大在1951年建校。60多年来，我们一起扎根上海、面向全国、服务世界，为共同的梦想努力。

今天交流的主题，是关于国企和国企改革。说到国企产生的历史背景，有两句话：第一句话，国有企业的产生是历史进程的自然产物。中国的官办工场、官办企业古来有之，晚清时位于上海的江南机器制造总局就是其中的典型代表，只是在解放后才真正成为全民所有，在改革开放后才逐步建立了现代企业制度。第二句话，国有企业

讲课现场

从来不是中国的“特产”。芬兰国有经济占到GDP的56%；新加坡更典型，淡马锡等国有资本投资运营公司成为举世公认的成功模式。国有企业在全球、在历史上存在并且发挥了积极作用。

在中国，我们更能从国企发展的历程中看到国有企业发展与国家发展的关系：国家强国企强，国企强国家更强。

习近平总书记指出，国有企业是中国特色社会主义的重要物质基础和政治基础，是我们党执政兴国的重要支柱和依靠力量。新中国成立以来，特别是改革开放以来，国有企业发展取得巨大成就。我国国有企业为我国经济社会发展、科技进步、国防建设、民生改善作出了历史性贡献，功勋卓著，功不可没。

习近平总书记用“六个力量”为国有企业作出了新的历史定位：成为党和国家最可信赖的依靠力量；成为坚决贯彻执行党中央决策部署的重要力量；成为贯彻新发展理念、全面深化改革的重要力量；成为实施“走出去”战略、“一带一路”建设等重大战略的重要力量；成为壮大综合国力、促进经济社会发展、保障和改善民生的重要力量；成为我们党赢得具有许多新的历史特点的伟大斗争胜利的重要力量。

今天，我想和大家分享三个故事，希望对大家客观、全面地认识国企有所帮助，对大家更好地认识时代、把握未来有所帮助。

一、“两个烂苹果”怎么做出一份好沙拉

国有企业是壮大国家综合实力、保障人民共同利益的重要力量，必须理直气壮做大做优做强，不断增强活力、影响力、抗风险能力，实现国有资产保值增值。

东航、上航重组就是我所经历的一个典型案例。2008 年 12 月 12 日，根据党中央的任命，我从广州的南航调到上海担任东航的董事长。这是一次临危受命的特殊经历。重回东航后，非常重要的一项任务就是推动东航、上航的重组工作。

说起东航、上航重组，当时外界并不普遍看好，甚至有公开质疑的声音。2009 年 6 月 11 日，香港的《南华早报》刊登了当时国泰航空公司主席白纪图的有关采访，被其他转载的媒体解读为：“两个烂苹果，做不出一份好沙拉。”这个评论，针对的就是当年 6 月 8 日东航和上航正式对外宣布进行联合重组。说东航、上航是两个“烂苹果”，是一个借喻，但从另一个侧面也说明，重组具有的高度敏感性和异常艰巨性。

2008 年年底，东航和上航这两家公司经营业绩都跌入了谷底，东航亏损 139 亿元，资产负债率达 115%，上市公司被挂起 ST 警示标志；上航则更被挂上了 *ST 标志，陷入摘牌边缘。外面说我们是“烂苹果”，我们内部的说法叫“难兄难弟”。那时候，我们真的是非常困难。我到东航的第二天，我们开了 13 个会议，我希望把我们自身的问题讲清楚，让员工知道我们的真实境况。在干部大会上我讲，

我们2008年亏损近140个亿，每天亏损4000万人民币，我们现在依然在流血啊。说完，感觉大家没什么反应，我就说这4000万换算一下，就是每小时亏损167万元，每分钟亏损将近3万元，我们在开会的时候，能听到银子往外流动的声音呐！这样大家才觉得非常有现场感，认为确实不行了。

为什么在上海这样的“黄金码头”，两家基地航企陷入困境？主要有三个方面原因：一是外部大环境的问题，2008年全球金融危机爆发，加上油价等因素，全球航空公司都是哀鸿遍野。二是两家公司的业务具有高度相似性，主基地都在上海，客运、物流、航食、维修、营销等相关业务高度重合，形成了无序竞争，市场消耗过于严重。三是东航、上航各有各的优势，但各有自身的管理和机制弊端，都有迫切需要克服的瓶颈和困境。

危机关头，中央决定再给一次机会，看能不能有出路。我们总结成“换班子、给票子、找路子”的改革方案。首先，“换班子”。于是，我从南航的董事长调到东航当董事长，国航的马须伦同志到东航股份当总经理，班子进行了调整。其次，“给票子”。按照国际上扶持大型企业的通行惯例，由政府注资70个亿，我们又在几个月内争取到了超过1000亿元的银行授信额度。接着，我们自己再“找路子”，重点就是推进东航、上航重组。但是这两个公司能够合并到一起，得有合适的时机、合适的人员、合适的环境和条件。最终，东航、上航于2009年6月8日正式宣布重组。

变化必然打破平衡。一宣布重组，员工的心态就不一样了，有这样那样的想法。这个时候，经过思考，我提出了东航和上航重组的原则，叫“不立不破”“先立后破”，新的机制没建立之前，旧的机制照用。这样一来，把重组对两家企业人员个人影响降到了最低，改革重组总体上非常顺利，到 2009 年年底基本完成了重组。东航以换股吸收合并方式重组上航，通过市场化、证券化的运作方式完成了重组。可以说，“两个烂苹果”真正做成了“一份好沙拉”。东上改革重组让我们看到了，国企改革重组不仅是物理反应，更是化学反应，文化方面要实现“1+1=1”，在效益方面要达到“1+1>2”。

东上重组的“发展之战”，是让东航“活过来、站起来、跑起来”的“三大战役”之一，让我们深刻体会到国企改革“立”与“破”的关系。刚才我已经谈过，不立不破，稳住员工的心态，保障两家公司的运营安全。东航由此建立起了占上海航空运输市场近一半的市场份额，形成了上海“四进四出”的航班波，打造成有力服务于国际枢纽港建设的强大基地航空公司。

第二场是治理东航从巨亏到盈利，起死回生的“生存之战”，让我们体会到了改革发展“难”（nán）与“难”（nàn）的关系。企业也好人也好，都会遇到很多困难，如果迎难而上，难（nán）就不成为难（nàn）。如果面临困难的时候，绕道走，或者回避它，那这个困难一定会变为灾难。我们通过查找经营管理中存在的“十大短板”，打出“止血、断臂、输血、造血”组合拳，采取了 256 项措施，深刻变革了企业的经营理念和管理模式，实现了涅槃重生。

第三场是世博保障的“扬名之战”，我们体会到了“舍”与“得”的关系。东航、上航重组完成以后，面临的第一个重大任务就是 2010 年上海世博会的服务保障。我们克服困难，下决心投入了 4 亿元的赞助费；投入大量的人力、物力、精力全力承担起世博会赞助商、承运人、参展商、服务商“四位一体”的使命。世博会为东航多增加30亿元的收入，大约10亿元的利润，极大地提升了东航的服务保障能力和品牌形象。

东航2009年即走出亏损泥潭，实现扭亏为盈。由此，我们开启了从2009年到2018年，东航发展的“黄金十年”，实现了连续十年盈利，每年给国家贡献的利润超过100亿元，10年累计盈利513.2亿元，平均净资产回报率超过11%，居于全球行业领先水平。围绕国际枢纽港建设、服务“一带一路”，东航在上海运营的国际航线是2008年年底的5倍还要多，通过对接天合联盟，航线网络通达全球175个国家、1150个目的地。找到东航，就找到了全世界，为客户提供了丰富多样的选择，为国家创造了巨大的价值。

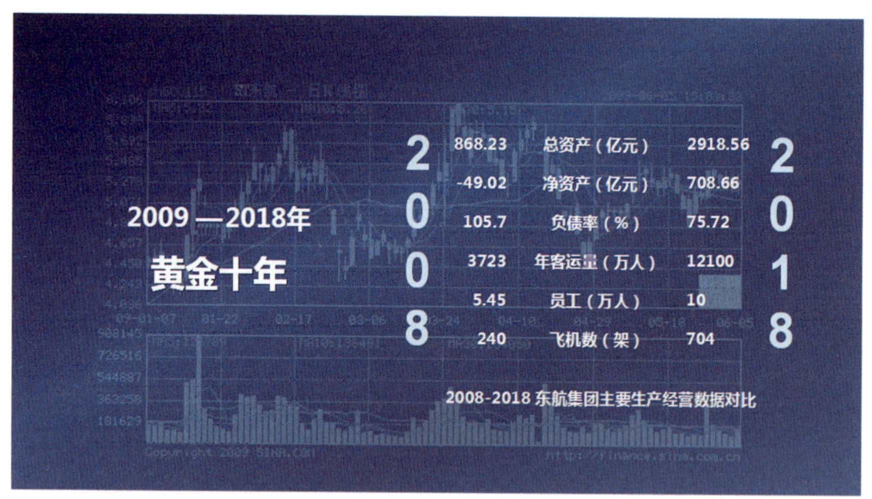

东航“黄金十年”主要生产经营数据对比

东航重组改革能有今天的成果，可以归结为三句话：一是人努力，源于国企全体员工的责任感使命感。当时我们新班子的压力非常大，领导干部都放弃了休假，干部员工拿出最佳工作状态。一些单位的楼每个夜晚都灯火通明，办公室半壁墙面都堆满了方便面，大家劲头很足。东航员工把手表都往前拨了10分钟，就是“东航时间”，传递一种时不我待、只争朝夕的精神，沿用至今。二是“天”帮忙。这个“天”就是规律，经济发展有其规律性，2008年以来的这十多年，国际经济在复苏之中，特别是我国经济保持稳中向好发展态势，全球民航业、旅游业迅速增长，为我们提供了很好的条件。三是政策好。东航、上航都有着光辉的历史和巨大的改革发展潜力，但如果没有中央的政策、上级有关部门的政策、上海市的政策，不可能有东航今天的发展。

我们深刻感受到，东航的发展得益于党中央的领导、社会各界的支持、人民的信任，在改革发展过程中，除了经济责任，我们也全力承担起国企应有的政治责任、社会责任。在扶贫方面，习近平总书记说，承担定点扶贫任务的中央企业，要把帮扶作为政治责任，不能有丝毫含糊。我们投入了3.35亿元，通过16年努力帮助云南沧源县、双江县脱贫摘帽。社会公益方面，“爱在东航”大型公益活动自2010年起共开展项目9000余个，关爱48万人次。一对四川姐弟因家境贫寒，弟弟放弃求学机会打工供姐姐上大学，经东航多年关怀，双双圆了大学梦。生态环保方面，习近平总书记说，国有企业要有社会责任，节能减排做得如何就是对国有企业承担社会责任的检验。我们打响了“蓝天保卫战”，在亚洲率先实现驾驶舱无纸化绿色飞行，减碳成效相当于种下15万棵大树；鼓励精准飞行、优化航路，年节油2万吨；优化了机队机型，和高耗能的老旧飞机说再见，从20多种机型优化为6种主力机型，平均机龄5.78年，是全球规模航企中最年轻的机队。在抗震救灾、海外救援中，只要国家需要，作为国有企业，我们从来都是义无反顾，一马当先。2017 年党的十九大召开前夕，飓风“玛丽亚”重创加勒比海岛国多米尼克，有 400 多名中国同胞受困。我们派了两架飞机首次飞越大西洋，在国庆当天把被困同胞接回了祖国，引发了全社会的高度关注和爱国热情。当时我们的机长讲了这样一句话：“只要同胞有难，国家一声令下，我们会飞往世界任何一个角落，接你回国。”为国家、为民族、为人民全力以赴，这就是国有企业的责任，这也是国企员工的荣光。

二、十九米与人生高度

习近平总书记对中国民航业作出了很多重要指示，在接见川航英雄机组时，他说，要把非凡英雄精神体现在平凡工作岗位上，体现在对人民生命安全高度负责的责任意识上。这也成为我们一以贯之的精神。

我给大家分享一个我们的英雄机长何超的故事。何超是东航一名 A320 飞机的机长。2016 年 10 月 11 日 11 时 54 分，何超及其机组成员驾驶的 A320 客机载着 147 名乘客接到塔台指令开车滑出，12 时 03 分，塔台指挥飞机进入 36L 跑道，机组在执行完起飞前检查单确认跑道无障碍的情况下，执行起飞动作。

正在此时，另一架客机 A330 正载着 266 名旅客穿越同一跑道准备停靠航站楼。眼看两架飞机就要呈“T”字型相撞，何超接过操纵，果断决策，快速拉升起飞。最终 A320 从 A330 上方掠过，未造成撞击，保住了 443 条珍贵的生命！机组受到赞誉，机长受到表彰。

实际上，当时两架客机垂直距离最短仅 19 米，翼尖距 13 米，给飞行员的反应时间只有 3 秒左右。把握这决定生死的 3 秒，何超本身快速的反应能力、过硬的心理素质和扎实的飞行水平不可或缺，但真正化险为夷的关键所在，是飞行员自身的安全信仰和职业素养，是东航的安全训练水平和系统运行能力，是中国民航严苛的安全要求和从不松懈的安全管理。这背后凸显的正是国企对人民生命财产的高度负责的精神。

何超的故事让我想到了 2016 年热映的一部电影《萨利机长》，电影改编自真实的“1549 航班事件”。2009 年 1 月 15 日，主角原型切斯利·萨伦伯格机长面对罕见鸟击导致两架引擎熄火的困境，仍然临危不乱，驾驶客机避开人口密集街区，成功迫降在哈德逊河上，机上 155 人全部平安，创下了“哈德逊奇迹”。这位机长写了一本自传《最高职责》。在书中，他说：“1549 航班不仅仅是 5 分钟的飞行经历，是我的一生让我安全地把飞机降落在哈德逊河上。”

何超和萨伦伯格机长的经历值得我们每一个人思考：什么才是生命中最重要的东西，什么才是我们应该恪守的最高职责。

安全是航空企业的生命线，是企业改革发展的保证，只有保证了安全，才有时间和空间去谋划改革发展。现在飞机已成为大众化的出行方式，航班延误自然也成了大家普遍关心的问题。其实在航班延误中，航空公司和旅客都是受害者。因为航班每延误 1 分钟，航空公司将增加成本上千元。除此之外，每当发生航班延误，我们的员工都要加班加点地工作，付出超常的努力，所以我们比任何人都更希望航班正常。从 1957 年起飞到现在，东航已发展 62 年，机队规模已从 27 架发展到 728 架，我们每天要执行近 3000 个航班，有 40 万人次旅客和机组在空中飞行，相当于移动欧洲一个中等城市的人口；我们每年要起降 93 万架次，运送旅客近 1.3 亿人次，相当于往返移动北上广深四个城市全部人口。我们守护安全的责任和压力非常巨大，但对安全的要求却从未有过一丝松懈。

历经 60 余年发展，东航机队规模已达 728 架

作为一名飞行员，我飞了 40 多年，是国家特级飞行员，在整个职业生涯中飞过很多种机型，拥有 12 种驾驶执照，前不久我还获得了 A350 的驾驶执照。我热爱飞行，因为它是应用科学，是高强度的脑力活动与体力活动的结合体，挑战人的管理智慧，需要始终对飞行保持敬畏之心，对潜在危险保持警惕之心。只有像对待自己的生命一样对待每一次飞行，才能守住对人民的安全承诺。

相信最近大家都关注波音 737MAX 事件。2019 年埃航事故发生时，我正在北京参加全国政协会议，听到这个事情，我立刻联想到 2018 年狮航的事故。当时我们第一时间针对波音 737MAX 机型可能出现的问题进行了专门研究，在模拟机上对相关情况进行了模拟验证，第一时间发布公告、更新机型操作手册、提示所有飞行员。

半年之内同样的机型、同样的时段，都发生在起飞爬升阶段，表现状况也一样，这不得不引起我们对飞机设计缺陷的怀疑。我感到了事情的严重性、紧迫性，将这一担忧与中国民航局进行了沟通。3 月 11 日，中国民航局在全球率先发布对波音 737MAX 型飞机的“停飞令”，随后世界各国纷纷跟进。3 月 12 日，欧洲航空安全局宣布暂停所有使用波音 737MAX8 和 737MAX9 机型的航班在欧洲运营。3 月 14 日，美国总统特朗普宣布停飞这一机型。

3 月 27 日，东航委派总飞行师和专业技术部门的专家赴波音公司总部西雅图就 737MAX 机型的问题进行讨论，并就波音公司 737MAX 机型升级后的软件表现进行了技术研讨和专门的模拟机评估。全世界民航人都信奉“飞行安全乃第一准则”，我相信波音公司定能尽快改进缺陷、消除隐患，保证安全，让波音 737MAX 型飞机重返蓝天；我也相信飞机仍是全球最安全的交通工具。

确保安全就必须要有高度的责任意识和担当精神。目前，中国共有 96 架在飞的波音 737MAX 型飞机，停飞虽然造成巨大损失，但我们都坚决支持这一决定，因为“生命至上”是中国民航人的集体共识。国家强大带动了中国民航的发展壮大，同时也提升了中国民航的国际话语权。截至 2019 年 2 月，中国民航已实现 102 个月的民航安全运行记录和 7040 万小时的飞行安全记录，创造了历史上最好的安全纪录，处于世界先进水平。东航也已实现十年滚动事故率为零，跻身全球最安全的航空公司之列。我们之所以能保持安全的可持续性，是因为始终坚持守好安全的生命线，既相信科学，又相信规律，绝不姑息任何风险，绝不要“带血”的效益，绝不辜负亿万旅客的信任和托付。为生命担当，是国有企业的应尽之责。

“以人民为中心”，这就是我们的最高职责，也是我们事业的最终高度。习近平总书记反复强调要“以对人民极端负责精神抓好安全生产工作”，把民航的安全上升到“国家战略和国家安全”的高度来认识，这就是以人民为中心的发展思想在民航的具体体现。多年来，东航始终坚持最高的安全标准，推行最严苛的安全训练，因为作为中央企业，东航肩负着与国家、与人民休戚与共的重大责任。肩负历史使命，不负国家重托，这是国有企业应有的担当。

三、家当与当家

2013 年 11 月，中央提出全面系统深化改革，提出了要积极发展混合所有制经济，强调国有资本、集体资本、非公有资本等交叉持股、相互融合的混合所有制经济是基本经济制度的重要实现形式。习近平总书记在吉林考察工作时指出，推进国有企业改革要有利于国有资本保值增值，有利于提高国有经济竞争力，有利于放大国有资本功能。2016 年年底，中央经济工作会议确定了开展首批混合所有制改革试点的战略部署。混合所有制改革成为国有企业改革的重要突破口。作为东航集团的全资子公司，东航物流成为国家首批混合所有制改革“6+1”试点中唯一的一家民航企业。

深化国有企业改革，发展混合所有制经济，就是要培育具有全球竞争力的世界一流企业。东航物流要成为什么样的企业？我们曾对此进行过广泛调研和深入思考。2012 年，在国外访问期间，我参观了一些著名的国际快递公司，它们凭借在物流管理方面的专业能力和丰富经验开创了新型的商业模式，成功地从物流方案提供商转型为全球供应链解决方案提供商。我们也希望通过此次混合所有制改革，做强做优做大中国航空物流产业，努力打造出中国的航空物流品牌。

2013 年党的十八届三中全会把混合所有制改革提升到了一个新高度。习近平总书记在会上强调，积极发展混合所有制经济，是新形势下坚持公有制主体地位，增强国有经济活力、控制力、影响力的一个有效途径和必然选择。国企混合所有制改革是指，在国有控股的企业中加入民间（非官方）的资本，使得国企变成多方持股，但还是国家控股主导的企业，来参与市场竞争。

混合所有制的目的不是为了混合而混合，而是为了让国企在改革中能够增加竞争力和活力，混合的目的是为企业打造一个符合现代企业治理的，有竞争力和创新力的治理体系。

2016 年，国家发展改革委会同国资委启动实施了第一批部分重要领域混合所有制改革试点，确定了东航集团、中国联通、南方电网、哈电集团、中国核建、中国船舶等中央企业列入第一批混合所有制改革试点。国企混合所有制改革，如何“混”是国企普遍面临的难题。

混合所有制改革的难点在于“破”，要在体制机制上实现突破。这个“破”不容易，我们设计了一个国有股东放弃绝对控股地位，引进多家投资者，同时实现核心员工持股的增资扩股方案。这是此次混合所有制改革最大的亮点，也是最难的难点。

从有利于多种资本优势互补、战略协同的角度出发，最终股权结构确定为：东航所代表的国有资本持股比例为 45%；非国有资本股比为 45%；物流核心员工，主要是中高管和业务骨干，占 10%。不论是合作伙伴还是核心员工，拿出的都是“真金白银”！

特别是员工持股，经过反复研究和一系列决策程序，最终确定中高级管理人员和核心业务骨干持有 8%的股份，为未来可能要引进的职业经理人等各类人才预留 2%的股份。持股最高的管理人员要超千万，这对国有企业人员来说是十分困难的。为了筹措资金，他们把房子抵押了，又向亲戚借了钱、向银行信托贷了款，可以说拿出了全部“家当”，抵上了全部“身家”。把自己的全部家当放进公司，彰显的是对物流公司发展前景的信心，对混合所有制改革的信心，对我们国家的信心。

拿出“全部家当”，实现“全心当家”。核心员工持股，有效建立了中长期员工激励与风险绑定制度，将员工的自身利益与企业的长远发展有机结合起来，让员工与企业形成深度的利益、命运共同体，员工干事创业的激情和热情被大幅激发出来，他们的一言一行中，充分体现出他们真正把东航物流当成了家，真正把东航物流事业当成了自己的事业，劲头足了，干劲大了……

混合所有制改革的重点在于“合”，人心思齐、人心思变、人心思干，资本聚合与资源整合就能事半功倍。与员工持股相比，合作伙伴更加踊跃，有意向投资的企业多达上百家，民营企业愿意投资、参与混合所有制改革，说明对物流业未来的发展充满了信心。我们通过精挑细选，确定了联想控股、普洛斯、德邦、绿地四家企业作为合作伙伴。它们在各自领域拥有出众的实力，能够与东航物流形成资源互补优势和协调发展优势。通过混合所有制改革，竞争对手变为了合作伙伴。混合所有制改革完成后，我们与联想、普洛斯、德邦实现了战略资源的有效链接。如：与联想投资的跨境物流、生鲜冷链、物流金融等企业实现全方位对接，通过“资本+业务”的双重纽带，实现双方的合作共赢。

这次混合所有制改革，东航实际投入18.45亿元国有资本，有效引入22.55亿元非国有资本，切实放大了国有资本的带动力和影响力，推动了国有航空物流企业的良性发展；同时，混合所有制改革促进了非国有资本与国有资本的优势互补，使得各种经济主体共享国家改革的红利。下一步，东航物流还将考虑“更换赛道”，登陆资本市场，进一步推进股权多元化，在更高的平台上实现跨越式发展。

混合所有制改革以来，东航物流公司的经营业绩非常亮眼，机制变化非常明显。用三个词来形容，就是“一升一降”“一增一减”“一进一退”。

“一升一降”。改革对于企业来说，最直接的显现就是利润的上升和财务杠杆的下降。东航物流混合所有制改革以来，业绩持续创出历史新高，2018年总营业收入及利润同比分别增长41.74%、34.58%。混合所有制改革前，截至2016年年底，东航物流资产负债率为87.86%，混合所有制改革后的2018年负债率降到了52.27%，已优于世界一流航空物流企业资产负债率75%的平均水平。

“一增一减”。东航物流通过混合所有制改革，构建了全货机经营、客机腹舱经营和货站体系经营“三位一体”的发展格局，再加之各方的协同，产业整合能力、经营能力和可持续发展能力大幅提升，市场竞争力明显增强，未来将逐步完善和建设业内领先的航空物流产业链和生态圈。做强物流，在东航集团层面形成航空客运与航空物流

东航物流货物操作现场

“双轮”驱动的产业发展模式，通过适当的产业对冲，减缓单一产业的周期性波动对集团产业收益的影响，确保国有资产保值增值。

“一进一退”。过时的体系、机制退出企业管理，引入现代化、市场化的经营方式。比如：全面推行职业经理人制度，按照“一人一薪、易岗易薪”的目标，全体员工实行完全市场化薪酬分配与考核机制，真正打破“大锅饭”的分配方式。我想，改革的最终目的就是为了搞活机制，进而提升管理效率、提高经营活力、释放发展潜力、增强竞争能力，这才是根本。

物流的混合所有制改革探索和实践让我深切感受到国有企业内生活力被激发后释放出的巨大力量。2019 年 1 月，东航物流进入上市辅导期。对于东航物流来说，完成混合所有制改革不是终点，而是创新发展的新起点。

国有企业是我国经济发展的重要力量，也是党和国家事业发展的重要物质基础，国有资产是全国人民的共同财富。党的十八大以来，国务院国资委直管的央企已由 117 家调整优化到 96 家，提升了核心竞争力和国有资本效率。国企改革根本性上是市场化和商业化的改革，上市公司已经成为中央企业运营的主体，中央企业资产的 65%、营业收入的 61%、利润总额来源的 88%都在上市公司。2018 年，我国国有企业资产总额超过 144 万亿元，央企和地方企业新增了 2880 户混合所有制改革的企业。国有资本、国有经济在优化中壮大，不断走向世界舞台，成为建设“一带一路”、打造命运共同体的重要力量。国有企业的改革发展，持续带动了产业升级优化，创造新的经济价值和社会价值，推动建设具有全球影响力的世界一流企业目标的实现。

而今，青年员工已经成为国企发展的中坚力量。在东航，35 岁以下的青年比例已占到 60%，通过人事制度改革和岗薪体系改革，建立起五大岗位序列、人才双通道发展机制和“燕翼翔鹰”后备人才体系，很多“80 后”“90 后”已经走上了重要的管理岗位或专业岗位。

前不久，在 4 月 30 日召开的纪念五四运动 100 周年大会上，习近平总书记指出，青年是整个社会力量中最积极、最有生气的力量，国家的希望在青年，民族的未来在青年。我很高兴能与各位有志青年分享我们东航人的奋斗故事，分享数代东航人逐梦蓝天矢志不渝的精神，也分享了中国国有企业壮大自身报效祖国的志向。

40 多年前，未满 17 岁的我怀揣飞行梦想加入中国空军第十四航校，亲历并见证了中国民航业的发展壮大，更深刻感受到，青年只有把个人前途同祖国命运、人民事业融为一体，才能让人生焕发最耀眼的光芒。青年朋友们，实现中华民族的伟大复兴是一场接力跑，我们有决心为青年跑出一个好成绩，也期待你们将来跑出更好的成绩。时代的使命永远召唤青年，中国的未来永远需要青年，我们也会用百倍努力砥砺奋进，为各位创造更开放、更卓越的平台！

同学们说

东航将不破不立的勇气、有舍有得的智慧、对品质的追求以及开拓创新的信念融合在一起，实现了逆境重生。当今青年，也应打破自己的安逸圈，抓住人生机遇，胸怀家国与梦想，脚踏实地，肩负起实现中国梦的光辉使命。

——邹莹莹　化学专业学生

这是一堂生动的形势政治课，让我们对大国企业在历史中的感恩、成长、担当、奋斗有了更深的认识，也启迪我们要像东航人一样坚守初心，不懈奋斗。

——李一帆　人文地理与城乡规划专业学生

今天的课堂给予了我们一次走近国企去拓宽视野、磨砺品质、感受榜样力量的宝贵机会，令人鼓舞。身为新时代青年，我对自己未来的成长和发展有了更多的期待和憧憬。

——杨雪仪　金融学专业学生

25. 创新资本运营 服务实体经济

——中国国新国有资本运营的探索实践

中国国新控股有限责任公司  上海财经大学

周渝波

2019年5月21日，中国国新控股有限责任公司党委书记、董事长周渝波在上海财经大学讲课

★国有资本运营公司是党的十八大以来新一轮国资国企改革的新生事物，也是一个生动缩影。

☆开展好两类公司试点，不仅有利于推动国资国企各项改革举措之间的相互衔接、相互促进、同频共振，而且对于改革全局具有重要的示范、突破和带动作用。

★中国国新是在深化国资国企改革进程中应运而生的“新央企”，肩负着国有资本运营公司改革试点的特殊重要使命。

☆中国国新牢牢把握国有资本运营公司功能定位，强调运营对象必须聚焦进入实体产业的国有资本，不能“脱实向虚”，而是要更好地“以虚活实”。

★中国国新明确了打造成为“一流的综合性国有资本运营公司”的战略目标，突出强调多种运营手段的大协同、境内境外运营的大统筹、财务性投资为主与战略性项目培育孵化相结合的大布局。

☆中国国新紧紧抓住创新这个牵动经济社会发展全局的“牛鼻子”，明确提出以“资本＋人才＋技术”轻资产运营模式为发展方向，通过资本运营支持科技创新，瞄准前瞻性、战略性新兴产业，助力突破关键核心技术“卡脖子”环节。

★党的领导是国有企业光荣传统和独特优势，只有将强根铸魂贯穿企业改革发展始终，才能为运营公司试点的顺利推进提供坚强的政治保证和组织保证。

上海财经大学是我国历史上第一所高等财经学府，历史悠久，底蕴深厚，被誉为企业家、金融家的摇篮，为国家经济和社会发展输送了数以万计的财经管理专业人才，名声显赫，优势突出。“厚德博学，经济匡时”是上财的校训，经世致用是上财的特色，上财同学胸怀祖国、志存高远、眼界开阔、思想活跃，在探究国家经济运行、企业改革发展等方面，更重视把握时代脉搏、捕捉经济热点。相信大家对国家经济体制改革特别是国有企业改革也比较关心。

讲课现场

党的十八届三中全会召开以来，在每年召开的中央经济工作会议上，习近平总书记都要求改革国有资本授权经营体制，加快推进国有资本投资、运营公司试点。2018年12月的中央经济工作会议明确提出:“改组成立一批国有资本投资公司，组建一批国有资本运营公司”，并强调要推动两类公司试点取得实效。这充分体现了习近平总书记对此项改革的高度重视、巨大关怀和殷切期望。国有资本运营公司是党的十八大以来新一轮国资国企改革的新生事物，也是一个生动缩影。我想主要围绕国有资本运营公司是什么、为什么要组建国有资本运营公司、中国国新怎样开展国有资本运营三个方面，分享我国国企改革取得的重大进展和历史成就。

一、国有资本运营公司是什么

谈到国有资本运营公司（以下简称“运营公司”），大家首先可能就会问：运营公司到底是什么？

通常，运营公司都是跟国有资本投资公司(以下简称“投资公司”)相提并论，合称“国有资本投资、运营公司”，或者叫两类公司。虽然两者在功能定位、运行模式、作用发挥等方面有诸多不同——这一点我稍后讲，但在大的层面特别是从国资管理体制的角度来看，二者所扮演的角色是高度一致的。所以，理解运营公司，需要先在两类公司的框架下对其有个整体认识。

两类公司第一次在中央文件中出现，是在2013年11月党的十八届三中全会。会议通过的《中共中央关于全面深化改革若干重大问题的决定》提出："完善国有资产管理体制，以管资本为主加强国有资产监管，改革国有资本授权经营体制，组建若干国有资本运营公司，支持有条件的国有企业改组为国有资本投资公司。"

2015 年 8 月，新时期深化国资国企改革的"顶层设计"文件《中共中央　国务院关于深化国有企业改革的指导意见》，即 22 号文进一步提出："改组组建国有资本投资、运营公司，探索有效的运营模式，通过开展投资融资、产业培育、资本整合，推动产业集聚和转型升级，优化国有资本布局结构；通过股权运作、价值管理、有序进退，促进国有资本合理流动，实现保值增值。"

2015 年 10 月，22 号文的配套文件《国务院关于改革和完善国有资产管理体制的若干意见》，即 63 号文对改组组建国有资本投资、运营公司的具体路径作了明确："主要通过划拨现有商业类国有企业的国有股权，以及国有资本经营预算注资组建，以提升国有资本运营效率、提高国有资本回报为主要目标，通过股权运作、价值管理、有序进退等方式，促进国有资本合理流动，实现保值增值；或选择具备一定条件的国有独资企业集团改组设立，以服务国家战略、提升产业竞争力为主要目标，在关系国家安全、国民经济命脉的重要行业和关键领域，通过开展投资融资、产业培育和资本整合等，推动产业集聚和转型升级，优化国有资本布局结构。"

2018 年 7 月，针对两类公司改革试点出台的专门文件《国务院关于推进国有资本投资、运营公司改革试点的实施意见》，即 23 号文指出："国有资本投资、运营公司均为在国家授权范围内履行国有资本出资人职责的国有独资公司，是国有资本市场化运作的专业平台。公司以资本为纽带、以产权为基础依法自主开展国有资本运作，不从事具体生产经营活动。国有资本投资、运营公司对所持股企业行使股东职责，维护股东合法权益，以出资额为限承担有限责任，按照责权对应原则切实承担优化国有资本布局、提升国有资本运营效率、实现国有资产保值增值等责任。”并首次单独对运营公司的功能定位进行了明确，即“国有资本运营公司主要以提升国有资本运营效率、提高国有资本回报为目标，以财务性持股为主，通过股权运作、基金投资、培育孵化、价值管理、有序进退等方式，盘活国有资产存量，引导和带动社会资本共同发展，实现国有资本合理流动和保值增值”。

那么，运营公司特殊在哪里？为深化对运营公司的理解，这里我们采取比较分析法，通过将其与投资公司、产业集团等主体进行对比，找出区别和联系，来进一步准确把握运营公司的功能定位和主要特征。

在目前国资委监管的央企中，主要存在运营公司、投资公司、产业集团三类企业形态，三者之间的主要区别如下。

一是功能目标不同。产业集团着重在关系国家安全、国民经济命脉的重要行业和关键领域发挥主导作用。投资公司主要以服务国家战略、优化国有资本布局、提升产业竞争力为目标。运营公司主要以提升国有资本运营效率、提高国有资本回报为目标。

二是投资领域不同。产业集团所处产业战略性更强，需要国有资本牢牢掌控，原则上一业为主或围绕产业链布局。投资公司业务相对多元，可在主业范围之外，按照风险可控原则选择 1—2 个新领域进行产业培育。运营公司则没有主业限制，在投资方向、行业和领域等方面更为灵活。

三是管控模式不同。产业集团对所出资企业具有较强的控制力，可建立运营管控、战略管控、财务管控等多层次的管控体系。投资公司以对战略性核心业务控股为主，建立以战略目标和财务效益为主的管控模式，重点关注出资企业执行公司战略和资本回报状况。运营公司以财务性持股为主，建立财务管控模式，重点关注国有资本流动和增值状况。

四是运作方式不同。产业集团主要从事具体的生产经营活动。投资公司以投资融资、产业培育和资本整合等为主要方式。运营公司采取股权运作、基金投资、培育孵化、价值管理、有序进退等方式。

此外，相较于一般金融机构，运营公司的功能定位、业务形态也不相同，其更加注重也更有条件理解和把握实体企业需求，更有利于与实体产业实现产融结合、产融互动。

	产业集团	投资公司	运营公司
功能目标	着重在关系国家安全、国民经济命脉的重要行业和关键领域发挥主导作用	推动产业集聚和转型升级、优化国有资本布局、提升产业竞争力	提升国有资本运营效率、提高国有资本回报
投资领域	所处产业战略性更强，需要国有资本牢牢掌控，原则上一业为主或围绕产业链布局	业务相对多元，可在主业范围之外，按照风险可控原则选择1—2个新领域进行产业培育	没有主业限制，在投资方向、行业和领域等方面更为灵活
管控模式	运营管控、战略管控、财务管控等多层次的管控体系	以战略目标和财务效益为主的管控模式	财务管控模式
运作方式	从事具体生产经营活动	以投资融资、产业培育和资本整合等为主要方式	股权运作、基金投资、培育孵化、价值管理、有序进退

“三类”企业的区别

总的来看，运营公司、投资公司、产业集团三类企业功能定位各不相同，但都服务于国资国企改革发展的大局，承担着推进国有经济高质量发展的任务，互相之间需要密切配合、协同发展；运营公司要在多方面支持产业集团和投资公司，与之进行深度协同、互补合作，通过有效发挥资本运作平台功能、关键支点撬动作用，促进各类企业以市场化方式实现资源的优化配置和效率的更大提升。

二、为什么要组建国有资本运营公司

对于为什么要组建国有资本运营公司，我们深有体会，国有资本运营公司深深扎根于我国国企改革实践，有着深刻的历史必然性和现实必要性。

习近平总书记指出："一切向前走，都不能忘记走过的路；走得再远、走到再光辉的未来，也不能忘记走过的过去，不能忘记为什么出发。"回顾改革开放四十多年，我国经济发展取得了举世瞩目的成绩，国企改革也走过了极不平凡的历程。国有资本投资、运营公司，既是深化国企改革的产物，也是进一步推动国资国企改革的重要抓手。

新中国成立后至改革开放前，国家实行高度集中的计划经济体制，政府对国企实行计划统一下达、资金统贷统还、物资统一调配、产品统收统销，国有企业属于政府附属物，没有独立的主体地位。在这种附属关系下，政府依靠行政命令管理国企，这种方式从法律关系角度讲属于典型的物权管理模式。这是改革开放前计划经济体制下的国有企业情况。我国通过改革开放以来四十余年的国企改革，对于如何搞好国有企业，可以说找到了一把非常有效的钥匙，就是不断探索理顺政府与国企的关系，将其作为国企改革的主线和核心内容不断进行探索调整。这种调整大体可以分为四个阶段。

第一阶段从党的十一届三中全会到十四届三中全会，以扩大国有企业经营自主权为重点，通过扩权让利、实行承包经营责任制等措施，政府与国企之间从附属关系逐步转向委托关系，政府监管国企的模式由物权模式转为债权模式。

在这一阶段，《民法通则》和《全民所有制工业企业法》的出台，改变了传统计划经济体制下国企作为政府附属物的地位，确立了政府与国企之间的委托关系，委托人是政府，国企按照政府委托开展经营。在委托关系下，政府监管国企的方式，具有明显的债权色彩。在此期间，政府将国家预算内基本建设投资由拨款改为贷款，即“拨改贷”，体现了政府与国企之间的债权管理模式。

第二阶段从党的十四届三中全会到党的十六大，以制度创新为重点，通过转换国有企业经营机制，建立现代企业制度，推行公司制股份制改革，政府与国企之间从委托关系调整为出资关系，政府监管国企的模式由债权模式转为股权模式。

这一轮改革使国有企业逐步走上以现代企业制度为目标的公司化道路，企业法人财产权得以确认，市场主体地位逐步形成。在出资关系下，政府以出资额为限，对企业享有股东权利，承担有限责任。在此期间，政府通过“贷改投”“债转股”等方式着力解决国企债务负担过重问题，也从一个侧面印证了政府监管国企从债权模式到股权模式的转变。

第三阶段从党的十六大到党的十八大，以规范国有资产管理为重点，深化国资管理体制改革，设立各级国资委，政府与国企之间按照出资关系进一步明确政府层面出资人代表，股权管理模式从“多龙治水”转为专业化的出资人监管，实行管资产和管人、管事相结合。

国资委的成立，第一次实现了政府公共管理职能与国有资产出资人职能的分离。这一体制下，政府对国企的管理真正开始由行政方式向出资方式转变，国有一级企业出资人缺位问题得到有效解决，国有资产多头管理的局面在较大程度上得到扭转，国有资产保值增值责任得到落实。

第四阶段以党的十八大为起点，正处于现在进行时。党的十八大以来，以习近平同志为核心的党中央高度重视、亲自谋划部署推动新一轮国资国企改革，更加注重改革的顶层设计以及改革的系统性、整体性、协同性，形成了国企改革“1+N”系列文件。

新一轮改革中，完善国资管理体制主要是三个方面：一是以管资本为主加强国资监管，这是完善国资监管体制的总要求；二是改革国有资本授权经营体制，包括改组组建两类公司，这是政企关系上的又一次重大调整；三是转变国资监管职能，出台权力责任清单，实行清单管理，分类授权放权，这是对国资监管机构提出的新的具体要求。

其中，第二方面特别是设立两类公司至关重要。两类公司是以管资本为主改革国有资本授权经营体制的重要举措，是深化国企改革新的重要突破口。两类公司上接体制，下接资本运作、企业经营，覆盖了国资国企多个方面的改革。开展好两类公司试点，不仅有利于推动国资国企各项改革举措之间的相互衔接、相互促进、同频共振，而且对于改革全局具有重要的示范、突破和带动作用。

经过近年来的探索实践，两类公司改革试点取得了长足的进展。两类公司数量在中央企业层面已经扩大到 21 家，在地方国有企业层面共有 100 多家。其中，首批央企运营公司试点是在 2016 年年初，由国务院国企改革领导小组研究确定的，即中国国新和中国诚通两家。

三、中国国新怎样开展国有资本运营

中国国新是在深化国资国企改革进程中应运而生的“新央企”，肩负着运营公司改革试点的特殊重要使命。

中国国新成立于 2010 年 12 月，成立之初，国资委明确中国国新的定位是配合国资委优化央企布局结构、专门从事国有资产经营与管理的企业化操作平台，主要在央企范围内从事企业重组和资产整合。

党的十八大以来，按照党中央、国务院关于深化国资国企改革的重大决策部署，在国资委直接领导和支持下，中国国新于 2016 年年初被确定为国有资本运营公司试点企业。以此为契机，我们积极探索改革试点，迅速拓展业务领域，实现了跨越式发展，打造形成基金投资、金融服务、资产管理、股权运作、境外投资和中央企业专职外部董事服务平台“5+1”业务格局，具有国新特点的运营公司试点成效逐步显现。

经过三年多的试点，中国国新资产总额从 2015 年年底的 1389 亿元增长到 2018 年年底的 3806 亿元，增长了 1.74 倍，年均复合增长率 40%；净利润从 2015 年的 43 亿元增长到 2018 年的 72 亿元，增长了 66%，年均复合增长率 18.7%。

中国国新“5+1”业务格局

总结三年多来的试点探索实践，我们体会，开展好国有资本运营，以下五点尤为重要。

一是要围绕国家战略准确把握资本运营定位。资本运营必须高度契合国家战略，自觉在国家战略之下谋划企业发展。中国国新这三年发展非常快，根本原因就在于我们赶上了新时代。我国经济进入新常态，正处在从粗放型转向集约型、高质量发展的转型阶段，强调坚持新发展理念特别是创新发展，而我们的运营手段尤其是基金投资、境外投资等，高度契合国家创新驱动发展战略的需求，也由此实现了自身的跨越式发展。中国国新按照习近平总书记在党的十九大报告中提出的“必须把发展经济的着力点放在实体经济上”的要求，牢牢把握运营公司功能定位，强调运营对象必须聚焦进入实体产业的国有资本，不能“脱实向虚”，而是要更好地“以虚活实”；深入贯彻落实新发展理念，紧紧围绕服务国家战略需要，主动将投资运营重点聚集在三个方面，即科技创新、中国企业“走出去”、中央企业深化重点领域改革等。只有在贯彻国家战略大局中找准资本运营的结合点和着力点，才能始终把握公司正确的发展方向不偏离、不动摇，更好体现试点价值和央企担当。

二是要清晰描绘资本运营的愿景目标。按照习近平总书记在党的十九大报告中提出的“培育具有全球竞争力的世界一流企业”重要指示，中国国新明确了打造成为“一流的综合性国有资本运营公司”的战略目标，突出强调多种运营手段的大协同、境内境外运营的大统筹、财务性投资为主与战略性项目培育孵化相结合的大布局。结合试点功能定位和自身发展实际，紧紧抓住创新这个牵动经济社会发展全局的“牛鼻子”，明确提出以“资本 + 人才 + 技术”轻资产运营模式为发展方向，通过资本运营支持科技创新，瞄准前瞻性、战略性新兴产业，助力突破关键核心技术“卡脖子”环节。围绕“资本、人才、技术”三大要素的优化组合，在资本布局上，更加关注资产的“轻”与“重”，科学规划投资的行业领域、标的资产构成以及项目投资比重等，重点投向战略性新兴产业和关键核心技术，重点持有符合战略定位、可交易、可变现的高流动性资产；在人才作用上，更加关注资源配置的“内”与“外”，树立“大人才”观，在大力延揽试点中高端人才特别是领军人物的基础上，加强人才规划和人才储备，重视推动公司与投资对象、合作对象之间各个层面的智力共享，实现扬长避短、优势互补；在技术投资上，更加关注综合价值的“高”与“低”，对投资项目从技术价值、财务回报、风险承受、战略方向等多维度进行评判，不断提升整体投资质量。

三是要以完善多元运营手段为基础。围绕运营公司使命定位，构建功能明确、边界清晰、有效协同的五大业务板块，成为开展试点的主要业务支撑。发起设立系列股权投资基金，形成以国风投基金为核心，包括国同基金、央企运营基金、国新建信基金、双百基金和科创基金在内的国新基金系，围绕新布局、新动能、新模式，突出发挥培育孵化功能，进行系列化、差异化、协同化投资；金融服务平台已拥有商业保理、融资租赁、财务公司、保险经纪、金服公司、大公资信等多家功能机构，面向央企提供特色金融服务；以多种方式助力央企深化改革，开展特色资产管理业务；设立上市公司股权运作平台，以专业化管理盘活存量上市国有资本，目前运营央企上市公司股份600多亿元，积极发行央企创新驱动交易型开放式指数基金（ETF），深入参与布局科创板；搭建境外投资平台，重点支持中国企业“走出去”参与共建“一带一路”等。

四是要以打造企业核心竞争力为前提。运营公司专业化平台作用的发挥，必须以核心竞争力的打造为前提。为此，我们在试点中将构建运营模式和打造企业核心竞争能力结合起来，积极探索培育差异化市场竞争优势。在运营理念上，强调运营公司虽然没有主业限制，但不能四面出击，发展不能“失焦”；要以提高资本回报为主要目标，但不能仅仅盯着财务回报，要在落实国家战略上发挥应有作用；要以财务性持股为主，但不能一味跟投，要在投资引领、培育孵化和投后管理赋能上有所作为。中国国新主动明确运营公司投资边界，聚焦前瞻性、战略性新兴产业打造国新投资生态圈；截至 2019 年 5 月，累计投资战略性新兴产业项目 100 多个，投资金额 1800 多亿元，实现战略性新兴产业 9 个子领域全覆盖。在发展策略上，按照稳中求进、稳中提质要求，明确提出“五个守住”，即守住轻资产运营模式、守住财务性投资为主、守住投资生态圈、守住产业链高端、守住关键核心技术“卡脖子”环节，以此把握好投资方向和节奏。在业务运营上，针对基金投资量大面广、风控要求高的实际，强调要重视处理好“投少和少投、跟投和领投、债投和股投、投优和投短”的关系，大力提升项目投资质量，坚持“三分投、七分管”，切实加强投后赋能，系统提升投后管理价值再造能力。

五是要以加强党的全面领导为根本保证。习近平总书记指出，坚持党的领导、加强党的建设，是国有企业的“根”和“魂”。资本运营的强力推进，必须将加强党的全面领导贯穿始终。中国国新深入学习贯彻习近平新时代中国特色社会主义思想和党的十九大精神，不断提高政治站位，树牢“四个意识”，坚定“四个自信”，落实“两个维护”。围绕改革试点做实“结合文章”，重视贯彻党和国家的方针政策和决策部署，在落实国家战略中搞好资本运营；重视健全基层党组织，探索构建运营公司党建工作新模式；重视在企业文化建设中植入并传承红色基因，着力培育以“国之脉　传承责任之脉，新致远　坚持创新发展”为核心价值观的国新特色文化。党的领导是国有企业光荣传统和独特优势，只有将强根铸魂贯穿企业改革发展始终，才能为运营公司试点的顺利推进提供坚强的政治保证和组织保证。

习近平总书记在纪念五四运动 100 周年大会上指出，无论过去、现在还是未来，中国青年始终是实现中华民族伟大复兴的先锋力量！

在上海财大百余年的办学历程中，一代代上财人以经世济民、匡时守正的家国情怀与责任担当，书写了无愧于时代的壮丽篇章！作为中国特色社会主义经济的“顶梁柱”，国有企业将为包括上财学子在内的广大青年提供激扬青春、开拓人生、建设国家、奉献社会的广阔舞台。在此，我真诚希望大家选择国有企业，更热烈欢迎大家选择运营公司，加入国有资本运营事业中来，为实现中华民族伟大复兴中国梦而努力奋斗。

同学们说

周渝波书记从三个方面展开自己的讲述，分别介绍了什么是国有资本运营公司，为什么要组建国有资本运营公司以及中国国新在试点过程中的心得体会。在讲述的过程中，周书记结合党中央的文件和习近平总书记的多次讲话，结合自己的管理经验和国新运营的实例，深入浅出、全方位多层次地为我们解析了国有资本运营公司的特点。周书记的公开课，展现了他渊博的学识、平易近人的性格和勇于探索的精神，透过这场公开课，我不但增长了知识，更得到了精神的熏陶。

——何香云　经济学院学生

国有企业如何适应当今的市场环境？国有企业如何转型？这都是我们关心的问题。今天有幸在现场聆听周渝波书记的报告，令我受益匪浅。周书记以朴实易懂的语言为我们展现了企业决策层的核心思想，诠释了企业投资方式以及运营模式背后的考量。周书记所展现的是身为国企领导的投资战略智慧以及稳定市场的担当，令我感佩至深。

——姚耕雷　数学学院学生

周渝波书记的报告，使我们看到了国有企业自改革以来取得的巨大成绩，同时也使我们对国企改革有了更深刻的认识，令人备受鼓舞与启发。作为上财学子，我们在学习生活中要时刻以高标准严格要求自己，不断奋发拼搏，做到知行合一，为国家的国有企业改革发展献出自己的力量。

——李司齐　统计与管理学院硕士研究生

26. 移动通信的古往今来

中国移动通信集团有限公司  南京大学

李　跃

2019 年 6 月 11 日，中国移动通信集团有限公司党组副书记、总经理李跃在南京大学讲课

★一部百年世界通信史也是一部全世界信息革命的历史。移动通信的发展史也是我国通信企业自我创新、不断突破的艰苦奋斗史。

☆以“铁公基”到“新基建”，从“要想富，先修路”到“要想富，先建网”，移动通信已经成为构建数字社会的基石。

★立足产业革命三百年，5G 将推动移动通信技术在各行业普及应用，将对各行业产生深远且持久的影响。

☆信息通信产业是朝阳产业、是大有作为的产业，希望同学们秉持“苟日新，日日新，又日新”的学习态度，培养砥砺奋进的拼搏精神，为信息通信产业的发展贡献自己的力量！

南京大学是一所人才济济、大师云集、历史悠久的大学，是一所令众多学子向往的学术殿堂。下面我将以“移动通信的古往今来”为题与大家进行交流。

讲课现场

一、通信发展史概略及中国电信业发展历程

谈及移动通信，大家最先想到的可能是手机，但其实通信古已有之，并伴随人类文明的进步而不断演进。西周末年，周幽王为博褒姒一笑烽火戏诸侯，典故中提及的烽火台就是一种无线通信工具，士兵可通过点燃烽火台中的烟火传递外敌入侵信号，这是最早的移动通信。驿站是典型的通信枢纽，所有的信息通过驿站向各地传递，邮驿制度一直延续至清朝末期。除此之外，早在公元前43年，古罗马时代的士兵就开始通过信鸽传递战争信息。烽火狼烟、车马邮驿、飞鸽传书都证明了通信的悠久历史。

进入近现代，从摩尔斯电码、贝尔电话、马可尼无线电到集成电路、蜂窝网络和手机，现代通信历经百年发展。可以说，一部百年世

通信是人类历史最悠久的基本活动之一

界通信史，也是一部全世界信息革命的历史。

1877 年，李鸿章在天津东局子练兵场到直隶总督衙署之间架设了一条长约 16 里的电报线路，这是我国最早的现代通信线路。1881 年，中国建成了国内第一条长途公众电报电路，这条全长 1537 公里津沪电报线路的正式通报，标志着历经近 3000 年的邮驿制度逐渐被现代通信所替代。1882 年，丹麦大北电报公司在上海外滩开办了第一个电话局，电话正式进入中国。1904 年，由清政府钦准的中国第一个官办电话局在北京开通。

革命年代，红色电波为保障革命胜利作出了卓越贡献。1927 年，周恩来、贺龙、叶挺等同志通过指挥部办公室的电话指挥了南昌起义，打响了武装反抗国民党反动统治的第一枪。1928 年，周恩来同志在中央特科设立了第四科无线电通讯科，这是中国共产党最早负责无线电通信的专门机构。1930 年，在第一次反“围剿”中，红军缴获了国民党的半部电台，自此开启红军无线电通信时代。1931 年，红军在瑞金成立了第一个无线电通信部队。1940 年，毛泽东主席在延安为《通信战士》创刊亲笔题写刊名，并题词“你们是科学的千里眼顺风耳”。1948 年，在西柏坡一间仅有 16.3 平方米的旧民房里，毛泽东同志用 408 封电报指挥了包括三大战役在内的 24 场战役，取得了解放战争的伟大胜利。

新中国成立初期，受历史客观因素的影响，我国通信产业与发达国家相比差距较大。1978 年，我国电话机仅有 368 万部，电话普及率仅为 0.38%，比美国落后至少 75 年。1980 年，我国电话总线数为 214 万线，仅占世界总数的 0.67%。以深圳为例，1986 年居民电话初装费用为 1400 元，相当于当年深圳年均工资的 57.1%。

改革开放以后，中国的移动通信业取得了长足的发展，特别是在基础通信设施方面，我国整体水平在全世界遥遥领先。截至 2018 年年底，我国铺设光缆线路总长超过 4358 万公里，可绕地球赤道 1000 余圈，开通移动通信基站总数 648 万个，其中 4G 基站 376 万个，约占全球 4G 基站总数的 52%。

在通信技术水平方面，我国实现了从“1G 空白、2G 跟随、3G 突破”到“4G 同步、5G 引领”的跨越式发展。从 1G 和 2G 时代的单纯引入，到 3G 时代，中国主导的 TD-SCDMA 技术第一次登上国际舞台，与美国主导的 CDMA2000 和欧洲主导的 WCDMA 形成三足鼎立之势。到 4G 时代，我国自主研发的 TD-LTE 技术与欧洲主导的 LTE-FDD 并驾齐驱，实现通信技术与全球同步。到了 5G 时代，中国已真正成为推动全球 5G 发展不可或缺的关键力量。从 1G 到 5G 凝聚了几代通信人的心血和汗水，可以说，移动通信的发展史也是我国

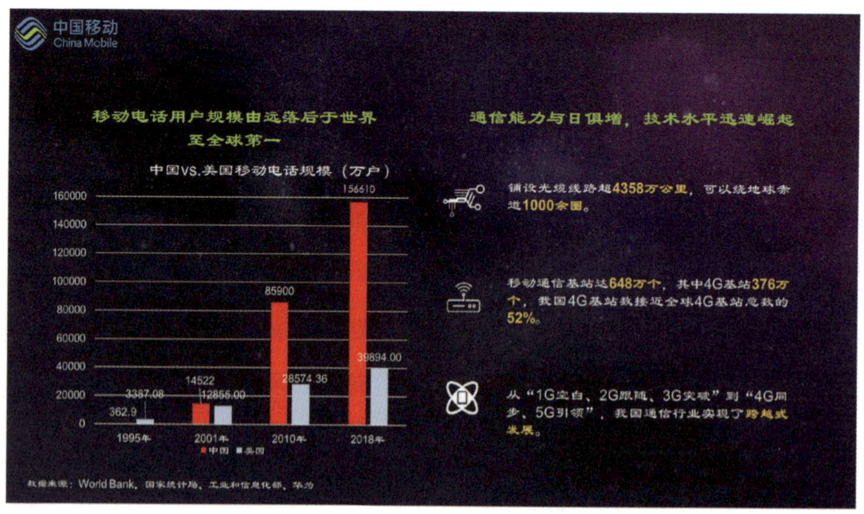

改革开放后，国内通信事业取得了飞跃式发展

通信企业自我创新、不断突破的艰苦奋斗史。

当前，移动通信产业已成为现代化的重要引擎，深刻地改变了工业和社会的发展格局。据权威机构统计，2018 年移动产业为我国创造的经济价值约为 7500 亿美元，占我国 GDP 的 5.5%；为全球创造的经济价值约为 3.9 万亿美元，占全球 GDP 的 4.6%；2018 年移动通信为我国创造了约 850 万个岗位，为全球创造了约 3200 万个岗位。

二、通信历史上的重要人物

回顾历史，任何一个行业的发展都是站在巨人的肩膀之上，法拉第、摩尔斯、麦克斯韦、奈奎斯特、香农等科学巨匠为推动现代通信发展作出了杰出贡献。

法拉第是一位英国物理学家。1831 年，法拉第提出电磁感应定律，揭示了电、磁现象之间的相互联系，在电的使用上引发一场巨大革命，推动人类社会进入电气化时代。

摩尔斯是享有盛誉的美国画家，同时也是电报的发明人。1837 年，他率先发明了电信史上最早的编码——摩尔斯电码，随后又着手研制了电报机，使远距离信息传输成为可能。

麦克斯韦是近代英国著名的物理学家、数学家，也是经典电动力学的创始人和统计物理学奠基人。他最具代表性的贡献是于 1873 年建立了完整的电磁场理论体系，揭示了光、电、磁现象的内在联系，并构建了今天被称为麦克斯韦微分方程组的数学模型，为现代无线电电子工业奠定了理论基础。

奈奎斯特是一位美国物理学家，曾在贝尔实验室任职。奈奎斯特为近代信息理论作出了突出贡献，于1928年总结的奈奎斯特抽样定理成为通信信号处理领域基本定理，为现代数字通信提供了理论依据。

香农是美国数学家，通信领域信息熵的发明人，也是现代信息论的奠基人。1948年，香农提出了“信息熵”的概念，解决了信道量化度量问题。同时，他提出了变长无失真信源编码、有噪信道编码、有损信源编码三大定理，其中，香农第二定理给出了信道传送速率上限同信噪比及带宽的关系，成为整个通信业设计、维护、优化系统的关键理论。

在手机终端领域，自1973年马丁·库帕发明第一款商业手机，到2007年乔布斯发布第一代iPhone，手机也完成了从大哥大、功能机到智能机的历史性演变，成为人们日常生活中不可或缺的必需品。

三、中国移动改革历程

我国通信行业经历了政企分离、破除垄断、改革过渡和全面竞争四个阶段，中国移动始终在改革的大潮中破浪前行。

从1994年到2000年，通过推动专业化经营管理，初步建立了独立经营核算的企业运作机制。1994年，为适应移动通信快速发展的需要，原邮电部成立了移动通信局，对移动通信业务实行专业化经营管理。1999年，根据国家对电信体制改革的整体部署，在信息产业部的指导下，自下而上地进行移动通信从原中国电信剥离的工作。

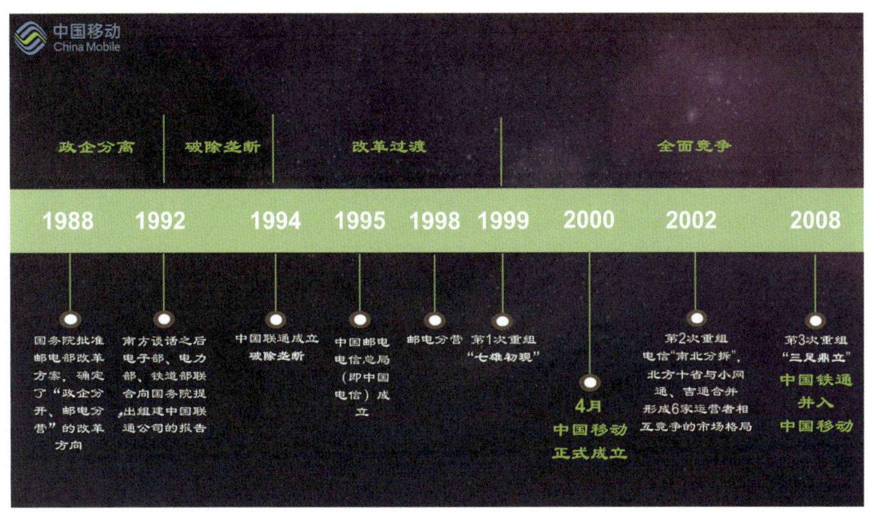

中国通信业改革历程

1999年6月，成立了中国移动通信集团公司筹备组，随后各省（自治区、直辖市）移动通信公司相继成立，开始独立运营。2000年4月20日，按照政企分开、促进竞争和建立现代企业制度的要求，中国移动通信集团公司正式成立，成为中央管理的国有重要骨干企业，实现了从政府部门到政企分开的跨越，标志着中国移动已经真正进入企业化独立运营时期。

在从原中国电信剥离成立中国移动通信集团公司之前，中国移动已经探索通过资本运营上市的方式引入国际先进治理经验。1997年10月，广东、浙江移动通信资产注入中国电信（香港）有限公司，在香港和纽约发行股票上市，筹集资金42亿美元。1998年，上市公司以29亿美元对价收购江苏移动通信资产。后经5轮资产重组和注入，公司于2004年完成整体上市。中国移动以上市为契机，将资本市场对公司的经营管理要求传导到公司内部，引入外部先进的管理经验，推动公司内部治理机构完善。

不同的战略成就不同的企业。自中国移动成立以来，先后制定四轮五年战略规划，引领不同阶段的发展进程。在成立之初，在国内国外、行业产业的复杂环境下，中国移动提出了“双领先”战略，着力打造核心能力，构建网络和客户规模优势；“十一五”期间，面对新的历史机遇与挑战，中国移动秉承“正德厚生、臻于至善”的企业核心价值观，全面实施“新跨越”战略，立足新起点、再创新优势、实现新发展；面对“十二五”复杂多变的发展环境，中国移动坚定不移地夯实规模优势，提出“可持续发展”战略，树立“移动改变生活”的战略愿景和“铸就国际领先，实现可持续发展”的战略目标；面向“十三五”，中国移动把握数字化服务蓬勃发展的新契机，应对产业新挑战，充分发挥现有客户规模优势，提出“大连接”战略。可以说，战略正确是中国移动这些年取得成功的最重要优势，通过四轮五年战略规划，公司完成从“移动领先”到“数字化创新”的跨越式发展，建成全球规模最大、用户最多的网络，实现盈利能力和品牌价值行业领先、市值排名位居全球前列。

信息通信产业更是当今创新最为活跃、变化最为迅速的领域，中国移动始终勇于探索、勇于变革，迎接挑战，把握机遇。为适应环境形势变化，中国移动提出了集中化、标准化、信息化为核心“三化”管理模式，优化企业资源配置，推动高效低成本运营。具体来说，一是通过集中化将分散、有限的资源进行跨地域、跨领域的统一管理和整合使用，提升资源利用率，实现规模效益；二是通过标准化将企业中各个要素和环节有机合理地组织起来，使各个活动和过程达到规范化、程序化，实现专业化、规模化生产；三是通过信息化对企业的标准流程进行固化，通过技术手段提高企业的运营效率。在“三化”管理模式的驱动下，公司市值不断增长，2007 年总市值达到 3460 亿美元，超越微软位居全球第四。

进入新时代，公司深入研究移动互联网和数字经济对企业组织变革的新要求，围绕推动战略落地、支撑业务发展，明确了管理集中化、运营专业化、机制市场化、组织扁平化、流程标准化“五化”改革方向，推动组织体系从属地经营向“31+N”协同发展的转变。

其中，管理集中化指推动可共享基础设施和资源能力的集中组织、集中生产和集中服务，提升集约化管理水平，充分发挥规模优势，有效实现降本增效；运营专业化指按照新型业务拓展的内在要求，打造专业化运营主体（或团队），建立责权利对等的运作管理模式，内化核心能力，培育竞争优势，在新领域逐步提升市场地位；机制市场化指发挥市场导向作用，建立以内部结算和服务契约为纽带的市场化协作机制，建立市场化的人才管理和薪酬激励机制，释放组织活力，提升资源配置效率；组织扁平化指以客户为中心优化组织结构，减少管理层级，缩短决策流程，使资源和决策更贴近市场，提升公司对需求的反应速度，打造敏捷高效的组织管理体系；流程标准化指按照现代化大生产的模式建立统一规范的制度管理体系和运营管理流程，实现管理制度化、制度流程化和流程信息化，有效提升公司整体运营效率。经过多年发展，公司先后开展信息安全、采购、呼叫中心、政企、IT 等领域改革，形成了 31 个省（自治区、直辖市）公司和多个专业机构的“31+N”新型数字化组织结构。同时，为提升协同管理水平，公司借鉴新一轮军改经验，提出了确保管理、执行、支撑三大方面有机运转的“管理三角形”，形成“集团管总、区域主战、专业主建”的高效协同体系。集团总部、各省公司、各专业机构在明确职责定位的基础上，通过落实各项协同责任，形成合力，确保公司整体协同目标的实现。

从“三化”到“五化”，公司管理能力持续提升，在构建新型组织架构、促进核心能力内化、推进降本增效等诸多领域都取得了长足进展。在构建新型组织架构方面，中国移动不断加大专业化改革力度，先后设立国际公司、信安中心、政企分公司、咪咕公司、在线服务公司、IT 公司等 20 家专业机构，推进组织架构适应战略需要。在促进核心能力内化方面，中国移动构建“云管端”核心产品体系，形成 43 大类核心产品，全面支撑“互联网 +”业务应用的蓬勃发展，多项技术成果荣获国家级奖项，其中，第四代移动通信系统（TD-LTE）关键技术与应用获国家科技进步奖特等奖；累计申请中国专利超过 14000 件，海外专利布局超过 10 个国家和地区，实力位居全球第一阵营。在推动降本增效方面，截至 2018 年年底，全集团两级集中采购集中度为 99.6%，节约资金约 1500 亿元；2014 年成立在线服务公司，提升服务质量和效能，目前在线公司已成为全球规模最大、技术领先的服务标杆，接通率从 30 秒提升至 15 秒且保持在 85%以上，热线满意度三年均超 87.5%，始终保持行业第一的位置；2017 年公司批准实施 IT 改革，成立 IT 公司，开展集中化 IT 系统的运营和支撑，2018 年建设集中化 IT 系统近 20 套，集中化运营支撑能力快速增强，建立健全 IT 预算管控体系，2019 年压降 IT 预算超 10 亿元，推动 IT 领域的低效无效 IT 设备与系统清理，节约成本 1.09 亿元。

在业务战略层面，公司持续推动“四轮驱动”（个人移动市场领先，加大家庭市场、政企市场和新业务市场）融合发展，加大市场拓展力度，推动业务结构优化和增长动能转换。个人移动市场方面，公司积极把握战略主动，进一步优化产品结构、强化精准营销，加快完善服务管理机制，保持个人移动市场的领先地位，2018 年，公司 4G 客户达到 7.13 亿，手机上网流量同比增长 182.1%，每用户月均 4G 流量达到 6.6GB。家庭市场方面，坚持“提质、提速、提价值”，打造优质宽带品牌，加大数字家庭发展力度，2018 年家庭宽带客户总数达到 1.47 亿，份额达到 41.5%。政企市场方面，紧盯重点行业，深耕信息化蓝海，行业竞争力显著提升,2018 年政企客户总数达到 718 万家，集团通信及信息化收入份额达到 38.5%。新业务市场方面，创新运营模式，打造重点产品，实现规模增长，2018 年物联网智能连接数达到 5.51 亿，部分省市已实现物与物的连接数超过人与人的连接数。

作为信息通信行业的大型骨干央企，中国移动始终坚持政治责任、经济责任和社会责任全面协同推进，持续促进经济、社会和环境的和谐发展。在履行政治责任方面，中国移动认真落实网络强国战略，建成全球最大 4G 网络，同时不断加快 5G、云计算、物联网等新型基础设施的部署；助力“一带一路”发展，2018 年公司深入推进陆上和海上信息高速通道建设，完成 20 个跨境陆缆建设项目，参与建成 5 条海底光缆，并持续扩大 TD-LTE 全球覆盖范围，为“一带一路”沿线国家和地区的信息化发展提供网络基础支撑。在促进经济繁荣发展方面，截至 2018 年，中国移动累计纳税 9304 亿元，累计实现利润总额 21106 亿元，有效实现国有资本保值增值；实施百万青年创业计划，助力青年创业梦想实现；打造开放共享双创生态，助力社会创新发展。在践行企业社会责任方面，中国移动着力缩小数字鸿沟，截至 2018 年年底，累计完成 38352 个行政村宽带建设，有线宽带服务覆盖 41.7 万个行政村；在对口支援与定点扶贫五省八县累计投入扶贫资金 5.3 亿元，开展 30 个扶贫项目；自 2011 年以来，持续推动国际资费下降，消灭天价账单，成为欧盟最佳案例；2017 年全面取消手机国内长途漫游费，2018 年全面取消流量漫游费，两项举措合计让利约 489 亿元，惠及客户约 7.5 亿人次。

中国移动自成立以来，始终坚守发展初心，牢记党和国家赋予的职责使命。公司始终坚持国有企业的政治属性，坚持党的领导，保证党和国家方针政策、保证中央部署要求精神在企业的贯彻执行，确保中国移动始终沿着正确方向前进。坚持把国有企业党的政治优势与建立现代企业制度结合起来，实现加强党的领导与完善公司治理有机统一，依托党的政治优势不断放大市场优势和竞争优势，从而在复杂的发展形势和市场环境中赢得发展。中国移动把坚持党的领导、加强党的建设、全面从严治党各项工作落实到公司全面深化改革、推动转型发展、强化内部管理的全过程，努力把党的政治优势和组织优势转化为推动企业发展的思想引领力、领导执行力、团结凝聚力，把党的纪律和监督优势转化为风险管控力，切实发挥公司各级党组织在公司改革发展党建各项工作中把方向、管大局、保落实的作用，凝聚形成了一种为国家为人民真诚奉献的精神、一个坚强有力的领导班子、一支勇于攻坚克难的高素质干部队伍和充分组织起来的员工队伍，这些都为中国移动始终保持成长活力提供了根本保证。

面向新时代，党的十九大提出，要培育具有全球竞争力的世界一流企业，为新时代国有企业转型发展明确了目标方向。2018 年 12 月，公司被国资委列为创建世界一流示范企业的十家中央企业之一，这是对公司过去二十年工作业绩的充分肯定。站在新的历史起点上，中国移动将深入贯彻习近平新时代中国特色社会主义思想和党的十九大精神，坚持和加强党的全面领导，坚持以人民为中心的发展思想，坚持贯彻新发展理念，以创世界一流企业，做网络强国、数字中国、智慧社会主力军为总体目标，以高质量发展为主线，围绕转型升级、改革创新两个着力点，打造基于规模的价值经营体系，实现融合、融通、融智；构建高效协同的组织运营体系，塑造能力、合力、活力。与时俱进，全面实施“5G+”计划，做大连接规模、做强连接应用、做优连接服务，统筹推进“四轮驱动”融合发展，保持公司领先优势，助力经济社会发展。

四、4G 改变生活，5G 改变社会

我在 2017 年年初的世界移动通信大会上正式提出“4G 改变生活，5G 改变社会”。4G 网络、智能终端的普及，带动云计算、大数据等技术的日趋成熟，夯实了移动互联网发展的基础，开启了移动互联网新时代。

移动互联网时代具备以客户为中心、高度扁平化、体验为王、快速反应四大特征。同时，以云计算、移动宽带和智能终端为代表的“云—管—端”成为移动互联网时代三大要素。移动互联网极大地改变了人们的生活，人们平均每天在移动互联网上花费的时间接近一天时长的四分之一。具体来说，一是生活极大便利。人、信息、商品、服务，通过移动互联网应用和智能硬件实现数字式和在线化，人们可以随时随地地自由连接、获取。二是权益极大扩张。人们可以依

靠网络自由连接形成社群，口碑传播影响力大增，加之特有的低搜寻和转移成本，使得人们可以低成本的重新选择产品，形成以用户为中心的新特征。三是能力极大延伸。移动互联网的去中介化特征，使得我们可以根据供需自由精准匹配；如火如荼的共享经济，使得我们可以根据需求，按需使用，根据使用付费，变所有权为使用权，降低生活成本、创新成本。四是价值极大释放。移动互联网带来个体意识的觉醒，人们利用网络平台，能够快速地找到认可某种独特价值的共同体，使得该项价值被快速放大，如当前非常火爆的直播应用、网红经济、知识分享应用等。

2019 年 6 月 6 日，工信部正式发放 5G 商用牌照，标志我国领先全球正式进入 5G 时代。5G 具有超大带宽、超低时延和超大容量三大特性，其中，5G 峰值速率可达 20 吉比特，相比 4G 提升约 20 倍；空口时延最低可达 1 毫秒，相比 4G 下降约 10 倍；连接密度达到 100 万个 / 平方公里，相比 4G 提升约 10 倍。

5G 将与人工智能、物联网、云计算、大数据、边缘计算融合创新，推动离散专网向统一公网、消费互联网向产业互联网、高效生产向智慧生产转变，实现生产方式、服务体验和社会治理的全方位提升，开启万物智联新时代。

当前，5G 已经成为抢占新一轮技术革命胜利的战略制高点。立足产业革命三百年，与第一次技术革命中的蒸汽机技术、第二次工业革命的电力技术一样，5G 将推动移动通信技术在各行业普及应用，将对各行业产生深远且持久的影响，重新定义经济竞争力并改变社会。据权威机构预测，2020—2035 年，全球实际 GDP 年平均增长率 2.9%，5G 将贡献其中的 0.2 个百分点；到 2035 年，5G 将在全球创造 3.5

万亿美元的直接经济产出和12.3万亿美元的间接经济产出。

全球主要国家均将5G作为国家关键战略。美国于2018年8月发布5G FAST战略，推动美国5G部署；2019年4月，美国联邦通信委员会（FCC）宣布启动美国史上最大规模频谱拍卖和5G投资计划；美国总统特朗普称：5G是一场美国必须赢的竞赛。欧盟于2016年7月发布《欧盟5G宣言》，并于2018年启动5G规模试验。韩国于2015年发布5G国家战略，投入1.6万亿韩元，并于2018年6月完成5G频谱分配。我国高度重视5G发展。国家“十三五”规划纲要提出，要积极推进第五代移动通信(5G)和超宽带关键技术研究，启动5G商用。2019年中央经济工作会议也将加快5G商用步伐列为2019年重点工作任务。

为响应国家战略要求，领先电信运营商和龙头通信设备商加强合作共同推进中国5G技术走在世界前列。中国移动从明确需求目标、促进标准成熟、加强技术创新、推进规模试验、赋能产业生态等领域全面推动5G发展。在明确需求目标方面，中国移动提出5G之花，8项指标成为国际电信联盟标准。在促进标准成熟方面，中国移动累计形成1000余项5G相关专利和超过1500个5G国际标准文稿，5G标准贡献位列全球运营商首位。在加强技术创新方面，中国移动牵头成立开放化无线接入网联盟加速构建5G智慧网络。在推进规模试验方面，中国移动发布“5G网络领航计划”和“5G终端先行者计划”，推动17城进行规模试验和应用示范。在赋能产业生态方面，中国移动率先成立5G联创中心，设立22个联合创新开放实验室，与430多个合作伙伴一起开展联合试验。

截至2019年6月，中国移动5G试验进展良好。2018年12月，中国移动发布5G终端策略，2019年完成测试采购交付5G终端超万台。2019年，中国移动在广州、上海、杭州、苏州、武汉5城开展5G规模试验，在北京、南京、成都、深圳等12城开展5G应用示范，为2019年规模发展、2020年实现规模商用奠定了坚实基础。后续，中国移动将全面实施“5G+计划”，沿“5G+4G”“5G+AICDE”“5G+Ecology”“5G+X”四大路径，充分发挥5G的赋能作用，使5G成为社会信息流动的主动脉、产业转型升级的加速器、数字社会构建的新基石，助力综合国力提升、经济高质量发展和社会转型升级。

在数字生活方面，中国移动将聚焦“家庭、办公、汽车”三大生活空间，打破数字消费时间空间束缚，广泛提供质优价廉、品类丰富、人机互动的5G智慧服务，实现三大空间“流量+内容+权益”的横向融通，为个人用户提供高效便捷的数字生活体验，实现5G服务大众。在智慧生产方面，中国移动将聚焦于媒体娱乐、智慧电网、

中国移动“5G+”计划简介

智慧工厂、物流运输、智慧城市、智慧医疗、智慧农牧、云端机器人、智慧校园和网联无人机等重点领域，联合社会各界共同打造 5G 产品和解决方案，推动 5G 融入百业，全面加速行业数字化进程。

为推动 5G 跨行业融通发展，中国移动将与产业各界一起进行联合创新。一是 5G 联创中心全新升级，开展 5G 创新应用孵化，打造 5G 万亿级市场，共赢 5G 商业未来，预计在 2019 年孵化 100 个创新应用。二是设立雄安、上海、成都三大产业研究院，结合联创，贴近需求，定制 5G 在各行业中的解决方案以推动 5G 跨行业应用。三是中移资本助力 5G 融合创新，中国移动发起超 300 亿的 5G 产业基金，共同帮助和扶持 5G 的各类创新。

1G 时代，中国移动提出要做“移动通信专家”。2G 与 3G 时代，中国移动立志成为“移动信息专家”。4G 时代，中国移动将“移动改变生活”作为公司的使命。目前，社会开始迈入 5G 时代，正如孙中山先生所说“世界潮流，浩浩荡荡”，5G 就是当前不可阻挡的时代潮流。中国移动将顺应历史潮流，践行“移动改变社会”的理念，推动 5G 与社会生产生活各领域的深度融合，充分释放 5G 在政治、经济、社会领域的赋能效应。

五、移动通信发展的思考与启示

最后谈几点关于移动通信发展的思考。

一是移动通信给社会带来了什么？首先，移动通信带动了经济社会转型升级。从“铁公基”到“新基建”，从“要想富，先修路”到

“要想富，先建网”，移动通信已经成为构建数字社会的基石。其次，移动通信创造了智能便利的美好生活。移动通信推动了生活方式的变革，手机导航、手机购物、移动支付等让大家生活更便利，手机变成人们生活的必需品。

二是从另一个角度看移动。针对日益严峻的信息安全形势，中国移动全面实施客户隐私保护“金库模式”，推出“和多号”“中间号”产品，为个人和企业用户提供完善的隐私保护方案。针对信息诈骗的新形势、新变化，中国移动引入大数据、人工智能，全面加强信息诈骗的处置能力，为客户提供安全晴朗的消费环境和网络空间。针对人们高度关注的基站辐射问题，我国电磁辐射标准是世界最严标准之一，中国移动严格遵循国家电磁辐射标准。

三是移动通信技术从来没有像今天这样深刻影响着人民的生活福祉、社会的转型升级和国家的前途命运。汽车、轮船、火车、飞机等交通工具缩短了人们交往的距离，拓展了人们的生活半径，而移动通信的出现更进一步打破人们沟通的时空障碍，让世界变成了一个“地球村”。移动通信技术是世界性的，我们必须要具有全球视野，在更高水平上开展国际交流合作，增进国际互信，共享发展成果。

信息通信产业是朝阳产业、是大有作为的产业，希望同学们秉持“苟日新，日日新，又日新”的学习态度，培养砥砺奋进的拼搏精神，为信息通信产业的发展贡献自己的力量！

同学们说

在波澜壮阔的改革开放浪潮中，在中国迈向现代化、走向世界舞台中央的进程中，国有企业作出了不可磨灭的贡献。作为新时代青年，我们肩负着时代责任和民族使命，我们要不断锤炼自身本领，不忘初心、牢记使命，以实际行动为实现“中国梦”贡献力量。

——邵晓宁　信息管理学院情报学专业学生

我国政府在今年发放5G商用牌照，让中国人民使用5G服务，标志着我国移动通信从追赶到领跑的历史性跨越。面向新时代，我辈尚需加倍努力，为中华民族伟大复兴而认真学习！

——张　彪　电子科学与工程学院电磁场与微波技术专业学生

通信技术进步和更新换代的意义不仅局限于通信本身，它将为个人生活和社会生产带来深远影响。通信技术演进为其他产业升级提供重要基础，因而成为国家竞争的关键领域。中国移动作为国内最大的电信运营商，在国家发展和产业升级中起到了关键作用。

——陈博钊　计算机科学与技术系计算机科学与技术专业学生

27. 新时代国有企业“走出去”的新姿态

中国建筑集团有限公司  东南大学

官　庆

2019 年 6 月 11 日，中国建筑集团有限公司党组书记、董事长官庆在东南大学讲课

精言粹语

★中国建筑是我们国家第一批“走出去”的企业之一，中建的海外业务最早可以追溯到新中国成立之初。

☆中国建筑“走出去”的四十年，见证并参与了我们伟大祖国强大国力和国际地位的提升。

★在国人欢呼感动的同时，很多他国人民也表达了对我们中国人的羡慕，羡慕我们有一个强大的祖国。

☆长岛铁路新线建设项目让美国人再一次对中国建造的速度和质量发出了赞叹，纽约州副州长凯西·霍楚专程到现场视察项目实施情况，当地市民对该项目的快速推进赞誉有加。

★党建优势是国有企业的“根”和“魂”；多年的海外实践证明，越是条件艰苦的地方，越能体现党组织的战斗堡垒作用。

☆国际化道路并不平坦，海外事业不会一帆风顺，需要保持战略定力，步步为营、久久为功，方能实现“水滴石穿、绳锯木断”。

★从 2000 年至今，中建美国公司经营规模保持年均 29%的增速。目前，中建美国公司成功跨入全美最大承包商前 30 强，位列美国前十大桥梁承包商。

☆仅“十二五”期间，中国建筑便获得境外工程“鲁班奖”12 项。

百年东大，从“嚼得菜根、做得大事”到“诚朴求实，止于至善”，历史悠久、声名远播，是中国现代建筑教育的发源地，也是我们国家的“建筑老八校”之一，为我国建筑行业培养了大量的优秀人才。

中国建筑自组建至今已近40年，目前是全球最大的投资建设集团，在2018年世界500强中排名第23位。在2018年年末被国资委确定为创建世界一流的10家示范企业之一。目前，中国建筑30万名

讲课现场

员工正“上下同欲，团结一心”，积极推进创建世界一流企业工作。

因此，我们可以说，中国建筑和东南大学的“主业”高度契合，使命同样远大而光荣。今天，我想就国有企业“走出去”，尤其是在当今全球化浪潮下，中国建筑如何深入践行国家“走出去”战略这一主题，从四个方面和大家进行交流。

一、企业为什么要“走出去”

企业“走出去”是指企业走出自己的母国，在另外一个或者多个国家开展生产、销售、服务等经营活动。此类企业，就可以称之为“跨国企业”。

随着时代的变迁，跨国企业在持续改变自己的发展形态。

第一阶段，是从跨国贸易到跨国经营。

企业跨国经营的萌芽，最早可以追溯到工业革命前的殖民时代，也就是大约 16 世纪末 17 世纪初英国的特权贸易公司，或者被称为特许公司（Chartered Company）。

当时最有影响的特权贸易公司就是臭名昭著的英国东印度公司（British East India Company），这是一个“集资从事贩卖的合伙机构”。也就是说，这些早期跨国公司的业务主要是“新航路”上的海上贸易。

那么，当时的这些英国商人，为什么甘冒风险，走出国门，远涉重洋，从事跨国贸易？道理很简单，因为他们在异国他乡，发现了在本土市场上存在旺盛需求的新的商品。这些商品，不但物美价廉、质量上乘，而且独一无二、不可替代。跨国贸易可以获取超额利润，巨大利益面前，自然有人趋之若鹜。

时间到了 19 世纪末，借助第二次工业革命的成果，尤其是电报、电话和内燃机的发明，高效的通信和交通使得跨区域、跨国家的贸易变为现实，西方国家工业体系也日趋完善。这时期的跨国公司则从早期直接在殖民地生产原材料，演变为将原材料运往西方国家，进行深加工并出售不同国家的现代公司。

第二阶段，是从多国公司（MNC）演变到全球公司（GIC）。

随着全球化浪潮的深入，尤其是信息革命的到来，偌大的地球变成了“地球村”，跨国制造成为可能，也成为现实。在全球布局研发、生产、销售的现代意义的跨国公司出现了。跨国公司的形态由早期的多国公司（Multi-National Company）逐步转变为全球公司（Global Integrated Company）。

1998 年，IBM 公司率先提出“全球公司”这一概念。简单地说，“全球公司”就是企业利用“全球的资源”与“全球的人才”去拥抱“全

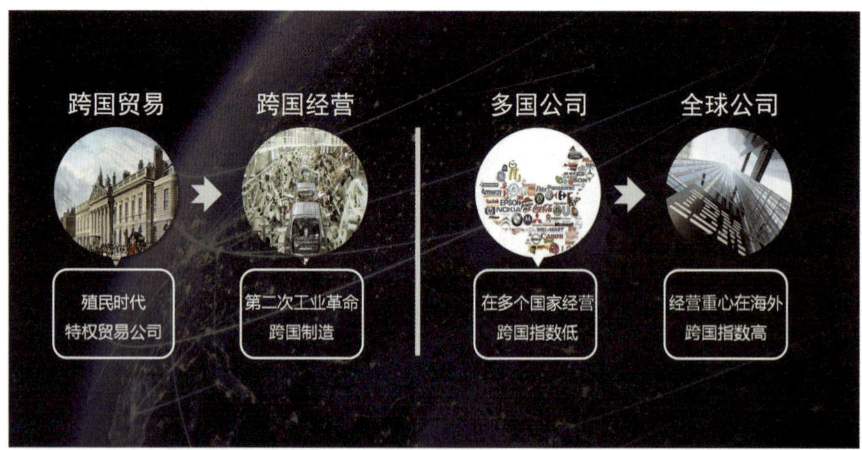

球的商机”。相比一般跨国公司，全球公司的全球化程度大幅提高。

那么，企业为什么要“走出去”？总体来说，有三个主要动因。一是寻找新的顾客，二是获取低成本的资源，三是增强核心竞争力。

通用电气前总裁杰克·韦尔奇对此曾经有一个阐述：“能在全世界这个最大的规模下，集合世界上最佳设计、制造、研究、实施以及营销能力者，就是全球竞争中的赢家，因为这些要素极不可能同时存在于一个国家或一洲之内。”

企业的竞争优势，来源于企业所具有的核心竞争力，而核心竞争力又来自企业所拥有的“创造性资产”或者“战略性资产”，跨国企业正是通过整合这些资产，从而获得长期、持续的竞争力。这就是韦尔奇所言的理论依据所在。

一言以蔽之，随着现代运输和通信技术的发展，地球“变平了”，使得企业走出国界，在全球配置和整合资源，在全球范围内培育核心竞争能力、打造核心竞争优势，成为可能。

二、我国国有企业“走出去”的历程

企业是国民经济的细胞。中国国有企业“走出去”，开展国际化经营的演变过程，就是中国经济市场化、管理现代化的演变过程。

新中国成立之后到1978年改革开放之前，当时的企业，既没有“走出去”开展国际化经营的条件，也无此必要。正是在1978年改革开放之后，国有企业逐步接受市场观念，国际化经营与管理才成为可能。

根据学者的研究，中国国有企业的“走出去”历程，大致可以概括为三个阶段。

第一阶段，谨慎走出去阶段。主要是 1978—2000 年，改革开放的前 20 年。第二阶段，大规模“走出去”阶段。时间是 2001 年到 2016 年的 15 年间。2001 年，党的十五届五中全会明确提出实施“走出去”战略。同年，中国加入世界贸易组织（WTO）。2013 年，习近平总书记提出“一带一路”倡议。第三阶段，规范“走出去”阶段。为有效防范“走出去”的风险，2016 年年底到 2017 年年初，国家各部委发力加强监管，在推动对外投资便利化的同时，加强了对外投资真实性、合规性方面的审查，挤压了大部分的非理性投资和虚假投资。

总体上来说，改革开放 40 年来，国有企业在不断推进自身发展创新的同时，也在积极拓展国际化经营。从在国内设立中外合资公司，到走出国门、开展对外直接投资；从整合国外资源、购买技术，到实施跨国并购、设立全球区域总部，国有企业在改革中成长，在开放中创新，在不断地“走出去”中，学会游泳，到“中流击水”，逐步成长为全球跨国公司大家庭中的重要一员。

习近平总书记在党的十九大报告中指出，“历史车轮滚滚向前，时代潮流浩浩荡荡”。这里，我想表达两层意思：

第一，全球化是时代浪潮。用习近平总书记的话讲，就是“大势所趋”。坚持改革开放，是中国一项基本国策，是对时代潮流的精准把握。

第二，“走出去”是顺势而为。同样用习近平总书记的话讲，就是“开放带来进步，封闭必然落后”。新时代的国有企业，必须勇于

“开放”，敢于“走出去”，在更大范围、更广领域和更高层次上参与国际竞争与合作，勇做时代的“弄潮儿”。

三、中国建筑“走出去”的发展历程和体会

中国建筑是我们国家第一批“走出去”的企业之一，中建的海外业务最早可以追溯到新中国成立之初。我们中建人挂在嘴边的一句话就是，“没有昨天的海外，就没有中建的今天；没有今天的海外，就没有中建的明天”。

截至2018年，中国建筑已经连续三年稳居《工程新闻纪录》(ENR) 全球承包商250强榜首。累计完成海外合同额1916亿美元，营业收入1149亿美元，一直稳居我国企业前列；在130多个国家和地区承建了6000多项工程，其中一大批已成为当地标志性、代表性建筑，并且凭借质量高、难度大、技术新等优势屡获国内外大奖，赢得了所在国家政府和民众的高度认可。

（一）中国建筑的“走出去”历程

与国家的对外开放同步，与我国国有企业国际化经营的进程相似，中国建筑的“走出去”历程可以分为四个阶段。

1. 经援业务时期

这个时期主要是新中国成立初期到1979年的20多年。1959年，周恩来总理亲自批示成立中国建筑工程公司，主要负责援外项目的土

建施工及施工技术指导，重点业务是援非、援蒙。

这些援外项目在促进受援国经济发展、提高我国国际地位和影响、辅助开展国家外交工作、创造和平稳定的国际环境等方面发挥了重要作用。但这时的海外业务，更多是国家意志的体现，鲜有企业的自主决策。

2. 国际工程承包业务的初创和发展时期

这个时期主要是1979年到20世纪末的20年。1979年2月，中国建筑工程公司重组设立，主要任务在于进入国际市场，为国家赚取外汇。同年，我们进入中国香港和伊拉克市场，并在伊拉克签订了我国第一份劳务输出合同，后来签订了我国第一份工程承包合同、第一份项目总承包合同，成为我国企业“走出去”的标杆。1984年，中建位列ENR225家承包商的第21位，是我国第一家进入该榜单前25名的企业。

这一时期，中国建筑的海外业务在原经援业务的基础上，迅速扩张到中东、北非、东南亚等国家和地区，并成功开辟了美国、新加坡等发达国家市场。

3. 海外业务区域化经营和快速发展时期

这个时期主要是2001年到2013年的10余年。为积极响应党中央“走出去”号召，中国建筑进一步加大海外市场的开拓力度，在全球实施了一系列重点项目，形成了北非、中东、东南亚、北美、中西非等若干个稳定的产出区，全球化布局初见雏形。

这一时期，中国建筑海外业务的主要增长点是国际工程承包市场公开竞标的现汇项目。美国汉密尔顿大桥、新加坡共和理工学院、阿布扎比国际机场等一批重大项目都是与世界一流建筑公司激烈角逐后获得的。通过与全球顶级承包商同台竞争，我们不但积累了丰富的经验，更重要的是看到了自己的长处，增强了自信。

4. 实施"大海外"战略时期

主要是最近这 6 年，也是我想着重谈的一个时期。

习近平总书记提出"一带一路"倡议的 6 年来，全球 100 多个国家和国际组织，积极支持和参与"一带一路"建设。"一带一路"倡议逐渐从理念转化为行动，从愿景转变为现实，进展和成果超出预期。可以说，我们的朋友圈越来越大。

在企业层面，"一带一路"倡议推动国有企业"走出去"迈入"新时期"和"新阶段"。中国建筑"大海外"战略服务于、借势于、同步于"一带一路"倡议。

短短 6 年时间（截至 2019 年一季度），中国建筑境外累计签约 1216 亿美元，完成营业收入 656 亿美元，分别占集团组建以来整体指标的 62%和 56%。可以说，中国建筑在海外经营上取得了长足的进步，在扩大国际影响力和提升话语权上取得了空前突破。

（二）"一带一路"倡议对中国建筑的影响

"一带一路"倡议对中国建筑的影响是全方位的、深远的。总体来看，主要有以下四个方面。

1. 引领发展目标更加高远

当前，中国建筑正在按照国资委的统一部署，积极推动建设世界一流企业工作。所谓"世界一流"，就是要在国际资源配置中占主导地位，在全球行业技术发展中发挥引领作用，在全球产业发展中具有话语权和影响力。

如果在国际影响力和国际化指数方面没有较大提升，世界一流只能是空想。“一带一路”建设将是我们争创世界一流的“试金石”和“主战场”，中国建筑将当仁不让，全身投入，争取尽早全方位实现“世界一流”目标。

2. 促进业务结构更为均衡

中国建筑传统上是以房建业务为主，近年来我们努力拓展基础设施业务、丰富企业的业务结构，强化企业对冲风险的能力。基础设施互联互通是“一带一路”建设的优先领域。据市场分析，到 2020 年，仅亚洲国家年度基础设施投资预计就将达到 8000 亿美元。“一带一路”的优先建设领域将为中国建筑业务结构调整带来巨大机遇。

目前，搭乘“一带一路”倡议，中国建筑海外基础设施业务占海外业务的比重，已经由约 10%上升至约 40%，逐步形成相对合理的海外业务结构。

3. 促使产业链条更为健全

在全球化的当下，企业之间的竞争已经表现为产业链的竞争。所以，纵向一体化、全产业链拥有要素是行业龙头企业必须要考虑的策略。

比如，投融资业务的发展。在当前建设资金普遍缺乏的形势下，国际工程承包市场上的竞争已不再是单纯的价格竞争，企业是否具备较强的投融资能力已成为其能否承揽工程承包业务的关键因素。“一带一路”倡议提出后，各大金融机构以及新成立的亚投行、丝路基金等都加大了对沿线的金融支持力度，也将为我们利用中国资金优势向“投资—建造—运营”一体化的全产业链模式转型提供了条件。

中国建筑目前也初步具备包括融投资在内的全产业链资源配置能

力、全生命周期提供服务的能力、全行业提供经营范围的能力，形成了较强的竞争优势。

4. 推动品牌更具国际影响力

虽然中国企业“走出去”取得了积极成果，但在大多数领域，中国企业在国际上的知名度和影响力还远未形成，知名品牌寥寥无几。“一带一路”建设给中国企业提供了展现自我的舞台和机会，通过投资、建设世界标志性工程和民生工程，能让世界人民和世界市场真正认识中国建造、了解中国品质、接受中国标准、推荐中国品牌。

国际市场竞争的洗礼和锤炼，极大锻造了企业的争先品格，提升了企业的核心竞争能力，推动了企业的发展。从 2006 年至 2015 年的 10 年间，中国建筑营业收入增长了 5.6 倍，利润总额增长了 8 倍，总资产增长了 6 倍多，净资产增长了 16.5 倍，走出了一条跨越式发展的道路。

“欲穷千里目，更上一层楼”，40 年的海外拓展，不仅为中国建筑带来了收入的增加、效益的提升，更重要的是培养并历练了一大批具有国际化胸怀和视野的干部人才，改变了我们的思维方式，提升了我们的商业追求，促使我们在更大范围内、更高水平上参与国际竞争与全球分工。

（三）中国建筑“走出去”的体会

40 年的激流搏杀，我想讲三点最深刻的体会。

1. 中国企业“走出去”，必须要有强大的国家作为后盾

关于国家的强大国力与国际地位，我想从华人海外安全的故事讲起。

每当国际上发生大的政治动荡时，能否及时高效地保护本国公民的安全，就成为彰显国家实力的重要标志。《战狼 II》我相信在座的很多同学都看过，电影中海外撤侨的场景感动了很多人。在中国建筑海外历史上，也曾有过为保护员工安全的多次撤离，其中 2011 年的利比亚大撤离，中国建筑历经十天十夜艰辛鏖战，将 10227 名中国员工、723 名孟加拉籍员工和 233 名越南籍员工，一个不少地撤离回国，同时还协助其他中资公司撤出 3700 多人。在国人欢呼感动的同时，很多他国人民也表达了对我们中国人的羡慕，羡慕我们有一个强大的祖国。

事实上，中国建筑“走出去”的 40 年，见证并参与了我们伟大祖国强大国力和国际地位的提升。

2019 年 6 月 3 日，Cherry Lane 48 小时完成旧桥拆除和新桥安装

中建美国公司中标的纽约大都会捷运局（MTA）长岛铁路新线工程，就在几天前，经过 48 小时不间断施工，首座铁路桥——Cherry Lane 完成了旧桥拆除和新桥安装工作，标志着该项目实现第一个里

程碑，在美国纽约，就在美国人眼皮子底下，复制了北京三元桥换梁时的“中国速度”。

长岛铁路新线建设项目是纽约大都会捷运局有史以来金额最大的单体合同，受到纽约州政府和广大市民的高度关注。桥梁安装任务的完成，让美国人再一次对中国建造的速度和质量发出了赞叹，纽约州副州长凯西·霍楚专程到现场视察项目实施情况，当地市民对该项目的快速推进赞誉有加。中建美国公司的同事告诉我，他们切实感受到了美国政府官员和市民对中国人和中国企业的尊重。

这让我不由得想起 2019 年的 5 月 10 日，美国举行了一场庆祝活动，庆祝太平洋铁路建成通车 150 周年。150 年前，横贯美国东西的太平洋铁路历时 6 年建成，可以说，正是这条铁路成就了现代美国，奠定了其文明发展的基石。

当时，大约有 15000 名中国工人参与了太平洋铁路的建设，占工人总数的 90%以上。大量的中国工人在高强度、高风险的劳动中，被冻死、摔死、炸死，甚至被打死，死亡率超过了 10%，可以说，这条铁路是中国人用生命铺筑的。然而令人愤慨的是，中国劳工在当时受到了酬金微薄、种族歧视和排华浪潮等不公正待遇，中国工人的工资仅仅是白人工资的一半，在竣工仪式中有法国人、德国人、英格兰人和爱尔兰人，却没有一名华人代表。铁路竣工后，由于中国人能吃苦，适应能力强，很容易找到工作，导致失业的白人愈发仇视中国人，美国国会甚至通过了《排华法案》，恶性排华事件日益频繁。

同样的区域，相似的项目，不同的待遇，发生改变的是我们有了一个日益强大、志在实现伟大复兴而又可资依赖的祖国作为企业的后盾。

2. 中国企业“走出去”，必须要发挥党组织的战斗堡垒作用

我国企业开展海外业务，大多集中在亚非拉等发展中国家，环境恶劣、条件艰苦。30 年前我们中国人走出去，挣美元还很有吸引力。但在我国物质文化极大丰富、全民奔小康的今天，许多海外国家的物质生活相比中国是要差很多的。这种情况下，如何凝聚大家？必须要有强大的理想和信念支撑，这就需要党组织的坚强领导。我们常讲，党建优势是国有企业的“根”和“魂”，在“走出去”的过程中，我们有着深刻的认识和真挚的体会；多年的海外实践证明，越是条件艰苦的地方，越能体现党组织的战斗堡垒作用。

这里，我想和大家分享刚果（布）1 号公路项目的故事。

1 号公路是 2006 年时任国务院总理温家宝访问刚果（布），两国签署“一揽子”互惠合作框架协议下的最大基础设施项目，也是中刚建交以来规模最大的合作项目。

这条路建设历时 10 年，过程不仅漫长而且艰辛。从明杜利到布拉柴维尔的 215 公里路段，野草丛生、灌木蔽日，很多反政府武装人员在这一带明抢暗劫，设卡收捐，给广大员工带来了极大的不安全感。人心坚定需要堡垒，此时项目党支部在团结和保护员工方面发挥了巨大作用。

项目沿线需要建设营地。没有道路，没有向导，甚至没有足够的物资保障，他们冒着被劫持的危险，五天五夜逢山开路、遇水架桥，踏出了 350 公里。这个极富战斗力的团队，领头的是项目党支部书记，压阵的是党支部组织委员。

2016 年，全长 536 公里、合同额 28.9 亿美元的 1 号公路全线贯通，为中部非洲新添一个重要的通往大西洋的出海口。

3. 中国企业“走出去”，必须要有久久为功的坚守

国际化道路并不平坦，海外事业不会一帆风顺，需要保持战略定力，步步为营、久久为功，方能实现“水滴石穿、绳锯木断”。如果我们将海外业务作为一项“事业”看待，就不能“打一枪换一个地方”，而必须用本土扎根的思路，通过长期耕耘，获得所在国政府、业主和人民的信赖。

纵观中国建筑40年的海外业务拓展，但凡发展较好的区域市场，都是我们坚守几十年的区域。我们中建人常讲的一句话就是，“十年磨一剑，二十年如一日，三十年不回头，四十年更坚守”，任何一项事业，要想取得成功，没有坚守是不可能的。

这里，和大家分享我们开拓阿尔及利亚市场的故事——“千年工程”：阿尔及利亚嘉玛大清真寺项目。

中国建筑1982年进入阿尔及利亚市场，创业初期，面对着强大的欧洲同行。1990年，阿尔及利亚开始了近十年的内乱和动荡，恐怖活动猖獗，社会形势严峻，绝大多数外国公司相继撤出阿尔及利亚市场，中国建筑的经营活动也被迫停止，但始终坚持留在阿尔及利亚市场。1997年，阿尔及利亚形势趋于平静之际，坚守阿尔及利亚市场的中国建筑，承接了松树喜来登酒店项目，这成为中国建筑在阿成功崛起的转折点。

当时，阿尔及利亚政府为承办两年后在阿召开的第35届非洲统一组织首脑会议，急需建造一座五星级酒店。欧洲建筑商视阿尔及利亚为极端恐怖地区，不愿进入，而中国建筑则作出了承建承诺。

一诺千金，中国建筑仅用时18个月就完成了这个颇具政治意义的项目，用诚意和信誉赢得了阿尔及利亚政府和人民的信任，树立了

中国建筑高效、优质的一流建筑承包商形象。

之后的 20 年，中国建筑在阿发展势头越发强劲，相继获得国际会展中心（8 亿美元）、阿尔及尔大清真寺（15 亿美元）、南北高速公路希法段（12 亿美元）、阿尔及利亚首都机场新航站楼（9 亿美元）等超大型项目。阿尔及利亚政府更是多次通过议标方式，将很多重大工程交由中国建筑承建，尤其是大清真寺这样的宗教圣地、千年工程都由我们来建设，足以说明阿尔及利亚政府对中国建筑、对中国的信任。

值得一提的是，2003 年阿尔及利亚发生了 6.8 级大地震，中国建筑所承建的所有住房，包括位于震中心已交付 20 多年的房子无一倒塌，被当地人称为“震不垮的丰碑”，彰显了中国建筑的品质与信誉。

这里还有一个感人的故事。在阿尔及利亚首都阿尔及尔东郊，有一座著名的阿利亚公墓，阿尔及利亚独立后的两任总统就长眠在那里。位于阿利亚公墓西南角的是阿政府特批的“中国墓地”，专门用来安葬在阿殉职的中国工作人员。在阿尔及利亚 2003 年大地震中不幸遇难的 9 名中建员工便安葬在此。“中国墓地”面向地中海，两侧护卫着粗壮高大的国槐，每座中建员工的墓碑都在遥望东方。

可以说，“走出去”的道路上，许多中国企业，和中国建筑一样，付出了汗水，有的时候，甚至是鲜血和生命。

四、对于新时代国企“走出去”的思考与认识

企业“走出去”不是一个新的话题。在新时代的今天，国有企业

走出去的基础条件、主观需要、客观压力都远超以前，但今天我们所面临的客观环境、国际形势也不同于以前，实际上，“走出去”对于企业的实力要求更高，压力也更大。这愈发需要我们在“走出去”的过程中，理性思考、审慎决策。

纵观中国建筑“走出去”的发展历程，既有成绩，也有曲折；既有经验，也有教训。归纳和总结起来，我们认为，新时代国有企业“走出去”，要努力做到“七个坚持”。

一是坚持牢记使命，始终紧跟和服务国家战略。

无论是20世纪50年代的对外经援，还是改革开放以来的“走出去”、近年来的“一带一路”倡议，都是国家层面的战略导向。

目前，中国建筑已在全球130多个国家和地区树立了品牌，其中，在“一带一路”沿线65个国家和地区，大都留下了中国建筑的“足迹”，多个项目影像被印在了所在国的货币上，成为中国外交的名片。

历届党和国家领导人对中国建筑取得的成绩都给予鼓励，也都视察过中国建筑的海外项目，中国建筑也获得了“不仅代表企业，更代表了中国”的高度肯定。

二是坚持战略导向，始终专注于提升企业核心竞争力。

“走出去”，绝不是为了“走出去”而“走出去”，必须要坚持战略导向，要有行为背后的企业战略考量，比如，我前面所讲到的，获取“战略性资产”。

首先，要敢于亮剑，努力开拓发达国家市场。

发展中国家和发达国家市场都是国际化经营的市场，不可偏废。这里，我想举我们开拓美国市场的例子。美国是世界规模最大、竞争最激烈的建筑市场之一，而且这个市场一直以来基本由美国大型建筑商把持。中国建筑 1985 年进入美国市场，从我国的使领馆建设项目和中资企业项目起步，逐步与美国大承包商竞标本土项目，实现了“从承包使领馆工程，到承包中资企业投资工程，再到承包美国主流市场上的私人项目和公共项目”的“三级跳”。

中建美国公司是第一家获得美国建筑行业大奖的中国承包商，从 2000 年至今，中建美国公司经营规模保持年均 29%的增速。目前，中建美国公司成功跨入全美最大承包商前 30 强，位列美国前十大桥梁承包商。

中国驻美大使馆

其次，要善于学习，用海外先进的管理理念推动国内业务发展。

在海外市场，我们与全球优秀的同行企业同台竞争，与强者同行，既吸取了先进的理念，也积累了丰富的经验。这些理念和经验又反哺国内，推动了国内业务的快速发展。

这里，我想举我们中海地产的例子。

1979 年 6 月，中国建筑正式在中国香港注册成立中国海外建筑工程有限公司，也就是中海集团。中海集团自成立之日起就植根香港，坚持“服务社会、繁荣香港、建设祖国”的经营宗旨，成为中央企业在海外开拓业务的成功典范。1992 年，中海集团旗下中海地产在香港上市，成为第一家以香港本地业务在港上市的红筹公司。21 世纪以来，中海地产果断将投资重心由中国香港转向内地，连续十五年蝉联我国房地产行业领导品牌，书写了一篇起源港澳、反哺内地、铸造传奇的精彩故事。

三是坚持精工品质，推动“走出去”向高质量迈进。

企业“走出去”必须突出品质要求，把质量和品牌放在第一位，突出中国品牌、中国技术，突出一流品质、一流信誉，代表“国家形象”，打造“国家名片”。仅“十二五”期间，中国建筑便获得境外工程“鲁班奖”12 项。

以我们在新加坡市场为例。新加坡建筑市场较为成熟，对工程质量要求极高，为此新加坡专门制定了施工质量评估体系。中建南洋公司经受了严格的质量考验，取得了良好成绩。2016 年，中建南洋公司获得当地建筑业的最高奖——“建筑业领袖奖”，该奖项自 2009 年设立以来，仅有 6 家承包商获得。

四是坚持属地发展，构筑一体化经营生态。

很多年前，中国建筑就提出了属地化的海外经营理念。大量雇佣当地劳工，就地选择采购分包供应商，参与当地经济建设，推动当地经济发展，在赢得政府、民众、合作方认同的同时，我们的项目实施成本有效降低，对外沟通更加顺畅，履约风险明显减小。比如，中建中东公司员工属地化比例达到了 94%，中建美国公司员工属地化比例超过 95%。实践表明，“本土化”策略的有效实施，是企业“走出去”

过程中规避各种“制裁”、实现共赢发展的有效模式。

五是坚持科技创新，切实为当地民众谋福祉。

习近平总书记说过，在“一带一路”项目建设上要注重实施雪中送炭、急对方之所急、能够让当地老百姓受益的民生工程；要让民众有更多获得感，促进民心相通。

近年来，中国建筑不断加大科技创新投入，围绕“绿色建造、智慧建造、建筑工业化”三大方向，取得了一系列创新成果，并广泛运用到海外项目中，用科技的“智慧”来“点亮”当地民众的生活，有力支撑了国家“一带一路”建设和中建海外业务的发展。

比如，我们在巴布亚新几内亚，播散希望之光。

巴布亚新几内亚位于赤道附近，是“一带一路”倡议的重要组成部分。实施该项目的中建钢构，根据当地传统建筑的大屋顶、低层架空等特点，采用自主研发的“GS-Building”绿色装配式建筑产品体系，可以说做到了“量身定做”，成功入围国际“APEC ESCI 最佳实践奖”。习近平总书记访问巴布亚新几内亚时，与巴新总理共同出席了学园启用仪式，并给予高度评价。

六是坚持人才为本，打造国际化人才队伍。

建设国际化公司，首先必须培养具有全球视野的国际化人才。中国建筑作为第一批走出国门的建筑企业，一直坚持国际化人才的培养。

其一，我们将“国际化”经历作为员工职业发展的重要环节。其二，我们强调国际化人才的复合培养。其三，我们始终强调德才兼备，以德为先的用人标准。

七是坚持底线思维，强化风险管控意识。

迎接“走出去”企业的不仅仅是鲜花和掌声，更有湍流和险滩，没有哪个企业“走出去”会是一帆风顺的。企业必须预先做好海外风险评估，根据行业的特点识别出可能出现的主要风险，建立健全内部风险管控流程和机制。

中国建筑在海外经营多年，总体发展态势良好，但也先后遭遇了海湾战争和利比亚内战等，企业经营受到较大冲击。很明显，企业国际化道路并不平坦，机遇总是伴随着风险。任何企业“走出去”，都必须把风险防范与控制放在最前面。

习近平总书记在2017年“一带一路”国际合作高峰论坛开幕式上强调，古丝绸之路绵亘万里，延续千年，积淀了以“和平合作、开放包容、互学互鉴、互利共赢”为核心的丝路精神。最近，习近平总书记在亚洲文明对话大会开幕式上指出，交流互鉴是文明发展的本质要求。

站在企业的角度，站在企业国际化经营的角度，“交流互鉴，合作共赢”，应该成为新时代国有企业“走出去”的崭新姿态。“交流互鉴”本身既是手段，也是目的，“合作共赢”则是水到渠成、瓜熟蒂落。

四、结　语

在新时代，中国的国有企业已经踏上了“走出去”的新的历史征程，这既是国家发展的需要，也是实现中华民族伟大复兴的使命要求。要想实现真正的“走出去”，成为一家真正国际化、全球化的公司，我们的道路还很漫长，需要我们持续为之付出艰辛努力。

使命呼唤担当，国企责无旁贷。事实证明，国有企业在践行使命、履行责任方面，从来不会畏惧退缩，也从来不会让人失望。

习近平总书记说，“一代人有一代人的长征，一代人有一代人的担当”。我想以此和大家共勉。向梦想前行，方能不负韶华。同学们，你们是新时代的中国青年，正如习近平总书记所言，“青年是标志时代的最灵敏的晴雨表”，你们拥有无限的活力和远大的前程，同时也肩负着实现中国梦的伟大使命。

关于学习，《中庸》里面有这样一句话，我记忆犹新，“人一能之，己百之；人十能之，己千之。果能此道，虽愚必明，虽柔必强”。意思是学习技能，要有“愚人”精神，要始终不渝去追求，要穷尽方法去磨炼。所以，希望同学们保持定力、志存高远，努力学习、苦练本领，用自己的一技之长，投身国家发展的大潮，成为实现中国梦的践行者，不辜负这个伟大的时代。

多年来，大批东南大学的优秀校友在中国建筑的各个岗位上作出了卓越的贡献；今天，我们更加张开怀抱，欢迎东大学子带着“止于至善”的不懈追求，加盟中国建筑，与我们一起共同建筑“世界一流企业”的美好梦想。

同学们说

新时代国有企业应具备“交流互鉴，合作共赢”的崭新姿态，其中，提高企业核心竞争力，突出中国品牌的一流品质，为当地民众谋福祉更是其中的关键。作为大学生党员，在努力学习的同时还要坚定理想信念，为今后走上工作岗位、投身国家发展建设打下坚实基础。

——张锋桦　土木工程学院学生

这次公开课官庆董事长用丰富的案例和生动的语言，讲述了国企的沧桑巨变，剖析了市场化改革背后的深刻逻辑，再现了国企砥砺前行、浴火重生的壮丽征途。对国企这些年的变化，我深感敬佩。生在这样一个泱泱大国，我感到非常幸福，没有理由不为国家作贡献。

——孔思璇　艺术学院学生

听了官庆董事长作的主题报告，我对中国建筑的历史发展和国企的责任担当有了更深刻的认识。中国建筑“走出去”需要国家作为坚实后盾，需要党组织作为战斗堡垒，中国建筑在“一带一路”中的光辉成就体现了中国企业在国际舞台上影响力的增强。

——马明畅　经济管理学院学生

28. 关于创新的一些思考与实践

中国航天科工集团有限公司  浙江大学

高红卫

2019年5月15日，中国航天科工集团有限公司党组书记、董事长高红卫在浙江大学讲课

★中国要想建成世界科技创新强国，乃至成为下一个世界科技活动中心国家，必须成为思想解放的先行者。

☆我们通过自主创新全力发展信息技术的步子只有越来越快、越来越坚定，才能避免落后于信息文明时代发展的全球历史进程。

★我国有党中央的集中统一领导，能够做到全国一盘棋集智攻关，相比其他国家更具有集中力量办大事的制度优势，这不仅是由重大航天工程任务的复杂性所决定的，也是由社会主义制度自身的优越性所决定的。过去60余年中国航天事业的发展历史已经充分地证明了这一点，今后还将继续证明。

☆我国的每一项重大航天工程成果，都是举国体制优越性的生动体现。例如，我国的载人航天工程和探月工程，直接参与研制的单位有数百家，联合协作的单位有数千家，涉及数十万科技人员和技能人才协同工作。另外，全国还有数以万计的协作配套方单位，为完成工程整体任务提供有力保障。

★中国有三个优势是其他国家不可比拟的。一是中国共产党的坚强领导，二是全国人民昂扬向上追求发展的精神状态，三是有一支爱党爱国、尊重科学、崇尚创新、献身事业的科技人员队伍。

☆航天精神作为一种精神财富，是爱国主义、集体主义、社会主义精神和科学精神的生动体现，既是航天事业的重要组成部分，又是航天事业里最有灵性、最能对全社会发挥感召作用的要素。

在全国上下深入学习贯彻习近平新时代中国特色社会主义思想和党的十九大精神之际，就贯彻新发展理念，加快建设创新型国家的一些思考认识和实践体会向大家作个专题汇报。

讲课现场

一、对创新概念的一些理解和认知

（一）关于创新驱动和对创新的理解

2015年10月召开的党的十八届五中全会指出，必须把创新摆在国家发展全局的核心位置，不断推进理论创新、制度创新、科技创新、文化创新等各方面创新，让创新贯穿党和国家一切工作，让创新在全社会蔚然成风。

为落实十八届五中全会提出的创新发展要求，我国于2016年5月发布了《国家创新驱动发展战略纲要》，指出创新驱动就是创新成为引领发展的第一动力，科技创新与制度创新、管理创新、商业模式创新、业态创新和文化创新相结合，推动发展方式向依靠持续的知识积累、技术进步和劳动力素质提升转变，促进经济向形态更高级、分工更精细、结构更合理的阶段演进。

一些国家的政客希望中国在全球科技活动领域永远处于跟随状态或者从属地位，一场争夺全球科技活动中心地位的持久战、拉锯战、消耗战已经打响。可以预计，至少未来20年到30年关于创新耐久力竞争的结局，将是决定百年未有之大变局最终格局形成的关键因素之一。要想赢得这场关于创新耐久力的竞争，必须长期全面实施创新驱动发展战略。

《国家创新驱动发展战略纲要》已经界定了创新驱动的含义，但什么是创新，目前还没有一个标准的定义。我认为，必须从微观和宏观层面、现实和历史角度、特殊和一般意义上综合理解“创新”的内涵。

微观而言，创新是指运用现有知识与客观条件，有目的地形成新颖、有价值成果的认知与实践活动。创新成果的价值主要体现在提升人类认知能力和增进人类福祉两个方面。不妨举一个接地气的例子，有助于对微观层面创新要义的具体把握。航天科工为“新一代产品”设置的最低门槛是：成本不变效用提升超过50%，或者效用不变成本下降至少50%，或者导致现有行业重构，或者导致现有产业颠覆，至少满足其中一个条件的新产品才能称之为“新一代产品”。

众所周知，创新是人类进步的灵魂，是国家兴旺发达的动力。一个国家之所以发展快，重要原因之一就是其思想解放，创新能力强。当一个国家的重大科技成果超过同期世界重大科技成果总量的25%时，这个国家就有资格成为“世界科技活动中心”。简单回顾历史，不难发现一个鲜明的特点：成为世界科技活动中心的国家无一例外地首先成为思想解放的先行者。近代以来，“世界科技活动中心”的转移路径大体上是这样：首先是意大利，接下来是英国、法国、德国，20世纪转移到美国。美国将“世界科技活动中心”的地位一直保持到现在。

中国要想建成世界科技创新强国，乃至成为下一个世界科技活动中心国家，必须成为思想解放的先行者。但中国绝不能走欧洲国家和美国的老路，更不能沿袭西方发展观念与思路“解放思想”，必须在习近平新时代中国特色社会主义思想的指导下，结合中国国情和时代文明发展趋势，全面落实新发展理念，走出一条具有中国特色的思想解放与创新之路。

（二）宏观而言，创新本质上是一种全维度、持久的、自我激励的人类文明进化历程

1.综合而言，人类文明的进化史就是一部不断创新的历史

人类社会已经经历了三个文明的进化过程。第一个文明进化过程是从氏族公社到农业文明的进化；第二个文明进化过程是从农业文明到商业文明的进化；第三个文明进化过程是从商业文明到工业文明的进化。当前，人类社会已经进入第四个文明进化时期——从工业文明向信息文明进化。文明的进化往往是由多种类别的创新过程混杂展开、交互推动完成的。创新在每种文明形态的出现和发展过程中都发挥着至关重要的作用。

农业文明是所有文明的基础，农业文明的现代化程度，决定着其他文明的现代化程度。

商业文明是继农业文明之后的第二门现代文明基础课，过不了商业文明这一关，现代文明的成绩单就不会很好看。

工业文明的现代化水平决定着当代国家的“硬实力”，具有标志性意义。核能、火箭、计算机、移动通信、互联网和基因工程，是20世纪人类最具影响力的六大创新领域，也是工业文明持续进化的催化剂，迄今为止一直在深刻影响着人类文明的发展进程。

对于信息文明而言，创新正在推动能够对社会化生产与社会化消费提供数字化网络基础设施、云端公共服务平台等高水平信息化（数字化、网络化、智能化、云化）支撑的基础设施建设。实际上，以数字化、网络化、智能化、云化为主要内容的“信息化”技术，已经越过了“隐私权”这道人类伦理红线，超前于人类文明进化的整体进程，5G技术和区块链技术、AI技术的实用化，将进一步激

化技术进步与伦理进化不协调的矛盾，推动人类伦理再发现、再进化的进程。

当前，全球的农业文明还在缓慢进化，商业文明在巩固中继续进化，工业文明仍在较快进化，信息文明已初见端倪，多种类别的创新过程混杂展开、交互推动的综合创新现象，在促进当今世界多种类型文明融合进化过程中充分展现。

2. 每一类文明进化的起点都源于某些具有颠覆意义的创新活动与理论发现，并且随着实践的不断发展，不断催生新的理论发现

第一次：农业部落的社会生活导致伦理大发现，伦理大发现导致私有化，私有化是农业文明的核心，私有化主要指向人人拥有满足个体消费需求而积累财富的权利。之后，伴随着商业文明、工业文明、信息文明的出现和发展，伦理方面的理论发现与实践形态，一直在更新其版本。信息文明的发育与进化需要对建立在私有化基础上的伦理观进行必要的改造和充实。

第二次：商业性航海活动导致地理大发现，地理大发现导致经济市场化，经济市场化是商业文明的核心，市场化主要指向建立基于信用、价值规律和交易竞争机制，满足全球货物流通与价值交换的需要。相似地，伴随着工业文明、信息文明的出现和发展，广义“地理发现”的理论与实践形态，一直在更新其版本。当前，大气空间、近地空间已成为人类开发利用的“旧大陆”，月球和火星正在成为人类将要大力开发和利用的“新大陆”，太空旅游将是人类开发和利用“新大陆”的第一种商业形态。当代“地理大发现”也必将导致人类伦理再发现、再进化。

第三次：大规模科学研究导致物理大发现，物理大发现导致科学

技术产业化，科学技术产业化是工业文明的核心，科学技术产业化主要指向是经院哲学研究与象牙塔科学研究成果，不仅要用来观察和解释世界，而且要用来改造世界，尤其重视将研究成果转化为实际应用，既普遍造福于社会，又促进科学技术自身进一步发展。蒸汽机、火车、汽车、飞机、轮船、原子弹、人造卫星、电灯、电话、收音机、电视机、冰箱、计算机、手机不仅改变了人类社会物质生活的整体面貌，而且改变了人类社会精神生活的整体面貌，几乎定义了我们今天的全部现代生活。

第四次：信息时代的数学与逻辑研究导致数理大发现，数理大发现导致信息化，信息化是信息文明的核心，信息化主要指向建立一个全球化的虚体世界，与实体世界以及主体世界实现三体互动，以便充分挖掘全球各种资源的共享潜力，减少资源独占形成的不必要的消耗与浪费，以实现人类社会的绿色发展目标。

其中，实体世界指人类所在宇宙的物质世界，主体世界指人类社会文明发展过程中所形成的精神世界，虚体世界指由人类赋予某些物质及其运动某些感知、记忆、学习、认知、决策能力，作为延伸和放大人类思考力、行动力、创造力的各类拟人系统所构成的世界。从文明进化角度看，目前全球存在的发展不平衡、不充分问题，实质上反映的是文明进化的不平衡、不充分现象。我们通过自主创新全力发展信息技术的步子只有越来越快、越来越坚定，才能避免落后于信息文明时代发展的全球历史进程。

3. 文明的进化就像生命的进化一样，不可能是对历史的彻底否定和抛弃，而是一种渐进式、多种形态并存的适应性创新发展过程

当前，我们正处于农业文明、商业文明、工业文明与信息文明并

存，且各种文明形态协同创新发展的时代。

第四次文明进化面临的挑战。每次“大发现”之后，都会持续展开多波次的“再发现”。比如，教科书中关于生产资料与生活资料分别有着严格的定义，但是在信息文明时代，上述定义需要再次更新，甚至移义。为什么？一是因为信息化时代的大数据既是生产资料的重要组成部分，又是生活资料的重要组成部分，同一个数据包，可以同时作为生产资料和生活资料被使用。二是同一个社会个体，同一时间同一空间，他（她）可以既是消费者又是劳动者，因为他（她）在消费的同时也在生产大数据。

4. 随着时代变迁，原始定义更新、移义者不胜枚举

比如，中国古代所称的“國”，最初读 guī，音同“龟”，泛指由天子分封一块土地形成一个区域治理体系，即所谓“封邦建国”，是广义封建社会治理体系的一部分。我国古代的“國”与欧洲古代的城邦国不同，前者是专制王朝统治体系的一部分，而后者是对抗专制王朝统治的新势力，现代西方制度发源于中世纪欧洲的城邦国治理体系。

在信息文明时代初见端倪的今天，代表资产阶级统治集团利益的西方制度，正面临着与其曾经的革命对象——封建统治制度相似的挑战：以往是资本势力挑战封建势力，当前是信息势力挑战资本势力。当然这种挑战不可能在短期内见分晓，需要以十年甚至百年为基本时间单位予以考察。

我国既没有存在过城邦国，也从没有发生过以推广城邦国治理体系为理想的资产阶级大革命，只有过以农村为根据地的大规模反帝反封建的新民主主义革命。新中国的成立不是资产阶级战胜封建统治王

朝的结果，而是无产阶级及其同盟军战胜半封建半殖民地统治集团的成果。

中国大规模、成体系的工业文明和商业文明进化历程主要是在新中国成立之后（特别是改革开放之后）快速推进的。可以说，新中国70年所走过的文明进化历程约等于其他国家几百年所走过的历程。没有中国共产党的领导，没有社会主义的制度优越性，没有全国劳动人民和知识分子的辛勤付出，这一惊世壮举是绝不可能取得成功的。

5. 有一个惊人的历史事实值得关注：创新和文明进化历程可以并行推进，但是难以跨越

一是农业文明并不一定自动地孕育商业文明。当一些国家在形成自己的伦理再发现成果之后，并没有像其他国家那样为适应商业文明、工业文明和信息文明发展的需要而进入伦理再发现的历史进程，使得这些国家很难跟上全球商业文明、工业文明和信息文明进化的大进程。

二是商业文明进化是一个国家实现高水平现代化的不可或缺的历史进程。新中国成立后的前30年就曾经面临这道难题的困扰，后40年我们很好地补做了这道难题。

三是工业文明进化是一个国家创造信息文明时代奇迹的必修课，但不一定等到工业文明达到顶峰后再开始信息文明的进化历程，甚至不一定等到农业文明达到顶峰后再开始工业文明和信息文明的进化历程。如果国家治理体系与治理能力适应性强，这些文明进程是可以并行推进的，并且并行推进还可以大大缩短实现现代化所需要的时间。

四是信息文明必然形成具有时代特色的一系列文明成果。建立在

工业文明基础上的伦理道德体系、地理认知体系、物理科学体系难以提供发展信息文明所需的全部支撑，需要现有基础上的伦理再发现、地理再发现、物理再发现过程不断出现，为数理大发现的深化与持续过程提供动力和养分。与此同时，第四次文明进化面临的挑战除了数理再发现本身面临的巨大挑战之外，还面临伦理道德体系、地理认知体系、物理科学体系再发现的巨大挑战。如果上述再发现过程不能够相继或同时持续发生，信息文明时代的精神萌芽与物质基础就不可能承载信息文明的持续进化。

二、中国航天与航天科工的自主创新简况与启示

（一）中国航天的自主创新之路

2019 年是新中国成立 70 周年，也是新中国航天事业创建 63 周年。63 年来，在党中央的坚强领导下，在各行各业及全国人民的大力支持下，在几代航天人的不懈努力下，中国航天事业从无到有、从小到大，走过了艰难摸索跟踪研制，到自主创新比肩一流的发展历程，如今部分技术领域已经达到国际先进水平。我认为，中国航天能够跻身国际航天领域第一梯队，主要原因：一是始终坚持党的领导，二是始终发挥社会主义制度优势，三是始终坚持走自主创新之路，四是始终坚持用宝贵的航天精神聚集人才，激发各类人才的积极性、主动性、创造性。其中，坚持党的集中统一领导是基本前提，坚持走具有中国特色的自主创新之路是根本之策。

1. 始终坚持党中央集中统一领导

党中央历来把发展航天事业作为强国兴邦的战略性举措，统筹各方资源，全面部署各个历史时期发展航天事业的各项重大举措。

新中国成立之初，百业待兴、工业落后，以毛泽东同志为核心的党的第一代中央领导集体作出了发展导弹、原子弹和卫星（“两弹一星”）尖端技术的战略决策。1956 年 4 月 25 日，毛泽东主席在《论十大关系》讲话中指出：“今后我们要有更多的飞机大炮，还有要原子弹。在今天的世界上，我们要不受人家欺负，就不能没有这个东西。”1956 年 10 月 8 日，中国第一个导弹研究院——国防部第五研究院成立，钱学森担任国防部五院第一任院长。

改革开放以后，以邓小平同志为核心的党的第二代中央领导集体决定实施“三抓”（抓洲际导弹、抓潜地导弹和抓通信卫星）任务，同时航天事业逐步转向服务国民经济建设主战场。经过不懈努力，我国的应用卫星和卫星应用技术迅速发展，运载火箭技术不断提高，成功进入国际发射服务市场。

20 世纪 90 年代初，党中央作出重大决策，果断实施载人航天工程，经过大力协同和不懈努力，一举突破了中华民族的飞天梦想。

进入 21 世纪后，党中央审时度势，又先后作出了月球探测工程、载人航天二期工程等重大决策。伴随着我国综合国力的不断增强，我国航天事业乘胜前进，不断取得新的重大进展。

党的十八大以来，以习近平同志为核心的党中央十分关心航天事业发展，习近平总书记多次作出重要指示批示，并多次亲临现场指导重大航天发射任务与载人航天试验任务。在载人航天任务、北斗导航卫星，以及月球背面着陆探测等重大航天任务顺利开展的同时，根据我国航天事业发展的内在逻辑以及为人类社会提供更多公共产品的需要，以习近平同志为核心的党中央持续擘画我国航天事业发展的新蓝图，我国的航天技术与应用成果正在从跟跑向并跑和领跑转变。

2. 发挥社会主义制度优势，举国体制与市场经济相结合

重大航天工程规模庞大，技术复杂，高度集成，涉及众多科技领域和工业部门，必须依靠各行各业的大力协同、并肩作战。50 年前，美国实施“阿波罗登月计划”，历时 11 年，耗资 255 亿美元（约合当前 1120 亿美元），动员 2 万多家企业、200 多所大学、80 多个科研机构和 30 多万人参加工程运作，于 1969 年 7 月 26 日将“阿波罗 11 号”航天器送上月球，成为世界航天史上的一个壮举，亦是美国登顶世界强国的一个突出标志。

我国有党中央的集中统一领导，能够做到全国一盘棋集智攻关，相比其他国家更具有集中力量办大事的制度优势，这不仅是由重大航天工程任务的复杂性所决定的，也是由社会主义制度自身的优越性所决定的。过去 60 余年中国航天事业的发展历史已经充分地证明了这一点，今后还将继续证明。

2015 年之前，推动中国航天事业发展的力量主要是体制内的力量，大致上有这几个方面：在政府和军方的统筹下，主要由航天科技集团、航天科工集团、科学院系统、教育部系统、电子科技集团以及材料行业等其他行业的配套单位承担相关任务。我国的每一项重大航天工程成果，都是举国体制优越性的生动体现。例如，我国的载人航天工程和探月工程，直接参与研制的单位有数百家，联合协作的单位有数千家，涉及数十万科技人员和技能人才协同工作。另外，全国还有数以万计的协作配套方单位，为完成工程整体任务提

供有力保障。

2015 年是中国商业航天产业化发展的元年。我国相继发布《国家民用空间基础设施中长期规划（2015—2025 年）》等鼓励政策，由航天科工牵头筹办的“首届商业航天高峰论坛”在武汉举行，众多民营商业航天企业先后宣布注册成立并投入运营，航天工业领域的核心单位和优势企业也迅速推出商业航天产业发展重大举措，引领我国商业航天的发展潮流。

党的十八届三中全会确定了我国社会主义市场经济的基本制度：市场在资源配置中起决定作用，更好发挥政府作用。新形势下的新型举国体制与社会主义市场经济接轨，在商业航天领域已经展开划时代的探索与实践，我国的航天事业必将从此翻开新的历史篇章。

3. 坚持自力更生、自主创新是中国航天事业不断迈上新台阶的第一动力所在

习近平总书记在祝贺嫦娥三号任务圆满成功的讲话中指出：“取得这样的成就，最根本的一点，就是中国航天事业始终坚持自力更生、自主创新。”自力更生是中华民族自立于世界民族之林的奋斗基点，中国航天创业初始就确定了“自力更生为主，力争外援和利用资本主义国家已有的科学成果”的方针。20 世纪 50 年代末，即使争取到了苏联短暂有限的技术援助，中国的航天事业也未因此而形成路径依赖，而是作为增强自力更生能力的手段。1960 年 8 月，苏联毁约断援，撤回全部专家，带走所有资料。那是新中国成立以来最惊心动魄、艰苦卓绝的年代，中国的经济建设和“两弹一星”计划进入艰难的发展时期，各种怀疑论、“下马论”一时兴起。

1961 年，中央批准了聂荣臻同志提出的《导弹、原子弹应坚持

攻关的报告》，毛泽东主席批示："在科学研究中，尖端武器的研制工作仍应抓紧进行，不能放松或下马。"钱学森向聂荣臻表示："我们五院的同志一定会在苏联撤走专家的压力面前挺直腰杆、自力更生，建立起自己的导弹事业；请转告中央放心，苏联压不倒我们。"

航天战线的广大科技人员和干部职工正是靠着这种不怕苦、不怕难、敢于创新、自强不息、发愤图强的奋斗精神，发挥自己的聪明才智，完成了第一代"两弹一星"型号的研制，从根本上改善了国家的安全环境，提升了中国在国际治理体系中的话语权。

改革开放后，中国的航天事业没有因为国门打开而寄希望于别国的技术恩赐，始终坚持自主创新是第一动力，始终坚持一张蓝图绘到底的理念，大体上按照"谋划 30 年，探索 20 年，预先研究 10 年、研制 5 年左右"的周期节奏，以功成不必在我、久久为功、踏石留印、抓铁有痕的不懈追求，适应社会主义市场经济的新要求，依靠独立自主、自力更生的创新体系，不断攻克核心技术、掌握关键产品，把我国航天事业发展的主动权牢牢掌握在自己手中。今天的中国已经成为名副其实的世界航天大国，目前我们正按照党中央的战略部署，向着建成世界航天强国的宏伟目标大踏步前进。

4. 航天精神聚集优秀人才，充分发挥团队作用

1956 年 10 月，党中央决定发展我国的航空航天事业时，我国的经济社会还处于百废待兴、百业待举的状态，可谓是"要资金缺资金、要条件缺条件、要技术缺技术"，想在当代航天高技术领域取得一席之地，谈何容易。

但是，中国有三个优势是其他国家不可比拟的。一是中国共产党的坚强领导，二是全国人民昂扬向上追求发展的精神状态，三是有一

支爱党爱国、尊重科学、崇尚创新、献身事业的科技人员队伍。60余年来，一批又一批优秀学子和技能人才、专业骨干不断加入发展中国航天事业队伍之中，几代中青年科学家、工程师、企业家们以“航天精神”为集结号，继承前志、薪火相传，推动我国航天事业不断取得新的胜利，攀登新的高峰。

习近平总书记在“首个航天日”批示中强调，经过几代航天人的接续奋斗，我国航天事业创造了以“两弹一星”、载人航天、月球探测为代表的辉煌成就，走出了一条自力更生、自主创新的发展道路，积淀了深厚博大的航天精神。航天精神作为一种精神财富，是爱国主义、集体主义、社会主义精神和科学精神的生动体现，既是航天事业的重要组成部分，又是航天事业里最有灵性、最能对全社会发挥感召作用的要素。任何航天技术和航天技术成果都是有形的，有形的事物总会过时，而有价值的精神成果则可以流传千古、历久弥新。

航天工程都是系统工程，控制论、系统论、信息论既伴随着航天事业的发展，也伴随着航天骨干人才队伍的整个成长过程。航天系统创新团队的组织形式是型号“两总”，即型号总指挥系统和型号总师系统。型号“两总”系统队伍建设，一直处于航天系统人才队伍建设的中心地位，也是党管人才工作的重点领域。

（二）航天科工建设航天强国的创新探索与实践

习近平总书记指出，伟大事业都始于梦想，基于创新，成于实干。习近平总书记还指出，每一代人有每一代人的长征路，每一代人都要走好自己的长征路。作为战略性、高科技、创新型中央骨干企业，航天科工15万员工的梦想、创新和实干，必将在新时代中国航天事业长征路上留下深深的烙印。

1. 关于梦想

发展航天事业，建设航天强国，既是党的十九大发出的号召，也是全国人民的共同梦想。航天科工的企业定位是“三个服务”，即“服务国家战略、服务国防建设、服务国计民生”；企业使命是“科技强军、航天报国”；战略愿景是“两大目标四步走”，即：2020 年初步建成国际一流航天防务公司，2025 年全面建成国际一流航天防务公司，2035 年初步建成具有全球竞争力的世界一流企业，21 世纪中叶全面建成具有全球竞争力的世界一流企业，在技术创新能力、商业模式创新能力、企业运行管理创新能力上达到世界先进水平，产品质量与服务质量受到全球普遍认可，员工受到全球普遍尊重，推动中国的航天事业、航天产业、航天技术从跟跑向并跑和领跑转变。

2. 关于创新

航天科工是国家认定的国家级创新型企业，创新意识强和创新能力强是航天科工的突出优势。我们坚持技术创新、商业模式创新和管理创新同步推动，以技术创新为重点，以商业模式创新为关键，以管理创新为保障，确保创新务实有效、持续深化。具体而言，航天科工当前综合创新的主要任务是，以新业态体系建设为抓手，实行“四个化”导向，打造数据驱动的综合创新企业，实现“五个新一代”创新目标，为“两大目标四步走”战略愿景提供坚实支撑。

所谓“新业态体系”是指：制造与服务相结合，线上与线下相结合，创新与创业相结合。为了建设新业态体系，企业的运行必须上网、上云，为此航天科工自建了两个基础平台，一个是工业互联网“双跨”（跨行业、跨领域）平台——航天云网（主要面向制造业提供云平台服务），另一个是通用智能协同云平台——航天智云（面向各行各业提供云平台服务）。

所谓“四个化”导向是指：企业创新发展的信息化、社会化、市场化、国际化导向。

信息化导向不言而喻，人类社会正在步入信息文明时代，全面信息化是必由之路，不可逆转。企业要生存发展，非落实信息化导向不可。我们理解的信息化主要包括“数字化、网络化、智能化、云化”四个方面。

对企业发展需要社会化导向的认知并不普遍，其实中国乃至全球当前都是一个高度商业化的社会，商业化与社会化在经济领域具有高度的重叠度，企业要适应商业化的大环境，必须自觉服从社会化导向。

市场化导向对于国有企业（特别是央企）的重要性尽人皆知，这里不做解释。

国际化导向是实现企业战略愿景的必要条件，是创建具有全球竞争力的世界一流企业题中应有之义，也是企业突破自身发展天花板的内在要求。

关于“数据驱动的综合创新企业”是指智能化地挖掘数据中蕴含的逻辑性价值，为科研生产经营活动提供精准决策依据和各类模型设计参数依据，驱动企业综合创新，实现低熵发展。

所谓“五个新一代”是指：新一代防务装备，新一代航天技术及其应用，新一代信息技术及其应用，新一代装备制造，新一代材料与工艺技术及其应用。

装备接受检阅

3. 关于实干

为了实现建设航天强国的宏伟目标，航天科工在我国航天事业创建 60 周年之际陆续推出了新时代以创新驱动促进航天事业可持续发展的系列中长期创新牵引工程和重点项目，主要包括：网络信息及电磁领域牵引工程，工业互联网及智能制造领域牵引工程，“五个新一代”基础领域牵引工程，智慧产业基础技术牵引工程以及商业航天产业化发展牵引工程等。当前，航天科工投入技术创新的经费占营业收入的比重始终保持在超过 10%的水平，持有有效专利 2.4 万余项，其中发明专利 1.4 万余项，主持和参与制定国际标准 2 项。获得国家科技进步奖特等奖 5 项，国家发明奖及其他国家级奖项数百项。目前正在开展的科技攻关项目数以千计。

毛泽东主席曾经对青年人讲：“世界是你们的，也是我们的，但归根结底是你们的。”我想，毛泽东主席的这段话也适用于今天的航天事业。

长期以来，30 多岁到 40 多岁的技术骨干与管理骨干一直是中国航天事业发展的主要力量，当前 75 后、80 后技术骨干与管理骨干已经担当起科研生产经营主力军的重任。航天科工承担的重点任务和经营业绩连续 10 多年逆风飞扬，靠的就是一股子拼劲、韧劲和闯劲，许多青年人才在航天科工的事业发展中成长成才，一批又一批技术专家、专业带头人和行业领军人才脱颖而出。他们在研制、试验、生产第一线、在急难险重新任务中，发挥了十分重要的作用，组织上也持续地、及时地给予激励和重用。

面向未来，航天科工将与浙江大学进一步扩大合作领域，在人才培养、成果转化、创新创业团队建设等方面加强合作，欢迎有志于投身航天事业的浙大青年学子加入航天科工的创新创业团队，在不断追寻航天梦的历程中，不断挑战自我、不断挑战极限，成就绚丽的精彩人生。

同学们说

祖国的航天事业从无到有、从弱到强，一步步地跻身先进航天强国行列，这背后蕴含着一代又一代航天人的无私奉献，处处闪耀着航天人的创新精神。作为青年学子，我们要充分认识到科技创新对于国家和社会发展的重要性和紧迫性，紧紧抓住历史机遇期，夯实基础，积极探索，勇于实践，发扬不怕苦不怕累的航天精神，主动承担起时代赋予我们的使命！

——杨　瑶　航空航天学院流体力学 2018 级博士生

中国航天筚路蓝缕，从一穷二白走向世界前列，仅仅凭借辛劳和努力是不够的，创新在其中犹如点睛之笔，为辛劳和努力提供了乘数效应。在建设祖国的伟大征程中，我想，创新精神是各行各业必备的要求。我将努力学习中国航天人的精神，不断在实践中寻找问题、发现创新的机会，从而更好地解决问题，为国家发展贡献微小的智慧。

——张启正　竺可桢学院会计学 2016 级本科生

近些年来，我们可以很明显地感受到，世界格局正在发生变化，而这正是文明的变革所带来的必然变化。高老师说，历史上成为世界科技活动中心的国家均为思想解放的先行者，创新实际上是一个全维度的、持久的、自我激励的人类文明进化历程。这也启示我们青年人，要不忘初心，坚定文化自信，将创新的道路与中国的道路相结合，才能奏响时代最强音！

——余思慧　环境与资源学院农业资源与环境 2016 级本科生

29. 从中国电科看央企的历史、现状和未来

中国电子科技集团有限公司  中国科技大学

熊群力

2019 年 5 月 15 日，中国电子科技集团有限公司党组书记、董事长熊群力在中国科技大学讲课

精言粹语

★中国电科的成立有它的历史背景，更有时代的要求。国有企业是中国特色社会主义的基础，既是物质基础，也是政治基础，与共和国的历史、现在和未来一直相伴而生。

☆家有长子，国有栋梁。每在党和国家事业发展的关键时刻，都有国有企业的身影；每当遇到重大艰险任务，国有企业都会挺身而出。

★中央企业作为中华人民共和国长子，首要责任是履行国家政治责任，急国家之所急，想国家之所想；同时，中央企业作为履行政治责任的经济组织，必须实现良好的经营业绩，履行经济责任的本质就是履行政治责任。国有企业特别是中央企业、我们军工企业就是执行党的政治任务的经济组织。执行党的政治任务最基本的就是把国有企业做强做优做大，使国有经济能够真正发挥在中国特色社会主义制度下的基础作用和顶梁柱作用。

☆世界正面临百年未有之大变局，国际形势风云变幻，国内经济下行压力加大，但我国发展仍处在重要战略机遇期，国有企业发展也处在重要战略机遇期，从长期看机遇与挑战并存，机遇大于挑战。

★国运兴则国企兴，国企强则国家强，国有企业的命运与国家命运休戚与共、紧密相连。为抓住机遇、迎接挑战，必须坚持“两个一以贯之”，瞄准国家重大战略需要，真正做强做优做大，成为党和国家可以信赖的“大国重器”。

国企的历史非常宏大，中国电科一定程度上是国企的一个缩影。今天，我们就以中国电科为例，通过中国电科的成长历史、发展展望来介绍国企在干什么、想什么。

中国电科是一个企业，而且是国有企业。中国企业大体上可以分为三大类：国有企业、民营企业和外资企业。中国的国有企业分两类，地方国有企业和中央国有企业，中国电科是中央企业。中央企业

讲课现场

又分成两类，一类叫中央管理企业，还有一类是中央直接管理的国有重要骨干企业，区别就是主要领导班子是由中央直接任命还是由国资委党委任命，政治上有很大区别。在中央直接管理的重要骨干企业中，前 11 家是中央直接管理的军工企业，中国电科是其中之一，而且是唯一一家从事电子科学技术、电子科研生产、电子武器装备研制的企业。但本质上它仍然是一个企业，从国企、央企、军工集团的状况上来讲，中国电科既是一个普通企业，又是具有一定特殊性的企业。2016 年 10 月 10 日，习近平总书记在全国国有企业党的建设工作会议上提出国有企业要成为“六种重要力量”，中国电科最应该首先达到、全面实现这“六种重要力量”。

今天的讲课主要分四个部分。

一、为什么会有中国电科，为什么会有中央企业，为什么要有国有企业？

国有企业的发展始终与国家的命运一脉相承、息息相关。中国共产党的电子工业从半部电台起家。为什么说半部电台起家？1931 年红军时期我军从国民党手中缴获了第一部电台，这是中国共产党历史上第一次使用电子信息技术和电子装备从事革命。当时电台的收信部分还完整，发射部分已经失灵了，所以说是半部电台起家，这就是中国共产党的电子工业或者电子科技的起源。新中国成立前夕，我们从国民党手上接手过来的原国民党中央无线电修理所，也是中国第一个雷达研究所，就是南京的 14 所，现在是电科的一个下属单位。新中国第一个“五年计划”，我们有两个所承担了156个重大项目之一，其中一个是10所，创建于1955年，现在四川成都，还有一个是11所，是国有光电所，现在北京。到了“三线”时期，大家知道，在新中国历史上有一段时间，为了应对美苏霸权主义，进行三线建设，毛主席把中国的工业部分特别是军事工业部分进行了整体的重新谋划和大搬迁，迁移到现在的西南、西北的大山沟里，我们很多成员单位，当时都从中国的大中城市迁往山区，离科大最近的38所乃至在安徽的6个所，当年全部都在“三线”。改革开放以后，我们有15家单位从“三线”搬出来。我们集团一共有47个中央管理的科研事业单位，其中15个是从“三线”搬迁出来的，后来又组建了11个新的科研院所，包括电子科学研究院，它是1984年江泽民同志担任电子工业部部长时组建的。这段历史，说明我们企业与党的历史、新中国建设史、新中国工业建设史、新中国电子科技工业建设史一脉相承，和改革开放的历史一脉相承。为什么要组建中国电科？中国电科的成立有它的历史背景，更有时代的要求。

20世纪90年代，有两次著名战争，一次是90年代初的第一次海湾战争，最重要的特征就是信息化融入战场，信息技术快速发展加速战争的形成原因，电子信息技术作用和定位日趋凸显。在这种历史背景下，我们国家在1985年后期设计了当时国家唯一重大专项——区域综合电子信息系统，第一次把电子装备以系统的形式进行研究、开发、生产和装备。区域综合电子系统主要成员单位涵盖当时电子工业部的几乎全部科研院所，正因为这种背景，这些科研院所就需要整合起来。90年代，在党的十四大之后，有一次全国科技的体制改革，当时有10个国家部委242个科研院所全部下到地方，转成企业，但是中国电科当时的40多个科研院所成体系地保留了下来，所以我说，它是有军事斗争需求，当然也有国民经济信息化建设的必然要求。20世纪末中央已经提出了四个现代化，其中一个贯穿所有现代化的基本就是信息化，所以信息化与机械化融合发展，电子信息成为国民经济主要领域，广泛渗透到经济的各个领域，是一个高技术的新型产业。当然，还有一个很重要的历史背景，就是中国特色社会主义经济体制的必然要求。1997年，党的十四届三中全会很明确做了一个关于国有企业改革发展的决定，其中就提出了“政企分开、产权清晰、权责明确、管理科学”的国企改革十六字方针，在这种背景下，中国电科于2002年3月1日正式挂牌运营，列入中央直接管理国有重要骨干企业；2017年12月29日，按照中央要求，中国电科由全民所有制企业变更为国有独资公司。2002—2017年的15年时间，我们的公司注册还是按照企业法注册，不是按照公司法注册，完成历史性的体制转变。经过17年的奋斗，中国电科已发展成为在全国，除了中国台湾、香港、澳门等，几乎所有地方都有业务布局。我们专业领域也覆盖了电子信息技术几乎全部的专业门类。我们把国家电子工业的整体科研力量承袭过来，实现从电子工业材料到器件、部件到整机、体系的全部覆盖、全产业链，用几个“国内唯一”来介绍：国内唯一覆盖电子信息全领域的大型科技集团；国内唯一在国家海洋、太空、网络三大战略领域发挥重要作用的军工集团；国内唯一能够同时为陆军、海军、空军、火箭军、战略支援部队、武警部队全方位提供信息化武器装备的军工集团。

中国特色社会主义的基本经济制度是公有制为主体、多种所有制经济共同发展。公有制为主体，主要体现在国有经济，国有经济的主体部分主要体现在国有企业。国有企业一类是像我们这类实体，还有一类是金融企业。金融企业通俗讲叫虚拟经济，依附在实体经济之上。国有企业是中国特色社会主义的基础，既是物质基础，也是政治基础，与共和国的历史、现在和未来一直相伴而生。

“中国经济是一片大海，而不是一个小池塘；狂风暴雨可以掀翻小池塘，但不能掀翻大海；经历了无数次狂风骤雨，大海依旧在那儿！”这是习近平总书记在第一届中国国际进口博览会上的讲话。通过这段介绍，希望各位老师、同学们知道国有企业是我们的国家体制、国家发展的基础，也一定程度上是未来发展的基础。

二、中国电科作为国有企业的责任与担当

既然国有企业这么重要、这么有来头、这么需要发展，你们干得怎么样？对于国有企业有各种各样的问题，这些年社会上多有讨论，问题虽然存在，但我们看看国有企业的主流是什么？我们经常把国有企业称为中华人民共和国的长子。家有长子，国有栋梁。每在党和国家事业发展的关键时刻，都有国有企业的身影；每当遇到重大艰险任务，国有企业都会挺身而出。

我介绍一下中国电科在国家重大项目、重大工程、重大事件中发挥的作用。一是讲军工，因为军工的敏感性，我讲一些大家耳熟能详的例子。如预警机是我们现在武器装备的重要标志之一，很多同志不知道它到底为什么重要。我们国家以前的国防，简单讲，就是国土防御系统——国防力量。什么意思？就是保卫我们领土、领海不受外来

侵犯。我们所有武器装备都立足于我们的领土、领海之上，领海长期以来非常之薄弱，预警机的重要能力就是提升我们国土防空性能。我们以前的空军叫国土防空空军，有预警机以后，开始向攻防兼备的战略性空军转型。意义就是把雷达装在预警机上以后，预警机可以把我们的战略能力延伸到国土 1000 公里以上。比如说南海，以前我们派战士在高脚屋上坚守海防，少则一个月、多则半年；现在我们预警机出去一趟，就可以把我们整个领海、领空看到，国家的防卫能力大大拓展和延伸。预警指挥机，它可以指挥一个机群作战，而不是以前我们军队引导空军单机或者战斗机、僚机之间作战，它使我们的空军不是单向武器装备，而是整个作战能力可以延伸到 1000—2000 公里，而预警机指挥协调能力不限于空军，也包括陆军和海军。20 世纪 90 年代初，我们国家开始研究发展预警机，限于当时的科技水平，就跟国外合作。王小谟院士就是当时项目的负责人，2000 年，某国要求该国停止与我们合作，我们给中央写信，当时江泽民同志任中共中央总书记，我们写信说中国人要自己争气把预警机搞下去。事实证明，中国人通过自己的力量，在中央的领导下，在大家的共同努力下，已经在预警机领域走在全球前列。这对我国的战略起到非常大的提升。另外，在载人航天领域，卫星上天以后，要始终和地面保持联系，卫星之间也需要联系，所有的测控通信装备都由中国电科提供。星上、飞船上的电子元器件，只要是国产的，绝大部分都是由中国电科提供的。

我们的航母当年拉回来的时候就是一个空壳子，现在航母中的电子装备主要是中国电科提供的，包括雷达、战机风廓线引导和气象雷达等。在国家军工重大工程中，几乎所有的领域都能找到中国电科提供的技术、器件以及装备。中国国防力量进步、成长壮大举世瞩目，这里面有中国电科的一份功劳。

除了军事领域，我们也参与其他一系列重大工程。2016 年 5 月 30 日，全国创新大会上中央启动了面向 2030 的重大科学工程，其中一项叫天地一体化信息网络工程，这个项目中央已经批准立项，是由中国电科主动认证、申请立项的。我们牵头，联合国内相关单位共同推进，现在正在实施阶段。

还有在国民经济领域，国家在信息化领域一系列的进步都有中国电科的贡献。地铁，很多人认为主要是轨道、车辆，但是我可以告诉大家，哈尔滨地铁二号线的总成是中国电科来承担的。传统意义上的如建筑、交通等，都有信息的渗透和信息的主导，以及越来越主要体现在信息技术和装备的应用上。电子信息开始在国家重大甚至基础设施工程中也成为主体。

不仅仅在传统领域，我们也是电子信息领域的领头羊。智慧城市现在非常热门，包括华为、中兴、阿里都在做智慧城市。2015 年年底，在乌镇互联网大会上，中国电科提出新型智慧城市理念，智慧城市我们做了将近 20 年，我们说的新型智慧城市是什么概念呢？传统智慧城市都是纵向、树状、烟囱式的，如做交通的，交通信息化做得很好；做电力的，电力信息化就做得很好；但是电力信息化和交通信息化有什么关系呢？没有关系。未来社会不是这样的。互联网时代，信息全程贯通、互相支撑，我们提出新型智慧城市，最基本的概念就是把所有的烟囱连接、打通，形成有机的、基于信息主导的网络化总体，这样来支撑社会管理、支撑政府服务能力的转变。最重要的就是信息技术、信息网络和信息手段支撑政府的、国家的治理体系和治理

能力的改革。

在党的十九大上，习近平总书记提出要大力发展数字经济。2018年4月总书记在全国网络安全和信息化工作会议上再次提出，数字经济是未来经济的主要形态，数字是未来的生产要素。未来的经济形态是数字经济形态，大家要敏感。电科党组在学习领会习近平总书记讲话精神时讲，以前叫信息时代，现在是数字时代，现在讲信息基础设施，未来应该有数字基础设施。所有的信息都可以用数字来表达，所有的数字标准化以后就可以相互交叉，融合再生。2018年年初，我们提出数字时代的新一代信息基础设施，这个提法2018年9月进了上海市政府规划纲要，我们在上海嘉定已经全部展开试验，在浙江已经开始着手。明天召开的长三角一体化座谈会，长三角一体化首先是数字一体化，数据标准一体化，网络一体化。怎么一体化？把它变成基础设施，所有的数据通过标准打开。我们在国民经济领域可以不断发挥作用。

在国际化方面，习近平总书记提出要“走出去”，要建设“一带一路”，我们以前也做国际化，基本的想法是把我们的产品卖到国外去。大多数企业都是这么想的，也是这么做的，但是从 2014 年年底开始，我们在战略上转变了，首先思考根据国家战略需求，围绕国家外交战略，作为企业我们应该做什么？举几个例子。我们使非洲地区多国空管一体化，以前我们不做这个，只是卖装备。现在我们告诉他们，空管信息化中国人可以帮你们解决，也可以和你们一起解决。我们把信息技术、信息水平直接延伸到一个国家，甚至一个国家之外去，大幅度提高其空管运行能力、运行效率。我们到南美，就跟他们讲国家的信息化建设，可以先一起做整体方案，然后在全世界选择技术和装备。当然，中国可以提供相关的技术和装备。中央企业做这些国际业务，就是支撑国家战略的行动。在这个过程中，也把我们的技术和产品、服务等介绍出去。国有企业在做这些的时候真正围绕着党和国家的事业，国家的战略布局去开展工作。

三、中国电科的科技创新能力

给大家介绍电科在科技方面的自身能力成长，这里有一大堆数据。预警机研发的开篇人物、领头人——王小谟曾获国家最高科技奖；有 1 万多件专利，有 11 名院士……我们不仅有传统的技术职称系列，工程师、高级工程师、研究员级高级工程师，还自己设立了首席科学家和首席专家，有 51 名首席科学家、100 多名首席专家。这是我们在国内率先开创的人才体系，现在很多兄弟单位向我们学习。我们的首席科学家得到全国各行业、各领域的认可，很多单位也开始搞首席科学家和专家制度。另外，我们还有一大批国家级的重点实验室、重点研究机构。在国际上，尽管我们是军工集团，也是某些国家盯得最紧的军工集团之一。我们的国际合作从来没有停止，这些年不断对外开放，和国际上很多著名大学、著名大公司都有很好的合作。举个例子，柯林斯公司是世界上最大的航空电子公司，美国军机、民机的航电系统由其提供，我们合作得很好，我们现在的合资公司办得很好，共同开发中国的市场，联合起来拓展国际市场；联合开发中国的能力，加速技术产品创新，服务全世界。还有法国的泰雷兹公司、微软、剑桥等，我们都合作得很好。

作为企业，我们的经营状况怎么样呢？自 2002 年正式挂牌，主营业务收入和利润年复合增长率均保持 20%以上，习近平总书记在党的十九大提出中央企业要建设成为具有全球竞争力的世界一流企业。全球竞争力不仅是在国内市场，而且要在全球领域与国际一流企业竞争。我们现在很多产品的竞争对手都是西方发达国家，这个领域在我们的收入领域也占了 10%以上。国有资产保值增值率保持在 111%以上，我要解释下，这点其实很了不起，绝大多数国有企业的国有资产保值增值率大概在 105%。国有资产保值增值率是对国有企业考核的最根本指标。国有资产的净收益率在 9%—10%之间；全球的企业，净收益率最好的大概在 5%—10%之间；5%以上就很好了，我们在 9%—10%之间。国资委自 2004 年进行国有企业考核，中国电科连续 14 年获得中央企业经营业绩考核 A 级，4 个任期的业绩考核 A 级，搞了 2 次科技创新评比，都是“科技创新优秀企业”，每次只有 4—5 家。2018 年，国资委将连续 14 年保持 A 级的单位梳理了一遍，整个央企只有 8 家，军工集团只有 3 家，中国电科是其中之一。国资委推出了一套书《1+8 国企的密码》，介绍国企这些年的改革发展，说明国企发展不仅是应该的、可以存在的，而且是为中华人民共和国的成长发展作出巨大贡献，更重要的是讲国有企业也有自己成功的发展模式。现代企业传统意义上是西方现代企业。2016 年 10 月 10 日习近平总书记在全国国有企业党的建设工作会议上提出什么叫现代国有企业制度？中国特色现代国有企业制度最根本的特征就是中国共产党的领导，中国共产党的领导加上传统意义上的现代国有企业制度有机地融合在一起，就构成中国特色现代国有企业制度。我们这 8 家企业不敢说是最好的，但在相当程度上体现了中国现代国有企业制度的基本特征，我们可以很自豪地跟大家说，实践证明，中央企业作为中华人民共和国长子，首要责任是履行国家政治责任，急国家之所急，想国家之所想；同时，中央企业作为履行政治责任的经济组织，必须实现良好的经营业绩，履行经济责任的本质就是履行政治责任。2018 年，我们集团党组到古田会议会址进行中心组学习。在古田会上，毛泽东同志写了一段决议，开篇第一句话叫“红四军是执行党的政治任务的军事组织”，并在古田会议上确立了党指挥枪的原则。我们党组通过学习认为，国有企业特别是中央企业、我们军工企业就是执行党的政治任务的经济组织。执行党的政治任务最基本的就是把国有企业做强做优做大，使国有经济能够真正发挥在中国特色社会主义制度下的基础作用和顶梁柱作用。

说了我们取得的成就，也说说我们国有企业发展的挑战、发展中的问题。习近平总书记讲，我国正处于实现“两个一百年”奋斗目标的历史交汇期，世界科技革命、军事革命迅猛发展和强军兴军事业深入推进的历史交汇期。世界正面临百年未有之大变局，国际形势风云变幻，国内经济下行压力加大，但我国发展仍处在重要战略机遇期，国有企业发展也处在重要战略机遇期，从长期看机遇与挑战并存，机遇大于挑战。这是我们从企业角度对当前形势和未来的判断。

一是从国内形势来看，我们正步入中华民族伟大复兴的新时代。我讲三个方面，第一是军队改革不断深化。习近平总书记对军队提出一系列重要的发展思想，最重要的就是强调军队要能打仗、打胜仗。从军队考核出发，军队战斗力是能打仗，延伸到军工集团，我们会觉得压力、挑战很大。以前我们做装备，军队需要什么型号、价格，签个合同、卖出装备就完了，保证装备的完好性；现在不是这样，武器装备到部队能不能形成战斗力、能不能打仗，这是检验标准。电子信息技术日新月异，武器装备不断迭代发展，今天交的装备，三个月或者半年可能技术就要更新，很多软件就要升级。现在军工企业的责任是从保证武器装备的完好转为保证武器装备的战斗力。战斗力是什么概念？就是得延伸到军队里面去。以前我们只要把单项装备做好，现在讲体系化地保障武器装备。以前觉得自己的科技创新比较好了，现在发现世界科技进步很快，很多同志老问我大数据、云计算、量子通信是什么？5G 是什么概念？5G 给大家生活带来什么？5G 对我们政治和结构治理能力有什么影响？5G 对这两方面能力影响非常大。政府的组织结构有根本性变化。技术推动智慧发展，科学技术是第一推动力。现在政府强调老百姓办事不跑路，要服务到家。很多需要通过新的技术手段和新的技术装备应用来实现。当然，中国的崛起，让西方很多人焦虑、害怕，就会带来连锁反应。最突出的就是从 2018 年开始，先是“301 条款”，然后 4 月 16 日制裁中兴，8 月 1 日制裁

44 家中国的企业。经济只是表象，下一步一定是科技，再下一步一定是军事，最后是政治。本质上是中国特殊的社会组织形式成为全世界新的选项。

当初，电子工业部几乎全部的科研院所组建了中国电科，我们从材料到设备到系统，全部产业链都有，很多都处于最先进的地位，有些与国外的差距很大，包括材料、机械、系统、技术，但是我们比较完整。我们确实还有一部分高端的核心器件被“卡脖子”，所以习近平总书记提出要科技强国，要自主创新。科技强国和自主创新对于中国电科来说，就是巨大的责任，也是巨大的挑战，因为我们要提升整个的科技体系和科技能力，和世界一流科技强国相比还是有很大差距。2016 年 5 月 30 日，国家召开全国科技创新大会，当年 9 月中国电科党组研究提出要把中国电科建设成世界一流创新型领军企业。我们是在未雨绸缪，习近平总书记在党的十九大报告中要求国有企业要建设成为具有全球竞争力的世界一流企业。我们还是对这方面有研究、有预感、有作为。

还有就是长三角的一体化，是习近平总书记 2018 年在上海中国国际进口博览会上提出的。2018 年 3 月，我们就提出数字信息时代的新一代信息技术，并于 9 月份进入上海的政府规划；年底广东省政府规划也提出这个设想。我感觉到这确实是新的挑战和新的压力，但我们在积极主动布局和筹谋。

当然，我们自身的问题突出在两个方面：观念和体制。技术上的问题、能力上的问题都好办。一个人的能力和知识很多可以通过学习后天形成，但是思想理念、价值理念要从小奠定基础。企业也是如此。我一直在电科讲中国电科既有特别惹人喜爱、特别引以为自豪的地方，但也有缺陷，就是我们的同志思想观念相对保守落后，还有就是体制。国有企业到现在仍在深化改革之中，习近平总书记在党的十八届三中全会上再次提出全面深化国有企业改革，包括大家耳熟能详的三项制度改革，中国电科还有些改革不到位。习近平总书记2016年10月10日再次讲要坚持“两个一以贯之”，我们离现代企业制度还有很大的距离。中国电科2017年在工商注册上改为有限公司，但是相比现代企业的治理体制、治理机制，我们的差距还很大。2018年，我们召开了“新云湖会议”，讲了六大方面的问题，讲这些问题不是说我们不行，而是“知耻而后勇”，最大障碍就是体制障碍，我们的现代国有企业制度还有“形似而神不至”的问题。国运兴则国企兴，国企强则国家强，国有企业的命运与国家命运休戚与共、紧密相连。为抓住机遇、迎接挑战，必须坚持“两个一以贯之”，瞄准国家重大战略需要，真正做强做优做大，成为党和国家可以信赖的“大国重器”，从这个角度来讲，我们压力很大。

四、下一步的安排和布局

作为国有企业，中国电科坚决贯彻党和国家重大战略部署，面向国家重大战略需求、面向国民经济主战场、面向世界科技前沿，把这三个面向作为我们所有工作的指导思想。我们还制定了“一五五三”战略，全面履行保障国家安全、支撑数字经济发展、服务保障民生的责任，重点实施一批能填补国内空白、解决国家“卡脖子”问题的重大战略项目、基础工程和关键技术攻关，加速向世界一流创新型领军企业奋进。

“一五五三”战略，“一”就是追求一个目标：国内卓越、世界一流的大国重器，我们把它具体到世界一流创新型领军企业，做了一套标准，用标准衡量，按标准做事，用标准考核。第一个“五”就是坚持实施“创新、协同、效益、可持续、共享”五大工作方针，这是将习近平总书记提出的五大发展形态进行落地。创新、协同习近平总书记的新发展理念都有；效益，企业必须要讲效益；可持续，习近平总书记要求一张蓝图绘到底，国有企业也应当如此，国有企业是国家的、人民的，要保证其健康持续发展；共享是讲现代国有企业新的理念，就是把习近平总书记以人民为中心的思想落实到企业。这些年我们发现一种现象，就是国有企业员工把自己当成打工者，干一天挣一天的工资，不干了说走就走，问题在我们的文化、利益机制，没有让员工觉得这是一个大家庭，没有感觉到企业的发展和员工息息相关。第二个“五”就是全力发展“军工电子、民品产业、国际化经营、科技创新、资产经营与资本运作”五大业态，这五个是现代企业的重要形态。“三”就是实现这些目标的基础。一是改革，组建的时候都是科研院所，由中央直接管理，集团公司也由中央直接管理，包括在安徽的 6 个研究所都是事业单位，这些年通过改革，绝大部分进入企业，以企业的体制为主体。二是管理，国有企业的管理是一门学问、科学，我们在管理的效率、效能上还要大幅度提高。三是党建，党建既是基础又是引导。国有企业的改革发展问题，根本是由党来决定的，要与党的方针政策一致，坚持党的领导；党建是实现党的领导的方法和途径。还有就是现代企业制度，我们制定了新的发展规划纲要：2025 年成为世界一流的创新型企业，我们在做计划；2035 年建成世界一流的创新型领军企业。我们国家的战略是到 21 世纪中叶成为世界科技强国，我们应该提前酝酿。

不久前，习近平总书记就纪念五四运动 100 周年发表了重要讲话。国有企业是年轻人发展奋进很好的平台，希望大家关心国企、支持国企，与国企合作，共同推进党和国家的事业发展，共同建设我们伟大的国家，为中华民族伟大复兴共同努力奋斗！

同学们说

听了报告，对国有企业的过去、现在和未来有了一些了解，也被我们的国有企业为民族争光、为国家争气的精神所感动。新时代背景下，我们青年应该努力肩负时代责任、为国家建功立业。

听了这次报告，感受很深，深切感受到面对美国制裁、加征关税等，国有企业的确面临特殊的困难和挑战，但是从报告中也能感受到国有企业的力量和能量，相信未来会更好。

30. 自强不息　担当前行

——从中国电信发展历程看现代国企

中国电信集团有限公司  厦门大学

柯瑞文

2019年6月20日，中国电信集团有限公司党组书记、董事长柯瑞文在厦门大学讲课

★从中国电信的诞生，可以看出中国电信所拥有的红色基因，也即初心和使命。

☆中国电信从革命圣地瑞金一路走来，是红色通信事业的继承者。

★哪里有抗震救灾，哪里有普遍服务需求，哪里就有通信人的身影。

☆中国特色现代国有企业制度是中国特色社会主义制度的重要组成部分，是契合中国国有企业唯一正确的制度。

★中国特色现代国有企业制度的改革方向是遵循市场基本规律，打造独立的市场主体，做到产权清晰、自主经营、市场配置资源、自负盈亏。

☆ 5G 不仅仅是一次信息通信技术的升级换代，更是一场影响深远的全方位变革；5G 必将推动信息通信业从量变到质变的跨越。

★ 5G 发展的出发点和落脚点是提升用户体验；5G 发展成效如何，最终由用户说了算。

☆ 5G 必然会加速社会进步，推动产业升级、社会治理更高效、人们生活更美好。

今天我们很荣幸来到厦门大学，来到这个中国最美的大学，来感悟厦门大学的环境之美、学术之美，更是来感悟厦门大学的精神和文化之美。刚才我们参观了校史馆，受到了深刻的教育，感悟很多。这次我们来还为了感谢厦门大学长期以来对中国电信的支持，特别是人才方面的支持。刚才张彦书记说，近几年，我们有一两百位员工来自厦门大学。我也统计了一组数字，目前中国电信在岗员工中，1000

讲课现场

多人来自厦门大学，其中福建公司800多人，而且很多优秀的厦门大学毕业生工作在重要和关键的岗位上，福建公司中层以上干部1/5来自厦门大学，厦门分公司中层以上干部来自厦门大学的超过1/3。厦门大学在中国电信有很大影响，也为中国电信事业的发展作出了很大的贡献。

这次我们来做交流汇报，来做研讨，我们几十年的实践经历积累了一些经验，有些体会，也想借此机会跟大家做一次沟通和交流，更是请教，共同把中国电信，把国有企业做好，共同在中国特色现代国有企业制度下，建设世界一流企业。

来厦门大学之前，我们了解到同学们比较关注中国电信业的发展、电信业对国家的作用，以及5G如何发展，等等。下面，我就以“自强不息　担当前行——从中国电信发展历程看现代国企”为题，和大家进行交流。

一、中国电信一路走来：历史、实践及启示

中国电信一路走来，就像厦门大学一样，有悠久的历史，有光荣的传统。我们从哪里来？回顾中国电信几十年的发展历程，大致可分为革命战争时期、新中国建设时期和改革开放时期。

（一）寻根溯源：革命战争时期

中国电信诞生于中央苏区。红军在第一次反“围剿”时缴获了敌人的半部电台，在此基础上，乘胜追击，大概在1931年1月，组建

红军无线电总队旧址

了红军无线电总队。中华苏维埃政府在江西瑞金的所在地有红军无线电总队的旧址，旧址的墙上有一个牌子——“中国电信革命传统教育基地”，我们的红色基因源头就在这里。中国电信从哪里来？从中央苏区走来。

在中央苏区，第一、二、三、四次反“围剿”能够取得胜利，一个很重要的原因就是电台发挥了作用，当时具体负责电台工作的是王诤（新中国成立以后，他担任过邮电部党组书记，1955 年被授予中国人民解放军中将军衔）。长征时，“四渡赤水”是毛主席指挥的经典战例，电台更是在其中起到了至关重要的作用，侦听、破译，然后发布相关指令。

在抗日战争时期，电台同样发挥了十分重要的作用。林迈可与白求恩同一条船，从加拿大来到中国，他是伟大的国际主义战士。习近平总书记在 2015 年两次提到林迈可先生，感谢他在极为艰苦的环境下帮助八路军改进无线电通信设备，冒着生命危险为八路军运送通信器材等奇缺物资，并培养了一批专业技术人员。毛主席说过："由于无线电的存在，纵使我们在农村环境中，但我们在政治上却不是孤立的，我们和全国全世界的政治活动的关系是很密切的……"正是因为有我们的电台，有通信联系，同上海，同其他苏区，同国际上政治活动始终保持着联系。

红军缴获的第一部电台

进入解放战争时期，无论是在陕北延安，还是在西柏坡，一间简陋的屋子、一张桌子、几个人、几部电台，被外界称为世界上最简单的"作战室"。就是在这样的"作战室"里，党中央指挥千军万马，取得了一个又一个胜利，打败了国民党反动派。电影《永不消逝的电波》中的主人公李侠，原型叫李白，他被评为"100位为新中国成立作出突出贡献的英雄模范人物"，电影反映了解放战争时期秘密战线的斗争。毛泽东主席在1941年为《通信战士》杂志题词时肯定道："你们是科学的千里眼顺风耳。"

还有我们厦门分公司的离休干部杨清桂同志，厦门大学的校史馆里就有她珍贵的照片。解放前，她在厦门大学地下党党支部直接领导下，利用在电信部门的便利条件，搜集和传递情报。

中国电信从哪里来？中国共产党领导的电信事业从哪里来？源头是什么？基因是什么？通过上述介绍，大家应该能够感觉到，中国电信是党领导下的电信事业，也是我们人民政权和人民军队的一个重要的组成部分；而且我们搞通信的同志具有强烈的担当和奉献精神，并有相当的专业技术水平。

再往前追溯，还有“三湾改编”。“三湾改编”的核心是思想建党、政治建军，从旧式军队改造成为新型的共产党领导下的人民军队。什么是思想建党？就是要坚定理想信念，为中国人民谋幸福，解放被压迫的劳苦大众，这是和旧式军队的本质区别。几年前，我到三湾去，当地群众对我说，以前，那些旧式军队，每来一次，就洗劫一遍，猪、羊、家里的粮食，甚至柴火门板等无一幸免。但有一天，来了一支部队，老百姓都躲到山上去了，当地崇山峻岭，一个山坳里面的几户人家、十几户人家，老百姓都在山上看，心想这次可能又要遭殃了。不过，看了以后，觉得这支部队、这批人跟原来的不一样：第一他们不进屋；第二天黑以后他们把牛和猪给牵回来，拴到村里面，睡觉时把门板拿下来，铺点稻草睡在外面。几天后，老百姓胆子大了就下山，一看这支军队不一样，为什么不一样？她是老百姓的军队，是人民的军队。毛泽东主席的建军思想就是要从思想上让我们红军战士认识到“拿枪是为了老百姓”。所以思想建党、政治建军，是我们党和军队的根和魂，是我们党的政治优势，也是我们永不磨灭的红色记忆。

说到专业人才，当时在极其艰苦的革命斗争环境下，经费极其紧张，但红军无线电战士，搞电台的专业人才待遇比较高，可见我党对专业人才是高度重视的。当然，对专业人才的政治把关也极其严格。八九十年以前红军在农村，专业人才不多，相当一部分人才是从国民党军俘虏过来的，也有从白区招聘过来的，而无线通信又有极其重要的特殊作用，为保证无线通信安全可靠，对这些人都要进行思想政治教育，从刚开始加入红军，到甄别，再到教育，一直到日常工作，思想政治工作贯穿始终，保证他们始终坚定跟党走、跟红军走的信念。这就是新中国成立以前，几十年红色电信的发展。

（二）艰苦创业：新中国建设时期

新中国成立初期，对于幅员辽阔、百废待兴的大国来说，各级政权建设、经济文化建设以及民主改革，都急需邮电通信来传达政令、沟通联系，而旧中国遗留下来的通信设施支离破碎、残缺不全。当时，90%的县没有电信设施，全国仅有 30 多万门市内电话、2000 条长途电路。我们肩负着在如此薄弱的基础上发展新中国人民邮电事业、建设全国邮电通信网络的艰巨任务。

新中国成立后，根据党中央指示，组建政务院邮电管理部门，为新中国邮电事业的发展奠定了坚实基础。20 世纪 50 年代初期，我们迅速建设和恢复北京至全国各主要城市的长途电信线路，同时开通第一条有线国际电话电路（北京—莫斯科）。

1958 年 10 月 1 日，北京电报大楼（中国第一座最新式电报大楼，当时全国电信网中心和电报通信的总枢纽）建成投产。大楼上装有四面塔钟，气势恢宏，是人民邮电事业的代表性建筑，甚至是新中国十大建筑之一。电报大楼的钟声曾是新中国、新北京的重要标志，其营业厅曾是亚洲最大的电信业务综合营业厅。60 年代初期，第一个纵横制自动电话实验局（吴淞电话分局）投入使用。70 年代后期，开始研制光纤通信系统，并在市内电话局间试用。

新中国建设时期，我们依靠自力更生、艰苦奋斗，建设新的通信网络，坚持全国一张网，构建通信基本能力，在继续全力保障党政军通信基础上，服务于国家建设，为新中国工业基础的奠定和后续发展作出了重大贡献。同时，创新管理体制（特殊时期实行“军管”），从国家邮电部到省邮电管理局，再到市邮电局，再到县邮电局，再到乡村邮电所，每个省市县乡都有，它是政府的一个重要组成部分。

（三）跨越奋进：改革开放时期

改革开放以后，通信事业发生了很大变化，我们坚定不移地走中国特色社会主义道路。中国特色社会主义理论体系有“一个中心，两个基本点”。“一个中心”就是以经济建设为中心，“两个基本点”就是坚持四项基本原则和坚持改革开放。坚持“四项基本原则”，就是坚持社会主义道路，坚持人民民主专政，坚持共产党的领导，坚持马列主义、毛泽东思想。这是我们的根，是我们的基因。当然，还有现代科学技术和管理方法，有力促进了邮电通信事业的快速发展。

我们解放思想，大胆探索，敢于对外开放和引进。一个重要标志就与福建有关系，1982 年第一套万门程控电话交换系统在福州开通。1987 年广州开通第一个移动电话局，我国大哥大诞生，当时从设备到终端都是从国外引进的，现在，对大家来说，这些已是古董了。1994 年我国通过一条 64K 的国际专线接入国际互联网，中国进入世界互联网。1998 年建成覆盖大陆的“八纵八横”光缆干线网络，奠定了今天中国通信骨干网络的基础。2009 年 3G 牌照发放标志我国进入移动互联网时代。这些事情，有许多大家已切身感受到了，大家都是亲历者。

改革开放后，电信业是发展最快、变化最大的一个行业，对国民经济和社会发展起到了基础性、先导性和战略性的作用。在改革开放初期，打个电话极其困难，通信与交通、能源并列为经济发展的“三大瓶颈”，所以我们重点解决通信不畅通问题。在党和国家正确领导下，在社会各界帮助下，我们实现了跨越式的发展。现在，无论是通信能力，还是用户数量，中国绝对“傲视群雄”。比如移动通信，在国外，不是任何地方都有信号的，但在我们国家，基本上都有信号了。在用户规模方面，2018 年年底我国光纤宽带用户 3.7 亿户，占全球比重超过 60%；4G 用户 11.6 亿户，占全球比重超过 40%；IPTV 用户 1.5 亿户，占全球比重超过 50%。

再比如网络技术，从 1987 年模拟移动电话开始，一直到现在的 5G，发展非常快；从福州的第一套万门程控，到全国普及，后来，因为技术发展，程控交换机又全部下线。40 年来，不仅仅是技术进步，更主要的是我们坚持了党的领导，充分发挥了社会主义体制优势，带动了一大批上下游企业和产业生态的发展。目前在全球通信设备制造商中，华为稳居第一位，中兴位列第四；全球市值 Top15 互联网公司中，我国占据 6 席，分别是阿里巴巴、腾讯、百度、美团、小米和京东。

中国电信在快速发展的同时，坚决履行国企责任，急难险重，勇担当、敢作为。面对自然灾害，面对重大通信保障，包括机要通信、战略通信、保密通信、特殊通信，均发挥了极为特殊的重要作用。比如说汶川地震，灾情就是命令，地震发生后，电信员工第一时间赶赴单位，迅速集结赶赴灾区，这是长期责任与使命养成的习惯和自觉。灾区第一个打出去的电话，是中国电信的，第一条开通的高速光纤通信也是中国电信的。那个时候，通信就是生命，早一分钟与外界通信

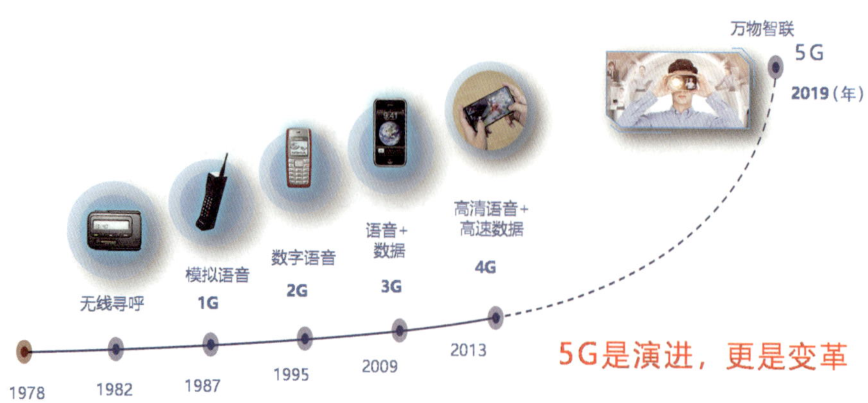

联系，就能早一分钟保证救援力量迅速到位。最后一个撤出来的还是中国电信，唐家山堰塞湖随时可能溃堤，面对随时可能发生的危险，中国电信员工最后一个撤离现场。

在扶贫攻坚上，中国电信也彰显国企担当。比如，在四川凉山，为“悬崖村”建设信息天路。这样的事例还有很多，我们在农村的员工有十几万人，遍布全国，他们每天都在做类似事情。在边远地区，为修一个电话，为解决几个人，甚至一两个人的通信问题，我们的员工经常跋山涉水，这就是中国电信，这就是央企。如果没有这样一支队伍，没有这样一个企业，没有社会主义制度，那些稍微偏远一点儿地区的通信问题可能就无法保证，更谈不上满足广大群众的通信需求了。

大家都知道提速降费。提速，网络技术水平要上去，电信设备水平要上去，成本必然会上升，但还要降费。这样做，企业收入和利润肯定会下降，但社会的总成本会降低。短短三四年，手机流量资费的下降，大家应该最有发言权。

在邮电事业发展过程中，伴随技术进步和市场发展，邮电体制、电信体制也在不断变化。改革开放以来，邮电是改革力度比较大、变化比较快的行业之一。从1998年邮电分营，原来的邮电局一分为二，变成邮政局和电信局，后来政企分开、移动剥离，2002年又南北拆分，南方21省组建新的中国电信集团公司。2008年，行业再一次重组，就是现在的中国通信市场格局：中国电信、中国移动和中国联通。电信业改革的过程，就是一个不断适应生产力发展而调整生产关系的过程。

纵观中国电信在改革开放以来的发展，结合1931年以来，红色电信发展历史，它是一脉相承的，共同特点是两个“一以贯之”，即坚持党对国有企业的领导是重大政治原则，必须一以贯之；建立现代企业制度是国有企业改革的方向，也必须一以贯之。

中国特色现代国企制度，就是把党的领导融入公司治理中，成为有机组成部分。中国特色现代国企制度也是中国特色社会主义制度的重要组成部分，它是把党的领导和现代企业制度有机结合在一起的一种制度。这种制度有它的形成历史，改革开放40年也是这么走过来的，并取得了巨大成就。以移动通信发展为例，从全球视野来看，1G、2G到3G，我们基本上都是跟随，4G实现了同步，5G在一些

5G融入设计、生产等环节

方面我们已经领先。但如果没有上述公司治理，没有这种制度性安排，如此成就是不可能取得的。实践证明，中国特色现代国企制度是适合中国现代通信事业发展的制度，也是唯一一个契合中国电信事业发展的制度。

国有企业是完成政治任务的经济组织。这个政治任务是什么？就是不断满足人民日益增长的美好生活需要，就是实现中华民族的伟大复兴。国企就是完成这样政治任务的经济组织，不仅要承担经济责任，更要实现经济责任、政治责任和社会责任的有机统一，其最本质特征是坚持中国共产党的领导，党组织在企业里面发挥领导作用，把方向、管大局、保落实，这也是中国特色现代国有企业制度的具体体现。

我们说坚持中国特色社会主义的道路自信、理论自信、制度自信、文化自信，对于国有企业，就是坚持中国特色现代国有企业制度自信，这是历史的选择、人民的选择，符合我们的发展方向。因此，国企要发展，既不能走封闭僵化的老路，也不能走改旗易帜的邪路，必须走中国特色现代国企制度这样一条道路。建设中国特色现代国企制度，还要遵循市场基本规律，坚持以客户为中心，发挥市场在资源配置中的决定性作用。坚持中国特色现代国有企业制度不是躲躲闪闪的事情，也不是今天我们进讲堂、进高校来才讲的，我们在资本市场也是这么说的。中国电信股份有限公司是一家在香港和纽约上市的公司，公司章程中明确“坚持中国共产党的领导”。公司章程是我们依据现代企业制度而制定的规则，交给股东投票，我们的大股东、小股东，都非常理解和支持。

正是因为坚持中国特色现代国企制度，我们才取得了改革开放以来的巨大成就。今后，在建设网络强国、建设世界一流企业的实践中，我们还必须坚定这样的制度自信。

二、新时代新担当：坚定制度自信，承担网络强国建设重任

当前，我们已经进入互联网时代。主流经济社会都架构在网络基础之上，“没有网络安全就没有国家安全，没有信息化就没有现代化”，“过不了互联网这一关，就过不了长期执政这一关”。习近平总书记强调，国有企业是中国特色社会主义重要的物质基础和政治基础。网络强国，毫无疑问就是重要的物质基础，中国电信要坚决承担起网络强国建设责任，努力实现“技术先进、产业发达、攻防兼备、网络空间综合实力全球领先、网络信息技术发展红利惠及全体人民”目标。

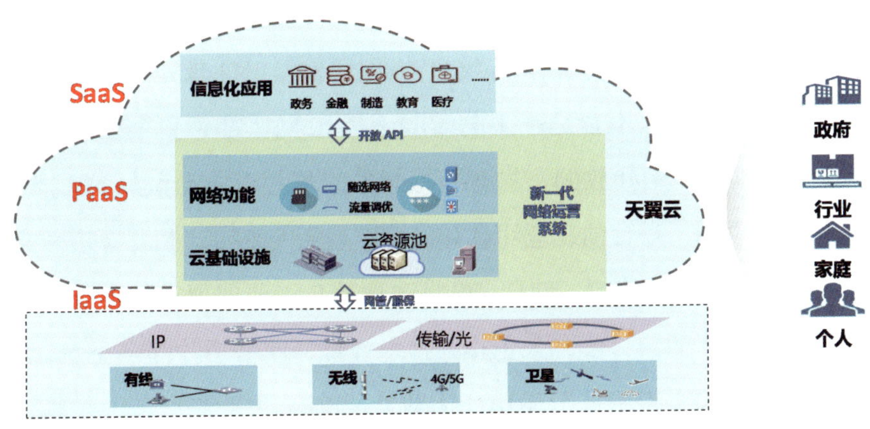

未来网络架构示意图

原来传统电信主要在基础设施领域，包括交换机、路由器、无线基站等，基础设施搭建起来后，就可以提供话音、消息等业务了，也就是我们说的 Communications。伴随信息技术的发展，新一代网络基础设施必须与 IT 有机联系，形成 IaaS、PaaS、SaaS 架构。现在的电信已经不是传统的电信，是现代电信。现代是什么？就是 CT 和 IT 融合，不仅仅提供基础设施，还提供上层平台和应用。未来用户上网，主要是为了上云，云上面有许多行业企业的应用。但任何事情，一旦放到中国这么大的市场，都是非常复杂和庞大的。以中国电信为例，全网有 8000 多亿元资产，其中 6000 多亿元是固定资产。对于这样一张大网，如何进行管理？我们面临巨大挑战。CT 如何跟 IT 融合，基础设施如何上云，云间怎么互联互通，等等，作为基础电信运营商，我们觉得首先要把 IaaS 层做好，然后提供 PaaS 平台，支持 SaaS 上的应用。大家所熟悉的 BAT 企业，他们的服务基本上都在 PaaS 和 SaaS 上。

大家都很关心 5G，未来网络强国建设的重心也在 5G。若要建设好 5G，就必须发挥好我们的政治优势和制度优势，必须深入贯彻落实新发展理念。相对于前面几代移动通信技术，5G 既是演进，更是变革。1G 到 4G，不管是基于电话网还是 IP 网，都是一个相对封闭的系统，而 5G 是开放的，只有坚持开放的理念，才能做好 5G。5G 将打破运营商、平台商、应用商和设备制造商的界限，相互穿透，交叉赋能，产生巨大的生产力。5G 将改变社会，还体现在融合了很多新的技术，诸如云、AI、大数据、边缘计算、网络切片等，在 5G 建设过程当中都将得到充分运用。特别是，没有云的 5G，就不是真正的 5G。5G 带来的变化，不仅是纵向的或者横向的，而是整个产业链的变化。在5G建设中，电信运营商将责无旁贷地发挥重要的基础性、先导性的作用，履行好国企的责任与当担。

5G既然是一个开放的网络，安全就极为重要，我们绝对不能有丝毫的松懈，企业综合运用了基于服务化架构的切片能力，提供应用隔离；采用嵌入式的永久用户ID，加密传输，增强隐私保护；5G密钥提升能力，防御未来量子计算解密风险。还有共享，5G的科技成果要惠及全社会，要与用户分享，让客户尽享信息科技新成果。要把5G建设好，就要获得用户认可，要推动产业发展和进步，推动社会进步。作为服务行业，中国电信要以客户为中心。不以客户为中心的工作，都不会得到认可，都不是中国特色现代国有企业要做的事。这次我们到厦门大学，如果我们的工作不能对厦门大学的教学科研工作、管理工作有帮助，老师和同学们不认可，我们的工作就等于没有做好。如果不充分发挥我们的政治优势和制度优势，不深入贯彻落实新发展理念，就不可能把5G建设好。

5G牌照已经发放，接下来怎么做？大家肯定是要检验的。我们要经得起历史，经得起实践，经得起人民的检验。现在已是互联网的下半场，其标志是制造业的水平能不能提上去，实体经济能不能发展上去？如果制造业不能上去，只是2C（消费端）的速度快一点，5G建设和发展成效就会大打折扣。

5G具备三大特性：高速度、大连接、低时延。对一般的2C用户来说，对学生而言，可能更多关注的是网速。现在4G的速度平均是10M左右，5G的速度要快很多，刚才我们在这儿测了一下，达1.4G。不过，推动工业制造转型升级，除了“快”，更多的是需要广泛连接，一个基站要能实现大范围的连接；还有时延，一定要短。实际上，能够反映 5G 本质特征的是时延短、连接多，这正是企业客户急需的。我们已经进入互联网的下半场，以产业互联网、工业互联网发展为标志，现在已有几个比较热门的车载、教育等应用，这恰恰也是中国电信的优势所在。

可以预见，5G 将为个人客户提供高品质的内容和终端、个性化的互动体验、高效率的沟通、娱乐等；为企业客户提供诸如数据采集、设备监控、数据存储、数据分析、运营优化、资源管理等服务，帮助企业提高生产效率、缩短研发和生产周期、挖掘数据价值、节约人力成本、降低能耗等；对政府客户来说，5G 将在辅助政府决策、优化城市治理、保障公共安全、提升服务质量等方面发挥重要作用。总之，5G 必然会推动社会进步，让生活更美好，让产业更先进，让社会治理更高效。在未来 5G 发展上，我们将充分发挥政治优势和制度优势，在实践中不断探索和总结，积极推进国有企业的改革与发展。

5G 如何发展？企业当然负有直接责任，但这也是全社会的一件大事，希望听听各方面的意见。中国 5G 目前在领跑，领跑意味着没有经验可以借鉴，只能靠自己的能力和水平，自己去闯。如何闯？要有理性思维和理论指导。大家知道，移动通信发展已经逼近香农定律极限，一定要有重大的理论突破，这是行业和企业共同面临的课题。

我们也有许多不足，比如，我们的核心技术还有差距，如果不能自主掌控核心技术，网络就难以改变。电信运营商是服务型企业，不是纯技术研发型企业，我们的主要任务是如何把网络建好、用好，怎么把基础进一步夯实？比如 PaaS 平台要建起来。PaaS 平台就是云平台，在这个领域，我们可以大有作为，并且在不断推进。全球通信运营商中最大的“云”叫“天翼云”，就是中国电信的天翼云。这个“云”上汇聚了大量的行业企业应用，再结合上层的 SaaS，很多丰富多彩的服务就能够提供出来了。

第二个不足是我们的机制问题。中国电信现有 60 万名员工，如何发挥员工积极性，是一个重大的管理问题。不能简单地说国有企业的机制比较落后，我们可以不断通过改革完善我们的体制机制。改革的重点，首先是调动员工的积极性和创造性，其次是生产关系的调整，适应生产力的发展。生产力是什么？对于我们来说，就是网络。在网络上面有许多应用和服务，我们要用一个好的体制和机制去管理好、运营好，这也是件相当复杂的事。

中国电信最近在与业界积极沟通，推进“云改”。“云改”是什么？就是要使中国电信的 CT 与 IT 深度融合，用户通过我们的网络实现接入，实现上云，使用云上的应用。云改的第一步是云网融合，核心是网络上云，让我们的特别是基于 2B 的各种应用上云，提高政企客户的运营效率和管理水平。所以云改的牵引是客户，是客户的需求。在企业内部，我们要同步调整生产组织，强化对客户的服务；相应的人员激励机制、分配机制、职业发展机制、人力资源管理等也要遵循现代企业制度进行变革。上述加在一起，包括前面所说的网络和技术，共同叫作“云改”，可能需要持续很长时间，现在正在积极推进中。这就是我们的改革，只要有不适应的，就去改革。

中国电信从哪里来，往哪里去？我们从中央苏区走来，我们奔着伟大复兴路去，这是坚定不移的。我们已经走了近 90 年，走得再远，也要回过头看看，牢记自己的基因、自己的使命，必须继续坚持，同时还要创新。

中国特色现代国企制度是一个不断实践和探索的过程，前面没人走过，我们要敢于去闯去实践，不断完善和发展。在实践中，会碰到很多问题，针对这些问题，我们积极地去研究解决，进而形成制度，再上升到理论，这就是对中国特色社会主义理论的丰富和完善。国有企业应该承担这样的责任。展望未来，中国电信将不负党和国家的重托，树牢“四个意识”，坚定“四个自信”，坚决做到“两个维护”，勇于承担网络强国建设重任。同时，国企事业是国家的事业，是全国人民的事业，更是青年的事业。

同学们说

柯瑞文董事长对国企社会责任的阐述令人印象深刻。如2008年汶川大地震，第一个到达汶川的是中国电信陕西应急通信队，最后一个撤出来的还是中国电信；四川凉山“悬崖村”信息天路的建设，让“悬崖村”村民们用上了百兆光宽、4G手机和天翼高清，这些都充分说明社会主义制度的优越性，说明国企真正是人民的企业，更坚定我们听党话跟党走，网络报国的决心与信心。

——吴朱冠宇　信息科学与技术专业学生

柯瑞文董事长表示，中国特色现代国有企业制度仍需不断探索和实践。我们广大厦大学子可以与包括中国电信在内的国企共同探讨，不断实践，进一步丰富内涵，实现政治优势与现代企业制度有机融合，充分挖掘企业潜力，激发活力，提高效率和效益，不负党和国家的重托。

——林雅岚　信息科学与技术专业学生

作为学习通信的学生，我们也要认真学习，学有所成，在新时代承担网络强国建设重任，真正做到网络报国。我们要践行以人民为中心的发展思想，推动社会进步、产业升级，社会治理更高效，人们生活更美好。

——熊若凡　信息科学与技术专业学生

31. 坚守正道　气有浩然

中国铝业集团有限公司  山东大学

葛红林

2019年5月30日，中国铝业集团有限公司党组书记、董事长葛红林在山东大学讲课

★习近平总书记在党的十九大报告中提到的天宫、蛟龙、天眼、悟空、墨子、大飞机等重大科技成果，都有“中铝智造”的身影。

☆在中美贸易摩擦中，要挫败美国的打压，国有经济必须不断发展壮大，必须毫不动摇地挺起国有企业的脊梁。

★民营经济发展离不开祖国的发展，是和祖国的命运息息相关的，民营经济必须和祖国的发展同呼吸，必须与中国特色社会主义制度共命运。

☆民营企业要学习华为，国有企业更要学习华为，核心技术不掌握在自己手上，产业链不稳定牢靠，最终只能受制于人。

★中美贸易摩擦已经上升到科技领域，再次警示了我们、敲醒了我们，我们国家最欠缺的是 0 到 1 的创新。

☆我们不能再依赖以市场换技术的策略，必须适应时代的发展要求，以自主创新为战略基点和核心要素，克服技术对外依存度高的问题。

山东大学是全国青年学子向往的高校，是享誉全国的著名高校，是全国优秀人才的聚集地，长期以来，为我国的社会主义建设输出了人才、输出了科研成果，作出了卓越贡献。下面，我分四个方面来讲。

讲课现场

一、关于中美贸易摩擦

（一）贸易摩擦的概要历程

2018 年年初至今，美国单方面挑起了对我国的经济摩擦。现在大家看得越来越清楚了，中美贸易摩擦的要害，是美国对中国崛起采取的遏制战略，要想打赢，就必须看到斗争的本质。

一是我们要清醒地认识到，中美经贸斗争实质是美国妄图全方位对我国进行打压和遏制，这是中华民族实现伟大复兴必须要迈过的一道坎。改革开放之初，中国的 GDP 只占美国的 6%，经过 40 年的发展，中国的 GDP 已占美国的 60%。中美贸易摩擦看似经济问题，本质是政治问题，是同我们在政治、经济、军事、科技、文化、国防影响力等方面的全面较量，他们企图把我们摁在全球产业链和价值链的中低端。

二是我们要清醒地认识到，中美之间的博弈，具有长期性和复杂性，必须要有打多种形式持久战的充分准备。这是由美国反对中国共产党领导和社会主义制度，遏制社会主义中国发展壮大的本性决定的。这是由美国维护其霸权地位的本性，和对华战略图谋决定的。这是中美两国力量对比决定的。

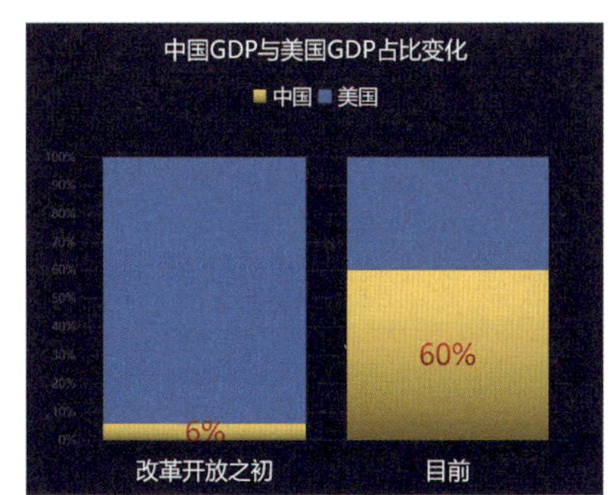

三是我们要清醒地认识到，任何封锁和打压中国的企图，都是徒劳的。20 世纪 80 年代

的“广场协议”，美国成功地遏制了日本的崛起，但中国不是日本，美国霸权主义对中国是失效的。在打的问题上，我们不走极端，不愿打，但也不怕打，而且有着必胜的信心和决心。因为我们有着以习近平同志为核心的党中央的坚强领导，有着我国经济的坚强韧性、充分后劲和回旋余地，有着斗争中我国占据了人类道义上的制高点。

（二）透过贸易摩擦的警示

迄今为止的这场贸易摩擦给我们的警示太多了，在看到美国如此地不讲道理的霸道、如此地压制中国日益做强做大的国有企业，如此地欺负领先于它们的民营企业，我们唯有将警示化为实际的行动。

1.“四个自信”必须更加坚定

结合当前中央将对全国处级以上干部开展的“不忘初心、牢记使命”的主题教育活动，我们要深刻认识到，在中美贸易摩擦中，必须坚持道路自信、理论自信、制度自信和文化自信。只有“四个自信”坚定了，才能发挥斗争精神，不怕打，善于打，才能做到“狭路相逢勇者胜”。

2. 必须挺起国有企业的脊梁

国有企业大多分布在军工、能源、交通、通信等关系国家重要安全和国民经济命脉的重要工业关键领域，是中国特色社会主义的重要物质基础和政治基础，是我们党执政兴国的重要支柱和依靠力量。

2018 年 8 月 3 日，美国商务部将中国航天科工集团、中国电子科技集团等 44 家中国企业列入出口控制清单，声称他们对美国国家安全和外交政策构成巨大风险，矛头直指防空系统、卫星通信系统、半导体和航空航天产品等关键要素。

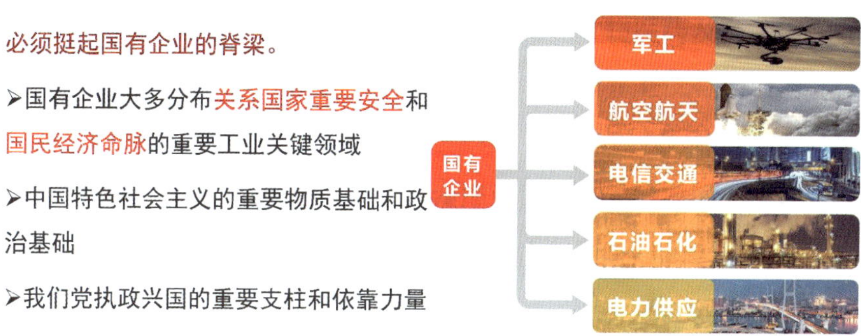

国有企业地位作用

美国也处处想遏制中国铝业的发展，第一个加征关税的，就是针对铝，遏制中国铝业发展。其实当前的美国，不仅在铝产业的前端和中端（氧化铝和电解铝生产）大大落后于中国的铝产业，而且美国的铝加工产业正在不断地被中国的铝加工企业逼近和赶超，原先中国大量进口的航空航天、高端铝材，正在不断地被中铝集团取代，目前，我们国家国防军用铝材的96%都是由中铝集团提供的。习近平总书记在党的十九大报告中提到的天宫、蛟龙、天眼、悟空、墨子、大飞机等重大科技成果，都有“中铝智造”的身影。

其实，除了刚才说的经济贡献外，国有企业还肩负了社会责任和政治责任，比如，每当我们国家发生了重大自然灾害，国有企业都会义无反顾、不计代价地冲在抢险救灾第一线。在当前的扶贫攻坚、援藏、援疆中，各央企至少都拿出上亿元的真金白银，派出了精兵强将。在中美贸易摩擦中，要挫败美国的打压，国有经济必须不断发展壮大，必须毫不动摇地挺起国有企业的脊梁。

3. 共同打造祖国命运共同体

改革开放以来，美国想通过促进中国的民营经济发展来遏制中国

“长征”系列火箭、“神舟”系列飞船、“嫦娥”系列卫星、“天宫”系列空间站等航空航天战略工程

天宫、蛟龙、天眼、悟空、墨子等重大科技成果

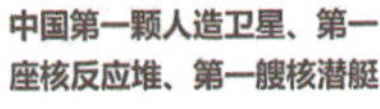

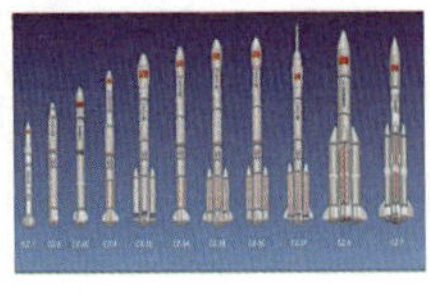

C919大飞机、高铁列车、全铝新能源汽车等交通工具

中央企业重大科技金融成就

的国有经济的发展，百般诋毁中国的国有经济，唱衰中国的国有企业，明目张胆地挑拨民营经济和国有经济的关系，挑起矛盾，鼓吹中国的经济是“国进民退”。过去，我们有些民营企业家天真地以为，作为资本主义制度的美国，和国有企业格格不入，甚至会打击国有企业，而自己作为私有的民营企业似乎比较相融，可以不受打击，可以独善其身。于是，考虑问题有时着眼于经济利益，而忽视企业的社会和政治责任。其实，你作为国家经济的一部分，你不考虑国际政治，国际政治也要考虑你。一旦民营企业的发展超过了美国，构成了技术和竞争上的威胁，它才不会念及你是私有制而放你一马。

比如，2018 年以来，美国对中兴和华为进行了一系列的打击。2019 年 5 月 16 日，美国商务部在毫无实据的情况下，宣布将中国华为公司及其 70 家关联企业列入出口管制“实体名单”，禁止华为从美国企业购买技术或配件，企图切断华为的命脉，阻遏中国高科技的发展，维护美国的全球科技霸主地位。这些打压是毫无道理可言的，可见对民营企业也未网开一面。

我认为，民营经济发展离不开祖国的发展，是和祖国的命运息息相关的，仇视中国发展的人，同样也会仇视民营经济的发展，民营经济必须和祖国的发展同呼吸，必须与中国特色社会主义制度共命运。我相信在座的同学毕业后，会有一些同学们选择自谋创业，如果到民营企业工作、到外资企业工作，哪怕出国工作，都不要忘记自己是祖国命运体中的一员。

此外，过去不少民营企业发展，许多得益于技术集成，走了不少捷径，通过购买国外先进装备、技术和产品，集成、组装，加之利用国内的资源和劳动力，生产出具有全球竞争力的产品，现在看来，这个捷径是“无源之水、无本之木”，过于理想化，存在着美国政客之破坏的风险，美国的强权政治的风险。民营企业要充分防范他们，一旦他们动手，不仅自己上阵，还逼迫所谓的盟国加入，从根本破坏你的技术集成路线，上下游供应链和生产链，最后摧毁你的终端产品，迫使你投降。在这方面，我们要学习华为，民营企业要学习华为，国有企业更要学习华为，核心技术不掌握在自己手上，产业链不稳定牢靠，最终只能受制于人。

4.“硬科技”才是硬实力

在经济领域，中国经济现在存在着“脱实向虚”的现象，即脱离实体经济的投资、生产、流通，转向虚拟经济的投资。其实，早于经济领域的脱实向虚现象，我国的科技领域就出现了研究方向和人员的脱硬向虚。

所谓“硬科技”，是指以人工智能、航空航天、生物技术、光电芯片、信息技术、新材料、新能源、智能制造等为代表的高精尖科技。区别于由互联网模式创新构成的虚拟世界，属于由科技创新构成的物理世界。是需要长期研发投入、持续积累才能形成的原创技术。具有极高技术门槛和技术壁垒，难以被复制和模仿。是对人类经济社会产生深远而广泛影响的革命性技术，是推动世界进步的动力和源泉。

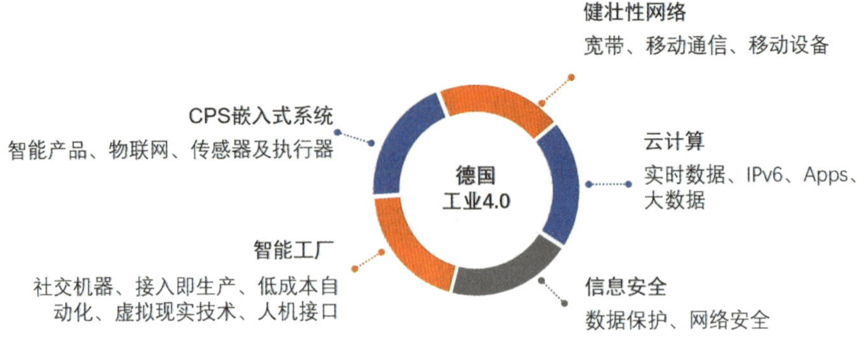

我是学材料科学与工程的，材料科学中的硬科技，涉及的是材料的原子和分子结构变化，而不是材料的加加减减、拼拼焊焊的形态变化。前者是化学反应，创造了新材料，是质的变化，而后者是物理反应，创造新应用，是形态的变化。如果说，中国新材料的创新不够，从根本上说，就是欠缺从材料的原子和分子结构上的创新能力。而化学是响当当的硬科技，却在当前的中国似乎像“过街老鼠”，从地方政府到民众普遍惧怕化工产业，因为一些化工企业管理不到位引起的环保和安全生产事故责任，让他们望而生畏，甚至有的地方搞起了“去化工”。一些大学的化学系，往往被学生误认为是专业有毒，报考不热门。这种现象需要改变，除非中国人不再使用化工产品了。

5.“01 创新”才是杀手锏

过去我们讲“原创”，现在比较流行的是讲“01 创新”。0 到 1 的创新是从无到有的革命性创新，需要“道生一”的智慧，而 1 到 N 的变化是改善性的创新。比如，发明液晶显示屏，是 0 到 1 的创新，革掉了电子管和背投电视的命，而液晶显示屏不断升级的，目前产业化达到 10.5 代，尽管提高了屏幕的尺寸和清晰度等性能，但这不属于 0 到 1 的创新。

“01 创新”才能形成真正的“杀手锏”。而依赖自己的资源禀赋，是形不成竞争“杀手锏”的。当前，中美贸易摩擦已经上升到科技领域，再次警示了我们、敲醒了我们，我们国家最欠缺的是 0 到 1 的创新。过去可以归因于我们的经济实力弱、科研基础差，但现在必须奋起直追，要有大作为，不能再让别人卡着脖子过日子，即便我们的技术有一些“代差”，也要鼓励自主创新技术尽快转化为产品，提高市场占有率，在实战中加快提高。面对斗争形势变化，我们要转变竞争思维，更加把握好稳中求进的思想。

（1）练好内功，稳住当前。自力更生，实事求是地补短板，减少对美国高科技产品的依赖，要注重以美国以外的市场为导向，加快代差技术的研发应用，补齐产业链的技术短板，打通高科技产业链，摆脱制约，稳健地把握发展主动权。

（2）预判未来，创新跨越。要加快预判性的布局，在每一关键领域，集中一批 35 岁以下的科技人才和精英，以“两弹一星”和久久为功的精神，突破几个“01 创新”，占领制高点，形成若干高科技领域的杀手锏，成为未来参与全球博弈的武器。

我们应该创造更多的“01 创新”，形成更多的“技术小王牌”，就如同华为在 5G 中的一些技术，即使美国封杀了它，但封杀不了它的专利。

随着中国技术创新的速度越来越快，美国等西方发达国家对中国的技术封锁将越来越严重，我们不能再依赖以市场换技术的策略，必须适应时代的发展要求，以自主创新为战略基点和核心要素，克服技术对外依存度高的问题，要激发国内技术创新的新高潮，提振整体产业的技术含量，向创新型国家的目标奋进。如果说过去采用“技术换市场”，赢得了中国的发展，那种日子，现在是一去不复返了，走老路是绝对赢不了未来中国的发展。

二、关于气有浩然

我知道山东大学的校训是“学无止境，气有浩然”。来之前，我又搜索了一下39所“985”学校的校训。

清华大学是自强不息，厚德载物。中国科学技术大学是红专并进，理实交融。复旦大学是博学而笃志，切问而近思。中国人民大学是实事求是。上海交通大学是饮水思源，爱国荣校。南京大学是诚朴雄伟，励学敦行。同济大学是同舟共济。浙江大学是求是创新。南开大学是允公允能，日新月异。北京航空航天大学是德才兼备、知行合一。北京师范大学是学为人师、行为世范。武汉大学是自强、弘毅、求是、拓新。西安交通大学是精勤求学、敦笃励志、果毅力行、忠恕任事。天津大学是实事求是。华中科技大学是明德、厚学、求是、创新。北京理工大学是德以明理、学以精工。东南大学是止于至善。中山大学是博学、审问、慎思、明辨、笃行。华东师范大学是求实创造，为人师表。哈尔滨工业大学是规格严格，功夫到家。厦门大学是自强不息，止于至善。西北工业大学是公诚勇毅。中南大学是知行合一、经世致用。大连理工大学是团结进取，求实创新。四川大学是海纳百川，有容乃大。电子科技大学是求实求真，大气大为。华南理工大学是博学慎思，明辨笃行。吉林大学是求实创新，励志图强。湖南大学是实事求是，敢为人先。重庆大学是耐劳苦，尚俭朴，勤学业，爱国家。中国农业大学是解民生之多艰，育天下之英才。中国海洋大学是海纳百川，取则行远。中央民族大学是美美与共，知行合一。东北大学是自强不息，知行合一。兰州大学是自强不息，独树一帜。西北农林科技大学是诚朴勇毅。国防科技大学是厚德博学，强军兴国。

花了半页纸来罗列校训。有比较才有鉴别，想告诉大家的是，我十分欣赏山东大学“学无止境，气有浩然”的校训，特别是对学生“气有浩然”的品质要求，毛泽东主席说过，一个人做点好事并不难，难的是一辈子做好事。同样地，一个人展现一时的“气有浩然”并不难，难的是一辈子展现“气有浩然”。对你们如何做学问，我不敢多说，否则就是班门弄斧，但是对“气有浩然”，我想结合我的工作经历，讲两点体会。

（一）扣好人生的第一粒扣子

习近平总书记说：“青年的价值取向决定了未来整个社会的价值取向，而青年又处在价值观形成和确立的时期，抓好这一时期的价值观养成十分重要。这就像穿衣服扣扣子一样，如果第一粒扣子扣错了，剩余的扣子都会扣错。人生的扣子从一开始就要扣好。”

很多时候，我们会遇到这样的疑问：为什么接受同样教育、同时走出校门的两个年轻人，却在人生道路上走出了截然不同的轨迹？其实，是因为世界观、人生观、价值观的不同所造成的。对于青年来说，最关键的是要具有正确的上述三观，只要路对，就不怕路远。起步很重要，特别要扣好人生的第一粒扣子。

2019 年年初，我原来工作过的上海耐火材料厂迎来建厂 120 周年，希望老员工都写一篇回忆文章，我也写了，题为《帮助我扣好了人生的三个扣子》。以下是我的原文：

我是 1973 年进厂的，当时 17 岁，先在技校读了两年，后分配到机修车间干了三年，感谢小平同志恢复高考的英明决策，我有幸考取了长沙工学院（后更名为国防科技大学），以后读了硕士、博士，又出国做了访问学者，工作岗位也从科研人员到了宝钢副总经理、成都市长和现在的中铝集团董事长，书读了不少，岗位也变动了不少，但我深深感念的是，老厂帮助我扣好了人生的三个扣子。

一是扣好了吃苦耐劳的扣子。在一车间成型、二车间炉窑工段实习时，面对高温、高强度的劳动考验，正是在工人师傅的鼓励和带动下，我从一开始“吃不消”，到后来“吃得消”，磨砺了我的意志和毅力。

二是扣好了哲学思维的扣子。作为团委委员，我有幸参加团委的中心组和青年理论组学习，虽然当时对马列主义原著的学习是粗浅的，理解是朦胧的，但激发了我对哲学的兴趣，促成了日后辩证思维的养成，让我终生受益。

三是扣好了知识报国的扣子。我清楚地记得，1978 年 2 月份，当我接到大学录取通知书时，正在车间下放劳动的老干部贺彭年同志（1948 年毕业于上海交通大学，“文化大革命”后，创建了上海航空公司），对我说，“去上学，我就不相信今后的国家不需要有知识的人”。这就让我义无反顾地迁出了上海户口，踏上了外地求学之路，正是学习改变了我的人生轨迹。

（二）做守正一生的人

2018年5月，习近平总书记在北大师生座谈会上强调“要树立正确的世界观、人生观、价值观，掌握了这把总钥匙，再来看看社会万象、人生历程，一切是非、正误、主次，一切真假、善恶、美丑，自然就洞若观火、清澈明了，自然就能作出正确判断、作出正确选择”。要从小事做起，坚守正道、弘扬正气。

最近，郭鹤年先生出版了《郭鹤年自传》一书，其中有两段话，我读给大家听。一段是：在我到中国大陆出差公干的经验中，我常常遇到无能固执己见的官员。几乎每次我与他们发生重大摩擦，或者我遇到了不可信的省长、市长，我都会回来，用我主观的判断与同事说：“这个人怎么能管好某某事呢？”十有八九，我下次再去时，比方一年后，那个人已被免职，有更好的人接替了他。我开始对自己，对别人说：在东南亚，坏蛋得以晋升，但在中国，坏人都被免职。

另一段是：有幸习近平于2012年11月成为中共最高领导人，在他任职后短短4年间已经取得惊人的成就，大大减少了各级政府机关、国营企业和军队中的贪腐。

同学们从学校毕业后，意味着踏进社会，你们将会看到社会的正面，也将会看到社会的灰暗面乃至负面，会看到不少鱼龙混杂、泥沙俱下的社会现象，会面临形形色色、纷繁多变、相互交织的诱惑和陷阱，会遇到你的上司、同事和下属，或者说，上级、同级和下级，遇到好的，是你的幸运，遇到差的，是对你的考验，一定要守住底线，决不能同流合污，具体来说，要不合上级的污，这是很难做的，决不能泯灭良心，助纣为虐。不染同级的污，这是能做到的，决不能臭味相投、沆瀣一气。不沾下级的污，这是容易做的，决不能掉以轻心，经不起诱惑。

三、关于中铝集团

中铝集团有许多优秀的干部就来自山东大学，为中国的有色金属产业发展作出了贡献。

说到中铝集团，望文生义，很容易理解为该集团的主业是金属铝，其实不然，作为中央管理的国有重要骨干企业，经过 18 年的发展，已经从铝业发展成为全球最大的有色冶金企业，2018 年位列《财富》世界 500 强第 222 位。就铝行业来说，世界上有美国铝业、俄罗斯铝业、德国铝业、加拿大铝业，从称呼上可见，冠以国家的名称，体现铝业对于一个国家的重要性。

中铝集团拥有三个中字头板块企业，分别是中国铝业股份有限公司、中国铜业有限公司、中国稀有稀土股份有限公司，他们代表了集团在全国铝行业、铜铅锌行业、稀有金属及稀土材料行业的核心地位。其中，中铝股份在纽约、香港和上海三地上市，是全球最大的集矿山、氧化铝、电解铝于一体的领军企业。中国铜业有限公司，拥有云铜股份、驰宏锌锗两家上市公司，是集铜锌金等矿山、冶炼、加工全产业链的跨国集团公司，是综合实力位居全国第一的领军企业。中国稀有稀土股份有限公司，是集镨、钕、镝、铕、铒、钆等全球不可或缺的稀土材料于一体，拥有矿山、分离、萃取、加工全产业链的行业领军企业。

此外，中铝集团还拥有中铝国际工程技术公司，是全球唯一集地质勘查、工程设计、装备制造、建筑安装、工业服务等一体化的有色金属工程技术公司，承担了全球绝大多数新建的有色金属工程。

长期以来，中铝集团以保障国家战略资源开发和国防军工为己任，中国第一颗人造卫星、第一座核反应堆、第一艘核潜艇以及“长征”系列火箭、“神舟”系列飞船、“嫦娥”系列卫星、“天宫”系列空间站、世界最大射电望远镜、航母和舰艇等国防军工和航空航天国家战略工程提供了大量高品质的关键型材，也为C919大飞机、高铁列车、全铝新能源汽车等交通工具的轻量化作出了积极贡献。

目前，中铝集团正按照习近平总书记“建设具有全球竞争力的世界一流企业”要求，形成了以铝、铜、铅锌和稀有稀土为四大核心产业，以工程技术、工服物业、资本金融、贸易物流为四大协同产业，以环保节能、创新开发、海外发展、智能制造为四大新兴产业的“4+4+4”的高质量发展新格局。

在这里特别要指出的是，2018年6月6日，习近平总书记对中铝集团的党建工作作出了“好的经验要总结推广”的重要批示。可以说，中铝集团的党风是正的，企风是清的，是讲究正义的。中铝的文化是励精图治，创新求强，是2001年中铝集团成立时，时任党组书记，现任中共中央政治局委员、中央政法委书记郭声琨同志提出的，是讲究进步的。中铝的用人原则是：“人尽其才、各尽其能、各展其长”，最大限度地激发各级员工的创新、创造、创业活力，是讲究公平的。我们十分期盼大家加入中铝大家庭，成就人生理想。

1957年11月17日，毛泽东主席在莫斯科接见中国留学人员，寄语青年一代："世界是你们的，也是我们的，但是归根结底是你们的，你们年轻人朝气蓬勃，正是兴旺时期，好像早晨八九点钟的太阳，希望寄托在你们身上。"毛主席 60 多年前的讲话，至今还在激励着无数的有志青年。

习近平总书记讲："现在，青春是用来奋斗的，将来，青春是用来回忆的。"同学们，你们最大的优势是拥有大好的青春年华。开放的中铝欢迎你们，一流的中铝为你们提供一流的人生舞台。在新时代的征程中，我们既要仰望星空，有远大的理想抱负，更要脚踏实地，务实重行。干出良好业绩，方能不负青春芳华。让我们共同携手，为祖国强盛、民族复兴而努力奋斗。

同学们说

在报告中，葛红林董事长指出，希望同学们珍惜学习机会，努力成长成才，真正做到“坚守正道，气有浩然”。我们对此甚为受用，葛红林董事长结合自身工作经历，深入探讨了“气有浩然”的心得体会，并寄语当代大学生“做守正一生的人”。为人正直，不偏不倚，不屈不挠，才是当代大学生应有的模样。

——王子毅　材料科学与工程学院学生

葛红林表示中美贸易摩擦我们要坚持到底，这是中华民族伟大复兴必须要迈过的一道坎，一是坚定“四个自信”，二是挺起国有企业的脊梁，三是打造祖国命运共同体，四是必须以“硬科技”增强经济硬实力，五是以“01 创新”形成真正的“杀手锏”。我国在高新技术上受制于美国偏多，因此加快代差技术的研发应用，打通高科技产业链，提高未来参加全球博弈的竞争力。

——周　硕　材料科学与工程学院学生

32. 百年央企　迈向一流

——招商局集团改革创新发展的探索与实践

招商局集团有限公司  武汉大学

李建红

2019 年 5 月 13 日，招商局集团有限公司党委书记、董事长李建红在武汉大学讲课

★党的领导优势就是企业的组织优势、人才优势和发展优势。党的工作做实了就是生产力，做强了就是竞争力，做细了就是凝聚力。

☆一流的大学必须有一流的学科支撑，一流的企业必须有一流的产业支撑。

★在金融科技时代，招商银行最大的竞争对手不仅来自同业，更是来自异业，最大的风险是来自金融科技的颠覆。

☆世界上没有一个商业模式是长存的，也没有一种竞争力是永恒的。只有科技引领、创新驱动，保持科技领先优势，企业才能实现可持续高质量发展。

★招商局作为百年央企，坚持立足长远、把握当下。立足长远，就是要有“功成不必在我”的高远境界；把握当下，就是要有“立功就在当下”“立功必须有我”的责任担当。

☆在风险管理学上有一句名言：“强烈的风险意识本身可以使风险得以化解。”风险管控比赚钱更重要；风险防范比化解更重要；在风险管控上既要补短板，又要固底板。

★只有企业领导增加危机感，广大员工才能增加安全感。

党的十九大提出，要深化国有企业改革，发展混合所有制经济，培育具有全球竞争力的世界一流企业。这是站在新的历史方位，以习近平同志为核心的党中央对国有企业改革发展作出的重大战略部署。强国必先强企。今天和大家交流的主题是“百年央企，迈向一流”。

讲课现场

一、百年招商的基本情况

招商局创立于1872年，是中国民族工商业的先驱。

许多领导、专家学者和企业家经常会问：招商局这样一个跨越三个世纪，历经晚清、民国、新中国三个时期，已有近150年历史的百年央企，为什么能薪火相传、基业长青？

成功的因素有许多，但我简单归纳了三个要素：

第一，招商局历史悠久，文化底蕴深厚，百年来始终坚持“诚信经营、稳健发展”。在外部环境好的时候，招商局不追求暴利快钱，不盲目扩张；在外部环境差的时候，招商局能提升企业核心竞争力，保持业绩相对稳定，做到“跑赢大市、好于同行”。

第二，招商局能够不断改革、持续创新。招商局始终传承“招商血脉、蛇口基因”，其核心的内涵就是改革创新，总是能在时代的转折点上选择正确的方向，跟上变革的步伐，通过改革解难题、创新促发展。

第三，招商局是总部设在中国香港的央企。作为央企，具有党的领导的政治优势和中国特色社会主义的体制优势；作为驻港企业，坚持“一国两制”，具有市场化机制优势。

当然，招商局能够老干新枝，最关键的就是得益于改革开放。改革开放，改变了招商局的命运。40年前，招商局创办了蛇口工业区，打响了中国改革开放第一炮。改革开放使百年老店重新焕发出勃勃生机，从沉寂香港一隅迈向创建世界一流企业，实现了新跨越。

2018年庆祝改革开放40周年，中央在深圳安排了一次会议，分别请广东省、深圳市和招商局介绍改革开放成果。过去 40 年，中国 GDP 年均增速为 9.5%，高于世界的 5.9%，更高于美国的 2.6%，创造了“中国速度”；广东省 GDP 年均增速为 12.6%，高于全国的 9.5%，创造了“广东现象”；深圳的年均增速为 23%，创造了“深圳奇迹”；招商局则由原来业务较为单一的港航企业，发展成为业务多元，多个产业具备中国领先、世界一流竞争力的综合央企，营业收入和利润总额的年均增速分别为 27%、25%。

二、改革创新发展的探索与实践

国企改革是社会主义市场化经济改革的重要内容，也是培育具有全球竞争力的世界一流企业的必然要求。国企是独立的市场主体，深化国企改革必须遵循市场化这个最基本的规律，与市场经济相融合。“国企”两个字中，“国”与“企”都不可或缺。“国”字讲特殊性，界定了其所有制形式；“企”字讲普遍性，只要是企业，不分所有制形式，都必须遵循市场规律，都必须不断地完善现代企业制度。

正如一流的大学必须有一流的学科支撑，一流的企业必须有一流的产业支撑。在这里，我想与大家分享几个招商局创建一流产业、提升全球竞争力的案例。

（一）坚守祖业、做强主业

招商局由港航起家，因海而生、与海相伴。一百多年来，我们坚守祖业不动摇，不断把它做强做优做大。

招商局创立之初“招天下商、通五洲航”，开辟了多条国际航线。1877年还并购了美国旗昌轮船公司，开创了中国企业国际并购的先河。但到1949年新中国成立时，招商局81%的船舶被国民党带到了台湾，只有香港招商局的少数船舶举行起义，回到祖国的怀抱。2019年是招商局香港海员起义70周年，中国人民银行发行的1953年版5分钱纸币，上面印着的一艘轮船叫“海辽”号，它是招商局起义的第一艘轮船。其后招商局一直致力于港航业的恢复。1980年，招商局组建香港明华船务有限公司，开启了专业化的船舶经营与管理。1990年，招商局收购了世界船王之一董浩云家族的9艘油轮，首次进入远洋大型油轮运输行业。

航运业受周期性影响较大。进入21世纪以来，运力过剩使不少国内外企业经营陷入困境。曾有国际著名咨询机构建议招商局放弃航

招商轮船所属30万吨超级油轮“凯征”轮

运业，但招商局没有这样做，我们把握住国家能源运输的市场机遇，保持稳健经营，并通过一系列创新举措，包括聚焦能源运输、推行大客户战略、实施油轮资产重组等，使航运业务焕发了青春和活力。招商轮船2006年成功上市，现已成为全球领先的能源运输船队，也成为保障中国能源运输安全的重要力量。

并不是所有的企业看到了战略机遇都能抓住做好。当时有一家上市公司长航油运，也看到了国家能源运输市场机遇，确立了“由江入海”战略，从长江运输向远洋油运转型，通过建造和租赁超大型油轮（VLCC），盲目做大规模，2005—2007年三年间，总运力增长了3倍左右。与此同时，长航油运债务急剧膨胀和资产负债率大幅飙升。结果2008年国际金融危机爆发，原油需求疲软，运力严重过剩，运价掉头向下，长航油运又恰好迎来交船高峰期，运价和成本的倒挂使得运力越高亏损越大。2012年5月，长航油运因连续三年亏损，被上海证券交易所暂停上市交易。当时银行在长航油运的债权加股权达到200多亿元，公司净资产为负20亿元，面临破产危险。2014年6月5日，长航油运正式从上交所摘牌退市。

产能过剩的时候，正是优势企业兼并重组和提高产业集中度的大好时机。招商局于2014年9月对长航油运的VLCC船队进行了资产重组，通过推进供给侧结构性改革，有效化解过剩产能。利益相关各方均在这次整合中受益，达到了多赢局面。长航油运摆脱了债务重组和破产的困境，将资源集中在成品油轮船队上，生产经营恢复正常，资产负债率大幅下降，于2019年1月8日正式恢复上市，更名为招商局南京油运股份有限公司，成为A股下市后首单重新恢复上市地位的公司。资产重组后，各家银行在长航油运的债权也得到有效保护。

过剩产能是相对的，关键是要使市场在资源配置中起决定性作用，使资源向具有核心竞争力的优势企业集中。VLCC 在长航油运造成亏损，但整合到招商轮船就变成了优质资产，招商局 VLCC 船队规模、盈利和实力一跃成为全球领先，不断向世界一流迈进。

由于油轮船队的成功重组，招商局与中国外运长航集团有限公司（以下简称“中外运长航”）进一步实施了全面战略重组。2015 年年底，经国务院批准，中外运长航整体并入招商局，双方的战略重组围绕“强强联合、优势互补、资源共享、合作共赢”16 字方针展开。为确保实现“1+1>2”的效果，招商局提出“战略融合一张图、管理融合一家人、业务融合一盘棋、文化融合一条心”的整合思路。经过三年的战略重组，以外运股份为平台的物流业务重组、以招商轮船为核心的航运业务重组、以打造新长航集团为特色的业务重组成效日益显现，核心产业的竞争力不断增强。

截至 2019 年 5 月，招商局物流业务，成为中国最大的综合物流运营商，全球货代业务收入排名世界前列；招商局航运业务已拥有世界一流的 VLCC 超级油轮船队、VLOC 超大型矿砂船队和 LNG 船队，总运力达 4500 万载重吨，排名世界第二。

港口与航运相生相伴。招商局目前在国内五大港口群均有布局，在海外也沿着“一带一路”完善港口网络。2018 年，集团港口业务实现权益货物吞吐量 8.13 亿吨，排名世界第一。

2018 年，集团又按照党中央和国务院振兴东北老工业基地的战略要求，以市场化方式整合辽宁港口集团，用 250 亿元现金承接 800 多亿元的债务，千亿进入辽宁，为振兴东北、打造东北亚国际航运中心贡献招商力量。辽宁港口集团2019年1月4日正式挂牌成立，2019年一季度生产经营取得“开门红”，货物吞吐量同比上涨13.1%，利润同比增加了4亿元，成功扭亏为盈。我们对辽宁港口集团全年实现扭亏为盈的目标充满信心。未来，招商局将以辽宁港口为平台，进一步推动辽宁经济实现高质量发展。

（二）先进制造、实业兴邦

习近平总书记指出，一个国家一定要有正确的战略选择，我国是个大国，必须发展实体经济，不断推进工业现代化，提高制造业水平。装备制造业是一个国家制造业的脊梁。招商局这些年一直致力于通过自主创新，推动装备制造业向智能化、高端化转型升级，不断打造“国之重器”。

2018年6月13日，习近平总书记冒雨来到招商局旗下中集来福士海洋工程有限公司烟台基地视察时，给予了充分肯定。习近平总书记指出，基础的、核心的东西是讨不来买不来的，要靠我们自力更生、自主创新来实现。希望你们迎难而上、再接再厉。国有企业特别是中央所属国有企业，一定要加强自主创新能力，研发和掌握更多的“国之重器”。

自1996年以来，招商局旗下的中集集团集装箱产销量保持世界第一。但我们没有满足，持续加大科技投入推动转型升级，经过多年努力，又在专用车辆、海洋工程、登机桥等业务领域拥有20多项世界冠军产品。所以说，企业只要掌握了一流技术，传统产业也可以变成朝阳产业。

招商局制造的全球最新一代超深水双钻塔半潜式钻井平台——

“蓝鲸 1 号”，最大作业水深 3658 米，最大钻井深度 15250 米，适用于全球深海作业，于 2017 年 5 月 18 日助力我国首次成功试采海域可燃冰，创造了产气时长和总量的世界纪录。

中央要求国有企业大力发展战略性新兴产业，加快传统产业优化升级。招商局积极响应中央号召，目前正在进军邮轮制造业务。邮轮一直被誉为“造船皇冠上最耀眼的明珠”。全球中大型邮轮建造被欧洲船厂长期垄断，意大利和德国的四大造船集团掌握的中大型邮轮建造的比例超过 95%。目前全球邮轮造船市场供不应求，四大造船集团的中大型邮轮年均生产能力仅 9 艘（约 140 万总吨），2025 年前的船位已全部售罄，手持订单最晚交船期已排到 2027 年。在亚洲，日韩船厂一直意图挑战欧洲霸主地位。日本三菱重工两度进入邮轮领域均遭受重大挫折；韩国的船厂虽有意进军邮轮建造市场，但也未能成功。

招商局集团建造的中国第一艘极地探险豪华邮轮 2019 年 7 月 16 日完成试航

突破邮轮本土制造，努力摘取造船皇冠上这颗“最耀眼的明珠”，这是我国几代造船人的梦想，也是实现交通强国、制造强国、海洋强国梦想的重要内容。招商局从 2013 年起就开始认真研究国内外邮轮产业发展形势，明确提出将“邮轮全产业链”作为集团的战略发展方向，其中邮轮制造是核心。招商局 2018 年在江苏南通开工建造的中国第一艘极地探险豪华邮轮，已完成试航，9 月交船，10 月底从阿根廷布宜诺斯艾利斯到南极首航。这是美国船东订造的，我们的建造质量让他们很放心，而且极地旅游市场需求旺盛。美国船东因此又追加了订单，从开始的“1+1+4”到现在的“7+3”。

（三）拥抱变化、争当王者

金融业也是招商局的祖业和主业。1897 年，招商局创办我国第一家现代银行——中国通商银行。改革开放以来，经过几十年的努力，招商局打造了一个特色鲜明的全功能、全牌照、可以为实体经济提供全生命周期的金融服务平台。

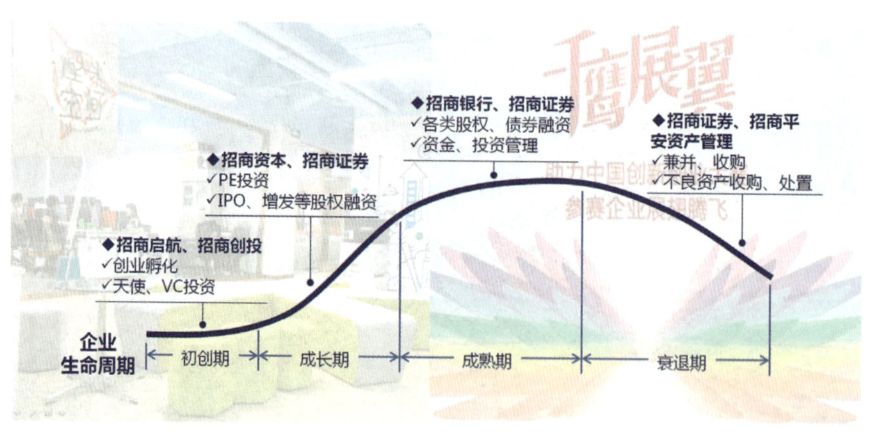

中国领先、特色鲜明的全功能、全牌照、全生命周期金融服务平台

招商银行是其中的优秀代表。招商银行是招商局于1987年发起创办的中国第一家完全由企业法人持股的股份制商业银行。招商银行的理念是“因您而变”，其核心就是“以客户为中心”。截至2018年年底，招商银行在中国上市银行中，资产规模排在第六位，市值和利润都排在第五位，零售最佳、估值最高。在国际上，招商银行按照一级资本排名，是全球第20大银行，市值排在全球银行业第十位，并荣获《亚洲银行家》杂志“亚太区最佳零售银行”，连续多年入围世界500强，成为业界标杆。

招商银行多年来围绕“争当王者”：一是坚持市场化机制。对于商业银行来说，首要的就是建立现代公司治理结构。招商银行始终坚持“董事会领导下的行长负责制”，规范现代化公司治理。

（1）把党的领导嵌入公司治理。2018年，招商银行党的关系移交至招商局，我们做好了程序融合、人才融合和治理融合“三个融合”。

（2）充分发挥董事会的重大决策作用。董事会不缺位也不越位。董事会主要管战略、管班子、管风险。

（3）董事会和管理层良性互动，董事会充分授权管理层开展银行的日常经营管理。管理层敬业、担当、不越权，对股东负责。董事会和管理层都接受监事会的监督。

同时，董事会不断强化市场化激励约束机制，坚持“职务能上能下、人员能进能出、收入能高能低”的“六能机制”以及“横向对标”的市场化考核方式，干得好就激励，干得不好就调整。

在前期全行业风险暴露、经营情况恶化与舆论压力不断加大的背景下，我们坚持招商银行高管薪酬和员工费用总额根据业绩横向对标表现确定。同时，2017 年还设置“跑赢大市、优于同业”专项激励，引导和鼓励招商银行用比同业更少的资本消耗，取得比同业更快的利润增长。

二是推动科技引领、创新驱动。招商银行最大的竞争对手不仅来自同业，更是来自异业，最大的风险是来自金融科技的颠覆。麦肯锡前首席执行官福斯特预言：“15 年后，75%的标普 500 成分股公司都会被一批今天还名不见经传的小企业取代。”只有“立足长远、把握当下，科技引领、拥抱变化”，紧紧抓住金融科技应用不断深化的重大机遇，以强大的科技创新能力为引领，构建招商银行高质量发展模式，才能成为一流银行。

2017 年，招商银行董事会决定，每年拿出上一年税前利润的 1% 设立“金融科技创新项目基金”，用于金融科技投入，并在薪酬考核计算时做了剔除；2018 年 3 月，为了持续激励招商银行科技创新，董事会进一步将“金融科技创新项目基金”额度提升为上年营业收入的 1% ；2019 年 3 月，为加快向“金融科技银行”转型，董事会在公司章程中增加“每年投入金融科技的整体预算额度原则上不低于上一年度营业收入的 3.5%，其中，‘招商银行金融科技创新项目基金’原则上不低于上一年营业收入的 1%”。

有了机制的保障，招商银行科技创新步伐不断加大，再次领跑银行变革，不仅在国内率先推出了闪电贷、刷脸取款、摩羯智投等业内领先的创新服务，同时率先实现全面无卡化，推动“银行卡时代”向“APP 时代”跃迁，不断迭代手机银行、掌上生活等 APP，服务效率与客户体验始终处于行业领先水平。这些创新产品，许多客户都是校园中的学生。

在金融科技的助力下，招商银行实现零售客群快速增长、“三亿”齐飞：截至2018年年末，招商银行储蓄客户突破1亿，零售客户达到1.25亿，“招商银行”与“掌上生活”两大APP累计用户达到1.48亿，月活跃用户（MAU）合计突破8100万。

三是筑牢风险防范底线。在风险暴露周期，招商银行董事会顶住规模被超越的压力，坚持“质量、效益、规模”动态均衡发展理念。

（1）强化全面风险管控前移。“将正常视作关注，将关注视作不良进行管理，对不良加大清收力度。”

（2）消除盲区短板死角。

（3）加大第三方审计力度。

董事会鼓励招商银行暴露风险，出清不良。实行“两个优于”的考核：盈利的增长要高于对标银行、加权风险资产的增长要低于对标银行。2017年招商银行率先实现不良余额、不良率“双降”。

（四）“一带一路”、命运与共

近年来，招商局以构建人类命运共同体为引领，紧紧抓住“一带一路”建设的历史机遇，既加大引进来的力度，又加快走出去的速度，进一步完善全球化布局，着力提升全球竞争力。

我们主要聚焦自身核心能力，在以下三个方面重点着力：

一是在“一路”上布局全球港口网络。招商局目前已经在全球六大洲20个国家和地区投资了56个港口，许多位于战略关键节点。从2016年至2018年，招商局海外港口资产占比从19%提升至31%，营业收入占比从15%提升至33%，利润占比从14%提升至23%。

招商局投资海外码头，坚持市场原则，实现双赢多赢共赢。以斯里兰卡科伦坡港和汉班托塔港为例。招商局在斯里兰卡投资的科伦坡集装箱码头，是斯里兰卡最大的海港，改变了斯里兰卡不能停靠大型集装箱船舶的历史，使得远洋集装箱班轮干线可直达科伦坡，不再需要到迪拜和新加坡中转，为印度次大陆地区海上集装箱运输节省时间 3 至 4 天，每个箱子运输成本可节省 100 多美元，极大地促进了南亚地区的对外贸易发展。这个码头不仅给当地带来了税收和就业，还为当地培养了合格的技术人才和管理人才。招商局仅派出十余名高级管理人员，其余员工都在当地聘用，并送到中国培训。同时，这一码头是科伦坡港唯一可接卸超大型船舶的码头，给招商局带来了良好的经济效益。码头投产第二年即实现盈利（一般码头绿地项目都是投产五六年或七八年才能实现盈利）。这几年箱量每年都实现两位数的快速增长，2018 年吞吐量已达年设计产能 240 万标箱，贡献净利润超 2 亿元。由于科伦坡港的良好效益，斯里兰卡政府对招商局非常信任，2017 年我们又收购了汉班托塔港。汉班托塔港是位于斯里兰卡南部更近印度洋主航道的一个具有战略意义的港口。现在，我们正在加强两个港口的协同协作，力争实现更好的效益。

二是在“一带”上拓展全球综合物流服务。随着中外运长航整体并入，招商局在“丝绸之路经济带”上的参与能力大大增强，全面推动了中欧物流大通道建设。班列实现常态化运行。招商局积极开通多条中欧班列，打通了中国经中亚五国、俄罗斯、白俄罗斯至欧洲各国的物流运输干线。2018 年，招商局中欧中亚班列累计开行 802 列，市场份额达到 14%；发运货物 7 万 TEU；实现常态化线路 18 条，包括津新欧、粤新欧、渝新欧等多条线路。完善物流全球网点布局。在

斯里兰卡科伦坡集装箱码头新貌

全球 38 个国家初步构建 81 家海外物流服务网点、100 多家海外代理的国际化经营格局。

中白工业园是招商局在“一带”上的重大项目，招商局于 2015 年入股中白工业园，参与项目的开发和建设，同时设立中白商贸物流公司，作为首批入园企业，开发 1 平方公里的中白商贸物流园。招商局集中力量推进中白工业园建设，已建成一期8.5平方公里的产业园。截至 2019 年 5 月，中白工业园已经有 43 家企业入驻，来自中国、俄罗斯、德国、以色列、美国和立陶宛等国的企业累计合同投资总额达到 11 亿美元。中白商贸物流园也已全面建成投入运营。

三是推广“前港—中区—后城”的蛇口模式。这是招商局创办蛇口工业区过程中探索出的新模式。今日蛇口已经从 40 年前一个偏僻荒芜的小渔村，发展成为人均 GDP 超过 6 万美元的现代化、国际化的滨海新城。40 年前是引进来，40 年后是走出去。招商局在认真总结梳理蛇口综合开发经验的基础上，主动提出在有条件的“一带一路”沿线国家复制蛇口模式。

吉布提是蛇口模式在非洲落地的第一个国家。招商局与吉方共同推进了“前港—中区—后城”的综合开发，已经取得实质性进展。前港：合资建设的吉布提新港 2017 年 5 月投产，成为东非最大、最现代化的港口。中区：吉布提国际自由贸易区 2.4 平方公里起步区已建成，埃塞、苏丹、索马里、卢旺达、吉布提等五国政府首脑和非盟主席参加了 2018 年 7 月举行的开园仪式，并高度赞赏该自贸区是东非的骄傲和增长的引擎。后城：老港区将改造为中央商务区（CBD），打造“东非蛇口”，可服务吉布提及周边国家和地区。在第二届“一带一路”国际合作高峰论坛期间，双方签署了关于吉布提老港改造项目合作框架协议，项目正式落地。

发展是解决一切问题的总钥匙。推进“一带一路”建设，应聚焦发展这个根本性问题，释放各国发展潜力，实现经济大融合、发展大联动、成果大共享。招商局在吉布提投资时，与其政府高层深入沟通，取得理念上的高度一致，为其建设新的港口，做大增量。同时在其自贸区项目上，专门把项目分为资产公司和运营公司两个项目公司，资产公司让吉方占大股，由吉布提人民更多地享受未来资产增值收益，而在运营公司中由中方占大股，从而承担更多的运营责任，更好地输出管理经验。在产业策划上，只引进吉方迫切需要的产业，共同把增量做大，避免与存量的竞争。

“一带一路”倡议源于中国，但机会和成果属于世界。招商局的“一带一路”项目给当地人民带来的是实实在在的获得感。吉布提总统盖莱曾感慨地说，西方人来了100多年，我们的国家还是这么穷，中国人才来了3年，就让我们的国家发生了这么大的变化，让我们看到了希望。

三、创建世界一流企业的体会

关于国企的地位作用、竞争力、活力、效率等问题，在学界历来有不同的理论和观点。改革开放40多年，招商局的实践充分证明，国企是可以搞好的，通过持续努力，我们完全有能力建设成为具有全球竞争力的世界一流企业。

像招商局这样的百年央企要实现可持续高质量发展，要创建世界一流企业，关键是要坚持做到并做好以下几点。

（一）坚持党的领导

招商局的国企特点和性质，决定了企业改革创新发展必须坚持党的领导，确保党委把方向、管大局、保落实。

党的领导优势就是企业的组织优势、人才优势和发展优势。党的工作做实了就是生产力，做强了就是竞争力，做细了就是凝聚力。招商局要建设的是“国际标准”与“中国特色”高度融合的世界一流企业。既要按照世界一流企业的国际通行标准，不断提高企业在全球的竞争力、影响力和带动力；又要按照党的十九大和全国国有企业党的建设工作会议要求，把党的领导这一国有企业的最大政治优势发挥好。

（二）坚持战略引领

战略的成功是企业根本的成功，战略的失败会导致企业彻底的失败。因此，企业发展必须深化战略研究、细化战略目标、优化战略举措、强化战略管控。

招商局集团的战略内涵包括以下几点。

战略目标：把招商局集团建设成为具有全球竞争力的世界一流企业。

战略原则：坚持“立足长远、把握当下，科技引领、拥抱变化”的战略原则。立足长远，就是要有“功成不必在我”的高远境界；把握当下，就是要有“立功就在当下”“立功必须有我”的责任担当。

战略理念：坚持“质量、效益、规模”均衡发展。从原来追求“规模、速度”转向“质量第一、效益优先、规模适度”，以提高供给体系质量为主攻方向，以供给侧结构性改革推动企业实现高质量发展。

战略路径：切实提升能力、提质增效，大力实施创新与人才“双轮驱动”，并管控好风险。

（三）坚持市场化原则

习近平总书记指出，要深化国有企业改革，完善企业治理模式和经营机制，真正确立企业市场主体地位，增强企业内在活力、市场竞争力、发展引领力。

招商局重点要做到以下五个市场化：一是市场化的法人治理结构；二是市场化的选人用人机制；三是市场化的资源配置模式；四是市场化的创新转型方式；五是市场化的国际网络布局。

（四）坚持科技引领、创新驱动

抓创新就是抓发展，谋创新就是谋未来。世界上没有一个商业模式是长存的，也没有一种竞争力是永恒的。只有科技引领、创新驱动，保持科技领先优势，企业才能实现可持续高质量发展。

在科技引领、创新驱动上，重点要解决好两个问题。

一是解决好思想观念问题。必须树立“资源有限、创新无限”的观念。创新不是可有可无的，不是一种选择，而是“我们的命运”。

二是解决好方式方法问题。重点推进“三大创新”。

坚持基础创新。也就是以基础技术研究催生领先的科技创新，不断引领企业向前。基础创新能力越来越成为企业的核心竞争力。没有技术的领先，就没有企业的领先，即使一时领先也不可能持续领先。

推动跨界融合创新。也就是结合产业发展，把现有的领先科技场景化、商业化、普及化，占领先机。招商局跨界融合创新的核心是“产业＋互联网”“产业＋科技”。互联网时代的上半场是消费互联网，现在进入下半场——产业互联网。招商局的重点是要拥抱数字科技的浪潮，加快企业数字化转型，利用数字科技突破传统产业的瓶颈，激发传统产业新活力。

鼓励全员创新。也就是广大员工在一线为解决客户的痛点而实施的创新。通过持续不断的创新，为客户提供更优产品、更好服务、更多选择，不断提升客户体验，创造更大的价值。

（五）坚持企业家精神和工匠精神

人才是发展的第一资源。创新关键要有人才、要靠人才。一流的企业，既需要一流的企业家，也需要一大批一流的工匠。

企业家精神的核心，首先要有激情，渴求成功、不怕困难、自我激励；其次要有能力，能突破传统框框想问题、干事业；最后要有格局，谋得大、看得远、思得深。

工匠精神的核心是精益求精、持之以恒，围绕客户需求痛点、难点、技术难关持续进攻，一点一滴地改进，长年累月地坚持，直至取得重大突破。

作为央企、国企，我们既要有精英人才，又要有高素质的员工队伍。企业要构建完善的“选、用、育、留、退”人才管理体系，坚持人才结构优先调整、人才资源优先开发、人才资金优先保障、人才机制优先创新，努力做到人人能成才、个个是人才。我们强调，只有企业领导增加危机感，广大员工才能增加安全感。

（六）坚持风险管控

当前，全球政治经济社会矛盾交织，风险事件高发多发频发，不确定性明显增多。中央明确把“防范化解重大风险”作为“三大攻坚战”之首。在这种形势下：一是风险管控比赚钱更重要。二是风险防范比化解更重要。在风险管理学上有一句名言：“强烈的风险意识本身可以使风险得以化解。”企业风险管控有三种情况：最差的情况是风险失控，事发前看不到风险、事发后也无应对之策，直至“千里之堤，毁于蚁穴”；第二种情况最为常见，是事发前心存侥幸，有准备但不充分，事发后能够积极处理危机，“亡羊补牢”，最终通过丢车保帅、断胳膊断腿地付出较大代价化解风险；最高境界则是防患于未然，使风险得以事前化解，或即使发生不可控的风险事件，也因有充分的准备而最大限度减少损失。三是既要补短板，又要固底板。风险管理既要补短板，消除盲区盲点死角，杜绝风险事件的发生；又要固底板，做好基层和基础性风险管理工作，基础不牢、地动山摇。

一代人有一代人的使命，一代人有一代人的责任。青年人拥有无限的活力和远大的前程，同时也肩负着实现中国梦的伟大使命。习近平总书记说，“青春是用来奋斗的”。我们坚信同学们将会牢记使命，不负芳华，不负时代。

同学们说

李建红董事长回顾了百年招商的辉煌历史。招商局百余年来始终将自身发展融入中华民族伟大复兴的历程之中，正在向着具有全球竞争力的世界一流企业稳步迈进。招商局的发展历史启示我们当代大学生“不忘初心、牢记使命”，做中华民族伟大复兴的接力者！招商局的成就感召着我们在场每一位同学，学习招商精神，在新时代建功立业！

——许瑞杰　经济与管理学院本科生

参加了国企公开课后，我认识到很多国企以持续的技术创新和管理创新，为国家经济社会发展、科技进步等作出了历史性贡献。我也意识到当代青年应担当时代责任，练就过硬本领，为祖国建功立业，成就精彩人生！

——简龙雨　经济与管理学院本科生

现场聆听了李建红董事长所作的“百年央企，迈向一流——招商局集团改革创新发展的探索与实践”主题报告后，我深切体会到了国企在国家经济发展中不可忽视的重要作用。同时我作为支部书记，对如何更好地学习借鉴国企党建的先进经验有了新的思考。

——胡楷昀　哲学学院本科生

33. 让汽车驱动伟大复兴的百年梦想

东风汽车集团有限公司  华中科技大学

竺延风

2019年6月27日，东风汽车集团有限公司党委书记、董事长竺延风在华中科技大学讲课

★中国汽车工业有今天的成就，是中国特色社会主义制度优越性的体现，是在改革开放伟大历史进程中取得的。

☆汽车是改变世界的机器，同时改变了人们的生活观和价值观。随着人类不断扩大自身视野和路径的需求，集成了大量的科技成果，它是一个与时俱进的平台。

★汽车是现代先进生产力的代表，大规模的汽车生产带动了信息化的现代生产方式。汽车还是人文和人性交织在一起的艺术品，是奔驰着的艺术殿堂。

☆汽车不是单纯的钢铁、塑料，它是建造幸福的工具，在一定程度上改变了生命的意义。

★干汽车工业，不能心浮气躁，要平心静气，耐得住寂寞，无怨无悔地坚持。

☆要有开放的格局和胸怀，站在山巅看世界，在开放中自主发展。

★在实现中华民族伟大复兴中国梦的征程中，东风牢记让汽车驱动梦想，建设汽车强国的历史使命。

☆东风公司努力建设具有全球竞争力的世界一流企业，满足人民群众美好汽车生活需要，努力成为中国特色社会主义的重要物质基础和政治基础，成为我们党执政兴国的重要支柱和依靠力量。

很高兴来到喻家山，也特别珍惜这次来华中科技大学和各位老师同学进行交流的机会。今天，我和大家交流的主题是“让汽车驱动伟大复兴的百年梦想”。

党的十八大以来，以习近平同志为核心的党中央高度重视制造业、汽车工业的发展。习近平总书记指出，必须始终高度重视发展壮大实体经济，抓实体经济一定要抓好制造业。2014 年 5 月，习近平

讲课现场

总书记作出重要指示，汽车行业是市场很大、技术含量和管理精细化程度很高的行业，发展新能源汽车是我国从汽车大国迈向汽车强国的必由之路，要加大研发力度，认真研究市场，用好用活政策，开发适应各种需求的产品，使之成为一个强劲的增长点。

一、汽车是什么

严格说起来，汽车的发展历史远不止 130 多年。在 1675 年，英国人詹姆斯·瓦特成功改良出世界上第一台蒸汽发动机，拉开了人类工业革命的序幕。1769 年出现了世界上第一辆蒸汽机驱动的三轮车。1885 年德国工程师卡尔·奔驰制成一辆装有 0.85 马力汽油机的三轮车，被认为是世界上真正的第一辆现代汽车。

（一）汽车是改变世界的机器

汽车自诞生以来，极大地改变了人类的生产生活方式，推动着人类现代文明社会的建设，在改变世界的同时，也改变着身处其中的我们，为人类带来无限的激情与梦想。汽车诞生以来，全球累计生产超过 29 亿辆汽车。目前，全球汽车保有量超过 10 亿辆，千人保有量超过 180 辆。其中，发达国家的千人汽车保有量大致在 500—600 辆，美国、日本、德国分别约为 800 辆、600 辆和 590 辆。

汽车是现代先进生产力的代表。大规模的汽车生产带动了信息化的现代生产方式。从流水线、大规模定制到准时制生产方式，汽车与现代生产方式息息相关。1913 年，福特公司在底特律建成了世界上

第一条汽车装配流水线，T 型车成为大批量生产的开端，汽车装配时间从 12.5 小时缩短到 1.5 小时。从 1908 年到 1927 年，T 型车共生产了 1500 多万辆。第二次世界大战后，日本诞生了丰田生产方式，后来被称为精益生产。当前，以数字化、网络化为主要特征的智能制造在汽车工业中广泛应用。汽车产品技术、消费模式及产业业态的深刻变革，推动生产力进一步向前发展。

汽车也是人文和人性交织在一起的艺术品，是奔驰着的艺术殿堂。从人文角度看，汽车承载的东西已经超级丰富。汽车里几乎什么都有，沙发、空调、音响、冰箱等，汽车变成了移动之居。汽车有充满艺术性的造型，它的前脸、后脸、侧面；它的冷感、热感、温感；以及它的伶俐、运动、柔美，都表现得淋漓尽致。汽车已经把手机和生活有机地融合到一起，成为人们不可或缺的亲密伙伴。汽车越来越人性化，从车身造型到驾驶室的设计、从减震减噪到动力增压、从智能制造到自动驾驶等，无不体现出以人为本。同时也越来越美观时尚，古人讲“宝马雕车香满路”，在当今的汽车身上都有了最新诠释。

（二）汽车是国民经济支柱产业，“工业中的工业”

国际汽车制造商协会（OICA）分析认为，“如果汽车制造业是一个国家，那它将是第六大经济体”。

汽车是世界大国崛起的重要基础。美国是第一个在汽车产业拉动下崛起的大国，号称“轮子上的国度”。福特流水线生产发明后，极大促进了美国汽车产业的发展。到 1929 年，汽车成为美国国民经济第一大产业，极大带动了上下游产业的发展。直到今天，汽车产业仍然是美国最大的制造工业之一。日本也是在汽车产业作为支柱产业的带动下，经济上迅速崛起为经济强国。在德国，当前汽车工业仍然是支柱产业之一，是德国制造的重要标志。

汽车产业规模大、产业链长、关联度高、就业面广、消费拉动大。据研究，汽车产业每增加 1 个就业岗位，就会带动相关产业增加 7—10 个就业岗位。世界主要汽车产销国汽车业直接和间接就业人数超过 1 亿人。从汽车工业链来看，涉及诸多行业，往往带动上游钢铁、石化、橡胶、玻璃、电子和下游金融、保险、维修、旅游、租赁、旅馆等 100 多个产业的发展，汽车工业对国民经济的综合贡献度在 5%以上。汽车制造业每增值 1 元，就可带动上下游关联产业增值 2.64 元。随着汽车工业规模与产品技术的不断发展，汽车工业链条不断完善，汽车工业对上下游关联产业的拉动效应更为显著。比如，钢铁是汽车工业的基本结构材料，其用量占汽车自重的 60%—80%。汽车行业消耗了我国钢材产量的 6%，钢铁占汽车消费的各种原材料重量的 70%以上，是汽车行业最大的供应商。

（三）建设世界科技强国离不开汽车

汽车是科技创新的载体和平台。随着人类不断扩大自身视野和路径的需求，汽车集成了大量的科技成果，它是一个与时俱进的平台。汽车集中了许多科学领域的新材料、新设备、新工艺和新技术，承载了最先进的设计技术、材料技术、信息技术、能源技术等。从汽车改变人类生产生活的重大科技来看，1881 年出现电动车，1883 年出现柴油发动机，1925 年出现汽车空调，1940 年出现自动变速箱，1978 年出现 ABS，1996 年出现 ESP，2012 年出现自动驾驶，等等。汽车很早就是一个网络，20 年前就有发动机控制系统（ECU）、变速箱控

■ **汽车始终是科技创新的载体和平台**

- 汽车作为一个平台，集中了许多领域的新材料、新设备、新工艺和新技术
- 汽车作为人类的朝阳产业，从工业1.0到工业4.0，始终承载了时代最先进的设计技术、材料技术、信息技术、能源技术等

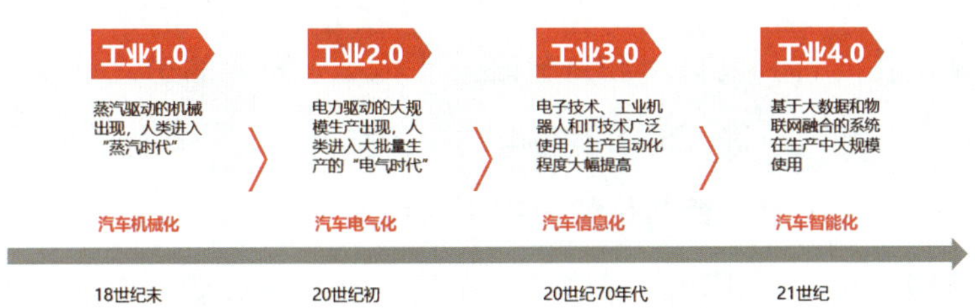

不同时期的技术创新在汽车上的应用

制系统（TCU）、整车控制系统（VCU），现在这些系统更加融合在一起。工业 4.0 通过充分利用信息通信技术和网络空间虚拟系统——信息物理系统相结合的手段，推动制造业向智能化转型。汽车工业是最重要的参与者、推动者和贡献者之一。

汽车既充分吸收其他工业的前沿技术，同时也把先进的技术和管理外溢到相关产业。最典型的就是航空技术与汽车技术的互相学习促进。涡轮增压技术最早出现在飞机上，20 世纪 70 年代被广泛应用到民用汽车领域，大获成功。ABS 防抱死制动系统、自动刹车系统、儿童安全座椅等技术，最初也是用到航天技术上的。另外，汽车先进的技术和管理方式也被航天等其他工业广泛采用，比如航空发射设备的线束，就采用了汽车工业的布线技术。

面向未来，汽车“五化”发展趋势方兴未艾。以轻量化、电动化、智能化、网联化和共享化为特征的新一轮汽车科技革命，正在改变汽车的生产方式、销售方式和使用方式。在轻量化上，碳纤维材料等正在被广泛使用。飞机设计是一克一克地在减重量，汽车也在追求一克

一克地减重量，而且是一分钱一分钱地减。因为汽车集成了所有科技产品，要人人能买得起。在电动化上，燃油发动机的效率现在只有百分之四十几，随着现代材料技术和新的电子技术的发展，燃油发动机的效率正在向百分之五十和百分之五十以上，甚至百分之六十发展。传统技术不断地改进，再加上与电动化的结合，会使现行的大量先行技术尽快转化为整个社会化的应用，从而实现节能。在智能化上，在未来智能汽车上，用户通过语音、手势、肢体等突破性的交互方式，就可以驾驶汽车。除此之外，未来的智能汽车还具有情绪表达特征，在与用户的交互过程中，不仅能为用户提供交通服务，而且还能根据语义学习、大数据和云计算等方式“主动”为用户提供更多呵护与关心。在网联化上，汽车不断迭代，过去汽车是在静态迭代，三年一个新产品，网联化以后，迭代变成连续化，使过去阶段性的产品变成了连续性的产品。在共享化上，在未来的生活中，通过汽车平台集成，会给大家带来更多美好的出行方式。

（四）新时代美好生活离不开汽车

汽车改变自然形态，也改变了人们的生活观和价值观。汽车还带来社会的平衡和平等。如果说高速公路是一个国家的血管，那么汽车就是血液。20 世纪 90 年代我到国外去，从英国坐飞机经过伦敦，从空中往下一看，看得很清楚，高速公路上奔跑的汽车尾灯亮起来，感到血液在血管里流动，是一个充满生机的社会肌体。后来再飞到一个发展中国家城市的上空，看到的反差很大。汽车不仅是运输工具，也是一种社会平衡剂，把各方面都平衡了。

汽车不是单纯的钢铁、塑料，它是建造幸福的工具，在一定程度上改变了生命的意义。汽车从一个遥不可及的贵重商品，变成一个人人都能享受的商品。中国有句古话叫安居乐业，现代社会就是“动居乐业”，没有一个人能离开汽车。汽车作为生产、生活工具，能够改变生活方式，扩大生活空间，提高生活质量。安居乐业是农耕社会所向往和追求的生活状态，现代社会里，人们追求的是“动居乐业”，而汽车是能够最快实现动居乐业的工具。汽车是移动之家，家庭中有的生活物品，汽车里面几乎应有尽有、一应俱全。特别是房车的兴起，集“衣食住行”于一体，帮助人们实现“生活中旅行，旅行中生活”。汽车始终载着这样一个动居乐业的平台，给人们源源不断地带来丰富的物质和精神幸福。

二、中国汽车工业发展与伟大复兴中国梦

实现中华民族伟大复兴是近代以来中华民族最伟大的梦想。汽车工业承载着伟大复兴中国梦，见证了每一代人艰苦奋斗的历程，见证了中华民族走向伟大复兴的历史。中国汽车工业有今天的成就，是中国特色社会主义制度优越性的体现，是在改革开放的伟大历史进程中取得的。

新中国汽车工业已走过了66年的奋斗历程。1953年7月，第一汽车制造厂在长春奠基。1956年7月，第一批汽车试制成功，结束了中国不能生产汽车的历史。二汽是我国第一个自主设计和建造的大型汽车厂。1969年9月，二汽开始大规模建设，并实现快速发展。改革开放以来，中国汽车工业是最大的受益者之一，也是最重要的贡

献者之一。“七五”计划国家第一次提出把汽车工业作为国民经济的支柱产业；“十五”计划第一次明确提出鼓励轿车进入家庭。在此时期，大众、丰田、通用、福特、日产、本田等世界主要汽车跨国企业，都在华展开合资合作。在和跨国公司合作竞争中，中国汽车企业体系能力显著增强。进入21世纪以来，中国汽车工业快速发展。2009年销量突破1000万辆，从此连续10年产销量居全球第一。

党的十八大以来，在习近平新时代中国特色社会主义思想的指引下，中国汽车工业矢志自主创新，着力掌控关键核心技术，坚定推动新能源汽车发展，不断满足人民群众美好生活需要，在高质量发展的道路上行稳致远。

（一）支柱作用更加凸显，中国正从汽车大国迈向汽车强国

2012年以来，我国汽车产业规模不断发展壮大，在国民经济中的地位和作用持续增强，对推动经济增长、促进社会就业、改善民生福祉作出了突出贡献。2012年，我国汽车销量为1930万辆；2018年，我国汽车销量突破2800万辆，占到全球汽车销量的32%。中国汽车市场贡献了全球汽车市场80%以上的增量。2018年，我国汽车工业增加值在全国GDP中占比1.59%，综合贡献度超过5%。汽车商品零售总额占全社会商品零售总额的10.2%。汽车直接相关人员约占全国城镇就业人数的12%。汽车企业及与汽车相关税收约占全国税收总额的12%。2018年，有7家中国车企上榜世界500强，并有两家成功跻身百强行列。2017年《汽车产业中长期发展规划》明确提出，推动汽车产业发展由规模速度型向质量效益型转变，实现由汽车大国向汽车强国转变，力争经过十年持续努力，迈入世界汽车强国行列。

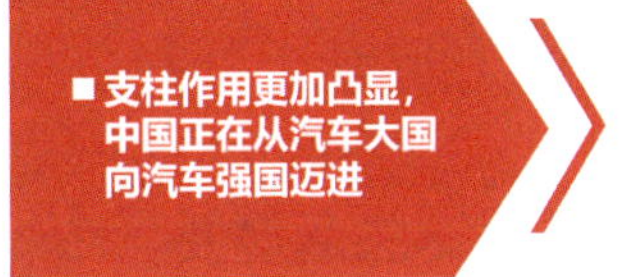

- 汽车销量突破2800万辆。产销量世界第一，占世界四分之一
- 汽车工业增加值占全国GDP比重1.59%，综合贡献度超过5%
- 汽车商品零售总额占全社会消费品零售总额的10.2%
- 汽车直接相关人员约占全国城镇就业人数的12%
- 汽车企业及与汽车相关的税收约占全国税收的12%
- 有7家中国车企上榜《财富》500强，并有两家跻身百强行列

汽车在国民经济中的支柱作用

（二）自主品牌发展壮大，新能源汽车规模世界第一

中国品牌乘用车2018年市场份额为42.1%。在SUV细分市场，中国品牌乘用车持续保持强势，占市场份额60%左右。与此同时，中国品牌与国际品牌质量差距日益缩小。一批中国自主品牌迅速成长，品质不断提高，受到市场青睐，在汽车产业中的角色越发重要。

2012年，我国新能源汽车推广应用总量为1.7万辆，2018年，新能源汽车销量完成125.6万辆，增速迅猛。其中，纯电动汽车销量完成98.4万辆。我国新能源汽车销量连续位居世界第一，在全球市场的保有量占比超过一半。

在整车技术方面，我国电动乘用车技术显著提升，与跨国车企的差距不断缩小，部分产品性能指标已与国外先进技术不相上下；插电式混合动力乘用车技术也取得明显进步，部分产品性能指标处于国际领先水平。在新能源零部件技术水平和实力方面，各类动力电池单体的能量密度均大幅提升，与国际水平基本同步；逐步掌握了燃料电池的关键材料、部件及电堆的关键技术，基本建立了具有自主知识产权的车用燃料电池技术平台，紧跟世界第一梯队。

（三）拉动消费升级，满足人民高品质汽车生活需要

汽车快速进入家庭，成为大众消费品。2018 年我国千人保有量 170 辆左右，已进入了成熟汽车社会。汽车成为“必需品”，消费者品牌意识增强，对品牌、对功能、对设计等要求越来越高。同时，对汽车经销企业的服务、维修与保养等也提出了新的要求。汽车消费还被注入许多文化内涵，企业与消费者之间的文化互动不断加深。

汽车在推动消费升级的同时，也在促进着经济的高质量发展。特别是对供给侧来说，如果不能适应消费者对汽车功能、外观、体验等方面的需求，尤其不能给消费者带来舒适的享受，就很难在汽车市场站稳脚跟。对生产厂家来说，也在按照市场需求，按照消费者的消费习惯，及时作出调整与优化，不断加大创新力度，推出更多适合消费者需求的新产品、新功能、新设计、新外观。

（四）汽车“五化”融合发展，驱动产业深刻变革

汽车正从交通工具转变为大型移动智能终端、储能单元和数字空间，乘员、车辆、货物、运营平台与基础设施等实现智能互联和数据共享。汽车生产方式向充分互联协作的智能制造体系演进，产业上下游关系更加紧密，生产资源实现全球高效配置，研发制造效率大幅提升，个性化定制生产模式将成为趋势。比如智能网联汽车，利用车载电子传感装置，通过移动通信技术、汽车导航系统、智能终端设备与信息网络平台，使车与路、车与车、车与人、车与城市之间实时联网，实现信息互联互通，从而对车、人、物、路、位置等进行有效的

智能监控、调度、管理。比如出行服务，越来越多的乘客获得了独特的出行体验，如“高效”模式可以在途中工作，“休憩”模式可供休息甚至补觉，“娱乐”模式提供参加集体活动或者城市观光。再比如5G通信正在快速发展，5G具备高速传输、高容量与低延迟的特性，可真正实现汽车与万物互联互通。基于5G的自动驾驶，在东风公司即将开展示范运行。

在“五化”融合趋势下，汽车与互联网等不断跨界融合，实现共享化发展。东风和互联网先进企业建立了战略合作关系，在电动化、智能化、车联网、大数据等领域，为用户提供卓越的汽车产品和出行服务。我们联合开发的无人驾驶汽车，Sharing-VAN移动出行服务平台已经面世。

作为汽车人，在推动中国汽车工业从大到强的征程中，我们对中国汽车工业的发展有几点认识：一是在自主创新上要脚踏实地，不坐电梯爬楼梯，一步一个脚印朝前走。干汽车工业，不能心浮气躁，要平心静气，耐得住寂寞，无怨无悔地坚持。汽车是一个四脚落地的产品，它需要踏踏实实，不断积累，化茧成蝶。在这个过程中，要做好知识积累、知识管理、知识输出、知识共享，防止“一个石头绊倒几代人”。二是要有开放的格局和胸怀，站在山巅看世界，在开放中自主发展。坚持开放发展，不能故步自封，闭门造车。要有海纳百川的胸怀，大胆吸收人类汽车文明的先进成果为我所用。干汽车工业必须心态开放，眼界开阔，胸怀和格局要宽广。三是要在不断前进中逐步走向理想状态。要以理性平和的心态看待环境污染、交通拥堵等问题，推动汽车向轻量化、电动化、智能化、网联化和共享化的方向发展，推动汽车工业在发展中解决问题。四是要发扬发愤图强、苦干实干的精神。纵观中国汽车工业 60 多年历程，离不开一代代建设者的拼搏奉献，无悔付出。二汽创业之初，条件极为艰苦。没有厂房，工人们就用干打垒的方法建造厂房；没有电灯，建设者们挂上马灯，在芦席棚里开发制造汽车。在艰苦的岁月里，形成了东风人的“干打垒精神”“马灯精神”“芦席棚精神”，激励着我们为汽车工业发展而不懈奋斗的初心。这种艰苦创业的精神我们要一代代接力传承下去。

三、东风公司加快建设世界一流企业

东风公司前身是始建于 1969 年、我国第一个完全自主设计和建设的第二汽车制造厂，是中央直管的行业骨干企业。主要业务涵盖全系列商用车、乘用车和军车、新能源汽车、汽车零部件、汽车装备、出行服务及水平事业等。主要整车品牌有东风品牌、东风日产、东风本田、东风悦达起亚、东风标致、东风雪铁龙、东风英菲尼迪等。

作为中央企业，在实现中华民族伟大复兴中国梦的征程中，东风公司在以习近平同志为核心的党中央的坚强领导下，牢记让汽车驱动梦想，建设汽车强国的历史使命，主动承担经济责任、政治责任和社会责任，努力建设具有全球竞争力的世界一流企业，满足人民群众美好汽车生活需要，努力成为中国特色社会主义的重要物质基础和政治基础，成为我们党执政兴国的重要支柱和依靠力量。

积极履行经济责任，促进经济社会发展。公司建设 50 年来，产品从军车起家发展成为乘商并举、业务最齐全的汽车集团；事业从十堰起步，逐步遍及武汉、襄阳、广州、柳州等 20 多个城市，海外市

东风公司始建于1969年　2019年是东风建设50周年

14.5	6052	383	2	65
从业人员（万人）	2018年销售收入（亿元）	2018年销量（万辆）	中国汽车行业排名（位）	世界500强排名（位）

东风公司基本情况

场遍及全球 80 多个国家；累计产销汽车超过 4500 多万辆，产销自主品牌汽车超过 1860 万辆。2018 年，公司产销汽车 383 万辆，位居中国汽车行业第 2 位、中国制造业 500 强第 3 位、《财富》世界 500 强第 65 位。

积极履行政治责任，努力成为“六种力量”。东风致力于成为中国军车第一品牌，已累计向国防建设贡献军车 30 多万辆。在香港、澳门回归等重大历史事件中，都能看到东风军车身影。先后圆满完成五次阅兵车辆保障任务，参阅车辆占到三分之一。自主研发的高机动性越野车“东风猛士”，荣获国家科技进步一等奖。同时，东风还担当着 5 省 9 市县精准扶贫重大政治任务。

积极履行社会责任，塑造新国企新形象。大力支持抗震救灾，向灾区提供车辆和资金支持。连续举办三届“东风梦想车”中国青年汽车创意设计大赛，吸引了高校学子广泛参与。同时通过大赛发掘人才，吸纳人才，第二届就有 7 名参赛人员加入东风。目前第三届正在进行之中。

面向未来，为落实党的十九大提出的“培育具有全球竞争力的世界一流企业”的要求，东风确定了“加快建设卓越东风，开启世界一流企业发展新征程”的新阶段使命，围绕卓越企业建设提出了“三个领先、一个率先”的战略目标，谋划了建成世界一流企业的路线图。这一路线图就是：到 2020 年奠定建设卓越东风的基础；到 2023 年实现“三个领先、一个率先”奋斗目标，成为卓越东风；到 2025 年夯实全球竞争力基础；到 2035 年成为世界一流企业。

“三个领先、一个率先”，具体就是：

——经营质量行业领先。经营保持高质量，增速跑赢大市，销量跨越 600 万辆，向更高目标挑战。坚定贯彻新发展理念，坚持质量第一、效益优先，推动高质量发展。

——自主事业行业领先。核心能力大幅提升，商用车形成领先新优势，乘用车规模效益达到领先水平，军车巩固拓展领先优势。加强“五化”技术攻关和应用。打造商用车领先新优势，东风中重卡树立行业标杆；增强自主乘用车核心能力，自主乘用车智能化体验行业领先。

——新兴业务行业领先。新能源汽车研发及资源掌控能力、产业化规模居于行业领先位置，智能网联汽车、出行服务及水平事业形成领先优势。抢占新业务发展的制高点。新能源汽车形成乘商并举，电动、混动、氢动并进的事业格局。无人驾驶乘用车和商用车分别达到 L3 级和 L4 级。人工智能车机交互系统 WindLink 智能化行业领先。出行服务加快布局，打造一站式、综合出行服务平台。

——“一个率先”就是东风员工高质量跨越小康，率先享有新时代美好生活。员工收入达到所在地较高水平，物质生活更加殷实，精神文化生活更加富足，全体员工才尽其用、各得其所，使东风成为员工引以为豪的企业。我们还明确了“一个率先”的八个要素：第一是法律、纪律、制度框架下的自由；第二是尊严；第三是享受自由与尊严的财富；第四是一个比较喜欢的专业工作与环境；第五是与职业生涯成长相伴随的教育培训体系；第六是健康和健康的保障体系；第七是促进家庭和睦；第八是心悦。

发展汽车工业，建设汽车强国，是百年来一代又一代中国人的梦想。习近平总书记说，“今天，我们比历史上任何时期都更接近、更有信心和能力实现中华民族伟大复兴的目标”。一代人有一代人的使命，一代人有一代人的精彩。青年是整个社会力量中最积极、最有生气的力量。实现汽车强国梦的重任也在青年肩上。衷心希望广大青年学子热爱汽车行业、热爱汽车职业，真诚欢迎广大学子了解东风、加入东风，乘东风共成长。东风将为莘莘学子学习提供广阔的、最佳的学习成长平台，助力大家建功立业，开心工作、快乐生活，实现人生价值。

同学们说

十分感谢为我们创造如此宝贵的机会，让我们能够切身了解国情、党情、社情、企情。竺延风董事长的专题报告，让我第一次深入了解到汽车行业对实现中华民族伟大复兴的巨大驱动作用。汽车是一种交通工具，却承载着改变生产方式、健全工业体系、拉动经济长期发展的重要作用。东风50年发展的历程，也正是新中国成立以来中国人民艰苦奋斗、砥砺前行的一个缩影。作为一名华科学子，我感到身上承担的重任，这是一种奋发图强、自强不息的动力。我将努力学习，努力在专业领域作出成绩，为实现中华民族伟大复兴作出自己的贡献。

——范海蛟　人文学院本科生

聆听了竺延风董事长的国企公开课，我了解到国企履行经济责任、政治责任、社会责任的决心以及为人民服务的初心。国企所取得的成就，是中国特色社会主义制度优越性的体现。作为一名当代大学生，我要拥有踏踏实实的风格，注重知识积累、知识管理、知识输出和知识共享，在实践中重视知识的宽度和学习的深度，努力做到既博学又专业，积极投身于新时代国有企业改革发展。

——郝潇洒　电气与电子工程学院本科生

34. 峥嵘岁月变革图强 砥砺奋进迈向一流

——在中国地质大学（武汉）的国企公开课

中国黄金集团有限公司  中国地质大学

宋　鑫

2019 年 5 月 21 日，中国黄金集团有限公司党委书记、董事长宋鑫在中国地质大学（武汉）讲课

★作为我国黄金行业中唯一的中央企业，中国黄金更应该走进高校，走近同学，把我们改革发展的成果、建设中国特色现代国有企业制度的故事带进课堂，让大家与国有企业的联系更加紧密，更好地让大家通过我们的故事认识国有企业，更进一步了解我们党领导国有企业为推动我国的高质量发展取得的辉煌成就。

☆在新中国成立初期，外汇急缺、百业凋零的情况下，黄金这个“硬通货”就起到作用了。能够换取外汇，购买大量农业领域、工业领域的技术和设备，为老百姓的衣食住行提供基础。改革开放以来，中国黄金率先参与到党在新的时代条件下带领人民进行的新的伟大革命，主动将增储创汇的重任扛在了肩上。

★我们紧密围绕“创造最具价值并受人尊敬的世界一流黄金产业集团”的愿景目标和“开发金山银山，保护绿水青山，践行新发展理念，推动高质量发展”的发展原则，弘扬“精诚所至，金石为开”的精神，实现了黄金资源储量、精炼金产量、黄金投资产品市场占有率、黄金选冶技术水平、上海黄金交易所综合类会员实物黄金交易量五项指标国内行业第一。

☆在与祖国和人民同频共振的历史洪流中，成就已载入史册，我们将不忘初心，继续前进。新时代的中国黄金，有发展的收获，有创造的艰辛，但矢志不渝的是——坚定跟党走的决心和信心。

今年是新中国成立70周年。70年来，中国人民在中国共产党领导下，以百折不挠、砥砺前行的奋斗精神，进行社会主义革命、建设、改革的伟大实践，实现了从站起来到富起来的伟大转变。

非常高兴今天能够在这个讲台上，与大家共同交流。结合新中国成立以来中国黄金集团有限公司的成长、发展、改革、壮大的故事，结合我自己36年的工作实践，与大家共同分享国企这些年来的改革巨变与光辉历程。

下面我就三个方面和大家分享。

讲课现场

一、关于国企公开课和国有企业

2019 年 4 月，由国资委党委和教育部联合组织开展的“领导干部上讲台”——国企公开课 100 讲、国企骨干担任校外辅导员活动在 50 家中央企业和 50 所高校开展了。为什么两个部委、50 家中央企业和 50 所高校要共同开展这项活动呢？我认为，可以从两个方面来看：

一是创建世界一流大学、世界一流企业的需要。习近平总书记在党的十九大报告中指出，要加快一流大学和一流学科建设，实现高等教育内涵式发展；同时，习近平总书记在党的十九大报告中指出，要深化国有企业改革，发展混合所有制经济，培育具有全球竞争力的世界一流企业。因此，新时代要求高校和国有企业都必须承担起创建“一流”的使命与任务。我相信，以本次公开课为里程碑，中国地质大学和中国黄金集团有限公司更紧密地合作，一定能够更好地强化产学研融合，实现全方位优势互补，达到共赢，助推双方早日实现创建“一流”的目标。

二是为广大高校青年成长搭建平台的需要。习近平总书记一直非常关心国有企业的改革发展，非常关心广大青年的成长成才，要求全党要为青年实现人生出彩搭建舞台。作为我们党治国理政的重要支柱和依靠力量的国有企业，理应为青年成长成才提供更多机遇、更多选择、更多平台。作为我国黄金行业中唯一的中央企业，中国黄金更应该走进高校，走近同学，把我们改革发展的成果、建设中国特色现代国有企业制度的故事带进课堂，让大家与国有企业的联系更加紧密，更好地让大家通过我们的故事认识国有企业，更进一步了解我们党领导国有企业为推动我国的高质量发展取得的辉煌成就。更加希望，通过我的分享，大家能够喜欢国有企业、喜欢黄金事业，将来毕业了能够加入国有企业大家庭，能够来到中国黄金工作，书写新时代的国企故事、黄金故事。

国有企业是什么样的呢？我想通过“两个重要基础”与大家共同分享。

一是国有企业是中国特色社会主义的重要物质基础。2018 年 12 月末，国有企业资产总额 178.75 万亿元，同比增长 8.4%。2018 年国有和国有控股企业营业收入 58.7 万亿元，利润总额 3.4 万亿元，入选美国《财富》杂志公布的“世界 500 强企业排行榜”的 120 家中国企业中，国有和国有控股企业有 84 家，占比 70%。国企资产总量不断壮大，有力推动经济高速增长，有力提升国家国际竞争力。

二是国有企业是中国特色社会主义的重要政治基础。习近平总书记指出：国有企业干部职工作为我国工人阶级的骨干力量，是巩固工人阶级领导地位的重要保证，是我们党“任凭风浪起，稳坐钓鱼台”，关键时刻听指挥、拉得出，危急关头冲得上、打得赢的基本队伍。习近平总书记还强调要使国有企业成为党和国家最可信赖的“依靠力量”。

物质基础再加上政治基础，国有企业为我国经济社会发展、科技进步、国防建设、民生改善作出历史性贡献，功勋卓著，功不可没这也就是国有企业被称为“共和国长子”的原因。

二、中国黄金的改革发展是国企改革的一个缩影

（一）以国家管理机构的形式出现（1949—1978年）

作为很早就出现在人类生产生活中的一种金属，人类对黄金存在着天然的、深厚的崇拜之情和喜爱之情。不论是婚丧嫁娶，还是送礼，大家往往喜欢用黄金来表达情感。人们往往喜欢用“黄金周”“黄金频道”、金子般的心等来形容繁荣、美好。

在新中国成立初期，黄金不仅代表了人们对美好生活的向往，更是解决国家重大问题的必需品。

1949年11月，中央人民政府重工业部（含黄金业务）成立。1965年，冶金部决定将吉林有色金属工业管理局改为“中国黄金矿产公司”。这些单位就是中国黄金集团的雏形，当时的主要历史责任是多生产黄金。

为什么要多生产黄金？最主要的一个原因就是黄金具有货币属性。马克思曾说，货币天然是黄金。著名的经济学家凯恩斯说：“黄金作为最后的卫兵和紧急需求时的储备金，还没有任何其他更好的东西可以替代。”

在中国发展的历史长河中，战国时期出现了最早以金子铸成的金币，世界历史上金币则最早出现于西亚时期，属于公元前七八世纪。发展至今黄金依然被经济领域以及社会大众所青睐。

在新中国成立初期，外汇急缺、百业凋零的情况下，黄金这个“硬通货”就起到作用了。能够换取外汇，购买大量农业领域、工业

黄金的属性

领域的技术和设备，为老百姓的衣食住行提供基础。

案例：

1959年5月，董必武视察东北三省的时候，每到一个地方都会与相关人员询问黄金生产情况，并对黄金生产每况愈下的趋势十分关切。同年10月，他向冶金工业部有关负责人提出："黄金，包括白银，不仅在工业上用量可观，更重要的是在国际市场上，黄金是最自由的外汇，增加黄金生产是扩大积累、扩大进口的一个简捷便宜的办法。各地凡有条件生产黄金的，都应积极安排生产。"

1964年6月11日，在中央工作会议上，毛泽东主席提出："董老提倡挖金子、银子是对的，要多挖金子、银子。"毛泽东的讲话，对中国黄金工业的发展是个巨大的推动。

（二）在改革开放中孕育成长（1979—2002 年）

1. 中国黄金的起源蕴含着改革开放的基因

1975 年 1 月，改革开放的总设计师邓小平开始主持中共中央和国务院工作。同年，王震在分管的黄金生产领域开始了“垦荒”行动，他带领有关部门推出了群众采金、实物奖售、价外补贴、黄金专项贷款、黄金生产开发基金和黄金地质勘查基金，以及在全国成立黄金管理机构等一系列鼓励扶植政策，这些富含市场化“因子”的措施实行了 13 年，全国黄金产量得到空前增加。与此同时，1976 年冶金工业部黄金管理局成立后，全国黄金生产的组织建设也进入了快车道，3 年后，9 个省（自治区）成立了黄金生产管理机构，我国独立的黄金工业体系建设开始纳入国家总体规划之中。

在这种经济政策与管理体制双重变革的背景下，1979 年，中国黄金总公司成立，与中国人民解放军基建工程兵黄金指挥部、冶金工业部黄金管理局合署办公，管理全国的黄金地质勘探、生产建设、科研设计等，黄金行业生产能力大幅提升。这种军政企合一、统收专营的模式，在特定历史时期，发挥了集中力量办大事的优势，为行业的发展奠定了坚实基础，而自带的“改革开放”基因，则赋予了中国黄金快速发展的潜力。

2. 中国黄金的快速发展为改革开放助力加油

20 世纪 70 年代，为解决人民群众的吃穿需求，党和国家领导人决定引进总投资 200 亿人民币的化肥和化纤设备，以当时的汇率计算超过了 80 亿美元，国家面临巨大的外汇支付压力。在这种情况下，国家把解决难题的希望聚焦于黄金生产。1975 年后，我国外汇黄金储备迅速增长。1979 年中国黄金总公司成立后，全国黄金企业的生产步伐进一步加快，当年国家黄金储备达到 78.41 亿元，比上一年整整翻了一番。

20 世纪 80 年代，我国黄金外汇储备已可以支付进口设备所需。1988 年，国家黄金管理局成立，中国黄金总公司与其合署办公。此时的中国黄金总公司将全部精力倾注于全国黄金行业布局、重大项目建设和技术规范制定等，行业生产能力大大增强。“七五”计划时期国家自有外汇年均达 50 多亿美元，而黄金出口创汇就高达约 30 亿美元。到1993年，也是改革开放的第15年，黄金产量达到了90.964吨，是 1978 年的 4.6 倍。在历史的进程中，中国黄金率先参与到党在新的时代条件下带领人民进行的新的伟大革命，主动将增储创汇的重任扛在了肩上，为改革开放助力加油。

3. 中国黄金在改革开放的新局面中应运而生

由于黄金产品的特殊性，在国家优惠政策多年扶持下的中国黄金工业，长时间保有鲜明的计划经济特征。市场化的滞后和观念的陈旧，束缚着黄金人的手脚，改革的阵痛冲击着黄金人的发展思路。随着改革开放的日益深入，黄金行业市场化也逐渐提上日程，为此，中国黄金总公司配合中国人民银行和国家有关部委，积极推动黄金行业市场化。2001 年，中国人民银行启动周报价制度，实行挂牌收购、配售黄金；黄金制品零售管理由审批制改为核准制；上海黄金交易所模拟运行。黄金人日益感受到管理体制改革带来的变化。2002 年 10 月 30 日，上海黄金交易所正式开业，黄金企业从计划管理体制进入自主经营的市场经济体制。

2003 年 1 月，经国务院批复同意，中国黄金集团公司正式成立。同年，黄金工业行业管理职能并入国家发展和改革委员会。这是中国黄金真正成为市场主体的重大转折点，此时，距离改革开放国策的实施，过去了整整25年。带着疑惑与留恋、向往与求索，中国黄金人迈开坚定的脚步，跨入了21世纪，去开创中国黄金工业灿烂光辉的明天。

（三）中国黄金在改革开放中发展壮大（2003—2013年）

走入市场经济的第一个十年，特别是随着改革开放进入完善社会主义市场经济体制的新阶段，中国黄金转变观念，创新机制，努力从行业管理者转变为参与市场竞争的搏击者，走上了大刀阔斧的改革发展之路。在这个十年中，中国登顶成为世界最大黄金生产国、世界第一黄金消费国，中国黄金功标青史。

1.在资源占有和项目并购中实现快速发展

针对原有企业多、小、偏、散和产量低、成本高、竞争力弱的情况，2007年，中国黄金陆续规划和建设了20个大型黄金和有色生产基地，初步确立了大基地辐射周边、区域化管理的企业布局。2007—2012年，中国黄金先后投资建设了乌山项目、甲玛一期项目，成就了“中国铜工业的新坐标”“固边富民的示范典型”，资源并购和生产探矿累计投资超百亿，黄金资源储量从275吨增加到1758吨，铜资源从125万吨增加到1097万吨，钼资源从20万吨增加到207万吨。大项目、大基地有力支撑了中国黄金的快速发展。

案例：

乌山项目是我国高纬度地区开发建设的第一个大型有色项目。这里无霜期只有80天，年施工周期不到5个月，而且草原地区的惯例是冬季不施工。此前我国也并无在同纬度地理位置上开采铜矿的先例。另外，按照惯例，3 万吨产能的铜矿，其建设周期，在国际上不少于 4 年，国内不少于 3 年；而我们在建设初期，将乌山项目的计划建设周期定为 18

中国黄金乌山项目部分工艺环节创世界第一

个月。

怎么办呢？时间从哪里来？除了要打破草原冬季不能施工的魔咒，更要加班加点轮班作业：一周工作7天，每天工作11个小时。乌山刚进入10月气温就已骤降到了零下42℃，工人们每天穿着棉大衣捂得严严实实，除了眼睛任何皮肤都不能裸露在外面，否则只要在外面站上10分钟脸上就会冻起大泡，而皮肤接触到室外的钢铁都会粘掉一层皮。

不仅人难以忍受，就连机器也被冻到罢工。由于当时工人们都在临时搭建的板房里工作、生活，里外温差很小，画图用的电脑等设备都要用棉被裹起来才能正常运转，手机打不开更是家常便饭。为了确保混凝土搅拌设备等大型机器在低温下正常运转，电热毯、棉被统统上阵，裹在设备外围，并摸索出了把沙子、水加热搅拌的方法，有效解决了问题。在混凝土基础养护阶段，我们还搭建暖棚，生上火炉子，在薄膜和常规草垫覆盖的基础上铺上电热毯和棉被做保暖层，使质量达到标准要求。

2. 在战略调整中实现产量增加、产业集成

在艰难的摸索起步阶段，中国黄金以逢山开路、遇水架桥的精神，一路爬坡过坎，取得了产量和利润的飞跃。2002年，中国黄金行业矿产金总量为189.8吨，中国黄金矿产金20.20吨，占比10.64%，位居国内第一。2007年，中国黄金确立了“以金为主、多金属开发并举”的发展战略，开创了低成本发展和产业多元化的路径，并发动全员在全国范围内抢占资源，为企业快速做大做强奠定了基

础。是年，中国以 270.49 吨的总产量，超越美国成为世界第二大产金国，其中中国黄金矿产金 21.41 吨。2008 年中国首次超过南非成为世界第一大黄金生产国，中国黄金贡献矿产金 25 吨。从 2006 年利润过亿元的企业只有 1 户，跃升至 2012 年亿元利润以上企业 10 户，利润超过 5 亿元企业 4 户，在当年的 6 家冶金中央企业，中国黄金利润总额排名第 2 位。

打造下游领域优势，引领我国黄金消费升级，是中国黄金重要的战略目标之一。2005 年，中国黄金所属上市公司中金黄金股份有限公司（以下简称“中金黄金”）“极品黄金 99999”系列产品首次亮相。2006 年 11 月 18 日，中国黄金率先进入下游产业，注册成立了中金黄金投资有限公司。

3. 在国企国资改革中开拓创新、奋楫者先

2003 年 8 月，中国证券市场“黄金第一股”——中金黄金率先在上海证券交易所挂牌上市，为此后行业企业的顺利上市开辟了通道。彼时，中国黄金作为中金黄金第一大股东，是国务院批准进行国家授权投资的机构和国家控股公司的试点。中金黄金的成功上市，为中国黄金“由小到大”奠定了扎实的基础。在精心运作国内资本市场的同时，也积极谋划海外资源和平台，2010 年成立中金国际并在中国香港主板成功上市，成为内地第一家在加拿大和中国香港主板两地同时上市的矿业公司。与此同时，积极用好国家财政及产业政策，拓宽融资渠道，债务融资成本大幅下降，综合信用评级在 2010 年提升为 AAA 级，成为中国首家具有最高信用等级的黄金企业。资本运作的“组合拳”频频发力，为中国黄金在资源占有、布局调整、科技创新等领域插上了腾飞的翅膀。

这期间，中国黄金研发了完全自主知识产权的生物氧化提金和原矿焙烧提金两项重大核心技术，在辽宁丹东和贵州黔西南州创建了两个国家级高新技术示范工程，填补了国内难处理黄金资源开发利用的技术空白。其中，生物氧化提金技术于2009年荣获国家科技进步二等奖，这是当时完全由黄金行业独立完成的科研项目所获的国家最高级别奖项。为强化技术开发和创新的驱动力，2006年，中国黄金集团科技有限公司揭牌成立。同年，中国黄金技术中心成为国家认定企业技术中心。培育先进的技术体系和创新能力，加快技术优势向经济优势转化，是中国黄金当年改革破局的核心动力，也成为企业当前夯实高质量发展的重要根基。

案例：

我们在河南三门峡的下属企业中原冶炼厂，凭借着“年处理150万吨精矿铜金底吹熔炼旋浮吹炼技术装备开发与应用”项目，获得了2018年度中国有色金属工业科学技术奖一等奖，这是我国黄金冶炼行业首次获得该奖项的一等奖。

之所以能获奖，是因为中原冶炼厂保持着有色金属冶炼领域：富氧底吹旋浮吹炼金铜冶炼工艺、底吹熔炼炉规格、单系列冶炼烟气制酸规模3个世界第一和金铜综合冶炼黄金产量亚洲第一的纪录，实现了装备及自动化水平、烟气制酸工艺水平、资源综合回收与能耗水平及环保指标3个国际领先。目前中原冶炼厂已成为亚洲最大的黄金综合回收基地。

河南中原黄金冶炼厂有限责任公司的剥板机器人

我们的下属企业内蒙古太平矿业有限公司，其生产工艺采用露天开采、大规模堆浸工艺。在堆浸生产工艺中，引进了国际先进水平、国内首创的埋管滴淋技术，保证了矿山在北方寒冷地区全年候生产运营；贵液池覆盖技术及全密闭循环重复利用工艺填补了国内空白，有效地减少了水的蒸发和浪费，同时也实现了生产废水的零排放，成为矿山行业节约水资源和环境保护的典范；从美国进口的黄金处理设备及破碎设备是国际标准的高效节能设备，有效地降低了生产成本，提高了生产效益，开创了国内低品位金矿床开采先例。

（四）中国黄金在改革开放中做强做优做大（2014 年至今）

2013 年，中国黄金既面临着国际金价出现断崖式下跌、安全环保标准提高、矿业行业竞争加剧、财税金融政策变化、央企整合重组的“五大挑战”，也面临经济效益滑坡、部分企业资源出现危机、关键人才不足、管理基础不牢、改革创新不足的“五大问题”。

2013 年年底，中国黄金组建了新一届领导班子。五年来，新一届领导班子带领广大干部职工系统深入地学习贯彻习近平新时代中国特色社会主义思想，以习近平总书记关于国有企业改革发展的重要论述为遵循，以“扎根”“铸魂”工程为抓手，引领企业高质量发展。紧密围绕“创造最具价值并受人尊敬的世界一流黄金产业集团”的愿景目标和“开发金山银山，保护绿水青山，践行新发展理念，推动高质量发展”的发展原则，紧抓“迎接挑战练内功，改革创新谋发展”两条主线，以坚持发展为中心，以深化改革为动力，以提质增效为核心，弘扬“精诚所至，金石为开”的精神，发挥“每天进步一点点”“绳锯木断、水滴石穿”的韧劲，强身健体、干事创业、稳扎稳打、自我革新，实现了企业改革向纵深挺进，发展转型取得突破，科技进步和人才培养全面提升，党的建设全面加强等方面的突破，实现了黄金资源储量、精炼金产量、黄金投资产品市场占有率、黄金选冶技术水平、上海黄金交易所综合类会员实物黄金交易量五项指标国内行业第一。

案例：

目前，中国黄金拥有全国唯一的国家级研究院所——长春黄金研究院和长春黄金设计院。

我国海拔最高的企业党支部——中国黄金 5300 党支部

其中，长春黄金研究院就是中国唯一专门从事黄金工业基础理论研究与工程技术开发的国家级科研机构。从 1958 年成立开始，长春黄金研究院就承担了中国黄金和整个黄金行业的试验研究任务，解决黄金生产的技术难题，促进黄金生产的迅速发展。

在黄金行业每一次重大的技术升级中，长春黄金研究院都提供了有力的技术支持：水砂充填技术的研究与推广，喷锚支护技术的研究与推广，全泥氰化—炭浆工艺的研究开发与引进及推广，等等。前文提到的生物氧化提金技术也是长春黄金研究院的研究与应用。

同样成立于 1958 年的长春黄金设计院，先后成功地完成了 800 余座冶金（有色、黄金）行业矿山企业、冶炼厂和民用建筑的咨询、设计、工程总承包等工程项目。多次荣获中华人民共和国建设部、冶金部、中国工程咨询协会、中国冶金建设协会、中国黄金协会、有关省（自治区、直辖市）等授予的各类工程咨询、工程设计、工程总承包、工程监理、工程项目管理奖近百项。在中国国民经济建设的各个时期被国务院授予“为黄金发展作出突出贡献的先进单位”称号。

我们在海拔5300米的西藏甲玛矿山工地上，一面镌刻着“挺进生命禁区，挑战生命极限，让鲜艳的党旗在世界屋脊高高飘扬”字样的红旗雕塑巍然矗立在山坡，旁边是一座由帆布搭建的帐篷和几间简易板房。这里，就是西藏华泰龙矿业开发有限公司5300党支部所在地，一个以工作区域的海拔命名、国内海拔最高的企业党支部。

（五）新时代，中国黄金为实现伟大梦想向前迈进

2013年年底黄金价格由涨转跌，在全球企业求“生存”之际，作为我国黄金行业唯一的中央企业，中国黄金在支撑人民币国际化、维护国家金融安全的维度，进行了更多更深的思考和探索。特别是党的十九大以来，习近平总书记发出了培育具有全球竞争力的世界一流企业的动员令，中国黄金坚决响应，登高望远，重整行装再出发。

瞄准世界一流企业的前沿领域加快升级，扩大行业影响力。我们牵头成立了黄金产业技术创新战略联盟并担任理事长单位，加入了中国矿业科学协同创新联盟、中国矿产资源与材料应用创新联盟，并分别担任副理事长单位。圆满完成了国家黄金领域的科技攻关任务，自主知识产权的生物氧化提金技术持续处于全球领先水平，使我国西南地区近3000吨难采取的黄金资源得以开发利用。

案例：

生物氧化提金技术是一种新兴的处理含砷、硫金精矿的选矿工艺，是近年来在黄金难选冶技术领域中发展最迅速和最具有应用前景的一项高新技术。利用自然界中的微生物，优选出嗜硫、铁的浸矿菌株，经过适应性培养、驯化，在适宜的环境下，利用这些微生物新陈代谢的直接提金的技术。

2003 年 7 月 19 日，一场隆重而热烈的投产庆典仪式在中国黄金下属企业——辽宁天利金业有限责任公司举行，揭开了由我国自行研制、自行设计、自行建设，具有完全独立自主知识产权，日处理 100 吨难处理金精矿的现代化生物氧化提金企业发展的序幕。

当时，世界上仅有南非、澳大利亚、美国、加拿大等少数矿业发达国家拥有这项技术。该技术在国际上实现产业化的时间也非常短，国内还没有真正将生物氧化提金工艺进行工业应用的企业。而天利公司要将这个由长春黄金研究院的研究成果实现工业化应用，是个前所未有的挑战。

怎么办呢？本着产学研相结合的科研创新理念，天利公司在长春黄金研究院“细菌氧化—氰化提金工艺研究”成果的基础上，以浸矿菌种的培养驯化、工业生物氧化反应器的研制与优化、生物氧化提金工艺的配置和氰化提金工艺流程的革新为攻关研究的核心，获得了与国外工艺不同的浸矿复合菌种。该浸矿复合菌种构成了可以完成氧化分解硫化矿物和少量有机物的微生物菌群，具备了与国外同类浸矿菌相比更强的适应性和氧化能力。

生物氧化提金技术为我国黄金工业的健康发展发挥了不可替代的作用。

我们培育了一批可借鉴、可复制、可推广的数字化矿山建设成果，所属湖北三鑫、西藏华泰龙、贵州锦丰、内蒙古乌山等 11 家企业列入国家级两化融合管理体系贯标示范企业，两化融合水平雄踞行业前沿。

我们严守“既开发金山银山，又保护绿水青山”的环保底线，打造了 31 家“国家级绿色矿山试点单位”，占国内行业入围企业总数的 40%，一改过去矿业“污染和落后”的代名词，蜕变为绿色环保的新型现代化矿业。

案例：

中国黄金在青藏高原和内蒙古高纬度地区打造的甲玛和乌山两座大型矿山，环保设施、绿化投入分别超过总投资的 11%和 13%，远远超出 3%的国家标准。

比如，在呼伦贝尔大草原，为了保护环境，我们在选址包括露天剥离的时候，先把草皮堆起来，保护好；在开发利用的过程中，把一些不能用的废石堆积成尾矿坝，同时在这个坝体上，把草皮植回去，保住这片绿色；开发完以后，对裸露的矿区进行植被恢复。此外，在项目建设中，我们利用的是城市中水，使城市生活污水得到再利用。

正是由于在生产经营质量、技术工艺攻关、生态环境治理等领域锲而不舍向前走，中国黄金实现了“打铁还需自身硬”。2015 年 9 月，由世界黄金协会普通会员擢升为董事会成员，2016 年 4 月，作为行业龙头企业和国内最大的金锭生产商，成为首批“上海金”集中定价和提供参考价成员单位。2018 年 9 月，世界黄金协会决定建立中国委员会，而我当选委员会首任主席。这意味着，中国黄金将更加深度地参与到新型全球化黄金市场的构建，也能够为推动中国黄金市场国际化作出更大贡献。

1. 积极践行“一带一路”倡议，提升国际化水平

作为我国首家获得国际行业最高信用评级（BBB 级）的黄金企业，中国黄金充分认识到提升国际化水平的重要战略意义，积极践行“走出去”以及“一带一路”倡议，科学组织、有序推进了一批重点项目，尤其在“一带一路”沿线方面取得了长足的进步：索瑞米项目作为刚果（布）第一座集采、选、冶于一体的现代化矿山，仅用 16 个月建成，并生产出了刚果（布）国家的第一块铜板；吉尔吉斯布丘克项目、库鲁项目建设已取得重要进展，库鲁项目建成后将成为吉国最大的铜金矿生产基地和该国最大的地下开采矿山；克鲁奇金矿项目，是中国黄金行业第一个进入俄罗斯战略资源的大型金矿开发项目，开创了金砖国家框架下中、俄、印三国矿业开发合作的先河，并首次实现了中国国有企业对俄罗斯战略级资源的控股。通过合理布局海外并购，增加金资源储量 142 吨。黄金资源储备的增加、国际合作的深化，将为人民币国际化提供有效的价值支撑和信用保证。

案例：

“一带一路”倡议辐射东南亚、独联体、非洲等黄金资源丰富的地区，包含俄罗斯、蒙古、塔吉克斯坦、缅甸、越南、菲律宾等国在内的巨大黄金资源圈，涉及26个黄金生产国。其黄金储量总和约为26700吨，占全球总储量的46%左右；黄金产量总和约为1160吨，占全球总产量的36%。

在此区域内，除中国、印度两大传统黄金消费国外，土耳其、沙特、伊朗等沿线国家也是全球黄金市场的重要需求方。黄金制造业用金的80%集中在该区域。在全球十大黄金交易市场中，“一带一路”沿线国家占有6个。

“一带一路”沿线是人类四大文明和主要宗教的诞生地和发祥地，也是黄金使用和黄金文化的源头，民间积淀了浓厚的黄金情结和黄金文化。但发展不平衡，很多国家基础设施薄弱，技术落后，我国黄金行业可以通过技术、资金、人才、市场等方面与外方实现优势有效结合。

因此，党的十八大后，中国黄金充分发挥黄金产业在“一带一路”中的先行作用，持续发力，在“一带一路”合作中，充分发挥黄金矿业投资少、见效快、产品不愁销路的特点，加强与“一带一路”国家经济交流，开发黄金矿业，带动周边社区共同发展。通过加强企业间的联合与协作，充分发挥中外各自优势，以全球化视野进一步优化产业布局，着力构建了结构优化、资源节约、环境友好、可持续发展、具有国际竞争力的现代化黄金企业。

上边我说的索瑞米项目、吉尔吉斯布丘克项目、库鲁项目、俄罗斯克鲁奇金矿项目，就是中国黄金践行"一带一路"倡议的有力证明。

2. 扬帆黄金金融市场，促进产业健康发展

中国黄金深度研判行业趋势，抓住机遇，稳妥推进产融结合。围绕主业需求，做强做优财务公司、融资租赁公司等金融业务板块平台，资金集中度、资产使用效率和资金融通能力进一步增强。中金珠宝积极拓展黄金产品金融业务，创新商业模式，深度结合"互联网+"，打造了全新的黄金设计、定制、托管、租赁、销售和回购服务体系，被评为第二届"最牛责任品牌十佳企业"，为中国老百姓拓宽了一条储藏财富、配置资产的安全、便捷之路。2018 年，我当选全国政协委员后，向全国政协十三届一次会议提交了 4 份有关黄金资源、生产和消费的提案；2019 年我再次走进人民大会堂，提交了 5 份有关黄金政策、进出口、税费等方面的提案，这些提案凝结的是全体中国黄金人对行业发展的拳拳之心。

以"开发有限资源，满足无限需求"为核心宗旨的中国黄金，在创造价值的道路上，或许不是出发最早的、速度最快的，但永远追随着国家和人民的脚步。

3. 从改革发展中获得的启示

2019 年，在改革开放的第 41 个年头，中国黄金行业从世界黄金版图的追随者成长为领军者，中国黄金作为中国黄金协会会长单位，带领行业鼎力前行，共赢未来。从努力"为国家增加外汇和黄金储备"，到努力"维护国家金融安全，支撑人民币国际化"，中国黄金走过了一段艰难坎坷的历程，也绘就了一幅开拓奋进的长卷。在与祖国

和人民同频共振的历史洪流中，成就已载入史册，我们将不忘初心，继续前进。新时代的中国黄金，有发展的收获，有创造的艰辛，但矢志不渝的是——坚定跟党走的决心和信心。

回顾不平凡的发展历程，审视改革发展的基本逻辑和宝贵经验，我们清醒地认识到，中国黄金距离做强做优做大国有资本、培育具有全球竞争力的世界一流企业的目标尚有差距，新时代的责任使命呼唤新的担当，我们要昂扬斗志，奋起直追，书写企业改革发展的新篇章。

改革开放 40 多年峥嵘岁月，中国黄金光辉变革尽显责任担当。发展永无止境，坚定信念跟党走——我们永远在路上。站在新起点，开启新征程，中国黄金将坚决贯彻党的十九大精神，以习近平新时代中国特色社会主义思想为指引，坚持稳中求进工作总基调，坚持新发展理念，坚持全面深化改革，以更加奋发有为的进取心和干事创业的激情力扛中央企业的使命责任，以更加开放的视野和主动的姿态融入全球黄金行业的发展，努力做强做优做大国有资本，为建设具有全球竞争力的世界一流黄金产业集团不懈奋斗！

一是要坚持深入贯彻习近平新时代中国特色社会主义思想，始终把这一思想作为推动一切工作的新指针；二是要始终保持国有企业改革方向，做强做优做大国有资本；三是要始终高举高质量发展旗帜，建设具有全球竞争力的世界一流黄金产业集团；四是要始终坚持创新驱动发展，最大限度发挥创新引领支撑作用；五是要始终坚持仅仅依靠职工群众，关心爱护职工群众，共享发展成果。

三、与地大学子共勉

习近平总书记在同各界优秀青年代表座谈时指出，青年人正处于学习的黄金时期，应该把学习作为首要任务，作为一种责任、一种精神追求、一种生活方式，树立梦想从学习开始、事业靠本领成就的观念，让勤奋学习成为青春远航的动力，让增长本领成为青春搏击的能量。

“宝剑锋从磨砺出，梅花香自苦寒来。”人类的美好理想，都不可能唾手可得，都离不开筚路蓝缕、手胼足胝的艰苦奋斗。当前，我们既面临着重要发展机遇，也面临着前所未有的困难和挑战。梦在前方，路在脚下。自胜者强，自强者胜。实现我们的发展目标，需要像今天大家一样的广大青年锲而不舍、驰而不息的奋斗。

但青春的航程不可能一帆风顺，我们不能因现实复杂而放弃梦想，不能因理想遥远而放弃追求，而是要将自己锻造成担当民族复兴大任的时代新人，一方面，要向身边的青年榜样看齐，用榜样的青春好故事激发出更多的青春正能量；另一方面，更需要“把艰苦环境作为磨炼自己的机遇”，敢于吃苦，乐于吃苦，把吃苦当成青春“必修课”，通过吃苦让自己“强筋壮骨”。

我国已经是世界第一产金大国、世界第一黄金消费大国、世界第一黄金进口大国。但我国的黄金产业还有巨大的发展空间等待挖掘。如同大家一样，还处在朝气蓬勃、充满希望的阶段。

黄金是一个朝阳产业，需要大量的人才。这就等着在座的年轻人来书写未来的黄金故事。希望同学们能够喜爱黄金，喜爱我国的黄金工业，对我国黄金产业的发展壮大给予帮助和支持。

同学们说

这次活动拉近了学生与企业之间的距离，使学生可以近距离接触像中国黄金集团这样的大型国企，和企业骨干面对面交流，是“开门办思政”的一次积极探索和创新，也是校内小课堂与社会大课堂的一次结合。

——吴　超　资源学院辅导员

宋董事长用具体的案例和生动的语言，讲述了中国黄金集团改革发展的艰辛历程，生动诠释国有企业在国家发展稳定中的奉献担当。

——赵洪宝　工程学院本科生

听了宋董事长的课，让我对变革图强、砥砺奋进的国有企业有了更深的了解。使命呼唤担当，我将努力掌握地质知识、练就地质本领，将自己锻造成担当民族复兴大任的时代新人，为我国能源和资源行业尽自己的绵薄之力。

——张铭轩　资源学院本科生

35. 上大舞台　干大事业

中国机械工业集团有限公司  武汉理工大学

张晓仑

2019 年 5 月 30 日，中国机械工业集团有限公司党委书记、董事长张晓仑在武汉理工大学讲课

★对青年人来说，共圆中国梦是实现人生理想的乐土，是报效国家民族的热土，是创造人间奇迹的厚土。

☆树立怎样的择业观，怎样在这个伟大的时代实现梦想回报社会，怎样获得成功、构建幸福的人生？聚焦国家重大部署，瞄准国家重点需求，对接各项强国战略，投身国民经济主战场，是你们激发潜能、升华人生的最佳选择。

★制造业是国民经济的主体，是立国之本、兴国之器、强国之基。没有强大的制造业，就无从谈起国家的综合国力，无法保障国家安全，更不可能建成世界强国。

☆很多同学都爱打网游，大家在研究攻略、学习技能、不断通关、提升功力中享受成功的喜悦。事业上也是如此，迎接挑战、克服困难、找出问题，提出解决办法，就是抓住了机会，实现了个人的历练和事业的晋级。

★只有当个体命运融入中华民族伟大复兴的伟大征程，个体价值才能够实现最大化。“小确幸”固然可爱，但我更希望那是同学们在大舞台上大展拳脚后的中场休息。

☆扎扎实实做完一个项目，搞活一个困难企业，或者一项实实在在的管理提升，一个改革事项的落地并带来效益……使我强烈地感受到被企业所需要，被他人所需要，这种存在感、获得感、成就感、幸福感是其他的东西——比如金钱、名誉、地位等都无法代替的。

33年前，我在武汉上大学，度过了4年难忘的大学时光。今天又回到武汉，来到武汉理工大学，与大家一起交流分享，感到非常高兴。今天我交流的题目是“上大舞台，干大事业”，内容分为三个部分。

讲课现场

一、迈好第一步，在接续奋斗中选择

（一）扣好人生第一粒扣子

习近平总书记指出，青年人价值观养成时，就像穿衣服扣扣子一样，如果第一粒扣子扣错了，剩余的扣子都会扣错。人生的扣子从一开始就要扣好。这一朴素而又生动的比喻，蕴含着丰富的人生哲理，揭示了价值观对于人生成长进步的极端重要性。

作家柳青说：人生之路是漫长的，但紧要处只有几步，尤其当人年轻的时候。

从我的亲身经历看，我1986年大学毕业后被分配到东方电气工作，在这家大企业一干就是30多年。毕业之初我到了位于成都的东方电气的总部，很快当了领导秘书。可是，我这个秘书只当了两个月，就被领导“赶走”了。为什么？领导让我去基层锻炼，他告诉我：“你一个学工科的，没到过现场，没跟机器打过交道，上来就做秘书工作，容易脱离实际，不利于成长。”随后，我被派到了当时集团公司最艰苦的项目现场之一——海南海口马村工地。那时候海南还没有建省，是很偏远落后的地区，我在八面来风的工棚里一住就是3年。1989年我回到集团总部，不再是白面书生，而是一个黝黑敦实的工程技术人员。回到集团总部没几年，我又被派往当时集团最困难的一个企业，在河南。亲戚朋友们说：“人家都是‘孔雀东南飞’，你怎么往河南飞，还飞到一个不定什么时候关门大吉的企业。”但我在这里一干就是6年，企业变好了，我自己也成长了。

我一直认为，年轻人不要过早地过上小锅叮当响的生活，不要选择一份对自己毫无挑战性的工作。好工作，就是给你成长，给你锤炼的工作。你们的路很长，激流险滩、坑坑洼洼、坡坡坎坎很多，正是克服这些障碍的过程，让人长见识、长本领、长情商。多经历一点摔打、多积淀一些信仰的力量，对于走好人生之路至关重要。

结合我当年毕业后踏入社会的成长经历，我给同学们的第一个建议是：要选择有助于自己更好成长的工作。

学成毕业，走上社会，你会看到理想与现实的差距。失败、困难，动摇、怀疑，可能会和刚入职场的你狭路相逢。这时候，正确的世界观、人生观、价值观，能够帮助你走出困惑，战胜挫折。正确的“三观”如同穿衣，青年时期就扣上、扣好、扣正了第一粒纽扣，每一个目标、每一个理想、每一份事业都从这一粒纽扣开始，那么今后的人生有所作为的可能性就更大。它是人生的一块基石，也是命运的一道闸门。

大家都会背诵李白的诗句“长风破浪会有时，直挂云帆济沧海”，但是，在这两句之前，李白还写了什么？是“欲渡黄河冰塞川，将登太行雪满山”，到处碰壁。他经历了很多打击和排挤，而依旧坚持自己的理想信念，没有放弃，没有被现实打倒，最终成长为一代文豪。

我在三十多年的职业生涯中，遇到过困难、经历过挫折，也产生过困惑，但这一路坚持走来，更多的是收获。在企业这些年，扎扎实实做完一个项目，搞活一个困难企业，或者一项实实在在的管理提升，一个改革事项的落地并带来效益……使我强烈地感受到被企业所需要，被他人所需要，这种存在感、获得感、成就感、幸福感是其他的东西——比如金钱、名誉、地位等都无法代替的。

所以，我给同学们的第二个建议是：要用正确的三观面对工作。

以上两点建议，希望有助于大家扣好第一粒扣子。

（二）在接力奋进中再创辉煌

不论是个人还是企业，我们的发展与所处的时代休戚相关，我们要置身于时代发展的大背景之中。我们已经步入了全新的时代，相比新中国成立之初，特别是改革开放 40 多年来，中国发展实现了前所未有的历史性变革，取得了举世瞩目的历史性成就。

1. 经济社会快速发展

回想起我经历的计划经济时代，物资短缺，买菜要凭菜票，买肉要凭肉票，而且都是定时定点供应，大年三十晚上能吃上一顿韭菜馅的饺子就很开心。还记得我在武汉上大学时，兜里揣着全国粮票，在学校食堂凭粮票买饭，出门去餐馆用餐也要粮票，每顿饭都要精打细算。城市交通主要靠公交车，车少人多，“冬天吹得人发抖，夏天挤出一身油”，还常常坐不上车。那时候，我曾有两个朴素的梦想，一个是去商店买了东西回家时能打得起出租车，另一个是夏天能坐在有空调的房间里吃饭。

再看看现在，年轻时的梦想早已实现，出门打车已是常事、易事，只需要点一下手机 APP，足不出户外卖就能送到家门口。便捷的高铁、网购、移动支付、共享单车被称为中国“新四大发明”，极大地方便了我们的工作和生活，从北京到武汉高铁最快只要 4 个多小时，我们的生活方式发生了巨大改变，生活水平得到了极大提高。

改革开放实现了从高度集中的计划经济体制向充满活力的社会主义市场经济体制的根本性转变，实现了从封闭半封闭向全面开放的转变，实现了人民生活从温饱向基本小康的转变，综合国力极大提高。

40 多年改革开放，经济持续快速增长，国民生产总值年均实际增速达到 9.5%，人均国内生产总值年均实际增速达到 8.5%。社会发展成就斐然，人民生活从物资短缺走向充裕、从贫困走向小康，约8亿贫困人口成功脱贫。我国经济对世界经济增长的贡献率超过30%，2010年开始成为世界第二大经济体。

2. 工业水平大幅提升

20世纪80年代，收音机、电吉他都是奢侈品，对我来说最快乐的是放学时听校园大喇叭的广播，有时怕错过广播里评书的精彩部分，就站在大喇叭底下听完再走。今天，空调、冰箱、彩电、洗衣机、微型计算机、平板电脑、智能手机等一大批家电、通信产品，甚至扫地机器人等一大批生活智能产品进入了寻常百姓家，大部分家庭都有了摩托车、小汽车。

工业发展是改革开放最辉煌的篇章之一。

一是产业体系逐渐完备。建成了门类齐全、独立完整的产业体系，目前我国是联合国所分类的39大类、191中类和525小类中全世界唯一一个的各类产品都在生产的国家，有220种以上产品的产量位列世界第一位，世界230多个国家和地区都能见到“中国制造”的身影，早在2010年便超越美国，成为世界第一大制造国。

二是科技水平显著提升。突破了一大批“卡脖子”问题，高速铁路、载人航天、探月工程、量子通信、大飞机、载人深潜、射电望远镜、超级计算机等一批具有标志性意义的科技成果涌现。例如，在高端装备制造领域，中国自主研制的C919大飞机、大型水陆两栖飞机——“鲲龙”AG600成功试飞，第一艘国产航母首次出海，自主设计建造的亚洲最大自航绞吸挖泥船——“天鲲号”成功试航，自主建造的首艘极地科考破冰船“雪龙2号”正式下水，人类首个月球背面探测器“嫦娥四号”奔月，具有完全自主知识产权的三代核电技术的“华龙一号”全球首堆示范工程试验成功，等等。这些战略高技术领域取得的重大原创性成果，标志着我国高端装备大步走向世界。

三是品牌建设成效凸显。在2018年公布的世界500强企业中，我国企业上榜数量连续15年增长，增至120家，并出现了一批中央企业及华为、大疆、格力、海尔等世界级的国际知名企业，世界已离不开“中国制造”。

3. 中央企业成就斐然：以国机集团为例

改革开放以来，国有企业尤其是大型骨干中央企业，在国民经济中发挥着支柱作用，取得了历史性的成就。

2018年中央企业营业总收入实现33.9万亿元，利润总额2万亿元。中央企业深入实施创新驱动发展战略、加快关键核心技术攻关，拥有153.5万名科技人员、233万名技师、56余万件有效专利。一大批具有世界先进水平的标志性的重大科技成果问世，比如载人航天、深海探测、高速铁路、三代核电、白鹤滩百万千瓦水电机组、特高压输变电、移动通信，还有国产航母、国产大飞机等；一大批具有前瞻性、突破性的科技创新引领了行业和产业的发展，如港珠澳大桥、“蓝鲸1号”深海钻井平台、北斗系统、铁路大直径盾构机、空中造楼机、新型运载火箭等运用了众多重大创新成果，有效带动了相关产业向产业链的高端转移。中央企业是“一带一路”建设的先锋力量。近年来，80多家中央企业先后承担了沿线基础设施建设、能源资源开发、国际产能合作等领域的3116个投资项目和工程，在基础设施建设中，中央企业承担了50%的项目，合同额超

国机集团科技创新成果斐然

过了 70%。

以我所在的国机集团为例，国机集团是大型中央企业，成立于 1997 年，目前位列世界 500 强企业第 256 位，始终位列中国机械工业百强企业第 1 位。

一是规模实力不断增强。成立 20 多年来，营业收入从成立之初的 89 亿元增长到 2018 年的 3017.5 亿元，增长了近 33 倍，利润从 1 亿元增长到 100.3 亿元，增长了近 100 倍，为经济社会发展作出了积极贡献。

二是科技创新成果丰硕。国机集团不断提升科技创新能力和核心竞争力，建立了 100 多家国家科研与创新服务平台，每年承担国家科研项目 300 余项，制修订标准 500 余项，取得了大批国际先进、替代进口、填补空白的具有自主知识产权的科研成果，目前拥有专利 13000 多项，发明专利 3300 余项。1200 吨航空级铝合金板材张力拉

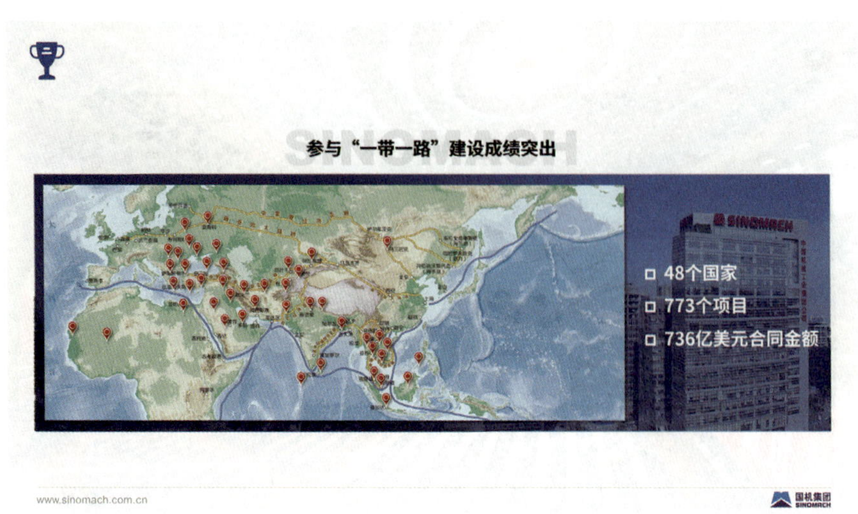

国机集团积极参与“一带一路”建设

伸机装备及关键技术，解决了我国航空级铝合金厚板国产化的关键重大装备问题，保障了大飞机等国家战略性工程的顺利实施。自主研发制造的“东方红—LW4004”重型拖拉机，结束了我国350马力以上重型拖拉机必须进口的历史，突破了无级变速传动系统、智能控制管理系统等一系列重型拖拉机的关键核心技术，填补了多项国内技术空白。打造出了一批“国之重器”，自主设计、制造、安装、调试投用的800MN大型模锻压机，成为我国航空、航天、国防军工及电力、石化等民用行业所需模锻件产品的关键设备，使我国成为拥有世界最高等级模锻装备的国家。

三是参与“一带一路”建设成绩突出。国机集团积极参与“一带一路”建设，努力做“一带一路”建设的排头兵，目前在“一带一路”沿线的48个国家中，已完工或正在执行的项目共计773个，合同金额共736亿美元；中白工业园作为“一带一路”标志性工程，是我国面积最大的海外经济园区，截至 2019 年 5 月，入园企业总数达 43 家，协议投资总额约 11 亿美元，成为“一带一路”的明星工程。

这些翻天覆地的变化，得益于中国共产党的领导，得益于中国的改革开放，也是无数中国人努力奋斗拼搏的成果。一代一代的中国青年接续奋斗创造了辉煌成就，为我们留下了今天这样一个中国，新时代呼唤新的担当和作为，奋斗的接力棒已传递到你们手中，将来为下一代青年留下一个更好的中国，是你们的责任使命。

记得 1994 年我去日本学习工厂管理，住的房间很小，当年国内收入很低，出国为了省钱，就买了很多方便面放在房间里。日立公司的小口先生来看我，一眼就看到房间里堆起来的方便面，我自己觉得很没面子，但老先生随后说的一段话让我很受触动。他说，你让我想起了我年轻的时候，五六十年代日本的青年背着方便食品远赴欧美国家留学，为的是学习先进技术和管理，后来才有了日本的经济崛起，现在中国派出成千上万的青年出国学习，未来 20 年中国经济一定会取得很好的发展。同学们，给大家讲这个故事，主要是想告诉你们，今天的你们是幸福的、幸运的，同时也肩负着更重大的责任和使命。你们要在继承中发扬，在接力奋斗中再创辉煌。

二、登上大舞台，在攻坚克难中担当

实现中华民族伟大复兴的中国梦，为广大青年提供了实现人生理想的广阔舞台和无限可能。习近平总书记说：“人间万事出艰辛。越是美好的未来，越需要我们付出艰辛努力。”实现伟大梦想的道路不会平坦，一定会充满艰辛，需要我们在迎接挑战、攻克难关中施展才华。

（一）在实现中国梦的征程上奋发有为

实现中华民族伟大复兴，是近代以来中华民族最伟大的梦想。党的十九大对建设社会主义现代化强国作出了部署。

第一个阶段：从2020年到2035年，在全面建成小康社会的基础上，再奋斗15年，基本实现社会主义现代化。

第二个阶段：从2035年到本世纪中叶，在基本实现现代化的基础上，再奋斗15年，把我国建成富强民主文明和谐美丽的社会主义现代化强国。

中国梦为每个中国人点亮创造精彩人生的星空。习近平总书记指出，中国梦是中华民族的梦，也是每个中国人的梦，我们的方向就是让每个人获得发展自我和奉献社会的机会，共同享有人生出彩的机会，共同享有梦想成真的机会。

任何年代，个体命运与民族命运都是相交融的。得其大者可以兼其小。“大我”成就了“小我”，国泰方能民安；而“国家之本，在于人民”，只有当无数个“小我”同心同德，才能铸就不朽之“大我”。家国天下，是中国人不灭的情怀，所以才会有“先天下之忧而忧，后天下之乐而乐”，才会有“捐躯赴国难，视死忽如归”，才会有“天下兴亡，匹夫有责”，才会有“为中华之崛起而读书”……所以才会有5000年生生不息的华夏文明。对青年人来说，共圆中国梦是实现人生理想的乐土，是报效国家民族的热土，是创造人间奇迹的厚土。我

左为 1950 年，寒春送给阳早用泥土做的生日蛋糕；右上为 1949 年，阳早、寒春和张耕野在延安的窑洞前；右下为阳早、寒春在中国农机院沙河农机试验站奶牛场。

相信，在座的每一位同学都有一腔热血，都有一颗红心，都愿意汇聚澎湃的青春力量，将人生理想融入国家和民族的事业，来共同实现中华民族伟大复兴的梦想。

这里讲一个故事。大家知道第一位拿到中国“绿卡”的外国人是谁吗？她叫琼·辛顿，是一名美国核物理学家。20 世纪 40 年代，她是芝加哥大学核子物理研究所的研究生，与杨振宁同窗，在洛斯阿拉莫斯武器实验室做费米的助手，是曼哈顿计划中少数仅有的女科学家之一。琼·辛顿年轻时的理想是追求纯物理科学，然而，1945 年广岛和长崎升起的滚滚浓烟让她陷入了巨大的痛苦之中，自己怎么从立志造福人类的物理学家，变成了制造杀人武器的专家了呢？

1948 年，在恋人阳早的召唤下，她来到中国。从此，美国的核物理专家消失在人们的视野中，而在中国陕北的窑洞里，出现了一位叫作寒春的女性。来到北京后，他们供职于国机集团旗下的中国农业机械研究院，研究奶牛品质改良和奶牛饲养机械化，作出了突出贡献。

2003 年阳早去世时，寒春说："我们在中国待了一辈子，是为了信仰而来的。"相比于当物理学家造原子弹，养奶牛似乎是一个没有光环的事业。但阳早和寒春很自豪，因为他们将个体命运融入了人类命运。那么在今天这个伟大的新时代，我相信，只有当个体命运融入中华民族伟大复兴的伟大征程，个体价值才能够实现最大化。"小确幸"固然可爱，但我更希望那是同学们在大舞台上大展拳脚后的中场休息。我相信大家会以高考时的拼搏精神，在实现理想、成就价值的大舞台上不懈奋斗！

（二）在国民经济主战场上建功立业

遍览今日之中国，处处都是青年人的用武之地。我国经济已由高速增长阶段转向高质量发展阶段，正处在转变发展方式、优化经济结构、转换增长动力的攻关期。建成社会主义现代化强国，各行各业都要有新作为，传统产业转型升级，新兴产业蓬勃发展，诸多代表未来发展方向甚至决定国家命运的产业正在孕育当中。在国民经济发展重要领域，一系列重大工程、重大项目正全力推进。在这样的历史进程中，在蓬勃的国民经济主战场上，在座的每一位同学都找得到用武之地，都能干成一番大事业。

第一，经济建设舞台广阔。党的十九大报告提出，要贯彻新发展理念，建设现代化经济体系。为此，我国将深化供给侧结构性改革，加快建设创新型国家，实施乡村振兴战略，实施区域协调发展战略，加快完善社会主义市场经济体制，推动形成全面开放新格局。

实体经济是我国发展经济的着力点。要加快建设制造强国，加快发展先进制造业，推动互联网、大数据、人工智能和实体经济深度融合；促进我国产业迈向全球价值链中高端，培育若干世界级先进制造业集群；加强水利、铁路、公路、水运、航空、管道、电网、信息、物流等基础设施网络建设；等等。

我国要加快建设创新型国家，瞄准世界科技前沿，强化基础研究，实现前瞻性基础研究、引领性原创成果重大突破；加强基础应用研究，拓展实施国家重大科技项目，突出关键共性技术、前沿引领技术、现代工程技术、颠覆性技术创新，为建设科技强国、质量强国、航天强国、网络强国、交通强国、数字中国、智慧社会提供有力支撑；加强国家创新体系建设，强化战略科技力量；深化科技体制改革，建立以企业为主体、市场为导向、产学研深度融合的技术创新体系；培养造就一大批具有国际水平的战略科技人才、领军科技人才、青年科技人才和高水平创新团队；等等。

这些需要全面发展的重要领域，正是我们这一代青年大学生演绎精彩人生的广阔舞台！

第二，制造强国建设充满机遇。在座的同学们很多是工科专业，在这里，我想专门谈一下制造业。制造业是国民经济的主体，是立国之本、兴国之器、强国之基。没有强大的制造业，就无从谈起国家的

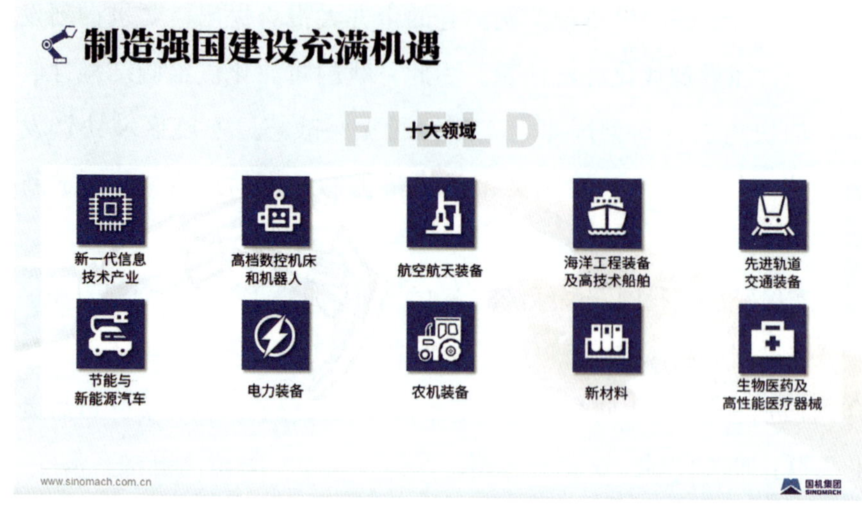

图为十大重点领域

综合国力，无法保障国家安全，更不可能建成世界强国。国机集团是我国最大的装备制造企业，致力于建成具有全球竞争力的世界一流装备制造企业。这是国机集团肩负的历史重任。

建设制造强国是我国经济建设的重要任务。对此，国家专门进行战略部署，主要包括九大任务、五大工程、十大领域。

九大任务：提高国家制造业创新能力，推进信息化与工业化深度融合，强化工业基础能力，加强质量品牌建设，全面推行绿色制造，大力推动重点领域突破发展，深入推进制造业结构调整，积极发展服务型制造和生产性服务业，提高制造业国际化发展水平。

五大工程：制造业创新中心（工业技术研究基地）建设工程，智能制造工程，工业强基工程，绿色制造工程，高端装备创新工程。

十大领域：新一代信息技术产业，高档数控机床和机器人，航空航天装备，海洋工程装备及高技术船舶，先进轨道交通装备，节能与新能源汽车，电力装备，农机装备，新材料，生物医药及高性能医疗器械。

我们不能继续满足于劳动密集型的“中国制造”，而是要积极推动中国制造向中国创造转变、中国速度向中国质量转变、中国产品向中国品牌转变。

（三）在弥补差距中担当尽责

我国经济在众多行业领域与美国等西方发达国家存在较大差距，面临不少挑战，需要一代代人不懈追赶。落后就要挨打，有差距就会受制于人。

有差距就要弥补，有挑战才有机遇。目前我们存在的差距，面临的挑战，正是我国新时代发展亟须攻克的关键战场，也为大学生施展抱负、实现梦想提供了难得机遇和广阔舞台。结合自身所长，将个人发展与时代需要紧紧结合起来，在国家亟待攻克的关键战场上埋头苦干、砥砺奋进，在与国家民族共荣中成就自我，这是我们当代大学生的责任担当，也是时代交给我们的考卷。

从我所在的制造业来看，我国虽然有了较雄厚的制造业基础和较为完备的制造业体系，但与位列世界制造业第一阵营和第二阵营的美国、德国、日本相比，我国制造业大而不强，总体上仍处于全球价值链中低端，在技术创新能力、资源利用效率、产业结构水平、信息化程度、企业国际竞争力等方面还存在明显差距。从制造大国迈向制造强国的征途中，为新时代大学生挥洒青春、追逐梦想、实现价值提供了很多机遇和舞台。

——突破关键核心技术，提高创新能力。与欧美等制造强国相比，我国制造业创新能力整体偏弱，以企业为主体的创新体系尚不完善，科技创新对产业发展支撑不足，中国制造业在重大装备和核心零部件等方面还存在不少“卡脖子”问题，《科技日报》曾经梳理了包括中兴芯片在内的35项亟待攻克的核心材料和技术。关键核心技术受制于人，就会失去主动权、选择权和议价权。关键核心技术是要不到、买不到、讨不来的，只有靠自己。

——加快产品质量和品牌建设速度，优化产品结构。我国制造业整体产品质量和品牌建设滞后，产品档次不高。主要表现在中低端产品过剩，高端产品不足，供给无法精准匹配需求，在参与国际竞争的过程中，缺少一批具有国际影响力的品牌和领军型企业。要发挥工匠精神，加快提升制造业产品质量，打造一批世界知名品牌，进一步优化制造业产业结构。

——夯实制造业发展基础，优化制造业发展环境。我国制造业结构性供需失衡问题日益凸显，新能源汽车、工业机器人、无人机等一些高端新兴领域尚处于起步阶段，基础配套能力不足，先进工艺、技术标准和知识产权保护等基础能力较为薄弱，企业未来发展和转型升级面临严峻挑战。金融资源配置效率不高，金融体系对制造业等实体经济支撑力度不够。制造业的发展环境亟待优化。

——争做大国工匠，弥补人才结构性缺失。近年来，创新发展的根本动力是人才驱动的理念已深入人心，各地企业纷纷出台人才吸引政策，人才已经成为谋求发展的争夺焦点。尤其是制造业领域急需的高技能人才、专业技术人才更是成为争抢的热点。这为广大有志于投身制造业的同学提供了大好的机会。

三、干出大事业，在挥洒青春中成长

我们面临的新时代，既是近代以来中华民族发展的最好时代，也是实现中华民族伟大复兴的最关键时代。当代青年是接续历史、现实和未来的奋斗者。同学们处在中华民族发展的最好时期，既面临着难得的建功立业的人生际遇，也面临着“天将降大任于斯人”的时代使命。实现中华民族伟大复兴，是近代以来中华民族最伟大的梦想，是广大青年要干的宏大事业、是广大青年挥洒青春的广阔舞台、是广大青年建功立业的坚实承载。既做国家发展的见证者、受益者，更做民族复兴的参与者、推动者，把个人成长与国家发展、民族复兴结合起来，才能成为担当民族复兴大任的时代新人，创造出属于自己的一片天地。

（一）在实现梦想中干大事业

习近平总书记指出，每个人都有梦想。老百姓的梦想，是最接地气的愿望，是内心小小的企盼。每个人因环境、年龄、身份等的不同，对生活的目标也不一样。这一个个梦想看似毫不相干，其实都需要一个大的前提和实现的平台，那就是国家繁荣富强，社会安定团结，人民才能安居乐业，这恰恰是中国梦的实质内涵，大家的梦想只有在中国梦的康庄大道上“行驶”才能实现。

中国梦为每个青年人提供了创造精彩人生的机会。党的组织路线、中长期青年发展规划等一系列人才发展部署措施，为青年实现个人梦想提供了更多的空间和支持。当在座的各位同学学有所成走向社会，要树立怎样的择业观，怎样在这伟大的时代实现梦想回报社会，怎样获得成功、构建幸福的人生？聚焦国家重大部署，瞄准国家重点需求，对接各项强国战略，投身国民经济主战场，是你们激发潜能、升华人生的最佳选择。责任催人奋进，担当成就作为。前所未有的艰巨挑战，也是大有可为的重要机遇。很多同学都爱打网游，大家在研究攻略、学习技能、不断通关、提升功力中享受成功的喜悦。事业上也是如此，迎接挑战、克服困难、找出问题，提出解决办法，就是抓住了机会，实现了个人的历练和事业的晋级。

（二）在争做先进中干大事业

网络上有句流行语“人在奋斗的时候会发光”。在强国战略的征程上、在国民经济的舞台中、在国有企业特别是中央企业这支国民经济的主导力量里，涌现了一批干事创业、闪闪发光的楷模，他们以刻苦钻研业务推动创新升级为己任，在中国梦的舞台上建功立业，实现产业报国。

目前，有51000多名青年在国机集团不同岗位上奋斗，很多青年在集团“十百千”人才工程、“80、90英才工程”、“国际化人才工程”等青年人才的选拔、培养和使用机制下脱颖而出。例如，“80后”青年白树华，在平凡的岗位作出不平凡的业绩，从一名普通焊接工人成长为党的十九大代表、国机集团“焊接大师”。他十多年来每天在近60度的高温环境下刻苦钻研焊接技术，先后取得16项压力容器证书、3项ASME证书等，被评为“感动国机十大人物”。模锻件技术专家罗恒军也是“80后”，他2019年被评为“全国向上向善好青年”，并受邀参加在人民大会堂举行的纪念五四运动100周年大会。他曾经放弃去国外读博士的机会，扎根国机用 7 年时间精心锻打，实现 C919 大飞机主起落架锻件的全部国产化，为我国的大飞机打造出了一双“中国造”的“双腿”。这些青年怀揣梦想投身实业，成为新时代中华民族伟大复兴征程上的奔跑者和追梦人。

我们这一代人继承了前人的事业，进行着今天的奋斗，“建成社会主义现代化强国，实现中华民族伟大复兴，是一场接力跑。我们有决心为青年跑出一个好成绩，也期待现在的青年一代将来跑出更好的成绩”。继续发扬实干苦干的精神，用一个“干”字，浇筑发展的根基，续写未来的辉煌，中华民族伟大复兴的中国梦终将在一代代青年的接力奋斗中变为现实。

（三）在实现自我价值中干大事业

毛泽东同志说：“青年人朝气蓬勃，正在兴旺时期，好像早晨八九点钟的太阳。希望寄托在你们身上。”

邓小平同志说：“青年一代的成长，正是我们事业必定要兴旺发达的希望所在。”

习近平同志说：“青年一代有理想、有本领、有担当，国家就有前途、民族就有希望”“青年最富有朝气、最富有梦想”“中华民族伟大复兴终将在广大青年的接力奋斗中变为现实”。在纪念五四运动 100 周年的讲话中，习近平总书记对青年提出了六点希望：

要树立远大理想

要热爱伟大祖国

要担当时代责任

要勇于砥砺奋斗

要练就过硬本领

要锤炼品德修为

青年兴则国家兴，青年强则国家强。中国的未来属于青年，中华民族的未来也属于青年。中国特色社会主义进入新时代，中国日益走近世界舞台中央，中华民族距离伟大复兴的目标从未如此之近，你们生逢其时，也重任在肩。

最后，我想给大家提几点希望：

第一，立大志，坚定理想信念。志当存高远，青年欲成大事，当立大志。新时代青年最大的志，就是为了中华民族伟大复兴而努力奋斗，只有把人生理想融入国家和民族的事业中，才能最终成就一番事业。青年当涵养家国情怀，树立远大理想，培育正确的、积极的世界观、人生观、价值观，并在此价值观的指导下努力成长，报效祖国、回报社会、给家庭添彩。

第二，求真知，锤炼过硬本领。非学无以广才，非志无以成学，知识是成才的基石。青年当树立正确的学习观，勤于学习，勤于思考，不弄虚作假，不急功近利，切切实实求真学问、练真本领。学深学透专业知识，努力开拓视野，在实践中学真知、悟真谛。

第三，担重任，扛起时代使命。一代人有一代人的使命，一代人有一代人的担当，实现伟大复兴中国梦的接力棒传到你们手中，青年当以“弄潮儿向涛头立，手把红旗旗不湿”的坚毅精神，在新征程中，找到自己的“责任田”，肩负起属于自己的那份责任。

第四，展宏图，奉献无悔青春。在时代的洪流中，每一代青年都会留下属于自己的青春印迹和时代答卷。青年当以“功成不必有我，建功必须有我”的奉献精神，不畏艰难、务实行动，勇于到条件艰苦的基层、国家建设的一线、项目攻关的前沿，经受锻炼、增长才干、奉献青春。

同学们，国有企业、中央企业将为青年提供激扬青春、开拓人生、建设国家、奉献社会的广阔舞台。希望同学们多了解国企、央企，到国机集团看一看，更欢迎同学们毕业以后到国企工作、到央企工作、到国机集团工作，干出大事业、作出大贡献，实现人生价值！（文中数据为 2019 年 5 月底统计）

同学们说

我在机电学院学习深造，今天听课，张晓仑董事长介绍了很多行业方面的情况。我想，除了要学透基础与专业知识，多实践更加重要。我要像他们年轻的时候一样，到车间厂房去实践，到一线去工作，通过实践让知识落地，实现自我价值。

——陈乃馨　机电学院学生

张晓仑董事长说的要扣好人生第一粒扣子，树立正确积极的三观，我认为这一点相当重要，他的讲话让我意识到了自己要承担我们这一代的历史使命，也激发了我在大舞台上干大事业的斗志。

——佘绵成　土建学院学生

年轻就不要怕吃苦，吃过苦我们才会锻炼自己，收获成长——这是今天我最深的体会。回过头来看看我走过的这 20 年，过得那么顺利，没有什么大风大浪，让我觉得最苦的事或许就是学习了。所以，我们上一辈人身上那种吃苦耐劳的精神在我自己身上基本看不到，20 多岁的自己仍然很稚嫩。我想，有机会一定要让自己去一线去基层，经受摔打，吃点儿苦，收获那份属于自己的成长。

——左智琦　土建学院学生

36. 实践出真知

——中国道路与国企

中国保利集团有限公司  中南财经政法大学

徐念沙

2019 年 5 月 9 日，中国保利集团有限公司党委书记、董事长徐念沙在中南财经政法大学讲课

★西方经济学中理想意义上的市场机制是由理性经济人参与的、完全竞争状态的、没有任何行政干预的市场自我调节机制。但在现实世界中，这种理想状态从未出现过，没有一个国家可以彻底放弃行政手段。西方经济体制的实践过程也是市场和政府此消彼长的过程。

☆当代中国正经历着广泛而深刻的社会变革，进行着宏大而独特的实践创新，实践一直在、也正在改变着中国。

★国企守初心，谋变革，探索实践不断做强做优做大。在这股浪潮中，保利走过了三十五载春秋沉浮，一代代保利人笃志而行，经历了从15亿到1万亿的征程。

☆党的十八大以来，国企党建工作与反腐的加强使国企的执行力、战斗力得到有力提升。

★国企是践行中国特色社会主义的主力军，我们的国企用好市场这只“看不见的手”，并要接受好政府这只“看得见的手”的指导监督，同时也承担着更多的社会责任，传递着正能量。

☆中国的国有企业具备一般企业的属性，但也不单纯只为经济目标服务，要综合考虑社会目标、国家战略，要服务服从于国家的宏观调控，尽力弥补市场的不足。

★中国特色社会主义的一个重要主题，就是在我国发展和完善社会主义市场经济体制，形成“有为政府”和“有效市场”相结合的经济模式。

很荣幸今天站在中南财经政法大学的讲台上。这里有深厚的红色基因，有“博文明理·厚德济世”的校训，我作为一名企业工作者来到这里，打算和大家交流一些课堂以外的知识，充实“博”的内涵，与你们谈谈实践出真知，感悟国家砥砺奋进的厚重大德。

习近平总书记曾谈道：“我们党之所以能够历经考验磨难无往而不胜，关键就在于不断进行实践创新和理论创新。”

讲课现场

改革开放40年的伟大实践证明了中国特色社会主义市场经济的真理，我们坚定“四个自信”，使中国道路越走越宽，中国智慧随行远播。党的十八大以来，以习近平同志为核心的党中央坚持在实践创新基础上的理论创新。当代中国正经历着广泛而深刻的社会变革，进行着宏大而独特的实践创新，实践一直在、也正在改变着中国。

改革开放的40年，同时也是国有企业蓬勃发展的40年。国企守初心、谋变革，通过一步步的探索实践不断做强做优做大。保利集团也在这股浪潮中，经历了35载春秋沉浮，一代代保利人笃志而体，不懈努力，经历了从15亿元到1万亿元的征程。

最近广受大家关注的中美贸易谈判，以及国际舞台上类似的对话和场合，都让我们意识到外界对中国的国有企业、中国的经济模式、中国改革开放的巨大成果还存在诸多疑惑。今天我想和在座各个领域的年轻思想者们，一起追本溯源，从经济学说的演进谈起。我试着用你们熟悉的语言共同回顾从西方理论大行其道，到我们找到自己的理论思想的过程；我们一起探究市场与政府的关系，了解国企逐渐成长的历程。

下面，我们先以中国道路的选择开篇。

一、道 路 篇

（一）经济学说的脉络

西方经济学说的思想渊源可以追溯至奴隶社会时期，古希腊古罗马的思想家们为了极力维护奴隶制自然经济提出了各种见解。

这一时期颇有代表性的经济思想，由苏格拉底的两名弟子色诺芬、柏拉图提出，定义了财富具有使用价值或者交换价值。

其后，在西欧封建社会晚期，经济学说继续演进，经历古典政治经济学、重商主义、重农主义，从威廉·配第的《赋税论》认为“劳动是财富之父，土地是财富之母”，到魁奈的《经济表》第一次明确而系统地对社会资本的再生产和流通过程进行理论研究。

随着资本主义向纵深发展，西方经济学体系也日趋成熟。

亚当·斯密的《国富论》——被誉为市场经济学的圣经，标志着古典经济学的诞生，人们受一只“看不见的手”支配，在追求个人利益时会使整个社会获得最大利益。

大卫·李嘉图对亚当·斯密的体系进行了扩展，使劳动价值论逐步完善，“一件商品的价值，取决于生产此件商品所必需的相对劳动量”。

直至穆勒的《政治经济学原理》诞生，古典政治经济学集大成。

随后，我们再来看看经济思想的另一枝干，不断发展完善的社会主义理论，它经历了一次次实践检验，直到在世界舞台上与西方经济学分庭抗礼。

社会主义是如何诞生的？是应问题而生，要解决资本主义市场经济的盲目大生产的问题，生产力和生产关系不可调和的矛盾问题，解决公平稳定的问题，解决残酷剥削的问题，解决社会效率的问题。社会主义道路是社会实践的结果。

空想社会主义的思想为社会主义理论奠定了最原始的根基，其中圣西门的“实业制度”、傅立叶的“和谐制度”及欧文的“公社制度”具有最大的影响力。

马克思、恩格斯批判和超越了亚当 · 斯密、李嘉图、黑格尔和费尔巴哈等人的学说，形成了辩证唯物主义和历史唯物主义的世界观和方法论，并且吸取了空想社会主义者提供的思想材料，使它们与剩余价值理论相结合，最终创立了完善的科学社会主义学说。科学社会主义有理有据地揭露了资产阶级剥削无产阶级的秘密，揭露了无产阶级和资产阶级对立的根源。

科学社会主义理论深刻地揭示了人类社会发展的规律，为无产阶级和全人类的解放运动提供了指导思想，指导着一代又一代的共产党人为实现共产主义社会的最终目标而不懈奋斗，努力完成科学社会主义的实践历程。

在苏联，列宁的实践让社会主义步入了发展的快车道，此后，苏联在其实践中逐步建立起以公有制为基础的计划经济体系，并在东欧和中国得到推广。

从此，资本主义、社会主义，这两大阵营在国家实践中、在理论研究上，有争论，有共识，彼此纠葛不休。

接下来，我们再来看西方经济理论在资本主义世界的推进。第二次工业革命，新古典经济学说兴起。当时奥地利的门格尔、英国的杰文斯和法国的瓦尔拉斯几乎同时提出了以边际效用决定商品价值的理论，被称为“边际革命”。新古典主义代表人物马歇尔主张自由放任的经济思想，他认为“市场价格决定于供需双方的力量均衡”。

第一次世界大战后，国家垄断资本主义急剧发展，1929—1933年的经济大危机对资本主义经济发展造成了极大破坏。资本主义经济实践与传统的经济理论所宣扬的自由竞争和自由放任产生了严重矛盾，传统的经济理论已经不能适应当时资本主义的经济实践活动。凯恩斯于 1936 年发表《就业、利息和货币通论》，提出通过国家干预经济以求减少失业。

与凯恩斯同时代的熊彼特被誉为“创新理论的鼻祖”，创立了新的经济发展理论，经济发展是创新的结果，是创新打破旧均衡、推进新方式的“创造性破坏”过程。企业家的本质是创新。

后凯恩斯时代：新古典综合派，代表人物：保罗·萨缪尔逊。萨缪尔逊注意到了乘数论和加速原理相互作用的关系，指出政府开支对国民收入的重大作用。新自由主义：哈耶克，他主张极权主义独裁者的崛起是由于政府对市场进行了太多干预和管制，造成政治和公民自由的丧失而导致的。

伴随着资本主义与社会主义两大理论阵营各自在实践中演进，产生了一次深刻的思想碰撞，即 20 世纪 20 至 40 年代米塞斯、兰格、哈耶克的经济大论战，对于社会主义经济能否有效运行进行了深入的讨论，米塞斯否认社会主义有实行经济计算和合理配置资源的可能性，兰格对米塞斯的观点提出挑战，提出社会主义经济可以通过试错法获得均衡的价格，社会主义经济可以实现资源的合理配置。兰格以西方经济学家能够理解的经济语言和概念，为社会主义计划经济的有效运行提供了成功的理论辩护。而哈耶克对于中央计划经济可以实现资源的合理配置的思想进行了反驳，认为市场的复杂多变使得兰格等人的以试错法确定价格的方式无法应用，从资源配置的角度看，市场经济优于中央计划经济。

随着对资本主义、社会主义制度的深入研究，还有许多学派也相继创立，这些学派或极力崇尚市场自由，或赞同一定程度的政府干预。例如：新剑桥学派主张国家干预经济，实现收入分配平等化。货币主义又被称为现代芝加哥学派，在政策上基本主张坚持市场调节的完善，反对国家直接干预。理性预期学派认为市场机制本身是完善的。

这些层出不穷的经济学理论，都是对市场经济理论的不断补充和完善。

（二）经济学上的“两只手”

纵观资本主义市场经济与社会主义市场经济的发展模式，无非就是这两种：完全依靠市场的自主调节模式与政府加市场的经济调节模式。

在西方经济学思想史中，倡导政府来主导经济还是倡导市场来主导经济，一直都是一个不断争论、不断发展的理论话题。西方经济学中理想意义上的市场机制是由理性经济人参与的、完全竞争状态的、没有任何行政干预的市场自我调节机制。但在现实世界中，这种理想状态从未出现过，没有一个国家可以彻底放弃行政手段。

西方经济体制的实践过程也是市场和政府此消彼长的过程。学者总是在不断地创新经济理论和工具，来解决市场中失灵的问题，但是又不断地有新的问题出现，因而有政府不断地伸出手来干预和稳定市场，又不断地退出，是一个此消彼长的过程。

从某种意义上来说，经济思想史的发展就是在政府和市场两因素的博弈中不断更新改进的，从而引申出两个问题：

第一个问题是到底是政府主导的经济能够及时利用市场信号，还是市场主导的经济能够及时利用市场信号？按照西方经济学的角度，政府主导的经济是不能利用市场信号的，因为这个经济体系中政府管制了经济的主要部分，官僚的权力太大，主观随意地管制经济有可能带来全社会的低效率、寻租和经济萧条等问题。

第二个问题是谁是解决市场失灵最有效的，是政府还是市场本身？西方经济学认为市场失灵是普遍存在的，但市场有自我修复功能，它能够通过价格机制、利润机制和竞争机制自我平衡，然而现实中对于经济结构调整，市场显得软弱无力，其自我调节自我修复功能具有局限性，一方面是因为市场不是理想型的市场，做到信息完全充分、对称是不可能的。另一方面是因为人是有动物精神的，西方学者也已经关注到了人非理性的这一面，并凭借这一理论解释获得了诺贝尔经济学奖。“一有适当的利润，资本就会胆大起来。”（《资本论》）资本的贪婪造成了资本主义不可调和的矛盾，也就导致市场无法完全依靠自身来解决问题，可能付出的社会代价太大，所以需要政府在适当的时候干预。

从最早的重商主义到后来的古典经济学、凯恩斯主义，再到中国特色社会主义市场经济、改革开放，政府与市场的关系虽争论不断但并不是完全对立的。中国特色社会主义市场经济，并不是社会主义与市场经济的简单相加，而是创新的经济体制。它的理论内容包罗万象，既包括与“市场”“民营”“产权”等密切相关的西方政治经济学内容，也包含“公有”“国有”“集体”“集中”等马克思主义认为的社会主义内容，还包括“以人民为中心”“命运共同体”“创新发展”等新时代政治经济学内容。这是一种全新的理论，超越了对社会主义经济的传统认知，也超越了西方市场经济的固定思维。

习近平总书记曾谈到，“看不见的手”和“看得见的手”都要用好，努力形成市场作用和政府作用的有机统一、相互补充、相互协调、相互促进的格局，推动经济社会持续健康发展。这是中国道路中市场机制的核心。党的十九大报告明确指出："必须坚持和完善我国社会主义基本经济制度和分配制度，毫不动摇巩固和发展公有制经济，毫不动摇鼓励、支持、引导非公有制经济发展，使市场在资源配置中起决定性作用，更好发挥政府作用。"

（三）改革开放与中国道路

中国经济体制建设的实践经历了如下几个阶段：一是1949—1957年：苏式计划经济在中国的确立。二是1958—1978年：中央计划经济的挫折与恢复。三是1978—1992年：计划经济与市场经济的双轨并行，其中，1978—1984年：计划经济为主，市场调节为辅；1984—1987年：有计划的商品经济；1987—1992年：国家调节市场，市场引导企业。四是1992年之后：社会主义市场经济不断发展。

改革开放，改革什么，开放什么？改革，把计划经济中与市场不相符、不对接的地方要改掉，要更好地让市场配置资源。开放，走出去，引进来，跟世界互联互通。

在中国，我们看到了东欧剧变、苏联解体的挫折，审视"休克疗法"的失败教训，在世界社会主义的低潮中，逆势崛起，坚定不移，开辟了中国特色社会主义道路。我们以改革开放的伟大实践，证明了社会主义制度在世界上并没有"终结"，而是以新的途径在加快发展。中国作为世界社会主义的中流砥柱，以事实回应了西方对社会主义制度的质疑。

中国特色社会主义的一个重要主题，就是在我国发展和完善社会主义市场经济体制。随着改革开放的深入推进，我国不断对生产关系进行调整来适应并促进生产力的发展。

我国在改革开放的道路上，始终根植于我国国情，不断平衡政府和市场的关系，用伟大的实践检验了中国特色社会主义市场经济的先进性和对中国道路的适应性，这个特色就是我们没有摒弃政府的参与。中国要解决近 14 亿人共同富裕，要满足人民对美好生活的向往，要减少贫富差距，保持社会公平与稳定，在西方经济学那里是寻不到灵丹妙药的，还是要有我们自己的“主见”，要完善中国特色社会主义市场经济理论，形成“有为政府”与“有效市场”相结合的经济模式。

中国特色社会主义市场经济体制，这是一条基于中国国情的独特道路，让我们不仅实现了经济的高速增长，还向着全民共同富裕大步迈进，兼顾着“发展生产力”和“以人民为中心”的马克思主义思想核心。

（四）“中国之治”与“混沌的世界”

实践是检验真理的唯一标准。

1. 中国道路成果

国家统计局发布改革开放 40 年经济社会发展成就系列报告：

1979—2017 年，我国经济平均增长率为 9.5%，明显高于世界同期 2.9%的平均水平，也高于世界各主要经济体同期平均水平。

1979—2017 年，中国对世界经济增长的年均贡献率为 18.4%，仅次于美国，居世界第二位。特别是自 2006 年以来，中国对世界经济增长的贡献率稳居世界第一位。2017 年，中国对世界经济增长的贡献率为 27.8%，超过美国、日本贡献率的总和，拉动世界经济增长

0.8 个百分点，是世界经济增长的第一引擎。

1978 年，我国国内生产总值世界排名第 11 位；2010 年，成为世界第二大经济体，并在此后稳居世界第二位。我国占世界经济总量的比重逐年上升，据国际货币基金组织数据计算，2017 年，我国 GDP 为 120146 亿美元，占世界总量的 15%，比 1978 年提高了 13.2 个百分点。

近些年，我国稳步推进结构性去杠杆，深入推进精准脱贫，全面开展蓝天、碧水、净土保卫战，防范化解重大风险、精准脱贫、污染防治三大攻坚战捷报频传。尤其脱贫是独属于中国特色社会主义的伟大奇迹。中国是世界上减贫人口最多的国家，也是世界上率先完成联合国千年发展目标的国家，改革开放以来，中国实施大规模扶贫开发，使 7 亿多农村人口摆脱贫困，在人类反贫困历史上是空前的，也可能是绝后的。

2. 西方世界的反思

从实践来看，西方概念中的全然市场化并不是最佳选择。以房地产市场为例，过度市场化会拖累整个经济的发展。美国房地产市场的过度市场化，引发了美国的次贷危机，拖累了美国房利美和房地美两家公司，并引发了全球性的经济危机。

此外，当前西方民粹主义抬头，诸如法国“黄马甲”等运动都反映了西方体制存在着弊病。一旦混乱产生，会带来社会资源的大量消耗，也会造成极大的社会成本，形成不稳定因素。法国前总理拉法兰曾对我说过：“我们选择了这个制度，就要付出这个代价。”

与中国稳中向好的发展势头相对应，以美国为代表的西方世界则屡屡爆发经济危机。如安然事件、房利美与房地美等。这也引起了西方经济学界的反思，发出“西方主流经济学日渐式微”的感慨。

中国道路的巨大成功有力地驳斥了一些对社会主义经济体制的质疑之声。西方学者甚至提出：谁能正确解释中国的改革和发展，谁就能获得诺贝尔经济学奖。

（五）小结：政治与经济

“政治经济学”这个名词正式出现是蒙克莱田《献给国王和王太后的政治经济学》一书，将“经济”拓展为国家治理。它能够一直沿用至今，也说明学者们认可经济学要结合政治来看，理论要结合实践，要研究国家范围和社会范围的问题，结合国情才能使经济学有用处。

我们可以看到，西方经济学有其成熟的理论体系，也有争论和彷徨，走到今天在世界范围内也受到了实践的挑战，备受争议。看一看《大空头》这部电影，读一读 *Slapped by the Invisible Hand: The Panic of 2007*，都反映了自由化的市场经济在现实中遇到的麻烦，还有 *ANIMAL SPIRITS*，两位作者是诺奖得主，其中 Robert J.Shiller 曾来过保利，我们聊的都是最现实的经济现象。大家可以结合实践观察现实和书本的差别，思考一下经济学中不理性的一面。

再回过头来看看我国的发展，中国在庞杂的经济学说体系中选择了马克思主义，在中国共产党的领导下，我们吸收、发展马克思主义，广学深析，去芜存菁，不盲从，有自信，探索出中国特色社会主义道路，坚定前行，取得了辉煌成绩，实践了社会主义市场经济，中国智慧正惠及全球。

被誉为“现代宏观经济学的缔造者”的埃德蒙德·菲尔普斯，就曾赞许中国模式。约瑟夫·斯蒂格利茨在2019中国发展高层论坛经济峰会上，还谈到国有企业在实现中国经济高质量发展、改善中国人民的生活质量上也可以作出更大贡献。

接下来，我们就从国企发展中看中国改革的成功实践。

二、国　企　篇

（一）国企、央企是什么

中国的国有企业具备一般企业的属性，但也不单纯只为经济目标服务，要综合考虑社会目标、国家战略，要服务服从于国家的宏观调控，弥补市场的不足。在这一节我们简单了解国企、央企的基本概念和国有企业类型，看一看央企的功能分类，回溯央企经过一系列兼并重组从191家到106家再到96家的变革历程。

（二）国企发展大事记

中国“站起来”，步入“新社会”，国企相继建立、成长；

中国“富起来”，进入“新时期”，国企逐步发展、变革；

如今，中国“强起来”，开启“新时代”，国企也踏上了“做强做优做大”的新征程，着力打造具有全球竞争力的世界一流企业。

在这里我简单谈一谈国有企业的历史，也希望同学们能够有兴趣在以后深入了解、正确认识国有企业：从战争年代为共和国披荆斩棘的第一批“国有企业”；到社会主义制度建立时期，伴着新中国栉风沐雨一路走来的国有企业；再到改革开放中转型升级、坚定前行的国有企业；直至今天步入新时代。党的十八大以来，以习近平同志为核心的党中央坚持和发展中国特色社会主义经济，并逐步形成习近平新时代中国特色社会主义思想。坚持推动国有企业不断发展壮大，推动国有企业完善现代企业制度，发展混合所有制经济。

（三）国企的地位与贡献

习近平总书记在2014年8月主持召开中央全面深化改革领导小组第四次会议时曾明确指出，“国有企业特别是中央管理企业，在关系国家安全和国民经济命脉的主要行业和关键领域占据支配地位，是国民经济的重要支柱”。

国有企业是践行中国特色社会主义的主力军，我们的企业接受市场“看不见的手”的检验，也接受政府的指导监督；同时，也承担着更多的社会责任，传递着正能量。

1. 作出经济贡献

国有企业，特别是央企，在改革开放、社会主义市场经济蓬勃发展的浪潮中充当着领航巨舰的角色，凝结着改革的缩影。

（1）国企

2018年，国资监管系统企业累计实现营业收入54.8万亿元，同比增长10.3%；实现增加值12.4万亿元，同比增长9.8%（对比：全年国内生产总值（GDP）900309亿元，以增加值对比，国企贡献占13.7%）；实现利润总额3.4万亿元，同比增长13.2%（对比：泰国2018年GDP约合人民币3.34万亿元，2018上海GDP约3.3万亿元，北京市GDP约3.03万亿元）；上缴税费总额3.8万亿元，同比增长8.3%。实现了国有资产保值增值。

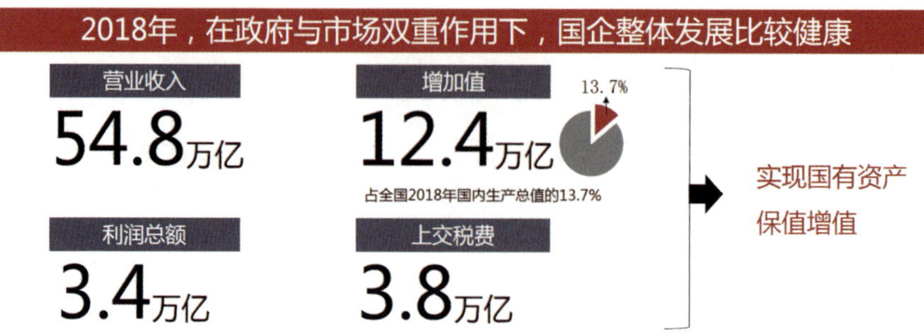

国有企业 2018 年经营数据

（2）央企

2018 年，在国内外经济形势复杂多变的背景下，中央企业收入、利润仍实现了快速增长，甚至创出历年最好水平。累计实现营业收入 29.1 万亿元，同比增长 10.1%；实现利润总额 1.7 万亿元，同比增长 16.7%；实现净利润 1.2 万亿元，同比增长 15.7%；归属于母公司所有者的净利润 6100.1 亿元，同比增长 17.6%。

在经济下行的普遍压力下，中央企业仍创造出巨大的社会贡献，且逐年持续增长，成为“稳定器”“压舱石”。2018 年中央企业上缴税费总额 2.2 万亿元，同比增长 5.7%。划转部分国有资本充实社保基金稳步实施，完成 18 家中央企业股权划转，划转规模达 750 亿元。

2018年，央企收入、利润仍实现了快速增长，甚至创出历年最好水平

营业收入 29.1万亿

利润总额 1.7万亿

净利润 1.2万亿

归母公司净利润 6100.1亿元

→ “稳定器” “压舱石”

中央企业 2018 年经营数据

2. 践行社会责任

中央企业定点帮扶和对口支援的42个县成功脱贫摘帽。中央企业贫困地区产业投资基金完成投资决策项目63个，涉及金额128.9亿元，有力促进了贫困地区基础设施完善、特色产业发展、教育医疗改善和群众增收增富。

近年来，保利集团承担6个县的定点扶贫任务，分别是山西五台、河曲，云南鲁甸、巧家，广西忻城以及内蒙古喀喇沁旗。除此之外，保利集团所属企业还承担着广东、陕西、贵州、海南、上海、广西、湖北等地政府分配的对口扶贫任务。初步统计扶贫面积总计16500多平方公里，扶贫人口总计约245万。党委主要领导一行长途奔袭、风雨兼程，每年走遍4省（自治区）6个定点扶贫县，进村户、访贫困、寻实策，开展深度调研；选派12名干部（挂职副县长6人，驻村第一书记6人）赴定点扶贫县挂职；2018年投入扶贫资金3000

星火班

多万元；2019 年计划投入扶贫资金 6000 多万元，助力脱贫攻坚。作为责任央企，我们创新扶贫模式，提出从根本上解决问题、长效的精准扶贫计划——“保利星火”计划，即“授其技、树其人、立其业”，通过“职教 + 就业”，组织贫困户适龄子女开展短期技能培训，以安排进入保利所属的物业公司就业为基础并满足社会需求，实现“职教一人、就业一个、脱贫一家”的目标。我们注重发挥专业优势，利用中国工艺集团工艺美术专业优势，致力把鲁甸打造成“滇绣之县”，成立了鲁甸县滇绣培训中心，在甄选部分绣娘进修深造后，在鲁甸开班教学，义务培训包括农村妇女、残疾儿童、在校学生在内的 500 余人次，形成“打工不离乡、忙时抓生产、闲暇就绣花、增收又顾家”的新型农村脱贫模式。我们支持当地龙头企业助力扶贫，利用当地政策优势、地理条件优势，依托当地、立足市场，发挥各板块的作用，开展产业扶贫。我们拓宽扶贫渠道，积极向定点扶贫县引进扶贫企业，在云南巧家县先后引入上海生物制品研究所单采血浆站项目等扶贫项目，并落实资金 4.16 亿元。

3. 服务国家大局

随着“一带一路”倡议的推行，国企也在加快“走出去”在国际互联互通中发挥着重要作用。以保利集团为例，在不断扩大境外经营业务的范围和规模的同时，我们也将海外文化交流作为一张新名片。从国家的长远未来考量，文化产业占据着举足轻重的地位。我们将文化项目、业务推向了欧美澳新亚非 100 多个国家和地区。每年演出场次 9000 多场，国际合作场次超三分之一（3000 场）。保利与“一带一路”沿线国家的艺术团体合作，引进剧院演出 500 余场。

保利剧院演出现场

（四）国有企业改革

国企改革，改什么？改成什么？要让国企真正成为市场经济的主体，用好“两只手”。

1. 管理提升

在以产权改革和股份制改造为核心的现代企业制度建设时期，以产权理论和交易费用理论为主要内容的西方新制度经济，产生了比较大的影响。其代表人物科斯曾撰文说：“过去三十多年，中国的市场转型只是有中国特色的市场经济的起步，远不是其尾声。市场社会毕竟不是什么终极状态，而是一个开放的自我改造的演化过程。”

从管理学来说，国企改革需要进一步完善法人治理结构，强化董事会职权，解决权力的监督与制衡，规避经营风险，提升价值创造能力。

这种治理模式的不断演进和改革，成为中国改革开放的重要组成部分，为中国经济实现高质量发展奠定了基础。

2. 国企改革推进

(1) 改革发展、党建引领

习近平总书记对国有企业改革发展和党的建设作出了一系列重要指示，对国企地位作用、国企改革、中国特色现代国有企业制度、世界一流企业建设等多个方面，特别是“两个支柱”“两个基础”“六个力量”“三个排头兵”“顶梁柱”等重要论述。深刻阐明了新时代国有企业的战略定位和历史使命。国务院国资委党委书记郝鹏强调，国有企业是中国特色社会主义的重要物质基础和政治基础。一以贯之地坚持和发展中国特色社会主义，决胜全面建成小康社会、全面建设社会主义现代化国家，要求国有企业勇挑重担，勇于担当，要求我们理直气壮、毫不动摇地把国有企业搞好，坚定不移地把国有资本做强做优做大。

央企要坚定“四个自信”，保持政治定力，立足新时代，把握新形势，展现新作为，履行好神圣使命。

(2)“1+N”新一轮国企改革

“1+N”政策体系逐步建立，成为指导和推进新一轮国企改革的“路线图”“施工图”。

在明确“总体要求”的基础上，《中共中央国务院关于深化国有企业改革的指导意见》从“分类推进国有企业改革”(提高效率)、“完善现代企业制度”(提升管理)、“完善国有资产管理体制”(放权授权)、“发展混合所有制经济”(增加活力)、“强化监督防止国有资产流失”(保证公平)、“加强和改进党对国有企业的领导”(完善治理)、“为国

国有企业改革指导文件结构图

有企业改革创造良好环境条件”（创造环境）七个方面，为新一轮国企改革画出“路线图”，并确立了“到2020年，在国有企业改革重要领域和关键环节取得决定性成果，形成更加符合我国基本经济制度和社会主义市场经济发展要求的国有资产管理体制、现代企业制度、市场化经营机制”等国企改革阶段性目标。

（3）三项制度改革

“管理人员能上能下、干部职工能进能出、收入薪酬能增能减”涉及国企人事管理、劳动关系、薪酬分配这三项制度的改革。这三项制度改革是完善现代企业制度的重要组成部分，是国企深化改革的重点和难点，也是国企加强和改进管理、转换经营机制的重要基础。

（4）一个明确，四个确保

2019年，国务院印发了《改革国有资本授权经营体制方案》，方案既强调要对国有企业加大授权放权，也要加强多种方式监管。国资委用“一个明确，四个确保”来概括未来五个方面重点改革举措。这将促进国有资本做强做优做大，增强国有经济活力、控制力、影响力和抗风险能力，培育更多具有全球竞争力的世界一流企业。

3. 小结

我用这些图片、数据为大家简单地介绍了国企、央企，希望大家今后能够再通过更多渠道去了解。你们现在学习条件好、信息来源多、吸收知识快，思想也正是活跃的时候。但“纸上得来终觉浅，绝知此事要躬行”。你们将来或许会到国企来工作，会进入保利，更要在干中学，学以致用。

保利一直明辨目标而笃行，在改革之路上砥砺奋进、践行使命。当前，保利人踏上了新时代的长征路。我们有自己的目标，就是弘扬使命，创造未来，行业领先，百年保利，世界一流，这些目标都是融入我们每天的现实工作中的。

实现百年保利不是简单的事情，要有高远宏大的目标、高素质的团队、高效率的工作、高质量的发展。我们要创建具有全球竞争力的世界一流企业，要软硬兼修，不仅锻造硬实力，也要培育优秀的企业文化。保利所取得的成就是由一代代保利人积累起来的。他们许多人也是从年轻时就进入保利，与保利同行，一步步成长到今天。

三、青 年 之 友

毛泽东主席说过，“世界是你们的，也是我们的，但归根结底是你们的。”

青年是历史的创造者，青年重在当下，是尚需熔炼的黄金，青年装点未来，是有待挖掘的宝藏。

欢迎你们到央企来充实力量。青年于保利不可或缺，保利也同样可以成为你们追梦路上的阶梯。我们注重对青年的培养，寄望着广大青年职工可以成为企业腾飞之梦的助力，我们共同携手圆梦保利，圆梦青春。

（一）青年是激情与活力

青年为保利创造了历史，我们的功劳簿上写满保利人的青春，我们创业者的全家福中是刚刚而立的年轻人。青年正在为保利拼搏当下，也将为保利的未来绘出美好的蓝图。保利集团 35 岁及以下的青年有 51346 人，在集团职工中占比达 54.1%，硕士、博士研究生有 5000 多人，2018 年保利集团招收高校毕业生约 1900 人。

（二）青年是血液与先锋

追梦，助梦，圆梦。保利集团高度重视青年人才的培养和选拔，2016—2018 年集团党委共提拔“70 后”干部 12 人，占提拔干部总数的 60%。集团总部 30%的职能部门正职是从三级企业的优秀青年中选调而来。保利发展成立商学院，实施“练兵、点将、百帅、领军”四个人才梯队培养计划，在北大光华管理学院举办领军计划高管研修班。保利置业开展年轻干部调研，挖掘 156 名优秀年轻干部进入“789 干部”队伍。保利文化着力提高员工素质，举办了第二届“保利剧院杯”岗位技能竞赛，有 55 家剧院 4000 余员工参赛。

（三）寄语

今天，包括总经理、副总经理，我们 27 位保利人，来到了这里，与老师和同学们同堂共课。我也想过大家最关心什么，可能就是就业，十几年的寒窗苦读期望毕业以后能够有一个好工作，不让辛苦付诸东流。能就业不难，但做得好不容易，能不能把所学知识转化成资源，在职业生涯中发挥作用很重要。所以我把讲课的主题定为“实践出真知”，还想加一句“亮剑真英豪”，希望青年朋友要真正把握“实践出真知”的内涵，在学习和实践中掌握真本事、积累真底蕴，在步入社会需要亮剑的时刻敢亮剑、能拔剑。让我们以习近平新时代中国特色社会主义思想为指引，汇聚真知灼见，勇于实践，坚定不移地走中国特色社会主义道路，为国企不断做强做优做大，为中国经济社会的发展贡献力量。

同学们说

中国保利集团是国有企业中的领军者，为改革开放以来中国经济迅猛发展起到巨大推动作用，徐念沙董事长的授课，在理论和实践两个层面都使我们受益匪浅。正如徐董事长所说，学校是一个小课堂，社会是一个大课堂，作为青年大学生，我们要把小课堂和大课堂相结合，真正把握“实践出真知”的内涵，在学习和实践中掌握真本事、积累真底蕴，在需要亮剑的时刻敢亮剑、能拔剑。

——刘安然　CFA1701 班学生

“国企领导上讲台、国企骨干担任校外辅导员”活动很有意义，通过邀请为国家建设发展作出突出贡献的国企领导、业务骨干走进校园，听他们讲述“为国家争光、为民族争气”的成长历程和家国情怀，进一步增强了我们青年学生的历史使命和责任担当，为成为新时代的建设者和接班人打下坚实基础。

——赵　斌　法学 1709 班学生

37. 新时代　新国企　新五矿

中国五矿集团有限公司  中南大学

唐复平

2019 年 6 月 5 日，中国五矿集团有限公司党组书记、董事长唐复平在中南大学讲课

★70年，国有企业扛起国民经济发展重任，扛起大国重器研发重任，扛起国计民生改善重任。在事关国家和人民利益的重大事件中，国有企业都义无反顾地挺身而出，只要国家需要、社会需要、人民需要，国有企业永远是冲在一线，切实承担起应尽的社会责任。

☆强企必靠强国：只有国家繁荣才有企业发展。强国必有强企：只有企业发展才能支撑国家强盛。

★40年国企改革历程，既没有模板和母版，也不是谁的翻版和再版，而是始终以问题为导向，秉持“实践第一”的观点、把握“实事求是”的路线，一路探索前行。

☆国有资本投资公司由“大写意”向“工笔画”转变，最后结果是，企业实现“三能”：能重组与被重组、能折能合、能生能死；人员变成“三能”：干部能上能下、员工能进能出、收入能增能减。

★混合所有制改革既不是国进民退、也不是民进国退，而是国民共进。两种优势充分组合在一起，一起做强做优做大，打造更多优秀的“中国企业”。

☆“没有梧桐树，引不得凤凰来”。要实现吸引外部资本进入，国有资本投资公司必须要从“管人、管事、管资产”向“管资本”的转变，以全面契约化管理为基础，全面建立灵活高效的市场化经营机制。

中国五矿与中南大学长期合作、关系亲密。2018年4月，中国五矿与中南大学签订战略合作框架协议，合作关系迈上新高度。此次，双方又在“国企领导上讲台、国企骨干担任校外辅导员”活动中首批50家央企和50所高校中“结对子”，共同推动校内小课堂与社会大课堂有机结合。

中国五矿有超过2300名在职员工毕业于中南大学，是同学们的

讲课现场

校友；有近百项研究课题是由中南大学承担或者与五矿共同完成的。今天，展现给大家的PPT，它的红蓝色调也见证了我们的亲密关系。中国五矿与中南大学至少有三大共同点：

一是金属见长。中南大学冶金工程专业排名世界第一，矿业工程专业具有百年以上历史，学校综合排名位居中国高校前列。中国五矿是中国最大的金属矿产企业集团。

二是深耕湖南。中国五矿境内资产近三分之一在湖南，湖南第一个营业收入超过千亿元的企业是中国五矿的有色金属控股有限公司。

三是使命报国。中南大学前身——湖南高等实业学堂是秉承矿业救国的理念而兴建，中国五矿以肩负保障国家金属矿产资源供应使命而发展壮大。

下面，与大家交流三个方面的内容：一是强企必靠强国、强国必有强企；二是国企呼唤改革，改革重铸国企；三是青春之中国，青春之国企。

一、强企必靠强国、强国必有强企

习近平总书记在全国国有企业党的建设工作会议上强调："国有企业是中国特色社会主义的重要物质基础和政治基础，是我们党执政兴国的重要支柱和依靠力量"，是中国特色社会主义市场经济不可或缺的重要组成部分。

为什么习近平总书记给予国企如此高的评价，我从三个层次来展开说明：从国家层次来说，国有企业与新中国同成长共发展；从行业层次来说，矿业是大国崛起之根本、繁荣之基石；从中国五矿自身来说，它的发展史就是一部矿业报国史。

（一）国有企业与新中国同成长共发展

纵观新中国成立七十载，中华人民共和国与长子筚路蓝缕、砥砺奋进、筑梦辉煌。

社会主义革命和建设时期，从不产一吨钢、一辆车、一架飞机的一穷二白、百废待兴到构建起独立完整的工业体系，伴随鞍山钢铁公司、第一汽车制造厂、沈阳飞机制造厂等一大批重工业企业的建立、发展壮大，国有企业为新中国政权巩固、经济发展立下了卓越功勋。

改革开放和现代化建设时期，从计划经济体制下被动附属的国营生产单位转变为市场经济体制下自主经营的“新国企”；从立足国内市场到融进国际舞台参与全球竞争，彰显了中国特色社会主义市场经济体的活力和生命力。

进入中国特色社会主义经济新时代，成为实现“两个一百年”奋斗目标和中华民族伟大复兴中国梦的核心力量，高质量发展的引领者。

70年，国有企业扛起国民经济发展重任。特别是改革开放以来，我国经济增长年均为9%以上，国有企业功不可没。到2018年年末，全国国有及国有控股企业资产总额178.7万亿元，是1978年的246倍；所有者权益合计63.1万亿元，是1978年的130倍；营业收入58.75万亿元，是1978年的90倍；利润总额3.39万亿元，是1978年的49倍。

70年，国有企业扛起大国重器研发重任。国有企业在载人航天、探月工程、深海探测、特高压变电、移动通信等一系列关系国家安全和国计民生的关键领域，集中突破了一批“卡脖子”技术。比如“天宫一号”空间实验室、“墨子号”量子科学实验卫星、“蛟龙号”深海载人潜水器、“中国天眼”射电望远镜等，都是中央企业引以为豪的具有世界先进水平的重大科技创新成果。

70年，国有企业扛起国计民生改善重任。2013—2018年，全国国有及国有控股企业累计上缴税金近20万亿元，占同期全国财政收入的四分之一。2018年，中央企业每百元营业收入上缴税费是外资企业、民营企业的两倍以上。

同时，在事关国家和人民利益的重大事件中，国有企业都义无反顾地挺身而出，只要国家需要、社会需要、人民需要，国有企业永远冲在一线，切实承担起应尽的社会责任。

（二）矿业是大国崛起之本、繁荣之基

矿业是关系国家命脉和经济发展的重要产业。“谁掌握了资源，谁就能控制世界”是西方世界的长期信奉理念之一。无论是15—16世纪殖民时代、16—18世纪大英帝国时代，还是第二次世界大战之后美国全球霸权时代，资源都是各国参与世界竞争所依靠的核心支撑。

随着一个国家经济快速发展，金属矿产的人均消费量也会随之增加。尤其是在工业化时期，人均消费量会出现爆发式增长。这时候，金属矿产资源能不能实现可靠供给、能不能保障经济发展的需求，就成为影响经济发展的重要因素，甚至是“卡脖子”要素。因此，经济

繁荣带动矿产需求量快速提高，矿业发展也支撑了经济的稳步增长。

中国经济快速发展对金属矿产的需求大幅增加。目前，中国的铜、铝、镍、锂、钴、铬、稀土、钨等金属矿产商品的消费量占到全球一半以上，铅、锌、锡、钼等其他多数金属矿产商品的消费量也保持在世界第一的位置。

需求大幅增加带动矿业产业快速发展，主要品种产量显著增加。2018 年我国铁矿石、十种有色金属、原煤、原油产量分别达到 7.6 亿吨（原矿）、5678 万吨、35.5 亿吨、1.89 亿吨，分别是 1978 年的 6.4 倍、59.6 倍、5.7 倍、1.8 倍。

但中国在资源禀赋上的先天不足，导致近几年资源对外依存度不断增高。目前，中国的铜、铁、锂等主要矿产品种的对外依存度都在 80%以上，钴、镍、铬等品种甚至超过 90%，资源安全形势异常严峻。

以铁矿石为例，新中国成立之时，对铁矿石的需求不足 30 万吨，到了 1978 年也仅为 4500 万吨左右。1992 年市场化改革目标确定之后，对铁矿石的需求加速增长，由 1 亿吨增加至 2018 年的 13 亿吨，年均超过 10%，全球占比由不足 10%提升至超过 55%。目前，铁矿石需求对外依存度超过 85%，每年进口量已超过 10 亿吨。

对外依存度的大幅提升，加上主要金属品种供应被国际矿业巨头长期控制，极大影响了中国的经济发展，损害了国家利益和安全。据统计，在 2004—2009 年间，因三大矿连续提高铁矿石价格，中国进口铁矿石累计多付了超过 1000 亿美元，造成了巨大的外汇损失和工业化成本的大幅增加。

因此，时代对国企提出了新的要求，获取战略资源保障国家安全成为矿业国企所肩负的重大责任和使命。

（三）中国五矿发展史是一部矿业报国史

中国五矿自成立以来，始终以“保障国家金属资源供应”为使命，从不产 1 吨矿的金属矿产品进出口贸易企业，逐步成长为中国最大、国际化程度最高的金属矿产企业集团。回顾历史，可以把中国五矿的发展历程划分为三个阶段：贸易发展期、战略转型期、重组壮大期。

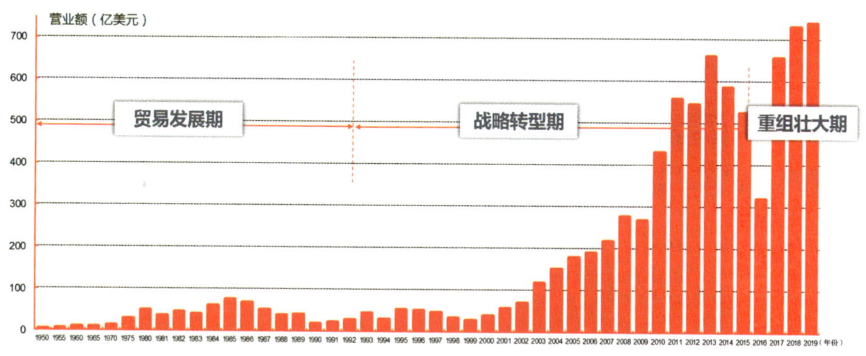

中国五矿从单一外贸企业成长为中国最大、国际化程度最高的金属矿产企业集团

1. 贸易发展期：作为第一批对外贸易专业总公司，发挥中国金属矿产进出口总渠道作用

这一时期，中国五矿是全球贸易网络建设者，与 50 多个国家建立了贸易渠道，经营外贸商品达 95 种；是重要物资供应保障者，突破封锁，为建设武汉长江大桥、南京长江大桥、大庆油田提供了第一吨钢材；是进出口贸易先行者，进出口总额一度占到全国的四分之一；是价格标尺制定者，1972 年，作为中国独家代表与日本新日铁等 6 家钢铁厂商展开“中日钢材共同谈判”，并一直延续用了 22 年，其间累计从日本进口钢材 8300 万吨，占我国同期钢材进口的一半以上，

不仅最大限度降低了中国进口钢材成本，而且每年谈判确定的价格，也成为同期世界钢材价格的重要参考尺度之一，对亚洲市场影响尤其巨大。

2. 战略转型期：坚守保障金属矿产供给使命，向以金属矿业为主的产业集团转型

这一时期，四大因素推动中国五矿转型：一是贸易专营政策取消，总分公司脱钩；二是国内贸易渠道增加，市场竞争加剧；三是中国矿产品需求爆发式增长，商品价格直线上升；四是仅贸易渠道已经难以保障供给，必须直接掌握上游资源，向矿业企业转型。

在这种情况下，中国五矿探索出了一条符合实际、有特色的转型之路：做中国“缺”和中国“优”的金属矿产。

一方面，坚定“走出去”，以多种方式获取中国缺少的战略性资源。2009 年全资并购世界第二大锌矿生产商、澳大利亚第三大矿业公司 OZ 矿业的主要资产，实现当年收购、当年赢利。2014 年并购当时全球最大在建铜矿山秘鲁邦巴斯铜矿，成为中国金属矿业史上的

秘鲁邦巴斯项目

最大海外并购交易。2016 年投产至今，邦巴斯铜矿累计生产铜精矿含铜相当于中国同期自产铜精矿的 20%，有效缓解了国内铜资源供应紧缺的局面。

另一方面，整合中国具有优势的金属资源，并推动产业链向价值链高端延伸。2002 年，针对江西地区钨资源无序开采、低价出口及企业入不敷出的局面，中国五矿果断提出：以后凡是采一吨矿就往中国五矿的仓库里存放一吨，再也不能低价卖出国门，员工工资由中国五矿直接发放。此举一出，国际钨价直线上升。之后的十几年里，我们致力于打造集钨矿山、钨冶炼、钨粉末、硬质合金及深加工于一体的完整钨产业链，推动钨资源向价值链高端延伸。截至现在，中国五矿的钨资源储量 154 万吨，占中国储量的 20%以上；钨冶炼能力 2 万吨 / 年，占中国产能的 10%；硬质合金产量全球第一；所属中钨高新作为钨产业发展旗舰平台，已经成为全球最大的钨资源开发商和钨制品生产商。

通过十多年来对国内外 20 多家企业的一系列并购重组，中国五矿资源实力大幅增强，有效缓解了中国金属矿产资源受制于人的局面，有力维护了国家经济利益和安全利益。

3. 重组壮大期：与中冶集团实施互补式重组，形成全球独有全产业链布局的金属矿产企业集团

2013 年以后，全球矿业进入了历史寒冬期，主要金属品种价格出现断崖式下跌。作为后进入者，中国五矿深刻认识到，纯粹拼资源硬实力是不可能赢过拥有先发优势的传统矿业巨头，必须要另辟蹊径、打造独特的竞争优势。2015 年 12 月，与中冶集团实施战略重组，逐步打造形成独特竞争优势，主要体现在三个方面：

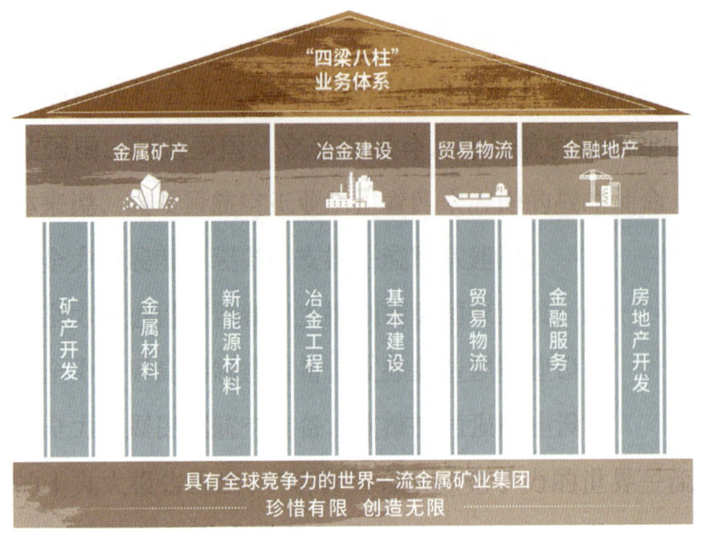

“四梁八柱”业务体系

第一，由短到长、产业链优：在全球率先打通从资源获取、勘查、设计、施工、运营到流通、深加工的金属矿产领域全产业链布局，这是我们区别于其他国际矿业巨头的独特优势，提升了在整个行业的竞争力和话语权。

第二，由少到多、稳定性强：打造“四梁八柱”业务体系。以金属矿业、冶金建设、贸易物流和金融地产为“梁”，以矿产开发、金属材料、新能源材料、冶金工程、基本建设、贸易物流、金融服务和房地产开发为“柱”的“四梁八柱”业务体系，为应对金属矿产行业周期波动、实现持续稳健发展提供了较大回旋空间。

第三，由强到优、含金量高：技术研发和运营能力大幅增强，带动国内矿山运营成本大幅下降，国外自主建设能力不断增强，战略性新兴产业培育孵化壮大。

为了便于理解，举三个例子。

第一个例子，我们在湖南衡阳有一家百年矿山，叫水口山，被誉为“中国铅锌工业摇篮”，鼎盛时期的铅产量居全球之首。但由于多种原因，企业长期亏损，成为国务院国资委挂牌督办的“僵尸企业”。我们通过创造性提出 AB 方案，经过两年的努力，2018 年水口山公司已经实现盈利，彻底摘掉“僵尸企业”的帽子。

第二个例子，2017 年 11 月，由中国五矿自主设计建设运营的澳大利亚杜加尔河锌矿，在预算内提前两个月建成投产，在世界级矿山项目领域树立了五矿品牌。2018 年，杜加尔河锌矿锌精矿产量达到 15 万吨，进入全球前十大在产锌矿山队列。

第三个例子，我们将资源优势与技术优势充分结合，积极培育战略性新兴产业，组建了新材料产业板块，实现从资源到技术全贯通。2018 年年底，中冶瑞木新能源三元前驱体、长远锂科电池正极材料和五矿盐湖电池级碳酸锂三大新材料项目全部建成投产。

4. 未来展望：成为“世界一流”的金属矿产企业集团

中国五矿对世界一流有自己的标准，也要做强做优做大——产业竞争力、品牌影响力要更强，资产、产品、技术、人才要更优，营业规模、市场占有率要更大。

中国五矿已具备冲击“世界一流”的基础：经营规模方面，资产总额 8968 亿元、营业收入 5297 亿元、行业排名全球金属行业第一；产业竞争力方面，资源量铜 3042 万吨、锌 1270 万吨、钨 165 万吨、镍 132 吨，钨锑铋资源量全球第一，拥有国内外矿权超过 120 宗，在产在建矿山 40 余座，拥有秘鲁拉斯邦巴斯铜矿、澳大利亚杜加尔河锌矿、巴新瑞木镍钴矿三座产量居全球前十的矿山；技术实力方面，国家重点实验室等各类国家级科技研发平台 37 个，累计有效专利超过 2.7

万件，主编/参编国际国家标准800余项；人才队伍方面，拥有一大批国际化、专业化人才队伍，科技活动人员2.5万人，专业技术人员8万人。中国五矿有信心、有实力实现世界一流金属矿产企业集团目标。

综上所述，70年国企发展充分证明：强企必靠强国，只有国家繁荣才有企业发展。正是在党的领导下，企业才能沿着正确方向发展壮大；强国必有强企，只有企业发展才能支撑国家强盛。正是国企的发展壮大，国家自信而坚定地走向世界舞台中央。同时，70年国企发展让我们更加坚信：必须始终坚持党的领导，把自身发展完全融入党和国家事业发展的战略大局之中；必须始终坚守发展主业，凸显出在中国特色社会主义事业中应有的价值、地位与作用。

二、国企呼唤改革，改革重铸国企

40年来，国企改革是中国改革开放的重要组成部分。

40年国企改革历程，既没有模板和母版，也不是谁的翻版和再版，而是始终以问题为导向，秉持“实践第一”的观点、把握“实事求是”的路线，一路探索前行。去病苛、谋壮大、求发展。

（一）40年改革历程分为4个阶段

1. 放权让利阶段（1978—1992年）

这一阶段，面临的问题是：无自主权，大家干多干少、干好干坏一个样，吃大锅饭，结果亏损严重。采取的举措是：从管理入手，扩大自主权，实行承包制。取得的效果是：初步解决进入市场问题，亏损比重明显下降。

2. 制度创新阶段（1993—2002 年）

这一阶段，面临的问题是：在与多种所有制经济的竞争中显得力不从心，面临前所未有困境，到 1998 年，2/3 以上国企出现亏损。举措是：从制度入手，提出建立现代企业制度，推动抓大放小、实施三年脱困。取得的效果是：国企布局大幅优化集中，数量下降一半以上，利润增长接近两倍，竞争力大幅提升，国有经济与多种所有制呈现共同发展格局。

3. 国有资产管理体制改革阶段（2003—2013 年）

这一阶段，面临的问题是：主管部门“九龙治水”导致国有资产所有者缺位，造成国有资产管理问题。采取的举措是：从体制入手，建立统一的国有资产管理体系，推进公司制股份制改革。取得的效果是：90%以上国企完成公司制股份制改革，10 年间国有资产、营业收入和利润总额均实现 5 倍左右的增长。

4. 全面深化国有企业改革阶段（2014—2018 年）

这一阶段，面临的问题是：管理机构双重身份、党的领导与市场化管理机制如何融合、国有民营如何互利共赢等深层次问题，相互牵制，难以单兵突进。采取的举措是：从顶层设计入手，出台“1+N”国企改革政策体系，全方位深化改革。取得的效果是：党的建设全面加强，市场化经营机制加快形成，混合所有制改革取得重大进展，国有经济活力、控制力、影响力、抗风险能力显著增强。

40 年的国企改革探索使我们深刻认识到：必须坚持党的领导、加强党的建设，把加强党的领导和完善公司治理统一起来，建设中国特色现代国有企业制度；必须坚持以公有制为主体，毫不动摇巩固和发展公有制经济，做强做优做大国有资本；必须坚持市场在配置资源中起决定性作用，遵循市场经济规律，推动国有企业真正成为自主经营、自负盈亏、自担风险、自我约束、自我发展的独立市场主体。

（二）下一步国企改革的方向和目标

党的十九大明确提出：完善各类国有资产管理体制，改革国有资本授权经营体制，加快国有经济布局优化、结构调整、战略性重组，促进国有资产保值增值，推动国有资本做强做优做大，有效防止国有资产流失。深化国有企业改革，发展混合所有制经济，培育具有全球竞争力的世界一流企业。

按照党的十九大总体部署，在 2018 年 10 月 9 日全国国有企业改革座谈会上，国务院副总理刘鹤提出深化国有企业改革总的要求：以习近平新时代中国特色社会主义为指导，坚持稳中求进工作总基调，按照“完善治理、强化激励、突出主业、提高效率”的要求，以“伤其十指，不如断其一指”的思路，加快培育具有全球竞争力的世界一流企业。

“完善治理”是按照“两个一以贯之”要求，建立中国特色的国有企业治理结构；“突出主业”是继续优化布局结构，增强影响力和话语权，引领国家产业竞争力的提升；“强化激励”是充分调动经营者的主观能动性，激发全体员工的主人翁精神和干事创业积极性；“提高效率”是创新优化体制机制，全面提高资产效率和人工劳效，达到市场经济条件下应有的水平。

可以看出当前国企改革的总逻辑是：一个目标——成为具有全球竞争力的世界一流企业；一个核心——做强做优做大国有资本；两个

抓手——国有资本投资运营公司和混合所有制改革。

1. 国有资本投资、运营公司是未来大型国企的改革方向

国有资本投资公司是以服务国家战略、优化国有资本布局、提升产业竞争力为目标；而国有资本运营公司是以提升国有资本运营效率、提高国有资本回报为目标。国有资本投资运营两类公司是改革国资授权经营体制、落实“管资本”要求的重要载体；是推动国有资本布局优化和结构调整、提高国有资本配置和运营效率的重要平台；更是解决引入市场机制这一核心问题的综合试点。

2014 年至今，国有资本投资公司试点确定了 3 批、19 家企业，分布在军工、冶金、粮食、电力、交通、矿业等重要行业。目前，国有资本投资公司由“大写意”向“工笔画”转变，体现在三个方面：一是各就各位，集团公司向“管资本”转变，各级企业真正成为独立的市场主体；二是有效激励，向更加“市场化”转变，激发活力提高效率；三是战略重组，向“专业化”转变，更加聚焦主业发展。最后结果是，企业实现“三能”：能重组与被重组、能拆能合、能生能死；人员变成“三能”：干部能上能下、员工能进能出、收入能增能减。

2. 混合所有制改革是当前国企改革的重要突破口

40 年改革开放历程说明，国有经济和民营经济各有优势，相互促进、共同发展。国企下一步发展仅在国有出资人上做文章还不够，还应通过混合所有制改革引入社会资本，借助外部股东的“到位”和“制衡”，健全治理体制，促使国资股东“到位”，推动经营机制转换，提高企业经营效率。

混合所有制改革既不是国进民退，也不是民进国退，而是国民共进。两种优势充分组合在一起，一起做强做优做大，打造更多优秀的

“中国企业”。

混合所有制本质上是公有制实现形式的多样化。国家基本经济制度强调多种所有制并存，具体到企业层面上也可以是多种所有制并存，改革后的混合所有制企业正是多种所有制经济在一个企业内部共生共荣共发展的具体体现。

发展混合所有制经济有多种途径，比如引入外部战略投资者参与国有企业改革、推动企业上市、鼓励国有资本以多种方式入股非国有企业、实行员工持股等。不同企业所适合的混合所有制方式也各不一样。

3. 混合所有制改革与国有资本投资公司相辅相成

一方面混合所有制改革是国有资本投资公司的实现形式。按照国家要求，国有资本投资公司下属专业子公司原则上应该都是混合所有制企业或者上市公司，成为产权清晰、权责明确、市场化管理、独立自主经营的市场竞争主体。另一方面国有资本投资公司是推进实施国企混合所有制改革的重要平台。

“没有梧桐树，引不得凤凰来”。要实现吸引外部资本进入，国有资本投资公司必须要从“管人、管事、管资产”向“管资本”转变，以全面契约化管理为基础，全面建立灵活高效的市场化经营机制。

（三）新时代中国五矿改革正向纵深推进

1. 试点国有资本投资公司蹄疾步稳

作为金属矿产领域首家国有资本投资公司试点企业，这几年中国五矿按照党中央指明的方向，对内全面深化体制机制改革。

一是推动总部“管资本”为主。重新梳理规范总部决策事项和母子公司管控事项，对子企业进行差异化分类授权，把总部从繁杂事务中脱离出来。同时，坚持放管结合，建立“大监督”体系，确保权力规范运行和国有资本有效监督。

二是全面推行契约化管理。按照“先确权、后赋责、再定利”的思路，建立健全总部机构负责人和直管企业负责人契约化管理制度，将业绩和薪酬“双对标”，按照考核结果严格兑现奖惩。

三是推动各级企业成为独立市场主体。打破总部“包揽包办”的旧机制，压减解除对各级企业的股东借款和担保，让各级企业独立融资、独立承担风险，成为独立市场主体。

同时，对外继续依托平台谋划股权融合、战略合作、资源整合，推进国有资产布局优化，放大国有资本功能，实现产业竞争力提升。

中国五矿力争用三到五年时间，内外兼修、双管齐下，打造成为国有资本投资公司试点样板。

2. 试点混合所有制改革效果显著

2015 年 1 月，中国五矿下属长沙矿冶院金炉科技引入科技人员持股改革方案，长沙矿冶院持股 60%，17 名核心科技人员和管理骨干持股 40%，主要研发制造新材料领域人工智能高端热工装备及其自动化生产线。员工持股将个人利益与企业发展捆绑在一起，广大干部员工干事创业热情空前高涨，公司各项经济指标显著提升。4 年来，公司净资产、营业收入、利润总额分别增长了 6 倍、11 倍、35 倍。

基于这两年的持续调整改革提升，已经有很多企业愿意与中国五矿合作设立新的混合所有制企业，共同做强做优做大中国金属矿产行业。相信在各方投资者的共同努力下，中国五矿将在不久的将来成为世界一流的金属矿产企业集团。

三、青春之中国、青春之国企

党的十九大报告提到三个“世界一流”：世界一流企业、世界一流军队、世界一流大学，可见经济与科学文化领域国际竞争力提升之重要程度，中国五矿愿与中南大学携手前行、共同报效国家。

国家的希望在青年，民族的未来在青年，实现一流企业一流大学的重任也在青年。正如习近平总书记在纪念五四运动100周年大会上提出：“中国青年是有远大理想抱负的青年！中国青年是有深厚家国情怀的青年！中国青年是有伟大创造力的青年！无论过去、现在还是未来，中国青年始终是实现中华民族伟大复兴的先锋力量！”

国有企业是青年实现理想、大展宏图的重要平台，中国五矿是青年成就抱负、出彩人生的必选舞台。

中国五矿拥有35岁以下的青年员工超过7万人。我们高度重视青年员工成长，自2016年开始启动了“2025”青年领军人才计划、海外未来领袖人才计划和多层次后备干部计划，为青年成长成才提供更多的机遇、更好的选择、更大的平台，让年轻人尽早成为中坚力量。

中国五矿中有很多已经小有成就、为企业甚至国家作出巨大贡献的年轻人。比如，来自长沙矿冶研究院的“鲲龙500”海试团队，2018年在我国南海成功完成我国首次海底采矿试验，迈出了深海采矿的第一步，是该领域里程碑式重大突破，使我国深海采矿技术跨入国际先进水平，这个团队的关键岗位负责人平均年龄只有34岁。再比如，来自中冶集团十九冶的曾正超，是大山里长大的孩子，普通的职业技校毕业，从普通的焊接工人成长为代表中国参加世界技能大赛的选手，19 岁就获得第 43 届世界技能大赛焊接项目冠军。

生逢新时代，奋斗正当时！五矿欢迎你，真诚邀请各位有志青年加入五矿，用青春之我，创造青春之中国、青春之国企！

同学们说

本次讲座，让我们对国有企业在国家的贡献以及地位有了更深入的了解。党和国家重视国有企业，充分发挥国有企业独特优势，推动党建与经营深度结合、共融互促，为企业沿正确方向发展提供坚强保证。“青年之中国，青年之国企”，我们只有立足当下，时刻保持头脑冷静，努力学习科学文化知识，未来才有能力接过火炬，让火焰照亮全国，使我国更加富强，从而屹立于世界之林。

——盛笑瀛　航空航天学院学生

今天的讲座中，唐复平董事长从中国五矿的改革发展历程出发，深入浅出地讲述了国企对于实现国家富强的重要性，以及矿业资源对于保障国家安全的意义，帮助我们走进国企、了解国企，更激励我们秉承“经世致用”的校训，将青春与学识奉献到今后国企的建设与发展之中。

——裴　璨　文学与新闻传播学院研究生

国企呼唤改革，改革重铸国企。唐复平董事长的讲授使我对国家的经济形势、改革的重点难点、国企的责任和担当、五矿的发展历程有了深入的了解，“终身学习”的教诲更是令人受益匪浅。我将以我所学，投身产业报国，以青春之我，创青春之中国。

——徐家烨　商学院学生

38. 水电的故事

——中国水电发展和中国电建的时代责任担当

中国电力建设集团有限公司  湖南大学

晏志勇

2019年6月3日，中国电力建设集团有限公司党委书记、董事长晏志勇在湖南大学讲课

★修水电、兴水利，百业兴、国家兴。

☆中国水电百余年的发展历程，充分体现了中华文明对世界先进文明成果的借鉴、吸收和创造，体现了中华文明对世界文明进步的开放、包容和贡献。

★水电人始终饱含家国情怀，以山河为家，筑国之重器，应国家之需，参与、推动并见证了中华民族从“站起来”到“富起来”再到“强起来”的伟大历史跨越。

☆中国水电的发展史，既是一部技术进步史、管理革新史，也是一部思想解放史、改革开放史，更是一部国家奋进史、民族自强史。

★中国水电一系列世界级技术的突破和领先，证明只要我们国有企业敢于坚持不懈地大力实施科技创新、攻关研发，一个一个难题去努力解决，一个一个短板去积极补足，外国人能做的事情，我们都能做到，而且能做得更好。

☆中国电建的全球发展，不仅开拓市场，而且创造市场；不仅考虑自身利益，而且充分兼顾所在国利益；不仅授之以鱼，而且授之以渔；不仅建设工程，而且造福人民，为推进人类命运共同体建设贡献中国智慧、中国方案，在新时代构筑对外开放新格局中勇担重任、勇挑大梁。

★国有企业是属于党、国家和人民的，国有企业及国有企业的党组织、广大党员干部必须时刻以人民利益为重，在国家和人民需要的时候，在面临急难险重的重大任务时，必须不讲理由、不打折扣，充分发挥自身优势，第一时间冲在最前沿承担重任。

很高兴来到“千年学府、百年名校”——湖南大学，围绕中国水电事业波澜壮阔的发展历程和举世瞩目的巨大成就，讲述国有企事业单位以及包括青年在内的一代又一代水电人的奋斗故事和精神追求，让同学们更好地认识国企、支持国企，更多地投身国企、奉献国企，更好地发展国企、壮大国企，勇敢肩负起时代赋予的重任，志存高远，脚踏实地，努力在实现中华民族伟大复兴中国梦的生动实践中放飞青春梦想、实现人生价值。

讲课现场

一、中国水电的前世今生

大家都知道，三峡水电站是世界上规模最大的水电站，是全球水电行业的集大成者，是当之无愧的人类杰作。中国电建作为全球最大的水电勘测设计和施工建设企业，有幸承担了三峡工程的主体工程建设。

习近平总书记视察三峡工程时讲话特别强调“大国重器必须掌握在我们自己手里”，直接将三峡工程定位为“大国重器”，既是对三峡工程以及参与三峡工程的全体勘察设计者、建设者、管理者和全体水电人的褒扬，更是对新时代发展水电、造福国家的激励和鞭策。

（一）水电概述

水是生命之源、生产之要、生态之基。兴水利、除水害，事关人类生存、经济发展、社会进步、生态文明，历来是治国安邦的大事。一方面，水是人类离不开的生命生活生产资源；另一方面，水又有可能会给人类带来巨大灾害损失，因此，建设水电站能够很好地解决和平衡这个问题。水电工程不仅能发电，还具有强大的防洪、航运、灌溉、供水、养殖等重要作用。水电顾名思义就是水力发电，是指通过建设水电站，将水能资源转化为电能。人类利用水能的历史源远流长，水能对于人类社会的进步和文明及经济的发展起到了巨大的推进作用。

黄河是我们的母亲河，孕育了中华文明，滋养了一代代中华儿女；但母亲河也有经常发威的时候，在有历史记载的两千多年中，黄

水电工程的综合效能：可用于发电、防洪、灌溉、航运、养殖、供水、旅游等

河下游发生决口泛滥1500多次，每次决口泛滥都造成惨重的生命财产损失。黄河小浪底水利枢纽建成后，黄河下游花园口的防洪标准由六十年一遇提高到千年一遇，大大提高了下游抵御大洪水的能力，成为保障黄河下游免遭洪水灾害的关键性骨干工程，基本解除黄河下游凌汛的威胁，减缓下游河道的淤积，让历史上的黄河泛滥不再重演。此外，水电还是目前人类社会替代化石能源减少温室气体排放的第一主力。以我国为例，2018年全国水电发电量1.24万亿千瓦时，占全国发电量的17.6%，水电装机容量及发电量占可再生能源装机及发电量的比重分别为49.5%、69.4%，居主导地位，说明水电对于我国构建清洁低碳、安全高效能源体系、促进生态文明建设、兑现《巴黎协定》减排承诺发挥着重要作用。

因此，修水电、兴水利，百业兴、国家兴。

（二）中国水电的发展历程和辉煌成就

1. 中国水电的诞生

旧中国积贫积弱，工业落后，水电的发展远远落后于西方发达国家。中国第一座水电站是1905年在台湾新店溪支流上兴建的龟山水电站，装机容量600千瓦。中国人自主投资的第一座水电站，也是中国大陆的第一座水电站，是于晚清时期即1908年开始修建的云南石龙坝水电站。中国水电正是在近代以来“西学东渐”的背景下诞生的，充分体现了中华文明对世界先进文明成果的吸收借鉴，天然带有开放性、包容性的发展基因。

2. 新中国水电发展历程

自石龙坝水电站建成发电后到1949年之前，全国水电发展缓慢。截至1949年年底，全国水电装机容量约36万千瓦，年发电量仅18亿千瓦时。总体来看，新中国的水电发展历程大致可以划分为三个阶段。

（1）第一阶段，百业待兴奠基础（1949—1978年）

截至1978年，我国水电装机容量达到1728万千瓦，有力支撑了国民经济社会发展。

（2）第二阶段，改革开放促发展（1979—2012年）

截至2012年年底，我国水电装机容量达到2.49亿千瓦，稳居世界第一位。

（3）第三阶段，高质量发展绘新篇（2013年至今）

截至2018年，我国水电装机容量达到3.52亿千瓦，继续稳居世界第一位。中国水电技术和标准已推广至全球多个国家，我们在国际竞争中的话语权得到提升，以全产业链一体化优势、提供高质量整体

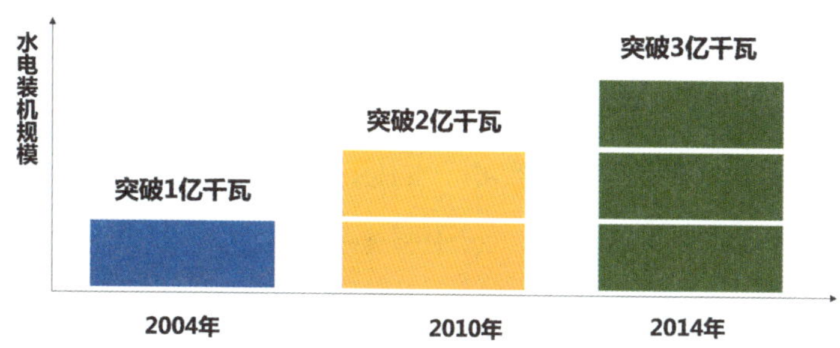

中国水电装机规模于2004年、2010年、2014年分别突破1亿千瓦、2亿千瓦、3亿千瓦

解决方案，成为引领和推动世界水电发展的重要力量。

回顾中国水电事业从无到有、从小到大、从弱到强的发展历程不难看出，其诞生和发展始终与国家共进共荣，与民族休戚与共，与时代同向同行，从时代中汲取力量，推动时代不断前进。

回顾百余年中国水电发展历程，水电人始终满怀家国情怀，“以山河为家、筑国之重器，应国家之需”，推动中华民族实现从“站起来”“富起来”到“强起来”的历史跨越。

回顾中国的水电发展史，可以深刻认识到，这既是一部技术进步史、管理革新史，也是一部思想解放史、改革开放史，更是一部国家奋进史、民族自强史。

回顾中国的水电发展史，可以深刻认识到，这也是中国青年的奋斗史，一代代青年胸怀远大理想，以新的学识、新的理念、新的技术，筚路蓝缕、攻坚克难、砥砺前行，攻克了一系列重大问题，为祖国的水电发展作出了重大贡献，青春在祖国的水电发展中闪烁出了巨大光芒。

3. 世界水电看中国，中国水电看电建

中国电建因水电而生，始终认真贯彻落实党中央、国务院对水电发展的决策部署，以中国水电事业发展为己任，不断解放思想转变观念，落实创新驱动科技创新，逐步解决了制约中国水电发展进步的关键技术难题，拥有了“懂水熟电”的核心能力和独特优势，把全球领先水电建设技术牢牢地掌握在了中国人手里。半个多世纪以来，中国电建承担了65%以上的国内大中型以上水电站建设任务，承担了全国80%以上的大中型水电项目前期规划、勘测和设计工作，占有全国65%以上水电建设市场、全球50%以上大中型水利水电建设市场，设计、建设了国内外大中型水电站200余座、水电装机总容量超过2亿千瓦。在水电行业内，一直流传这么句话，叫“世界水电看中国，中国水电看电建”，我们对此感到非常自豪和骄傲。

二、中国水电的“那人那事儿”

百余年来，一代又一代中国水电人披荆斩棘、砥砺奋进，南征北战、四海为家，为中国也为世界奉献了一座座精品工程、经典工程，为中国和项目所在国经济社会发展作出了无愧于历史、无愧于时代的伟大贡献。这期间也发生了许许多多的故事，或感人，或励志，或有趣，或平凡。

（一）从江河里走出来的院士

首先，我向同学们分享的是已故中国工程院院士谭靖夷先生的故事。

谭院士是湖南衡阳人，曾经是中国电建驻湘企业——水电八局的原副局长、总工程师，被誉为“从江河里走出来的院士”“新中国水电建筑施工技术的奠基者和开拓者”。

谭院士 19 岁从交通大学唐山工学院毕业，受孙中山先生《建国方略》关于三峡水力开发的恢宏构想所鼓舞，选择了做一名水利水电人。从 20 岁参加工作到 92 岁一次晨练时意外摔倒这 70 多年间，他从未离开过水电工地施工一线，耄耋之年仍在水电大坝工地爬上爬下，现场亲自查验工程质量，要求做到“吹毛求疵、无疵可求”。正是得益于这种科学严谨、近乎极致，几十年如一日致力于祖国水电建设的精神，谭院士攻坚克难，建树无数，在水电施工领域攀登上一座又一座创新高峰。在乌江渡水电站，谭院士首创了中国特色高压灌浆技术，为我国在岩溶地区建设高坝开辟了道路；负责设计建设的湖南东江水电站，标志着我国拱坝设计与施工技术跨入世界先进水平；参与设计建设的四川沙牌水库大坝在汶川地震中屹立不倒，结构和坝体表面完好无损，被誉为最“牛”大坝。

与对工作、对工程的苛求形成鲜明对比的是，谭院士对生活、对物质却看得很平淡，多年来一直住在 20 世纪 80 年代修建的水电八局老宿舍楼里，照明还是拉线开关的日光灯管，出差只坐公交，从来不坐专车。

谭靖夷院士对党无限忠诚，充满感情。新中国成立后，他积极申请加入党组织，但由于地主家庭出身的影响未能如愿。1982 年 9 月，61 岁年逾花甲的谭靖夷终于被批准加入中国共产党，谭老激动地写下了《入党抒怀》：“平生志在治山川，闽粤湘黔不计年。何惜青春成白发，喜看水电展新篇。惊涛骇浪犹萦梦，高峡平湖别有天。四化征途堪再战，丹心捧向红旗前。”2013 年谭院士病重住院后的三年，他

六十一岁入党抒怀

注：1982年9月3日入党，介绍人：田茂光，张燮。

平生志在治山川，闯粤踏湘不计年。
何惜青春成白发，喜看水电展新篇。
惊涛骇浪犹萦梦，高峡平湖别有天。
四化征途堪再战，丹心捧向红旗前。

谭靖夷院士61岁入党时作诗一首《入党抒怀》（谭院士手稿）

时任水电八局总工程师的谭靖夷（右二）陪同外国专家考察湖南东江水电站

委托妻子按时缴纳党费，直至生命的最后一刻。初心不改、一心向党，这是一名优秀共产党员无限忠诚的人生追求。从谭院士身上，我们看到的是一种一辈子扎根一线、艰苦奋斗的奉献精神，是一种细致严谨、实事求是的科学精神，是一种严于律己、不忘初心的共产党人精神。

以谭院士为榜样，青年人要珍惜韶华，从现在做起，从基层做起，从小事做起，用奋斗姿态诠释创新价值，用奋斗人生书写创新中国。

（二）世界级大坝是这样建成的

大坝是水电站枢纽工程中最重要的建筑物。水电站大坝又是永久性工程，容不得一丝一毫瑕疵，不能出现一丝一毫闪失。大坝高度决定了工程设计建设的难度，更体现了水电工程建设的技术水平，甚至成为衡量一个国家水电建造能力的重要因素。2000年之前，世界各国已建成特高坝32座，中国仅有1座。

中国水电工程技术人员通过刻苦钻研，技术攻关，突破了泄洪消能技术、地下工程技术、高边坡工程技术、现代快速施工技术、大跨度地下洞室群建造技术、大型机组制造安装技术等核心技术。特别是近年来，中国水电行业大量使用卫星遥感、倾斜摄影测量、三维协同设计、精细化数值模拟、BIM 技术、大数据、人工智能、一体化信息系统和全生命期管理平台等现代技术，广泛地应用到大坝及相关规划、勘测、设计、制造、施工、运行管理之中。如溪洛渡大坝借助数字化手段实现“智能化”建设，被业界称为世界最“聪明”的大坝，于 2016 年 9 月荣获“菲迪克 2016 年工程项目杰出奖”，代表着业界对溪洛渡水电站、对中国水电筑坝技术的高度认可和充分肯定。

进入 21 世纪，以二滩水电站高拱坝建成为标志，中国成为全球特高坝建设的中心，是世界上大坝数量和高坝数量最多的国家。目前，中国拥有 100 米以上高坝 223 座，200 米以上 23 座，250 米以上 10 座，分别占世界的 25%、29.8% 和 45.5%，中国已成为世界坝工技术创新和高坝建设的引领者。

一系列世界级大坝技术的突破和建设，证明只要我们敢于坚持不懈地开展科技创新、攻关研发，一个一个难题去努力解决，一个一个

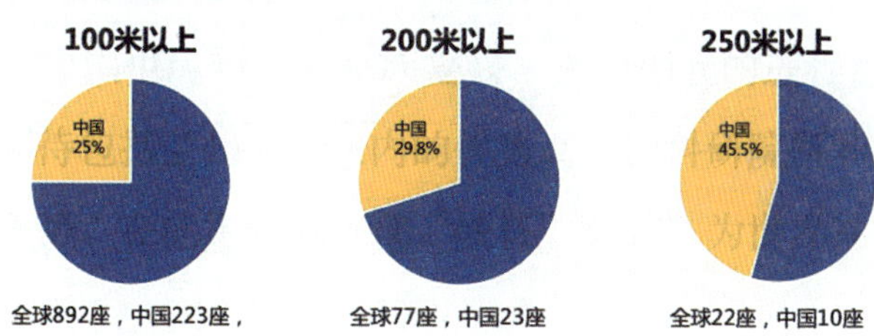

中国水电站特高坝数量及占全球的比重

短板去积极补足，外国人能做的事情，我们都能做到，而且能做得更好。

（三）不断实现的中国水电装备强国梦

水电装备制造作为中国装备制造的缩影，从零开始，历经百年特别是改革开放 40 年，在学习中追赶，在追赶中超越，通过全面引进、消化吸收到创新提升，实现了跟跑、并跑到领跑，完成了近乎完美的成长、蜕变与腾飞。

总体上，我国的水电装备制造技术也是沿着“技术引进、消化吸收、自主创新”这条路径发展。但我国水电装备制造的吸收消化不是简单地仿制，而是真正的创新和突破。中国电建在水电站勘测设计阶段，就根据资源条件、场地条件等，有意识地倾向于规划设计安装大机组，除了达到充分利用资源提高发电效率、降低建设费用提高经济

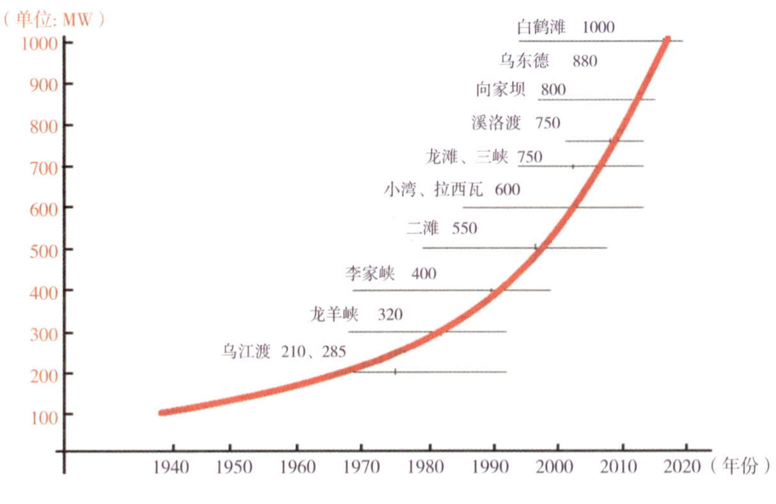

中国大型水轮发电机组发展历程

效益的目的，还从带动行业转向高质量发展的大局出发，从需求端推动供给侧结构性改革，带动相关国有装备制造企业大力研发大容量高端装备。另外，大机组的研发制造，必须研发配套的高性能材料、大体积锻造技术、高速冷却技术、智能控制技术等，以及超精密安装工艺、运行管理技术、远距离大容量超高压输电技术等，进而推动整个国民经济高质量发展，乘数效应十分显著。

重温历史，我们可以看到，国有企业的发展，必须服从国家重大战略规划，瞄准世界领先，拥有核心技术，扛起服务全局、带动一片、共同发展、共生共赢的责任。

（四）美丽的“逆行”，灾难面前更显国企本色

汶川大地震发生后，在灾区形成了 104 座堰塞湖。其中位于北川上游的唐家山堰塞湖是最大的一座，湖面最宽处超过 300 米，最深处达50多米，初期蓄水量超过0.76亿立方米，且每天新增水量800万—1000 万立方米。唐家山堰塞湖如果溃决，将直接淹没下游的北川县城，继续下泄则会淹到江油、绵阳，并对遂宁等地区造成威胁，后果不堪设想。

正是基于中国电建在水电专业技术方面的厚重积累，受上级委托，中国电建先后紧急派出由地质专家施裕兵等 6 名专业技术人员组成的“专家敢死队”，前往唐家山堰塞湖开展地质勘测和应急排险工作。在当时余震不断、次生灾害时有发生的情况下，6 名专家通过橡皮船或徒步方式深入地震重灾区。后来，由于水路和陆路中途受阻，指挥部临时决定采用空降方案。5 月 19 日，施裕兵等人分别乘坐成都陆航团的两架直升机飞抵唐家山上方，由于坝顶起伏不平不具备着

陆条件，最终被迫返航。20 日，成都陆航团重新分两个架次再次飞抵唐家山上空，在极不平坦的堰塞湖坝顶，直升机飞行员在空中盘旋很久也没有找到合适的着陆点，最后只能冒着随时可能发生碰撞的危险悬停在距离不到 1 米的小山包上方。山谷中气流极不稳定，螺旋桨下飞沙走石，在飞机剧烈晃动的情形下，施裕兵和其他专家组成员从距离小山包 1 米多高的飞机上依次跳下。由于山包下方是乱石堆积的斜坡，螺旋桨下的旋风使他们都是连滚带爬地冲下小山包，施裕兵便是以这种方式成为抵达唐家山堰塞湖坝顶开展抢险工作的第一人。

在施裕兵等人的争分夺秒和无私忘我的工作下，专家组第一时间收集到有关堰塞湖的水文、地形地质及堰体物质组成等基础资料，为国务院抗震救灾领导小组下达采用“开小口、慢慢放”的重要指示提供了可靠技术依据。6 月 10 日，唐家山堰塞湖泄出的湖水顺利通过下游的绵阳，唐家山堰塞湖排险工作取得胜利。施裕兵是一名水电人，更是一名共产党员。正是在党的坚强领导和运筹帷幄下，参与救援的各方力量迅速集结、统一行动、有序施救，正是有千千万万个像施裕兵一样的共产党员，舍小家顾大家，为了人民的利益不怕牺牲、勇往直前，正是我们的党始终坚持以人民为中心的发展思想，我们才能取得一次又一次抗震救灾的伟大胜利，才能在最短时间内圆满完成灾后重建工作，赢得人民信任。

国有企业是党、国家和人民的，国有企业的党组织和党员必须时刻以人民利益为重，在国家和人民需要的时候，在面临急难险重任务时，必须不讲理由、不打折扣，充分发挥自身优势，确保第一时间冲锋在前、迎难而上。

中国电建下属成都院地质分院副总工施裕兵（照片下方右三，身穿橘红色衣服、背书包者）成为抵达唐家山堰塞湖坝顶开展应急抢险工作的第一人

（五）天人合一，人与自然和谐共生

中国电建在水电开发实践中高度重视人与自然、工程和环境的和谐共存，在全球率先开展水电开发环境评价，这是发达国家至今还没有普及的前期工作项目。在水电项目建设中，我们采取各种各样的技术手段，尽可能消除一切不利影响，或尽可能把不利影响降低到可接受的最低水平。此外，在库区移民等重大问题上，始终坚持以人为本理念，不单单是把老百姓迁出库区，而是综合施策，让作出伟大牺牲的老百姓“迁得出、稳得住、能致富”。即便是对建设大坝引起的生物性影响，如鱼的繁衍生息，相关技术人员长期蹲守河流周边，了解鱼的日常习性，掌握规律，多次试验，采取建设新的栖息繁衍区、专门的鱼类通道等手段，解决了复杂棘手的技术难题，保持当地物种的生存繁衍和生物多样性。

生态兴则文明兴。国有企业必须认真贯彻落实习近平生态文明思想，积极承担环保责任，践行绿色发展理念，将国有企业建设成为推动我国生态文明事业发展的重要力量。

水电站鱼道

正在通过鱼道的鱼

建设水电站时为保护鱼类专门修建的鱼道

（六）服务全球，推动共商共建共享

作为我国“走出去”的排头兵和主力军，中国电建在参与“一带一路”建设过程中始终践行“高端切入、规划先行，技术先进、质量优良，风险可控、效益保障，开放合作、互利共赢”的经营理念。

比如，中国电建在某国接手一个大型水电项目后，认真研究了项目原规划设计，认为原设计的装机容量不足以支撑项目经济可行性，不能覆盖项目投资收益风险，且项目具有扩容的基本条件和可能，经测算后向该国政府提出修改原规划设计方案，扩大装机增加发电量的建议被采纳，此举既缓解了该国电力紧缺问题，又增加了政府收入，还救活了项目赢得了效益。

在赞比亚，中国电建依托下凯富峡水电站建设，成立下凯富峡培训学校，并被纳入赞比亚国民教育体系。该学校开办电焊、电工、汽车修理、测量、试验、土建等专业，学员学习和住宿全部免费，并且每天还能领到一定的生活津贴。同样在下凯富峡水电站，赞比亚小伙齐拉在这里学到了技能、提高了收入、盖上了新房、邂逅了爱情，并最终和同在项目工作的赞比亚姑娘米兹走进婚姻殿堂，成为当地人羡慕的项目“双职工”。

2018 年 7 月 23 日晚，老挝南部阿速坡省由外国公司承建的桑边桑南内水电站发生严重溃坝事故，泄出的近 50 亿立方米洪水袭击了下游村庄 1300 户家庭，造成 32 人遇难、49 人失踪，受灾群众近 7000 人。中国电建作为在老挝最大中资企业，及时成立紧急救援小组，组织距离事故现场最近的项目部人员携救援物资赶往灾区救助受灾群众。更为重要的是，中国电建发挥水电行业领军企业技术优势，第一时间组织大坝、地质、水文专家前往受灾现场，配合政府对大坝存在的隐患提供专业协助和技术支持。

在巴基斯坦卡西姆电站，中国电建始终坚持和推行“本土化战略”和“差异化管理”，不断提高外籍员工和管理人员比例，下大力气培训培养当地员工，严格尊重当地风俗习惯和宗教信仰等，得到当地民众的赞誉。卡西姆电站计划招聘 100 名大学毕业生，而报名人数达到了 1.6 万名。阿迦·萨德·可汗是一名 21 岁的巴基斯坦大学生，他从 1.6 万报名者中脱颖而出，培训合格后即在电站中控室这一核心部门工作，成为当地青年人“严重”羡慕的“人生赢家”。

通过这些具体的、鲜活的案例，相信同学们能够看出，中国电建在全球发展中，不仅开拓市场，而且创造市场；不仅授之以鱼，而且授之以渔；不仅建设一个工程，而且造福一方人民，为推进人类命运共同体建设贡献中国智慧、中国方案。

在当前“逆全球化”思潮涌动、贸易保护主义抬头、贸易战争频现的复杂严峻形势下，国有企业特别是中央企业作为参与共建“一带一路”的主力军、排头兵，既要“不畏浮云遮望眼”，也要“咬定青山不放松”，坚定不移推进开放合作，加快构建和完善与推动新一轮高水平对外开放相适应的体制机制、业态模式和风控体系，在新时代构筑对外开放新格局中勇担重任、勇挑大梁。

三、一名中国水电工作者的“时代感言”

新时代与大变局同步交织、相互激荡。如何认识、面对新时代下、百年未有之大变局中的这种变化，如何在变化中把握自己、认清形势、找准方向，应该是每个人都必须要面对和思考的重大问题。而面对变化，最重要的是我们要弄清楚哪些东西应该随变而变、可以随机应变，哪些又是我们认准了的、必须坚持坚守不能动摇的东西。下面，我就结合中国水电的那人那事儿以及我的个人经历，向同学们分享我心中那些必须坚信坚持坚守的东西。

（一）坚定“四个自信”，筑牢强国之基

2011 年的利比亚撤侨是新中国历史上最大规模的有组织的撤离海外中国公民行动。在党中央、国务院的正确领导和决策下，短短 8 天内，3.5 万余名同胞全部撤离，“中国力量”令人折服。当时，中国电建所属的中南院利比亚项目部有职工和劳务工共计 841 人，在最

危急的关头，中南院项目部 5 名共产党员自发成立了临时党支部，18 名员工火线提交入党申请书。临时党支部立即成了安全撤离工作的现场组织领导核心，一方面全力做好思想政治工作，稳定员工情绪，另一方面成立自卫队，采取一系列安保措施。2 月 23 日凌晨，在临时党支部书记李勇同志的带领下，根据我国驻利比亚使馆“向西撤离至突尼斯”的指令，全体中方人员分乘 28 辆施工车辆，由共产党员和领导干部负责开路和殿后，向突尼斯有序撤离，最终安全到达边境口岸。但工地所有人的护照由于管理和办证等方面的需要，均放在首都的黎波里，口岸方面却坚持必须持护照方可通关。临时党支部经紧急磋商后当即决定，一是继续与利比亚边防交涉，二是派人赶往利比亚首都办理相关手续。而此时的利比亚首都已处于混乱之中，人很可能进得去、出不来。生死关头，两位递交了入党申请书的同志倪德祥、吉建福主动请缨，义无反顾地驱车赶往首都，历经枪林弹雨，终于取来护照，帮助大家顺利办理通关。在这一过程中，项目部女职工高晓林同志冒着生命危险把 54 名公司员工送到突尼斯境内后又独自返回利比亚，帮助其他员工办理离境手续。此后，应外交部中央撤侨工作组的邀请，李勇、高晓林两位同志继续留下来，协助工作组办理其他撤离人员通关手续，践行了他们自己立下的“最后一个离开利比亚”的誓言。离开关卡时，李勇同志因为长时间忍受寒冷、疲劳，喉咙嘶哑，已无法说话。正是因为有党组织的坚强领导，有一批冲锋在前、身先士卒的共产党员，撤侨行动最终圆满完成。这体现了我们党强大的领导力、战斗力和凝聚力，向世界展示了中国的强大力量。

进入新时代，面对深化供给侧结构性改革重点任务，面对三大攻坚战，面对高质量发展的根本要求，我们的事业一定要在党的领导下，充分发挥中国特色社会主义制度优势，不断完善集中力量办大事的体制机制，集中优势资源、各方力量，抓重点、补短板、强弱项，抓重大、抓尖端、抓基础，形成推动事业发展的强大合力，助力中华民族伟大复兴中国梦实现。

（二）保持艰苦奋斗，强化实践养成

1969—1975年，习近平同志在陕西延川县文安驿公社梁家河大队，度过了近七年艰苦的上山下乡生活。他住窑洞、睡土炕、吃玉米团子、打坝挑粪、建沼气，在那里入党并当选大队党支部书记。后来习近平总书记在回忆这段插队经历时讲道："农村基层的工作经历是人生的一个坐标，有了这个经历，就更清楚地知道什么是群众、如何尊重群众，知道什么叫实事求是、如何尊重事实。"习近平总书记的这段农村基层工作经历，实际上就是一个苦干实干、艰苦奋斗的过程。我本人也是工科出身，毕业以后作为一名工程师常年奔波在勘察设计一线，先后20多次进藏工作，主持完成了西藏水电和电力发展规划以及多个水电站的规划设计和审查工作。现在每每回想起自己进藏工作的岁月，我都不禁感慨万千，那段岁月虽然艰苦，但却是我人生当中最重要、最难忘，也是最宝贵的财富，对我个人的成长也是受用最大，因为考察取得的成果是我自己用脚步丈量的、是我自己用双手触摸的，我能用内心感受到这份成果的温度和分量。说这么多，无非就是想告诉同学们，你看到的，你想到的，和你在奋斗中体验到的完全不是一回事，千里之行，始于足下。所以，我常对我们企业的年轻人讲，能吃苦是一种本事，是一种境界，也是一种能力；一定要防止眼高手低，小事看不上，大事干不了；要立足于小，着眼于大，努

力学习，勤于钻研，坚忍不拔，不断增长才能；要强化集体观念，增强团队意识，共同努力奋斗。艰苦奋斗的青春最美丽，苦干实干的青春最精彩！

（三）坚守“赶考”初心，勇攀时代高峰

随着新时代我国社会主要矛盾的变化，人民群众对于优质生态产品、优良生态环境的需求越来越迫切，水电发展也面临一些新情况、新问题。党的十九大把“坚持人与自然和谐共生”作为新时代坚持和发展中国特色社会主义的基本方略之一，强调“建设生态文明是中华民族永续发展的千年大计”。从农耕文明进入工业文明再到生态文明，我们对人与人、人与自然的关系有了更为清晰、更进一步的认识，水电开发也必然要面临来自环境保护、移民安置等各方面更为严格的检视。此外，受电力消纳、电价机制、建设条件等因素影响，水电开发增速呈现出进一步放缓的趋势。和世界上其他事情一样，水电事业的发展实践也决不会是一帆风顺的，不同区域不同环境面临不同条件不同问题，我们在技术、标准、管理等方面还存在很多制约和瓶颈，如何实现水电事业的高质量发展，如何更好履行水电企业的责任义务，需要水电人不忘初心、继续“赶考”，更需要广大青年学子担当有为、添砖加瓦。

习近平总书记明确指出，“中华民族伟大复兴展现出光明的前景。现在，我们比历史上任何时期都更接近中华民族伟大复兴的目标，比历史上任何时期都更有信心、有能力实现这个目标”。实现伟大目标，需要一代又一代人的共同努力、接续奋斗，更需要新时代青年学子的担当作为、砥砺奋进。中国电建愿与湖南大学、与湖南大学的广大青

年学子心连心、同成长、共奋进，愿为同学们的努力奋斗提供发展平台和成长空间。中国电建将深化和湖南大学的战略合作，围绕建设“世界一流企业和世界一流大学”，加强校企协同，打通产学研用创新链条，实现共建共赢。

同学们说

报告让我透过中国水电的“前世今生”，切实感受到了中国力量的强大与震撼。中国电建与国家共进共荣，与民族休戚与共，与时代同向同行。作为一名当代大学生，我们也应胸怀大志，脚踏实地，砥砺前行。

——明　天　环境科学与工程学院学生

聆听了公开课，让我深刻感受到中央企业的实力担当，感受到国有企业的重要贡献，也增强了我作为新时代新青年的自我认同感和时代责任感。作为有理想有道德有担当的青年学生，我决心要从现在做起，努力学习，加入国企，用实际行动回报社会，为祖国的建设发光发热。

——卢子傲　材料科学与工程学院学生

水电人、国企人的故事深深地激励了我，告诉我要想成就一番事业，就要始终忠于党和国家，始终树立服务人民美好生活的决心，始终对工作保持热情和钻研精神，心无旁骛，久久为功。我们作为即将投身社会主义事业的应届毕业生，当谨记湖南大学“实事求是，敢为人先”的校训。珍惜韶华，从现在做起，从基层做起。用奋斗身姿诠释创新价值，用奋斗人生书写创新中国。

——陈　飞　电气与信息工程学院学生

39. 能源变革中的南方电网

中国南方电网有限责任公司  中山大学

孟振平

2019 年 5 月 23 日，中国南方电网有限责任公司党组书记、董事长孟振平在中山大学讲课

★工业革命的代际更迭越来越短、振波越来越长。

☆新一轮能源革命蓬勃兴起，能源的供给侧、输送侧和需求侧转型升级的步伐加快，异彩纷呈。

★中国能源企业积极融入能源变革，能源央企更是有效发挥了主力军作用。

☆南方电网始终把满足人民美好生活的电力需要作为一切工作的出发点和落脚点。

★新技术、新产业、新业态、新模式是新旧动能转换的核心驱动力量，为传统电网业务改造升级、沿能源产业链拓展新兴业务提供了可能。

☆机遇与挑战并存，压力与动力同在。失去了机即是危，克服了危即是机。站在趋势之端才能赢得未来。

★企业积极参与全球化竞争，能够在全球市场竞争中脱颖而出，并提升市场份额的能力，就是全球竞争力。

☆世界一流企业除了在规模体量、经营业绩等方面有优异表现外，还具有一些主要特征：一是核心竞争能力突出，二是价值整合能力突出，三是资源配置能力突出，四是改革创新能力突出。

★南方电网公司时刻不忘“国家队地位”的企业定位，积极做新发展理念的实践者、国家战略贯彻者、能源革命推动者、电力市场建设者、国企改革先行者。

党的十九大报告指出，中国特色社会主义进入新时代，我国经济已由高速增长阶段转向高质量发展阶段，正处在转变发展方式、优化经济结构、转换增长动力的攻关期，建设现代化经济体系是跨越关口的迫切要求和我国发展的战略目标。现代化的经济体系需要现代能源体系提供支撑。习近平总书记指出，推进能源生产和消费革命，构建清洁低碳、安全高效的现代能源体系。明确提出了能源安全新战略，

讲课现场

为能源发展指明了方向和前进道路。

能源是人类社会生存发展的物质基础，关乎世界格局、国家安全、经济社会和人民生活。1973年第四次中东战争诱发第一次石油危机，原油价格由每桶2.95美元上涨至13美元，直接导致资本主义世界出现了经济危机，影响了世界格局。2003年的美加大停电，时长29小时，影响5000万人的工作与生活，直接经济损失超过300亿美元。2019年的委内瑞拉大停电，全国18个州电力供应中断，影响人群接近3000万人。可见，能源安全是关系国家经济社会发展的全局性、战略性问题，能源安全是国家安全的重要组成部分。中国的能源安全保障能力还不足，2018年中国原油对外依存度达70%，天然气对外依存度达43%，有效应对各种风险和突发事件的能力需进一步增强。因此，推进能源生产和消费革命，保障国家能源安全，成为能源发展变革的重大历史使命。

一、前进动力：全球能源变革的历史进程和发展趋势

从人类能源发展的历史来看，能源发展史与人类历史进程息息相关，能源是推动社会经济发展的强大驱动力。在18世纪中期以前，人类长期处于薪柴时期，木材是主要的能源来源。18世纪中期，英国发明家瓦特发明了蒸汽机，机械力开始大规模代替人力，低热值的木材已经满足不了巨大的能源需求，煤炭以其高热值、分布广的优点成为当时全球的第一大能源。到19世纪中期，内燃机、发电机先后

问世，煤炭被转换成更加便于输送和利用的二次能源——电能，与此同时，石油工业也开始快速发展，与煤炭共同成为主体能源。到20世纪中期，在常规能源告急和全球生态环境恶化的双重压力下，天然气、核能、水电开始规模化的开发利用，太阳能、风能等各种新能源也开始快速发展。当前，人类社会形成了以石油、煤炭、天然气等化石燃料为主，以水能、核能、新能源为辅的能源供给体系和消费格局。工业革命的代际更迭越来越短、振波越来越长。人类史上的三次工业革命分别伴随着三次重要的能源转型，每次能源转型都带来社会财富的极大增长。正如《共产党宣言》中提到，“资产阶级在它的不到一百年的阶级统治中所创造的生产力，比过去一切世代创造的全部生产力还要多，还要大”。当前，全球已经进入第四次工业革命时期。世界经济论坛主席克劳斯・施瓦布指出，第四次工业革命正在颠覆所有国家几乎所有的行业，这些变革将产生极其广泛而深远的影响，彻底改变整个生产、管理和治理体系。数字化、互联化、虚拟化、智能化等技术在能源行业广泛应用，将为能源革命提供强大驱动力。

随着工业革命的更迭，全球能源发展格局也将发生重大变化，主要呈现以下五个趋势。

一是能源供需宽松化，增速明显放缓。从供给侧看，非化石能源快速发展，成为能源供应新的增长极，近10年来，太阳能年均增速49%，风能年均增速22%。从消费侧看，能源需求增速明显放缓，已由50年前的4.4%下降至近两年的1.7%，增速下降了2.7个百分点。

二是能源结构低碳化，发展方式大转型。天然气和非化石能源成为世界能源发展的主要方向。近50年来，天然气、非化石能源消费比重均提高了近9个百分点。

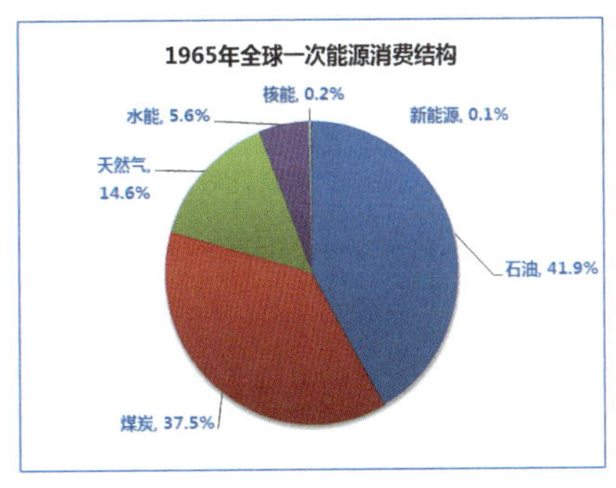

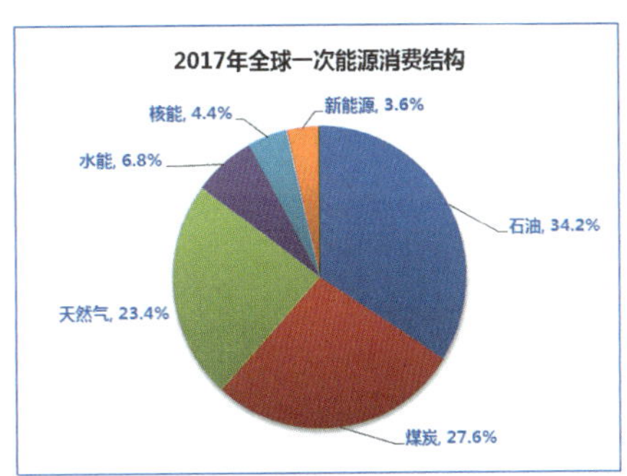

全球一次能源消费结构变化

三是能源系统智能化，新旧动能转换。新一轮能源技术革命方兴未艾，云计算、大数据、物联网、移动互联网、人工智能、区块链等新技术将在能源领域得到广泛利用，进一步提高能源利用效率。同时，随着服务和商业模式的不断创新，催生出能源新产业、新业态、新模式，以智能化为特征的能源生产消费新模式开始涌现。

四是能源格局多极化，消费重心加速东移。页岩油气革命推动美洲成为国际油气新增产量的主要供应地区，西亚地区一极独大的优势弱化，逐步形成西亚、中亚—俄罗斯、非洲、美洲多极发展新格局。同时，世界能源消费重心加速东移，发达国家能源消费趋于稳定，亚太地区成为推动世界能源消费增长的主要力量。

五是国际竞争复杂化，治理体系加速重构。能源国际竞争焦点正在从传统的资源掌控权、战略通道控制权，向定价权、货币结算权、转型变革主导权扩展。能源生产消费国利益分化调整，传统与新兴能源生产国之间角力加剧，全球能源治理体系加速重构。

从国内来看，中国能源发展也进入了新常态，主要呈现以下五个趋势。一是能源消费增速明显回落，能源利用效率提升。“十三五”

前三年能源消费增速比“十五”期间低 9.6 个百分点，未来钢铁、有色、建材等主要耗能产品需求预计将达到峰值，能源消费稳中有降。同时，近五年来单位 GDP 能耗下降了 20%，随着新技术的广泛应用，单位能耗有望进一步下降。

二是能源结构双重更替加快，油气替代煤炭、非化石能源替代化石能源。2000—2018 年，煤炭占比降低了 9.5 个百分点，天然气提升 5.6 个百分点，非化石能源占比提高了 7.1 个百分点。“十三五”时期是我国实现非化石能源消费比重达到 15% 目标的关键期，也是为 2030 年前后碳排放达到峰值奠定基础的关键期，能源结构双重更替的节奏将进一步加快。

三是能源发展动力加快转换，逐步由传统高载能产业转向第三产业和居民生活用能。近十年，高载能产业用能占比下降 3.3 个百分点，第三产业和居民生活用能占比提高了 4 个百分点。同时，能源发展正在由主要依靠资源投入向创新驱动转变，现代制造业、大数据中心、新能源汽车等新产业、新业态将催生出新的用能增长点。

四是能源供需形态深刻变化，分布式供能系统广泛应用，能源产销合一者不断出现。分布式供能系统在工业园区、城镇社区、公用建筑和私人住宅逐步应用，新能源在能源供给体系中的作用更加凸显。同时，用户通过分布式发电设备自行发电，自产自销、自用有余的电量送入大电网，逐步由单一的能源消费者转变为产销合一者。

五是能源国际合作迈向更高水平，推动更大范围、更高水平和更深层次的开放交融。“一带一路”建设和国际产能合作的深入实施，带动装备、服务、技术、标准走出去，形成全面开放条件下的能源安全新格局。

新一轮能源革命蓬勃兴起，能源的供给侧、输送侧和需求侧转型升级的步伐加快，异彩纷呈。

二、大国担当：中国推动全球能源转型的努力和成就

面对能源供需格局新变化、国际能源发展新趋势，保障国家能源安全，必须推动能源生产和消费革命。2014 年 6 月 13 日，习近平总书记在中央财经领导小组第六次会议上提出了“四个革命、一个合作”能源安全新战略，为我国能源发展提供根本遵循。党的十九大报告提出，“推进能源生产和消费革命，构建清洁低碳、安全高效的能源体系”，为我国能源发展明确目标。为支撑经济社会发展，化石能源大量消耗，带来了资源枯竭、气候变化、大气污染以及生态退化等诸多问题，倒逼能源变革。人类社会积极应对气候变化，全球生态气候治理体系得到持续完善。1992 年，联合国召开地球问题首脑会议，达成《联合国气候变化框架公约》，迈出了应对气候变化的第一步。1997 年，联合国组织各国签订《京都议定书》，本次议定书对《联合国气候变化框架公约》进行了补充，具有法律约束力。2009 年，哥本哈根气候大会成功举行，大会明确提出到 2020 年减排要求，要求发展中国家实施自主减排。2015 年达成的《巴黎协定》则更具里程碑意义，首次让所有国家共同致力于实现相同的目标，努力将全球温升控制在 2℃以内，争取限制在 1.5℃。

中国是全球最大的能源生产和消费国，可再生能源消费占全球比

重位列世界第一位。中国能源的发展影响全球能源发展格局，在推动全球能源变革的进程中要发挥重要作用。

中国政府积极应对气候变化，主动承担国际责任，向全世界作出庄严承诺，明确碳排放、非化石能源占一次能源消费比重、森林蓄积量等三方面2020年、2030年的目标，减排量约占全球同期的四分之一，彰显了大国担当。同时，党中央、国务院也对全面加强生态环境保护、坚决打好污染防治攻坚战作出全面部署，要求打赢蓝天、碧水、净土等三个保卫战，提升生态文明，建设美丽中国。

为加快推动能源生产和消费革命，中国积极实施两个替代，就是清洁替代和电能替代。在能源供给侧，要用核能、水能、风能、太阳能等这些清洁能源替代化石能源，逐步实现以清洁能源为主、化石能源为辅的能源供给结构。在能源消费侧，要通过实施港口岸电、电动汽车、电锅炉、电磁厨房等，以电代煤、以电代油、以电代气，实现终端电能替代传统能源。

在全社会的共同努力下，中国提前兑现哥本哈根大会承诺的2020年碳排放和森林蓄积量目标。碳排放强度方面，2017年较2005年下降46%，提前完成2020年目标。非化石能源占一次能源消费比重方面，2018年达到14.3%，距离2020年目标仅剩0.7个百分点。森林蓄积量方面，根据第八次全国森林资源清查结果，2013年年底森林蓄积量151亿立方米，比2005年增加了14.2亿立方米，提前完成2020年目标，第九次清查正在开展，预计森林蓄积量将进一步增加。

中国能源企业积极融入能源变革，能源央企更是有效发挥了主力军作用。正是在能源央企的大力推动下，能源供给侧、输送侧、消费侧的战略转型步伐明显加快。

从供给侧来看，清洁替代成效显著，近十年来清洁能源装机年均增速达到 14%。同时，天然气、光伏等分布式能源实现爆发式增长，2018 年光伏、天然气等分布式能源新增装机容量比 2013 年增长了 10 倍多。

从输送侧来看，西电东送、西气东输等国家重大战略得到有效落实，推动资源在更大范围内优化配置。2018 年全国西电东送通道输电能力 2.4 亿千瓦，年送电量接近 1 万亿千瓦时，占全社会用电量的 14.5%。2018 年西气东输、川气东送、陕京线送气量 1050 亿立方米，占天然气消费量的 37.4%。

从消费侧来看，能源消费结构不断优化，电能占终端能源消费比重稳步提升，近十年来提高了 9.6 个百分点，距离 2020 年规划目标仅差距 1.5 个百分点。同时，电力需求侧管理成效显著，年度节约电力、电量分别高于最大用电负荷和售电量的千分之三，完成“两个千分之三”的考核目标。

三、鉴往知来：南方电网的发展历程和面临形势

南方电网发展历程是民族伟大复兴的历史见证。1888 年，两广总督张之洞在广州总督府安装了一台从国外买进的柴油发电机，供衙门 100 盏电灯照明，拉开了南方五省区用电的帷幕。经过多年努力，南方区域建成了多条西电东送输电通道，与周边电网互联互通的规模

逐步扩大，为经济社会发展提供了坚强的电力保障。纵观发展历程中，南方电网始终把满足人民美好生活的电力需要作为一切工作的出发点和落脚点，南方电网发展史是践行“人民电业为人民”宗旨的历史，也是从人民群众“用上电”向“用好电”转变的历史。

2018 年南方区域发电量达到 1.2 万亿千瓦时，是新中国成立前的 5200 倍以上，接近全国五分之一，超越俄罗斯和日本，是法国的 2 倍。一度电可支撑南方区域 13.5 元的 GDP 产出，比全国高 0.3 元，有效支撑了地区经济社会发展。同时，南方电网建成“八交十直”西电东送通道，推动西部清洁能源源源不断地输送至东部地区。广东约三分之一的用电量来自西部，其中 80%是西部的清洁能源；香港四分之一、澳门八成以上的用电量来自广东电网，其中大部分也是清洁能源。

南方电网的发展历程也是勇于变革、敢为人先的历史见证。近 20 年的两次电力体制改革，南方电网都勇当能源革命的推动者。2002 年，国务院启动电力体制改革，南方电网公司应运而生。公司组建后，积极落实西电东送战略，推动电力市场化改革，深化澜湄地区电力合作，充分发挥改革试验田作用。2015 年，中共中央、国务院部署进一步深化电力体制改革，按照管住中间、放开两头的体制架构，重点实施“三放开、一独立、三强化”。南方电网坚决支持改革，积极投身改革，向改革要动力，积极推动电网转型升级，支撑能源转型升级。

在能源变革加速演进的新形势下，南方电网也面临诸多机遇和挑战。机遇方面，首先，经济长期向好态势给电网业务提供了持续发展空间。中国特色社会主义进入了新时代，在全面建成小康社会之后，我们还要开启全面建设社会主义现代化国家新征程，我国发展仍处于重要战略机遇期。同时，我国经济也进入了高质量发展阶段，党中央对南方五省区明确发展定位，未来一段时间内电力需求将保持中速增长，2035 年用电量将实现翻番，电力供应任务依然很重。另外，南方区域能源资源与用电负荷逆向分布，用电负荷集中在东部广东地区，丰富的水电煤炭资源主要集中在西部地区，能源资源需要在更大范围内优化配置，支撑西电东送战略可持续发展。

其次，新旧动能转换给业务拓展升级提供重要支撑。新技术、新产业、新业态、新模式是新旧动能转换的核心驱动力量，为传统电网业务改造升级、沿能源产业链拓展新兴业务提供了可能。产业智慧化、智慧产业化、跨界融合化、品牌高端化是新旧动能转化的实现路径，为构建布局合理、优势互补、协同高效的产业体系提供了指引。

最后，“一带一路”倡议为“走出去”提供有利条件。近年来，“一带一路”沿线新兴经济体电力需求增长迅速，电力基础设施建设需求不断加大，为推进电网互联互通、能源基础设施投资、国际产能合作提供良好契机。同时，澜湄合作机制建立并有效运转，南方电网公司是国务院确定的大湄公河次区域电力合作中方执行单位，为推进周边电网互联互通和扩大电力贸易奠定坚实基础。

挑战方面，首先，清洁能源、分布式能源快速扩张给电网建设运营带来挑战。清洁能源快速扩张，要求电网进一步提高接纳和优化配置多种能源的能力，推动清洁能源在更大范围、更可持续的优化配置。同时，光伏、风电出力受自然条件影响存在间歇性和波动性，防范大电网安全风险的压力越来越大，对提高电网灵活性和系统调峰能力也提出了新要求。

其次，多样化、多层次、高质量用能用电需求推动业务服务转型升级。客户围绕提高用能效率的个性化、多样化、便捷化、不断升级的需求加速涌现，催生出新的产品、服务和业务模式，需要电网企业提供智能灵活的一站式综合能源服务。同时，集电力生产与消费于一体的“产销合一者”不断出现，自产自销、余电上网、点对点交易等催生多元化商业模式，用户与供应商的关系由双边变为多边，对能源传输与交易提出了更高要求。

最后，新一轮电力体制改革纵深推进要求电网企业主动作为。国家要求完善电价形成机制，对网络型自然垄断环节单独核定输配电价，有序放开输配以外的竞争性环节电价，要求电网企业完善电力市场化交易平台和机制，推动构建公平开放、竞争有序的电力市场。同时，发电侧和售电侧开展有效竞争，售电侧改革稳步推进，增量配电业务向社会资本放开，更多独立的市场主体培育壮大，要求电网企业提供开放公平、更加优质的基础服务。

机遇与挑战并存，压力与动力同在。失去了机即是危，克服了危即是机。站在趋势之端才能赢得未来。南方电网公司作为关系国家能源安全和国民经济命脉的国有重点骨干企业，要顺应能源变革的历史进程和发展规律，秉承中国在推动能源转型中的大国担当精神，把握好南方电网发展的历史机遇，推动战略转型，积极创新实践，加快建设世界一流企业，为构建现代化经济体系、清洁低碳安全高效的现代能源体系和建设社会主义现代化强国作贡献。

四、勇立潮头：新时代南方电网公司的创新实践

习近平总书记在党的十九大报告中提出，深化国有企业改革，发展混合所有制经济，培育具有全球竞争力的世界一流企业。这一重要论述，明确了新时代国有企业改革发展的目标方向。中央企业有条件、有责任走在创建世界一流企业的前列。

南方电网公司因改革而生，因改革而兴，改革是与生俱来的基因。要以习近平新时代中国特色社会主义思想为指导，落实“四个革命、一个合作”的能源安全新战略，围绕“建设什么样的南方电网，怎样建设南方电网”积极创新实践，勇当改革的促进派和实干家，将

发展之网

改革进行到底。下面与大家分享一下南方电网实践探索。

围绕“建设什么样的南方电网”这一问题，我们制订了企业文化理念和发展战略纲要，明确了南网人的初心和使命，以及新时代赋予南方电网的新任务新要求。

我们要践行“人民电业为人民”的企业宗旨。可以把企业宗旨分解成“人民”“电业”“为人民”三个关键词来理解。“人民”代表我们是一家国有企业，国有资产属于人民。“电业”代表我们是一家电网企业，联系千家万户。“为人民”代表我们是一家服务型企业，承担电力普遍服务。把满足人民对美好生活的电力需要作为公司一切工作的出发点和落脚点，体现了坚持以人民为中心的思想，始终践行为人民谋幸福的价值追求。

我们要遵循“国家队地位、平台型企业、价值链整合者”的企业定位。国家队地位，就是要服务好党和国家事业大局，贯彻新发展理念，落实国家战略，服务好国计民生，努力成为党和国家最可信赖和依靠的“六种力量”。平台型企业，就是发挥电网企业联系产业链上下游的平台型特征，主导构建开放、协同、高效的能源商业体系，培育发展、不断壮大能源生态系统。价值链整合者，就是整合能源产业链上下游优质资源，加速形成“本土化”“全球化”相结合的资源配置能力，努力占据能源价值链高端位置，在对供给侧与需求侧、技术与市场的整合中实现价值最大化，推动产业链协同增值。

我们的战略目标是“成为具有全球竞争力的世界一流企业”。国务院国资委提出，世界一流企业应做到“三个领军”“三个领先”“三个典范”。具体来看，“三个领军”是在国际资源配置中占主导地位、引领全球行业技术发展、在全球产业发展中具有话语权和影响力的领军企业；“三个领先”是在全要素生产率和劳动生产率等效率指标、净资产收益率和资本保值增值等效益指标、提供优质产品和服务等方面的领先企业；“三个典范”是践行新发展理念、履行社会责任、拥有全球知名品牌形象的典范企业。这些要求进一步明确了世界一流企业的核心内涵。

我们的战略取向是“三商转型”。“三商”就是指智能电网运营商、能源产业价值链整合商、能源生态系统服务商。我们选择的转型方向，是基于电力体制改革、能源结构转型、市场竞争日趋激烈和“云大物移智”深度融入能源产业等现实，作出的积极探索和战略选择，以求在市场竞争中有效应对挑战、创造机遇。

首先，我们要打造安全、可靠、绿色、高效的智能电网，向智能电网运营商转型。这一考虑主要是适应能源结构清洁化的趋势，以数字化、智能化、物联网等技术推动传统电网改造升级，实现分布式能源和即插即用负荷的智能调度控制，推动电力资源优化配置和高效利用。我们创新建立了涵盖“五个环节、四个支撑体系”的南方电网智能电网发展体系，明确了安全、可靠、绿色、高效的发展目标，制订了行动计划，正在全面推动智能电网建设。

其次，我们要全面提升在全球能源产业价值链中的地位，向能源产业价值链整合商转型。这一考虑主要是适应能源消费形态多样化的趋势，要依托各类物理的、虚拟的平台撮合供给与需求，整合能源产业链上下游资源、技术与市场，培育新动能、新业态，为客户提供多种能源高效便捷解决方案。

最后，我们还要建设开放合作、互利共生的能源生态系统，向能源生态系统服务商转型。这一考虑主要是适应能源系统开放合作的趋势，构建涵盖政府、供应商、服务商、客户等利益相关方的能源生态系统，为各方提供公开、透明的信息和高效、便利的增值服务，实现生态伙伴共赢。

我们的战略步骤分“三步走”，服务我国社会主义现代化建设进程。到 2020 年，初步具备全球竞争力的世界一流企业的显著特征，在若干重要领域跻身世界一流行列。到 2025 年，智能电网基本建成，能源生态系统初步形成，基本建成具有全球竞争力的世界一流企业。到 2035 年，全面建成具有全球竞争力的世界一流企业，成为引领发展、业绩卓越、广受尊敬的智能电网运营商、能源产业价值链整合商、能源生态系统服务商。

围绕“怎样建设南方电网”这一问题，我们始终坚持科学理论指导推动实践创新，积极推动能源在消费、供给、技术、体制、国际合作等各方面实现变革。推动能源消费革命方面，我们从绿色电网做起，提高电网“绿色”设计等级，建设环境友好的绿色变电站，并持续优化电网运行降低传输损耗。我们为客户提供全方位的节能服务，帮助产业链上下游客户节能减排。我们还大力实施电能替代，加快建设电动汽车充电桩，大力推动建设电锅炉、船舶岸电、电磁厨房等，支撑能源节约型社会建设。

推动能源供给革命方面，我们确保新能源无障碍并网，2018 年并网接入的风电、光伏等新能源装机容量 700 万千瓦。我们持续加强西电东送通道建设，推动清洁能源输送至千家万户，广东省近一半电量来自清洁能源，空气质量优良天数比例 88.9%。我们还大力推进农网改造升级，近三年投资 1068 亿元，实现机井通电、自然村通动力电全覆盖。

推动能源技术革命方面，我们大力实施创新驱动发展战略，聚焦大电网安全稳定运行、智能电网、大规模新能源接入等关键领域和技术，解决关键技术“卡脖子”问题，持续抢占制高点。我们建成投产了 ±800 千伏云广特高压直流工程、鲁西背靠背直流工程、南澳 ±160 千伏多端柔性直流示范工程等工程，创造了多个世界第一。我们运营着世界上最复杂的交直流互联大电网，电网安全稳定运行技术荣获多个国家级奖励。我们还积极探索互联网、人工智能等技术应用，为客户提供高效便捷的能源产品与服务。我们建成投产珠海唐家湾“互联网 +”智慧能源示范项目，实现冷热电气等多种能源互补利用，打造国内首个开放的综合能源运营服务平台。我们建成了多个智慧营业厅，为客户提供机器人大堂经理、智能服务终端、智能发票系统等智慧服务。我们还积极探索人工智能技术的应用，智能机器人、智能传感器、智能穿戴设备、无人机等已经应用在电力生产运行的诸多领域，提高了生产效率，降低了运营成本。

推动能源体制革命方面，我们落实新一轮电力体制改革要求，健全电力市场，完善电价机制，推动增量配电业务改革，还原能源商品属性。我们推动组建全国首个股份制电力交易中心，建立全国首个电力现货市场，省内市场化交易电量占比 35.1%。我们全面实施输配电价改革，深圳率先破冰起到示范效应，南方电网构建了“准许成本 + 合理收益”的输配电价新机制。我们全面落实国家降税减费政策，2018 年降低客户用电成本 223 亿元。我们积极推动南方区域增量配电业务改革，在深圳建立了全国首家增量配电网混合所有制供电企业——前海蛇口自贸区供电有限公司，并积极推动南方区域 52 个试点项目。

全方位加强国际合作方面，我们积极融入“一带一路”建设，重点推进周边国家电网互联互通，践行“一带一路”义利观。我们积极打造“一带一路”重点示范工程，建成投产了越南永新燃煤电厂一期BOT项目，有效缓解了越南南部缺电问题。我们积极推动与周边电网互联互通，2018年公司与老挝政府签署了《关于合作开发建设老挝国家输电网可行性研究谅解备忘录》。2019年4月，在习近平总书记的见证下，南方电网公司与老挝国家电力公司签署了老中铁路供电项目的股东协议，成为澜湄国家首个电网BOT项目，对推动中老两国基础设施互联互通及未来经贸合作具有深远意义。我们还积极履行海外社会责任，建成投产的老挝南塔河项目完成了11个移民安置点的建设及37个村庄、共计1735户9296人的移民搬迁，为山区人民脱贫致富创造了条件。

同时，作为央企，我们还要积极服务和保障民生，惠民利民，全民共享能源发展成果。我们加大深度贫困地区和特殊贫困群体脱贫攻坚力度，2018年投入电力行业扶贫资金203亿元，直接帮助240个贫困点脱贫摘帽、8.1万人脱贫。我们积极优化营商环境，2018年为客户降低用电成本和投资742亿元，粤港澳大湾区9个城市新增报装容量200千伏安及以下客户实现接电“零投资”。我们还积极参加社会公益，比如广东电网公司“蓝公益”项目，开展“光明学堂”“幸福厨房”“温暖村屋”等活动2800余次，服务总时长超30万小时。

南方电网公司时刻不忘“国家队地位”的企业定位，积极做新发展理念的实践者、国家战略贯彻者、能源革命推动者、电力市场建设者、国企改革先行者，努力成为中国特色社会主义的重要物质基础和政治基础，成为党和国家最可信赖的“六种力量”。

新时代新征程新使命，要求有新担当新作为。南方电网将以习近平新时代中国特色社会主义思想为指导，践行新发展理念，强化战略引领，推动高质量发展，加快向智能电网运营商、能源产业价值链整合商、能源生态系统服务商转型，早日建成具有全球竞争力的世界一流企业。

能源变革带来新技术、新业态、新产业、新模式，为广大学子提供参与能源行业更多的机会、更大的舞台。希望广大青年学子顺势而为、趁势而上，积极投身能源变革事业中，加入到“能源国家队”中，成为构建清洁低碳、安全高效能源体系的中坚力量。

同学们说

讲座回顾了全球能源发展的历史进程、中国在推动全球能源转型的努力和成就，再到南方电网的发展历程和成就，从中感受到在能源变革大环境中，我们的国家以及能源央企所作出的努力，因为有了这些努力，才让我们的生活变得更好。

——王 越 国际关系学院学生

讲座加深了我对南方电网的认识。讲座中提到南方电网是平台型企业、价值链整合者，过去我一直认为南方电网是单纯的供电企业，这次的讲座增长了很多知识。

——寻 瑾 中文系学生

讲座有个数据让我印象深刻：广东省约 1/3 的用电量来自西部，其中 80%是西部的清洁能源，而且大部分是水电！

——沈佳敏 管理学院学生

40. 从国企改革和民航发展看待南航迈向世界一流

中国南方航空集团有限公司  华南理工大学

王昌顺

2019 年 5 月 22 日，中国南方航空集团有限公司党组书记、董事长王昌顺在华南理工大学讲课

精言粹语

★国资国企最新的发展成果、中国特色现代国有企业制度最鲜活的实践案例，为深化政治经济学理论研究、丰富高校课堂实践教学、推动校内小课堂与社会大课堂相结合提供了源头活水。

☆中国民航与新中国同步成长、与国家经济同步发展，经历了从无到有、由小到大、由弱到强的发展历程。

★经营是企业立身之本，作为中央企业，国家要效益，企业要发展，员工要福利，必须提升盈利能力。

☆从文化根源来看，华南理工和南航都扎根广州，深受岭南文化的影响。岭南文化，是中原文化、土著文化、西洋文化、南洋文化相互碰撞融合的产物，务实进取、开放兼容。

★发扬“勤奋、务实、包容、创新”的南航精神，营造“想干事有干不完的事，真干事也能干成事”的良好氛围。

☆你们将全程参与这两个百年目标的奋斗实践，亲身体验中华民族伟大复兴中国梦“梦圆”的美好世界。未来属于你们并终将交给你们，这既是你们这一代人的幸运，也是你们这一代人的历史使命。

★人生的旅程也像一次飞行，现在就是起飞滑跑阶段，信心百倍、干劲十足，用的都是全马力，今后的人生道路可能也像巡航阶段一样，会出现颠簸、绕航，不会一帆风顺，所以必须坚持正确的航向，不进入雷雨区，沉下心来做事，踏踏实实做人，从大处着眼、从小处着手，把眼前的事情干对、干好。

今天和大家交流的主题是“从国企改革和民航发展看待南航迈向世界一流”。下面，我结合国企改革发展，给大家介绍一下世界民航、中国民航和南航的发展情况，希望通过这次交流，帮助同学们进一步了解国企、了解民航、了解南航。

讲课现场

一、世界民航发展概况

（一）全球航空公司及航空联盟

目前，全球从事定期航空运输的航空公司大约有 1300 余家，机队规模约 3 万余架，年承运旅客量 41 亿人次，运输总周转量 9454 亿吨公里，年收入超过 7500 亿美元。旅客运输量排名世界前十的航空公司依次是美航、达美航、美联航、阿联酋航空、美西南航空、南航、瑞安、汉莎、东航和国航。国际航协预测，到 2022 年中国将超过美国成为全球最大航空市场。

受各国航权限制，任何一家航空公司都不可能单独建立遍布全球的航线网络。因此，航空公司纷纷建立航空联盟，通过互售机票扩大市场范围，通过航班代码共享拓宽航线网络。目前，全球有三大航空联盟——天合联盟、星空联盟和寰宇一家。三大联盟市场份额合计超过全球的 60%。

南航 2007 年加入了天合联盟，是中国第一家加入联盟的航空公司。近年来，国际合作已经向跨盟合作、股权合作等更深入的方向演变，南航继续留在天合联盟已经弊大于利。经过综合研判，我们决定不再续约天合联盟。退盟后南航国际合作弹性更大，我们将深化与美航、英航等先进航企战略合作，拓展与合作伙伴的双边、多边合作关系，走出一条国际合作的新路子。

（二）全球民用机场

目前，全球商业机场超过 4000 家。排名前二十的机场中，亚特兰大机场与北京首都机场旅客吞吐量分别达到1.07亿和1亿人次；八千万级机场有5家，分别是迪拜、洛杉矶、东京羽田、芝加哥、伦敦希斯罗机场；七千万级机场有4家，分别是中国香港、上海浦东、巴黎、阿姆斯特丹机场；六千万级机场有9家，其中广州达到6977万，排在第13位。

（三）民用飞机制造

航空制造业是衡量一个国家工业能力的重要标杆。美国波音和欧洲空客基本垄断了全球大型干线飞机（100座以上）制造市场。2018年，波音共收获订单893架，交付飞机806架；空客共收获订单747架，交付飞机800架。

我国也将国产飞机制造上升到战略高度，90座级的支线客机ARJ21于2016年6月28日投入商业运营，目前累计订单473架；150座级的干线飞机C919于2017年5月5日首飞成功，目前累计订单815架；与俄罗斯合作研发的CR929宽体客机也提上了议事日程。

（四）通用航空

全球通用航空飞机约44万架，其中螺旋桨飞机约39万架，直升机约3万架。中国通航发展与国外有较大差距。一是机队规模小，通航飞机数量仅为美国的1%。二是飞行总量少，通航飞行小时数仅为美国的3%。三是研发制造基础薄弱，与国外先进水平差距较大。四是低空空域改革还在试点推进，“上天难”的瓶颈尚未破除。五是基础设施和保障体系欠缺，“落地难”问题还没有解决。

目前，国家正在大力推进通用航空发展，随着改革的深入和监督管理体制的完善，我国通航产业将进入快速增长阶段，预计到2035年我国通用航空网络将初步形成，通用航空年飞行小时将达到600万，机队规模达到2万架以上，为现在的六倍。

（五）航空管理体制

由于民航涉及国家主权，对安全要求高，各个国家都设立独立政府机构来管理，美国是联邦航空管理局（FAA），欧盟是欧洲航空安全局（EASA），我国是中国民用航空局（CAAC）。

在航空管理问题方面，同学们坐飞机经常遇到的问题是航班延误，其中一个主要原因就是空域资源紧张，需要进行流量控制，这方面由民航空管部门进行管理。当前，空域资源紧张已成为制约我国民航安全与发展的重要瓶颈。为提高空管效率，我国正在推进空域管理体制改革，深化空域精细化管理，提升现有空域利用效率。

二、中国民航发展情况

（一）发展历程

中国民航与新中国同步成长、与国家经济同步发展，经历了从无到有、由小到大、由弱到强的发展历程，大致可以分为五个阶段。

第一阶段（1949—1979年）：初创时期。中国民航的发源地就在广州，当时是与外国人办的合资航空公司。1949年11月9日，原属国民党政府的中国航空公司和中央航空公司4000余名员工宣布起义，率领12架飞机飞回祖国大陆，这就是著名的“两航起义”。回归的

12 架飞机加上后来修复的国民党遗留在大陆的 17 架飞机，奠定了新中国民航事业基础。

1950 年 5 月，中国民航局在广州设立南航的前身——军委民航广州办事处。1959 年 1 月，正式成立民航广州管理局。1969 年，民航广州管理局组建运输服务队，就是南航飞行总队的前身——民航第六飞行大队。

第二阶段（1980—1986 年）：军转民和企业化时期。党的十一届三中全会吹响了我国改革开放的号角，国有企业开始实行以放权让利、扩大经营自主权为重点的改革。1980 年，邓小平同志提出“民航一定要企业化”，民航局由空军代管改为国务院直属机构，拉开了我国民航“军转民和企业化”改革的序幕。1984 年，中国民航局组建了 4 个主要的航空公司：中国国际航空公司、中国南方航空公司、中国东方航空公司和中国工业航空公司，其中民航广州管理局组建了“中国南方航空公司”。

第三阶段（1987—2001 年）：政企分离时期。1987 年，中国民航开始实施以“政企分开”“机场与航空公司分设”为主题的第二轮改革。民航总局不再直接经营航空业务，主要行使政府职能，全民航组建了 6 大骨干航空公司，机场成为独立的企业单位。1992 年 12 月 20 日，中国南方航空公司与原民航广州管理局正式分立，成为独立经济实体，1997 年 7 月 31 日在中国香港、纽约同步上市。

第四阶段（2002—2012 年）：深化改革时期。2002 年，民航开始了以“联合重组”为主要内容的新一轮改革。当时中国有 9 家航空公司，由国航联合重组西南航空公司、中国航空公司和浙江航空公司，由东航联合重组西北航空公司和云南航空公司，由南航联合重组北方航空公司和新疆航空公司，组建了三大航空集团。

2003 年，国务院国有资产监督管理委员会成立，建立起了管资产与管人、管事相统一的国有资产出资人制度，解决了长期存在的国有资产出资人缺位和国有资产管理“九龙治水”问题。由此开始，三大航空集团成了国务院国资委管理的中央企业。

这一阶段，南航真正走向了市场化道路。2003 年，南航在上海证券交易所上市，成为上海、中国香港、纽约三地上市公司；2005 年，确立了建设“国际化规模网络型航空公司”的战略目标；2009 年，选择澳洲为中转突破口，加快广州枢纽建设，持续打造“广州之路”，逐步发展成为中国大陆到澳洲最大的航空承运人。

第五阶段（2013 年至今）：高速发展时期。这一时期，中国民航探索形成了“一二三三四”的总体工作思路：“一”是要牢固树立“人民航空为人民”的宗旨意识；“二”是要实现运输航空和通用航空两翼齐飞；第一个“三”是要坚守飞行安全、廉政安全、真情服务三条底线；第二个“三”是要建好民用航空机场网络、航线网络和运行信息监控网络“三个网络”；“四”是要补齐空域资源、适航审定能力、民航服务品质和应急处置能力“四个短板”。按照这一总体思路，中国民航事业高速发展，南航也快速发展壮大，已经成为在全球具有一定影响力的大型航空运输企业。

（二）发展成就

一是航空运输安全达到国际先进水平。2013—2017 年，中国民航运输航空百万小时重大事故率、百万架次重大事故率、亿客公里死亡人数均为 0，同期世界平均水平约为 0.0872、0.1745 和 0.0074。目前，我国运输航空实现了持续安全飞行100个月、6836万小时的安全纪录，达到国际先进水平。其中，南航累计安全飞行超过2100万小时，获得了“飞行安全钻石二星奖”，保持国内最长的安全纪录。

二是成为世界航空运输大国。2018年，中国民航引进飞机426架，可以装备一家大型航空公司，全行业运输机队规模达到3615架，其中南航840架、国航684架、东航692架，都进入了全球前十。

1978年，我国民航旅客运输量仅为230万人次，位列国际民航第37位。2018年，我国民航完成旅客运输量6.15亿人次，现在一天完成的运输量比1978年一年还多。目前，中国民航运输总周转量超过美国的60%，差距在不断缩小。

三是机场基础设施获得极大改善。2018年，全国运输机场数量为234个，比1978年增加156个，年旅客吞吐量超过1000万人次的机场达到37个，超过3000万人次的10个。北京首都机场旅客吞吐量突破1亿人次，成为我国第一个年旅客吞吐量过亿人次的机场，也是继美国亚特兰大机场后，全球第二个年旅客吞吐量过亿人次的机场。上海虹桥（7400万）和浦东机场（4300万）的年旅客吞吐量合计超过1.1亿人次，广州白云机场的年旅客吞吐量接近7000万人次，排名全国第三。

四是民航对国家经济社会发展的战略作用日益凸显。经过40年发展，民航旅客周转量占全社会旅客周转量的比重由1978年的1.6%上升到2018年的31%，民航在国家综合运输体系中的地位越来越重要。据测算，民航投入和产出比率是1∶8，我国机场每百万旅客吞吐量，可以产生经济效益18.1亿元，相关就业岗位5300多个。同时，民航出色完成历次抢险救灾、海外撤侨等紧急航空运输保障任务，在加强两岸交流、服务国防建设等方面作出了重要贡献。

五是在世界民航业的地位大幅提升。目前我国加入了26个国际民航多边条约，与126个国家签署了双边航空运输协定。中国民航在世界航空运输业的重要性不断提升，2018年中国民航对全球航空运输增长贡献率超过25%，居全球第一。

三、南航的发展情况

经过多年发展，南航多项指标已经在中国乃至亚洲领先，跻身世界前列。

一是机队规模最大。南航1991年成立之初飞机仅73架，现在机队数量超过840架，位居亚洲第一，世界第三，到2020年预计突破

南航运营客货运输飞机超过840架，机队规模居亚洲第一，世界第三

1000 架。目前，南航运营 5 架 A380 客机，这是最大的超远程双层客机，三舱布局可载客 500 多人；运营 30 架 B787 客机，这是目前最先进、客户体验最好的机型之一。

二是旅客运输量最多。1991 年，南航旅客运输量仅为 570 万人，到 1994 年首次突破千万大关。从 2010 年开始，我们每年几乎都以 1000 多万的速度高速增长。2018 年，南航旅客运输量达到 1.4 亿人次，占中国民航年旅客运输量的 1/4 左右。

三是航线网络最密集。南航每天有 3000 多个航班飞到全球 60 多个国家和地区、224 个目的地，提供 50 万个座位。全力打造“广州之路”，形成了以欧洲、大洋洲两个扇形为核心，以东南亚、南亚、东亚为腹地，全面辐射北美、中东、非洲的航线网络布局。

四是技术保障实力雄厚。南航是国内唯一拥有飞行学校的航空公司，拥有国内最好的飞机维修基地——广州飞机维修工程有限公司（GAMECO），与德国 MTU 公司合建亚太地区先进的航空发动机维修基地，飞行运行控制系统（SOC）和发动机性能监控系统获得了国家科技进步二等奖。信息化建设处于行业领先水平，在中国民航首家推出电子客票、特色值机、电子登机牌、人脸识别登机等服务。

案例

南航机务工程部主任高级工程师刘宇辉，最近刚刚获得全国五一劳动奖章。他带队研发的“飞机远程诊断实时跟踪系统”，可以把飞机飞行中收集到的信息传递给地面的工程师，为保障航班运行正常提供有力支持。目前，波音和空客对这些信息的收费是按条收费，南航自主研发该系统后，节省了大量成本，而且未来国产 C919 飞机也能使用。

2017 年 6 月，南航在南阳机场启用国内首个人脸识别智能化登机系统，识别匹配成功的旅客，1 秒内即可通过闸机完成登机。

2019 年，南航在广州白云机场 2 号航站楼为旅客们带来包括自助值机、自助行李托运、自助通关的全流程智能化的出行体验。南航自主研发的 2 号航站楼信息系统包含着 40 多个 IT 项目，1000 多个功能。

五是服务品牌形象良好。目前，南航拥有明珠会员超过 4000 万人，航班正常率连续排名三大航第一，旅客投诉率连续保持三大航最低，2019 年获评“Skytrax 全球最杰出进步航空公司”。航班正常率是乘客对航空服务的重要关注点，Skytrax 是国际上权威的航空服务评测机构，上述成绩充分说明，南航的服务质量在国内外享有良好口碑。

案例

2017 年 11 月 3 日，从纽约飞往广州的南航 CZ600 航班上，一名女性旅客在空中突发病情。机组启动应急处置程序，20 分钟空中放油 43 吨，就近备降冰岛雷克雅未克—凯夫拉维克国际机场，旅客及时被送往医院急救，成功脱离生命危险。南航对这一事件的处理赢得了旅客和媒体的广泛赞誉。

四、未来南航发展展望

党的十九大提出，深化国有企业改革，培育具有全球竞争力的世界一流企业。2018 年年底，国资委制定了《关于推动中央企业高质量发展创建世界一流企业的指导意见》，对建设世界一流企业作出了详细规划；中国民航局出台了《新时代民航强国建设行动纲要》，提出要打造具有全球竞争力、服务全球的世界级超级承运人。

贯彻中央和上级的决策部署，南航提出了建设具有全球竞争力的世界一流航空运输企业的宏伟愿景，明确了“三二四五三”战略框架。其中，“三”是“三个一流”的战略目标；“二”是打造广州—北京“双枢纽”的战略布局；“四”是“规范化、一体化、智能化、国际化”的战略取向；“五”是党的领导、治理结构、战略管理、市场机制和企业文化五个体系，共同构成现代化的治理体系和治理能力；“三”是加强条件、资源、环境三方面的保障。下面，我向大家简要作个介绍。

（一）“三个一流”的战略目标

包括一流的安全品质，一流的盈利能力和一流的品牌形象。

一流的安全品质，就是安全基础牢固，安全风险可控，确保持续安全。习近平总书记高度重视民航安全工作，强调“航空运输安全事关国家安全、国家战略”。可以说，安全是民航业的“底线”和“红线”。一流的盈利能力，就是经营效益在量的稳定增长同时实现质的有效提升，有效防范经营风险。经营是企业立身之本，作为中央企业，国家要效益，企业要发展，员工要福利，必须提升盈利能力。一流的品牌形象，就是提升国际知名度、影响力和行业美誉度。航空运输本质就是提供一个点到另一个点的位移服务，服务是航空公司品牌的重要支撑。世界知名的航空公司，品牌都具有强烈的识别性。

（二）打造广州—北京“双枢纽”的战略布局

枢纽布局决定航空公司的长远发展态势，大航空公司必须有大枢纽支撑。南航机队规模到2020年将达到近1000架，必须开拓发展空间，打造广州—北京“双枢纽”。

广州枢纽是南航稳健发展的根基。目前，南航在广州枢纽投入运力225架，运营国际航线61条，市场份额占一半。2019年将新开广州—乌鲁木齐—维也纳、广州—长沙—内罗毕等国际航线。未来，我们将把握粤港澳大湾区建设的机遇，持续加强广州枢纽建设，不断拓宽“广州之路”。

北京枢纽是南航战略突围的关键。目前，北京首都机场客运量过亿，建设北京大兴国际机场，就是为了解决首都机场资源饱和的问题。大兴机场的定位是“大型国际航空枢纽”，按照年旅客吞吐量1亿人次的规模，建设七条跑道，2019年6月30号将竣工，9月30号之前投入运行。南航是大兴机场的主基地公司，我们按照承担40%旅客量的目标建设南航基地，总概算145.5亿元，初期投入飞机75架，到2025年投入运力145—200架。我们还成立了雄安航空，目的是更好地发挥主基地公司作用，运营好北京枢纽。

（三）“规范化、一体化、智能化、国际化”的战略取向

建设世界一流航空运输企业，必须有清晰的发展路径，朝着明确的目标形态发展，这就是战略取向问题。2016年6月，我们组织开展对标厦航学习交流，2016年9月，启动打造“南航e行”，逐步明确了“规范化、一体化、智能化、国际化”的战略取向。

一是推进规范化发展。为了提高效率、降低成本、改善服务，我们持续推进手册管理，努力做到“一切行为形成制度，一切制度纳入手册，一切手册落实到行动”。二是推进一体化发展。三大航中，国航与深航，包括澳门航空、山东航空等，形成了“国航系”。东航与上航，包括云南航空、联合航空等，形成了“东航系”。南航持股厦航55%、川航39%，推进一体化发展，就是要联合南航、厦航、川航，形成“南航系”，加强战略协同、资源整合、文化融合，提升规模效益和整体竞争力。三是推进智能化发展。以打造“南航e行”全流程一站式服务平台为抓手，推动南航转型升级。目前，“南航e行”上线了300余项功能，覆盖出行的全流程数字化，实现了“一机在手、全程无忧”，月均活跃用户300万人，在行业内处于领先水平。四是推进国际化发展。南航的国际及地区航线达到189条，运力投入占比33.7%，国际投入已经很大。我们强调的国际化，是要在管理、人才、经营等方面都达到国际水平。2017年3月，南航与全球最大的航空公司美国航空签署了战略合作协议，美航出资2亿美元入股南航，在全球民航业产生深刻影响。

（四）打造现代化的治理体系和治理能力

具体来说，就是完善党的领导、治理结构、战略管理、市场机制

和企业文化五个体系。我重点讲一下企业文化。

习近平总书记指出："文化是一个国家、一个民族的灵魂。文化兴国运兴，文化强民族强。""四个自信"中，文化自信是更基础、更广泛、更深厚的自信。无论对一个国家、一所高校还是一个企业，文化都至关重要。

从文化根源来看，华南理工和南航都扎根广州，深受岭南文化的影响。岭南文化，是中原文化、土著文化、西洋文化、南洋文化相互碰撞融合的产物，务实进取、开放兼容是其主要特征。

南航的文化我们概括为"阳光南航"。2016年，我们贯彻中央要求，打造阳光南航，努力让中央放心、让社会满意、树员工信心，阳光南航成了南航的文化和品牌。2018年年底，出台《阳光南航公约》，明确了阳光南航的文化内涵，践行"严、实、细、准、廉"的作风要求，发扬"勤奋、务实、包容、创新"的南航精神，营造"想干事有干不完的事，真干事也能干成事"的良好氛围，推动阳光南航文化落地生根。

（五）加强条件、资源、环境三方面的保障

"条件"就是做好三基建设，抓基层、打基础、苦练基本功。"资源"就是强化人才和资金保障，深化人才发展体制机制改革，实现资金来源多元化、资金管理集中化、资金成本最低化。"环境"就是加强关系管理，争取各方支持，统一全员思想，达成共识、形成共鸣、产生共振。

我们将实现这个战略框架分为三个阶段来安排。第一阶段，从现在到2020年，机队规模超过1000架，年承运旅客超过1.68亿人次，

资产近3300亿人民币，进入世界500强，安全品质亚洲领先，经营效益和品牌形象位居国内前列。第二阶段，从2020年到2035年，机队规模达到1800—2000架，年承运旅客超过3亿人次，资产超过6600亿人民币，进入世界300强，成为具有全球竞争力的世界一流航空运输企业。第三阶段，从2035年到本世纪中叶，资产规模进入万亿级，进入世界200强，建成具备全球竞争力的全链条航空产业体系，成为世界级超级承运人、民航强国的引领者。

五、给青年人的话

习近平总书记在纪念五四运动100周年大会上指出，青年是整个社会力量中最积极、最有生气的力量，国家的希望在青年，民族的未来在青年。今天，新时代中国青年处在中华民族发展的最好时期，既面临着难得的建功立业的人生际遇，也面临着“天将降大任于斯人”的时代使命。

在座的大学生都是“90后”甚至“00后”，看到你们风华正茂、朝气蓬勃，我由衷感到高兴，并十分羡慕你们。我羡慕的不仅是你们的年龄，还有你们所处的时代。现在，我们比历史上任何时期都更接近实现中华民族伟大复兴的目标。身处这样一个伟大的时代，你们是幸运的。再过几年，你们事业刚刚起步，恰逢第一个百年目标实现；再过三十年，你们事业渐至高峰，又幸逢第二个百年目标实现。你们将全程参与这两个百年目标的奋斗实践，亲身体验中华民族伟大复兴中国梦“梦圆”的美好世界。未来属于你们并终将交给你们，这既是你们这一代人的幸运，也是你们这一代人的历史使命。

今天我看到大家，就像看到了一架架刚接来的新飞机，在跑道上加满油，整装待发。飞机飞行有几个阶段，一是起飞滑跑阶段，一般都用全马力；二是上升爬高阶段；三是平飞巡航阶段，这个阶段可能会颠簸、绕航，但只要航向正确、不进入雷雨区就没有问题；四是下降阶段；五是落地阶段。人生的旅程也像一次飞行，你们现在就是起飞滑跑阶段，信心百倍、干劲十足，用的都是全马力，今后的人生道路可能也像巡航阶段一样，会出现颠簸、绕航，不会一帆风顺，所以必须坚持正确的航向。借这个机会，我跟大家提几点希望，与大家共勉。

一是坚定理想信念。古人讲修身齐家治国平天下，修身首先是要坚定理想信念。我刚才讲到，人生要坚持正确的航向、不进入雷雨区，就是希望大家能够坚定正确的理想信念。理想信念不是一句空话，它体现在一次次的选择取舍当中。人的一生总会面临很多选择，不同的选择决定了不同的人生道路。你们有的即将进入社会，有的几年后也将离开校园，各种现实压力扑面而来，一些人可能会迷失，做抉择的时候，往往就忘记了最初的理想和追求。当今中国最鲜明的时代主题，就是实现中华民族伟大复兴的中国梦。广大青年要忠于祖国、忠于事业，把自己的理想同祖国的前途、把自己的人生同民族的命运紧密联系在一起，让中华民族伟大复兴在我们的奋斗中梦想成真。

二是保持学习精神。梦想从学习开始、事业靠本领成就。青年人正处于学习的黄金时期，应该把学习作为一种责任、一种精神追求、一种生活方式，让勤奋学习成为青春远航的动力。无论在学校还是在社会，都要把学习同思考、观察同思考、实践同思考紧密结合起来，不断提高五种能力。一是提升发现问题的能力，做到“不唯书，不唯上”，在实践中发现存在的问题。二是提升分析判断的能力，搞清楚问题的来龙去脉，深入查找问题背后的原因。三是提升协调解决问题的能力，善于调动各方面积极因素，推动问题的解决。四是提升组织落实的能力，具备很强的执行力，能够把想法变成现实。五是提升总结创新的能力，善于从自己和别人身上吸取经验和教训，吃一堑长一智，打一仗进一步。

三是增强创新意识。习近平总书记说过，生活从不眷顾因循守旧、满足现状者，从不等待不思进取、坐享其成者，而是将更多机遇留给善于和勇于创新的人们。青年是社会上最富活力、最具创造性的群体，理应走在创新创造的前列。希望大家在今后的学习和工作中，保持初生牛犊不怕虎的劲头，有敢为人先的锐气，树立超越前人的雄心壮志；有逢山开路、遇河架桥的意志，不懂就学，不会就练，没有条件就努力创造条件；更重要的是沉下心来做事，踏踏实实做人，从大处着眼、从小处着手，把眼前的事情干对、干好，一步一个脚印地走好人生的每一步。

同学们说

王昌顺董事长的主题报告令人受益匪浅，特别是寄语青年人，给处于人生准备、滑跑阶段的在校大学生指明了方向，启迪青年人坚守信念、不懈奋斗。

——韦　创　机械与汽车工程学院学生

国企公开课是一种创新的教育模式，将学校课堂与社会课堂有机结合，进一步扩宽了在校大学生的思维，开拓了在校大学生的眼界。

——陈　杏　马克思主义学院学生

此次国企公开课让自己对于民航发展、国企改革有了更深刻的认识，特别是通过与南航飞行、乘务、运行、机务等岗位普通员工的交流，自己对南航、对国企的认识更加立体化。

——唐小丽　软件学院学生

41. “一带一路”建设中的央企使命和实践

中国通用技术（集团）控股有限责任公司  重庆大学

许宪平

2019 年 6 月 13 日，中国通用技术（集团）控股有限责任公司党组书记、董事长许宪平在重庆大学讲课

★“一带一路”倡议提出至今，各国积极响应、踊跃参与，由中国倡议到全球共识，由理念到行动，“五通”取得突破性进展，对中国好、对沿线国家好、对世界好，确实是一个应运而生的伟大构想。

☆党的领导、党的建设是国有企业持续健康发展的根本保证，也是国企国际化经营的核心竞争力所在。

★高质量参与“一带一路”建设，是中央企业肩负的使命和重大责任。

☆广大央企都以自身国际化战略为指引，坚持国际化经营准则，围绕主业积极开拓布局、务求战略落地，在建设“和平之路、繁荣之路、开放之路、绿色之路、创新之路、文明之路、廉洁之路”的过程中，争做令人尊敬的、值得信赖的世界公民。

★中央企业在“一带一路”建设中坚决贯彻党中央要求，用心践行新发展理念和丝路精神，用心研究了解沿线国家的政策、战略规划和民生需求，用行动落实“共商共建共享”原则，追求各项经营活动的高质量。

☆通过“共商共建共享”和“五通”，“一带一路”建设让沿线各国搭上中国发展的“快车”“顺风车”，同时还向世界贡献解决“四个赤字”的中国方案，推动形成利益共同体、责任共同体、命运共同体。

★青年学子要立大志、观大势、怀大局；要从小事做起，不断增长才干，要从小节严起，不断锤炼品德修为。

非常荣幸、有缘能来有近百年悠久历史的重庆大学与同学们做一次交流。这次我与大家交流的主题是“‘一带一路’建设中的央企使命和实践”。

讲课现场

一、对“一带一路”倡议的几点认识和理解

2013 年 9 月 7 日，习近平主席出访哈萨克斯坦时，在纳扎尔巴耶夫大学发表重要演讲，首次提出了以“五通”为核心的“共建丝绸

之路”经济带倡议。2013 年 10 月 3 日，习近平主席访问东盟时，在印度尼西亚国会发表重要演讲，提出“共建 21 世纪海上丝绸之路”的倡议。“一带一路”借用古丝绸之路的符号，传承其精神，赋予其新动能，旨在聚焦互联互通，与各国深化务实合作，携手应对人类面临的各种风险挑战，实现互利共赢、共同发展。“一带一路”提出以来，发展历程有“三个超出想象”，结果有“三好”。

（一）发展历程的“三个超出想象”

第一，“一带一路”倡议提出以来，各国积极响应、踊跃参与的程度超出想象。五年多来，“‘一带一路’朋友圈”不断扩容，从“沿线国家”延伸至非洲、拉美、南太等区域。截至 2019 年 3 月底，中国政府已与 125 个国家和 29 个国际组织签署 173 份合作文件。2017 年以来，“一带一路”国际合作高峰论坛已经连续举办两届。第二届高峰论坛有 40 个国家和国际组织的领导人、150 多个国家和 90 多个国际组织 5000 多名代表出席。高峰论坛成为重要的常态化推进机制。国际社会以实际行动表明了对“一带一路”倡议的认可和欢迎。

第二，“一带一路”倡议提出以来，由中国倡议到全球共识的认可度超出想象。2016 年 11 月 17 日，“一带一路”写进了第 71 届联合国大会决议，而且得到了 193 个成员国的一致赞同。2017 年 3 月，联合国安理会第 2344 号决议首次载入“人类命运共同体”理念，安理会全票赞成。此外，共建“一带一路”倡议及其核心理念还写入了二十国集团、亚太经合组织及其他区域组织的文件中。

第三，“一带一路”倡议提出以来，由理念到行动的突破性进展超出想象。“六廊六路多国多港”的互联互通架构基本形成，一大批合作项目落地生根，“一带一路”已成为当今世界最大规模的合作平台、广受欢迎的国际公共产品。一是政策沟通不断深化。“一带一路”倡议在政策层面与欧盟“容克计划”、俄罗斯“欧亚经济联盟”、蒙古“草原之路”、越南“两廊一圈”、泰国“东部经济走廊”、哈萨克斯坦“光明之路”、土耳其“中间走廊”等对接。二是设施联通不断加强。区际、洲际铁路网络扎实推进，包括中老铁路、中泰铁路、匈塞铁路、雅万高铁等。我国共参与 34 个国家 42 个港口的建设运营，包括希腊比雷埃夫斯港、斯里兰卡汉班托塔港、巴基斯坦瓜达尔港等。截至 2018 年年底，中欧班列已经联通亚欧大陆 16 个国家的 108 个城市，累计开行 1.3 万列，运送货物超过 110 万标箱；口岸通关时间下降 50%。由于互联互通，相关经济体运输时间减少 11.9%，贸易成本下降 10.2%。三是贸易畅通不断提升。2013—2018 年，中国与沿线国家货物贸易进出口总额超过 6 万亿美元；在沿线 24 国建设经贸合作区 82 个，创造就业岗位 24.4 万个，上缴税费 20.1 亿美元；对沿线国家直接投资超过 900 亿美元；在沿线国家承包工程营业额超过 4000 亿美元。四是资金融通更加便利。目前亚投行成员发展到 93 个，累计批准贷款 75 亿美元，撬动其他投资近 400 亿美元，中国金融机构为“一带一路”建设提供资金超过 4400 亿美元。五是民心相通不断深入。我国与沿线国家开展了形式多样的公共外交和文化交流活动，为共建“一带一路”奠定了民意基础。

（二）结果有“三好”

第一，对中国好。有利于我国形成“陆海内外联动、东西双向互济”的开放格局。有利于开展国际产能合作，促进我国供给侧结构性改革，促进我国经济高质量发展。有利于沿线国家的优质农产品以更低的成本进入我国市场，更好满足人民对高品质生活的需求。有利于促进我国出口市场多元化，减缓美国单边主义、保护主义对我国的不利影响。正如习近平总书记所说：这“一带一路”就是要再为我们这只大鹏插上两只翅膀，建设好了，大鹏就可以飞得更高更远。

第二，对沿线国家好。通过“共商共建共享”和“五通”，让沿线各国搭上了中国发展的“快车”“顺风车”，加快了相关国家基础设施建设，促进了工业化进程、民生改善和经济增长。

第三，对世界好。“一带一路”倡议以“共商共建共享”为原则，以“政策沟通、设施联通、贸易畅通、资金融通、民心相通”为主要内容，以建设“和平之路、繁荣之路、开放之路、绿色之路、创新之

“一带一路”向世界贡献提供解决治理赤字、信任赤字、和平赤字、发展赤字的中国方案

路、文明之路、廉洁之路”为目标，是构建人类命运共同体的重要抓手和平台，是解决人类面临的共同挑战的中国智慧、中国方案。对于“一带一路”倡议的重大意义，英国剑桥大学教授马丁·雅克评论说：“推动全球经济治理体系变革，中国提供了一种‘新的可能’，这就是摒弃丛林法则、不搞强权独霸、超越零和博弈，开辟一条合作共赢、共建共享的文明发展新道路。这是前无古人的伟大创举，也是改变世界的伟大创造。”未来学家奈斯比特夫妇在《世界新趋势》一书中说：“历史上从来没有谁尝试通过一系列政策的实施，在经济领域将那么多国家和大洲连接起来。”英国财政大臣哈蒙德在第二届“一带一路”国际合作高峰论坛上称赞“一带一路”是“一个真正具有史诗般雄心的项目”。

二、中央企业在“一带一路”建设中的使命和实践

习近平总书记在全国国企党建工作会议上指出，要通过加强和完善党对国有企业的领导、加强和改进国有企业党的建设，使国有企业成为党和国家最可信赖的依靠力量，成为坚决贯彻执行党中央决策部署的重要力量，成为贯彻新发展理念、全面深化改革的重要力量，成为实施“走出去”战略、“一带一路”建设等重大战略的重要力量，成为壮大综合国力、促进经济社会发展、保障和改善民生的重要力量，成为我们党赢得具有许多新的历史特点的伟大斗争胜利的重要力量。

高质量参与“一带一路”建设，是中央企业肩负的使命和重大责任，中央企业在“一带一路”建设中坚决贯彻党中央要求，用心践行新发展理念和丝路精神，用心研究了解沿线国家的政策、战略规划和民生需求，用行动落实“共商共建共享”原则，追求各项经营活动的高质量。中央企业参与“一带一路”建设主要是在基础设施建设、能源资源开发、国际产能合作等领域。5 年多来承担了 3116 个项目，已开工和计划开工的基础设施项目中，中央企业承担的项目数占比达 50%左右，合同额占比超过 70%。

根据通用技术集团及其他央企的实践，中央企业在“一带一路”建设中一贯坚持以下经营准则：一是做政策沟通、战略对接的具体落实者；二是做国际化、市场化、专业化的经营者；三是做技术和商业模式创新的推动者；四是做高质量项目的建设者；五是做全球资源的整合者；六是做绿色发展的践行者；七是做文明的互学互鉴者；八是做积极履行社会责任的世界公民；九是做合规经营的坚守者；十是做专业的风险管理者。我们认为，这十项经营准则既是对央企过去实践的总结，也应该成为未来中央企业参与“一带一路”建设继续遵循的原则和理念。

（一）做政策沟通、战略对接的具体落实者

世界各国，无论大小、贫富都有自己的富国梦、强国梦，都希望自己的国家国泰民安富强。共建“一带一路”，构建人类命运共同体就是要实现这样的目标，像俄罗斯的“欧亚经济联盟”战略、哈萨克斯坦的“光明之路”计划，蒙古的“草原之路”计划、越南的“两廊一圈”计划等，都是相关国家强国富民的战略规划，所以

做好政策沟通、战略对接是各方务实合作的基础，是高质量共建“一带一路”的重要保障。5年多来，中央企业积极主动做各国政策沟通、战略对接的具体执行者，聚焦互联互通基础设施、工业化建设、民生改善项目，既实现自身发展，更助力实现东道国的富国梦、强国梦。

案例1

在基础设施领域，通用技术集团对接斯里兰卡铁路发展规划

通用技术集团承建的斯里兰卡南部铁路项目是斯里兰卡百年来建设的第一条现代化铁路。该铁路总长约127公里，一期工程26.75公里，是一条设计时速120公里的内燃牵引单线宽轨铁路，是目前斯里兰卡设计等级最高、设计时速最

2019年4月8日，通用技术集团斯里兰卡南部铁路项目（一期）正式通车

快的铁路。2019年4月8日，项目实现通车。这条铁路里程虽不长，但对斯里兰卡却有重要意义。自1928年最后一条线路完工后的近百年来，这个美丽的岛国再未新建过任何铁路。饱经风霜的斯里兰卡既有铁路已经老旧斑驳，伤痕累累，平均时速仅有30公里。建造新的现代化铁路，是斯里兰卡一代又一代人的美好梦想。通车庆典上，广大民众奔走相告，自发涌上站台、来到铁路沿线，行注目礼，亲眼见证斯里兰卡百年来第一条现代化铁路通车盛况，庆祝斯里兰卡正式迈入现代化铁路时代。一些庆祝的民众自发拿着中国国旗，表达对中国的感谢，许多民众沿途用手机拍摄通过的列车。

案例2

在工业化领域，通用技术集团积极对接孟加拉国煤炭电力工业发展规划

通用技术集团自1991年进入孟加拉国能源建设领域。28年来，通用技术集团为孟加拉国建设了1座现代化煤矿、8座电站，总装机容量达到450万千瓦，占孟加拉国电力总装机容量的15%。通用技术集团1991年承建的孟加拉巴拉普库利亚煤矿是我国在境外建设的第一座现代化煤矿，2005年移交，目前煤矿已经运营14年，累计为孟加拉国生产煤炭1000余万吨，每年至少为孟加拉国节省进口煤炭外汇1.8亿美元，10多年来累计节省外汇近20亿美元。该煤矿从2011年开始盈利，已连续多年位居孟加拉国纳税前十名企业之一。煤矿矿长说，中国企业让孟加拉人第一次用上了本国的煤，当时很多国家想建设这个项目，但最终表明，中国朋友是在真心帮助我们。与孟加拉巴拉普库利亚煤矿配套的燃煤电站运营12年来累计发电135亿度，供应全国10—15个区，受益人口超过500万人。该煤矿和电站的建设显著改善了当地人民的生活，为当地创造直接就业岗位2000多个，创造间接就业岗位数万个。过去当地人交通靠双腿和自行车，现在煤矿工人全是摩托车上下班。通用技术集团在孟加拉国的经营还产生了显著的“带出去”效应，20多年来，带动中国设备出口10.5亿美元，带动劳务输出19000人/年、形成劳务收入61亿元，带动国内300多家企业“走出去”，包括专业设计院所17家，大中型制造企业300余家，大型建

1994 年	孟加拉巴拉普库利亚煤矿建设项目
2001 年	孟加拉巴拉普库利亚 2X125MW 燃煤电站项目
2005 年	孟加拉 50 辆“米轨”客车出口项目、孟煤包产一期项目
2010 年	孟加拉巴拉普库利亚电站大修项目、希拉甘杰 150MW 电站项目
2011 年	孟加拉吉大港水处理项目
2012 年	孟加拉孟煤包产二期项目、希拉甘杰电站二期项目、希拉甘杰油库项目
2014 年	孟加拉古拉绍三号机、希拉甘杰 225MW 联合循环电站 2 号机、6 艘邮轮出口项目
2015 年	孟加拉希拉甘杰 225MW 联合循环电站 3 号机项目
2016 年	孟加拉帕亚拉 2X660MW 燃煤电站 PPP 项目（一期）、巴拉普库利亚电站大修（二期）
2017 年	孟加拉达卡—阿苏利亚高架高速公路项目、孟煤包产三期项目
2018 年	孟加拉重油电站项目
2019 年	孟加拉帕亚拉 2X660MW 燃煤电站 PPP 项目（二期）

通用技术集团在孟加拉国重大项目一览表

筑施工企业9家，大型煤矿生产企业1家，专业咨询机构6家。目前，通用技术集团还在为孟加拉国建设新的燃煤电站。2016年10月14日，习近平主席与孟加拉国总理哈西娜在达卡共同为帕亚拉2台66万千瓦超超临界燃煤机组电站项目揭牌。该项目为PPP模式，总投资24.8亿美元，合作方为孟加拉西北电力公司，该项目采用中国标准、中国技术、中国设备，将于2019年年底竣工，2020年整体投入商业运营。

（二）做国际化、市场化、专业化的经营者

“一带一路”是全球公共产品，是完全开放的市场，也是各跨国公司激烈竞争的市场。中央企业认真遵循国际化企业发展的规律和经验，在项目开发和建设中，注重商业角度的可持续发展，在自身取得收益的同时，实现让东道国政府满意、业主满意、民众满意，充分体现中央企业国际化的专业水准。

案例3

中远海运投资运营希腊比雷埃夫斯港项目

比雷埃夫斯港（以下简称比港）是希腊最大的港口，被称为“欧洲的南大门”，中远入主之前，港口设备缺乏保养，部分几近瘫痪，船舶压港严重，生产陷于停顿，经营管理举步维艰，整体亏损1300万欧元。2016年被中国远洋海运集团（中远海运）收购，占比67%，这是中国企业首次在海外接管整个港口，此前，中远集团已经在此以特许经营权的方式经营了8年。通过积极开拓市场、提升信息化水平、更

新设备、优化港口布局、进行员工培训、建立先进管理系统等措施，接管3个月后，开始连续实现盈利，2年就补偿了之前的亏损。比港集装箱吞吐量全球排名从2010年的第93位跃升至2017年的第36位，成为全球发展最快的港口之一。希腊总统帕夫洛普洛斯评价说，比雷埃夫斯港是从中国和亚洲进入欧洲的重要枢纽，中远海运在比港的投资是双方和谐相处、互利共赢的一个典范。

（三）做技术和商业模式创新的推动者

“一带一路”一定会建设成为创新之路。技术革命和产业革命将带来生产方式和产业格局的深度调整和变化。在“一带一路”沿线国家，即使发展比较落后的国家，手机也在普及，这将改变人们的视野，改变他们的生活。互联网、物联网、人工智能、云计算等先进技术将产生新的业态、新商业模式和新的动能。世界的产业格局正在进行调整，从历史上看，经历了五轮产业转移。第一轮制造业的中心在英国；第二轮在美国，占全球制造业产业的50%；第三轮转移到日本和德国，还有“亚洲四小龙”；第四轮转移到中国大陆；第五轮正在开始向东南亚、南亚、非洲、拉丁美洲这些国家和地区转移。“一带一路”沿线国家如能抓住百年不遇的历史机遇，一定会实现更好的发展。中央企业在“一带一路”建设中坚持做技术创新、业态创新、模式创新、管理创新的推动者和排头兵，依托中国改革开放40多年积累的经验，发挥国内产业升级积累的比较技术优势，让更多发展中国家搭上“一带一路”建设的快车、便车，创造经济发展的新动能。

案例4

通用技术集团把先进工业技术引入“一带一路”沿线国家

通用技术集团承建的越南化工史上规模最大的金瓯氮肥厂，年产40万吨合成氨、80万吨尿素，项目整合了丹麦（合成氨）、意大利（化肥）和日本（大颗粒）不同国家技术，实现完美融合，被时任越南总理阮晋勇誉为“越南迄今为止最成功的总承包项目”。通用技术集团承建的圭亚那日产8000吨糖厂，目前是圭亚那乃至加勒比地区最大的糖厂，代表了当今国际制糖业的最高技术与自动化控制水平。通用技术集团承建的阿联酋ITTIHAD纸厂项目，是达到国际水准的现代化纸厂项目。

通用技术集团承建的越南化工史上规模最大的金瓯氮肥厂

案例5

中国铁建和中国中铁在亚吉铁路上的商业模式创新

亚吉铁路（从埃塞俄比亚首都亚的斯亚贝巴到吉布提）是我国海外首个集设计、投融资、监理、装备材料、施工和运营管理为一体的“全产业链中国化”的铁路项目，中国铁建和中国中铁创新提出“以承包工程为主业，以股权投资、铁路运营管理、工业园投资开发与运营、商贸物流、矿产资源开发、土地整理改造、房地产开发等领域为补充”的“1+N”多元化经营格局。吉布提总统盖莱多次说：“西方来了我们国家一百年，我们一直没什么变化，中国人搞‘一带一路’，你们来了才几年，就给我们干了这么多事，让我们看到了真正的希望。”

（四）做高质量项目的建设者

高质量是“一带一路”建设的生命。质量是企业参与国际竞争的基本条件和基本资格，不能做到国内数一数二，就无法参与国际竞争。每个中国企业都要用心爱护中国制造、中国建造的品牌。国外有时只知道这是中国企业，但分不清是哪一个中国企业。一旦项目、产品或服务的质量在某个国家出了问题，这个企业也许 10 年、20 年就再也无法进入这个国家，严重的也可能导致所有的中国企业都进不了这个国家。中央企业按照习近平总书记高质量建设好“一带一路”的要求，发扬“工匠”精神，争做高质量发展的表率，在“一带一路”上打造一个又一个中国名片。

案例 6

通用技术集团马来西亚曼绒电站项目

通用技术集团联合法国阿尔斯通开发的马来西亚曼绒 1 台 100 万千瓦燃煤机组电站项目是整个东南亚首台 100 万千

瓦燃煤机组项目，荣获美国《电力》杂志颁发的“2015 年最佳工程项目奖”和 2016 年度 PMI（中国）项目管理最高奖——年度项目大奖。

通用技术集团马来西亚曼绒燃煤机组电站项目

案例 7

通用技术集团和中国铁建联合承建的土耳其安伊高铁项目

通用技术集团和中国铁建联合承建的安伊高铁，从土耳其首都安卡拉至伊斯坦布尔，设计时速 250 公里，该项目是中国企业在海外组织承揽实施的第一个电气化高速铁路项目。项目一期由西班牙公司承建，中国公司以先进技术、高质量成功完成了二期建设（158 公里）。土耳其总理埃尔多安盛赞了该项目，他说中国公司承揽高铁的成功通车能促进当地经济发展，造福土耳其人民。

（五）做全球资源的整合者

“一带一路”是开放之路，是各国企业的合唱，不是中国企业的独唱。在“一带一路”建设过程中，我们与国际跨国公司既有公平竞争，也有密切合作。中央企业以全球化视野、全球化思维，整合利用国内国际两个市场、两种资源，实现技术、资源、资金的全球配置，共同把“一带一路”建设好。

案例 8

整合技术资源，推进第三方市场合作

近年来，通用技术集团与 GE、西门子、三菱、住友等国际一流企业合作项目 12 个，总金额 60 亿美元。印度尼西亚中爪哇 2 台 100 万千瓦燃煤机组电站项目由通用技术集团和日本住友商事、三菱重工、美国博莱克·威奇公司等共同建设，采用 BOOT（建设—拥有—经营—转让）方式进行。印尼金光 OKI 纸浆厂 4 台 12.5 千瓦汽轮发电机项目由通用技术集团和三菱日立电力系统株式会社公司等共同建设。

案例 9

整合全球金融资源建设重大能源项目

巴基斯坦卡西姆港燃煤电站由中国电建与卡塔尔王室基金 AMC 公司分别按照 51%和 49%的比例出资建设，总投资 20.85 亿美元。该项目开了中国公司和国外公司联合在第三方市场开展电力项目投资的先河。卡塔尔王室基金 AMC

公司董事长贾西姆表示，AMC公司在与中国电建的合作中，感受到了中国企业的雄厚实力，期待今后在更多领域广泛合作，实现多方共赢。

（六）做绿色发展的践行者

人与自然和谐发展、绿色发展是中央企业在“一带一路”建设中坚持的基本经营理念和不变追求。中央企业严格遵守国际通行规则和当地的环保法律法规，加大环境保护力度，始终致力于将绿色发展理念贯穿于生产经营全过程，不断提高环保标准，采用先进技术，最大限度减少对环境影响，绝不让“一带一路”相关国家走“先污染，后治理”的老路，让相关国家少走弯路、少交学费，让“一带一路”成为绿色发展之路。

案例10

通用技术集团孟加拉帕亚拉燃煤电站项目的环保措施

通用技术集团孟加拉帕亚拉燃煤电站项目花费上亿美元建设了全封闭结构的现代化圆形煤仓，煤炭从卸船到进入燃烧室，连续全封闭运输，确保电站厂区煤尘零污染。电站排放标准在孟加拉国标准的1/3以内，即使在欧美和日本，这样的排放标准也是领先的。电站排放的冷却水经过严格处理，确保不对周围水文和生态环境造成任何伤害。

案例 11

蒙内铁路保护野生动物的措施

全长 472 公里的蒙内铁路在肯尼亚野生动物园区段长 170 公里，设计了总长 30 公里的 88 座桥梁，动物过桥涵洞达 969 个。一百年前，英国就在肯尼亚铺设了“米轨”铁路，该铁路路线与“中国造”的蒙内铁路很大程度上重合，但由于“米轨”铁路没有防护装置，曾发生过多起火车撞动物事故。我国外交部部长王毅评价“长颈鹿穿过可以不低头、不弯腰，那是一幅多么美妙的人与自然和谐相处的景象”。

（七）做文明的互学互鉴者

习近平总书记指出，“国之交在于民相亲，民相亲在于心相通”，推动共建“一带一路”，离不开国与国之间、人民与人民之间的相互欣赏，相互理解，相互尊重。一个企业要想在一个国家长远发展，必须真正理解和把握用户的需求。满足用户的需求，就要在这个国家深耕细作，就必须了解、熟悉、尊重、敬畏一个国家的文明、文化、宗教等。美人之美，美美与共。文化交流、互学互鉴是我们中央企业开展经贸合作、生产经营、项目建设的重要准则。

案例 12

通用技术集团尊重项目当地风俗、宗教习惯的一些做法

在孟加拉国、印尼为当地居民建设清真寺。孟煤项目部为穆斯林员工建设祈祷室。在孟加拉国每个项目的重大节点

开始之前，邀请阿訇到现场进行祷告仪式，并在祷告结束以后为所有在场人员发放具有当地宗教习惯的甜点。在斯里兰卡南部铁路项目建设中，按照佛教国家斯里兰卡的民俗，重大仪式庆典都会邀请僧侣欢庆祈福，斯南铁路通车仪式上，通用技术集团特别邀请了中国白马寺的高僧与斯里兰卡僧侣共同为项目、为人民祈福。

（八）做积极履行社会责任的世界公民

习近平总书记指出，我国企业“走出去”既要重视投资利益，更要赢得好名声、好口碑，遵守驻在国法律，承担更多社会责任。中央企业要打造成为一流企业，必须当好“世界公民”，积极履行社会责任，践行人类命运共同体理念，让中国人民过上好日子，也让东道国人民过上好日子。

中央企业在“一带一路”建设中积极履行社会责任。一是加强属地化招聘和员工培训。目前中央企业在“一带一路”沿线国家共雇佣当地员工36万余人，央企境外机构雇佣当地员工达到90%以上，96%的央企海外机构已建立平等的中外雇员雇佣制度，并加强对当地员工培训，帮助他们提高技能。二是在项目建设中妥善解决居民拆迁补偿和安置问题。三是建立海外捐赠管理制度。

案例13

通用技术集团在项目建设中妥善解决居民拆迁补偿和安置问题

帕亚拉项目是通用技术集团以PPP模式在孟加拉国投

资建设的电站，在电站建设征地阶段，130 户共 609 人需要搬离原来的住所。根据当时孟加拉国政府的规定，需要向土地所有者按照 227 塔卡 / 平方米（约 20 元人民币 / 平方米）的价格进行征地赔偿。为了充分体现我们与当地百姓共享项目收益的理念，在按照政府要求对土地所有者进行赔偿的基础上，我们决定在电厂附近重新建造一个新的村落给当地居民，取名“Swapner Thikana”，相当于除去已经依法进行赔偿的部分，额外给每个家庭赠送一套 90 平方米或 110 平方米的新房（根据征地面积不同），同时新村里还建有配套的清真寺、社区诊所、活动中心、集贸市场、技术学校，共花费 650 万美元。同时，项目公司董事会已作出决议，在未来电站投产后，每发一度电，公司将从发电收入中拿出 0.03 塔卡投入孟加拉国社会发展基金，每年约 2.6 亿塔卡用于履行社会责任，相当于每年向当地社会回馈近 350 万美元。

案例 14

通用技术集团加强对当地员工的培训，帮助提高技能

印尼阿迪帕拉项目，建设期内培训印尼当地员工数千人，组织当地工人技能水平考试；运营期印尼运检人员参与近万人次，其中数十人从电厂普通运行值班人员成长为电厂运行主管级经理。孟加拉巴拉普库利亚煤矿自 2005 年运营以来，共培训当地员工 3000 名，以课堂和工作现场手把手的形式，进行入职培训、再培训；另有孟加拉国业主中高层人员 70 人左右来中国进行培训。

案例 15

通用技术集团孟加拉国当地员工阿里的故事

阿里是通用技术集团中机公司在孟加拉国当地雇佣的一名员工，1972 年出生，1994 年年初到中机公司代表处做厨师，除了厨师工作外还承担了代表处内部的电器维修，更换及日常办公室的文秘等工作。2010 年受中机公司委派到斯里兰卡工作。为了便于交流他还学会了中文，斯里兰卡的僧伽罗语。90 年代初他刚到公司工作时，年收入约为 240 美元，2018 年增加到 12000 美元。通过多年在集团的服务，他收入得到了较大幅度的提升，建了新房子，更重要的是掌握了更多的技能，彻底改变了个人的命运。2014 年 10 月，阿里首次来到了给了他新的人生的集团总部——北京，了解了公司管理情况，体会了公司文化气氛，参观了天安门、长城、国家大剧院等著名景点，这也是对他多年工作的奖励。

（九）做合规经营的坚守者

海外合规经营是企业治理体系、治理能力现代化的具体表现，是企业国际化水平的重要标准。中央企业走出去，一言一行、一举一动都代表国家形象。经营管理行为符合法律法规、监管规定、行业准则和企业章程、规章制度以及国际条约、规则等是基本要求。

按照国资委《中央企业合规管理指引》要求，中央企业建立了完善的合规管理体系。一是将合规培训作为海外人员任职、上岗的必备条件；二是深入研究所在国法律法规及相关国际规则，明确海外经营行为的红线、底线；三是健全海外经营的制度、体系、流程；四是定期审计、巡视，排查梳理海外业务的风险状况，提高透明度；五是规范商务行为，严守廉洁底线。

多年来，通用技术集团对于重大海外项目，从项目开发开始，就进行严格的法律合规审核，确保项目的合规运营。

（十）做专业的风险管理者

“一带一路”沿线大多为发展中国家，有些是最不发达国家，对企业来说，既提供了机遇，同样也充满了风险挑战。中央企业做专业的风险管理者，一是将风险管理嵌入业务流程，建立完善的境外风险管控体系，覆盖事前、事中、事后全过程；二是加强项目评审力度，完善现场巡查和定期报告机制；三是推进建立境外风险管控信息化系统，对境外项目风险实时监控、及时预警，防范化解重大风险。近三年来，99%的中央企业在“一带一路”沿线运营过程中未发生员工重大健康或安全生产事故。

中央企业在“一带一路”建设中的实践得到第三方的高度评价。由中国社会科学院工业经济研究所、责任云研究院主编的《中央企业海外社会责任蓝皮书（2018)》指出：中央企业作为我国“一带一路”建设的排头兵，在推动构建政治互信、经济融合、文化包容的利益共同体、命运共同体和责任共同体，增进不同文明之间的交流互鉴，促进世界和平稳定繁荣等方面发挥了独特而重要的作用，为党的十九大所提出的“建设持久和平、普遍安全、共同繁荣、开放包容、清洁美丽的世界”作出了卓越贡献。

三、青年学子与“一带一路”

从现在起到本世纪中叶的30年，是实现第二个百年奋斗目标的关键期，也将是“一带一路”建设和人类命运共同体建设不断发展、不断收获成果的时期。未来30年，在座的青年学子正处于青壮年时期、人生的黄金期、干事创业的黄金期，必将是中华民族实现第二个百年奋斗目标、实现伟大复兴中国梦的见证者、亲历者、贡献者，也必将是“一带一路”建设的主力军。大家的所作所为将对未来中国经济社会发展产生深远影响。希望大家珍惜和抓住历史性的机遇，勇于担当，砥砺奋斗，不辜负伟大时代，不辜负青春年华。

青年要立大志、观大势、怀大局；要从小事做起，不断增长才干；从小节严起，锤炼品德修为。

青年要立大志。“立志而圣则圣矣，立志而贤则贤矣。”希望大家通过自己的笃学、慎思、明辨，把握住正确方向，增强“四个意识”，坚定“四个自信”，从内心深处树立起对党的领导、中国特色社会主义道路的信念，为走向社会建功立业奠定正确可靠的前提。同学们将来是我们国家科技自立的主力军，要从现在起就立下科技报国、产业报国、创新报国的志向，并从现在起勤奋学习，打牢理论基础，为将来担当科技创新重任做好准备。

青年要观大势。当今世界正处于大发展大变革大调整时期，既是中国的重要战略机遇期，也是青年的重要战略机遇期，大家要关心时事，加强学习，开阔视野，培养敏锐的洞察力，认清和把握世界和中国大势，努力在这场百年未有之大变局中把握航向，自觉在党的领导下投身实现“两个一百年”奋斗目标、实现中华民族伟大复兴中国梦的伟大实践。

青年要怀大局。青年的人生目标会有不同，职业选择也有差异，但只有把自己的小我融入祖国的大我、人民的大我之中，与时代同步伐、与人民共命运，才能更好实现人生价值、升华人生境界。希望大家牢固树立家国情怀，将个人命运与国家、民族命运紧密结合起来，不论是现在的学习阶段还是将来参加工作以后，也不论在什么岗位，心中都要有国家的大局、民族的大局，讲国家的大义、民族的大义，自觉听从党的召唤，自觉服务国家战略，在为实现中华民族伟大复兴中国梦的奋斗中实现人生价值。

青年从小事做起，不断增长才干。天下难事，必作于易；天下大事，必作于细。把简单的事持续做好就是不简单，把平凡的事持续做好就是不平凡，把一件件小事持续做好才能成就大事。希望大家在未来的职业生涯中要勇于到基层一线包括到“一带一路”建设的一线去历练，求真学问、练真本领，善于把想法转化为办法，不断提高解决问题的能力。

青年要从小节严起，不断锤炼品德修为。人无德不立，品德是为人之本。希望大家牢记习近平总书记“扣好人生第一粒扣子”的教导，把正确的道德认知、自觉的道德养成、积极的道德实践紧密结合起来，不断修身立德，不以善小而不为，不以恶小而为之，打牢道德根基，在人生道路上走得更正、走得更远。

同学们说

听完许宪平书记的讲话，我印象最深刻的是“使命”这个词。首先，我体会到了央企的使命。从工业化时代引进国外先进技术，到全球化时代将中国技术和中国装备带出去，以通用技术集团为代表的央企为国家建设作出了重要贡献。其次，我感受到了我们自己的使命。作为即将毕业的大四学生，我们就是国家未来的建设者，我们应该担负起我们的责任，通过自身的努力，建设好我们的国家。

——唐国习　公共管理学院2015级人力资源管理专业学生

许书记以通用技术集团为重点，深入浅出地分析了中央企业在“一带一路”建设中所扮演的角色。以前一直认为“一带一路”只存在于新闻报纸上，从来没有想过自己和“一带一路”能有什么关系。听完许宪平书记的课后如梦初醒，国家的发展与企业、学生的发展息息相关。以后我要好好努力，做好人生规划，为国家发展、民族复兴作出属于自己的贡献。

——谭博林　机械工程学院2016级机械设计制造及其自动化专业学生

42. 为美好生活加油 为中华民族争气

中国石油化工集团有限公司  四川大学

马永生

2019 年 6 月 11 日，中国石油化工集团有限公司党组副书记、总经理马永生在四川大学讲课

★国有企业积极履行社会责任，许多投资大、收益薄的基础设施和公共服务建设，许多周期长、风险大的基础性研发，许多国防科技工业的重大项目，许多重大自然灾害、突发事件的抗击救援，许多脱贫攻坚、改善民生的项目实施，是由国有企业扛起来的。

☆理论创新永无止境，科学探索没有句号。科学研究要尊重前人，但不要迷信前人。要想在“禁区”取得突破，必须敢于从以往的认识中走出来，勇于突破已有的“定论”，必须从勘探理论和地质认识上有所创新。

★发展是解决我国一切问题的基础和关键。中国要强盛、要复兴，就一定要大力发展科学技术；国有企业要生存、要发展，就一定要具备强大的科技实力和创新能力。

☆企业发展，短期靠产品，中期靠人才，长期靠文化。人才是文化的载体。

★中国石化36年来取得的辉煌成就，是我国改革开放伟大成就的精彩缩影，是国有经济融入市场、充分发挥市场主导作用的生动例证，是中国特色社会主义制度优越性的具体体现。

☆石油石化不是夕阳产业，而是朝阳产业。过去40年，石油石化行业满足的是数量要求，体现的是速度。未来，石油石化行业满足的是质量要求，体现的是效率。

很高兴来到四川大学。今天，和大家交流的主题是“为美好生活加油　为中华民族争气”。

讲课现场

一、石油是一种重要战略资源

（一）石油是现代工业的血液

2019 年是现代石油工业创立 160 周年。石油工业决定性地推动了工业社会和现代文明的发展。世界石油发展史可以概括为三个阶段。一是煤油时代。近代石油工业是从19世纪50年代开始缓慢发展起来的，当时人们仅从石油中提炼煤油，用来点灯照明。二是汽油时代。1878年内燃机发明成功；1885年汽车开始问世。汽车、摩托车、螺旋桨飞机、汽艇等用的都是内燃机，需要汽柴油驱动。随之，把石油中重质组分加热裂化成汽柴油组分的裂化工艺应运而生。三是燃料和化工原料时代。1940年以后，逐步形成了以石油和天然气为原料的新兴石油化学工业。20世纪50—60年代，西方发达国家完成了石油代替煤炭成为首要能源的历史性变革，石油工业发展到燃料和化工原料时代，支撑起了整个现代工业体系。

（二）石油关系人类的衣食住行

石油跟人的衣食住行密不可分，平均算起来，人的一生至少要用掉8.5吨石油。

1.“衣”的方面

人的一生要“穿”掉290千克石油。服装、鞋袜、帽子、手套、眼镜、穿戴饰品、背（提）包、防弹衣、防切割手套等，可能都含有一定合成纤维、合成橡胶、合成树脂。纺织纤维中，化学纤维比重接近3/4，天然纤维占比仅有1/4，而90%以上化学纤维产品依赖于石油。石油精炼出来的油脂、石蜡、香精、染料可用来制作化妆品。

2.“食”的方面

人的一生要“吃”掉551千克石油。粮食、蔬菜、水果、茶叶、药材、水产品等在种养殖时，可能会使用一些化肥、农药、地膜、塑料大棚、滴灌系统、网箱浮筒等生产资料；在收获、运输、包装、销

售时也会使用汽柴油、塑料包装袋、渔网等。矿泉水瓶、饮料瓶、酸奶杯、食品包装袋、快餐塑料盒等也是石化产品，甚至食品、药品同样离不开石化产品，比如口香糖；很多食物的保鲜、染色、催熟以及调味都有石化产品的参与。制药使用的间接耗材，甚至药品本身也依赖石油，许多药品从苯衍生而来，而苯来源于石油。

3.“住”的方面

人的一生要“住”掉3790千克石油。房屋建筑材料、装修材料、门窗、管线、电线电缆、照明灯具、家具布艺、家用电器、日常用品、时尚饰品等都会用到化工材料或产品。清洁用品如洗涤剂、洗发水、沐浴乳、肥皂等，里面都含有石油的衍生物。有些化工材料如石化纤维或泡沫塑料板正在取代传统的木材、沙子和石材。

4.“行”的方面

人的一生要“行”掉3838千克石油。车辆、船舶行驶所用的汽油、柴油，飞机所用的航空煤油，都是由石油炼制而成。道路沥青也来自石油。汽车、飞机制造使用的塑料品种多、类型全，汽车和飞机的轮胎由合成橡胶制成。同时，所有动力机械都必须加入润滑油或润滑脂。大家日常使用的体育用具、健身器材、娱乐设施、降落伞等都能找到化工材料的身影。另外，假肢、人造器官等也使用了石化制品。

二、新中国石油石化工业发展历程波澜壮阔

（一）我国石油石化工业是在新中国成立初期一穷二白的基础上发展起来的

新中国成立前，我国石油工业特别落后，基本上靠进口“洋油”满足需求，是当时世界公认的“贫油国”。1949 年新中国成立时，我国仅有甘肃玉门老君庙、陕西延长、新疆独山子几个小油田，及四川圣灯山、石油沟几个小气田，累计探明石油地质储量不到 0.3 亿吨，天然气探明储量不到 4 亿方；石油产量仅 12.1 万吨，天然气产量 1117 万方。全国原油加工量仅 11.6 万吨，汽、煤、柴油总量仅 3.5 万吨，润滑油、脂不到 40 吨。

1. 石油工业发展历程

1955 年发现新中国第一个大油田——克拉玛依油田，1958 年在青海柴达木盆地发现冷湖油田。1958 年，党中央作出“石油勘探战略东移”重大决策，松辽盆地成为找油重点地区。大庆会战以“两论”起家，以铁人王进喜为代表的老一辈石油人，“宁可少活二十年，拼命也要拿下大油田”“有条件要上，没有条件创造条件也要上”，仅用三年半的时间就探明了面积达 860 多平方公里的特大油田，开启了

石油工业的新征程。大庆油田的发现是我国石油工业发展的历史性突破，使我国石油工业进入了快速发展时期。开发建设60年来，大庆油田累计生产原油近24亿吨，成为我国工业战线最鲜艳的一面旗帜。随后相继发现胜利、大港等高产油田，开辟了渤海湾石油勘探新领域，摘掉了我国“贫油”的帽子，彻底改变了中国石油工业的面貌。

2.石化工业发展历程

1953年7月，国家石油管理总局投资600万元，将上海炼厂（现高桥石化炼厂）常减压蒸馏装置扩建15万吨/年，新建6万吨/年热裂化装置，时称新中国炼油“01”工程。1956年4月动工建设新中国首个现代化大型炼油厂——兰州炼油厂（100万吨/年），这也是国家“一五”期间的156项重点项目之一。

“五朵金花”的诞生。1961年年底，石油部研究制定炼油科技发展规划，决定对催化裂化、催化重整、延迟焦化、尿素脱蜡、炼油催化剂和添加剂技术等五项炼油技术进行攻关。1965年，“五朵金花”科技攻关顺利完成，使得我国炼油能力快速提升，炼油工业技术很快接近了当时国际先进水平。至20世纪60年代中期，基本满足了军队和国防全部军用油品需要。

“四三”方案的出台。1971年，毛泽东到南方视察，了解到人们喜欢的“的确良”很难买到，引起了他的深切思考。1972年1月全国计划工作会议期间，毛泽东向周恩来讲了这个情况，并问道：“先从国外买一个行不行?”周恩来随即组织研究提出以化纤、化肥为主的成套技术装备引进方案，因引进方案所需外汇为43亿美元，史称“四三”方案。之后在这个方案的基础上又增加了一批配套项目，计划总额达51.4亿美元。这是我国继“156项工程”之后，又一批大规模的技术引进项目，包括4套化纤和13套化肥装置。“四三”方案实施极大地提升了我国石油化工水平，使我国在1984年取消了实行30年的布票制度，为解决人民群众吃饭穿衣问题奠定了坚实基础。其间积累的经验教训，为我国对外开放指导思想和基本政策的形成起到了重要作用。

（二）成立中国石化总公司是我国经济体制改革的一件大事，推动了我国石油石化工业快速发展

1978年，我国原油产量突破1亿吨/年大关，居全球第8位。党中央借鉴世界发达国家发展经验，决定通过振兴石油化工支撑国民经济翻两番的目标实现。1983年2月19日，党中央批准国家经委、国家计委、国家体改委、财政部4部门关于成立中国石化总公司的报告。

1983年7月4日，万里同志在听取中国石化总公司筹备小组工作汇报时指出：我们要依靠你们这个公司解决大问题，解决人民的吃穿用和财政积累。你们一定要搞好，用你们的发展来促进其他行业的发展。你们振兴了，我们国家也就振兴了。

1983年7月12日，在人民大会堂召开中国石油化工总公司成立大会，姚依林代表党中央国务院致辞，强调“国家对于你们寄予很大的希望”。这个希望主要是“通过提高石油化学工业改善我国的人民生活”；“给国民经济建设提供较多的财力，增加国家的收入和积累”；“实现2000年国民生产总值翻两番的要求”。

石化总公司的成立，打破了当时我国石化工业多头领导、条块分割的状况，为发挥联合优势、实现统筹发展创造了体制条件，是我

国工业发展实行公司化管理、按经济规律办事的重大改革，是20世纪80年代初推进中国工业化进程和中国经济管理体制改革的一个标志性事件。经过80年代开拓振兴、90年代内涵发展，成功把石油化工建成国民经济的支柱产业，为实现“三步走”战略目标的头两步，即解决人民温饱问题、人民生活总体上达到小康水平作出了重要贡献。

（三）成立中国石化集团公司是新中国成立以来规模最大的一次国有资产重组，为加快培育国际竞争力奠定了体制基础

1998年7月，中国石油和中国石化两大集团在人民大会堂举行成立大会。重组后的两大集团实现了政企分开，实现了三个“一体化”：即上下游一体化、产销一体化和内外贸一体化，为加快培育国际竞争力奠定了体制基础。其业务各有侧重，保持优势；有所交叉，有序竞争；内联外争，“把好国门”。石化集团成立后，加大了上中下游统筹发展力度。

三大石油公司历史沿革

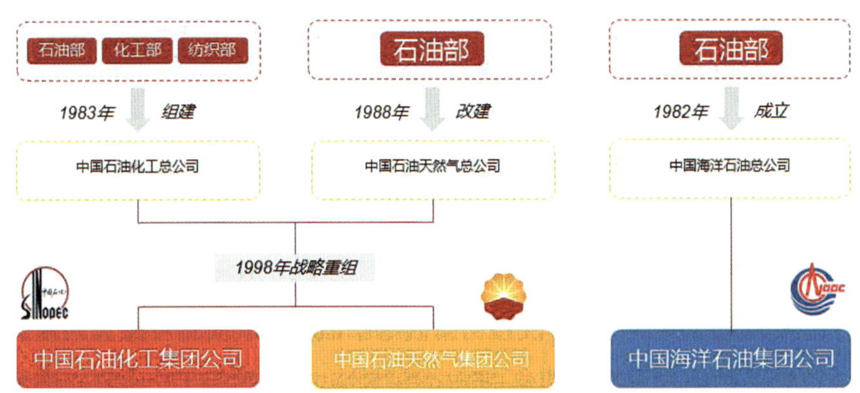

1. 全力保障国家能源安全

中国石化牢记“我为祖国献石油”的使命，坚持把扩大资源放在首位，持续加大勘探开发投入，紧紧依靠科技进步，油气储量产量实现稳定增长，夯实了公司发展的资源基础，有力促进和保障了国家能源安全。

（1）稳定东部。济阳坳陷“像一个破碎的盘子，还被踢了一脚”，是典型的“石油地质大观园”。东濮凹陷、南襄盆地、江汉盆地、苏北盆地、松辽盆地南部等，总体呈现为“小、碎、贫、散”的特点。对此，大力实施精细勘探，加强滚动勘探，改善水驱开发，推广三次采油，实现了东部原油产量基本稳定。

（2）加快西部。在塔里木盆地，1997 年成功发现塔河油田，目前年产石油和天然气约 600 万吨，已累计生产石油和天然气超过 1 亿吨，是我国第一大海相油田。之后，“走出塔河”发现了顺北油田。在准噶尔盆地，克服隐蔽圈闭、致密碎屑岩、山前带、火成岩、超稠油等复杂成藏条件，发现并开发了永进、春光、春风、春晖等油田。在鄂尔多斯、柴达木、吐哈、银川、二连、银额、焉耆等盆地也都取得了重要油气成果。

（3）天然气大发展。中国石化坚持将天然气作为上游勘探开发的重中之重来抓。普光气田是我国首个千亿方级储量海相整装大气田，首个自主开发超百亿方产量的高含硫气田。自 2003 年普光气田发现以来，累计探明天然气地质储量 4121 亿方，2013 年建成混合气 105 亿方产能。截至 2018 年年底，累计生产混合气 731 亿方、净化气 516 亿方。形成了具有自主知识产权的复杂地区深层、超深层海相勘探技术体系和高含硫气田开发技术体系，建成了亚洲第一、世界第二的天然气净化厂。“海相深层碳酸盐岩天然气成藏机理、勘探技术与普光大气田的发现”获 2006 年国家科学技术进步奖一等奖，“特大型超深高含硫气田安全高效开发技术及工业化应用”获 2012 年国家科技进步奖特等奖。借鉴普光气田的勘探思路与科技成果，在四川盆地又相继发现元坝、安岳等多个海相特大型气田，新增天然气探明储量达到万亿方以上。

国家科学技术进步奖

证　书

为表彰国家科学技术进步奖获得者，特颁发此证书。

项目名称：海相深层碳酸盐岩天然气成藏机理、勘探技术与普光大气田的发现

奖励等级：一等

获 奖 者：中国石油化工股份有限公司南方勘探开发分公司

证书号：2006-J-210-1-01-D01

国家科学技术进步奖

证　书

为表彰国家科学技术进步奖获得者，特颁发此证书。

项目名称：特大型超深高含硫气田安全高效开发技术及工业化应用

奖励等级：特等奖

获 奖 者：中国石油化工股份有限公司中原油田分公司

2012 年 12 月 19 日

证书号：2012-J-210-0-01-D01

国家科技进步奖

川气东送工程是国家重点工程项目。管道西起普光首站，东至上海末站，全长 2233 千米，分为一干、六支。设计输气能力 120 亿方 / 年，增压后达到 150 亿方，工程总投资 627 亿元。2007 年 8 月 31 日开工

建设，2009年2月19日分段投产试运，2010年8月31日全面投入商业运行。截至2019年1月4日，累计输气突破800亿方，有效保障长江经济带6省2市居民生活和工业用气，为推进“气化长江”“生态长江”战略作出了贡献。川气东送工程获得“国家优质工程金质奖”，天然气净化厂工程获得“国家优质工程奖”。

涪陵页岩气田的发现。我国页岩气勘探开发起步较晚，自2009年开始进行实质性工作。中国海相页岩经历多期构造改造，存在热演化程度高、保存条件差等特点。为此，我们加大了基础地质研究力度，2012年在涪陵焦石坝地区部署焦页1HF井，当年11月28日测试获20.3万方商业气流。2014年涪陵页岩气田探明地质储量达到1163亿方，成为我国首个探明页岩气田，实现了3年建成50亿方/年，5年建成100亿方/年的产能规模，截至2018年年底累计产气220亿方。创新形成了复杂构造区海相页岩气富集高产规律新认识，攻关形成了3500米以浅海相页岩气勘探开发技术体系，关键工具和装备成功实现国产化。作为国家级页岩气示范区，起到了页岩气勘探开发理论创新、技术创新、管理创新的示范引领作用，使我国成为北美之外首个实现页岩气商业开发的国家。“涪陵大型海相页岩气田高效勘探开发”获2017年国家科技进步一等奖。我国已在涪陵、威荣、威远、长宁、昭通5个气田累计探明页岩气地质储量1.05万亿方，其中涪陵页岩气田累计探明地质储量6008亿方，占全国探明储量近70%。页岩气产量从2012年的2000万方增长至2018年的109亿方。

此外，中国石化在鄂尔多斯盆地相继开发大牛地、杭锦旗、柳杨堡、富县等大中型气田，在塔里木盆地建成雅克拉凝析气田，在松辽盆地建成松南气田，在延川南建成公司首个煤层气田。先后建成川气东送、榆济管线、济青二线、中开线等共计6868公里的天然气长输管道；投用青岛、北海、天津等3座LNG接收站，LNG年接卸能力达到1200万吨；建成文96、文23和金坛储气库；省级和区域管网合资公司达到13家，成立长城燃气及6家下游合资公司开发直供用户，三级市场格局初步形成；建成加气站758座。

2. 优化调整炼化布局结构

我国20世纪70年代建设的一批炼化项目设备开始老化，技术逐步落后，经济效益逐年下降。石化集团公司成立后，通过改扩建形成镇海、茂名、上海、高桥、金陵、扬子、齐鲁、燕山、广州等千万吨级炼油基地，完成燕山、上海、扬子、齐鲁、茂名等大乙烯新一轮改造及天津、中原、广州等中型乙烯挖潜改造，建成扬巴乙烯、赛科乙烯、海南炼油、青岛炼油、福建炼油乙烯、天津炼油乙烯、镇海乙烯、武汉乙烯等一批大型炼化项目。目前，中国石化拥有12个千万吨级炼油基地、10个百万吨级乙烯基地。按照“一程运输大型化、二程运输管道化”的思路，建成6个30万吨级原油码头，一批原油商业储备基地和总长达6500公里原油长输管道，形成了完善的原油输转体系。

3. 油品销售“扎紧篱笆打好桩”

为迎接入世挑战，中国石化作出“扎紧篱笆打好桩”战略部署，从码头、炼厂、管线到油库、加油站等各环节落实措施，构筑完整的营销网络。从1999年下半年开始，果断推进大规模新建、收购、租赁加油站，用两年左右的时间，加油站总数从8000余座增加到2.4万座，成品油零售市场占有率从15%提高到60%。从2008年开始，全面启动发展非油品业务，便利店网络快速形成，线上业务持续发展，经营规模迅速扩大，油非互促效应明显增强，向综合服务商转型迈出了坚实步伐。

三、中国石化36年来发展成就辉煌

36年来，中国石化坚持把党的初心和使命融入“爱我中华、振兴石化”“为美好生活加油”的生动实践中，克服了许多难以想象的困难和挑战，进行了许多艰苦卓绝的探索和奋斗，完成了党和人民赋予的重任，取得了无愧于时代的重大成就。

（一）为建立和发展我国现代石化工业体系作出了历史性贡献

石化总公司先后实施振兴石化“三大战役”，启动建成一批乙烯、化纤、化肥工程，推动完成一批炼油技术改造，实现了主要炼油、乙烯装置大型化，走出了一条内涵式发展之路，奠定了我国石化大国地位的根基。石化集团重组成立后，坚持规模化、集约化、基地化发展，不断加强布局和结构调整，成功构建起门类齐全、品种配套、技术先进、具有较强竞争力的现代石化工业体系。

（二）为解决人民吃饭穿衣问题和改善人民生活作出了历史性贡献

中国石化大力发展民品生产急需的化纤、塑料、橡胶等有机原材料，大力发展粮食增产急需的化肥、农膜、农药等农用生产资料，有效解决了“粮棉争地”矛盾。36年来，累计加工原油近50亿吨、生产成品油28亿吨、乙烯1.6亿吨、三大合成材料2.8亿吨，上缴税费近4万亿元，成为强国兴邦、保障民生的重要基础。

（三）为保障国家能源安全和促进国民经济发展作出了历史性贡献

中国石化大力推进高效勘探、效益开发，实现了从常规到非常规、从陆相到海相、从陆地到海域、从国内到国外的跨越。加大“走出去”利用海外资源的力度，做大做强国际贸易，大力开发地热、生物质能源等新能源，为我国能源安全提供了多元化保障。近20年来，国内累计新增探明石油储量近40亿吨、天然气储量2万多亿方，国内外年油气当量产量从不到4000万吨增长到1亿吨，为我国经济社会发展作出了贡献。

（四）为探索深化国有企业改革作出了历史性贡献

36年来，从打破部门和地区分割的管理体系开始，到实施两轮投入产出承包、引进外资搞建设、进口国外原油，到整体重组改制上市、完善一级法人管理体制、主辅分离改制分流、清理整顿对外投资、推进专业化重组、对外合资合作、国际化经营，中国石化始终勇立潮头，走出了一条大型国有企业市场化国际化发展之路。始终坚持“两个一以贯之”，建立规范董事会制度，把党建工作总体要求纳入公司章程，把党的领导融入公司治理各环节，董事会、经理层与党组的协调运行机制逐步健全。

（五）为推动我国石油石化科技事业发展作出了历史性贡献

积极推进原始创新、集成创新和引进消化吸收再创新，掌握了一批核心技术和专有技术，实现了从“跟跑”向“并跑”与“领跑”的重大转变。

1. 形成了相对完善的油气勘探开发理论与技术

形成陆相隐蔽油气藏成藏理论及勘探开发技术，实现了胜利等东部老油田精细勘探和高效开发。建立海相碳酸盐岩油气勘探开发理论体系及配套技术，发现并开发了塔河油田、普光气田等一批大油气田。页岩油气等非常规资源勘探开发技术取得重大突破，在重庆涪陵建成我国首个百亿方页岩气产能示范工程。

2. 掌握了世界先进水平的炼油全流程技术

成功开发重油催化裂化、加氢裂化、催化裂解、连续重整、催化汽油吸附脱硫、柴油超深度加氢脱硫等技术，具备采用自主知识产权的技术设计和建设千万吨级炼厂的能力。形成自主知识产权的清洁油品生产系列成套技术，满足了从国I到国VI排放标准的汽柴油质量升级技术需求，用十几年的时间走完了发达国家几十年走过的油品质量升级之路。长城润滑油成功用于航天工程。

3. 拥有了自主知识产权的石油化工主体技术

形成百万吨级乙烯成套技术，可以依靠自主知识产权的技术设计建设百万吨级乙烯装置。拥有成熟的异丙苯、丙烯腈等有机化工成套技术，开发了大型气液法聚乙烯、第三代环管法聚丙烯、稀土异戊橡胶、溴化丁基橡胶、SBS、超高分子量聚乙烯纤维等合成材料成套技术。成功开发高效环保芳烃成套技术，总体处于世界领先水平，使我国成为继美国和法国后拥有完全知识产权芳烃成套技术的第三个国家。

4. 攻关了现代煤化工系列技术

实现 60 万吨 / 年、180 万吨 / 年甲醇制低碳烯烃（S-MTO）技术工业应用，在世界上率先实现 20 万吨 / 年甲苯甲醇甲基化技术工业应用，20 万吨 / 年煤经合成气制乙二醇技术工业应用，SE 气化炉完成工业示范试验。建设了中天合创等一批煤化工项目。

5. 开发了一系列公用技术

掌握了大型原油储罐设计建造技术，形成了复杂地形管道设计施工、大型河流穿跨越、大口径管道焊接等关键技术。开发了管道、油库、加油站、大型料仓等综合防雷、防静电技术，HAZOP 等安全控制技术广泛应用。开发了炼厂恶臭和 VOCs 综合治理、锅炉及催化裂化烟气脱硫脱硝除尘、废气催化氧化、油库和加油站油气回收等世界先进水平的环保技术。至 2018 年年底，累计申请专利 6.56 万件（其中，境外 3610 件）；获得授权专利 3.91 万件（其中，境外 2105 件）；获得中国专利金奖 19 项、银奖 4 项、优秀奖 92 项。获得国家最高科学技术奖 1 项；国家技术发明奖 76 项，其中技术发明一等奖 3 项；国家科技进步奖 373 项，其中科技进步特等奖 5 项、一等奖 42 项。

（六）为推进我国对外开放作出了历史性贡献

积极践行对外开放的基本国策，参与全球资源配置的能力不断增强，国际影响力和竞争力大幅提升。（1）国内合资合作硕果累累。从 1984 年成立第一家中外合资企业开始，中国石化利用外资合作建厂逐步取得进展，促进了结构调整和产业升级。（2）国际业务发展成效明显。目前，在全球 75 个国家（地区）设有 567 个境外机构，执行 325 个项目，在 26 个国家拥有 50 个勘探开发项目，在 5 个国家拥有

6个炼油化工、仓储物流项目。(3) 积极参与“一带一路”建设。油气勘探开发领域：截至2018年年底，中国石化先后与10个“一带一路”沿线国家开展油气勘探开发投资合作，拥有或参与项目17个，累计投资206亿美元，累计权益油气当量产量为1.3亿吨。石油工程服务领域：向20多个沿线国家提供石油工程服务，累计签订工程技术服务合同683个，合同额130亿美元。炼化及仓储项目领域：在4个国家投资了5个炼油化工、仓储物流项目，累计投资45亿美元。2015年建成投产的沙特延布炼厂项目是“一带一路”建设的标志性项目，习近平总书记出席开工仪式。炼化工程服务领域：与11个沿线国家和地区新签国际业务合同139个，合同额115亿美元。国际贸易领域：累计从18个沿线国家进口原油8.75亿吨，向64个国家出口化工产品41亿美元，从18个国家进口化工产品143亿美元，出口设备材料3亿美元，进口设备材料2亿美元。

（七）为国有企业履行社会责任作出了历史性贡献

在向社会提供各种产品和服务的同时，积极承担社会责任。

1. 保障油气供应

在国际油价高企、国内成品油价格严重倒挂时期，积极落实增产增供措施，为减缓高油价对我国经济的冲击作出了贡献。“三夏”“三秋”时节，主动将支农油品送到田间地头。98抗洪、南方冰冻、汶川地震、玉树地震等重大灾害发生时，确保抢险设备开到哪里、汽柴油就供到哪里。每逢冬季供气紧张，不讲条件、不计代价落实“压非保民”措施。

2. 精准扶贫和对口支援

承担8个县及750个村的对口支援和定点扶贫任务，累计投入扶贫资金21.6亿元，派驻扶贫干部1994名，定点扶贫的安徽岳西县于2018年8月脱贫摘帽，对口支援的西藏班戈县于2019年2月通过验收顺利摘帽，中国石化连续两年在中央单位定点扶贫考核中被评为“好”，2018年考核位列央企第三位。

3. 积极参与社会公益

资助3万余名“春蕾计划”失学女童重返校园，为1万余名学生提供助学金。捐建“中国石化光明号”健康快车，帮助超过4万名贫困白内障患者重见光明；还捐建白内障治疗中心9所。连续6年开展“情暖驿站·满爱回家——关爱春节返乡务工人员”大型公益活动。首批171座“环卫驿站”在江苏投用，为环卫职工提供贴心服务。

四、全球石油石化未来发展趋势和我国现状

（一）石油和天然气仍是全球未来能源主体

目前，全球85%的一次能源需求都是由化石燃料满足的，其中石油为34%、天然气为23%、煤炭为28%，其余15%为核能、水电和可再生能源。预计到2040年，可再生能源的占比将从目前的4%增加到15%，核能和水电的占比将基本保持稳定，在11%左右。化石能源的占比仍将高达73%，其中石油为27%、天然气为26%、煤炭为20%。化石能源仍是一次能源消费的主体，但能源市场会由目前的煤、油、气“三足鼎立”变为煤、油、气和非化石“四方争霸”。

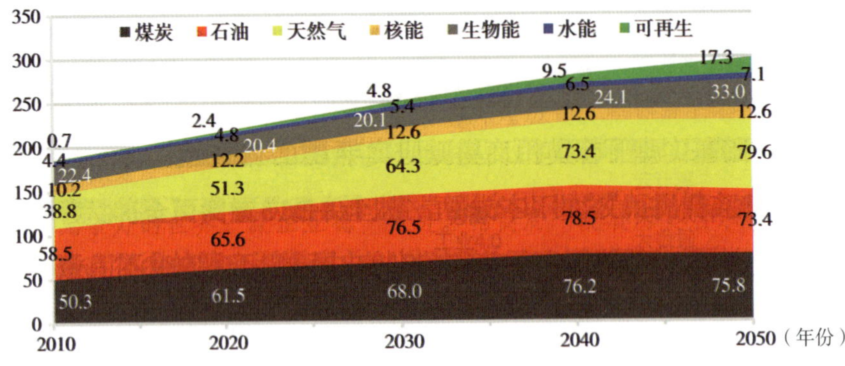

全球能源需求结构

到 2050 年，化石能源仍将是能源消费中的主体，占比保持在 70%左右，其中石油和天然气的占比在 50%以上，煤炭降至 20%以下。

我国经济中长期内将保持中高速增长，一次能源消费总量仍持续增长，预计峰值会在 2040 年前后到来，一次能源消费总量为 40 亿吨油当量。未来我国能源消费结构的总体发展趋势是清洁、低碳和多元化，石油需求将先增后降，2030 年前后达到峰值，煤炭需求量持续下降，减少的份额将被天然气和非化石能源取代。到 2035 年，我国一次能源消费“三分天下”的雏形将基本形成，其中煤炭占 43%、油气占 32%、可再生与新能源占 25%。

（二）我国油气对外依存度攀升给能源安全带来挑战

我国油气消费增速超过了产量增速，1993 年我国成为石油净进口国，2007 年成为天然气净进口国。2018 年，我国石油消费量达到 6.2 亿吨，国内产量 1.9 亿吨，进口 4.3 亿吨，对外依存度达到 70%；天然气消费量为 2803 亿方，国内产量 1610 亿方，进口 1193 亿方，对外依存度超过 40%。

石油对外依存度在较长一段时期内将保持较高水平。预计 2030 年之前，我国石油需求将保持增长，2020 年增至 6.3 亿吨，2025 年增至 6.6 亿吨，2030 年达 6.9 亿吨左右峰值。之后石油需求开始下降，到 2035 年降至 6.3 亿吨左右。鉴于国内石油产量在 2035 年之前基本稳定在 2 亿吨左右，预计未来 15 年内我国石油对外依存度将一直保持在 70% 以上。此后，随着石油消费量和国内产量均出现下降，石油对外依存度会有所降低，但幅度有限。预计到 2050 年，我国石油消费量降至 5 亿吨，国内产量为 1.7 亿吨左右，石油对外依存度降至 65%左右。

天然气对外依存度将呈现先升后降趋势。我国天然气需求将保持长期增长趋势，但增速会在 2025 年前后明显放缓，到 2050 年基本停止增长，届时我国天然气需求总量将达 7000 亿方左右。2020 年天然气需求将增至 3100 亿方，2025 年增至 4500 亿方，2030 年增至 5600 亿方，国内天然气产量接近 3000 亿方，对外依存度升至 47%左右；到 2035 年，天然气需求将超过 6000 亿方，在一次能源中占比超过 15%，与石油需求量大体相当，对外依存度达到 50%左右的最高水平；到 2050 年，我国天然气消费需求将达到 7000 亿方左右，国内产量会在 2040 年前后达到 4000 亿方左右的峰值，并保持基本稳定，届时天然气对外依存度将在 43%左右，与目前大体相当。

（三）我国提高能源自主保障能力具有较好的资源基础

国内油气资源总体是丰富的，且已找到的石油和天然气只有总量的 30%和 15%，仍有大量资源待发现，石油产量稳定在 2 亿吨、天然气产量达到 3000 亿方甚至更多是有资源保障的。根据 2015 年最新一轮全国油气资源评价结果，我国石油地质资源量为 1257 亿吨，可供开采的有 301 亿吨，目前已找到 90 多亿吨，还有 200 多亿吨没有找到。天然气地质资源量为 90.3 万亿方，可供开采的有 50.1 万亿方，已找到的只有不到 10 万亿方，还有 40 万亿方没有找到，因此我国油气勘探开发潜力仍很大。

2030 年之前，我国能找到的石油资源将保持在 10 亿吨 / 年，其中有 2.5 亿吨可以采出，能为国内石油产量稳定在 2 亿吨左右提供资源保障。天然气前景好于石油，2030 年之前，我国每年找到的资源将保持在 7000 亿方左右，有将近 4000 亿方可以采出，能保障天然气产量快速增长；到 2020 年，天然气产量将达到 2100 亿方，2025 年为 2600 亿方，2030 年为 3000 亿方。

五、新时代展现新担当新作为

中国石化贯彻落实党的十九大部署，按照党中央确定的时间节点和工作坐标，作出了“两个三年、两个十年”战略部署，分步推进世界一流企业建设。即，从 2018 年至 2020 年，决胜全面可持续发展。到 2023 年，公司成立 40 周年时，迈上高质量发展阶段。到 2035 年前，公司成立 50 周年前后，建成世界一流能源化工公司。到 21 世纪中叶前，公司成立 60 周年前后，成为基业长青的世界一流能源化工公司。

进入新时代，国有企业要成为党和国家最可信赖的依靠力量等“五个力量”，必须在以下几方面努力奋斗。

（一）对党忠诚，坚决沿着正确道路前进

我们必须牢牢抓住坚持党的领导、加强党的建设这个国有企业的“根”和“魂”，坚持把党的政治建设摆在首位，认真学习贯彻习近平新时代中国特色社会主义思想，增强“四个意识”、坚定“四个自信”、做到“两个维护”，始终同以习近平同志为核心的党中央保持高度一致。大力弘扬以“苦干实干”“三老四严”为核心的石油精神，激励百万石化员工沿着中国特色社会主义道路阔步前进。

（二）与时偕行，坚决扛起“国家队”的职责使命

对于中国石化而言，当前有两大任务：一是维护我国能源安全。我们要深入落实习近平总书记关于保障我国能源安全的重要批示精神，确立国内勘探开发“优先发展”战略定位，实施“七年行动计划”，加快油气增储上产步伐。二是引领石化行业供给侧结构性改革。炼油方面，坚持规模化、基地化、一体化发展，提高产业集中度，努力打造茂湛、镇海、上海、南京、古雷、天津6大炼化基地。化工方面，坚持“基础＋高端”发展理念，推动均一化产品降成本、差异化产品走高端，在大力降低基础产品成本的同时，着力发展新材料、精细化工等业务。

（三）自主创新，坚决突破“卡脖子”关键核心技术

习近平总书记强调，“关键核心技术要不来、买不来、讨不来”。中国石化始终坚持“石化发展，科技先行”，全面梳理“卡脖子”技术，布局了一批前沿引领技术项目。主要包括：探索研究页岩油气、深层油气、天然气水合物、干热岩勘探开发利用技术研究；推进氢能

技术储备，攻关炼厂氢生产燃料电池级氢气、分布式重整高效制氢、有机液体储氢等技术，推进油氢合建示范站建设；开展纤维素乙醇成套技术开发；进行合成气制烯烃技术研究；推进动力电池材料、纳米碳材料、光电材料等高端材料开发；实现碳纤维及其复合材料工业化生产；加快人工智能技术在地震资料处理分析、智能化钻井、工艺过程智能控制、智能油田、智能炼厂、智能管网、智能加油站等领域的工业应用。

（四）绿色发展，坚决践行“绿水青山就是金山银山”的理念

一是大力推进清洁生产。我们用 3 年时间、投入 210 亿元完成了碧水蓝天行动计划，正在推进“能效提升”计划，总投资约 250 亿元。从 2018 年开始启动实施绿色企业行动计划，规划到 2023 年，实现绿色企业行动目标。二是积极发展可再生能源。中国石化形成了比较完善的地热技术，在雄县建成国内首个“无烟城”，并将“雄县模式”快速推广全国，在助力雄安新区建设的同时，也将助力美丽中国建设。自主研发生产的 1 号生物航煤实现跨洋商业载客飞行，“变废为宝”的新一代生物柴油技术开发成功，解决了餐饮废油科学、高效利用的难题。

（五）人才强企，坚决铸牢发展的根基

一是营造吸引人才软环境。加快推进科技领军人才、战略科学家、石化名匠等各类队伍建设，突出基层导向、专业导向、国际化导向，吸引高端人才集聚。二是强化人才培训提升。组织实施领导人员高素质专业化锻造计划、专业技术人才引领计划、技能操作人才提质

强基计划、专项人才培养集聚计划等，为“高精尖缺”人才的培养和提升创造条件、搭建平台。三是优化年轻干部成长路径。加快完善年轻干部发现储备和提拔使用机制，确保干部队伍有序接替，防止人才出现“断层”。

青年寄语

奋斗是青春最亮丽的底色，无奋斗，不青春。衷心祝愿四川大学的同学们努力成为：爱祖国、有信仰的新时代青年；立壮志、敢拼搏的新时代青年；勤学习、善实践的新时代青年；重实干、勇担当的新时代青年。真诚希望大家满怀对祖国和人民的赤子之心，积极投身于中华民族伟大复兴的壮丽事业，用青春之我创造青春之中国，创造青春之世界！

同学们说

作为学生代表，现场聆听马永生总经理的讲座，使我更加了解能源安全相关的国家战略，了解中国石化等国企对国家能源安全保障所作出的贡献。作为一名化学工程学院低年级本科生，我要不断了解相关的科技前沿，拓展眼界；积极参与各种社会实践，提升综合素质，努力成为德智体美劳全面发展的社会主义建设者和接班人。

——罗娇娇　化学工程学院学生

通过国企公开课这种方式让我们真正认识了国有企业，深入了解了中国石化，国企始终是推动中国经济发展的中坚力量，中国石化作为传统能源企业，在近些年积极响应国家号召，把绿色、低碳作为发展理念，从政策和实际行动上推动着能源结构的转型。新时代中国青年是国家的未来和民族的希望，我会充分发挥自身优势积极投身国企建设，在能源变革大环境中，为中华民族复兴实现自我价值和作出责任担当！

——杨嘉慧　化学工程学院硕士研究生

43. 中国的粮食安全与中储粮的责任担当

中国储备粮管理集团有限公司  电子科技大学

邓亦武

2019 年 5 月 23 日，中国储备粮管理集团有限公司党组书记、董事长邓亦武在电子科技大学讲课

精言粹语

★“备者，国之重也。”我国历史上2000多年前建立起调控市场的常平仓制度,1300多年前就开始“丰则贵籴、歉则贱粜”的储备吞吐调控，这是粮食治理历史上的宝贵经验。

☆新中国成立以来，我国粮食供求实现了由长期短缺到总量基本平衡、丰年有余的历史性转变，实现了世界上最大发展中国家人民由“吃不饱”向“吃得饱”的历史性跨越，有力回应了世界上关于“谁来养活中国”的质疑。

★中央储备粮垂直管理体系因粮食安全而生、由此而发展，确保中央储备粮数量真实、质量良好，确保国家急需时调得动、用得上，始终是中储粮公司的根本任务。

☆中储粮成立19年来，深度融入中国粮食安全事业发展，发挥着粮食安全“压舱石”、服务调控“主力军”、调节市场“稳定器”的作用。

★随着我国社会主要矛盾转化，人民群众对粮食的数量和质量提出了新要求：不仅要解决好“量”的问题，同时必须解决好“质”的问题；不仅要解决“吃得饱”的问题，而且要解决“吃得好”和“吃得放心”的问题。

☆中国的粮食安全是买不来的。粮食问题在不同历史时期、不同发展阶段，具有不同的具体表现，但是粮食安全作为一个战略主题永不褪色，只会历久弥新。

很高兴来到位于“天府之国”的电子科技大学。“悠悠万事，吃饭为大”，粮食安全问题与每个人息息相关。所以今天我交流的主题是“中国的粮食安全与中储粮的责任担当”，与大家一起分享探讨中国粮食安全问题。

讲课现场

一、大国“粮史”——中国粮食治理的历史

（一）我国具有深厚的重农主义传统

我国拥有五千年灿烂的农耕文明史，农业奠定了中华文明的基础，孕育了对粮食极端重要性的深刻认识以及粮食治理思想。重农主义成为我国历朝历代的基本国策，因此有“洪范八政，食为政首”之说。这种重农主义思想源于农业生产的重要性，以及我国农业生产的特殊性。一是粮食生产的丰歉波动较大。粮食生产高度依赖自然和气候条件。由自然灾害引发的粮食生产年度间丰歉变化经常出现，中国素有“三岁一饥，六岁一衰，十二岁一荒”的说法。自秦汉至明清2000多年的历史，各种大的灾害和歉收就有5000多次，平均一年有2次。因此，粮食储备的重要性十分凸显。二是粮食生产与消费空间错位分布。我国历史上粮食生产重心先后发生过几次重大变迁。从唐朝起，粮食生产重心由黄河中下游地区向江南地区逐步转移，宋朝以后形成以太湖平原为中心的“苏湖熟、天下足”局面，再到明清时形成以江汉平原为中心的“湖广熟、天下足”局面，直至20世纪80年代以来，随着现代经济社会发展和产业结构布局调整，粮食生产重心出现北移趋势，粮食流向由以往“南粮北调”向“北粮南运”转变。正因空间上分布不均衡，市场的稳定也依赖于运转有效的粮食仓储和流通体系。三是粮食供给与政权稳固密切相关。衣食足、仓廪实、天下安。历史上政权稳固与否与粮食供给情况高度相关，饥荒往往是引发农民起义、政权更迭的重要原因。

（二）我国古代粮食调控思想和实践

我国历史上形成了先进的粮食调控思想，并积累了丰富的实践。

2000 多年前我国就建立起调控市场的常平仓制度。常平仓制度就是国家在各地设立仓库，丰收之年粮价较低，国家收购粮食，形成国家储备；歉收之年粮价上涨，国家卖出粮食，保证正常供应，市场粮价能够保持平稳，不致大起大落。常平仓制度为历朝历代传承和发扬，成为粮食治理的一项基础性制度。中国古老的常平仓制度甚至作为粮食治理的“中国方案”，漂洋过海影响到美国。美国在大萧条之后实行新的农业政策，就是借鉴了中国的常平仓制度。这项政策为克服危机、重振农业乃至赢得第二次世界大战胜利发挥了基础性作用。

粮食储备调控思想和实践不断丰富、完善和发展。从唐朝开始“丰则贵籴、歉则贱粜”的调控思想走向成熟。即在丰收的时候，为防止粮价因供过于求出现下跌，政府就高于市场价格买入粮食，避免“谷贱伤农”；在歉收的时候，为防止粮价因供不应求出现上涨，政府就低于市场价格销售粮食，避免“谷贵伤民”。我国自 2004 年起实施的小麦和稻谷最低收购价政策，就是在丰收时市场粮价如果低于国家确定的保护价水平，国家指定中储粮公司作为政策执行主体入市收购，保护农民利益，在市场需要时通过批发交易市场销售，供应市场。在历史实践中，储备粮“备荒、稳市、恤农”的三大基本功能逐步在制度上定型，并不断发展。储备制度不仅作为一项经济制度，而且具有社会治理和政治稳定的功能。

（三）新中国成立以来粮食治理的探索实践

新中国成立以来，我国在粮食治理领域进行了不懈探索，作了一系列改革，大体分五个阶段：

1. 1949—1952 年的粮食自由购销阶段

允许个人和私营企业开展粮食经营，粮食价格由市场决定，并建立国营粮食经营系统，逐步确立国有粮食企业主导地位。

2. 1953—1984 年的粮食统购统销阶段

农民生产的粮食除去自留的口粮、种粮、饲料粮和缴纳农业税外的粮食，由政府统一制定收购价格，统一收购；政府收购的粮食向城镇居民和缺粮地区居民按照一定标准，实行定量供应。

3. 1985—1997 年的粮食购销“双轨制”阶段

1985 年，我国取消粮食统购改为合同定购，一方面通过合同定购，按国家计划价格（平价）实行计划收购和计划供应，另一方面按市场价格（议价）进行议价收购和议价销售。1993 年以后，实行了 40 年的粮食统销制度和粮票逐步退出历史舞台。

4. 1998—2004 年的粮食购销逐步放开阶段

1998 年，根据粮食供大于求和农民收入增长缓慢的形势，实施以“三项政策、一项改革”为主要内容的改革。2001 年入世以来提出“放开销区、保护产区、省长负责、加强调控”的改革措施，沿海 8 个销区省（自治区、直辖市）和部分产销平衡区放开粮食收购市场和收购价格，后来又扩大到部分主产区，从 2004 年起国务院决定全面放开粮食市场。

5. 2004 年以来，在全面放开粮食市场的同时，实行国家收储制度阶段

针对 21 世纪之初粮食生产连续下滑的形势，为解决农民种粮后顾之忧，调动生产积极性，2004 年国家确立了在主产区实施稻谷和

小麦最低收购价政策，2005 年起开始启动最低收购价收购，2007 年之后陆续对大豆、玉米、油菜籽实行临时收储政策。国家政策性收储已连续执行十几年。针对日益突出的库存压力、财政压力、管理压力，近年来，国家稳步推进粮食收储制度改革。按照分品种施策、渐进式推进原则，2014 年以来，国家先后取消了大豆、油菜籽和玉米临储政策，目前仍保留小麦和稻谷最低收购价政策框架。粮食收储正在从政策性收购为主向政府引导下的市场化收购为主转变。

二、大国“粮情”

——新中国成立以来粮食安全事业发展

（一）粮食安全的概念

粮食安全概念随着经济发展和人民生活水平的提高不断延伸和充实。1974 年 11 月，为应对世界粮食危机，联合国粮农组织在罗马召开世界粮食大会，首次提出粮食安全的概念是“保证任何人在任何地方都能得到为了生存与健康所需要的足够食物”，此概念强调粮食数量满足人们的基本生存需要。1983 年 4 月，根据 20 世纪 80 年代粮食短缺的情况，联合国粮农组织提出粮食安全的概念是“确保所有人在任何时候既能买得到又能买得起所需要的任何食物”，此概念强调既要提高粮食供给能力，又要确保人们具有购买能力。1996 年 11 月，第二次世界粮食首脑会议把粮食安全定义为“确保所有人在任何时候都能在物质上和经济上获得足够、安全和富有营养的粮食来满足积极和健康生活的膳食需要和食物的喜好”，此概念除了强调保障粮食供给、增加收入外，还明确了粮食质量安全和营养健康。

（二）我国粮食安全事业发展成就

新中国成立以来，我国不断推进粮食安全事业发展，坚持立足国内提高粮食生产能力，制定粮食安全中长期规划和增加粮食产能的专项规划，粮食供求实现了由长期短缺到总量基本平衡、丰年有余的历史性转变，创造了用占世界不到10%耕地、6.5%淡水资源生产的粮食养活世界近20%人口的历史性成就。

1.粮食生产能力稳步提高，粮食供给水平显著增强

新中国成立以来，我国粮食生产取得了举世瞩目的成就，不仅实现了谷物基本自给，也为全面建成小康社会，促进经济社会平稳较

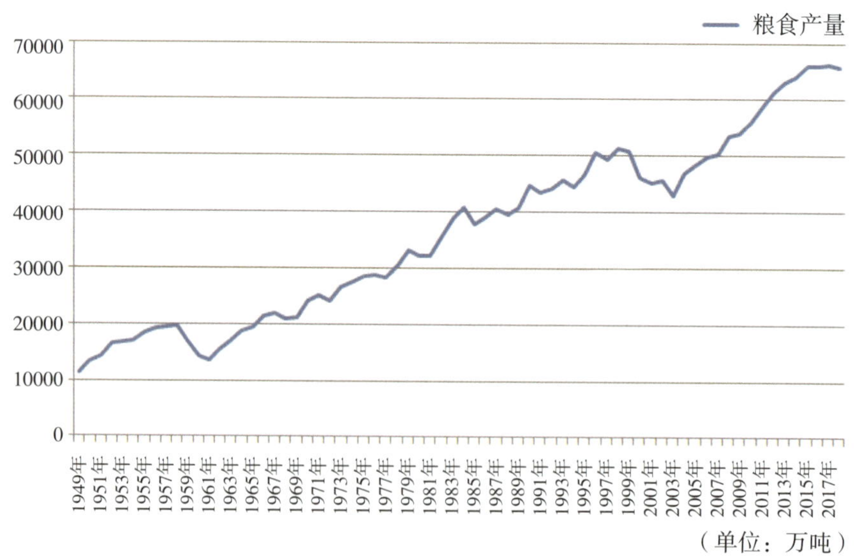

新中国成立以来粮食生产情况

快发展作出了基础性贡献。2018年粮食产量达到6.58亿吨，是1978年的2.16倍。在这个过程中，农业农村领域的改革持续激发粮食发展的活力，农业科技进步为粮食增产提供重要支撑。据农业农村部预计，“十三五”时期我国农业科技进步贡献率将达到60%，主要农作物良种基本实现全覆盖，主要农作物耕种收综合机械化率达到70%。农业科技进步带动了劳动生产率的提高，促进粮食单产稳步增加。2018年全国粮食产量每亩375公斤，比1978年的168公斤增加207公斤。

2. 粮食供需总体平衡，消费结构持续升级

新中国成立以来，我国人均粮食占有量不断增长。2018年我国人均粮食占有量471.48公斤，是1978年改革开放前316.61公斤的1.5倍，是1949年新中国成立之初208.95公斤的2.2倍。总体来看，加上大豆进口后，我国粮食供需基本平衡，其中谷物基本能够实现自给，口粮做到绝对安全。据国家粮油信息中心数据，预计2018年或2019年度我国主要谷物（小麦、玉米、稻谷）总需求6.09亿吨，总供给量6.11亿吨，年度结余264.7万吨。从分品种消费看，近年来我国小麦需求量稳定在1.2亿吨左右，稻谷需求量稳定在1.9亿吨左右，玉米和大豆需求增长较快，2018年需求量分别达到2.83亿吨和1.08亿吨。粮食需求的这种变化主要是由于人民生活水平提高、消费结构升级引起的，肉蛋奶消费比重增加，相应作为能量饲料和蛋白饲料的玉米、豆粕需求量也大幅增加。

3. 粮食流通体制改革不断深化，市场机制作用不断增强

2004年以来，国家全面放开粮食购销市场，由此确立了市场化、多元化的粮食流通新体制，随着粮食收储制度改革，市场机制决定性

作用不断增强。多元市场主体日益活跃，目前，全国粮食企业中，多元市场主体数量占比超过 90%，销售收入占比超过 80%。规范的粮食现货交易市场和期货市场快速发展。目前国家已建立国家粮食交易平台，成为政策性粮食交易主要场所；大连商品交易所和郑州商品交易所上市交易品种，基本涵盖了主要粮油品种，利用期货市场发现价格、科学决策作用进一步显现。

4. 积极利用两个市场、两种资源，保障国家粮食安全能力不断增强

党的十八大以来，我国在强调“立足国内”的同时，也强调“适度进口”，充分利用两个市场、两种资源保障国家粮食安全。从我国实际情况看，人多地少、水资源短缺、环境污染严重，粮食增产难度大，品种结构性矛盾突出，粮食进口是调节品种间供需缺口，保障国家粮食安全的重要途径。目前我国粮食进口品种主要是大豆，年度进口规模达到 8500 万—9500 万吨。我国进口大豆主要有两个用途，一是榨油，二是压榨后的豆粕用于饲料，由此转化为肉蛋奶。因此，进口大豆更重要的意义在于弥补国内蛋白饲料的缺口，满足日益增长的消费升级需求。

（三）当前我国粮食安全面临的挑战

从中长期看，我国粮食供求基本态势仍将是紧平衡，保障粮食安全依然任重道远。主要表现在以下四个方面。

1. 粮食生产面临资源环境约束

农业资源过度开发、透支严重，粮食生产受到耕地、淡水、环境污染等因素约束越来越明显。目前，我国人均耕地面积仅相当于世

界平均水平的1/4，人均淡水资源仅相当于世界平均水平的40%。且淡水资源与耕地资源分布极不平衡，北方地区耕地面积约占全国的65%、淡水资源仅占20%左右。我国农业生产过度使用农药、化肥以及地下水超采，造成不少环境和生态问题，牺牲资源环境的粗放式发展道路已不可持续。

2.粮食需求面临人口增长、城镇化、工业化刚性增长的多重压力

根据《国家人口发展规划（2016—2030年）》，2030年我国人口将达到14.5亿左右，按照人均年消费粮食500公斤计算，中国年需生产粮食7.25亿吨，到2030年需种植19.3亿亩粮食才能保证粮食基本自给。而目前，我国粮食种植面积保持在17.6亿亩左右。据联合国经济和社会事务部发布的《2018年版世界城镇化展望》，2050年中国城市人口将增加2.55亿，因此预计届时粮食需求将额外增加1020万—1275万吨。此外，随着人民生活水平提高和饮食结构改善，饲料用粮和工业用粮需求越来越大。这些因素共同决定了在今后一个较长时期我国粮食需求仍将刚性增长。

3.粮食供需总体平衡，但结构性矛盾突出

从总量看，我国粮食供需基本平衡，但分品种差异较大。其中：稻谷品种供给相对宽松，阶段性过剩特征明显，小麦供需基本平衡，能够实现口粮绝对安全；玉米供求格局正在转变，也可做到基本自给；大豆产需缺口较大，严重依赖进口。同时，我国粮食生产高度依赖主产区，生产布局日益向北方核心产区集中。粮食种植重心与人口密集区、消费区分离，粮食供求空间分布矛盾日益突出。

4.粮食品质与消费需求升级不适应，绿色优质产品短缺

党的十九大报告指出，“我国社会主要矛盾已经转化为人民日益

增长的美好生活需要和不平衡不充分的发展之间的矛盾”。具体到“三农”领域，农业的主要矛盾由总量不足转变为结构性矛盾，突出表现为结构性供过于求与供给不足并存，矛盾的主要方面在供给侧。这对粮食的数量和质量提出了新要求：不仅要解决吃饱的问题，而且要解决吃好的问题。随着人民生活水平的提高和粮食消费结构不断升级，居民膳食结构由数量温饱型向质量营养型转变，但粮食质量与消费升级变化还存在脱节的问题。

三、大国“粮仓”

——中储粮在国家粮食安全中发挥的作用

（一）中央储备粮垂直管理体系因粮食安全而生、由此而发展

1. 探索期的“甲字粮”“506 粮”

新中国成立之初，我国即着手探索建立粮食储备制度。20 世纪 50 年代建立起以备荒为目的的“甲字粮”，20 世纪 60 年代建立起以备战为目的的“506 粮”。但由于粮食长期紧缺，储备粮规模比较小，发挥的作用极为有限。

2. 创建期的专项粮食储备制度

1990 年，为解决粮食连续增产带来的农民“卖粮难”问题，国家建立起专项粮食储备制度。由政府敞开收购农民余粮，作为专项粮食储备，这标志着储备粮制度初步成型。专项粮食储备在应对 1991 年淮河洪灾、1993 年物价严重通胀、1998 年长江洪灾等事件中发挥了积极作用。但其体制机制上的弊端也日益显现。主要原因是：中央与

地方事权职责不清，政企不分，亏损挂账严重，国家财政不堪重负。

3. 发展期的中央储备粮制度

为彻底改变专项粮食储备制度体制机制弊端，1998年党中央、国务院按照中央与地方事权分开的原则，开始设计中央储备粮垂直管理体制。1999年，按照政企分开原则，党中央、国务院决定在原国家粮食储备局的基础上分别成立国家粮食局和中国储备粮管理总公司。2000年，国务院批复中国储备粮管理总公司组建运行，受国务院的委托，具体负责中央储备粮的经营管理，执行国家下达的粮食宏观调控任务。中央储备粮经营管理通过市场化、企业化运作，储备粮轮换购销都通过市场完成。同时，对直属粮库人、财、物实行垂直管

中储粮集团油脂公司镇江基地油脂油料仓储区

理，确保政令畅通、步调一致。中央储备粮垂直管理体系的建立，是对计划经济下的粮食储备、流通体制进行脱胎换骨的改革，由此掀开了储备体制改革发展的新篇章。

（二）大国粮仓——中储粮在粮食安全保障体系中发挥的作用

中储粮成立 19 年来，深度融入中国粮食安全事业发展，已逐步发展成国内最大农产品储备企业集团，储备品种涵盖小麦、稻谷、玉米等主要谷物品种、油脂油料和棉花。其作用概括来讲体现在粮食安全的“压舱石”、服务调控的“主力军”、调节市场的“稳定器”三个方面。

1. 粮食安全的“压舱石”

中储粮成立初期，国务院提出“确保中央储备粮数量真实、质量良好，确保国家急需时调得动、用得上，始终是中储粮公司的根本任务”。这体现了国家建立中央储备粮垂直管理体系的初衷，也赋予了中储粮根本任务。经过十几年发展，中储粮垂直体系功能不断健全，已成为国家可靠的调控载体和国家粮食安全的“压舱石”。

一是形成了比较完善的调控网络体系。目前，中储粮系统已经在全国布局直属粮库和分库 980 多个，覆盖 31 个省(自治区、直辖市)，基本实现了中央储备粮油由中储粮直属企业自存自管，形成了一声令下、立即响应、全网协同的中储粮库点网络布局。自成立以来，中储粮经受住多次应急救灾调控考验，做到关键时刻靠得住、顶得上。比如，2008 年汶川特大地震、2008 年南方雨雪冰冻、2010 年西南五省干旱等抗灾期间，中储粮均按照国家指令及时完成储备粮调动保供任务，反映出中储粮垂直体系协调联动、高效执行的运作优势。

二是仓储设施发生翻天覆地的变化。经过十几年的发展，中央储备粮仓储设施条件得到了跨越式发展。从量上来看，总仓（罐）容接近1亿吨；从质上来看，仓储基础设施和装备水平大幅提升。现代化的粮仓储量大、技术水平高，粮食出入仓采用机械化作业、自动化控制，大大提高作业效率。

三是科技储粮引领行业进步。推广应用先进适用绿色储粮技术，目前中央储备粮绿色科技储粮技术覆盖率已达到98%，共获得各项专利300多项。其中“四合一”储粮技术获得国家科技进步一等奖。通过储粮新技术广泛应用，中央储备粮宜存率从成立之初不到60%迅速提高并稳定在95%以上，2003年彻底消灭了陈化粮。并成功把中央储备粮一个储存周期损耗控制在1%以内，有效发挥粮库“无形良田”作用。大力推进信息化智能化建设，目前已经实现所有中央直属粮库的智能化管理全覆盖，显著提升了管理水平。

2.服务调控的“主力军”

中储粮不仅承担着中央储备粮棉油的经营管理任务，也是国家赋予的粮食收储政策执行主体，是服务国家粮食宏观调控的主力军。一是自2005年以来，中储粮作为最低收购价和临时收储政策执行主体，累计收购政策性粮油总量超过9.3亿吨。特别是2014—2016年，达到政策性粮油收购量的峰值，每年收购量超过1亿吨。据国家有关部门统计数据，仅2011—2015年，国家实施最低收购价政策直接带动农民增收2510亿元。二是为深化农业供给侧结构性改革，2016年开始国家加大政策性粮食去库存力度，去库存步伐明显加快。2018年完成库存消化1.3亿吨。三是为缓解粮食主产区收储仓容压力，平衡和优化粮食产销区储备布局，从2006年到2018年，中储粮累计调拨

2006 年以来国内、国际小麦价格对比图

政策性粮食 6421 万吨，刷新了新中国成立以来调运规模的历史纪录。

3. 调节市场的“稳定器”

粮价是百价之基，防止粮价大幅波动，在保持经济社会稳定大局中具有基础性作用。在 2007 年到 2008 年的世界粮食危机期间，中储粮根据国家需要，迅速向市场投放中央储备粮，在全球粮价大幅震荡的形势下，确保了国内粮食价格不大涨、不大落，基本供给不脱销、不断档，主要粮食品种价格基本保持稳定，与国际粮价形成鲜明对比，中国也被称为世界粮食的“安全岛”。

2016 年国家决定改革玉米临时收储政策，实行市场化收购新机制。按照国务院“始终在市、均衡收购”的要求，中储粮在东北三省一区布设 743 个收购库点，累计在东北收购新季玉米 2141 万吨，保证了玉米收储制度改革首战胜利，得到了中央领导同志和国家有关部门充分肯定。

四、大国“粮心”

——新时代中储粮的初心使命和责任担当

党的十八大以来，以习近平同志为核心的党中央把确保国家粮食安全作为治国理政的头等大事。习近平总书记强调，粮食安全、“三农”工作是一切工作的重要之基；经济形势越复杂，越要稳住“三农”这个“基本盘”。2013 年，综合考虑国内资源环境、粮食供求格局、国际市场贸易条件等因素，中央提出了“以我为主、立足国内、确保产能、适度进口、科技支撑”以及“确保谷物基本自给、口粮绝对安全”的国家粮食安全战略。

要坚持“以我为主、立足国内”，就是牢记习近平总书记强调的“中国人的饭碗要牢牢端在自己手里，而且里面应该主要装中国粮”“一个国家只有立足粮食基本自给，才能掌握粮食安全主动权，进而才能掌控经济社会发展这个大局”。确保国家粮食安全，这是个重大战略，而不是技术策略问题。粮食问题上不能侥幸、不能折腾，一旦出了大问题，多少年都会被动，到那时谁也救不了我们。粮食安全是买不来的。在粮食供给问题上，必须依靠国内粮食生产为主，保持合理的较高的粮食自给率。立足国内保障自给，牢牢掌控粮食安全主动权，这是由我国的基本国情决定的。

作为国家直接掌握的重要粮食调控平台和可靠抓手，中储粮在服务新时代国家粮食安全方面既要有新作为，也可大有作为。

第一，以习近平新时代中国特色社会主义思想为指导，为服务国家粮食安全战略提供坚强政治保障。

深入贯彻落实习近平总书记关于“三农”工作和粮食工作的重要论述，以及对中储粮工作作出的重要指示批示精神；以政治建设为统领，强化理论武装，提高政治站位，落实政治责任，善于从政治上把大局、看问题，谋划推动工作，坚决贯彻落实中央决策部署；增强“四个意识”，坚定“四个自信”，做到“两个维护”，为中储粮持续健康发展提供坚强政治保证。

第二，强化管好“大国粮仓”的政治责任担当，提升服务保障国家粮食安全战略能力。

中储粮管理“大国粮仓”，必须坚持公益性企业的根本属性，突出主责主业发展，强化政治责任担当。关键要做到以下几个方面：一是坚定不移做优做强中央储备，充分发挥保障国家粮食安全“压舱石”作用。既要抓好数量、质量管理，也要抓好体系快速响应能力，做到任何时候都调得动、用得上。二是全力落实国家粮、棉、油收储政策，充分发挥服务宏观调控“主力军”作用。继续做好小麦和稻谷最低收购价收储，保护种粮农民利益，调动农民种粮积极性，为保障国家粮食安全奠定坚实基础。三是全力服务农业供给侧结构性改革主线不动摇，把握好阶段性粮食去库存方式、时机和节奏，发挥好市场“稳定器”作用，在维护市场稳定基础上全力完成国家赋予的粮食去库存重任。

第三，积极适应主要矛盾的变化，在服务农业供给侧结构性改革中展现新作为。

发挥储备轮换购销衔接产消两端的重要作用，从粮食流通的参与者向更高质量、更高层次的粮食供应体系的重要力量转变，为耕者谋利、为食者造福。顺应粮食供给侧的优化调整，有效对接需求侧的结构升级，努力实现收购环节优质优价、储存环节保质保价、销售环节好粮好价，增强储备粮供给对需求变化的适应性和灵活性，更好满足人们由“吃得饱”向“吃得安全、吃得放心”的消费升级需求。

第四，深化科技创新驱动，充分发挥引领和带动行业转型升级的作用。

积极推动科技创新，深化智能化粮库技术升级，在已建成粮食行业最大物联网的基础上，推动从“智能中储粮”向“智慧中储粮”迈进。充分挖掘蕴含在储粮管理中的大数据价值，形成对储粮质量变化规律更精准认识，指导储粮技术升级；挖掘在成千上万笔粮食购销活动中的大数据价值，形成对市场和客户需求的精准认识，提升市场运作水平。

第五，从全球供应链视野谋划国家粮食安全战略保障体系，统筹利用两个市场、两种资源。

一是依托进出口与储备运作相结合，择机吞吐调剂国内余缺，发挥储备在两个市场之间的“蓄水池”和“缓冲器”作用。二是积极推进粮、油进口多元化战略，保障国内紧缺重要农产品供应，掌握大宗农产品贸易主动权，服务国家对外贸易战略。

“国以民为本，民以食为天。”粮食问题在不同历史时期、不同发展阶段，具有不同的具体表现，但是粮食安全作为一个战略主题永不褪色，只会历久弥新。衷心希望广大青年学子能进一步树立深厚的粮食情怀，关心粮食事业，倍加珍惜粮食资源，共同为新时代国家粮食安全贡献一份力量、跑出更好的成绩，不负韶华、不负使命、不负时代！

同学们说

通过国企进高校的活动，让我了解到了我们国家有强大的一个粮仓储备在支撑着我们，这让我感到非常的安心。我将把此次公开课的所见、所学和所思化作今后勤奋学习，开拓进取的动力和方向，为祖国的繁荣昌盛贡献青春力量。

——孙　威　经济与管理学院学生

在听完邓亦武董事长的授课后，我感到十分震撼，了解了我们国家的“粮史、粮情、粮仓、粮心”情况，进一步树立了深厚的粮食情怀，使我们更加关心粮食事业，倍加珍惜粮食资源，启发了我们对所学的知识怎样应用到粮食储备中去的思考，我们将共同为新时代国家粮食安全贡献一份力量，不负韶华、不负使命、不负时代。

——朱洪彬　经济与管理学院学生

听了邓亦武董事长的公开课，使我了解了国家的粮食安全战略，更从粮食安全事业发展中理解了党的路线、方针、政策，使我对我们的国家更加自信。在今后的学习和生活中我将学习中储粮敢于担当、勇于创新的拼搏精神，学习储粮卫士们脚踏实地、艰苦奋斗的奉献精神，在大学和社会的两所学堂里练就真才实学，为实现“两个一百年”奋斗目标努力，为祖国建功立业、成就精彩人生。

——薛小宇　经济与管理学院学生

44. 与新中国电力能源建设同行

中国能源建设集团有限公司  西安交通大学

汪 建 平

2019 年 5 月 28 日，中国能源建设集团有限公司党委书记、董事长汪建平在西安交通大学讲课

精言粹语

★国有电力能源企业，包括中国能建是在国家电力能源领域发挥支柱作用的典型代表。改革开放之初，电力、交通、通信，曾经是制约经济发展的“三大瓶颈”。从当初缺电少电，到如今电力供应充足稳定，国有电力企业作出巨大贡献。

☆中国能建主要从事电力规划设计和建设，始终以担当支柱、当好骨干为己任，一部企业史，也是一部国家电力建设史。回顾历史，倍感自豪，也更感到责任重大。面向未来，牢记使命，中国能建始终置身于国家经济社会发展大局，把履责担当视为本分，把价值创造视为追求，在支柱作用体现上要“为国家争光彩，为行业立标杆，为股东创价值，为职工搭平台，为社会尽责任”，为我国经济高质量发展贡献力量。

★国有企业活力的增强，离不开“引进来，走出去”的改革开放政策。正是靠着国家改革开放政策，靠着我们每个人的勤勉与虚心，从引进、消化、吸收，到自主创新、追赶超越，不断培育出和国外大公司同台竞技的实力。

☆电力工业大发展是国家大发展的一个生动缩影，电力工业每一次变化都与国家变革和经济发展紧密交织。历史给予我们启迪，成就给予我们自信。在见证并参与一项又一项先进技术突破、一批又一批重大工程诞生中，我们引以为荣，信心倍增。

★传承好“西迁精神”与发展好国有企业，我认为有相同的思想前提，就是坚定不移跟党走，紧扣时代有作为。

我是西安交大电气工程系1982届毕业生，非常高兴作为校友站在这个讲台上，参加这次“领导干部上讲台”活动。

多年来，几代西安交大人传承“胸怀大局，无私奉献，弘扬传统，艰苦创业”的“西迁精神”，在不同领域为国家发展贡献了自己的聪明才智，我们对西安交大在建设一流大学中取得的成绩表示衷心祝贺！我在国有企业工作了37年，始终没有离开电力行业。在日常工

讲课现场

作和国际交往中，我们经常向大家介绍国有企业特别是中央企业，介绍我国电力工业发展历程，这样的沟通交流十分必要。今天，结合这次活动的主题，我用四个关键词，分享一些认识和体会。

一、第一个关键词：支柱

我们做工程的人，不管是设计，还是建设，都特别重视建筑结构中的支柱，有支柱才有支撑，才能稳固。工程建设如此，国民经济发展也是如此。

习近平总书记指出，国有企业特别是中央企业，在关系国家安全和国民经济命脉的重要行业和关键领域占据支配地位，是国民经济的重要支柱，在我们党执政和我国社会主义国家政权的经济基础中也是起支柱作用的，必须搞好；要坚持国有企业在国家发展中的重要地位不动摇，坚持把国有企业搞好、把国有企业做强做优做大不动摇。

去年我们庆祝了改革开放 40 周年，今年是新中国成立 70 周年，在今天的时代背景下，学习习近平总书记的重要论述，对国有企业特别是中央企业支柱作用的理解和体会更加深切。

第一，支柱作用体现在支配地位。国有企业特别是中央企业集中在重要行业和关键领域。看支柱作用，要看总量，更要看结构的优化、布局的合理。

计划经济时期，公有经济、国营企业“一统天下”，大大小小、各行各业都是国有企业。改革开放后，通过国有经济布局结构的战略性调整，我国经济结构发生了巨大变化，国有和非国有都是国民经济的重要组成部分。国有企业的支柱作用，不是仅靠国家的赋予，也不是简单地贴个“标签”，而是体现在国有企业发展的质和量上，体现在重要行业和关键领域的支配地位上。

从量上来看，2018 年全国国有企业资产总额达 178.7 万亿，总营业收入近 59 万亿；国有企业上缴利税超过 4.8 万亿，占全国一般公共预算收入的 27%，占全国税收的 29%，发挥了重要作用。

从结构上来看，国有企业不断向关系国家安全、国民经济命脉、国计民生的重要行业和关键领域、重点基础设施集中，向前瞻性战略性产业集中，向具有核心竞争力的优势企业集中。国有资产规模稳步提升，国有资本布局结构逐步完善，国有经济的实力、活力、控制力、影响力、国际竞争力、抗风险能力不断增强。

“神舟”“嫦娥”“北斗”“大飞机”“蛟龙”，三峡工程、高铁、特高压输电、港珠澳大桥，在这些大国重器、大国工程研发和建设中，国有企业都发挥着决定性作用。比如中国能建葛洲坝集团，20 世纪 70 年代至 80 年代中期，独家承建了万里长江第一坝——葛洲坝水电工程，是当年“四个现代化”建设的重要标志；又如中国能建在特高压建设上，承担着勘察、设计主力军重任，两次获得国家科技进步奖的特等奖。今天，在“走出去”、长江经济带、粤港澳大湾区、京津冀协同发展、扶贫攻坚等重大战略中，国有企业同样发挥着骨干作用。

第二，支柱作用体现在责任。国有企业要承担经济责任、政治责任和社会责任，这种责任担当，是历史的选择、基因的传承、国企的本色。我在中央企业工作这么多年，对这种责任担当深有体会。

新中国成立 70 年来，在历次抗击重大自然灾害、应对突发事件时，国有企业从来不讲条件，听从党和国家召唤，冲在最前面，打通“生命通道”，抢修电力和通信设施，保供气、保供油、保基本生活资料，发挥“定海神针”作用。许多投资大、收益薄的基础设施和公共服务设施建设，许多周期长、风险大的基础性研发，国有企业都挑起了重担。尤其是今天的脱贫攻坚，中央企业对口帮扶，坚决把党中央这项决策部署落到实处。

大家看过电影《战狼II》，男主角举着国旗穿过交战区的情节，让观众十分激动。这部电影有真实的背景。2011 年，利比亚撤侨，我们的企业就是亲历者。葛洲坝的国际公司，作为外交部指定的利比亚西区撤离总牵头单位，统一组织了 11 家中资公司共 1.2 万多人撤离。实践证明，急难险重的关键时刻，国有企业听指挥、拉得出、冲得上、打得赢，是党和人民可以信赖的力量，充分展现了央企担当，支柱地位当之无愧。

第三，支柱作用体现在担当。国有电力能源企业包括中国能建是在国家电力能源领域发挥支柱作用的典型代表。改革开放之初，电力、交通、通信，曾经是制约经济发展的“三大瓶颈”。从当初缺电少电，到如今电力供应充足稳定，国有电力企业作出了巨大贡献。

中国能建主要从事电力规划设计和建设，始终以担当支柱、当好骨干为己任，一部企业史，也是一部国家电力建设史。集团的成员企业，很多都是新中国成立时组建的，是国家电力建设的主力军，全程参与和见证了我国电力工业发展。我们的干部职工，始终以亲身参与过一项又一项国家重点电力工程，作为一生的骄傲和荣耀。从组建新中国第一家电力设计院，到建设万里长江第一坝，我们创造了无数个“中国电力第一”。现拥有 20 家电力设计院、30 多家电力工程企业，电力勘察设计和建设能力在全国名列前茅。我们的电力规划设计总院是“能源智囊，国家智库”，是“国家电力规划研究中心”的依托单位。市场份额上，我们累计完成了国内 90%以上的电力规划科研、咨询评审、勘测设计和行业标准编制，完成了 80%的火电勘测设计、60%的火电建设、30%的水电施工、50%的大型水电施工、90%的特高压输电线路勘测设计。我们的工程设计和管理水平，很大程度上决定了电力工业建设水平。

回顾历史，倍感自豪，更感责任重大。面向未来，牢记使命，中国能建始终置身国家经济社会发展大局，把履责担当视为本分，把价值创造视为追求，在支柱作用体现上要“为国家争光彩，为行业立标杆，为股东创价值，为职工搭平台，为社会尽责任”，为我国经济高质量发展贡献力量。

二、第二个关键词：活力

国有企业的支柱地位，要靠内在活力去体现，这个活力的体现是与时俱进的，来自市场化进程、来自改革开放。这些年，我们和很多国外企业在全球开展合作，接触了很多外国领导人和企业家，他们在与我们交流中都表示，改革开放让中国发生了令人惊奇的变化，每次来中国看到的都是新东西。他们觉得，中国政治稳定，为经济社会发展提供了重要条件，国有企业实力雄厚、活力强，对深化合作、实现共赢，充满期待。

新中国成立 70 年来，特别是改革开放 40 年来，国家面貌发生了翻天覆地的变化，国有企业也发生了巨大变化。国有企业一度确实存在效率不高、活力不够的问题，与市场经济转型要求存在很大差距。解决这些问题，靠的就是推进市场化改革。

第一，在市场中激发活力。企业活力源于市场的千锤百炼，市场竞争、优胜劣汰是企业生存发展壮大的“强激励，硬约束”。计划经济时期，国有企业按国家计划进行生产，只相当于“大工厂、大车间”，与后来的市场化转型需要存在很大的差距。

我 80 年代初毕业，正好经历了这个改革过程。改革倒逼企业直面竞争。20 世纪 80 年代中期，葛洲坝工程建设进入尾声后，5 万葛洲坝职工没有了国家指令性任务，企业被全面推向市场。为了生存发展，企业提出“对内挖潜力，对外打出去”，全力走向市场。我们的电力设计院，计划经济时期是事业单位，任务指标国家定、费用财政给，80 年代陆续改制为企业，在走向市场中也经历了身份和观念的艰难转换。

今天回头看，正是市场化，促使企业树立了物竞天择、适者生存的观念，确定了以市场为导向的经营之道和价值取向，进而培养出应对竞争的能力、面对市场的活力。党的十八届三中全会指出，要使市场在资源配置中起决定性作用，这是历史的总结。国有企业只有在进一步全面融入市场中，才能实现自身的新发展。

第二，在改革中释放活力。国有企业改革是经济体制改革的中心环节，国有企业改革就是改造微观主体。

改革开放至党的十八大，国有企业机制、制度、体制创新经历了几个阶段。1978—1992 年，机制创新阶段：探索扩大企业自主经营权改革；1993—2002 年，制度创新阶段：初步进入以产权改革为核心的现代企业制度建设时期；2003—2012年，体制创新阶段：建立健全国有资产管理体制。党的十八大以来，从推进分类改革、完善现代企业制度和国有资产管理体制、发展混合所有制经济、强化监督防止国有资产流失、加强党对国有企业的领导、为国有企业改革创造良好环境等多个方面，明确了国企改革的目标和举措。国企改革认识不断深化，步伐不断加快。

在微观主体上，有进有退，抓大放小，竞争性国有大型企业的改革方式就是通过公司化改造，建立现代企业制度，成为公众公司。许多中小国有企业在市场上不具备比较优势、发展不可持续，不进行结构性改革就没有出路。依托资本市场对国有大型企业进行多元化改造，通过广泛吸纳社会资本，改变治理结构，提升治理效率，企业决策和经营才更为规范、更有活力。现在，已有90%以上的国有企业实施了股份制改造，中央企业控股境内上市公司290户，40多家中央企业实现了主营业务整体上市，中央企业60%以上的总资产和净资产进入上市公司、60%以上的营业收入和近90%的利润总额来自上市公司。

每一家中央企业的发展史，也是一部国有企业改革史。中国能建在中央企业布局结构的战略性调整重组中，实施设计施工一体化，进一步完善产业链，增强竞争力。在内部改革、重组整合上，始终将自我革命、微观搞活放在突出位置，激发内生动力。近年来，通过大力推进内部整合、关停并转、解决企业历史遗留问题，设立新的经营平台，不断深化干部人事、业绩考核、薪酬分配改革措施，实现了进入世界500强、企业改制、整体上市的“三步走、三跨越”。目前，还在按照中央要求，推进供给侧改革、“三供一业”社会职能移交，这些改革措施都非常重要，完成这些改革将进一步释放企业活力。

中国能建主要经营指标发展情况

（单位：亿元）

年份	营业收入	利润总额	合同额
2011	1223	26	1674
2012	1397	37	2149
2013	1584	43	2802
2014	1868	61	2968
2015	2088	80	3527
2016	2254	92	4161
2017	2369	109	4458
2018	2240	110	4600

第三，在开放中增强活力。国有企业活力的增强，离不开“引进来，走出去”的改革开放政策。正是靠着国家改革开放政策，靠着我们每个人的勤勉与虚心，从引进、消化、吸收，到自主创新、追赶超越，不断培育出和国外大公司同台竞技的实力。早期，我们努力学习国外优秀企业，引进先进技术和管理，例如，我国第一台 30 万、60 万千瓦机组，都是从国外引进的，我们的设计院当年还专门到国外与相关公司联合开展初设。我记得，20 世纪 80 年代，为适应对外交流，走出校门后，还重新拿起书本补习外语。有意思的是，现在很多外国人开始学汉语了，我们有许多外籍员工简直就是“中国通”，这也从一个侧面反映了国家影响力、吸引力的提升。2018 年世界 500 强中，就有 72 家国有企业。

勇敢“走出去”，是国有企业能力、实力、活力的重大跨越。特别是“一带一路”倡议提出以来，按照共商共建共享原则，国有企业国际化进程进一步加快，不仅带动了贸易往来和要素流动，而且促进了民心相通、文化相融，为长期互利共赢、共享发展奠定了良好基础。

目前，中央企业共承担“一带一路”建设项目 3120 个，境外资产超过 6 万亿元，分布在全球 185 个国家和地区。中国能建在 80 多个国家和地区设立各类驻外机构 200 余个，中外员工 4 万人，外籍员工 1.3 万人，业务遍布全球 140 多个国家和地区，形成了以亚洲、非洲为主，辐射美洲、中东欧、大洋洲的市场格局。在“一带一路”沿线，累计签约超过 6000 亿元人民币，在我国对外电力工程承包市场份额占比近三分之一。

“走出去”，增强了企业的活力，更增强了队伍活力。中国能建在巴基斯坦有个合同额 100 多亿人民币的水电项目，项目经理邓思文只有 34 岁，但国际经验十分丰富，他带领的团队，经历过多项国际工程的锤炼，克服种种挑战，保证了项目顺利实施。我们中央企业走出去，还表现出很强的中国精神和中国品质。如“开斋节”到来时，对能否放弃假期，他们一个一个征求外籍员工的意见，考虑大家的选择，体现出对宗教、文化和习俗的尊重。他所在的单位是葛洲坝三公司，就设立在西安，国际业务份额很大，在巴基斯坦的合同就有 600 多亿人民币。在国际市场，不但提升了企业的能力，还培养出一批很有活力的干部，这是我们对企业未来发展的信心。这些故事还有很多，用讲故事的方法传播中国企业的形象，也是一个重要的课题。中国开放的大门不会关闭，只会越开越大。我感觉，未来，国有企业活力不断增强，还必须靠这个政策。

国有企业要成为“六个力量”，必须增强企业活力，就是要做到战略有定力、经营有活力，我们中国能建提出要“做市场竞争的进取者、做经营管理的佼佼者、做行业发展的领跑者”。既要坚持发展这个第一要务，千方百计加快发展，又要立足实际，遵循规律，稳健经营，行稳致远；既要深化集团治理，强化集中统一，发挥全产业链一体化优势，又要尊重企业的市场竞争和法人实体两个主体地位，释放发展潜能，激发发展活力；既要完善现代企业制度，又要实施“融入”“内嵌”，实现加强党的领导与完善公司治理有机统一，充分发挥党组织的领导作用。越来越多新生力量的汇聚，也是企业活力的源泉。在这里，也真诚欢迎西安交大学子加盟我们的事业。

三、第三个关键词：成就

新中国成立以来特别是改革开放以来，电力工业大发展是国家大发展的一个生动缩影，历史给予我们启迪，成就给予我们自信。在见证并参与一项又一项先进技术突破、一批又一批重大工程诞生中，我们引以为荣，信心倍增。

（一）电力工业与新中国同行

我这里给大家汇报三组数据。新中国成立初期，全国电力总装机容量 185 万千瓦，发电量 43 亿千瓦时。当时，电力工业规模小、技术落后，基础非常薄弱。仅东北有一条 220 千伏和几条 154 千伏线路，其他地区只有以城市为中心的发电厂及直配线，全国电力主要供应大城市，中小城市和农村基本处于无电状态。凭着社会主义集中力量办大事的优势，至1978年改革开放时，全国电力总装机容量达到5712万千瓦，发电量达到2566亿千瓦时，较新中国成立初期分别增长30倍和60倍，缓解了我国严重缺电的情况。改革开放后，随着经济的发展，用电需求猛增，电源不足的矛盾越发突出。国家开始对电力投资体制机制进行改革。20世纪80年代末至90年代初，电力行业提出“政企分开，省为实体，联合电网，统一调度，集资办电”的“二十字方针”和“因地因网制宜”的电力改革与发展方针。2002年的电力体制改革，破除了传统的体制机制束缚，从根本上改变了指令性计划体制和政企不分、厂网不分等问题，形成电力市场主体多元化竞争格局。到2018年年底，全国电力总装机容量达到约19亿千瓦，年发电量接近7万亿千瓦时，分别是1978年的33倍和27倍，彻底改变了我国长期电力不足的局面。电网也形成了以六大区域电网为主体，电网结构不断加强，大区电网之间交直流有机互联的良好格局。

新中国电力工业发展的历史时期

类别	起步时期（1949—1976年）	规模化发展时期（1978—2000年）	区域电网互联时期（2002—2018年）
电源	每年新增装机容量190万千瓦，新增发电量87亿千瓦时	每年新增装机容量1250万千瓦，新增发电量580亿千瓦时	每年新增装机容量9600万千瓦，新增发电量3300亿千瓦时
电网	以110千伏和220千伏为主，省级电网逐步形成	500千伏和西北330千伏快速建设，进入超高压电网时期	特高压交直流快速建设，西电东送和区域电网互联形成

新中国成立70年，电力工业经历了从落后向现代化的恢宏巨变。世界领先的电力成就，充分展现了我国强大的综合国力，成为我们“四个自信”的坚实基础。从白山黑水到天涯海角，从东海之滨到世

界屋脊，从祖国怀抱到异国他乡，中国能建以规划设计者和建设者身份，挥洒了辛勤的汗水，绘就了一张张蓝图，树立了一座座丰碑。

（二）电力工业勇攀高峰

1. 从发展规模和质量来看

中国电力规模、质量快速提升，有力保障了经济社会发展。规模上：目前我国电源总装机及各主要品种电源规模均位列世界第一位，人均装机超过世界平均水平。全国国有电力企业，发电量占比 50% 以上、供电量占比 90%以上。电网建设方面，2018 年，中国 220 千伏及以上输电线路回路长度达到约 73 万公里，变电容量达到约 40 亿千伏安，规模位居世界第一位。质量上：中国的电力减排成效显著，清洁化水平稳步提升。目前来看，可以实现中国 2020 年非化石能源消费比重 15%的承诺。普遍服务上：2015 年全面解决了全国 273 万无电人口用电问题。2017 年人均用电量达 4589 千瓦时，约是 1978 年的 18 倍，已接近世界平均水平。电力普遍服务能力的增强更多惠及社会民生，人民群众的获得感和满意度明显提高。

2. 从科技创新来看

中国的电力技术水平不断提升，众多领域的自主创新达到国际领先。

（1）火电：大家都知道，燃煤机组的单机容量越大，发电效率越高、越节能。我们国家超超临界机组已实现自主开发，主要参数达到世界先进水平，拥有全球发电能效最高、供电煤耗最低的超超临界燃煤机组。由中国能建华东院设计、安徽电建二公司建设的安徽平山电厂二期 135 万千瓦机组工程，建成后将超过美国在运的单机 130 万千

由中国能建设计建设的全球供电煤耗最低、综合发电效率最高的燃煤机组——江苏泰州电厂二期工程

瓦火电机组，成为世界单机容量最大的燃煤机组。

（2）水电：中国在水电规划、设计、施工、设备制造等方面，均处于世界领先地位。三峡工程是世界最大的水电工程。80 万、100 万千瓦水轮机组制造技术中国独有。我们参与建设的白鹤滩水电站是全球在建规模最大的水电站，目前已掌握的 100 万千瓦水电发电机组制造技术，将首次应用于该电站。我们联合参与建设的尼鲁姆·杰卢姆水电站是巴基斯坦的“三峡工程”，工程累计近 70 公里的各种地下隧洞，世界罕见。

（3）新能源：中国三代核电技术研发和应用走在世界前列，具有完全自主知识产权。自主三代核电“华龙一号”全球首堆示范工程，目前已通过冷态功能试验。风电已形成较完整的大容量风电机组设

中国能建葛洲坝集团独家承建的万里长江第一坝——葛洲坝水利枢纽工程

计、制造体系，大容量单体风机逐步推广应用。规模化光伏开发利用技术发展迅速，转换效率不断提升，晶体硅太阳能电池产业技术具备较强的国际竞争力。中国能建制订并发布了我国乃至世界第一部太阳能光热发电站设计标准。

（4）电网：全国电网形成了七大区域电网的基本格局，电网规模位居世界第一位。目前，中国西电东送规模已达到2.4亿千瓦，形成了北、中、南三个通道的全国基本电力流向格局。中国已全面掌握特高压输变电技术。世界电压等级最高、输送容量最大、输电距离最远的准东至安徽1100千伏特高压直流输电工程，已建成投运；世界首个特高压交流双环网——淮南—南京—上海交流特高压输变电工程苏通GIL综合管廊工程稳步推进，已进入电气安装阶段；同时，张北柔性直流电网试验示范工程，是世界首个柔性直流电网工程。

3. 从体制机制来看

中国的电力工业始终坚持深化改革，以激发可持续发展的强大动力。目前，大用户直购电、跨省跨区竞价交易、售电侧零售等具有市场化特质的电量交易初具规模。2018年，全国市场化交易电量累计

中国能建设计的中国首个 1000 千伏特高压交流工程——晋东南—南阳—荆门交流特高压试验示范工程荣获国家科技进步奖特等奖

约 2 万亿千瓦时，占全社会用电量比重约 30%。

4. 从国际合作来看

中国的电力工业开创了新的局面。围绕“一带一路”建设，中国电力企业正全面走向国际，先进的管理技术和标准也不断被国外认可和接受，这也是世界领先的体现。我国电力技术装备和电力行业标准体系“走出去”成果显著，已成为世界电力装备出口大国。在核电、特高压、新能源等战略性新兴产业领域，我国标准体系已进入世界先进行列。作为我国最早“走出去”的企业之一，中国能建推进国际业务优先发展，加快由国内行业龙头向国际行业龙头转变，国际业务签约年增长率接近 17%。2018 年 3 月，我们编制的老挝电力规划研究通过验收，这是首次协助“一带一路”国家编制国家级电力规划，相关成果获得老挝政府高度评价，实现了用中国标准为世界充电，塑造出中国电力能源的世界品牌形象。

中国能建以规划设计和工程建设为主业，在“中国第一”“世界之最”上，改写纪录，彪炳史册，这既是国家的要求，也是我们不变的初心。一项项标志性工程，都是我们在设计图上一笔一画画出来、在工程现场一砖一瓦建起来的。在勇攀电力工业高峰的进程中，中国能建塑造出了崇尚技术、科学思维、价值导向、效率优先、自我驱动、团队建设等特色工程师文化，成为企业发展持久的强大力量。

（三）电力工业前景光明

习近平总书记提出了“四个革命、一个合作”的能源安全新战略。我们从规划和发展的角度做了一些深入的研究，作为国家电力规划研究中心主任，在这里和大家分享一些对电力工业发展的六个观点。

1. 电力是能源发展的中心，随着电动汽车、大数据等新兴产业的发展，我国将步入更高水平电气化时代。2035 年，预计我国电能占终端能源消费比重将提高到 35%左右。

2. 电力是实现中国梦的重要支撑。党的十九大报告提出了我国“两步走”战略，为支撑经济高质量发展，我国用电需求仍有巨大潜力。

3. 电力是国家安全战略的重要组成部分。安全可靠的电力供应体系是国家实现安全发展的重要保障，未来电力在经济建设、民生、国防等领域的基础性作用将更加凸显。

4. 电力是未来前沿科技应用的重点领域。随着电力智能化、电力物联网等新业态、新模式的蓬勃发展，5G 通信、人工智能、大数据、区块链等新技术将在电力领域拥有广阔的应用空间。

5. 清洁低碳、安全高效的现代能源体系赋予电力工业新的历史使命，提出了新的要求。未来基础理论研究、电力系统运行模拟、优化与算法、技术装备等方向亟待突破。

6. 电力作为“一带一路”倡议的先导产业，电力合作在咨询、项目建设、投资、装备制造、科技研发等领域都具有广阔的前景。

基于新中国成立70年，特别是改革开放40年我们的实践和积累、探索与创新，面向未来，在党的领导下，我们对电力工业的发展充满信心。

四、第四个关键词：感受

走出西安交大校园至今37年过去了，弹指一挥间，留下很多珍贵记忆。作为一名西安交大校友，我想与在座的师友、同学，分享一些人生、工作的感受。

（一）拥抱新时代，坚定跟党走

2017年，习近平总书记对西安交大15位西迁老教授的来信作出重要指示，向当年响应国家号召、献身大西北建设的老同志们致以崇高的敬意，希望广大师生传承好“西迁精神”，为西部发展、国家建设奉献智慧和力量。传承好“西迁精神”与发展好国有企业，我认为有相同的思想前提，就是坚定不移跟党走，紧扣时代有作为。

中国特色社会主义进入新时代，意味着近代以来久经磨难的中华民族迎来了从站起来、富起来到强起来的伟大飞跃。正是党领导我们进行改革开放、加快国家建设，才换来了今天幸福安定的生活。我们八十年代的这一批毕业生，青少年时代生活清贫，走上工作岗位后十分珍惜，听党话、跟党走，见证和亲历了改革开放，尽心尽力投入国家电力事业，交出了我们这一代的“成绩单”。回顾这几十年，个人成长、人生命运与党的坚强领导、国家的快速发展、时代的不断进步紧紧相连。

党的十九大，对新时代中国特色社会主义发展进行了战略安排：到2020年，全面建成小康社会；到2035年，基本实现社会主义现代化；到本世纪中叶，把我国建成富强民主文明和谐美丽的社会主义现代化强国。党又一次描绘了国家发展图景，同学们生逢其时，职业生涯将会与新时代发展高度契合。实现民族复兴的梦想，这一光荣伟大的事业，最终要在这代年轻人手中实现。同学们是天之骄子，是国家栋梁，注定要捧起时代的接力棒，跑出无愧于时代、属于自己的好成绩。应该为身处这样一个时代感到幸运，更应该为担负这样的重任而自豪。要把准人生航向，听党话、跟党走，把青春年华同建设社会主义现代化强国的生动实践紧密结合起来，让青春在奋斗中闪光。

（二）学无止境，实践为重

梦想从学习开始。“精勤求学”是西安交大的校训，告诫我们要养成勤奋学习的良好品行，做到敏而好学、不耻下问，慎于思考、明辨是非。人生中难得的在校求学时光，应该倍加珍惜，夯实专业功底，为当“专家”、做“能手”奠定坚实的基础。我们学理工科的，培养的是动手能力强、工程实现能力强的工程技术领域的创新人才，学以致用、知行合一，离不开工程实践，要在实际工作中练就过硬本领，不断提高动手解决问题的能力，切忌好高骛远、眼高手低。

在工作实践中，我感觉还要特别注意向普通劳动者学习，尊重劳动。在中国能建，有许多既平凡又优秀的一线员工。我去国外的工地，当地气温 40 多摄氏度，什么都不做，都很难受，但我们的焊工师傅身着厚重的工作服，汗如泉涌，每半个小时就不得不停下来休息，然后继续循环往复。什么叫敬业，什么叫担当，劳动者给了我们最朴实也最深刻的回答。

在学习和实践的相互促进中，还应该时刻保持对前沿科技的敏锐，加强对新科技、新知识的学习。现在我们也感到时代变化很快，企业要不断转型，对人才也有个结构性要求。新时代，正是用人之时，需要很多能适应、善学习的优秀人才。

当前，中国能建正在建设金沙江上两座特大型水电站——白鹤滩水电站和乌东德水电站。我去乌东德工地调研时深受震撼、十分感慨。800 多米的高耸边坡、三个足球场长、半个足球场宽、26 层楼高的厂房、迷宫一般的庞大地下洞室群。工程涉及水利、地质、气象、材料、电气、电机等数十个学科，我们企业在现场有一大批名校毕业的博士、硕士和众多大学生。年轻人在技术、生产等岗位担负重任，在艰苦的环境中磨炼着品质毅力、积累着成长后劲，也让我看到了企业发展和国家进步的希望。

（三）锤炼品格，塑造人生

习近平总书记在纪念五四运动 100 周年大会上寄语青年，“一代人有一代人的长征，一代人有一代人的担当。建成社会主义现代化强国，实现中华民族伟大复兴，是一场接力跑。我们有决心为青年跑出一个好成绩，也期待现在的青年一代将来跑出更好的成绩”。

西安交大是培养工程师的摇篮，许多同学未来将成为优秀的工程技术人才，也会走上不同的领导岗位，应志存高远，脚踏实地。精品是精心打磨出来的，应该发扬工匠精神，把坚守执着、精益求精、专业专注、追求极致、一丝不苟、自律自省，作为一种本分、追求、作风、境界和修为。要走好人生路，不断修身立德，保持定力，勤奋诚实；还要饮水思源、懂得回报，不断找到人生真谛、生命价值和事业方向。

同学们，学校给我们知识，校园留下最美的青春回忆，希望大家从这里出发，实现人生价值，书写锦绣华章，这是一个奋斗、奉献的过程。作为一名校友和经历者，我真诚地相信，同学们一定能用自己一生的实践，在这个答卷上作出最完美的回答。

同学们说

作为82届毕业的老校友，汪建平学长对新一代的西安交大学子，新一代的青年都寄予着深切的祝福与畅言。坚定地追随党的脚步，做个人梦想的奋斗者与国家建设的参与者。永远学习，永远乐于吸收新的知识，并不断实践。在人生的道路上，更要锤炼人格，让自己的生命之书变厚变重。我们是跑在时代最前沿的中国青年，身后的时代正大踏步向我们急奔而来，持棒人书写了中国发展有力的一段，我们将接力这不灭的信念，跑出属于新时代的风采！

——宋婉茹　视觉传达81班学生

在高中时期“国有经济是国民经济的重要支柱”这句话我曾经反复背诵，但听完汪建平学长关于新中国电力能源建设的分享报告之后，我才明白这短短一句话背后的深刻含义。我们的国有企业特别是中央企业的支柱作用，不仅要看总量，还要看结构的优化和布局的合理。在承担经济责任的同时，国企还要承担有对社会责任的，起到“定海神针”的作用。

——吴秋妹　法学复合51班学生

45. 高质量航空工业发展

中国航空工业集团有限公司  西北工业大学

罗荣怀

2019 年 5 月 28 日，中国航空工业集团有限公司党组副书记、总经理罗荣怀在西北工业大学讲课

★航空是“强国的脊梁”，这个“强”字既是形容词，也是动词。

☆航空是“真正将地球上的各个村落连接在一起的网络”，是“世界的桥梁”。

★高质量的航空工业，就是能够赢得全球技术、产品和产业竞争的航空工业，就是能够支撑国家和全球发展愿景的航空工业。

☆航空产业竞争是复合型竞争，进入的门槛很高，失败的概率很大，但一旦成功，航空就成为具有巨大回报的战略性支柱产业。

★我们的初心从未改变，我们要成为国家和民族的脊梁，要成为经济和社会发展的支柱，要屹立于世界航空工业强者的行列。

☆“弄潮儿向涛头立”，航空是新一轮科技革命的“涛头”；有挑战世界科技之巅梦想的青年人，一定要做航空科技的弄潮儿。

★航空不仅要在“创新”上下功夫，还要在“领先”上做文章。

今天，我代表中国航空工业集团踏上西北工业大学的讲台，以“高质量航空工业发展”为题，介绍过去70年、重点是过去20年中国航空工业高质量发展的历程；同时借此机会向各位老师和同学，展示中国航空工业集团的发展前景和新时代发展战略。在我们向航空强国迈进的征程中，希望我们能够一如既往地得到西工大老师和同学的支持，面向“两个一百年”，共同创造高质量的中国航空工业！

今天，我讲三个部分的内容。

讲课现场

一、世界航空工业

什么是高质量的航空工业?

今天我的讲课将围绕两个主题——“强国的脊梁”“世界的桥梁”，和大家探讨高质量航空工业的图像。

美国和欧洲是世界航空工业的发源地，他们一百多年的实践，对于我们认知高质量航空工业有非常强的参考意义。先介绍两份报告，一份是美国“9·11”事件以后，美国国会专门成立了“美国航空航天工业未来委员会”，历时一年形成了这份航空航天工业发展战略报告。一份是英国牛津经济研究所完成的报告，主题是世界民用航空工业发展。

美国报告的封面是四个“任何”(Any)——任何人、任何东西、任何时间、任何地点，这个封面的意思翻译过来也很简单，就是美国必须依靠世界第一的航空工业，掌握和保持在这个地球上的绝对自由和权力。这份报告中也有关于航空工业对于美国经济社会发展的描述，“航空是美国军事能力的关键，是美军全球机动、通信情报、空中防御、制海制空、远距精确打击、地面部队保护和机动的核心”。

美国的这个认识是在第二次世界大战中形成的，而且在此后的历次局部战争，如1991年的海湾战争、1999年的科索沃战争中不断实践、不断提升。根据瑞典斯德哥尔摩国际和平研究所的研究，世界军贸40%的份额是航空装备及其武器，而美国、俄罗斯两国每年的军品出口中，航空装备及其武器的占比，超过1/2，甚至达到2/3。也就是说，全世界的战略家在军事思想方面，与美国的认识是一致的，航空是“强国的脊梁”，无论这个“强”字是形容词还是动词，“强国的脊梁”是不会改变的。

英国牛津经济研究所的报告封面凸显了另一个主题，“世界的桥梁”。航空是真正将地球上的各个村落连接在一起的网络。牛津这份报告中我认为有三组重要的数据，一是航空每年运送 25 亿乘客和 5000 万吨货物，承担了全球 35%流通货物价值的运输，支撑了整个人类社会的快速高效运转；二是航空制造业本身就创造了 550 万个高端制造业岗位，如果加上航空运输业、服务业等衍生产业，则雇用了约 1500 万人；三是世界航空工业的直接产值达到 4250 亿美元，加上衍生产业每年产值达到 1.1 万亿美元，对于欧美来说，航空工业是其支撑经济运行的骨干产业。

我想重点讲讲航空产业竞争的特殊性。第一条特殊性，是参与航空产业竞争的门槛很高。无论是空客 A380、A350，还是波音 787、777 这样的项目，项目首飞之前就需要投入百亿美元，不是强者，就不具备发起航空项目的资格。大型航空项目的盈亏平衡点要在卖出 400—500 架飞机的时候才能达到，仅有 100 亿美元的研发投入是远远不够的，还需要投入更大规模资金支撑项目达到盈亏平衡点。所以，航空产业竞争是“高投入、高风险、高回报”，任何一个大型航空项目都可以被称为“世纪豪赌”。

第二条特殊性，是航空产业巨擘之间的竞争极为激烈。从航空领域的两大龙头企业波音和空客的一组数据可以看出，它们两家都是拥有千亿美元资产、600—700 架大型民机年交付能力、人均劳动生产率名义上高达 100 万—200 万美元的全球企业强者。航空领域前十强瓜分了 60%的世界市场，第 11 名到第 20 名瓜分 20%的市场，而剩下的 20%市场被第 21—100 名瓜分。狭小的航空市场，决定了航空企业一定要争夺食物链顶端的地位。

第三条特殊性，是航空产业竞争，本质上是国与国之间的竞争，是综合国力的竞争。从航空 100 强企业的数量分布和产值分布来看，美国企业都占据了半壁江山，这与美国在航空领域的强大研发投入和力量有很大关系。仅美国政府、不包括美国企业在航空领域的研发投入，在 21 世纪初就达到每年百亿美元的规模，美国航空航天局、国防部、联邦航空局下属的科研机构，为美国企业提供了强大的技术储备和支持。欧盟试图通过联合投入来与美国抗衡，但从目前的情况看与美国政府投入相比，还存在数量级的差异。俄罗斯规划到 2025 年对航空研发的投入相对于 2011 年能够翻番，但俄罗斯目前的航空研发投入属于第三梯队。

第四条特殊性，是航空技术竞争的成败，决定了航空产品和产业竞争的成败。航空的技术发展是非常迅速的。以航空发动机为例，第二次世界大战以来，航空发动机技术在安全性、推重比、耗油率、噪声四个维度上齐头并进，如果把这四个维度交叉起来看，航空发动机技术进步的速度，也呈现出不输于摩尔定律的发展态势。一旦跟不上这个进程，必然被航空产业所淘汰。

所谓高质量的航空工业，就是能够赢得全球技术、产品和产业竞争，成为强国的脊梁。第一部分的内容只说明一个问题：高质量航空工业是强国不可或缺的，成为高质量航空工业，必须赢得最为残酷的技术、产品和产业竞争。同学们，祝贺你们选择了航空，选择了西北工业大学，你们的一条腿已经迈进了世界上最湍急的河流；如果你们是真正的强者，你们选对了，你们选择的是奥林匹克赛场！

二、中国航空工业发展

新中国航空工业已经走过68个春秋。在过去的68年中，航空工业集团从无到有、从小到大、从弱到强，经历了创建期、成长期、调整期和跃升期四个发展阶段，建立了完备的科研、试制、生产体系，发展了全谱系的航空产品，推进了我国国防现代化建设，为国民经济发展、社会和科技进步作出了重要贡献。

（一）从1951年到1958年，是航空工业的创建期

1950年12月，周恩来总理连续召集会议，研究我国航空工业的建设问题。1951年4月17日，中央人民政府革命军事委员会和政务院颁发《关于航空工业建设的决定》。4月17日是中国航空工业的生日。我们经常说，中国航空工业诞生于战火硝烟的抗美援朝，保家卫国就是我们的初心，决定了我们红色基因的本质。

说到这里，有一个非常著名的“60亿斤小米”的故事。1951年12月10日，周恩来总理召集会议讨论批准航空工业发展方针和建设计划，当时提出3年至5年的计划需要折合56亿斤小米的资金，周总理表示，国家准备拿出60亿斤小米开展航空工业建设。小米是新中国初期财政收支计量单位，这是因为解放初物价波动，所以财政预决算和供给标准，均以小米计算。折算下来，当时一斤小米是9分钱，一亩地也就是300斤，约27元。当时计划在1952—1956年投入5.35亿元人民币开展航空工业建设，而“一五”计划（1953—1957年）期间的我国全部财政收入共计1365.62亿元，平均到每年就是273.1

亿元/年，对航空工业的投入约为“一五”计划财政收入的4‰。在新中国成立初期极端艰苦的财政状况下，国家是靠勒紧裤腰带来开展航空工业建设的。

航空工业建立以后，当务之急是千方百计满足抗美援朝作战的需要，全力以赴保证志愿军空军飞机的修理。从1951年4月到1952年年底，国内共修理飞机473架、发动机2627台，有力地支援了抗美援朝战争。紧接着，遵照周恩来总理提出的“先修理后制造”的航空工业建设方针，航空工业结合修理任务，逐步扩大制造范围，并与苏联谈判援建航空工业及“一五”期间援建项目。从1953年开始的苏联援建的156个重点项目中，航空工业有13个。此外，国家还专门建立了与航空配套的工业体系。同时，其他工业领域也为航空工业提供了大力支持。

在航空工业的创建时期，有一些重要的机型值得一提。初教–5是新中国生产的第一架飞机，是航空工业从修理向制造的标志。1954年7月3日初教–5在江西南昌飞上蓝天。这对于从修理走向制造的新中国航空工业来说，是一件具有里程碑意义的大事。同年8月1日，毛主席亲笔给南昌飞机厂全体职工写嘉勉信，称“这在建立我国的飞机制造业和增强国防力量上都是一个良好的开端”。

歼–5飞机于1956年7月19日首飞成功，是我国跨上喷气式飞机制造台阶的标志。同年9月9日，《人民日报》向全世界宣告中国试制成功新型喷气式飞机。新中国的航空工业仅用了5年多的时间，就制造成功喷气式歼击机，其发展速度是惊人的。

歼教–1是我国自行研制的第一种喷气式飞机。它是单发、两侧进气、双座型亚音速歼击教练机。1957年年底投入试制，1958年7

月 26 日首飞成功。

我们不得不问一个问题，那是一个什么样的年代，是一群什么样的人，在一穷二白的情况下，在现在看来时间如此短，却把当时世界上都算先进的飞机干出来了。中华民族的勤奋、智慧、忠诚、奉献的品格，是屹立于世界民族之林的脊梁。

（二）从 1958 年到 1976 年，是航空工业的成长期

这一时期的航空工业在坎坷中迅速成长。“大跃进”“左”的错误，苏联单方面撕毁协议、撤退专家，自然灾害和“文化大革命”十年，形成了航空工业发展起伏不定的外部环境。但党和国家领导人深刻认识到中国必须自力更生解决飞机、发动机、机载设备的研制和生产问题，这是航空工业实现成长的根本原因。

1956 年年初，毛泽东主席发出了向科学进军的号召。周恩来总理主持制定了《1956—1967 年科学技术发展远景规划纲要》，“掌握和发展喷气技术”被作为赶上世界先进水平的 5 个主要措施之一。1957 年 4 月，航空工业局正式制定了《1956—1967 年航空科学研究规划》，明确组建航空材料、工艺、情报、飞机、发动机、航空仪表、附件、降落伞等 17 个研究所（前 3 个当时已建立），并规划要在 1958—1966 年设计出接近世界先进水平的超音速歼击机、轰炸机、水上飞机等。这一时期的主要成果是我们自主掌握和发展了喷气技术。

1960 年 7 月 16 日，苏联政府照会中国政府，单方面决定立即召回在华工作的全部苏联专家，废除两国经济技术合作的各项协议。在苏联专家全部撤走的情况下，加强科学研究和建立统一的航空研究机

构就成为十分迫切的任务。1960 年 12 月 27 日，中央军委下达《关于组建航空、舰艇、无线电电子学等三个研究院的通知》，把科学研究与设计单位集中起来，建立统一的航空研究院，建制属于国防部，由国防科委领导，航空研究院自此成立。

1961 年 2 月，赫鲁晓夫写信给毛泽东主席，表示愿意向中国转让米格 –21 飞机及其发动机的制造技术。

1961 年 6 月 12—30 日成立大会，确定航空研究院任务是研究、设计、试制中国需要的一切飞机，与生产和使用单位一起共同发展中国的航空事业。航空研究院前 3 年的主要任务是仿制米格 –21 飞机，并协助工厂解决米格 –19 飞机和米 –4 直升机的问题。这三项任务都按时、保质完成，显示了航空研究院和航空工业突出的战斗力。

1964 年 10 月，航空研究院提出了自主研制歼 –8 飞机方案。1965 年 5 月，时任总参谋长罗瑞卿批准歼 –8 飞机方案投入研制。1966 年“文化大革命”开始。1969 年 7 月 5 日，歼 –8 飞机首飞，从立项到首飞不足 5 年。但此后国防军工重点转移、大力推进三线建设以及“文化大革命”等各种因素的干扰，直到 1980 年 3 月 2 日歼 –8 飞机才设计定型投入生产。这花了 11 年，其中 10 年是“文化大革命”。

无论如何，这一时期是航空工业收获极大的成长期，连续完成了四大跨越：跨音速——完成了跨音速歼 –6 歼击机及其涡喷 –6 发动机的优质过关；超音速——完成了超音速歼 –7 歼击机及其涡喷 –7 发动机的优质过关；建立战术空军装备体系——完成了初教 –6 教练机、强 –5 强击机、轰 –5/6 轰炸机、运 –7/8 运输机、直 –5 直升机的研制生产；建立工业基础——实现了航空材料基本立足于国内。成立航空材料院。

这期间的重点机型有歼 –6、歼 –7、强 –5、轰 –6、运 –8 和直 –5。

歼 –6 是我国第一种跨音速喷气式歼击机，是我国产量最大的飞机，先后生产超过 5200 架。1958 年 3 月投入试制，1963 年 9 月 23 日首飞。

歼 –7 是我国首次制造的 2 倍音速中高空歼击机，外界也称米格 –21，可携带空空导弹。值得一提的是，当时在航空研究院的组织下，歼 –7 的试制周期只有 2 年零 4 个月。航空工业当时言必行、行必果，声誉很高。1964 年年初投入试制，1966 年 1 月 17 日首飞成功。歼 –7I 等多种型号的歼 –7 系列飞机先后生产了千余架。

强 –5 是我国自行研制的第一种超音速强击机，现在也叫攻击机。1965 年 6 月 4 日首飞成功。大量装备中国空军和海军，并出口多个国家。1985 年获国家科学技术进步特等奖。

轰 –6 是高亚音速中程轰炸机。1964 年投入试制，1968 年 12 月 24 日首飞成功。它是我国空基战略打击力量的基础。

运 –8 是 4 发涡轮螺旋式中型、中程多用途运输机。1969 年开始研制，1974 年 12 月 25 日首飞成功。1985 年荣获国家科学技术进步一等奖。

直 –5 是我国第一代直升机。1958 年 12 月 14 日首次试飞成功。它承担了我国第一颗原子弹爆炸试验，以及后来多次爆炸和导弹发射试验等任务。航空工业为我国的核武器发展也作出了巨大的贡献。

（三）从 1976 年到 1999 年，是航空工业的调整期

“文化大革命”后航空工业形势开始好转，开始解决积累下来的

许多严重问题。航空工业的总体方针是从实际出发，执行科研先行、质量第一、按经济规律办事。在军品方面的总体目标是更新一代、研制一代、预研一代，但由于国家经济实力不足、军事需求调整，军品仅开展了改型和预研两方面工作。

随着国家整体改革开放的脚步逐渐加快，航空工业在改革开放中也加速前进，完成了四个转变：一是由单一军品的生产结构向军民结合的生产结构转变。二是由仿制向自行研制转变。三是由只向国内供应产品向内供外销相结合转变。四是由单纯依靠行政手段管理向同时采用经济手段、法律手段进行管理转变。同时，航空工业也实现了三个突破：一是在科学研究上有所突破；二是在发展民品上有所突破；三是在扩大出口上有所突破。

这一时期围绕歼－8进行了改型研制工作。歼－8I型是在歼－8的基础上改型的高空高速全天候歼击机。歼－8II型是在歼－8基础上发展的新型高空高速全天候歼击机。1983年投入试制，1984年6月12日首飞成功，研制周期仅为17个月。当时被空军领导人称为“创造了一个奇迹”。

1985年，航空工业歼－8、强－5获得国家科技进步特等奖，歼－7、运－8获得一等奖，一年有如此多的项目荣获国家科技进步奖最高奖，航空工业的技术进步在当时是首屈一指、得到广泛认可的。

20世纪80年代中期，航空工业进行了企业体制、科技体制、教育体制和外贸体制等改革，使原来处于临战状态、单纯为军事服务的封闭型航空工业，逐步转变成和平时期为四个现代化建设服务的军民结合、开放型的高技术产业。航空工业大力发展民用航空产品，研制、生产和销售了50座级运－7支线飞机、载重20吨级运－8中型运

输机和运 –12 轻型多用途运输机等多种民用航空产品。与美国麦道公司在上海合作生产了 MD–82/90 系列干线飞机。航空工业还发起了大型干线客机运 –10 项目、与德国航空工业联合发起了 MPC–75 支线飞机项目、与欧洲航空工业联合发起了 AE–100 干线飞机项目。民用直升机项目也取得了突破性进展。

在这一时期，航空工业积极开拓发展军贸业务。1979 年 1 月 2 日，党中央作出“军援转军贸”重大决策，也就是军事援助转变为军品贸易。1979 年 1 月 21 日，在邓小平同志的亲切关怀下，经国务院、中央军委批准，中国航空技术进出口公司成立。1979 年 5 月 2 日、3 日两天，中埃两国签订了中国向埃及出口 44 架歼 –6 型和 6 架歼教 –6 型飞机、220 台涡喷 6 型和 28 台涡喷 8 型发动机的合同，合同总金额 1.67 亿美元。这是我国“军贸第一单”，更是我国航空工业、国防工业战略转型过程中极具标志性的重大事件。这一事件也是我国航空工业乃至整个国防科技工业开始从计划经济模式转向市场经济模式、按照供需分线方式运行的起点。

1951—1958 年的创建期、1958—1976 年的成长期、1976—1999 年的调整期构成了航空工业前 50 年的发展历程，这是一部艰苦创业、开拓前行、历经波折、变革求新的发展史。截至 1999 年，中国航空工业累计研制生产近 30 种、60 个型号、约 1.4 万多架飞机，5 万多台航空发动机，1.4 万多枚导弹，配套机载设备 1 万多套。这期间，航空工业建立和维持了较为完整的科研生产体系，开辟了自主研制、自主发展的道路，打造出基本完备的航空产品谱系。

这期间有一个标志性的丰碑：1998 年 3 月 23 日，歼 –10 飞机首飞。

（四）1999 年至今，是航空工业的跃升期

1999 年，对于中国和中国航空工业来说，这都是一个不平凡的年份。1999 年 3 月 24 日至 6 月 10 日，北约对南联盟进行了 78 天轰炸。在这场战争中，1999 年 5 月 7 日，中国驻南联盟大使馆遭到北约轰炸。在其后航空工业申请大飞机项目立项开篇中有这样一段话："以美国为首的北约悍然轰炸了我驻南联盟大使馆，致使三名人员牺牲，而运送烈士遗体的飞机与轰炸大使馆的飞机来自同一个国家。"

正是这样的一种悲壮之情，激愤之怨，使得 1999 年成为航空工业发展的一个重要转折点。在此后的 20 年中，航空工业以全面缩小空中力量差距为使命，在奋力拼搏中书写了报国强军的恢宏诗篇。

1999 年以来，以歼 -10 飞机为代表，战斗机实现了从第二代向第三代跨越。以"太行"发动机为代表，军用航空发动机实现了从第二代向第三代、从涡喷向涡扇、从中等推力向大推力跨越。以歼 -20 飞机为代表，战斗机实现了从第三代向第四代跨越。需要指出的是，

歼 -20 隐身战斗机

运 -20 大型运输机

航空工业向第三代、第四代的跨越是同步进行的。

2006 年歼 -10 获国家科技进步奖特等奖。2018 年 11 月 6 日上午，歼 -10 在珠海航展上进行飞行表演，展示了歼 -10 在过失速飞行状态下进行敏捷机动的能力，我们把这项技术简单地称为推力矢量技术。它是一项跨领域综合技术，是优秀的空气动力学技术、发动机矢量推力控制技术和特殊的飞行控制技术的集成。到目前为止也仅有美国、

歼 -10B 推力矢量验证机

俄罗斯、中国掌握了这项技术，可用于主力制空型战斗机。

1999 年以来，以歼 -15 飞机为代表，实现了空基对抗体系向舰载方向拓展。以直 -10 直升机为代表，实现了陆军航空装备体系向空地打击方向拓展。以运 -20 飞机为代表，航空装备体系进入全体系发展阶段。以枭龙飞机、翼龙无人机为代表，我国航空工业已经进入全球军机市场博弈的核心区。

歼 -15 船载战斗机

1999 年以来，民用航空领域也实现了跨越式发展。支线涡桨客机实现系列化发展、民用直升机实现系列化发展。2000 年 2 月 15 日，新喷气支线客机 ARJ21 的研制列入国家“十五”计划，2002 年 6 月国家批准新支线客机项目立项。2005 年 1 月 16 日，国家将大飞机项目列入《国家中长期科学和技术发展规划纲要 (2006—2020 年)》，并列为十六个重大科技专项之首，大型客机研制项目列入《国民经济和社会发展第十一个五年规划纲要》。

下面向大家介绍几款典型的民机产品。

喷气支线客机 ARJ21-700 是中国首架具有自主知识产权的中短

程涡扇支线客机。座级 78—90 座，航程 2225—3700 公里，已正式投入航线运营。大型客机 C919 是我国按照国际民航规章自行研制、具有自主知识产权的大型喷气式民用飞机。座级 158—168 座，航程 4075—5555 公里。2017 年 5 月 5 日成功首飞。航空工业集团主要承担 ARJ21-700 新支线飞机项目、C919 大型客机项目的全机静力试验、全机疲劳试验、全机地面共振试验、结构研发和零部件适航符合性验证试验；承担了 ARJ21-700 飞机的全部试飞任务；承担了 C919 大型客机合格审定试飞 3 架机的试飞任务。

新舟 60 系列飞机已交付国内外客户 108 架，执行 200 余条航线，超千万旅客运输量。新舟 700 是新一代 70 座级涡桨支线飞机，适应中等距离、频繁起降、成本敏感的航线。在涡桨支线飞机中，它首次采用电传操纵系统，驾驶舱设计荣获“中国优秀工业设计金奖”。

AC352 直升机是中欧进行优势互补合作、联合研制的一款 7 吨级中型直升机，广泛应用于近海运输、搜索救援、通用运输、警务执法、医疗救护、物资投送等领域，能满足用户的多样化需求。该机型符合最新国际适航标准，应用大量成熟先进技术，性能优势突出。航空工业直升机已经形成系列化发展，3 吨级以下、4—5 吨级、6—8 吨级、9—13 吨级四个级别的直升机正在不断完善产品线配置，形成全系列产品的整体竞争力。

1999 年以来，航空工业的国际合作水平和范围明显提升和扩展，航空工业已经成为世界民用航空工业重要的参与者。

四个阶段、近 70 年中国航空工业的发展，可以用波澜壮阔来形容。如果说，40 年前我们与世界航空的差距是望尘莫及，20 年前是望其项背，那么今天我们已经进入与世界主要航空工业国同场竞技的发展阶段，难度更大、挑战更高。70 年来，我们的初心从未改变，我们要成为国家和民族的脊梁，要成为经济和社会发展的支柱，自立于世界航空工业强者的行列。

三、航空工业高质量发展

新时代对航空工业的高质量提出了更具挑战性，也具有更高战略价值的要求。

（一）航空工业的使命任务

2018 年 10 月 20 日，航空工业自主研制的“鲲龙”大型灭火/水上救援水陆两栖飞机（AG600）在湖北荆门成功实现水上首飞。习近平总书记专门发来贺电表示祝贺，鼓励航空工业“继续弘扬航空报国精神，切实贯彻新发展理念，奋力推动创新发展，继续为实现建

AG600 大型水陆两栖飞机

设航空强国目标奋斗”！

航空强国是社会主义现代化强国的题中应有之义。世界一流军队、科技强国、制造强国、交通强国等，都与航空强国建设息息相关。具体来说，高质量航空工业承担着四个方面的战略使命：

一是全力发展航空装备，支撑一流军队建设。

二是全力推进科技创新，支撑创新型国家建设。

三是全力发展高端制造装备，支撑制造强国建设。

四是全力发展民用航空装备，支撑交通强国建设。

党的十九大报告提出，“培育具有全球竞争力的世界一流企业”。2018年政府工作报告中特别指出：国有企业要通过改革创新，走在高质量发展前列。

我们认为，高质量的航空工业必然具备以下特征：

一流的航空技术。航空技术的整体水平以及科技创新的体系和能力需要在世界领先行列，而且在部分优势领域还要独树一帜。

一流的航空产品。品类丰富，谱系完整，质量和性能优越。就航空武器装备来说，要能够形成全球全域立体信息化作战、空海天网一体、海陆空天均衡、攻防平衡发展、支持保障完备的航空装备体系。

一流的产业体系。结构合理，运行高效，能够形成军民深度融合、产融高度结合、“两化”有机契合的产业格局。

一流的基础工业。除基础工业要能够自主完备地满足航空工业的先进性需求之外，还需要满足经济性的需求，基础工业要具有较强国际竞争力的技术水平和效益水平。

一流的人才队伍。人力资源是第一资源，航空工业作为高技术产业，对人才的需求更为急迫。从企业的角度来讲，要努力形成与现代化强国高度匹配的航空文化理念和价值观，支撑员工实现全面发展。

一流的航空企业。高质量的航空工业，离不开高质量的航空企业。企业是市场的主体、创新的主体。只有技术领先、管理先进、效益优良、具有很强的全球资源配置能力，甚至具有引领全球航空产业发展能力的航空工业龙头企业，才能牵引和推动航空工业整体发展。

（二）新时代航空工业发展战略

按照世界一流航空工业的发展目标、高质量航空工业的发展要求，我们构建了航空工业集团新时代发展战略，概括起来说就是：一心、两融、三力、五化。

“一心”是指坚定“航空报国”初心，笃行“航空强国”使命。

“两融”是指实行“军民融合”“产业融合”的新发展模式。

“三力”是指具有“领先创新力、先进文化力、卓越竞争力”。

“五化”是指坚持“集约化经营、精准化管理、市场化改革、体系化发展、国际化共赢”的发展路径和原则。

市场化改革，是国资国企改革的核心，更是企业焕发生机活力的内在要求。航空工业在整个军工行业的市场化改革中，一直坚持走在前列，作了大量开创性的工作。其中，1993 年成立中国航空工业总公司，航空工业开始从政府主管部门向市场主体——企业转变；2013 年航空工业作为独资中央企业董事会改革试点单位，开展了建设规范董事会工作；2017 年年底，航空工业改制成为有限责任公司，规范构建了董事会及专门委员会，制定了规范运作的制度体系，探索开展了董事会依法行使重大决策、选人用人、薪酬分配等权利，初步构建起了董事会的决策权与经营层的经营权分离的公司治理体系。为进一步推动市场化改革，我们主动申请，并于2018年年底被批准成为唯一一家被列为国有资本投资公司试点的商业二类企业。

自20世纪90年代初我国建立资本市场以来，航空工业就借助于资本的力量，不断探索和深化企业的股份制改造和市场化改革，从无到有，从民到军。1993年6月，中国航空工业总公司成立，与此同时航空工业第一只股票深圳飞亚达在深圳证券交易所首次公开发行上市；此后几乎一年一个子公司上市。近30年来，航空工业以上市公司为平台完成了20多项专业化重组整合，大幅度提升了产业结构；向上市公司注入资产750亿元，形成控股市值2000亿元；累计融资600亿元，其中为航空主业融资300亿元。

2008年11月，新的航空工业集团重组成立，发展迅速。在《财富》世界500强排名由2009年的第426位升至2018年的第161位。航空工业集团在国资委中央企业负责人经营业绩考核中，已连续四个任期获得A级。

未来，航空工业将主动承接国家战略，主动谋划未来发展，通过30年的持续拼搏，努力成为产业均衡、技术领先、管理科学、绩效卓越、具有引领全球航空产业发展能力的世界领先的航空工业集团，助力中华民族伟大复兴。

（三）西北工业大学与航空工业

西北工业大学是我国唯一一所同时发展航空、航天和航海“三航”工程教育和科学研究的全国重点大学。西北工业大学与航空工业有着深厚的历史渊源和长期的良好合作，为航空工业发展和国家科技进步作出了重要贡献。

航空工业集团在创建60周年之际，表彰了10名“航空报国特等金奖”，其中有6名获奖者毕业于西北工业大学。航空工业目前在职的4名年轻院士，有3名来自西北工业大学。在这里，我代表航空工业集团公司，向辛勤培养他们的西工大的老师们表示最衷心的感谢！

现在是火红的五月，是青年人的五月。习近平总书记指出，“青年是整个社会力量中最积极、最有生气的力量，国家的希望在青年，民族的未来在青年”。我希望西工大的学子们，投身于火热的航空工业建设，投身于航空强国征程，把憧憬变为现实。不负韶华，不负我们身处的伟大时代！

同学们说

很荣幸聆听罗荣怀总经理的报告。在中国航空工业70年的发展历程中，不断创新，比如歼-10B、歼-20、运-20等，为我国国防由弱变强作出了突出贡献。技术的创新背后既包含了设计人员的反复验证，又包含了技术工人的精心打磨。正如习近平总书记所指出的，我们作为青年学子，学术、知识不能只是在嘴上，要联系实际，做到知行合一、格物致知、学以致用。

——王新亮　飞行器设计与工程专业学生

历览我们国家科技进步的点点滴滴，均是在每一次困难重重时的坚持不懈，最终创造奇迹。前辈留给我们的不仅仅是一次次成功的典范，更是一种精神财富，是坚持不懈，不惧困难的拼搏精神，是踏实认真，勤奋攻关的治学态度。正如习近平总书记所说，青年有着大好机遇，关键是要迈稳步子、夯实根基、久久为功。我们将是未来发展的生力军，求学科研必得认真勤奋，踏实谦虚，打好基础，做好准备，吃得下苦，静得下心，将习近平总书记对我们的期望付诸行动，胸中有爱国报国之志，手中要强国富国之行。

——乔　毅　航空航天工程专业学生

46. 贯彻新发展理念　推进电力工业高质量发展

中国华电集团有限公司  兰州大学

温枢刚

2019 年 5 月 28 日，中国华电集团有限公司党组书记、董事长温枢刚在兰州大学讲课

精言粹语

★电力是国民经济的晴雨表，从全国缺电、经常停电到电力富足大跨越的背后，是我们党坚持以人民为中心、不断解放和发展社会生产力的壮丽进程，是中国共产党领导国家和人民从站起来、富起来到强起来的重要标志之一。

☆统观中国电力工业140年的发展史，经历了旧中国艰难起步、新中国成立初期“一穷二白”、改革开放初期严重缺电，到新时代技术先进、结构优化的历史进程，见证了自鸦片战争以来中华民族艰难求索、奋发图强、走向复兴的辉煌历程。这是中国特色社会主义道路、制度在能源电力行业的成功实践。

★电力企业高质量发展，最根本的就是要把供给侧结构性改革作为主攻方向，从保障供应向增加有效供给转变，构建清洁低碳、安全高效新体系。

☆未来的中国能源生产与消费，应当是电能供应充沛、产品绿色低碳、能源就地利用、供给方式多样、世界互联互通、服务更加人性化的这样一幅图景。

★在能源发展道路上，人类总在探索和进步；在这一轮的能源变革当中，中国也应当伴随民族复兴、大国崛起的进程而走在前列。

☆能源生产和消费革命是长期战略，但要从当前做起，着眼长远、脚踏实地。只要胸怀远大又勇毅笃行，我们的目标一定会实现。

非常高兴在兰州大学即将迎来建校110周年这样一个值得庆贺的时间来到这里，与大家进行交流。能源是社会发展的基础保障。在中华民族伟大复兴的进程中，怎样为实现中国梦提供清洁低碳、安全高效的能源电力供给，是各方都在密切关注的。就这个问题，我从历史进程、时代要求和企业实践三个方面跟同学们进行交流。

讲课现场

中国华电与兰州大学领导为校外辅导员颁发聘书

一、电力工业发展成就展现中国道路自信

中国电力工业的发展历程，是中华民族近代以来的一个历史断面。从有电算起，中国电力工业已经走过了140年的历程。新中国成立70年、改革开放40年，特别是党的十八大以来，中国电力工业总体上实现了“四大跨越”。

第一，实现了从“电力短缺”到“电力富足”的跨越。1949年新中国成立时，全国发电装机容量还不到185万千瓦，年发电量仅有43亿千瓦时，现在兰州市2个月的用电量就超过了50亿千瓦时，比新中国成立时全国的发电总量还多。改革开放初期，居民用电仍然难以保证，家庭照明靠煤油灯、蜡烛，工厂、商店经常拉闸限电一周“停三供四”。从1949年到2018年，我国发电装机容量从不到185万千瓦增长到19亿千瓦，年发电量从43亿千瓦时增长到6.99万亿千瓦时，自2011年超过美国之后，稳居世界第一位，全国城乡居民基本上不会停电。现在，华电邹县电厂一个电厂的发电装机容量是458万千瓦，发电能力大约相当于新中国成立前全国发电量的9.4倍。仅中国华电一个发电集团，就大约相当于全球排名第10的国家全国发电量，而像中国华电这样的发电集团我国还有多个。电力是国民经济的晴雨表，从全国缺电、经常停电到电力富足大跨越的背后，是我们党坚持以人民为中心、不断解放和发展社会生产力的壮丽进程，是中国共产党领导国家和人民从站起来、富起来到强起来的重要标志之一。

第二，实现了从“技术落后”到“技术引领”的跨越。从“一穷二白”到技术引领，中国电力工业历经艰辛。新中国成立后，掌握先进科技的欧美国家长期对中国进行技术垄断。中国电力技术从苏联模式起步，“一五”期间，苏联援建的156个重点工业项目中包含25个发电站。1956年，我国自行设计生产的第一台6千千瓦发电机组投产。中国电力工业同其他领域一样，在党的领导下自力更生、接续奋斗，走上自主创造的道路并且越走越宽。90年代，中国的大型水电装备设计制造能力比发达国家落后30年。现在，已经可以研制单机容量100万千瓦等级的水电机组、135万千瓦等级的火电机组、100万—175万千瓦等级的核电机组等，其中100万千瓦等级水电机组已经在四川白鹤滩水电站交付安装，是世界单机容量最大的。

今天，中国电力工业的科学技术取得了全方位的巨大进步。比如，中国水坝技术全方位世界领先；中国大规模应用的特高压技术全球领先，已经建成和正在建设的特高压线路长度达到3.5万公里；我国大型风机、低风速风机、光伏发电等核心和关键技术不断取得突破；“华龙一号”标志着我国掌握了第三代百万千瓦等级核电技术；拥有自主知识产权的智能电网成套装备、水电控制自动化、流域梯级利用，以及智能电网、大电网安全稳定运行控制、新能源接入等，都已经达到世界领先水平。我国火电机组的供电煤耗从 1978 年的 471 克 / 千瓦时大幅下降到 2018 年的 308 克 / 千瓦时，华电是 300.33 克 / 千瓦时，煤电效率与日本基本持平，总体上优于德国、美国。电力工业的中国制造、中国创造、中国建造的水平已经从 20 世纪八九十年代的世界第三梯队、21 世纪初的第二梯队到现在跃居第一梯队，中国企业可以和世界上任何一家公司同台竞争。电力工业技术跨越的历程证明，中国人民是具有伟大创造精神的人民，在中国特色社会主义制度下，这种创造精神正前所未有地迸发出来，推动我国日新月异地向前发展，大踏步走在世界前列。

第三，实现了从“粗放管理”到“精益管理”的跨越。过去，一个装机容量仅有几万千瓦的电厂，往往也都需要一两千人甚至更多。而现在新建的单台百万千瓦煤电机组大约只需要二三百人；水电、风电企业大部分已经实现远程操作、现场少人或无人值守，像华电甘肃公司风光电装机 209.3 万千瓦，有 15 个风光电场、地理跨度达到 1800 公里，员工人数还不足 500 人。华电有的电厂通过扫描二维码进行数据采集分析、有的已经使用机器人巡回检查设备，电网公司用直升机巡线。20 世纪 80 年代，电厂锅炉灭火、爆管、自动装置失灵等经常发生。无论是发电厂还是供电局，漏水、漏煤等“八漏”比较常见，设备损坏、误操作事故时有发生，与发达国家相比是典型的“第三世界”。现在，大家走进发电厂，生产现场整洁有序，安全标识醒目清晰，检修、运行管理井井有条。2009 年，中国华电在发电企业中率先推行“整理、整顿、清扫、清洁、素养、安全、节约”的7S管理方式，国家部委、电力行业有关领导和国际同行、专家称赞与全球先进企业相比毫不逊色。

第四，初步实现了从“国内经营”向“国际经营”的跨越。在著名旅游地印度尼西亚巴厘岛，有中国华电投资建设的一个电厂，岛上将近一半的电力由华电提供。巴厘岛过去电力紧张，当地电力公司负责人说，原来用电要通过连接爪哇岛的两条海底电缆输送，任何一条出现问题，马上会出现“电荒”。一个叫芙吉的女孩讲过一件事，在华电项目建成之前，她乘坐摩天轮，突然停电悬在了半空，工作人员半天才把他们救下来。华电项目投产之后，主线路只有2公里，巴厘岛再也不缺电了，还为印度尼西亚国家电力公司节省了约1.2亿美元的跨海购电成本。这个项目相关产业还带动了当地居民就业，女孩芙吉也已经成为我们的员工。这个项目全部采用中国高科技，除了一点水蒸气外，几乎没有污染排放。紧邻电厂的海湾每天清晨都会有一群群野生海豚翻腾飞跃，非常壮观，是全球仅有的几个可以看到野生海豚的地方之一，被叫作“海豚湾”。

这个例子，是中国电力企业积极响应“一带一路”倡议、践行共商共建共享理念、模范履行社会责任的具体体现。改革开放40年来，我国电力工业加大对外合作力度，实现了从“引进来”到“走出去”的大跨越，特别是伴随“一带一路”国际合作的深入推进，中国电力工业正在深度融入世界。根据有关数据，到2018年，中国电力工业国际业务已经遍布全球五大洲，境外总资产突破2000亿美元，12家电力企业进入世界500强。同时，我国参与国际能源电力事务的能力、影响力不断增强。我国担任了国际电工委员会主席；我国电动汽车充换电标准体系与美国、德国、日本并列为世界四大标准体系；我国主导制定的特高压、新能源并网等国际标准已经成为全球重要规范。电力工业的中国技术、中国服务受到越来越多国家的欢迎，中国标准、中国咨询的话语权、主导权日益增强。

统观中国电力工业140年的发展史，经历了旧中国艰难起步、新中国成立初期“一穷二白”、改革开放初期严重缺电，到新时代技术先进、结构优化的历史进程，见证了自鸦片战争以来中华民族艰难求索、奋发图强、走向复兴的辉煌历程。这是中国特色社会主义道路、制度在能源电力行业的成功实践。没有中国共产党的领导、没有社会主义制度、没有改革开放，中国电力工业不可能自立，更不可能自强。中国电力工业发展史雄辩地证明：只有社会主义才能救中国、只有中国特色社会主义才能发展中国，是符合中国国情的真理。

二、新时代对中国电力工业高质量发展提出了新要求

中国特色社会主义进入了新时代，在中华民族迈向伟大复兴的进程中，需要有能源作为社会生产力发展的重要基础条件。能源电力作为关系国民经济命脉的行业，必须以促进民族复兴为己任、以清洁低碳为路径、以世界一流为目标，深化供给侧结构性改革，推动高质量发展，坚定承担好新时代赋予的历史使命。

第一，民族复兴中国梦赋予了中国电力工业高质量发展的责任使命。实现中国梦，要求满足人民群众美好生活对能源的需要。中国特

色社会主义进入新时代，我国社会的主要矛盾由“人民日益增长的物质文化需要同落后的社会生产之间的矛盾”转变为“人民日益增长的美好生活需要和不平衡不充分的发展之间的矛盾”。人民的美好生活需要反映在能源电力行业，就是人民群众首先需要充足可靠的能源供给，同时能源需求的种类、需求的方式、需求的质量发生了明显变化，人民群众对能源的清洁化、多样化、个性化需求越来越高，对热电冷等综合能源一体化供给和一站式、智能化服务的需求越来越多，这要求能源电力必须既要“用得上”“用得起”，也要“用得好”。

实现中国梦，要求构建现代能源体系。从能源结构来看，我国资源禀赋以煤炭为主体的基本格局，决定了今后比较长一个时期化石能源仍将居于主力地位，“一煤独大”带来的突出问题是碳排放多、对生态环境影响大。我国部分产业的不合理能源消费、生产生活中的能源浪费、化石能源直接散烧的情况仍然比较普遍。实现中国梦需要能源支撑，但又不可能无限制地增加能源消费。我国以煤为主的能源结构和较低的能源利用效率，迫切要求大力推进能源革命，加快能源的节约和替代、能量的梯级利用、废物综合利用等步伐。推动能源电力行业高质量发展，构建清洁低碳、安全高效的现代能源体系，是实现民族复兴中国梦的必然要求。

第二，清洁低碳是实现中国电力工业高质量发展的必由路径。18世纪之后，以煤炭、石油等为主的两次工业革命使得化石能源大量使用，在推动人类文明进步、创造了前所未有物质财富的同时，也产生了巨大的生态创伤。加快化石能源替代，全面降低碳排放强度，已经成为构建人类命运共同体的必然要求。在人类共同应对全球气候变化大背景下，世界各国纷纷提出更高的能效目标，制定更加积极的低碳政策，全世界已经进入能源转型的新阶段，这次能源转型的重要内容，是以可再生能源转化为电力和终端能源应用的电力化。截至2017年年底，全球有179个国家制定了可再生能源规划目标，57个国家提出100%可再生能源电力供应。欧盟要求其成员国到2020年可再生能源消费比重占能源消费总量的20%，德国、法国、英国等都出台了限制煤炭、石油消费的政策。近年来，全世界清洁发展步伐明显提速。2017年，全球新增发电量中可再生能源发电量占比达到70%。预计在2025年前，全球陆上风电、光伏发电的竞争力将全面超过化石能源。预计到2050年，全球清洁能源占一次能源消费比重将超过70%。

在全球能源清洁低碳发展的大背景下，要根本解决我国的生态环境问题，积极参与和引领全球能源治理，必须加快推进清洁低碳发展。我国能源电力清洁化发展虽然起步较晚但发展迅速，仅用了十多年时间就实现了清洁能源领域的"赶超型"发展，日益成为在全球清洁能源领域的引领者。2008—2017年，我国风电、太阳能发电装机年均增长44%和191%，大大高于全球19%和46%的平均增速。党的十八大以来，我国逐渐成为引导应对气候变化国际合作、推动全球生态文明建设的重要参与者、贡献者、引领者。我国电力工业持续向结构优化、资源节约化方向迈进，电源投资建设重点向清洁能源特别是非化石能源方向转变，非化石能源装机比重从2012年的28.5%提高到2018年的40.8%。近两年，全球近一半的新增新能源装机在我国，2018年我国近一半的新增电力需求由清洁能源供应。目前，我国已经成为全球最大的可再生能源投资、生产和消费国，水电、风电、太阳能发电装机以及核电在建规模均居世界首位。随着技术进步和规模化发展，未来能源电力清洁发展的步伐将进一步加快。

第三，建设世界一流企业是中国电力工业高质量发展的重要目标。党的十九大报告明确要求，“培育具有全球竞争力的世界一流企业”。这是我国国有企业发展的目标。中国电力工业取得了历史性成就，并不意味着我们已经全面达到了世界领先水平。与世界先进的能源企业相比，我国企业的国际竞争力、可持续发展能力、科技引领能力都还要进一步加强，必须瞄准世界一流目标全力推进转型升级，推动企业高质量发展。

建设世界一流企业要求既做大又做强做优。从 2003 年到 2018 年间，中国几大发电公司规模都增长了五六倍，全球规模最大的前三名发电公司都是中国企业，但大而不强的问题摆在我们面前。2018 年，我们与 8 家国外同类企业作了对比分析。我国电力企业发电装机容量大，但营业收入、归属母公司净利润、净资产收益率、海外收入占比等重要指标，大多低于世界一流的同类能源企业。

建设世界一流企业要求增强可持续发展能力。从宏观上来看，我国能源电力企业存在的突出问题还有清洁高效能源比重不高、个性化能源服务供给不足等。这些已经成为影响我国能源电力企业可持续发展的主要制约因素。问题所在就是方向所指，我们必须以构建清洁低碳、安全高效的现代能源体系为方向，推动企业可持续发展。

建设世界一流企业要求坚持创新驱动。经过 40 多年的发展，我国能源技术水平得到大幅提升甚至达到了世界领先水平。但与能源科技强国相比，我们有些核心技术仍然比较缺乏、有些设备制造水平仍然落后。比如，被称为“皇冠上的明珠”的大型燃气轮机的部分核心技术，都掌握在少数几家跨国公司手中。面对技术“短板”，我们必须坚持创新引领，加快解决关键技术受制于人的问题，加大自主创新能力，努力掌握更多具有自主知识产权的核心技术，通过创新实现增长动力转换、竞争能力增强。

与世界其他著名电力公司相比，我们在某些方面领先、某些方面有差距、某些方面正在快速追赶。让人欣慰的是，中国电力企业科技研发投入整体水平明显高于国外企业，发展后劲比较足，未来令人期待。领先的不能盲目乐观，有差距的也不能妄自菲薄。不管遇到多大问题，不管道路多么艰辛，我们都将始终坚持高质量发展方向不动摇。关键是我们既要有自信、有目标，也要有办法、有毅力，坚定不移办好自己的事情，自力更生、艰苦奋斗，不断提升企业的核心竞争力和综合实力。近年来，中国华电进一步确立了“建设具有全球竞争力的世界一流能源企业”的愿景目标，我们将向着一流的可持续发展能力、一流的价值创造能力、一流的国际化运营能力、一流的科技创新能力、一流的企业治理能力、一流的品牌影响力这“六个一流”持续发力、矢志奋进。

三、推动电力工业高质量发展的思考与实践

习近平总书记强调，必须把改善供给侧结构作为主攻方向，从生产端入手，提高供给体系质量和效率，扩大有效和中高端供给。国有企业在我国经济社会发展中地位重要、作用关键，是名副其实的顶梁柱和主力军。推动新时代中国电力工业高质量发展，国有企业要发挥主导、示范和带动作用，在深化供给侧结构性改革上干在实处、走在

中国华电愿景目标

前列。按照习近平总书记重要讲话精神，结合中国华电实际，我们对推动企业高质量发展的主要思路进行了思考和研究，归结起来，就是着力推进“三个转变”。

第一个转变，是从保障供应向增加有效供给转变。在很长一段时间内，国家对能源电力的要求主要集中在保障供应上，这是由我国原来落后的社会生产力水平所决定的。当生产力水平显著提高，对新时代电力企业的要求当然也随之发生了变化。现在，电力企业高质量发展，最根本的就是要把供给侧结构性改革作为主攻方向，从保障供应向增加有效供给转变，构建清洁低碳、安全高效新体系。我把它概括为“一提高、两替代”。

“一提高”，是提高电能在终端能源消费中的比重。电能是目前利用效率最高的终端能源方式，在我国煤炭消费总量中，只有53%左右用于发电，其余部分用于化工原料和其他终端能源消费，世界平均水平是80%左右，美国是90%。在非化石能源中，水能、风能、太阳能以及核能等几乎都无法实现高效、便捷的直接利用，现实有效的途径是将其转换为电能。电能的优势是安全、清洁、方便、高效，根据有关数据，电能在终端能源消费中的比重每提高 1 个百分点，我国单位 GDP 能耗可以下降 3%以上。提高电能使用在能源结构中的比重，对于推动能源消费革命、落实国家能源战略、促进能源清洁化发展意义重大。

“两替代”，一是推进发电领域清洁可再生能源对化石能源的替代。在当前技术水平和经济性等条件下，短期内以化石能源发电为主的格局难以改变，但无论是从国际能源发展趋势来看，还是从我国资源禀赋条件、化石能源的不可再生性和环境压力来看，以清洁可再生能源替代化石能源都是必然的。根据当前技术和经济条件，能够替代化石能源发电的可再生能源，有生物质能、潮汐能、海洋温差能、地热能等，但主要是水电以及风电、太阳能等新能源。着眼于这个大趋势，中国华电已经明确以清洁能源特别是非化石能源作为结构优化的主攻方向，基本策略是：积极发展新能源，持续发展水电，有序发展气电，审慎发展煤电。我们提出，到 2020 年实现单位电能污染物排放量较“十二五”末降低超过 20%，单位电能化石能源消耗力争降低 20 克 / 千瓦时，国际业务收入占比力争达到 10%，净资产收益率力争达到 8%，也就是“2218”发展目标。我们坚信，只要目标坚定、方法对路、措施扎实，这些目标一定会实现。

二是推进热电联产对散烧煤的替代。在终端能源消费中，煤炭占很大部分，2017 年大约有 8.3 亿吨原煤作为燃料直接用于终端消费。从资源集约利用和应对大气污染角度考虑，当前能源领域最关键的问题是降低终端消费中煤炭直接散烧的比例。在散烧煤当中，北方居民冬季取暖用煤保守估计每年大约 2 亿吨，并且基本上没有环保措施。

而我国的火电机组大气污染物排放标准已经是世界上最严格、最先进的标准。近几年，在国家排放标准的基础上我们又大规模实施了超低排放改造，使煤电机组达到了像天然气一样的水平。近年来，北方各地都在积极推动热电联产项目改造，对燃煤锅炉综合整治，依法淘汰每小时 10 蒸吨及以下小锅炉 3 万余台，比如银川市"东热西送"项目在全国很具有代表性。这个项目是宁夏回族自治区及银川市党委政府委托华电宁夏公司承担的"民生工程"，可以替代城区小锅炉 155 台套，每年减少银川城区燃煤量 130 万吨、二氧化硫排放 1.2 万吨、氮氧化物排放 2 万吨、烟尘排放 3.5 万吨，相当于一举减少了 80 万辆小轿车的排放量，整体改变了银川"区域分散、资源浪费、污染严重"的供热方式。华电项目 2018 年投产后，银川市的空气改善程度位居全国 169 个重点城市第 4 位，银川市委市政府专门向华电发来感谢信。华电这个项目对社会公共基础设施建设投入巨大，但是国有企业作为党领导的国家治理体系的重要组成部分，不仅要承担着经济责任保证国有资本保值增值，同时要承担着重要的政治责任和社会责任，必须坚定不移地把以人民为中心的发展思想落实在具体措施和行动上。

第二个转变，是从规模扩张向注重效益提升转变。中国电力工业经过几十年快速发展，已经解决了"有没有"的问题，实现了宏观效率的提升；当前要重点关注的是"强不强"的问题。总体来讲，我认为要"内外并举"把握两个关键。

一是推进内涵式发展提升内生动力。近年来，中国华电在国内市场不再搞"摊大饼"式的上大项目，而是把效益优先的理念贯穿到设计、建设、运营等全过程，保证新上项目的质量效益。我们把更多的关注点，放到了充分发挥现有存量资产的效益最大化上。这些年，包括华电在内的中国电力企业都在大力地推进节能降耗和资源循环利用改造。从 2003 年到 2018 年，华电所属企业平均供电煤耗降低了 70 克 / 千瓦时，成本自然也就降低了。华电莱州电厂的供电煤耗只有 281.55 克 / 千瓦时，项目建在大海的滩涂上不占用耕地；工业用水全部取自海水淡化，海水二级淡化后达到纯净水标准；循环水排水口安装了两台 800 千瓦小型水轮发电机；净化的温水回到大海，非常有利于部分鱼类的生长与繁殖。同时，我们大力推行精益管理、精打细算，确保每一分钱都花在刀刃上，确保颗粒归仓。

二是深度融入“一带一路”合作，提升资源国际化配置能力。国际先进的能源电力企业海外收入占比都比较高，在与法国电力集团（EDF）、法国法能集团（ENGIE）、法马通公司（FRAMATOME）等企业进行交流时，我深刻地感受到，在拓展海外业务、资源国际化配置方面，我们还有很大的空间。目前，国内市场已趋阶段性饱和，而“一带一路”沿线国家发展空间广阔，特别是南亚、东南亚、西亚和北非电力需求很大。根据《全球能源互联网发展指数 2018》，除我国以外的“一带一路”沿线国家，人均发电装机 0.4 千瓦，占世界平均水平的 54%；人均用电量 1892 千瓦时，占世界平均水平的 61%。“一带一路”沿线国家电力发展很不均衡，一些国家设施落后、设备老化、超负荷运转严重、管理比较薄弱。在风险可控的条件下，中国电力企业“走出去”扩大国际合作，既为提高质量效益提供了巨大空间，也是“一带一路”沿线国家经济发展的现实需要，又对“一带一路”建设发挥了促进和带动作用。

第三个转变，是从要素驱动向创新驱动为主转变。创新驱动，首

中国华电莱州发电公司是中国首座智能化生态电厂

要的是科技创新。近年来，电力生产加速向清洁化、分散化、智能化方向迈进，关键共性技术、前沿引领技术、现代工程技术、颠覆性技术创新正在大踏步前进。目前，我国正在普及电厂烟气余热、尾水回收利用等工业节能技术，开发推广可再生能源、先进核能等技术，正在加快研发氢能、超导材料，力争突破电能无线传输、智能固态变压器等核心技术，发展快堆核电技术，等等。我们可以设想一下，未来的中国能源生产与消费，应当是电能供应充沛、产品绿色低碳、能源就地利用、供给方式多样、世界互联互通、服务更加人性化的这样一幅图景。在能源发展道路上，人类总在探索和进步；在这一轮的能源变革当中，中国也应当伴随民族复兴、大国崛起的进程而走在前列。我们热切期待包括兰州大学在内的优秀高校、科研院所和同学们发挥基础科学优势，在能源领域实现“硬核”突破，为世界能源发展贡献中国智慧。

创新驱动，也包括商业模式创新。商业模式创新的基本方向，是提供多样化、个性化、智能化的高质量综合能源服务，提高资源集约利用水平。多样化就是不仅提供电能，还可以同步提供热、冷、水、气等全方位服务；个性化就是“订单式服务”按需生产，用户需要什么能源就提供什么能源；智能化就是通过“互联网＋物联网”实现能效技术与智能技术的结合。中国华电已经开始着手实施“综合能源服务业务行动计划”，将应用水电、风电、光电、储能等多能互补技术，通过特高压实现清洁能源大容量、远距离、高效率外送，实现资源高效利用。将来，祖国大西南的清洁能源可以输送到河北，助力雄安新区“零碳”建设；可以应用风光储多组态、多功能、可调节、可调度的联合发电模式，将新疆、宁夏等西北区域集中式新能源以及福建、广东等海上风电，打造成为能够稳定供电的电网友好型清洁能源基地，提升风光电利用效率，提升供能灵活性。未来，电能将有望逐步与大数据、智能电网、物联网、共享经济和区块链技术、数字技术融合，与油气管网、热力管网和其他能源网络对接，实现多种类型能流网络互联互通和多种能源形态协同转化，建成“电源—电网—负荷—储能”协调发展、集成互补的能源互联网。

创新驱动，还要持续深化管理创新。管理创新的根本方向，是不断提升管控效率，全面激发活力动力。中国华电近年来积极推进管控体制优化，实现了管理重心下移，组织体系扁平化促进了经营业绩改善。我们从过去对客户的无差别服务转向以客户为中心、不断细分客户对象的精细化管理，努力为客户提供更为个性化、柔性化甚至定制化的产品与服务，比如，华电密切跟踪市场和客户需求变化，积极推动企业由生产型向生产服务型转变，去年已经在 22 个省级区域组建了售电公司或增加售电业务，今后将依托售电公司，为客户提供高质量的综合能源优质服务，努力向客户提供量身定制的个性化能效管理服务，帮助用户降低能耗、提高能源利用效率。当然，创新驱动还包括推进制度创新、市场创新、业态创新、文化创新等。上述这“三个转变”，就是中国华电正在实践的高质量发展新路径。

面向未来，我们可以展望本世纪中叶中国能源电力行业的发展蓝图，那就是：能源消费总量基本稳定，非化石能源占比过半，以建成能源文明消费型社会的美好前景，支撑起生态文明的全面提升；以全面建成清洁低碳、安全高效的现代能源体系，成为国家治理体系和治理能力现代化的重要体现；以能效水平、能源科技、能源装备达到世界先进水平的出众能力，为我国发展成综合国力和国际影响力领先的国家提供重要保障；以全球能源治理的重要参与者、领导者地位，支撑中华民族以更加昂扬的姿态屹立于世界民族之林。这就是我们所期待的中国能源电力的未来！能源生产和消费革命是长期战略，但要从当前做起，着眼长远、脚踏实地，审时度势、借势而为，稳中求进、久久为功。只要胸怀远大又勇毅笃行，我们的目标就一定会实现。

新时代中国青年处在中华民族发展的最好时期，既面临着难得的建功立业的人生际遇，也面临着“天将降大任于斯人”的时代使命。作为一名学长，我与同学们谈几点感想和体会。第一，我体会中国人最可贵的品德，是始终保有家国情怀。“两弹一艇”功臣程开甲院士、钱七虎院士、黄旭华院士、杜祥琬院士都说过相同的话，他们说，自己这辈子最大的幸福，就是自己所做的一切，都和祖国紧紧地联系在一起。我们个人只有把自己摆在时代、民族的大背景下，才能找到定位，也才能找到存在感、幸福感和获得感。第二，我体会优秀人才最珍贵的品格，是始终保持坚韧不拔的毅力。去年，党中央、国务院表彰的 100 位改革先锋之一、被誉为“敦煌女儿”的樊锦诗，当年从北京大学毕业后，千里迢迢来到了戈壁大漠深处的敦煌莫高窟，把自己的一生都献给了文物保护和文化传播事业。兰州大学毕业的刘铭庭教授，几十年执着于大漠扎根种树这一件事，将中国的红柳植物研究推向世界领先水平，这就是我们身边最生动的榜样。第三，我体会青年人最难得的品质，是始终保持奋斗精神。一代代青年奋发向上，中国就会不断有更好的前景。未来 30 年，是你们干事创业的最佳年龄，千万不要轻易地让时间流走，千万不要辜负了这个时代。希望大家坚守“苔花如米小，也学牡丹开”的志向，秉承“千磨万击还坚劲，任尔东西南北风”的韧劲，怀抱“愿历尽千帆，归来仍是少年”的初心，写好属于自己的“时间简史”。

同学们说

温枢刚董事长联系自己的学习生涯，满怀深情地寄语我们要始终保持家国情怀和奋斗精神。中国华电是世界500强企业，兰州大学是“双一流”建设高校，双方的交汇点就是一流人才。作为新时代的青年，我们要自觉担起时代使命，自强不息，以全新姿态成为其中的交汇点。

——张永玲　公共卫生学院学生

中国华电作为国有骨干企业，以中国电力事业的发展、能源安全的保障为己任，积极投身于国家建设事业，为中国经济的持续发展贡献着自己的力量。他们的责任意识与担当精神，值得我们每一个青年人学习。

——裴玉霞　马克思主义学院学生

中国华电十分注重节能减排，给我国乃至全世界提供了清洁低碳、安全高效的电力。作为当代大学生，也应该受到华电精神的影响，努力学习科技文化知识，做一个有担当、有责任心的人，将自己的力量奉献到全社会，为国家的发展注入一份青春活力。

——余　璇　核科学与技术学院学生

后　　记

为深入贯彻落实习近平总书记在全国国有企业党的建设工作会议和全国教育大会、学校思想政治理论课教师座谈会上的重要讲话精神，2019 年 4 月以来，国务院国资委和教育部联合开展了“国企公开课 100 讲”活动。国务院国资委、中央企业主要负责同志走上学校讲台，全景展现新中国成立以来特别是党的十八大以来国有企业改革发展和党的建设蓬勃实践，展现国有企业在习近平新时代中国特色社会主义思想指引下取得的辉煌成就，有力彰显了中国特色社会主义制度的强大优越性。活动开展得到中央领导高度肯定，深受高校师生欢迎，得到媒体广泛关注和社会普遍好评。

为让更多人通过了解国有企业来增进对我国国情的认识，中宣部宣教局、国务院国资委宣传工作局、教育部思想政治工作司联合策划编辑了《国企公开课》(第一辑)，收录了国务院国资委和中央企业主要负责同志的公开课讲稿，以及部分高校学子听课感言，面向全社会公开出版。本书编写过程中，得到了中宣部、教育部、国务院国资委、各有关中央企业、人民出版社和有关学者专家的大力支持和关心帮助，在此一并表示衷心的感谢。

本书编辑组

2019 年 11 月 10 日

策　　划：蒋茂凝
责任编辑：吴炤东　陈佳冉　汪　逸　张　燕
装帧设计：周方亚

图书在版编目（CIP）数据

国企公开课．第一辑／《国企公开课》编辑组 编．—北京：人民出版社，2019.11
ISBN 978－7－01－021297－5

Ⅰ．①国…　Ⅱ．①国…　Ⅲ．①高等学校－思想政治教育－研究－中国　Ⅳ．①G641

中国版本图书馆CIP数据核字（2019）第199631号

国企公开课
GUOQI GONGKAIKE
（第一辑）
本书编辑组　编

人民出版社 出版发行
（100706　北京市东城区隆福寺街99号）

北京盛通印刷股份有限公司印刷　新华书店经销

2019年11月第1版　2019年11月北京第1次印刷
开本：710毫米×1000毫米 1/16　印张：64.5
字数：743千字

ISBN 978－7－01－021297－5　定价：198.00元（上、下）

邮购地址 100706　北京市东城区隆福寺街99号
人民东方图书销售中心　电话（010）65250042　65289539